U0681871

本系列由澳门大学法学院策划并资助出版

澳门特别行政区法律丛书
葡萄牙法律经典译丛

澳门特别行政区法律丛书

葡萄牙法律经典译丛

刑法总论

（第二卷）

犯罪的法律后果

Direito Penal Português

（Parte Geral II）

As Consequências Jurídicas do Crime

〔葡〕乔治·德·菲格雷多·迪亚士 / 著

（Jorge de Figueiredo Dias）

翁文挺 / 译

社会科学文献出版社

SOCIAL SCIENCES ACADEMIC PRESS (CHINA)

澳門大學

UNIVERSIDADE DE MACAU

UNIVERSITY OF MACAU

This edition is an authorized translation from the Portuguese language edition originally published in 2009 as *Direito Penal Português: Parte Geral II -As Consequências Jurídicas do Crime*, by Coimbra Editora.

All rights reserved.

The quality of the Chinese translation and its coherence with the original text is the responsibility of Social Science Academic Press (China).

此版本是葡萄牙语版本的授权翻译版本，最初由 Coimbra Editora 出版社于 2009 年出版，名为《刑法总论（第二卷）：犯罪的法律后果》（*Direito Penal Português*：*Parte Geral II -As Consequências Jurídicas do Crime*）。

著作权持有人保留所有权利。

社会科学文献出版社负责其中文翻译的质量及其与原文的一致性。

"葡萄牙法律经典译丛"编辑委员会

编译项目委员会主任

唐晓晴

编译项目委员会副主任

尹思哲（Manuel Trigo）

奥古斯都（Augusto Garcia）

责任编辑

邓志强　王　薇　蒋依娃

编辑部成员

王　薇　蒋依娃　吴奇琦

咨询委员会成员

吴志良　华年达

黄显辉　林笑云

欧安利　苏基朗

马许愿　葛　伟

黎日隆　邱庭彪

总　序

　　"葡萄牙法律经典译丛"是澳门大学法学院在累积超过二十年教学科研成果的基础上，充分发挥自身优势，组织院内院外中葡双语精英（包括法律和法律翻译方面的专家）倾力打造的一套大型丛书。随着这套书的陆续出版，中国读者将有机会全方位接触在大陆法系内颇有特色，而且与中华人民共和国澳门特别行政区现行法律秩序关系密切的葡萄牙法学。

　　实际上，这套丛书的出版一开始就肩负着众多任务。首先，它当然是一个学术研究项目：系统地将一个国家或地区的代表性法学著作翻译成中文，对乐于博采众长的汉语法学家群体而言，肯定有比较法意涵。这些法学论著不仅深刻影响了葡萄牙本国的立法和司法活动，而且直接影响了继受葡萄牙法的非洲、拉美和亚洲法域（包括中国澳门）。深入研究相关著作既有助于他山攻玉、前车引鉴之事，又有利于中国与有关国家的交流理解。其次，由于澳门是中华人民共和国的一个特别行政区，而澳门现行法体系主要是继受葡萄牙法而来，系统地研究葡萄牙法学相当于是对中国多元法制中一个组成部分的一次观照。最后，这套丛书本身也是对澳门社会内部一些要求的响应。自 20 世纪 80 年代末，澳门开始在本地进行法学教育以来，就一直有声音指出既能以中文出版又能深刻揭示澳门现行法体系的法学文献奇缺。虽然经过二十多年的努力，状况有所改善，可是仍然难言足够。在一个双语（中、葡）运作的实证法体系中，以葡萄牙语为母语的法律职业者只参考葡语著作，而以汉语为母语的同行则难以接触同样的材料，这会使这个社会的法律职业人渐渐走向信息不对称（甚至割裂）的状况。这对于澳门法律和社会的长远发展不是好事。因此，这套译著的推出对于澳门的法学教育和法律实务都大有裨益。

尽管翻译葡萄牙法学著作的意义非同一般，然而在比较法的语境下，援引法国法、德国法或英美法和援引葡萄牙法的分量肯定是不一样的。法学界一般认为，古代的罗马法、近现代的法国法和英国法以及自19世纪末到20世纪的德国法和美国法是法律概念和法学知识的输出者。因而，在实践论辩中援引上述法域的理论或立法实践在某种意义上是诉诸权威（有时被冠以"先进"之名）。当然，权威论证一直是法律修辞的一个重要组成部分，可是在比较法这幅色彩斑斓的画卷中，权威肯定不是唯一的颜色。不论学者也好，社会行动者也好，也许只有在历史的特定时刻和特殊的主观状态下才会频繁地诉诸权威。当自身已经累积了一定的自信而再将目光投向外界时，可能就不再是寻找庇荫与垂怜，而是对同一天空下的不同经验、体验或生活方式的旁观与尊重，偶尔也可能灵光一闪而备受启发。果真如此，葡萄牙法就是一个非常值得关注的对象。早在其律令时代，葡萄牙法就与西方法学史上著名的西班牙《七章法》有着千丝万缕的关系。到了法典化时期，葡萄牙法虽然算不上时代的弄潮儿，但是其跟随欧洲法学主流的步伐一点不慢。1867年的《塞亚布拉法典》以《法国民法典》的新框架和新思维重整了律令时代的旧规则，并保留了旧法的很多传统内容；1966年的《民法典》则追随《德国民法典》的步伐，将原本充满法国法和旧律令印记的《民法典》改成五编制，同时又吸收了20世纪上叶制定的《意大利民法典》和《希腊民法典》的一些元素。这样曲折的发展过程注定了葡萄牙法学的面貌是丰富多彩的（真实地展示了大陆法系法、德两大流派如何融为一体），而且值得比较法学者关注。

最后，感谢社会科学文献出版社领导和编辑的大力支持，他们的辛勤劳动是本丛书能在中国与读者见面的重要原因。

项目委员会主任

唐晓晴教授

献给克劳斯·罗可辛（Claus Roxin）

自　序

　　在本书的"前言"中，我解释了——虽然起初会觉得很奇怪！——为什么第二卷的首次出版时间比第一卷早了几年，所以在这里不值得重复。

　　在此，我发自内心地为自己的作品中文版出版而感到荣幸和幸福。若这部作品没有其他优点的话，我认为这部作品的优点是它加强了中葡两国人民几个世纪以来的深厚联系，虽然这两个国家在地理上如此遥远和不同，这种联系却使两国人民在情感和文化上如此接近地聚集在一起，甚至团结在一起。

　　为了这一荣幸和幸福，我向每一位读者致以诚挚的谢意和最真诚的祝愿。

乔治·德·菲格雷多·迪亚士

2023 年 12 月于科英布拉

前　言

　　这本书是我近十年来在科英布拉大学法学院讲授刑法 2 和刑事诉讼课程的一部分。撰写此书的工作于 1988 年底开始，与本人在 1982 年《刑法典》修订委员会主持的工作同时进行。这种情况最终在很大程度上影响了此作品的撰写时间和方式。

　　在撰写此书时，我不知道上述修订是否及何时生效，也不排除这在本书出版后不久发生的可能性。因此，可以说这本书很有可能已经过时或者很快就会成为过时的作品。但我相信这不是事实。相反，我大胆地认为，如果拟议的修订——修订委员会于 1991 年 2 月在司法部提出的《刑法》修订草案中体现的修订——在短期内成为法律，这种做法的目的可能在某种程度上得到加强。目前对法律提出的许多批评意见及对法律进行改革的多次建议详细说明了全面和连贯的刑事政策概念、拟议修订的理由和拟议修订所依据的具体目的。

　　在出版《刑法总论（第一卷）：基础问题及犯罪一般理论》之前，有人会感到奇怪并问及我出版《刑法总论（第二卷）：犯罪的法律后果》的原因。这些原因各不相同，而且来自不同的方面，我希望这本书的导论部分能够清楚地说明其中最重要的原因。从我思想发展的某个阶段开始就深信，处理刑法总则部分的最正确的方法论态度建基于"从结果出发"的论证；换言之，只有在考虑法律后果时才能实现对事实（Tatbestand）的完全理解。此外，这也是更有力的主张，并越来越多地被认为是因为刑事政策原则并允许此等原则渗透其中，才能确立犯罪学说的类别。正是这种信念（而不是大学教学的偶然变化）使我向学院申请从教授刑法的第一门课转为教授

第二门课，因为在第一门课中我传统地教授刑法学说和犯罪事实，而我希望在第二门课中开始系统地教授犯罪的法律后果。另外，在纯个人层面上，我之前在实体刑法范畴的科学活动几乎全部涉及刑法学说和事实；以及从其结果中，我最近在 *Revista Portuguesa de Ciência Criminal* 1（1991），págs. 9 e ss. e 2（1992），págs. 7 e ss. 上撰写的两篇文章中总结了"犯罪理论的现状"。

这本书的编制工作只有在我能够依赖的宝贵协助下才能完成，我在这里不能详尽列举。其中许多重要的协助涉及一些持续时间短暂而协助者不知悉的建议和互助，这对我来说是重要的，甚至约束本人继续不要放弃。在任何情况下，如果不在这里指出那些日日夜夜与我分享、为我提供各种重要帮助的人的名字，我将难以忍受，因此在这种感受的驱使下我不能提及这些名字。Maria João Antunes 是反映课程成果的宝贵助手，是无休止工作的罕有对话者，甚至我应该说她是我在本书撰写过程中的杰出合作者。我与 Anabela Rodrigues 长期及反复讨论关于剥夺自由的刑罚、量刑、假释、相对不确定刑的基本要点。我曾与 António Manuel Almeida Costa 就附加刑、假释，丧失工具、产品和利益，刑事记录和恢复权利等问题进行交流。保安处分是一些硕士学位课程的主题，我一如既往地从硕士研究生那里了解到真实但未预料到的困难，以及对这些困难可能做出的多种回应。本人有赖于 Pedro Caeiro 对整本书进行批判性、有智慧和感兴趣的阅读，以及在表意文字的目录部分提供的协助。感谢 Alberto Seiça 以孜孜不倦的耐心和能力编写了法律条文索引。我的儿女 Maria Gabriela 和 José Eduardo——我相信他们不会说"我们必须自愿！"——为我尽心尽力地做了大量关于收集数据、校对和打字的工作；这一帮助（在这个充满爱心的国家，但有如此多的个人职称）是任何大学教授都没有的援助。最后——但在此实际上不能说是最后——，自 1989 年以来，我大学刑法科组的所有成员，从我最年长的同事到最年轻的助理，他们富有想象力和创造性地参加了周三晚上的会议，讨论了本书的许多主题。有时充满激情，但总是以一种理解和宽容的态度，这远远超出了某些人对媒体带给我们关于足球事件的理解和宽容。

在我的内心深处，担心现在出版书可能会给人一种印象，即我试图从第一页开始就对刑法的使命和方法采取理性和实用的态度，这会导致对正在分析的问题的阐述过于枯燥及——更令人遗憾的是——过于法律技术化。因此，在与社会的价值观和原则——换句话说，与社会的文化媒介——的长期对话中，我掩盖了这种个人冒险的精神，刑法学说必须以这些价值观和原则为基础。面对这样的忧虑，我只能重复一遍我的其他目的：尽可能以最严厉和集中的方式阐述（我认为这是本书的教学目的所要求的），决不能在其最普遍的理解中阻止犯罪问题的呼吸和脉搏；以及从我的角度来看——尽管以努力在国家、行为人和受害者之间的三方对话中达成共识为指导的角度——，要承认和理解的是，犯罪人和维护他们的尊严是所有刑事法律论述的内在人类学原理的基础。刑法学说最让我着迷的地方恰恰是一种虚幻的感觉，它让那些研究刑法学说的人以某种方式参与探索人类状况的西西弗斯式任务（tarefa sisífia）。

我是否能成功令人理解我的用意，只有我的读者才能决定。对我来说，我们只能在平衡中找到自己的位置，因为我们一直在试图平息疑虑，化解恐惧。当我排列这些句子时，塞尔金（Serkin）悲伤的钢琴给我带来了舒伯特倒数第二首奏鸣曲的小行板乐曲那痛苦而凄美的旋律。

缩写词汇表[*]

一 机构或法律

AcComConst	Acórdão da Comissão Constitucional（宪法委员会的合议庭裁判）
AcRC	Acórdão do Tribunal da Relação de Coimbra（科英布拉中级法院的合议庭裁判）
AcRE	Acórdão do Tribunal da Relação de Évora（埃武拉中级法院的合议庭裁判）
AcRL	Acórdão do Tribunal da Relação de Lisboa（里斯本中级法院的合议庭裁判）
AcRP	Acórdão do Tribunal da Relação do Porto（波尔图中级法院的合议庭裁判）
AcSTJ	Acórdão do Supremo Tribunal de Justiça（最高法院的合议庭裁判）
AcTC	Acórdão do Tribunal Constitucional（宪法法院）
A. I. D. P.	Association internationale de droit pénal（国际刑法协会）
AR	Assembleia da República（国会）
CC	Código Civil（《民法典》）

---

* 在随后所指的文献目录旁，请读者留意页下注和每章起始所指的专题著作。在页下注中，"cit."的表述拟准确地重新引用相关章节起始所引用的著作。

当没有指出所属的法律而引用一法律规定时，应理解为现行《刑法典》中所指的规定。

CCJ	Código das Custas Judiciais（《法庭费用法典》）
CE	Código da Estrada（《道路法典》）
CEDH	Convenção Europeia dos Direitos do Homem（《欧洲人权公约》）
Ciência Penal	Ciência Penal（Brasil）［《刑法学》（巴西）］
CJ	Colectânea de Jurisprudência（Portugal）［《司法见解汇编》（葡萄牙）］
CJM	Código de Justiça Militar（《军事司法法典》）
ComConst	Comissão Constitucional（宪法委员会）
CP	Código Penal（《刑法典》）
CPP	Código de Processo Penal（《刑事诉讼法典》）
CRP	Constituição da República Portuguesa（《葡萄牙共和国宪法》）
DL	Decreto-Lei（法令）
DoctP	Doctrina penale（Argentina）［刑法学说（阿根廷）］
F. I. P. P.	Fondation internationale pénale et pénitentiaire（国际刑事和惩罚基金会）
GSaal	Der Gerichtssaal（法庭）
IndP	L'indice penale（Itália）［犯罪指数（意大利）］
MP	Ministério público（检察院）
O. I. T.	Organização Internacional do Trabalho（国际劳工组织）
PE	Parte Especial（分则）
PG	Parte Geral（总则）
P. G. R.	Procuradoria-Geral da República（共和国总检察院）
PIDCP	Pacto Internacional dos Direitos Civis e Políticos（《公民权利及政治权利国际公约》）
ScPos	La Scuola positiva（Itália）［实证主义学派（意大利）］
S. I. C.	Société internationale de criminologie（国际犯罪学学会）
S. I. D. S.	Société internationale de défense sociale（国际社会防御协会）
ST	Supremo Tribunal（最高法院）
STJ	Supremo Tribunal de Justiça（最高法院）
U. I. D. P.	Union internationale de droit pénal（国际刑法联会）

二 参考文献

Actas CâmCorp	Actas da Câmara Corporativa, Parecer n.° 54/X, Bases da Reforma Penal (Penas e Medidas de Segurança), n.° 174, X Legislatura, 73OUT23
Actas PG I, II	Actas das Sessões da Comissão Revisora do Código Penal. Parte Geral, 2 vols., separatas do Boletim do Ministério da Justiça, 1966
ActJ	Actualidade Jurídica (Portugal)
ADPCP	Anuario de derecho penal y ciencias penales (Espanha)
AE-AT	Alternativ-Entwurf eines Strafgesetzbuches. All-gemeiner Teil. Mohr: Tübingen. 1966
AnnIntCrim	Annales internationales de criminologie
ArchPC	Archives de politique criminelle (França)
AssSTJ	Assento do Supremo Tribunal de Justiça
AT	Allgemeiner Teil
BAPIC	Boletim da Administração Penitenciária e dos Institutos de Criminologia (Portugal)
BIC	Boletim dos Institutos de Criminologia (Portugal)
BETTIOL IV	Giuseppe Bettiol, Direito Penal. Parte Geral. Tomo IV. Trad. de A. Taipa de Carvalho, Coimbra: Coimbra Editora. 1977
BETTIOL/PETTOELLO MANTOVANI	Giuseppe Bettiol e Luciano Petoello Mantovani, Diritto penale, 12.ª ed. Cedam: Padova. 1986
BFDC	Boletim da Faculdade de Direito (Coimbra, Portugal)
BMJ	Boletim do Ministério da Justiça (Portugal)
BT	Besonderer Teil
Bull. adm. pén.	Bulletin de l'administration pénitentiaire (Bélgica)
CANOTILHO, J. J. Gomes/ MOREIRA, Vital	J. J. Gomes Canotilho e Vital Moreira, Constituição da República Portuguesa Anotada, 3.ª ed. revista. Coimbra: Coimbra Editora, 1993
CORREIA, Eduardo, *Lições*	Eduardo Correia, Direito Criminal, Lições ao Curso do V ano Jurídico, coligidas por Pereira Coelho e Rosado Coutinho, Coimbra: Atlântida, 1949
CORREIA, Eduardo, *PC*	Eduardo Correia, Processo Criminal, prelecções ao 5.° ano jurídico de 1955 – 6. Coimbra: J. Abrantes, 1956

3

CORREIA，Eduardo
I，II

Eduardo Correia, Direito Criminal（com a colaboração de Fig-
ueiredo Dias），2 vols. , Coimbra：Almedina, 1963, 1965

CORREIA，Eduardo，*ProjPG*

Eduardo Correia, Código Penal. Projecto da Parte Geral. Separ-
ata do Boletim do Ministério da Justiça n. ° 127. Lisboa：
Ministério da Justiça, 1963

CORREIA，Eduardo，*Estudos*

Eduardo Correia, Estudos Sobre a Evolução das Penas no Di-
reito Português, vol. I. Separata do Boletim da Faculdade de
Direito de Coimbra n. ° 53, 1977

CORREIA，Eduardo/
  RODRIGUES，Anabela/
  COSTA，A. M. Almeida

Eduardo Correia, Anabela Rodrigues e A. M. Almeida Costa,
Direito Criminal—3（1）. Lições de 1980. Coimbra：J. Abrantes

CORREIA，Eduardo/
  CARVALHO，A. Taipa de

Eduardo Correia e A. Taipa de Carvalho, Direito Criminal —
3（2）. Lições de 1980. Coimbra：J. Abrantes

COSTA Jr. , P. J. da

Paulo José da Costa Júnior, Comentários ao Código Pe-
nal. Parte Geral. Vol. I. S. Paulo：Saraiva. 1986

Dév. et Soc.

Déviance et société（Suíça）

DIAS，J. de Figueiredo，*DPP*

Jorge de Figueiredo Dias, Direito Processual Penal, I vol. ,
Coimbra：Coimbra Editora, 1974

DIAS，J. de Figueiredo/
  AND-RADE，M. de Costa

Jorge de Figueiredo Dias e Manuel da Costa Andrade, Crimi-
nologia. O Homem Delinquente e a Sociedade Criminógena.
Coimbra：Coimbra Editora, 1985

DREHER/TRÖNDLE

EduardDreher, Strafgesetzbuch（Kommentar）, 41. ª ed. ,
1983；refundido por Herbert Tröndle

E 1962

Entwurf eines Strafgesetzbuches mit Begründung. Bonn：Bun-
desratsvorlage, 1962

EdD

Enciclopedia del diritto（Itália）

EncDalloz

Encyclopédie Dalloz（França）

EPCrim

Estudios penales y criminologicos, Universidad deSantiago de
Compostela（Espanha）

Estudos Beleza dos Santos

Estudos In-Memoriam do Prof. Doutor José Belezados San-
tos. Número especial do Boletim da Faculdade de Direito de
Coimbra, 1966

Estudos Eduardo Correia

Estudos em Homenagem ao Prof. Doutor EduardoCorreia,
Números especiais do Boletim da Faculdade de Direito de
Coimbra, I, 1989, II, 1989, 111, 1990

Estudos Teixeira Ribeiro	Estudos em Homenagem ao Prof. Doutor TeixeiraRibeiro, Números especiais do Boletim da Faculdade de Direito de Coimbra, I, 1978, II, 1979, LEI, 1983, IV, 1980
FERRÃO	F. da Silva Ferrão, Theoria do Direito Penal aplicada ao Código Penal Portuguez, 8 vols. , 1856 – 7
FERREIRA, M. Cavaleiro de 1945	Manuel Cavaleirode Ferreira, Lições de Direito Penal, 1945
FERREIRA, M. Cavaleiro de 1961	Manuel Cavaleiro de Ferreira, Direito Penal II— O Delinquente. Penas e Medidas de Segurança. Lisboa: Gomes & Rodrigues, 1961
FERREIRA, M. Cavaleiro de 1982	Manuel Cavaleiro de Ferreira, Direito Penal Português. Parte Geral, 2 vols. , 2. * ed. , Lisboa: Verbo, 1982
FERREIRA, M. Cavaleiro de 1989	M. Cavaleiro de Ferreira, Lições de Direito Penal. Vol. II. Penas e Medidas de Segurança. Lisboa: Verbo, 1989
FERREIRA, M. Cavaleiro de, *Curso*	Manuel Cavaleiro de Ferreira, Curso de ProcessoPenal, 3 vols. , 1955
FS, FG	Festschrift, Festgabe
GA	Goltdammer's Archiv für Strafrecht
GiustP	La Giustizia penale (Itália)
GONÇALVES, M. Maia	Manuel Maia Gonçalves, Código Penal Português Anotado e Comentado, 6. ª ed. , Coimbra: Almedina, 1992 (Edições anteriores encontram-se especificamente referenciadas pelo número e data da edição.)
GONÇALVES, M. Maia, *CPP*	Manuel Maia Gonçalves, Código de Processo Penal Anotado, 6. ª ed. , Coimbra: Almedina, 1992. (Edições anteriores encontram-se especificamente referenciadas pelo número e data da edição.)
GS	Gedächtnisschrift
Homenagem Alberto dos Reis	Boletim da Faculdade de Direito (de Coimbra), Suplemento XV. Homenagem ao Doutor José Alberto dos Reis, vol I, 1961
IntJ Crim. Pen.	International Joumal of Criminology and Penology
JAKOBS	Günther Jakobs, Strafrecht, Allgemeiner Teil, 2. ª ed. , Berlin: de Gruyter 1990
JCLaw & Crim	The Journal of Criminal Law, Criminology and Police Science (E. U. A.)

JCP	Jurisclasseur. Droit pénal
JDC	Centro de Estudos Judiciários (Org.), Jornadas de Direito Criminal, O Novo Código Penal Português e Legislação Complementar I, Lisboa: C. E. J., 1983
JDPP	Centro de Estudos Judiciários (Org.), Jornadas de Direito Processual Penal, O Novo Código de Processo Penal, Lisboa: C. E. J., 1988
JESCHECK	Hans-Heinrich Jescheck, Lehrbuch des Strafrechts. Allgemeiner Teil, Berlin: Duncker & Humblot, 4.ª ed., 1988
JESCHECK II	Hans-Heinrich Jescheck, Tratado de derecho penal. Parte General, vol. II, trad. da 3.ª ed. alemã de Mir Puig e Muãoz Conde, Barcelona: Bosch 1981
JORDÃO	Levy Maria Jordão, Comentário ao Código Penal Portuguez, 4 tomos, 1853 – 4
JuS	Juristische Schulung (Alemanha)
JZ	Juristenzeitung (Alemanha)
KKW	Kleines Kriminologisches Wörterbuch, Herder: Freiburg i. B., 2.ª ed. 1985
LEAL-HENRIQUES, M. / SANTOS, M. Simas	M. Leal Henriques e M. Simas Santos, O Código Penal de 1982, 4 vols., Lisboa: Rei dos Livros, 1986 – 7
LK	Strafgesetzbuch. Leipziger Kommentar, 10.ª ed., Berlin: de Gruyter, 1978 – 1989, org. por H. -H. Jescheck, W. Ruß e G. Willms (Edições anteriores encontram-se especificamente referenciadas pelo número e data da edição.)
MANTOVANI	Ferrando Mantovani, Diritto penale. Parte generale, 3.ª ed., Cedam: Padova, 1991
Materialien	Materialien zur Strafrechtsreform, 15 vols, 1954 – 1962
MAURACH/GÖSSEL	Karl Heinz Gössel, em: Reinhart Maurach/Karl Heinz Gössel/Heinz Zipf, Strafrecht. Allgemeiner Teil, Teilband 2, 7.ª ed., Tübingen: Mohr, 1989
MAURACH/ZIPF	Heinz Zipf, em: Reinhart Maurach/Karl Heinz Gössel/Heinz Zipf, Strafrecht. Allgemeiner Teil, Teilband 2, 7.ª ed., Tübingen: Mohr, 1989
MDR	Monatschrift für deutsches Recht (Alemanha)

MEZGER	Edmond Mezger, Strafrecht, 3.ª ed., 1949
MIR PUIG	S. Mir Puig. Derecho penal. Parte general, 3.ª ed., Barcelona: PPU, 1990
MKrim	Monatschrift für Kriminologie umd Strafrechtsreform (Alemanha)
NDigIt	Novissimo Digesto Italiano
Niederschriften	Niederschriften über die Sitzungen der Großen Strafrechtskomission, 12 vols. 1958 – 1960
NJW	Neue Juristische Wochenschrift (Alemanha)
NStZ	Neue Zeitschrift für Strafrecht (Alemanha)
OSÓRIO, Luís	Luís Osório, Notas ao Código Penal Português, 4 vols., Coimbra: Coimbra Editora, 1923
PRADEL	Jean Pradel, Droit pénal général, 8.ª ed., Paris: Cujas, 1992
PRADEL, Pp	Jean Pradel, Procédure pénale, 6.ª ed., Paris: Cujas, 1992
1.ª Rev. Min.	Código Penal. Projeto da Parte Geral. 1.ª Revisão Ministerial. Separata do Boletim do Ministério da Justiça, 1966
Projecto de 1991	Revisão do Código Penal. Fevereiro de 1991. Lisboa: Ministério da Justiça, 1993
ProjPE de 1966	Código Penal. Projeto da Parte Especial. Separata do Boletim do Ministério da Justiça. Lisboa: Ministério da Justiça, 1979
ProjPG de 1963	Código Penal. Projecto da Parte Geral. Separata do Boletim do Ministério da Justiça n.° 127. Lisboa: Ministério da Justiça, 1963
RDE	Revista de Direito e Economia (Portugal)
RDES	Revista de Direito e de Estudos Sociais (Portugal)
RDP	Revista de Direito Penal (Brasil)
RDPC	Revista de Direito Penal e Criminologia (Brasil)
RDPenit	Rivista di diritto penitenziario (Itália)
RecD	Reccueil Dalloz (França)
Rev. Jur.	Revista Jurídica (Portugal)
RICrimPT	Revue internationale de criminologie et de police téchnique (Suíça)
RIDP	Revue intemationale de droit pénal

RItalDPP	Rivista italiana di diritto e procedura penale（Itália）
RJ	Revista de Justiça（Portugal）
RLJ	Revista de Legislação e de Jurisprudência（Portugal）
RMP	Revista do Ministério Público（Portugal）
ROA	Revista da Ordem dos Advogados（Portugal）
RODRIGUEZ DEVESA/ SERRANO GOMES	J. M. Rodriguez Devesa e A. Serrano Gomez, Derecho penal español. Parte General, 15.ª ed., Madrid: Dykinson 1992
ROMANO	Mario Romano, Commentario Sistematico del Codice penal I, Milano: Gireffrè, 1987
ROXIN	Claus Roxin, Strafrecht. Allgemeiner Teil, I, München: Beck, 1992
RPCC	Revista Portuguesa de Ciência Criminal（Portugal）
RPénitDP	Revue pénitentiaire et de droit pénal（França）
RPS	Revue pénale suisse = Schweizerische Zeitschrift für Strafrecht（Suíça）
RScC	Revue de science criminelle et de droit pénal comparé（França）
RTrib	Revista dos Tribunais（Portugal）
SANTOS, J. Beleza dos	J. Beleza dos Santos, Ensaio Sobre a Introdução ao Direito Criminal（1943）. Coimbra: Atlântida, 1968
SANTOS, M. Simas（Org.）	Código Penal. Notas de trabalho, pelos Magistrados do MP do Distrito Judicial do Porto, org. por M. Simas Santos, Porto: Porto Editora, 1983
SCHMIDHÄUSER	Eberhard Schmidhäuser, Strafrecht. Allgemeiner Teil, 2.ª ed., 1975
SCHÖNKE/SCHRÖDER［跟 随着评注者的名字之后］	Schönke/Schröder, Strafgesetzbuch. Kommentar. 24.ª ed., 1991, continuado por Lenckner, Cramer, Eser e Stree. München: Beck
SCHULTZ	Hans Schultz, Bericht und Vorentwurf zur Revision des Allgemeinen Teils des schweizerischen Strafgesetzbuches. Março de 1986
SK	Systematischer Kommentar zum Strafgesetzbuch, I, Allgemeiner Teil, 2.ª ed., 1977
STRATENWERTH	Günter Stratenwerth, Derecho penal. Parte general, I, trad. da 2.ª ed. alemã de Gladys Romero, Madrid: Edersa, 1982

TribJ	Tribuna de Justiça（Portugal）
TRECHSEL	Stefan Trechsel, Schweizerisches Strafgesetzbuch. Kurzkommentar, Zürich: Schultess, 1989
TRIEFFTERER	Otto Triffterer, Österreischisches Strafrecht AT, Wien: Springer, 1985
VDAT	Vergleichende Darstellung des deutschen und ausländischen Strafrechts, Allgemeiner Teil, 6 vols. , 1908
Verh. DJT	Deutscher Juristentag. Verhandlungen（Alemanha）
WELZEL	Hans Welzel, Das deutsche Strafrecht, Berlin: de Gruyter, 11. ª ed. , 1969
WK	Wiener Kommentar zum Strafgesetzbuch, org. por Foregger e Nowakowski, a partir de 1977
ZRP	Zeitschrift für Rechtspolitik（Alemanha）
ZStW	Zeitschrift für die gesamte Strafrechtswissenschaft（Alemanha）

Contents

目　录

导　论

第一部分　刑　罚

第二部分　刑罚的确定

第三部分　保安处分

第四部分　特别性质的制度

第五部分　处罚的积极和消极前提

导　论

第一章　犯罪的法律后果
和刑事处分（制裁）

BERISTAIN，*Medidas penales en derecho contemporaneo* 1974.

BOCKELMANN，Zur Reform des Strafensystems，*JZ* 1951 494.

CÂMARA CORPORATIVA，Parecer n.° 54/X，Bases da Reforma Penal（Penas e Medidas de Segurança），*Actas da Câmara Corporativa* n.° 174，X Legislatura，73OUT23.

CAMMARATA，Sulla concepibilità di un nesso logico tra «illecito» e «sanzione»，*Scritti Giuffrè* Ⅰ 1967 101.

CARVALHO，A. Taipa de，*Sucessão de Leis Penais* 1990.

FREY，Ausbau des Strafensystems?，*ZStW 65* 1953 26.

HORN，*Die strafrechtlichen Sanktionen* 1975.

KAISER，Perspektiven vergleichender Pönologie，*MKrim* 1980 366.

KAISER，Erneuerung des kriminalrechtlichen Sanktionensysterms …，*Estudos Eduardo Correia* II 1989 281.

KAUFMANN，Hilde，*Strafanspruch Strafklagrecht* 1968.

KELLENS，*Précis de pénologie et de droit des sanctions pénales. La mesure de la peine* 1991.

LANDROVE DIAZ，*Las consequencias juridicas del delito* [3] 1984.

LANG-HINRICHSEN，Das Strafensystem，*Materialien* I 1954 33.

MÜLLER-DIETZ，*Grundfragen des strafrechtlichen Sanktionensystems* 1979.

SANTOS，J. Beleza dos，Medidas de Segurança e Prescrição，*RLJ 77* 321.

ZIPF，Die Rechtsfolgen der Tat im neuen Strafgesetzbuch，*JuS* 1974 273.

一　犯罪的法律后果学说及其科学和实践意义

第 1 节　在研究犯罪学说后——在一般法律理论的意义上，对某一法律后果或法律效力的验证取决于作为前提的*假设*或*事实*（*Tatbestand*）——，应考虑作为刑法总则组成部分及主要关于与犯罪在法律上相关联的**处分**或**处罚**之另一重要学说。

第 2 节　如今，当犯罪的法律后果学说仍然属于**刑事政策**的范畴时，一般犯罪学说包括刑法教条的说法仍然占主导地位。通过这种方式，人们想引出以下观念：在刑法的实践应用或实施中，法律后果学说对于一般犯罪学说仅具有衍生、辅助或工具上的意义；此外，这与 v. Liszt 的思想至今仍具有的理论回响一致，根据这种思想，刑法教条构成刑事政策不可逾越的障碍[1]。由此，人们想得出结论（或至少得到启示），鉴于"教条的领导角色"[2]，一般犯罪学说在法学上的尊严和意义在很大程度上可能会超越法律后果学说在法学上的尊严和重要性。

第 3 节　上述观念需被否定[3]。刑事政策不能仅仅被视为教条的附属物：它们之间的关系不是依赖关系，而是真正的**功能统一**关系[4]。值得一提的是，刑事政策的价值评估本身将渗透到——而犯罪学说的研究显示其真正地渗透到[5]——整个刑法教条中，保证解决具体刑法问题的正确性和适当性。尤其只有透过法律后果及从这种意义上说，"透过结果"[6] 可以对一般犯罪学说中的许多问题给出确定的解决方案。另一方面，如今认为解决犯罪的法律后果学说中提出的问题完全或主要取决于法官适用的"艺术"——取决于其敏感度、感觉和既有能力以掌握刑事政策的价值评估——毫无道理，因此，它无法进入刑法教条（并因此是"科学"）的领域。

1　V. LISZT, *Strafrechtliche Aufsätze und Vorträge* II 1905 80.

2　该表达来自 MAURACH, *Schmidt-FS*, 1961, 305。

3　参见 DIAS, J. de Figueiredo, *ROA 43* 1983 5 ss。而且，某种程度上来自 FERNANDEZ AL-BOR, *BFDC 48*, 1982, 173。

4　在 Zipf 的表达中，见 MAURACH/ZIPF, § 3 n.° m. 24。

5　Pioneiro, ROXIN, *Política criminal y systema del der. pen.* 1972 25. 其后参见 DIAS, J. de Figueiredo, *RPCC 1* 1991 9。

6　尽管它甚至可以讨论得更彻底，并且根据 LUHMANN, *Rechtssystem und Rechtsdogmatik* 1974 14, 31 ss., 原则上可以肯定所有教条必须以结果为导向。

仅举一个**例子**，诸如量*刑*之类的问题明显属于犯罪的法律后果学说的问题（见下文第八章），如今已不再仅仅或主要被视为"审判人的主观性"，即其"审判艺术"[7]及因此主要被视为非教条的问题。Zipf 甚至想在这个过时的观念中找到"数十年来量刑学说停滞不前"的原因[8]。特别是 Bruns 在这方面进行研究之后，不得不承认的是，正如我们将在下文第 251 节及其后所看到的那样，刑罚的司法确定或具体计量构成了"结构上的法律适用"[9]，以及在其更真实的意义上体现为一项"教条"问题，即等于在犯罪学说中研究的任何处于同一水平的问题[10]。*

第 4 节　从所有这些都可以得出结论，犯罪的法律后果问题具有与犯罪学说完全**相同的法学等级**[11]。可以肯定的是，犯罪的法律后果问题的**实践重要性**大于犯罪学说的重要性。无论是对于遭受法律后果的不法分子、适用法律后果的社会还是罪行的受害者来说，刑事处罚制度及其确定和适用的程序似乎都是最重要的方面。用 Zipf 的话来说，在确定犯罪的法律后果后，将针对具体案件做出刑事政策决定[12]：制度的刑事政策意图和方案的履行，在很大程度上取决于对犯罪的法律后果的正确适用。

第 5 节　与一般犯罪学说有关的问题和与犯罪的法律后果有关的问题之间的区别在于区分"罪过的问题"和"处罚确定的问题"方面有其**诉讼上的解释**（《刑事诉讼法典》第 368 条和第 369 条）：德语术语为 *Schuldfrage/Strafrage*，在英语中为 *conviction/sentencing*。刑事处罚学说日益受到重视的证据正是基于其在现代刑事诉讼中的表现。不论全部或部分接受或拒绝刑事审判的分立（*césure* 或 *Schuldinterlokut*）制度——基于理论特征和实用学的考虑[13]以

7　因此，还可见 CORREIA，Eduardo II 317；亦参见 SCHMIDHÄUSER，在 § 20 之前。

8　MAURACH/ZIPF　§ 63 n.° m. 187.

9　见 BRUNS，*Strafzumessungsrecht* 1974 91，以及在意大利的 DOLCINI，Potere discrezionale del giudice，sep. da *EdD* 1983 7。

10　对此，见 DIAS，J. de Figueiredo/ANDRADE，M. da Costa – 509。

*　译者注：本书葡语原版正文内容以两种字号呈现，略小一些字号内容是延伸内容，或起解释的作用。中文译文排版方式同葡语原版。

11　在此，正如 JESCHECK 在 § 70 之前所提到的。此外，对于这个问题在本文中的意思，见 v. LISZT，*Strafrechtliche Aufsätze und Vorträge* II 1905 93，以及 KAISER，*Estudos Eduardo Correia* cit. 282。

12　MAURACH/ZIPF　§ 57 n.° m. 42.

13　详见 DIAS，J. de Figueiredo，*DPP* 278 e ss。

及制度在某些地方经受的实验结果[14]——，所有人似乎都同意，在刑事审判过程中，处罚确定的有关执行应具有特定甚至形式的意义。因此，我们的《刑事诉讼法典》在决定和表决的情况下对处罚确定的执行赋予独立性，但不与处罚确定的执行一起构成一个特定的审判"阶段"；甚至允许重新开始听证，以对确定所适用的处罚类别和处罚量提出补充证据（《刑事诉讼法》第371条）。

二　犯罪的法律后果学说之目标

1. 刑罚、保安处分和特别制度

第6节　犯罪的法律后果学说之目标——狭义上的法律后果，应该强调的是，非广义上的（文化、社会、经济等的）后果——正如我们曾指出的，它主要是由刑事处分（*reacções*）或处罚（*sanções*）构成的，即由**刑罚**和**保安处分**构成的。

第7节　1963年总则草案修订委员会广泛讨论了所有刑罚和保安处分总体应严格地称为刑事**处分**还是**处罚**，或者任何其他名称（例如刑事或刑事性质的措施或方法[15]）。1963年的总则草案选择了《刑事处分》——像法国的《刑法典》草案今天所做的那样[16]——但在第一次部级修订更倾向于《刑事处罚》的表述，而《刑法典》的确定文本则明智地用了"刑罚和保安处分"的表述。有人批评"处分"一词的语气过于压抑，因此特别不适合1963年总则草案的基本刑事政策概念；认为"处罚"一词适合于包含刑罚（鉴于道德分配元素对刑罚具有共性），但不包含保安处分，而"措施"或"方法"的表述则相反。

这一争议——此外，完全等同于在意大利对同一方面一直建立的争议[17]——没有充分的理由：对于在此涉及的效力，"处分"和"制裁"应被视为同义词，它们中的任何一个都合理地反映了符合某一事实的法律后果或效力的观念。

14　例如在德国哥廷根，参见 SCHÖCH/SCHREIBER, *ZRP* 1978 63, 以及 SCHÖCH, *Strafprozess und Reform* 1978 18。

15　参见 *Actas PG* I 38 s., 76 100。

16　已经由 Leis n.ºˢ 92–683 a 92–686, de 92JUL22 核准。另参见下文第17节。

17　当中见 BETTIOL IV 101 ss。

第 8 节　**刑罚**的制度研究包括主刑（剥夺自由或徒刑以及金钱处罚或罚金刑）和附加刑（也就是说，在没有同时适用主刑时就不能纳入有罪判决的刑罚）。另一方面，在犯罪的法律后果学说中，主要是对广义上量刑这一敏感问题的分析，其中包括执行刑罚的选择和（法律的或抽象的以及司法的或具体的）计量。

但是，对于提到的主刑和附加刑，刑罚的种类并没有穷尽，仍必须考虑所谓*替代刑*的制度——此外，还要考虑与刚刚提到的刑罚的选择问题更紧密地联系在一起的制度。这些刑罚中涉及具体适用的刑罚，而不涉及对《刑法典》分则的罪行所规定的法定主刑（主要涉及徒刑）。

第 9 节　至于**保安处分**，包括拘留或剥夺自由措施（即不可归责者的收容）和非拘留措施（即对职业的禁止、中止执行收容、驱逐外国人）。但此外，存在其他措施，其性质在某种意义上关于刑罚和保安处分之间的区别似乎表现出混合的特征，以及其定性和系统学说的规则（尽管视情况出于不同的原因）变得特别令人怀疑。这些措施是假释、相对不定期刑、在不可归责者的场所中收容可归责者、与犯罪有关的物或权利的丧失（以及刑事记录和恢复权利）。

2. 处罚和弥补损害的前提

第 10 节　因此，犯罪的法律后果学说之目标似乎主要与第 40 条至第 130 条所规定的事宜相符。尽管我们的刑事立法传统以及比较刑事立法的经验都支持这种相符的情况，但事实是，在刑罚学说中包括关于处罚的积极前提的表述（即告诉和自诉：第 111 条至第 116 条）和关于处罚的消极前提——或关于处罚的障碍——的表述（即追诉时效和刑罚时效，见第 117 条至第 124 条；大赦和特赦，见第 126 条和第 127 条；以及行为人的死亡，见第 125 条）变得可疑。以及——也许仍更合理地——对*由犯罪所产生的损失及损害之赔偿*的事宜也可以这样说，见第 128 条和第 129 条。考虑到这一切，有充分理由将上述第一项事宜，而非上述第二项事宜列入目前的处理中。

a）处罚的（积极和消极）前提

第 11 节　关于制度的法律性质的讨论，如**告诉**和**自诉**、**追诉时效**和**刑罚时效**、**大赦**和**特赦**的制度，长期以来在国内外吸引着学说的注意力，并反映于司法见解中[18]。在该等制度中突出其实体法性质的一个主要实质上的考虑，一直逐渐取代其作为诉讼进程条件的特征；这令最近的学说——目前在某些国家占主导地位的学说——给它们贴上双重性质的标签，即部分是实体法性质，部分则是诉讼法性质；但是，也不乏学者认为该等前提为纯诉讼性质。

如属纯诉讼前提，则将其纳入实体刑法的系统性论述并不适合，尽管有理由（实际上存在和源于许多该等前提与单一的法定罪状之间的紧密关系的理由）可不断地证明其在《刑法典》而不是《刑事诉讼法典》中规范的正当性。

但是，当该等前提被赋予双重性质或甚至完全是实体性质时，我们就不会进一步在犯罪的法律后果学说中对其进行考虑。这是因为，按照某种观念，这些制度中大多数所固有的实质含义的内容，如果有的话，会导致将该等制度纳入"额外的处罚前提"中——尤其作为阻却或免除刑罚的个人事由——，而这些前提可能与事实的刑事尊严类别有关，也因此属于犯罪概念的构成要素。所以，从这一角度来看，如非以刑事诉讼法的角度，研究这些制度的本身的系统位置可能在犯罪的一般学说内，而不是在犯罪的法律后果学说内。

第 12 节　但是，对事物的这种观念并非毫无疑问。整个刑法当前最困难的系统教条（dogmático-sistemáticos）的主题之一恰恰是区分仍然属于所谓的刑罚附加前提的东西（因此，由于主要与刑罚应得的种类有关，属于犯罪学说）和已经属于刑罚学说的东西（因此，由于主要与刑罚需要的种类有关，属于犯罪的法律后果学说）[19]。这里要捍卫的观念更接近于第二种观念，而非第一种观念，正如对多重目的所显示的那样（见下文第十九章和第二十章），这为本陈述涵盖有关制度提供了充分的教条基础。

b）弥补损害

第 13 节　与对因犯罪产生的损失及损害作出赔偿有所不同（同样参见下文第 64 节和第 72 节）。在 1982 年的《刑法典》公布之前，该赔偿构成了判刑的效力（1886 年的《刑法典》第 3 节第 75 条），并因此其研究当时完全符合犯罪的法律后果学说。实际上，当时这是判刑的刑事效果，即从这个意义上说，是一个依职权裁定的"公刑罚的部分"，此部分不论在目的上还是在理由上都与民事损害赔偿不一致，也不应在金额上与民事损害赔

---

[18]　我们将在后面第五部分中对所提及的每个制度进行详细分析，以及指出主要参考书目。

[19]　关于这一点，普遍见 DIAS, J. de Figueiredo, *RPCC* 2 1992 30 ss。

偿相同[20]。现行《刑法典》第128条规定"犯罪所产生之损失及损害之赔偿，由民法规范之"，深深地改变了这种状况。这与强制遵守民事诉讼赔偿要求的（程序性）制度无关（该制度载于1987年《刑事诉讼法》第71条中），而是关于仲裁的非官方性质和刑事标准，但新法已将这些性质和标准删去（《刑事诉讼法》第84条）[21]。

第14节 在这里特别重要的是，对因犯罪产生的损失及损害作出赔偿的问题占有显要的地位，尤其在民法和刑事诉讼法中，并**与刑罚学说无关**：从形式上看，即使这属于犯罪的法律后果，但实质上——正如有必要进入我们考虑的目标内——不会在犯罪的法律后果内分析该问题。因此，根据《刑事诉讼法》第84条的规定，即使在宣判无罪的情况下，也可在刑事诉讼中作出民事损害赔偿的判决：从赔偿的刑事性质来看，这种解决方案可能是无法理解的，但从其民事性质来看，我们毫无困难地接受这种解决方案。

据说这并没有忽略或最小化对最近国际学说的一部分广泛要求，即赋予因犯罪产生的赔偿刑事意义，以至于不乏学者强调某一学说的刑事政策的实质问题，该学说用三极概念——刑罚、保安处分和损害赔偿（或弥补）代替了目前对犯罪的法律后果的两极概念（刑罚和保安处分）。这一倡议应当受到更大的关注，尤其是对立法及其学说部分，正如葡萄牙的立法及其学说一样，立法及其学说几十年来在因犯罪产生的赔偿的价值评估（作为刑事政策的重要元素）中处于一个先驱的地位。但是今天——而这才是最重要的——这样的要求只能在构成权方面加以考虑；而且，我们将在下文第64节中在准确的范围内予以考虑。然而，在一个致力于研究犯罪的法律后果的陈述中，这样的要求不足以按照法律（*de lege lata*）证明该主题被单独考虑的合理性。

3. 犯罪记录和恢复权利

第15节 最后，关于犯罪记录和恢复权利的事宜——与1月25日第39/83号法令关联的第130条和第70条所涉及的事宜——应被认为与犯罪的法律后果学说之目标有关[22]。不论最终赋予犯罪记录何种性质，犯罪记录——虽然不是唯一，考虑到犯罪记录中接受的多种功能和目的（参见下

---

[20]　对此，见 DIAS, J. de Figueiredo, *Estudos Beleza dos Santos* I 1966 79；反对以前的主流学说可见 FERREIRA, M. Cavaleiro de, *Curso* I, 137, SERRA, A. Vaz, *BMJ 91* 196；最后见 ALMEIDA, L. Nunes de, *ROA 39* 1969 5。

[21]　因此，考虑到1963年总则草案第106条，见 DIAS, J. de Figueiredo, *DPP* 563。

[22]　现在已公布了新的规范犯罪记录的法律——5月21日第12/91号法律，但是，该法律在我们撰写时尚未生效，因为该法律第45条第1款涉及的规章性法令尚未公布。

文第十八章）——通过制定相关犯罪前科，起到识别和了解曾对某个行为人施加刑事处分的决定作用。过往的判罪本身会产生不同性质（刑事、刑事诉讼和行政）的效力，因此，应正式收集和整理。但是，另一方面，该等效力不应无限期地持续下去，正如经判罪的人身上一直存在顽固疤痕一样，相反，在了解到与刑事处分共性的（co-natural）社会效应——无论如何，尤其是面对当今十分受抨击的违法行为的正常现象和普遍存在——必须被遗忘时，就应该停止。因此会取消记录，当中主要解释了恢复权利这一制度的意义[23]。

第 16 节　以上定义了犯罪的法律后果学说的目标，后文将展开陈述。仅应进一步强调的是，陈述将仅限于一般刑法的处分，原则上不包括其含义仅限于（或包含）*特别*刑法领域的那些犯罪的法律后果，例如有关未成年人、军事和道路交通的刑法等。

23　对此，见 DIAS, J. de Figueiredo/ANDRADE, M. da Costa 259 ss。

第二章　在刑事政策模式中葡萄牙
刑法的刑事处分

AA. VV. , *Alternativ-Entwurf eines Strafgesetzbuches AT* 1966.

ANCEL, *A Nova Defesa Social* （trad. brasileira, de Osvaldo Melo, da 2.ª ed. francesa） 1971.

ANCEL, *La défense sociale nouvelle* [4]1985.

ANDRADE, M. da Costa, *A Vítima e o Problema Criminal* 1980.

BLAU, Die Kriminalpolitik der deutschen Strafrechtsreformgesetze, *ZStW 89* 1977 511.

CORREIA, Eduardo, La prison, les mesures non-institutionelles …, *Estudos Beleza dos Santos* 229.

CORREIA, Eduardo, A Influência de Franz v. Liszt…, *BFDC 46* 1970 1.

CORREIA, Eduardo, As Grandes Linhas da Reforma Penal, em: *JDC* 19.

COSTA, J. Faria, Diversão（Desjudiciarização） …, *BFDC 61* 1985 91.

DELMAS-MARTY, *Modèles et mouvements de politique criminelle* 1983.

DELMAS-MARTY, *Le flou du droit* 1986.

DELMAS-MARTY, *Les grands systèmes de politique criminelle* 1992.

DIAS, J. de Figueiredo, Sobre a Reparação de Perdas e Danos…, *Estudos Beleza dos Santos* 87.

DIAS, J. de Figueiredo, Lei Criminal e Controlo da Criminalidade, *ROA 36* 1976 69.

DIAS, J. de Figueiredo, Os Novos Rumos da Política Criminal…, *ROA 43* 1983 5.

DIAS, J. de Figueiredo, Les nouvelles tendances···, *ArchPC 6* 1983 143.

DIAS, J. de Figueiredo, Principes géneraux…, *RScC* 1987 87.

DIAS. J. de Figueiredo, O Sistema Sancionatório…, *Estudos Eduardo Correia* I 1989 783.

F. I. P. P. , *Les nouvelles tendances de la politique criminelle* 1984.

FOUCAULT, *Surveiller et punir* 1975.

HEINTTZ, Der Entwurf des ATs…, *ZStW 70* 1958 1.

HORN, Neuerungen der Kriminalpolik…, *ZStW 89* 1977 547.

HULSMANN/CELLIS, *Peines perdues. Le système pénal en question* 1982.

HÜNERFELD, *Die Entwicklung der Kriminalpolitik in Portugal* 1971.

JESCHECK, Principes et solutions de la politique criminelle…, *Estudos Beleza dos Santos* 433.

JESCHECK, Die kriminalpolitische Konzeption des AE, *ZStW 80* 1968 54.

JESCHECK, La crisis de la politica criminal, *DoctP 3* 1980 47.

JESCHECK, Rechtsvergleichenden Bemerkungen…, *Blau-FS* 1985 425.

KAISER, Erneuerung des kriminalrechtlichen Sanktionensystems…, *Estudos Eduardo Correia* II 281.

LAZERGES, *La politique criminelle* 1987.

MAURACH, Die kriminalpolitischen Aufgaben…, *Gutachten zum 43. DJT 1960-3A*.

McCLINTOCK, Rapport de la S. I. C. em: F. I. P. P. , *Jeunesse, Crime, Justice* 1984 16.

MORRIS/HAWKINS, *The Honest Politicians Guide to Crime Control* 1970.

PADOVANI, *L'utopia punitiva* 1981.

RIDP, Politique criminelle et droit pénal, *RIDP 49* 1978 3.

ROCHA, M. A. Lopes, Algumas Questões de Política Criminal, *BMJ 322* 37.

ROCHA, M. A. Lopes, O Novo CP—Algumas Considerações Sobre o Sistema Monista…, *BMJ 323* 9.

ROCHA. M. A Lopes, O Novo CP português—Um Ano Depois, *EPCrim 8* 1985 107.

ROXIN, El desarrollo de la politica criminal…, *DoctP 2* 1979 507.

RScC, Les principes directeurs…, *RScC* 1987 25.

RUSCHE/KIRCHHEIMER, *Pena e struttura sociale* (trad. italiana, de Melossi/Pavarini, da ed. americana de 1968） 1978.

SCHMIDT，Eb.，Kriminalpolitische und strafrechtsdogmatische Probleme …，
　　ZStW 69 1957 359.

SCHULTZ，Où est la neige d'antan…，*Baumann-FS* 1992 431.

SCHUR，*Radical Non-Intervention* 1973.

SPENDEL，Die kriminalpolitischen Aufgaben…，*NJW* 1960 1700.

U. S. GOVERNMENT，*The Challenge of Crime in a Free Society* 1967.

WEIGEND，Entwicklung und Tendenzen…，*ZStW 94* 1982 805.

ZAFFARONI，*En busca de las penas perdidas* 1989.

ZTPF，Kriminalpolik [2]1980.

一　葡萄牙刑事改革运动及其在刑事处分领域最重要的成就

1. 国际刑事改革运动

第 17 节　鉴于前面概括指出的理由，刑事处分的法律构成了我们这个时代在国内和国际上证实的*刑事改革*广泛运动的最重要章节。由第二次世界大战结束起——特别是从 20 世纪 60 年代开始——主要透过刑事政策概念的演变，这一领域引入了许多新思想。这些新思想在某些国家找到了（而且正在其他国家寻找着）合适的**立法解释**（tradução legislativa）；正如在我们之间已发生的，不论是透过全球刑事立法改革，还是透过刑事修改的部分改革或刑事修改的单行法改革。

因此，德国和奥地利的新《刑法典》，即广泛、谨慎和耗时的立法改革工作的产物，在 1975 年生效，这些新《刑法典》根据刑事政策的新概念深刻地改变了犯罪的法律后果[1]。在瑞士，H. Schultz 于 1986 年提出了《刑法典》总则的修正草案，此草案在刑事处分事宜中建立了一个十分精确和严谨的、由一个清楚的刑事政策观念所引导的制度[2]。同样在比利时，R. Legros 在最近提出了《刑法典》总则草案，当中以新的方式制定了刑事处分的所有法律[3]。在巴西，1984 年的法律改变了《刑法典》

1　关于它们，分别见 JESCHECK，*RPS 91* 1975 1 e *100* 1983 1 以及 BURGSTALLER，*ZStW 94*
　　1982 723。

2　H. SCHULTZ 1986. 之后，同样参见 SCHULTZ，*Baumann-FS* cit.，在此特别留在*我们的*《刑法典》内所载的某些解决办法。

3　LEGROS，R.，*Avant-projet de Code pénal*，s/d.

总则并建立了执行刑罚和保安处分的特别规定[4]。在西班牙，1980 年出现了一个《刑法典》草案，其后由 1983 年的草案提案代替，对此提案的过渡人们认为可在短期内成为法律，但只是在 1992 年才恢复为法律[5]。同样在法国，在此时结束了《刑法典》的综合改革，其计划于 1993 年 3 月生效，尽管根据 1975 年和 1983 年的法律（已对刑罚和保安处分事宜重新制定要点）起草的 1988 年草案遭到否决[6]。在意大利，1981 年颁布了对刑罚和行政刑罚制度具重要意义的《刑事制度的改革法律》[7]；1986 年，颁布了具处罚性质的重大改革和总体上执行刑罚和保安处分的重大改革的第 613 号法律[8]；而且，一个负责起草新《刑法典》的委员会正在结束其工作[9]。同样，大不列颠、美国、波兰和几乎所有其他社会主义国家正在准备对刑事处分采取新的刑事政策原则的法律[10]。

第 18 节　刚才提到的刑事改革的广泛运动被大量植根于**共同的刑事政策背景（fundo politico-criminal comum）**的思想所渗透，并试图或多或少地从中消除相关后果，以对刑罚和保安处分的结构、等级和适用领域作出——自然受到国家的传统和特质影响的重整。

在此运动共同的**形式（matrizes）**中，应特别强调以下内容：限制适用剥夺自由的刑罚的范围和频率；坚决打击短期徒刑，导致一般甚至在所有情况下，以非剥夺自由的或非收容性的刑罚代替；全面丰富和明显增加非监禁性质的刑罚（尤其罚金）的适用范围和适用频率；在不挫败违反规范的社会期望的情况下，尝试以各种方式限制刑事处罚的污名化——和随之而来的犯罪——作用；最后，在不损害和不得不深化其社会内容的情况下，

4　REALE e OUTROS, *Penas e Medidas de Segurança no Novo Código* 1985. 主要参见 DOTTI, *Bases Alternativas para o Sistema de Penas* 1980。

5　对此最关切的见 FERNANDEZ ALBOR（Org.），*La reforma penal y penitenciaria* 1980。对改革运动成功的概括历史，可参阅 RODRIGUEZ DEVESA/SERRANO GOMEZ, 145 ss。现参见 *Proyecto de ley orgânica del Codigo Penal* 1992。

6　综合关于此运动见 PRADEL n.° 118, 当中具参考书目的 p. 144. 其后参见由议会投票及参议院和议会混合委员会采纳的第 I 号法律；而现在参见 1992 年 7 月 22 日第 92 - 683 号和第 92 - 686 号法律。

7　综合见 BETTIOL/PETTOELLO MANTOVANI 48 s。在关于此事宜的参考书目中，需强调 AA. VV., *Commentario delle «Modifiche al sistema penale»* 1982；PALAZZO, *La recente legislazione penale* [3]1985；PALIERO, *«Minima non curat prætor»* 1985。

8　关于此法律，参见 FLORA（Org.），*Le nuove norme sull'ordinamento penitenziario* 1987 以及 GREVI（Org.），*L'Ordinamento penitenziario doppo la riforma* 1988。

9　但相关工作到今天仍未公布。

10　关于直到 1985 年的改革状况，综合见 JESCHECK, *Blau-FS* 1985 430 ss。

努力涵盖保证符合法治理念（ideia do Estado de Direito）的保安处分的结构和适用。

2. 在葡萄牙的刑事改革运动

第 19 节　在 1983 年 1 月 1 日新《刑法典》生效时达到顶峰的葡萄牙的刑法改革运动，从一开始——从 Eduardo Correia 提出其《**刑法典》，1963 年总则草案**起——就正确地兼有我们刚刚描述的国际改革运动最显著的特征。尽管确实可以说，就许多目的而言，1963 年的总则草案比重整刑事处分方面当时占主导地位的刑事政策建议走得更远更深入[11]，该草案是整体刑事政策的强制性参考点和进展的标志。另一方面，尽管在《刑法典》的长期酝酿中该草案遭到改变，正确的是，主导该法典的重大刑事政策思想并未遭到实质性改变，反而是某些要点得到加强。

a）死刑和无期徒刑之拒绝

第 20 节　如果我们想概括一下现行《刑法典》的刑事处分体系，首先要强调的是，该法典维持了葡萄牙刑法中传统上对死刑和无期徒刑规定的拒绝。毫无疑问，这是以**人道原则**（**princípio de humanidade**）的名义发生的，今天在刑事政策事宜中已经说了很多，而且葡萄牙刑法可以说是先锋。这是 Jescheck 对此原则所下的复杂定义，即"最广泛意义上的刑法所包含的所有人类关系，都应以相互沟通、对被处罚者的小区责任、免费提供社会援助和照顾以及决心恢复被判刑的罪犯作为基础予以命令"[12]。

在许多国家，关于死刑学说合理性的争论以及维持或消除这种刑罚以及无期徒刑的刑事政策优势的争论今天仍然在继续[13]。在葡萄牙法律秩序舍弃该等刑罚相当长的期间内，我们之间并没有出现任何重大的争论，因此，我们无法证明出现了反常

11　参见 JESCHECK，*Estudos Beleza dos Santos* I 458 s.；关于随后的内容，主要参见 CORREIA，Eduardo，*ProjPG* 8 ss.，以及 *JDC* 27 s。

12　JESCHECK § 4 Ⅲ.

13　对于不同的意见和倾向，请参见关于该主题所包含的参考书目 *Pena de Morte. Colóquio Internacional Comemorativo da Abolição da Pena de Morte em Portugal*，3 vols. 1968；BARBERO SANTOS e OUTROS，*La pena de muerte：6 respuestas* 1968；以及最后见 1987 年 5 月的 *Actas do Colóquio de Siracusa Sobre a Pena de Morte*。关于无期徒刑的问题，主要参见 ANCEL，*Studies Lionel Fox* 11 ss.，EINSELE e OUTROS，*Die Reform der lebenslangen Freiheitsstrafen* 1972 以及 LEVASSEUR，*Colóquio Comemorativo*（cit. nesta nota）I 137。关于意大利现行法律中的这些制度，概括见 ROMANO arts. 21 e 22。

的效果。所以，在葡萄牙，几乎一致认为，根据刑罚的目的死刑是不合理的[14]，并且认为无期徒刑是残酷和不必要的刑罚[15]。因此，可以理解的是，现行《葡萄牙共和国宪法》一致通过表决，以加强我们在这方面的传统，并把我们的传统与宪法禁止的力量结合起来（《葡萄牙共和国宪法》第 26 条第 2 款和第 30 条第 1 款）。

b）剥夺自由的刑罚作为刑事政策的最后手段

第 21 节　第二，必须强调的是，我们的《刑法典》的处罚制度基于以下基本概念：剥夺自由的刑罚——尽管这是目前刑法制度仍然无法免除的手段——构成刑事政策的*最后手段*。这一思想在两个层面上产生《刑法典》力图更深远地带来的后果。首先，是**重整徒刑本身**的后果，在最大程度上限制其消极和致犯罪的作用，并为其提供一个积极、预期和社会化的意义。因此，不同于之前的制度所发生的情况，《刑法典》确立一个具有最高绝对下限和最低上限的*单一的和简单的*徒刑（见下文第 91 节及其后节数、第 95 节及其后节数），而此徒刑在某些情况下可在假日（dias livres）中履行。另一方面，是限制监禁的具体适用的后果，主张尽可能由非收容性的刑罚**代替**；尤其强制法官，当在个案中可在适用剥夺自由的刑罚和适用非监禁性质的刑罚之间选择时，要优先选择后者，只要后者"足以促进不法分子的社会恢复和满足恢复以及预防犯罪的要求"（第 71 条和下文第 490 节及其后节数）。

综上所述，可以说，现行的《刑法典》目前在不宜逾越的程度上实现了关于徒刑的*必要性*、*适度性*和*补充性*的刑事政策原则，同时显示出其对短期徒刑的持续执行原则（princípio à execução contínua de penas curtas de prisão）的反对。

c）刑事效果之非自动性

第 22 节　第三个关于我们《刑法典》的刑事处分制度具有的特征是对以下原则——如此重要且与葡萄牙小区法律意识紧密相关的原则，该观念在 1982 年宪法改革中被提升为宪法原则（第 30 条第 4 款）——的肯定："任何刑罚不会涉及（作为必要效果的）丧失公民、职业或政治的权利"

14　当中见 CORREIA，Eduardo，e CRUZ，G. Braga da，ambos em：*Colóquio Comemorativo*（cit. na nota anterior），respectivamente I 23 e II 423 ss.，546 ss。

15　当中见 FERRÃO art. 330；我们当中，关于这种刑罚的演变见 CORREIA，Eduardo，*Estudos* 96 ss。

（第 65 条和下文第六章）。这是对上述单一的或简单的监禁原则的确立的结果；而且，从更广泛的意义上讲，这是对于污名化作用（efeito estigmatizante）的刑罚必须取得的刑事政策观念的直接含义——此含义完全符合维持其一般性的融合预防的效果，至少以"捍卫法律体制"的形式（参见下文第 330 节）。

就犯罪学而言，它实际上证明了犯罪行为的高度致犯罪和助长的后果，以及由于被定罪者的社会经济地位，（在某种程度上是不可避免的）污名化与刑事定罪有关，造成了极为不平等的后果[16]。因此，在规范层面上限制这种污名化的一切努力，不可不被誉为民主和社会法治的刑事政策计划的组成部分；不论其本身或涉及执行刑罚——尤其是执行徒刑——的指导标准，以及在需决定严格限制查阅（和认识）刑事记录的情况中。

d）刑事处分（倾向于）一元的制度

第 23 节　在《刑法典》中处罚制度的最后一个特征——尽管也许是最有争议的，不论从包含的刑事政策角度来看，还是主要从纯粹的教条角度来看——源于该处罚制度曾想采取的一元（或单一）的刑事处分观念（见下文第 656 节及其后续节数）。不能说这种观念被完全确立，例如，在 1962 年瑞典《刑法典》中或在法国《刑法典》草案中所发生的情况，当中刑罚/保安处分这种二元性完全由"处分"（medidas）或"刑事制裁"（sanções criminais）的单一特性代替。然而，这不是葡萄牙立法者的用意或规范决策，而是保留二元性的用意或规范决策；同时，我们反对以下可能性：**同一行为人因同一事实被判处剥夺自由的刑罚*和*保安处分**；因此，主要反对所谓的"双重二元"（duplo binário）制度[17]。

第 24 节　这样的结果旨在通过一个倾向于使两种处分更加接近的双重运动（duplo movimento）来实现。一方面，人们寻求对目前旨在赋予资格处罚——更严厉地处罚，但仍以罪过的名义——有倾向和特别危险的不法分子（对于这些不法分子，二元制度赋予刑罚并处以补充性的保安处

16　对于该证明，*相互作用*（interaccionista）或标签理论（labeling approach）的犯罪学观点起了决定性的作用：对此观点，参见 DIAS, J. de Figueiredo, *Estudos Teixeira Ribeiro* III 143 以及 DIAS, J. de Figueiredo/ANDRADE, M. da Costa 342 ss。

17　我们当中见 ANTUNES, M.ª João, *O Internamento de Imputáveis...* diss. 1990 26 ss., 126 ss., 152 ss., 170 ss。亦见 SCHMITT, R., *Würtenberger-FS* 1981 287 以及 FRAGOSO, Heleno C., *RDP 32* 1981 7。关于整个问题见 CORREIA, Eduardo, *ProjPG* 33, 37, 56 ss., 61。

分）的**刑罚概念的扩展**：随之而来的是*相对不定期刑*制度的法定确立。另一方面，**限缩保安处分的概念**，在收容或剥夺自由时，该处分仅适用于不可归责者。

第 25 节　此外，《刑法典》这样确立的倾向于一元或单一的制度，由在*执行*刑罚和保安处分方面所接受的某**运作期间**（vicariato）所突出。一方面，《刑法典》本身允许精神失常的可归责者在针对不可归责者的场所收容，要求从刑罚中扣除被判刑者在那里已度过的时间（第 103 条和第 104 条，以及下文第十六章）。另一方面，执行刑事处分的法律尽可能对比两种处分的执行（经 3 月 22 日第 49/80 号法令修改的 8 月 1 日第 265/79 号法令第 218 条）。

这种对比（parificação）甚至达到**统一执行**所有剥夺自由的处罚（不论是刑罚还是保安处分）的**目的**，而且恰好是处于*社会融合的特别预防*（prevenção especial de socialização）的意义上（第 265/79 号法令第 2 条第 1 款），这一特别预防以保护法律体制的形式受制于*一般性的融合预防*（prevenção geral de integração）的最低门槛（第 265/79 号法令第 2 条第 2 款）。一切似乎都表明上述"执行上的运作期间"（vicariato na execução）不过是某些更深层次东西的征兆或启示，即两种类型的刑事处分（毕竟确实只有通过罪过的要求才能区分的刑事处分）之间的原义与性质的广泛一致的征兆或启示（见下文第 675 节）。

第 26 节　在这一点上，我们偶然遇见 Eduardo Correia 在刑法和刑事政策思想上最突出和最原始的观点之一：尝试[18]利用所谓的对人格的指责的教条，以倾向，或概括地说，以特别危险的方式满足控制和支配普通犯罪的刑事政策要求。因此，给已经不可否认地存在的葡萄牙刑法思想的明显倾向戴上冠冕，例如，在 1936 年《监狱改革》第 117 条、在 1886 年《刑法典》第 83 条（以 1954 年改革的方式制定）和在 Cavaleiro de Ferreira 的一个"保安刑罚"（pena de segurança）概念中[19－20]。

刑事处分倾向于一元的制度，正如存在于刑事政策用意和立法者的教条目的内一样，能否连贯发展并成功实施还有待观察。答案将取决于相对不定期刑是否仍可以视为真正的**有罪刑罚**（pena da culpa），或有别地取决

---

[18]　由其起初的著作所进行的尝试（RDES I 1945/6 24，32）及一直保持的尝试（I 74 e ProjPG 17 ss.，33 ss.，36）。译者注：原文中从这一脚注起序号有误，理应从 18 继续，而非 17。

[19]　FERREIRA, M. Cavaleiro de, A Personalidade do Delinquente na Repressão e na Prevenção 1943 48 ss.，55 ss.

[20]　十分准确地关于这个问题见 HÜNERFELD, cit. 221 ss.，226 ss.，239 ss。在这样精确的背景下，主要参见 CORREIA, Eduardo, BFDC 46 1970 25 ss.

于是否应根据实质性教条的价值评估将相对不确定期刑视为一项**保安处分**。在适当的时候（见下文第十五章）这将是值得详细研究的问题。

第 27 节　1963 年总则草案允许**严重违背**所假设的倾向于一元的制度，因第 124 条第 2 段允许，由于精神失常且使其有犯罪危险的可归责者在针对不可归责者的场所之收容可延长时间，即使超过被判刑的时间，直至消除该危险状态。基于 1963 年总则草案的主要本身思想，这一违背被充分批评，且被视为不可接受[21]；而因此，这一违背在其后的修订消失了，并不载于现行的《刑法典》文本中。

二　刑事政策模式

1. 模式的"混乱"

第 28 节　尝试对现行《刑法典》内的处罚制度、其依据和目的的批判性评价——而且，基于所有这些原因，尝试批判性地评价其以合理的成功概率面对控制和支配犯罪方面所面临的（以及将在未来的几年可能以增长的形式继续面临的）挑战的能力——意味着对**当代刑事政策的大趋势**拥有尽可能明确和准确的意识。由于在求助历史和比较法学的有用数据后这里不是系统陈述刑事政策的适当地方，所述的批判性评价在此只应参考**模式**（*modelos*）或**典范**（*paradigmas*）[22] 来进行，而在目前刑事政策思想中一系列的概念、提议和基本思想，可对该模式或典范以分条陈述的方式简化，或在该模式或典范中汇编。

但同时也不要忘记：肯定没有哪个国家仅以一种模式（以下将概述所有模式）完整而独特地反映或发现规定（consagração）。相反，每一法律秩序的刑事制度——尤其是处罚制度——特别是在目前，在许多相互冲突的名义下以不同模式的不同重点突出显示。这就是为什么今天在此方面，有很多人谈论*模式的混乱*[23]，并因此谈论*刑事政策危机*[24]。

---

[21]　*ActasPG* I 12，25 s.，e II 272 ss. 参见 HÜNERFELD，cit. 266 s.，ROCHA，M. A. Lopes，*BMJ 323*，cit. 15 s. 以及最后见 ANTUNES，M.ª João，*O Internamento de Inimputáveis...* 19 ss。

[22]　关于这些概念——以及其在现代社会学中的功能——参见 MERTON，*Sociologia-Teoria e Estrutura* 1970，79 s.，117 ss. 直接关于刑事政策模式的建立，见 DELMAS-MARTY，*Modèles...* cit. *passim*，*Le flou...* cit. 23 ss，123 s. e *passim*，e *Les grands systèms...* cit. 75 ss.，以及 COSTA，J. Faria，cit. 9 ss。

[23]　McCLINTOCK，cit. 26.

[24]　JESCHECK，*ZStW 91* 1979 1037.

2. 传统典范

a）古典和新古典学派模式

第29节　当代刑事政策的模式之一包含一系列源于刑法的古典和新古典主义学派论点的提议。因是理性人文主义的哲学思想和政治精神（*ethos político*）的附属以及在刑法层面尤其结合德国唯心主义哲学不可估量的财产的含义，这种典范是自由社会的典型典范，而且与 J. Galtung 命名为（具资产阶级对封建社会尚存观念的反抗的历史框架的特征的）"**蓝色的模式**"（«**modelo azul**»）的发展模式相符[25]。

在此背景下，刑事政策——特别是处罚制度——将特别适合于基于实体刑法概念的三部曲（trilogia）：*报应*（*retribuição*）*与具威吓的一般预防*（*prevenção geral de intimidação*），作为证明并赋予刑罚意义的目的；所有犯罪的*遏止*（*repressão*）以及相关行为人的*处罚（惩处）*，作为国家必须以崇高的思想和要求的名义毫无间隙地履行的职能。实体三部曲是在刑事诉讼法上对应于另一个旨在实现相同目的的三部曲：诉讼进展和进程的*合法性原则*的有效性和不受约束的适用；抽象被考虑的所有人在形式上的平等；及因此，将所有刑事事宜完全司法化（judiciarização），作为实现制度自然目标的最佳方式。

b）实证或现代主义学派模式

第30节　另一种刑事政策模式源于以*治疗的意识形态*（*ideologia do tratamento*）为基础的观念，并吸收实证主义或现代学派的思想。这一模式——可被称为"**红色的模式**"（«**modelo vermelho**»），因为它的出现在某种程度上与工人阶级反对资产阶级统治的对抗相关联[26]——变成了福利国家（Estado Social ou Estado Providência）的典型模式[27]，并与*恢复权利的理想*（*ideal reabilitativo*）联系在一起，其特点是在刑事政策与医学之间建立了一种

---

[25]　*Apud* McCLINTOCK，cit. 26. 亦参见 RUSCHE/KIRCHHEIMER 有价值的考虑，cit. 137 ss。请与 DELMAS-MARTY，*Le flou...* cit. 136 s. ，171 ss. e *Les grands systèms...* 88 ss. 所称的"自由国家社会"模式相比较。

[26]　再次见 J. Galtung，*apud* McCLINTOCK，cit. 26 及 RUSCHE/KIRCHHEIMER，153 ss。

[27]　因此，将此概念的某些元素定性似乎不太准确，正如 DELMAS-MARTY，*Modèles...* cit. 104 ss. ，以及 *Les grands systèmes...* 166 ss. 只对"独裁国家"所做的分析一样；已引用的 FOU-CAULT 的著名论点可能对该定性并不陌生，根据此论点，18 世纪之后的处罚制度最突出的特征是：透过"改正"的思想对灵魂的控制和掌握来取代作为镇压目标的身躯。

最广泛和最紧密的并行体系。根据这个观点，犯罪属于社会的一种病；无论如何，透过在执行主要由监禁性质的处罚（徒刑或收容的保安处分）组成的刑罚期间强制适用的治疗，原则上这种病是"可治愈的"（«curável»）。

因此，基于这种模式的实体刑法三部曲由以下组成：*特别预防*（*prevenção especial*）的概念，作为处罚的主要和根本目的，此外，与其所有种类共同的目的；*不法分子的社会恢复（重返）*［*recuperação（reinserção）social*］，作为透过国家给予（或更确切地说：*强加*）被判刑者的治疗帮助而应（一直在可归责者[28]及尽可能在不可归责者的情况中）取得该特别预防的目的之意义；作为为*治疗而收容*（*internamento para cura*）的处罚的主流概念。这三部曲在此模式中亦具有诉讼法的关联性（correlativo jurídico-processual）：刑事处分在诉讼进程和适用上的*适时原则*（*princípio da oportunidade*）；根据所采用的流行病学范式实施的*个体化制裁*（*individualização das sanções*）[29]；*治疗对话*（*diálogo terapêutico*）取代古典刑法"听证"的诉讼模式。

c）"混合"模式："社会防卫"

第31节　上述模式都没有被简单地实践过，但其所有实践都或多或少地涉及*混合的解决方案*。然而，可以合理准确地说，至少直至不久之前，新古典主义模式在中欧和南欧许多国家的刑事政策中十分普遍，而在 20 世纪 60 年代末之前现代主义模式明显在北欧及美国占主导地位。

第32节　但是，对上述模型的实施以及国际刑法改革运动本身的准确理解，仍取决于提及标志着第二次世界大战后最强大的有组织的刑事政策运动——**社会防卫运动**（**movimento da defesa social**）。附属于尤其来自意大利的科学实证主义的论点，以及附属于这种实证主义在国际刑法联盟［于 1919 年由 von Liszt、van Hamel 和 A. Prins[30] 建立以及属于目前国际刑事和惩罚基金会（F. I. P. P.）的前身］中遭受的相对论，社会防卫运动在 1949 年由 F. Gramatica 建立国际社会防御协会（S. I. D. S.）后真正

---

[28]　因此，根据对所有可归责的罪犯改过自新的信念，这对矫正学派（escola correccionalista）来说，比以往任何时候都珍贵，正如见 CORREIA, Eduardo, 从 *RDES 1* 1945 24 到 *BFDC 46* 1979 31 ss。

[29]　SALEILLES, *L'individualisation de la peine* 1989 的这一重要著作为这一思想开辟了道路。该思想在犯罪学层面上目前体现于 ALMEIDA, M.ª Rosa Crucho de, *Estudos Beleza dos Santos* 141。

[30]　最后一位作者的著作是当前处于运动起源的作品：PRINS, A., *La défense sociale et les transformations du droit pénal* 1910。

诞生。尽管 Gramatica 提倡实证主义思想的激进趋势，但他主张以危险的反社会、不确定期间的治疗措施和主要调查不法分子人格的程序之范畴完全取替罪过、刑罚和刑事诉讼的传统范畴[31]。

第 33 节　1954 年，Marc Ancel 发表著作《*新社会防卫*》并用其著作赋予运动更为温和的特性，以及明确现在将使这一概念对国际刑事改革运动产生决定性影响的力量方向——尽管这些方向可能在其前身的提议或目的中已是可识别的。因此，**新社会防卫运动**特别强调对刑事政策体制*合法性*和*人性*的考虑：在其实质方面保持和加强合法性原则；捍卫法治理念作为整个刑事政策概念的基石；法定和形式化的刑事诉讼制度；法官作为个人权利的最高保护者和保证者在功能上的必需性[32]。因此，至少作为行为人本人存在一种主观感觉，将罪过和个人责任的概念维持在其表达社会对正义的要求和辅助重返社会的双重功能中[33]；努力实现处分的人性化和多样化，并——在最近——以开放的手段执行取代监禁性质的处罚[34]。这个概念（或者，至少其最本质的部分）被渗透到 1954 年国际社会防御协会的"最少方案"中，即目前正在重新制定的方案，以能够考虑到刑事政策的最新趋势，特别是考虑到将徒刑作为刑事政策的*极端手段*（*extrema ratio*）[35]。1966 年，国际社会防御协会由 Ancel 领导，可以说，由那时起，新社会防卫运动确实得到了巩固。

3. 刑事政策的"危机"

第 34 节　对当代刑事政策现实的毫不妥协的看法让我们得出这样的结论：**所提到的模式已经像这样失败了**，即像刑事政策方案的现状及可预见和可取的未来发展的典范失败了。这明显不是意味着在目前刑事政策现实中不存在所提到的模式的多种元素，而是意味着在存在的元素之间相互关

---

[31]　GRAMATICA，*Principes de défense sociale* 1964.

[32]　对此，主要参见 ANCEL，*A Nova… cit. passim*；以及，特别关于最后一点，见 ANCEL，*Estudos Beleza dos Santos*，203。

[33]　ANCEL，*A Nova… cit.* 339 ss.；以及，主要在此意义中，亦参见 SANTOS，J. Beleza dos，*Estudos Nelson Hungria* 63。十分准确的概括，参见 LAZERGES，cit. 16。

[34]　参见 ANCEL，*La défense … cit.* 84 ss.；以及之后参见 JESCHECK/SYR/DELMAS-GOYON/BRIDGES，*RScC* 1979 513。

[35]　参见在 Programa Mínimo na *RScC* 1954 807 中的文本；关于其重新制定，参见 JESCHECK，*Blau-FS*，cit. 425，437 ss.，以及 BARBERO SANTOS，em：ARAÚJO，Marcelo/BARBERO SANTOS，M.，*A Reforma Penal* 1987 1。

联，以及（不再使这些元素重新成为占主导地位的基本概念）在某种程度上与新概念相结合。因此，传统概念甚至在其依据上都受到动摇。这就是证明已经提及并且如今如此流行的刑事政策"危机"口号的深层次原因。

第35节　现今确实不得不承认以下两者之间完全不兼容：不可避免地世俗化和多元化的民主和社会法治国家的理念，与以绝对要求"报应"（retribuição）和"赎罪"（expiação）的名义下强加的刑罚。而且，另一方面，以强制治疗的不明确意识形态（indiscriminada ideologia de tratamento coercivo）的名义适用国家刑罚——即使包含行为人的罪过——也侵犯了人的尊严〔特别是每人拥有的"差异权"（«direito à diferença»）[36]〕，并因此而侵犯民主法治的主要基础。总之，可以肯定的是，传统的刑事政策模式面临危机，而且由于其**横置状态（horizaontalidade）、极权主义（totalitarismo）**和**扩张主义（expansionismo）**（即使这些模式担当着还原主义者的角色，例如治疗模式！），在不可避免但亦不可接受地缩小制度的允许边缘的情况下，这些模式处于危险之中。国家——不论是以起诉所有违反刑法的严格合法性的名义，还是以在无漏洞的情况下推进取得社会赞同所必需的措施的名义——通过集中的国家处分（reacções estaduais centralizadas）对刑事司法管理制度实行**垄断**。而且，这样做，到处都显示了它不仅无能力消除犯罪现象（由于天真地认为这是可能的[37]），而且因无能力对其控制或支配而将其保持在公共仍可承受的水平和形式中。这是为了认可 Martinson 关于刑事制度的含义和功能的戏剧性问题和令人扫兴的答案："什么有效？没有什么是有效的。"（"*What works? Nothing works.*"）

第36节　鉴于已知犯罪总数和累犯率，近年**关于刑法干预有效性的怀疑态度**已上升到令人恐惧的水平。互动主义（interaccionista）或*标签理论*（*labeling approach*）的犯罪学观点[38]对众所周知的合法性和平等性提出了果断的质疑。国家干预对不法分子人格演变的积极作用（重返社会作用）无法得到证实——相反，被断然否认[39]——

36　而且，社会防卫运动本身最近承认了，正如 LAZERGES, cit. 16 注意到。

37　对此做出的批判，见 ANDRADE, M. de Costa, *RDE 2* 1976 101 ss. 以及 DIAS, J. de Figueiredo/ANDRADE, M. da Costa 40 s., 259 ss。

38　对于此观点，主要参见 DIAS, J. de Figueiredo/ANDRADE, M. da Costa 42 ss., 159 ss., 365 ss。

39　关于此争论，I. R. S., *Cidadão Delinquente: Reinserção Social?* 1984 的汇编是清晰的，特别是在所载的以下文章中：BELEZA, Teresa 159 ss., 以及 RODRIGUES, Anabela 175 ss。

即使对于被视为社会治疗的模范场所亦然[40]，而且确立的观念是，至少在封闭的环境中，该作用几乎是不可能实现的：因此，监禁性质的刑罚和处分，给已经很长的起诉书添加了决定性元素。然而，矛盾的是，社会防卫的必要性——面对自 20 世纪 60 年代以来爆发的极其严重的对公共秩序和安宁的系统性攻击，特别是恐怖主义性质的攻击，以及面对与毒品有关的犯罪的增长，这种需求得到加强，直到今天显然是无法通过任何已知手段控制的——导致一些重要国家的刑事政策反映在强烈重新确定——仅限于"支付"（«pagar»）或"补偿"（«compensar»）犯罪事实的无价值（desvalor）或"缺点"（«demérito»）的——刑事处罚目标的意义上。这是在刑事政策事宜中与所谓的**公正模式**（**justice model**）有关的**罪有应得理论**学说（doutrina dos **just deserts**）[41]。这些概念一方面再次将整个制度形式化，并特别关注针对刑事公正管理的个人权利之保护；另一方面使刑事处分因失去正面和预期的目的而变成崇高的但在刑事政策上属荒谬的制度，即变成需由不法分子付出的作为实施犯罪的补偿性效果的纯*自由的代价*（pretium libertatis）。奇怪的是，这在很大程度上将纯粹和严厉的剥夺自由"恢复"为一种主要的刑事处分[42]！

三 关于一种新的刑事政策模式及其指导原则

A. 刑事政策中新兴的典范

第 37 节 对刑事政策危机和传统模式的混乱所作出的分析，突显出倾向于在属于同一政治伦理共同体的国家的国际背景中所普及的共同思想和观点。然而，并非因此在今天已可开放地谈论为一种特征清晰且可察觉的*新*刑事政策模式，而是一种还很少出现且只有付出高昂的代价才能加以定义的"新兴的典范"[43]。这些都是在接下来将会陈述的属于此典范的重要方面。

---

40 关于此事宜，致力于分析"社会治疗机构"的德国文学作品特别珍贵：参见 *MKrim* 1979 年致力于研究该事宜的特别记录本所载的文章。之后，参见 KAISER/DÜNKEL/ÖRTMANN，*ZRP* 1982 198 以及 SCHWIND，*NStZ* 1981 121。

41 主要参见 von HIRSCH，*Doing Justice* 1976。关于这个概念，概括地见 DIAS, J. de Figueiredo，*ROA 43* 1983 23 ss.，带有参考书目；以及 F. I. P. P.，cit. 11 – 50 e 141 ss 的汇编。最后，再次参见 von HIRSCH，*Past or Future Crimes* 1987 47 ss.，e passim。

42 由于这些原因，至少变得非常有争议的是，对于这个学说——然而，正如一般的做法一样——可继续视为*新古典主义*（neoclassicismo）。对此参见 WEIGEND，*ZStW 94* 1982 805。

43 这个表述来自 SANTOS, Boaventura，separata do *Anuário da Universidade de Coimbra*，1985 – 6 27 ss.，但他在完全不同的背景中使用这个表述。其后尝试构建这个模式的重要元素可见于 SCHULTZ, cit.，另外特别留意现行葡萄牙《刑法典》（ibid. 436 ss.）。

1. "不干预"的思想

第38节　在所述典范的基础上，主要和最广泛的思想在于，为了有效掌握和控制犯罪，**国家及其形式化的刑法机关不应多做事，而应少做事**。这意味着，福利国家（Estado Providência）已在制度侧重范围内引入了一些领域，在这些领域中最好不要干预；特别是经常过度使用刑法和刑事处分，造成尤其要归因于刑法和刑事处分十分显著的污名化作用的灾难性的结果。这样一来，国家最终"产生"的犯罪远远超过了它所能避免的犯罪[44]。

第39节　从这个思想——由于承认这一观念的彻底立场，即相等于 Edwin Schur 作品标题中可找到的*彻底的不干预*（radical non-intervention）名称[45]——某些人总是再次主张**刑法的废除**，重振了 Radbruch 的话，即改进刑法或用更好的东西替代刑法是没有意义的[46]。但是，目前已经不仅具有将现代的处分权取代典型的处罚权的意义；而是一方面删除刑法和犯罪，另一方面删除刑事处分的本身概念的彻底含义，以及由"问题情况"（«situações-problema»）和"多元化的社会响应"（«respostas societárias diversificadas»）的种类取代该等概念。这是最近由 L. Hulsmann 等提出的废除主义概念（concepção abolicionista），该概念旨在经深思熟虑后，以（对社会中出现的问题以及在这些问题下共同涉及并必须组成的利益的多样性的适当响应的）一种社会制度取代刑事和惩罚制度，正如我们所认识的——专制、国家和中央集权制度[47]。

作为刑事政策的择一制度，Hulsmann 等的废除主义论述具有所有乌托邦的价值和缺点。他不能——可能不想[48]——以所有非组织和社会的模式完全取代仍占主导地位或纯国家的刑事政策模式。然而，并非因此不承认在该论述中存在正面和创造性的东西，为了可利用其提出的大量研究资料和策略以及可以立即将这些研究资料和策略用于限制对形式上的控制体系（sistema formal de controlo）的干预范围[49]。基本上，这是关于使惩处和强制性治疗的界限倒退，以利于通过扩大共识和许可的范围

44　因此，概括地见 DIAS, J. de Figueiredo, *ROA 36* 1976 69 以及 *RDE 4* 1978 6 s。

45　SCHUR, cit.

46　RADBRUCH, *Filosofia do Direito*（由 Cabral de Moncada 翻译成葡萄牙语）Ⅱ ³1953 102。

47　HULSMANN/DE CELIS, cit.

48　正如 DE CELIS, *ArchPC 5* 1982 59 已留意到的。

49　DE CELIS（如前一脚注）60。这方面的一个例子可能是被 DELMAS-MARTY, *Modèles…* cit. 130 ss. 及 *Le flou…* cit. 123 ss 称为"周边国家社会"和"无国家社会"的刑事政策模式的建立。

而获得的社会咨询（concertação social）；换句话说，这是关于透过对社会资源的根本重组，以"通过法律达成共识"取代"为法律而斗争"[50]。

2. 适度或合理"不干预"的思想

第 40 节　因此，为了使新的刑事政策典范的轮廓变得有用，*不干预* 的基本思想不应以彻底的方式对形式上的控制体系的惩处加以考虑，而是对其尽可能广泛的**限制**加以考虑。在此概念中，比起一种彻底的不干预，更好的说法是*适度*（moderada）或*合理*（judiciosa）不干预[51]，当中非刑事定罪和非司法化运动担当着重要角色。

a）非刑事定罪

第 41 节　非刑事定罪运动——无疑是我们年代刑事政策最重要和最具特征的运动之一——来自以下主张：在社会和民主的实质法治国家中，**刑法只能在以自由发展和实现每个人的人格的基本社会条件造成无法承受的伤害的情况下才进行干预**[52]。

第 42 节　这一主张对于我们的主题产生一些根本性的结果。第一，对于没有侵犯可明确识别的*法益* 的行为——尽管表现出多么不道德、非社会性或政治上不受欢迎——，刑法没有正当性干预。第二，即使行为侵犯法益，只要非刑事的社会政治手段足以控制或阻碍该侵犯，刑法手段应不干预："社会的必要性"变成刑法干预的决定性标准，建基于社会政治的*最后或极端的手段*（última ou extrema ratio）。因此，在刑法中应排除所有在价值论上中立及以非犯罪手段，尤其是以违反秩序或纯社会秩序法律（direito das contra-ordenações ou de mera ordenação social）的罚款本身处理的行为。最后，只有在之前不存在或十分罕见的新的社会现象触发了社会难以忍受的后果并针对此等后果刑法必需干预而不利于非刑事的社会控制策略的逐

50　在这方面，见 DIAS, J. de Figueiredo, *O Novo Código de Processo Penal* 1987 11。对刑法非合法化问题的广泛深入的分析——不管对其基本前提所应提出的任何保留是什么——，现可见于 ZAFFARONI, cit.。

51　正如 LEMERT, E., *The Juvenile Court-Quest and Realities* 1967 96 ss. 在明显突出"明智而审慎的不干预"的必要性时所做的那样，即使在 Edwin Schur 之前亦然。

52　关于这个主张、其根据和其后果，见 DIAS, J. de Figueiredo, *ROA 43* 1983 11 ss. 及 *ArchPC 6* 1983 194 s。普遍关于非刑事化运动，见 DIAS, J. de Figueiredo, *ROA 36* 1976 78 ss. 以及具有丰富书目的 DIAS, J. de Figueiredo/ANDRADE, M. da Costa 397－441。最后，概括地见 SCHULTZ, cit. 434 ss.。

步发展的情况下，*新刑事定罪程序*（*processos de neocriminalização*）才能被接受并合法化[53]。

第43节　必然是在多元化的并因此发生了刑法及其手段的*世俗化*——甚至因为在明显的矛盾中只有这样才能质疑此世俗化并获得对刑法及其手段的社会道德共鸣[54]——的社会民主国家中，应以所指出的标准指导非刑事定罪运动。此外，不仅以外在的标准，还以内在的标准，并因此确定运动的界限和内容，以及允许一个**非刑事定罪的广泛意义**，当中涵盖放弃某些事实的刑事定罪、减轻其他事实的刑事定罪以及面对新刑事定罪程序的约束。

b）非司法化

第44节　非司法化运动包含一系列形式或非形式的控制审级的程序，为了获得**适用刑事公正的官方制度以外的**刑法争端的解决方案（至少在诉讼法确定罪过及/或处罚之前：《刑事诉讼法典》第368条及其后条文），相应地使人们从该制度和相关的"犯罪走廊"或其中的一部分分隔开来[55]。一方面，此运动建基于非刑事定罪运动的一系列相同思想；另一方面，此运动建基于现今倾向于将*非国家的社会解决方案*（respostas de *tipo societário não estadual*）优先于集中主义和国家主义的解决方案（respostas de tipo centralista e estatizante），尤其在处理小规模犯罪方面（以及在处理中等规模犯罪或至少其中部分等方面）。

首先，由此运动所期待的*积极的刑事政策效果*为避免在很大程度上造成犯罪的污名化（efeito estigmatizante），使之服从形式的刑事公正制度，尤其是避免实施刑事处分。通过这种方式，人们试图促进不法分子或越轨者的社会化（socialização）或非去社会化（não dessocialização），而不会使由法律秩序监管的社会期望值的稳定作用降至最低要求之下。

第45节　因此，非司法化在某种意义上属于**非刑事定罪的相关程序**

53　在此方面，见 ROXIN, *DoctP 2* 1979 510 s. 及 DIAS, J. de Figueiredo／ANDRADE, M. da Costa 434 ss。

54　关于多元化民主国家刑事司法制度的这一特点，见具有书目的 ANDRADE, M. da Costa, 在：*JDPP* 323 s. 及 *Consentimento e Acordo…*1990 33 ss., 385 s., 以及 DIAS, J. de Figueiredo, *RDE 14* 1988 7；以及详见 STELLA, em：MARINUCCI／DOLCINI（Orgs.）, *Diritto penale in trasformazione* 1985 309。

55　关于这个运动及其操作概念，见 COSTA, J. Faria, cit. 5－9。主要见：*RIDP 54* 1983。

（**correlato adjectivo da descriminalização**），故应在刑事诉讼政策层面上讨论及分析其实施和结果。这是"纯粹和简单的非司法化"（例如《刑事诉讼法典》第280条）或"具干预的非司法化"（向涉及者加以其应履行的义务，例如《刑事诉讼法典》第281条）；以及不论是否涉及有或没有调解员或*调解*工具的情况下的非司法化[56]——此整个程序的主要元素是，它只可在涉及者的**许可**（**assentimento**）下才能发生。

这个情况用作避免针对非司法化过程的普遍批评——即使以宪法观点[57]；不仅如此，赋予此等过程*积极的*意义，将这些过程变成不可估量的刑事政策手段，即不仅以（源自需要缓和超负荷的形式上的控制体系的）"生产力的逻辑"为依据，而且以"公正的逻辑"为依据[58]。在此，就事物的本质而言，检察院司法官团担当着决定性的角色，尤其透过在某些因素和条件下法律所授予的关于诉讼程序的*适时原则*，以及透过依法建立诉讼合作形式或就小规模犯罪达成*共识*[59]。

3. "分散"和"参与"的思想

第46节　除了不干预的基本思想外，当代刑事政策新兴典范的基本原则是：控制子体系的分权和社会成员在该等子体系中的真正参与[60]。基本上，这是关于允许（私有、半公共甚至是公共的，但在任何情况下都是非国家的）**小型群体和中型群体实行特定的刑事政策工作**，即使是*在形式上的*控制体系中也是如此。不仅因为中央集权的国家体系不可避免地因负担过重而需要被缓和，而且因为存在一些具体的刑事政策工作，当中国家处于一个不好的位置且可由非国家的群体代替。

明显地，在此不仅涉及非国家群体在非正式的司法体系的参与；正如我们现在所看到的，亦涉及这些群体对国家的刑事政策工作的纯粹"帮助"（或共同参与其中）。所涉及的无非就是分散刑事政策的工作，将其中一些交给非国家群体，并因此根据McClintock的表述，**以多样化的刑事政策微观层面**取代刑事政策的宏观层面[61]。

---

[56]　关于这些概念及其法律规定，在大量的比较法基础上见 COSTA，J. Faria，cit. 21 ss。

[57]　最后，可以看 SCHULTZ 144 ss 概括的批评。

[58]　关于刑事司法制度的这两个逻辑，见 DIAS，J. de Figueiredo/ANDRADE，M. da Costa 379 s。

[59]　关于最后一点，详见 ANDRADE，M. da Costa，em：*JDPP* 319。

[60]　关于这些概念，主要见 MACHADO，J. Baptista，*Participação e Descentralização*... 1982。

[61]　McCLINTOCK，cit. 26.

第47节　与分散的思想紧密相关的思想还有另一种：呼唤个人**参与刑事政策工作**，其层面在许多方面类似于今天我们所说的宪法的参与权利（或请求），作为国家的目的中个人合作所希望得到的形式[62]。在这里，也超越传统的"善用"个人善意及其由国家进行的"协助"活动的传统方面[63]，以触及其他——不同和更深入的——方面，即正式呼唤个人参与社会刑事政策的执行。

第48节　这里总结的思想，尤其是第一个思想，似乎与 J. Galturg 所谓的**绿色**发展**模式**相近[64]。亦都与 Delmas-Marty 将很多原则定性为所谓的刑事政策的"*洲际社会模式*"（«modelo *société péri-étatique*»）相近[65]。无论如何，在本质上它们都有区别：在当前情况下，"分散"和"参与"作为一种刑事政策本身的指导思想出现，甚至适用于国家所组成的社会——因此，在这种意义上，属"官方的"刑事政策——而不是作为具有或多或少同业公会性质的自我调节网络的产物，即完全脱离（及完全替代）国家刑事政策体系的纯粹社会性质的响应的产物[66]。

第49节　由于这个原因，在已陈述的内容中，对于看见今天众所周知的刑事政策体系或任何刑事公正体系的**私有化**表现，亦可能是不正确的[67]。再说一遍，从根本上讲，这是关于赋予小型群体和中型群体法律和行为权限来执行特定的刑事政策工作；以及关于承认个人请求参与该等工作和鼓励其履行。对刑事政策的这种新理解的引人注目的例子是：执行对社会有利的工作的刑罚（见下文第十章二 C）以及受害者参与正式和非正式的处分和控制程序的特定形式[68]。

62　参见 ANDRADE，J. C. Vieira de，*Os Direitos Fundamentais…* 1983 192 ss. 及 CANOTILHO，J. Gomes，*Dir. Constitucional* [5]1991 430 ss。

63　这方面被 CORREIA，Eduardo，*Homenagem Alberto dos Reis*，348 ss 所强调。

64　*Apud* McCLINTOCK，cit. 26 s.

65　DELMAS-MARTY，*Modèles…*cit. 130 ss. 及 *Le flou…*cit. 138 s. ，195 s。

66　因此，为使用 DELMAS-MARTY，*Le flou…* cit. 140，205 ss. 的表述，在这方面没有空间表述为"无国家社会模式"。然而，这个表述不再出现在他的著作 *Les grands systèmes…*，cit. 223 中，当中简单表述为"社会模式"，并分成"自我管理社会模式"和"自由主义社会模式"。最后，见 DELMAS-MARTY，*Les grands systèmes…*，cit. 223 ss。

67　这个主题存在于 1988 年欧洲理事会的犯罪学大会的议程内。关于这一点，见 DELMAS-MARTY，*Les grands systèmes…*，cit. 234 s. ，302 s. 及 FEELEY，*Crim. Just. Research Bull.* 6 – 2 1991。

68　关于最后一点，见 ANDRADE，M. da Costa，cit. ，*passim*。

B. 刑事政策方案的指导原则

1. 欧洲共同的刑事政策？

第 50 节　今天，*相对刑法及其科学而言*，刑事政策应被认为是*跨体系的*，而且它在一定但必不可少的意义上——通过遵守合法性原则的程序——具权限确定惩罚的限度。然而，如果从这个意义上讲，相对刑法而言刑事政策是跨体系的，那么*相对国家概念而言*，它已经是*内部体系的*，换句话说，它已经是*宪法体系所固有的*。因此，必须在价值观的框架内寻求刑事政策的建议，这些价值观是社会共识的一部分，并由民主国家宪法进行调解和"实证"[69]。因此，定义刑事政策方案的基本前提是对指导原则的解释[70]，这些指导原则应理解为，因在上述新兴典范中找到，应同时或直接将其视为**宪法原则**，或者至少视为民主和社会法治所固有的宪法体系的产物。

第 51 节　从这个角度来看，目前对欧洲共同体国家中共同的刑事政策的定义的尝试是可以理解的。如果这些国家在基本的宪法原则方面有合理的统一性；而且，如果这些国家逐渐组成一个"伦理共同体"，且在没有此共同体下任何共同政策就会变得不可行，那么这种尝试就不会被预先谴责为失败。无论如何，现在就尝试对要采纳的刑事政策模式的要点达成共识是不现实的；合法期望的是（并正是在这项工作中[71]）实现由相关宪法体制产生（或得到其支持）的指导原则的**统一**。

2. 宪法来源的原则

第 52 节　宪法来源的刑事政策指导原则涵盖了所有刑事事宜——或整个体制——而不仅仅涵盖其实体部分。甚至可以说，大多数民主宪法及保护人权的国际文书对刑事诉讼的透露多于对实体刑法的透露。然而，可以

69　因此，见 DIAS, J. de Figueiredo, *ROA 43* 1983 5 – 10；之后见 DIAS, J. de Figueiredo/AN-DRADE, M. da Costa 104 ss。

70　关于相关概念，见 DELMAS-MARTY, *RScC* 1987 27 ss。

71　*RScC* 五十周年纪念座谈会（巴黎，1986 年 5 月）提供了一个明确的例子，该座谈会恰好针对以下主题："欧洲刑事政策指导原则"，*RScC* 1987 25 ss。再看看 1992 年 9 月在库马约尔（Courmayeur）举行的 V Jornadas Latinas，主题是"欧洲的刑事政策"——A. M. Almeida Costa 有意义的发言，在很大程度上与其后的陈述相吻合——，并看看于 1992 年 10 月在巴黎鲁昂蒙特（Royaumont）举行的欧洲刑事调查协会讨论会，主题是"欧洲有什么刑事政策？"。

理解，在此只会讨论后者[72]。

a）罪刑法定原则

第53节　必须继续遵循在刑事政策中占主导地位的第一个原则——也许今天仍然是最重要的原则——是**与法治国家理念一致**的原则，或从某种意义上说是罪刑法定原则。但是，这个原则现在必须以双重方向超越其传统内容：它必须在一定程度上扩展到刑事诉讼的事宜[73]；而且，应在其范围内包括保安处分和其适用条件：无论是从形式根源上，还是从禁止追溯性及禁止使用对被告不利的类推（analogia *contra reo*）方面[74]。

b）宪法上提及的原则

第54节　对于刑事政策的宪法框架而言，另一个至关重要的原则是我们所称的**宪法价值论的秩序**与受刑法保护的**法益的法律秩序之间的一致性或实质相似性**的原则。从这一原则——很少在宪法文本中明确地找到这一原则，但应视为社会主义法国家所使用的条文文本中固有的原则——确切得出刑法干预的*必要性*和*辅助性*的要求。

第55节　从该原则也得出一个思想——在此特别重要的思想——只有**一般和特别预防的相对目的**，而非回报和惩处的绝对目的，才能证明刑事体制的干预合理及为其特别的处分赋予基础和意义[75]。因此，*一般预防*具有首要刑罚的目的。但是，一般预防并非*消极的*一般预防，即对犯罪分子和其他潜在罪犯的*威吓*，而是*积极的*或一体化的预防，即在发生违反规范的情况下，增强社会法律意识及其安全感的预防；简而言之，在 Jakobs 的表述中，是在被违反的规范有效和生效时，在反事实情况下稳定社会期望[76]。众所周知，保安处分本身虽然主要根据特别预防的思想而被证明是正当的，但最终无法维持其本身完全不受一般性的融合预防影响（见下文第762节

72　关于随后的内容，见 DIAS, J. de Figueiredo, *RScC* 1987 89 ss.。

73　因此，见 DIAS, J. de Figueiredo, *DPP* 96 ss., 110 ss. 及《刑事诉讼法典》第 5 条第 2 款 a 项。同理，见 CARVALHO, A. Taipa de, *Sucessão de Leis Penais* 1990 212 ss, 引用称为 "实质的刑事诉讼规范"（«normas processuais penais materiais»）的种类。

74　关于这个原则，详细见 BRITO, J. de Sousa, 在：AA. VV. *Estudos Sobre a Constituição* II 1977 及 NEVES, A. Castanheira, *Estudos Eduardo Correia* I 307。

75　关于这——很重要的——一点，最后见 DIAS, J. de Figueiredo, *RPCC 1* 1991 22 ss.。

76　因此，见 JAKOBS cap. 1 n.° m. 4 ss., 14 s.；以及见 DIAS, J. de Figueiredo, *ROA 43* 1983 26 及之后 *RDE 14* 1988 8 ss., 尤其 *RPCC 1* 1991 22 ss.。

及其后续节数）。

c）罪过原则

第56节　刑事政策强调的第三个不可否认的原则是罪过原则：众所周知，根据此原则，任何情况下都不得**在没有罪过的情况下存在刑罚，或刑罚分量超过罪过程度**。值得强调的是，这一原则与前面对刑罚正当性的初始和决定性时刻在于积极的一般预防思想的断言，两者之间没有矛盾。事实上，罪过原则并不从任何报复性的惩罚概念中寻求其不可放弃的价值论基础，而是从**人格尊严不可侵犯原则**，即对民主法治国家理念最重要的价值论原则寻求这种基础[77]。

第57节　从这一观点出发，实质上承认，**罪过是适用刑罚的必要但不充分条件的良好基础**；正是这种情况才使积极的或社会融合的特别预防（prevenção especial positiva ou de socialização）概念得到正确反映（正如尤其在考虑量刑理论时变得明确，见第八章）。在罪过和刑罚之间的这种"单方"[78]意义上，罪过刑法（direito penal de culpa）作为一种不可或缺的刑事政治手段应运而生，而今天没有其他可行的选择。

d）社会（或互助）原则

第58节　如果罪过原则意味着法治国家的"自由主义方面"（更正确地说，"民主方面"）对刑事政策的要求，那么其"社会方面"使人们接受第四个原则，即社会或互助原则（princípio da sociedade ou da solidariedade）。根据这一原则（无论在何处生效社会法治条文，这一原则都将承认宪法的尊严），行使**处罚权**（ius puniendi）的国家，作为补偿，应承担**对被判刑者的帮助和互助义务**（dever de ajuda e de solidariedade），并向其提供[79]最多的条件以防止累犯及在将来不犯罪的情况下继续生活[80]。只有这样——但总体

77　DIAS，J. de Figueiredo，*ZStW* 95 1983 220 ss.（= *Liberdade – Culpa – Direito Penal* [2]1983 233 – 238）以及最后见 *RPCC* 2 1992 7 ss。

78　这一表述来自 ROXIN，*Culpabilidad y prevención en derecho penal* 1981 187。

79　在这个方面坚持的，见 DIAS，J. de Figueiredo，*ArchPC* cit. 201 及 *ROA* cit. 28。1986 年 10 月 10 日第 663 号意大利法律的行政规章第 1 条现今明确表述向不法分子"提供"教育上的干预及处理。关于这一提供，综合见 ROMANO pré-art. 10 n.° m. 10。关于这里涉及的整个问题——确切地说，将其视为马丁斯二分法（«nothing works/anything works»）——现见 SCHULTZ，cit. 433 ss。

80　"防止累犯"这一成功的表述来源于 ESER，*Peters-FS* 1974 511。

这样——，才能具体表现出*不法分子社会化*的要求[81]；因此，这个要求与任何"医学模式"、"治疗的意识形态"或否决"区别对待权"无任何关系。在此内容且在这些限制内，对社会化的刑法（direito penal socializador）目前看不出有可行的替代方法。

e）非监禁性处分的优先原则

第 59 节　最后也是第五，需阐述一个在现行的刑事政策中如此重要的原则，以至赋予它独立被考虑的权利，尽管严格上只是前述刑事干预的必要性和补充性原则的结果：非监禁性的刑事处分优于监禁性的刑事处分的原则。从这一原则——长期以来在我们之间被强调的原则，特别由 Eduardo Correia 强调[82]——出发，首先要求忽略适用徒刑以利于非监禁性质的刑罚，只要后者足以实现刑罚目的。其次，立法者有义务尽可能丰富法官判处监禁的替代方案的手段。而实际上，对于服刑者来说，此等替代方案不会陷于被动地承受刑罚的痛苦，而是代表着有利于社会的*积极的*作为（prestação *activa*）[83]。再次，还要求仅在非监禁性质的保安处分本身显得不适合或不足以进行预防时，才采取监禁性质的保安处分。最后，得出此要求：执行监禁性质的刑罚及处分，当无论如何需要进行时，需以*不法分子社会化*为决定性方向发生。

3. 受害者学原则

a）刑事政策的演变和后果

第 60 节　尽管不直接源自宪法，在当今刑事政策方案的指导原则中不能因此被忽略的是所谓的受害者原则。的确，不论上述描绘的刑事政策典范如何出现，此原则曾发展过。甚至在此原则之前，确切的是，已在 50 年代末人们普遍强烈要求对犯罪世界中受害者的角色、利益和保护进行更广泛和更深入的考虑和调查：不论是在实体刑法、刑事诉讼法、犯罪学的层面，还是总括地说在全球刑事政策层面；甚至有人主张在整个刑法学中建立一个独立学科，即**受害者学**，作为此领域出现的科学问题的重要性、多

81　由 RODRIGUES，Anabela，*A Posição Jurídica do Recluso*... 1982 142 ss 描述和主张的是文本中提及的社会化（或重返社会）思想的"最低限度内容"。

82　CORREIA，Eduardo，*Homenagem Alberto dos Reis* 337，*ProjPG* 37 ss. 及 *Estudos Beleza dos Santos* 229 ss。通过深入分析 60 年代以来的问题状况以及随后遭受的变化，见 KAISER，*Estudos Eduardo Correia* cit. 283 ss。

83　因此，亦见 JESCHECK，*Blau-FS* 1985 429。

重性、多样性以及特别性提供公正的唯一方式[84]。一言以蔽之：迄今为止，专门或主要基于国家（作为惩罚性社会的一面）与不法分子之间的对话而进行的刑事论述，不可避免地反映国家、不法分子和受害者之间的相互关系的（非单纯角的，尽管国家视为顶点，但确实）*三角形*性质。因此，在被坚持拥戴的几十年中，受害者学原则具有刑事政策主题中的三个基本方面（vectores fundamentais）。

第 61 节　一方面——而且，从特定角度来看，可能是最突出的方面——在**刑事定罪/非刑事定罪运动**范围中起作用[85]，当中可以理解，它最经常引起对立的紧张形势：在此，以受害人的辩护权、保护和赔偿的名义要求忍受刑事定罪及刑罚（甚至最终主张"反犯罪战争"和*法律及命令*的论述[86]）。相反，另一方面，主张——以预防变成潜在的受害人及预防新的更深入的关于弥补受害人利益的概念的名义——在前述模式中的非司法化、分散和参与运动[87]。

第 62 节　受害者学原理的另一个基本方面起作用的是，关于刑事定罪/非刑事定罪的论述及关于面对形式上的控制范围受害人的角色（和地位），**安置受害人作为刑事政策的相对人**。正是在这一领域，一般在保护人权的国际层次，特别是在赋予代表受害者或受害群众利益的能力的非政府团体的层次，一直见证了最轰动的——而且有时是煽动性的——指控。但亦在这方面，葡萄牙刑法制度处于良好状态，而且无论如何，它比大多数（如果不是全部）欧洲同行都先进。而且这主要是通过赋予受害者*刑事诉讼主体*的地位，即通过成为*辅助人*的可能性（《刑事诉讼法典》第 68 条第 1 款 a 项）。为了对受害者提供真正的保护，比可以提供的"社会"援助[88]更为决

---

[84]　关于这一新科学的首要概述，见 DIAS，J. de Figueiredo，*Estudos Beleza dos Santos* 135 ss，以及其适当的见解，见 ANDRADE，M. da Costa，cit. *passim*。

[85]　见 ANDRADE，M. da Costa，cit. 215 ss。

[86]　ANDRADE，M. da Costa，cit. 229 ss。

[87]　根据文中提及的紧张形势，有趣的见 BELEZA，Tereza，*Mulheres，Direito，Crime...* 1990 341 ss。

[88]　然而，这不应被忽略甚至忽视，因此——在任何情况下，由于下文所述的限制——人们都应拥戴具此目的的群众组织和活动。关于相关的立法——正如关于此脚注整个事宜——最后见 OLIVEIRA，Odete，*Problemática da Vítima de Crimes*（diss. polic，Coimbra 1991）45 ss。相反，典型的是，关于受害者的社会学崇高研究中，（尤其是刑事诉讼法的）"法律的上层建筑"遭受了某种程度的无视，以及其在有效保护中的影响，见 ALMEIDA，M.ª Rosa Grucho de，*RPCC3* 1993 103 ss.，110 ss。

定性的是，使其在刑事诉讼程序中拥有自主发言权，并允许其作出符合最终决定含义的行为，以及将使以下情况变成可能：受害者无须承担任何不便和费用便能够在刑事诉讼本身中尽可能获得赔偿以弥补犯罪所造成的损失和损害[89]。人们必须坚持和取得进展的正是这个方向——正如在我们当中对 10 月 30 日第 431/92 号法令关于对犯罪受害人的赔偿所做的一样，而非屈服于对受害者的一种"公团主义的"（«corporativista»）保护，这会导致不可接受的刑事政策扭曲。

第 63 节　受害者学原则实际完全在法理中拟表现出的第三个方面是，上文第 14 节中已提到的，有利于将因犯罪造成的损害弥补变成第三种与刑罚和保安处分并列的刑事制裁的思想。由于特别关注犯罪的法律后果，因此这一思想将作为特别考虑的目标。

b）损害弥补作为第三种刑事制裁？

第 64 节　对因犯罪造成的损害弥补赋予*刑事性质的特别制裁性质*，这一思想源于实证主义学派的学说，该学说主要由 Ferri 提出及主张，根据该学说，应将弥补视为真正的**弥补性的（刑事）制裁**。因此，弥补将显示为依职权裁定的判罪的刑事后果，并具有衡量标准，即不一定与民法标准相混淆，反而主要具有刑事性质，即赋予该制度特定的刑事政策功能的结果：合作实现预防性的刑事制裁的本身目的之功能[90]。

就比较法而言，这一构想——也许是非常遗憾的事实——在立法上非常有限地得到确立[91]。葡萄牙体制本身——少数采纳该构想的国家之一，无论如何，主要根据 1929 年《刑事诉讼法典》第 29 条及其后续条文——随着 1982 年《刑法典》及其第 128 条的生效放弃了该构想。而且，恰恰当学说的一部分，尤其是德国的学说开始坚持提出至少将弥补视为与刑罚和保安处分等级并列的刑法**第三等级**时，放弃了该构想——这并非不含有某些讽刺性[92]！

第 65 节　赞成这种解决方案的刑事政策性质的基本论据有三个。第一，在许多情况下，受害人的利益比对行为人适用剥夺自由的刑罚或金钱刑罚

89　在此明确的内容中，见 DIAS，J. de Figueiredo，em：*JDPP* 10。

90　关于该内容，详见 DIAS，J. de Figueiredo，*Estudos Beleza dos Santos* 100 ss。

91　无论如何，见 DIAS，J. de Figueiredo，*Estudos Beleza dos Santos* 102 s 提供的数据。

92　见 ROXIN § 3 n.° m. 63 ss. 在脚注 53 指出的主要书目，随后的考虑主要信赖此作者的陈述。

更有利于弥补。第二，在许多小规模甚至中等规模的犯罪案件中，行为人的赔偿足以满足社会在被违反的规范生效时期望的反事实稳定性的需求，因此无须其他任何刑事制裁。第三，应向弥补普遍赋予突出的重返社会效果（也许大于金钱处罚所具有的效果，见下文第 134 节），因为"强制"行为人近距离地与其对受害人作出的事实的后果混在一起，甚至可引领行为人与受害人"和解"，或者至少是相互理解及由行为人犯下的缺失的"道德"标准。这加强了被违反规范的生效和有效性，并对恢复因犯罪而被破坏的法律秩序作出了巨大的贡献。

第 66 节　这个论据本身就是令人信服和有充分根据的。无论如何，仍然悬而未决的问题是，知道**它是否迫使**将弥补视为与刑罚和保安处分并列的刑事制裁的第三种，还是是否足够（或甚至是否更可取的）始终或在某些情况下将其视为*判罪的刑事后果*，并赋予其相应的诉讼地位。再者，在任何情况下，应将弥补视为施加特定替代刑的条件，以及关于某些尤其是财产性质的小或中规模严重性的犯罪，将弥补视为免除刑罚的必要决定因素（见下文第 72 节）。

四　根据新兴的刑事政策典范和相关方案的指导原则，对葡萄牙的刑事处分制度进行批判性评价之尝试

第 67 节　在陈述这些以后，似乎并不困难或冒险以良好的断言基础得出总结，根据这一断言，由于主要在尚无法谈论新的刑事政策模式出现的时期中 Eduardo Correia 构思了现行《刑法典》的处罚制度，该制度适时地预示了它的出现，且于今天仍被视为一种表现得更广泛适合这一模式的制度，并因此真正地被视为这一模式的"引擎"。在对制度进行批判性评价的尝试中，可出现的问题并非某种模式适合与不适合的问题，而是**如何将其付诸实践**的问题以及**扩大和与其一直以来的样子相一致**的问题。在这一层面上，如果不想让这一制度僵化且无法履行其作为（最终）有效的社会控制手段的功能，那么必须克服正在累积的困难和阻力。

1. 葡萄牙制度与新兴的刑事政策模式的一致

第 68 节　关于与新兴的刑事政策模式的一致，必须立即证明，现行的《刑法典》在其核准时将**非刑事定罚方案**推到政治可能的极限，并对启动**新

的刑事定罪程序显得相当吝啬。仅需保留这种明显的趋势——通过立法者不向没有充分根据的刑事定罪的建议作出让步（无论是在《刑法典》的部分修订层面，还是在零散的刑事法例层面）[93] ——以及在可能的情况下进一步加深这一趋势。

《刑法典》通过以下几种方式实施了这种*非刑事定罪*——因此，重返 1954 年以某种方式被打破的长期的葡萄牙自由主义的传统[94]。第一，遏制其介入关于性行为、家庭问题、侵犯纯粹的道德和宗教价值、简单吸食麻醉品的事宜，一言以蔽之，关于现代犯罪学所称的*没有受害人的犯罪*（*crimes without victims*）的普遍性事宜[95]；第二，特别拒绝所谓的准备或几乎犯罪或犯罪边缘状态的刑事类别——行乞、流浪或类似状态——并不将它们刑事定罪；第三，为将来消除轻微违反类别，在纯粹的社会秩序法的框架内将其以*非刑事*的违反秩序类别取代。

特别是在《刑法典》的层面的侵犯受保护之私人生活罪（第 176 条及其后续条文）、危害和平及违反人道罪（第 186 条及其后续条文）和公共危险罪（第 253 条及其后续条文）中发现了*新刑事定罪*程序（*processos de neocriminalização*）。对《刑法典》生效的随后修订加快了刑事定罪的进程[96]——及/或处罚及/或刑事迫害的进程。诸如以下事宜：纵火罪（7 月 19 日第 19/86 号法律）、对主权机关的诽谤和侮辱罪（2 月 24 日第 65/84 号法令）、贪污罪（10 月 6 日第 317/83 号法令）、吸毒罪（代替 12 月 13 日第 430/83 号法令的第 15/93 号法令）、杀害执法人员罪和因执法人员死亡而加重的伤害身体罪（3 月 26 日第 101 - A/88 号法令）、酒精影响下驾驶罪（4 月 14 日第 123/90 号法令）和计算机犯罪（4 月 29 日第 10/91 号法律）。另一方面，实现了自愿中断怀孕的一项（但在我们看来并不足够[97]）适度非刑事定罪（5 月 11 日第 6/84 号法律）[98]。

93　这一谴责在某种程度上可能以《刑法典》生效头十年内进行的刑事事项立法活动为依据：见下文的内容。

94　DIAS, J. de Figueiredo, *ArchPC* cit. 196.

95　见 SCHUR, E., *Crimes Without Victims* 1965。见 ANDRADE, M. da Costa, cit. 30 s., 104 s。

96　由于纯粹的环境原因和严格的政治时间原因，这些变化常常被 Costa Andrade 曾经正确地称为 "在皮肤表面上的刑事政策产物"，而非在目的和功能上一致和合理建立的刑事政策。

97　正如从 DIAS, J. de Figueiredo, *ROA 36* 1976 89 ss. 的说法中可以看出。对于近期的不同意见，见 COSTA, A. M. Almeida, *ROA 44* 1984 545；以及主要见 AcTC. n.° 25/84, *AcTC 2* 1984 7。

98　我们认为，1991 年草案在妨害社会生活罪和妨害国家罪的刑事定罪/非刑事定罪的论述上，特别是对于（正确地纳入侵犯人身罪，正如侵犯性自由及性自决罪的）性犯罪方面，走了一条温和而明智的道路，同时建议出于优生原因中断怀孕可以直至 22 周怀孕合法地发生（第 142 条第 1 款 c 项）。然而，对诸如 "宣传自杀"（第 130 条）的活动归罪至少是具可讨论性的。关于这一注释的事宜，见 DIAS, J. de Figueiredo, *ZStW 105* 1992 103 ss., 106。

第 69 节　关于**非司法化**（**desjudiciarização ou diversão**）形式，如上所述，《刑法典》的使命并非确立它们或为它们开辟道路。这只能是刑事诉讼立法的由 1987 年《刑事诉讼法典》以温和形式实现的功能。因此，该法典为广义上的非刑事化计划提供了理想的补充，并奠定了未来更多样的非司法化形式（不论是否介入及调解）继续发展所必需的原则。

在第 43/80 号法令关于吸毒罪的第 36 条至第 42 条（参见 1 月 22 日第 15/93 号法令第 40 条至第 47 条）可偶然遇到在我们的非司法化形式的制度中的第一个体现——除了*私罪*的诉讼范畴外，还有调解形式的宽容空间[99]。然而，正是于新的《刑事诉讼法典》中在某些条件和限制下确立由检察院执行的诉讼进程的适度原则，不论是透过可能的免除刑罚（《刑事诉讼法典》第 280 条）归档的可能性，还是透过禁制令和行为规则（《刑事诉讼法典》第 281 条及其后续条文）的临时中止的可能性。另一方面，明显的是，1987 年《刑事诉讼法典》在许多方面加强了处理私罪的可利用性（《刑事诉讼法典》第 50 条第 1 款、第 258 条第 3 款等），并显著增加了刑事诉讼程序中的合作和共识的余地[100]。在着手制定此范畴中更广泛的方案之前，这些法律规定为非司法化程序的执行提供了足够广泛的框架。

第 70 节　如果以这种方式，关于非刑事定罪和非司法化的葡萄牙刑法制度的情况似乎是好的，并偶然遇见进一步改善的有利条件，那么诸如我们已经描绘的**分散**和**参与**方面就不能这样说了。而且，不足为奇的是，像葡萄牙这样的国家，由于目前的政治和社会民主制度，还未能摆脱长期而沉重的中央集权主义和保守主义传统。因此，在我们当中，"中央"国家继续专门推迟刑事政策的任务。但是，我们不得不开始留意在此提倡的方向中发生变化的征兆，尤其在毒品处罚权和未成年人的监护权的领域（尽管该范畴并不完全属于刑法领域）。

第 71 节　然而，制度中已存在处罚措施，尤其**在非监禁性质的处罚**领域中，在其执行中重要的是，赋予中间群体（comunidade intermédia）决定性意义和相对自主的角色，以及呼吁个人本身参与；此外，分散和参与可以扩展到执行监禁性质的处罚的某些方面。这里在于既有监狱服务又有以享有特权形式的社会重返服务的不可拖延的任务，这必须是一方面"中央"国家与另一方面中间群体和个人两方之间进行联系和协调的主要连接。我

---

[99]　详见 COSTA, J. de Faria, cit. 55 ss., 60。

[100]　详见 ANDRADE, M. da Costa, em：*JDPP* 317 ss.。

们不要对这个不适当和不正确的想法麻木：非国家性质的群体和个人获得执行特定刑事政策任务的权限，意味着整个刑事事宜对公共和不可利用特性的侵犯，并在这种意义和程度上，意味着刑事公正体制的"私有化"。

第 72 节　特别关于因犯罪造成的损害弥补的性质和功能的问题，在第 64 节中所述的内容似乎得出的结论是，第 128 条在我们的处罚制度的演变中倒退了一步，在该处罚制度中，《刑事诉讼法典》第 71 条及其后续条文仅限于获得诉讼上予以的后果。然而，在考虑这一切后，1929 年《刑事诉讼法典》第 29 条及其后续条文的解决方案，直至《刑法典》第 128 条生效——尽管在诉讼制度的某些要点中再次触及这一解决方案，但不应在此对这些要点作出分析——似乎不会更准确地与目前刑事政策的目的和观念相一致。关键是，告知受害人有关在刑事诉讼中实现《刑事诉讼法典》第 75 条规定的赔偿权利的可能性的官方义务，以及所予以的可及范围和一致性（或然将这一义务延伸到刑事警察机关）；而且，关键是，检察院代表受害人的可能性不仅限于——正如目前正在发生的一样[101]——"缺乏经济手段"的受害人。

此外，必须强调的是，在我们的处罚制度中，损害弥补已经在很大程度上实现最近的刑事政策观念所提议的功能；鉴于不论对特别减轻刑罚的效果（第 73 条第 2 款 c 项），还是作为适用中止执行刑罚和适用考验制度的起制约作用的或然义务（第 49 条第 1 款 a 项和第 54 条第 2 款开头部分）以及作为免除刑罚的必要条件（第 75 条），损害弥补都是合适的。关于财产犯罪，弥补通常会使适用的刑罚限度减少一半（第 301 条第 1 款、第 305 条第 3 款、第 313 条第 2 款、第 315 条第 3 款和第 319 条第 2 款）。然而，根据法律可（也许应该）扩大这一制度，以至承认在某些条件下，对于中小规模的犯罪，完全的弥补可使刑罚免除[102]。

2. 葡萄牙刑事政策的宪法

第 73 节　除了《刑法典》之外，**宪法**组成一项促进新的刑事政策的决定性文书：在不包含对这一事宜的直接规范的情况下，《葡萄牙共和国宪法》实际上体现出上述所有刑事政策的指导原则。

101　见 1988 年 11 月 10 日 Parecer da P. G. R.（仍未发表）。

102　然而，在此部分，1991 年草案第 206 条采取的立场主要是保守的。

因此，一方面，《葡萄牙共和国宪法》完全体现合法性原则：事实上，从最广泛的意义上讲，它超出了其传统内容，尤其当涵盖保安处分本身时。另一方面，《葡萄牙共和国宪法》第 18 条第 2 款应被视为在整个宪法文本刑事政策上最重要的规定：第一，它与宪法秩序和刑事法律秩序之间的密切实质类比联系起来，并将所有刑事干预置于严格的必要性原则的约束之下，因此，它规定了任何可能的非刑罪化；第二，禁止任何可免除的刑事定罪，也就是说，原则上它不专门为某种法益强加任何刑事定罪[103]；第三，建议只有预防原因，尤其一般性的融合预防，才能证明适用刑事处分是合理的[104]。

然而，该等处分的本质、基础和含义的基本思想是在另外两个方面完成的：罪过原则（*princípio da culpa*）的必要介入，作为无条件要求保护源于《葡萄牙共和国宪法》第 1 条、第 13 条第 1 款和第 25 条第 1 款的人格尊严；以及对社会性原则（*princípio da socialidade*）的承认，这一原则在足够清晰的情况下源于社会法治国家模式，没有这一模式就无法理解《葡萄牙共和国宪法》。

在刑事处分的具体形态层面上澄清所述原则的任务属于一般刑事立法（legislação penal ordinária）。正是在这个立法中充分体现出非监禁性质的刑罚的优先原则。然而，在《葡萄牙共和国宪法》第 30 条第 1 款、第 27 条和第 28 条中提及了这一原则。随后对与刑罚和保安处分有关的所有事项的探讨将详细揭示该原则的实现和其牵涉的范围。

3. 实践的阻力

第 74 节　因此，并非在葡萄牙处罚制度的理论结构及其对新兴的刑事政策典范的适应上能产生困难，除非**在实施该制度的形式和范围中**，正如我们建议的那样。简而言之，作为本段考虑因素的总结，可以说，尚未完全克服的阻力而导致的此等困难出现在三个不同的层面上。

---

[103] 因此，从这个角度来看，很难接受存在在宪法上暗含的刑事定罪的强制性原则。关于这一问题，除了见 ANDRADE, M. da Costa, em: *JDC* 227 s.，还可见最近的 CUNHA, Conceição, *Constituição e Crime...*（diss.，Coimbra 1991）161 ss。

[104] 这是 1991 年草案第 40 条第 1 款对明示的规范性表示的种类所强调的建议，因宣告"刑罚及保安处分的适用旨在保护法益和行为人重返社会"。不管有什么批评可能反对这一内容的规定的适时性（在我们看来，这肯定是没有根据的，并且几乎总是虚伪的），它的存在就足以——前提是它在司法见解上受到尊重——避免在下文将探讨的现行《刑法典》的处罚制度的实际失败！

第75节　首先，**在立法层面上**。在涉及处分的《刑法典》总则中引入一些有限的（往往不会改变而是*强调*其更深层次的刑事政策意图的）改革，这是适当的（和急切的)[105]：尤其是，如果可能的话，丰富刑罚和保安处分的范围，更准确、更明确地重新界定其前提和适用范围，并澄清和统一适用替代刑罚的法律标准[106]。事实上，正是在最后提到的对《刑法典》刑事政策目的如此敏感的领域中，才一直使人对将当中构思的制度付诸实践感到困难[107]。

第76节　其次，**在结构层面上**。如果到目前为止在实践中未能实施法定的处罚制度，这在很大程度上是由于缺乏旨在赋予权限部门建立有效运行制度所需结构的必不可少的手段的政治方针——一方面是监狱服务，另一方面是社会重返服务。当这一《刑法典》生效，政治权力不得不捍卫其更深层次的刑事政策目的，并反对每时每刻都面对着的*罪有应得*（just deserts）和*法律与秩序*（law and order）的矛盾论述；在任何情况下，这一论述通常得到舆论——对由社交媒体激发的犯罪和恐惧市场敏感的舆论——支持[108]。

然而，实话说，这一问题今天似乎在很大程度上得到了解决，至少在社会重返服务方面，这些服务的结构足以在实质刑法层面上回应对此提出的要求。相反，在国家层面缺乏一种具有至少能允许其投身于*犯罪学*研究和调查的方法的制度[109]。这种研究和调查对于衡量处罚制度的有效性绝对是必不可少的；从而当它不存在，任何负责刑事改革的委员会（无论所包含的"法律实践"有多广泛！）都缺乏不可替代的支持，这将使它们能够安全地朝着提高生产力和效率所需的最低配额迈进。

---

[105]　而且，这是主导1991年草案筹备工作的承认的目的：见相关报告；以及 DIAS, J. de Figueiredo, «Introdução» ao *Código Penal e Outra Legislação Penal* 1992 18 及 *ZStW 105* 1992 92 s。

[106]　关于这一最后要点，主要见 RODRIGUES, Anabela, *Estudos Eduardo Correia* I 1989 21。正是在此领域——尽管不仅在此领域——正如在1991年草案第40条第1款现在所包含的规范可以避免在这个问题上确立并一直维持到最近的真正违反法律的司法见解。尤其见下文第499节及其后续节数。

[107]　关于这一主题，见 ALMEIDA, M.ª Rosa Crucho de, *BMJ 348* 1985 63。

[108]　关于这一论述，见 DIAS, J. de Figueiredo/ANDRADE, M. de Costa, *RDE 8* 1982 11 ss., 15 ss。

[109]　在这个方面，见 DIAS, J. de Figueiredo, *O Novo CPP* 1987 7 s。

第77节　最后但同样重要的是**法律适用者的心态**。虽然我们对上述两个层面的困难给予了应有的重视，但面对基于执行不力以及制度的部分失败的刑事政策方案（不要忘记学说也有共同责任，因为迄今为止对制裁制度的研究关注不够），刑事执法机构的不信任和抵制态度是不合理和不可接受的。在此，只能期望的是，司法官的崭新而又不同的、更了解其"独立"的宪法价值和限制的心态，可以帮助葡萄牙的法律秩序（特别是其刑法秩序）被合理地定性为民主法治国家本身的法律秩序，而非专制和独裁的法官国家（Estado de Juízes）的法律秩序[110]。

---

[110]　关于这一点，最后，我们当中见 ANDRADE, J. C. Vieira de, *O Dever da Fundamentação Expressa...* 1991 397 ss。

第一部分
刑　罚

第三章 前 言

A. L. D. P. (7.° Congresso, Atenas), Les conséquences légales..., *RIDP* 1957.

BOCKELMANN, Zur Reform des Strafensystems, *JZ* 1951 494.

CÂMARA CORPORATIVA, Parecer n.° 54/X, Bases da Reforma Penal (Penas e Medidas de Segurança), *Actas da Câmara Corporativa* n.° 174, X Legislatura, 73 OUT23.

CERNICCHIARO, Penas Acessórias, *Ciência Penal* 1979-2 49.

CORREIA, Eduardo, La prison, les mesures non-institutionnelles..., *Estudos Beleza dos Santos* 229.

COSTA, A. M. Almeida, *O Registo Criminal* 1985.

DECOCQ, Les modifications apportés par la loi du 11 juillet 1975..., *RScC* 1976 1.

DIAS, J. de Figueiredo, O Sistema das «Penas Acessórias»..., *Homenaje Be-ristain* 1989 499.

DOTTI, *Bases Alternativas para o Sistema de Penas* 1980.

ESSER, *Die Ehrenstrafen* 1976.

FOUCAULT, *Surveiller et punir* 1975.

GRÜNWALD, Das Rechtsfolgensystem des AE, *ZStW 80* 1968 89.

GRÜNWALD, Offene Fragen im System der Hauptstrafen, *Schaffstein-FS* 1975 219.

MÜLLER-DIETZ, *Grundfragen des strafrechtlichen Sanktionensystems* 1979.

PANNAIN, *Le incapacità giuridiche...* 1938.

REALE e OUTROS, *Penas e Medidas de Segurança no Novo Código* 1985.

RITTLER, Die Ehrenstrafen im künftigen Strafrecht, *RPS 37* 1924 373.

RODRIGUES, Anabela, Les sanctions pénales..., *AnnIntCrim 25-1 e 2* 1987 69.

RODRIGUES，Anabela，Critérios de Escolha das Penas de Substituição…，*Estudos Eduardo Correia* I 21.

RUSCHE/KIRCHHEIMER，*Pena e struttura sociale*（trad. italiana，de Melossi/Pavarini，da ed. americana de 1968）1978.

SCHMIDT，Eberhard，Die Gestaltung der Ehrenstrafe，*ZStW 45* 1924 10.

VOLK，Der Begriff der Strafe…，*ZStW 83* 1971 405.

一 主刑。主刑和替代刑

1. 概念的确定

第 78 节 主刑和附加刑之间的分别，尽管在拿破仑《刑法典》中不为人所知，但其后（虽然并非完全相符）在 20 世纪由法国、德国和意大利学说制定及流入法典和刑法内，现今变得流行。**主刑**（**penas principais**）是，鉴于明确规定要制裁犯罪类型的刑罚，可以由法官在判决中与其他任何判决无关地确定的刑罚。因此，它相对于**附加刑**（**penas acessórias**），适用于以判决中主刑的确定为前提的刑罚。这种特征仅在我们的一般刑法体系中作为主刑的*剥夺自由的刑罚*（或*徒刑*）和*金钱处罚*（或*罚金*）[1]。

第 79 节 然而，至少作为第一考虑，似乎我们的《刑法典》接受了一个**不同而更广泛的**主刑概念，在总则第三编的第一章中——正是隶属于该标题——，除了徒刑和罚金之外，还包含徒刑之暂缓执行、考验制度、告诫和向社会提供劳动。从这个意义上讲，更具决定性的是 1963 年总则草案第 47 条所显示的："主刑是：第一，监禁；第二，罚金；第三，附带条件的判决；第四，考验制度。"

但是，以一个更相近的看法最终得出的结论是，1963 年总则草案和《刑法典》的意图并非以此方式争论我们一开始提出的主刑的确定标准，而是以这种方式提请注意以下事实：根据其刑事政策思想，与"监禁和罚金"不同的"新"刑罚也是"真正的刑罚"——因此，具有根据确定刑罚的一般标准来衡量自主的谴责内容（第 72 条）——，它们不只是"执行徒刑的

1 　正如在此，总结上见 GONÇALVES，M. Maia，art. 40.° anot. 4，以及见第 9/X 号法律提案的草案 Base II，*Actas CC* 2666 e 2668 s。

特别制度"，甚至更不是"纯粹的社会治疗措施"[2]。而且，从这一观点出发，我们不得不为《刑法典》中灌输的、葡萄牙学说传统所延续的概念提供理由，根据此概念，取代执行徒刑总是意味着适用*一种另外的刑罚*，而非徒刑[3]。

第80节　发生的情况是，这些另外的刑罚并非源自主刑和附加刑之间的区分[4]，亦不构成具有其自身的含义和自身的目的的一个新的类别：**替代刑（penas de substituição）**的类别。然而，这些刑罚虽然可取代任何具体确定的主刑，但无论从历史还是目的上来讲，都植根于上述（第21节、第59节、第73节）*旨在打击适用剥夺自由的刑罚的刑事政策运动，尤其是短期的徒刑*[5]。这些替代刑如果不属于狭义上的主刑（因为立法者没有在罪状中明确规定它们），那么显然不属于附加刑：不仅因为附加刑在历史和目的框架中与替代刑的框架无关（见下文第87节及其后续节数），亦因为一种是只能与主刑*一起*确定的刑罚（如附加刑），而另一种则是*有别于*主刑而适用和执行的刑罚（替代刑）。

第81节　考虑到《刑法典》构成替代刑的方式，我们可以对这些替代刑进行区分，将真正的替代刑本身从此框架中［有时被称为**择一刑罚（penas alternativas）**］区分开来。前者是法官必须事先确定实际适用于案件的徒刑，后者是法官可以判处有别于监禁的刑罚，而不必事先进行前者的操作[6]。在此类别中（除了立法者可择一地判处徒刑或罚金以及因涉及主刑在目前的背景下这些并不重要的情况外）仅*考验制度*能够实现。实际上，在此存在一个重要的区别，笔者将在下文第507节中进行更详细的研究。然而，从刑事政策的角度来看，正如将会陈述的那样，考验制度是与其他刑罚具相同名义的一种替代刑，尽管当中实际上涉及以主要的形式（或名义）判

2　引号中的表述为 Comissão Revisora do ProjPG：*Actas PG* I 268 ss 关于这方面激烈的讨论中所使用的表述。

3　因此明确关于中止执行刑法，见 SANTOS, J. Beleza dos，*RLJ 74* 119；之后见 CORREIA, Eduardo II 423 ss.，*ProjPG* 44 ss. 及 *Estudos Beleza dos Santos*，cit. 291 ss。

4　无论如何，在主刑的广泛意义中——但概念上不太准确的意义中——，尤其关于向社会提供劳动，见 SCHULTZ 102 ss。

5　在此正如见 CORREIA, Eduardo, *ProjPG* 46 s. 及 *Estudos Beleza dos Santos*，cit. 276 ss. 及 RODRIGUES, Anabela, *Estudos Eduardo Correia*，cit. 26 ss。

6　在此方面的一个建议，见 I. R. S./JARDIM, M.ª Amélia, *Trabalho a Favor da Comunidade…* 1988 54。

处的刑罚。因此，在替代刑中将择一刑罚类别在学说上自主化似乎是多余的。

2. 刑事政策评价

第 82 节　严格意义上说，如果只有徒刑和罚金才被认为是真正的主刑，那么下一个人们有时听说[7]的争辩是，在此领域中特定的*处罚贫乏*（*pobreza sancionatória*）。然而，这绝对是没有理由的。所谓的贫乏并非源于立法者缺乏想象力和创造力，而是源于不法分子的生活、身体、荣誉和内在自由不再属于——根据基本概念在我们当中宪法上的处罚演变[8]，见《葡萄牙共和国宪法》第 24 条、第 25 条、第 26 条和第 30 条——刑事处分内容的适当参考对象。在一个民主文明的、基于第二章提及的刑事政策原则或其他相同特征的原则的国家中，**只有外在自由和财产才能构成该等制裁的衔接点**。因此，可以理解的是，改革工作应着重丰富的并非狭义上的主刑和替代刑的调色板（paleta）：正是在此目前必须衡量刑事处分制度的现代性和有效响应的能力。

第 83 节　目前，有一种趋势是向一些国家扩展[9]，目的是增加一般刑法中禁止执行主刑的规定。即使在今天，对该禁止的最常见的考虑也是附加刑（例如德国《刑法典》第 44 节）。但在国际讨论中，增加禁止执行主刑的想法出现了新的发展，这一点值得认真考虑。从根本上说，一切都取决于了解一般刑法的犯罪（例如，醉酒驾驶、危险驾驶道路上的车辆等）是否应主要被判处禁止驾驶，而非监禁或罚金，或在这些个案中监禁和罚金之一是否应被视为主刑，而禁止驾驶则被视为附加刑。

第 84 节　有时，在零散法例中被视为主刑，但《刑法典》将其视为附加刑，尤其是**职业或权力的撤职**和禁止（更正确地说：禁止从事）（对于第一种情况，见 4 月 2 日第 4/83 号法律第 3 条第 1 款[10]）。这几乎是"特别刑罚"（见 1886 年《刑法典》第 57 条）的幸存，针对正犯必然与行为人某个特定的范围（一般是职业的范围）相

7　例如，参考 MAURACH/ZIPF §　57 n.° m.71；亦见 SCHULTZ 120。

8　关于这一演变，主要见 FOUCAULT 和 RUSCHE/KIRCHHEIMER，cits. 的著名研究。在刑法历史角度上，见 CORREIA，Eduardo，*Estudos* passim；亦参考 DIAS，J. de Figueiredo，*BFDC 48* 1972 133。

9　关于这方面的说明，见 SCHULTZ 123 ss。此外，提案已明确在 § 55 do *AE-AT* 105 提出。

10　在任何情况下，曾希望的是——但没有根据——在此情况中这不是刑事责任和处分，而是纪律责任和处分，见 AcRL 87JAN01，*CJ XII – 1* 1987 152。但也许不再是没有根据的是，希望与关于"根据公法对地方当局和市政协会的行政监督"的 9 月 9 日第 87/89 号法律第 9 条判处的丧失资格的"制裁"一样。

关的事实[11]。

二　附加刑。附加刑和刑事效果

1. 概念的确定

第 85 节　如前所述，**附加刑**是那些仅能在有罪判决中与主刑一起被宣告的刑罚。因此，有别于——至少从纯粹的理论角度来看——所谓的**刑事效果**（**efeitos das penas**），这些效力当中涉及司法审查的必要的和待决的、由适用主刑或附加刑所确定的后果；这些效果尽管因此可具有“刑罚性质”，但由于缺乏刑罚的意义、理由、目的和局限性，不具有真正的*刑罚*性质。

第 86 节　构成的表征在葡萄牙和其他国家的立法演变及学说传统中并非清楚或不成问题。相反，在这方面普遍存在几乎无法摆脱的——不仅是术语上的！——不安全和混乱。因此，有人将“刑事效果”的概念笼罩在阴影之下，认为所有*依法*伴随判罪的刑罚，诸如判罪的刑事效果，都是附加刑[12]。其他人反对将附加刑自动（依法）添加到主刑或补充刑罚（penas complementares）中，这些补充刑罚即使是强制性的，也必须明确地表现在判罪中[13]。然而，最广泛的取向仍然是反对于在有罪判决中宣告——*即使是强制性的*——附加刑的要求产生刑事效力的自动或*依法*（*ope legis*）性质[14]；在这种意义上，在葡萄牙学说中形成了广泛的共识，此共识由 1886 年《刑法典》第 83 条的规定赋予[15]。1982 年《刑法典》似乎想**将刑事效果视为附加刑**，此外，对其产生取消了自动性甚至必要性；然而，与刑事效果并列的，有可能是依法产生某些*犯罪的后果*（*efeitos de certos crimes*）（第 69 条第 2 款）。关于所有这些方面见下文第六章。

德国体系具有与当前葡萄牙体系的接触点——同时也是分歧点。E1962 第 56 节将不能行使公共职务、不能选举和当选以及将禁止驾驶视为真正的附加刑；并从刑

11　因此，亦见 SCHULTZ 121。

12　见意大利《刑法典》第 20 条；关于它，例如见 BETTIOL IV 202 ss。在同样的方面，关于西班牙法律，见 RODRIGUEZ DEVESA/SERRANO GOMEZ 930 ss。然而，这并不意味着不会在此陈述广泛意义中的“判罪的刑事效果”，见 BETTIOL IV 213 s。

13　在法国法中见 PRADEL n.° 527 ss。

14　比较法的广泛说明，见 *RIDP* 1957 315 ss。

15　CORREIA, Eduardo/RODRIGUES, Anabela/COSTA, A. M. Almeida 254 s.；FERREIRA, M. Cavaleiro de II 1961 181 s；GONÇALVES, M. Maia [6]1982 art. 83.° anot. 1，具 parecer concordante 63/64，de 65JAN28，da P. G. R. 的说明。

法中消除了剥夺名誉公民权利的做法。1975 年德国《刑法典》由于保持着后述的消除（这一消除源自 1967 年刑事改革），仅将禁止驾驶（所述《刑法典》第 44 节）视为真正的附加刑（刑罚），并将不能行使公共职务、不能选举及当选视为判罪的纯粹附加效力（附带效力，见同一《刑法典》第 45 节至第 45b 节）。因此，两个教条类别之间的区别实质上与我们在第 85 节中所陈述的区别相对应；但其制度就不相对应了，因为（判罪的）附加效果的产生，在德国刑法中具自动或*依法*（*ope legis*）性质[16]。

2. 刑事政策的考虑

第 87 节　不论是刑事效果，还是犯罪的后果，抑或是附加刑的传统概念本身，在历史上都与中世纪立法的"臭名昭著"[17] 和其*名誉处罚*（*pena da honra*）相关联；因此，与其他和多样性质的无能力（incapacidades）、禁止（inabilitações）或限制（restrições）相关联，它们因某种犯罪或在某种刑罚中就像判罪的法律后果一样，通常必定在履行主刑后牵涉到不法分子。

人们认为，通过这些"附加制裁"或"补充制裁"，可以**有效地恐吓大多数人，防止他们犯罪**[18]。随着启蒙运动哲学的首次出现，在自由主义立法之后，原则上，与不法分子身体有关并导致不人道对待的刑罚和附加效力停止了，但导致失去或中止公民、职业或政治权利的所有其他效力仍然存在。而且，由于处罚制度主要具有监禁性甚至惩戒性，这种存在更加根深蒂固，因为它更容易将产生该等效力的范围、质量和本身的必要性与不法分子被宣判主刑——尤其是剥夺自由的刑罚——的性质联系起来。

第 88 节　今天，人们普遍同意，需从刑法制裁手段中消除任何败坏名誉或污名化的法律效果——不可避免地脱离社会（dessocializador）并因此导致犯罪的（criminógeno）法律效果——，因所述法律效果添加了取消社会资格的效果（efeito de desqualificação social），而后者已因其纯粹的存在与上

16　关于德国制度此方面、其演变和其批判性考虑，见 MAURACH/ZIPF § 57 n.° m. 19 ss 及 § 60 n.° m. 1 ss。

17　详见 COSTA, A. M. Almeida, cit. 7 ss.（nota 6），37 ss.（nota 48）；以及，同一方面，见 CORREIA, Eduardo, *Estudos Beleza dos Santos*, cit. 264 及 CORREIA, Eduardo/RODRIGUES, Anabela/COSTA, A. M. Almeida 236 s。

18　CORREIA, Eduardo/RODRIGUES, Anabela/COSTA, A. M. Almeida 237 ss. 同一方面，见 BETTIOL IV 204。

述手段兼容[19]。但是，刑罚和附加效力并未因此而从立法中消失，即使是最现代的立法也是如此。所有已实现的是避免——正如在我们当中第 65 条所发生的一样——该等附加效力是由于*根据需要*而适用某种性质的刑罚而产生的；这变得更加容易，从各种类型的徒刑消失及出现单一和简单的徒刑时起（见下文第 91 节及其后续节数）。然而，在其余部分中，人们继续认为，某些判罪的法律效果履行着**主刑的辅佐预防功能**（**função preventiva adjuvante da pena principal**），这是刑法制度不可或不想放弃的功能[20]；实际上，即不在*一般性的威吓*中耗尽却至少在一定程度上亦针对不法分子的*危险性*的预防功能[21]。

第 89 节　人们可能会问，附加刑和刑事效果之间的区别是否还没有失去所有*理由*，当这些刑事效果，正如附加刑一样，并非来自必要的产物，或从*这个意义上*说，并非来自自动的产物时。可以肯定的一件事是：如果这一区别应予以保留，通过假设我们将再一次赞同将附加刑变成真正的刑罚。从历史上看，所谓的附加刑——而**不只是**刑事效果——只是对罪过概念陌生的预防性内容采取的单纯措施[22]（确切地说，从每一措施的法律制度来看，如果*保安处分*属仅能具体确定的东西）。然而，这一内容完全不足以或不适合将其所属的刑事政策手段定为*刑罚*，即使是附加刑。为此——甚至在宪法上——变得必不可少的是，该手段获得*对事实的谴责*（*censura do facto*）的特定内容，并在此建立其**与罪过必要的联系**；为此，附加刑对于遭受它的人来说是一种损害[23]，或者在适用该附加刑的人面前允许其具体化[24]，这显然还不够。

19　例如见 DIAS，J. Figueiredo，em：F. I. P. P.（Org.），*Casier judiciaire et réhabilitation* 1979 49，51 s。

20　但是，在 AE-AT 中提议的制度放弃了这一功能；在该提议的方面，亦见 SCHMIDHÄUSER § 20 Nr. 21。关于这一点，亦见 GRÜNWALD，cit。

21　因此见 COSTA，A. M. Almeida，cit. 212 s.，235 ss.；以及见 CORREIA，Eduardo/RODRIGUES，Anabela/COSTA，A. M. Almeida 243 ss。

22　人们普遍承认这一点，但一般来说，这些刑事政策手段作为刑罚并不能因此而被推翻。见 LADAS，*RIDP* 1957 341 s. 及主要亦见 STRAHL，*RIDP* 1957 567 ss.，586。显然，文中的含义见 REALE e OUTROS，cit. 259。

23　然而，对此见 SCHMIDHÄUSER § 20 Nr. 21。

24　然而，对此见 CORREIA，Eduardo/RODRIGUES，Anabela/COSTA，A. M. Almeida 246。

第 90 节　关于刚刚描述的**演变方向**，葡萄牙刑法在许多方面是典范[25]。秩序法（direito das Ordenações）充满了刑事效果，其中许多是残酷和野蛮的效力（鞭打、手工切割、绞索、绞刑、烙印等），其他则主要是失去权利的效力。我们的第一部《刑法典》仅保留后者作为臭名昭著或声名狼藉的标记，并且它们在很大程度上与将要适用的主刑类型或性质作为其必要的后果（1852 年《刑法典》第 67 条）联系在一起（1852 年《刑法典》第 52 条至第 55 条、第 56 条、第 58 条和第 62 条及其后续条文）。1886 年《刑法典》废除了几项主刑，因此限制了刑事效果，但保持其基本的一般恐吓手段。

如前所述，1982 年《刑法典》结束了产生刑事效果的必要特征（第 65 条，亦见《葡萄牙共和国宪法》第 30 条第 4 款），并将不必要的效力称为"附加刑"，不仅赋予这些附加刑一般恐吓的意义和内容，亦赋予防范个人危险性的意义和内容。在这些情况下，有待了解的是，是否还没有在所谓的附加"刑"中最终强调主刑中（现在不是自动的）判刑效力的传统特征[26]——并因此是对罪过概念完全陌生的措施——，并将这些附加刑与真正的刑罚性质分开，尽管是"仪式上的变更"。然而，只有在研究附加刑的制度后，我们才能给出对该问题的合理答案（见下文第六章）。

---

[25]　关于此演变的详细信息，见 CORREIA, Eduardo/RODRIGUES, Anabela/COSTA, A. M. Almeida 254 ss。重要依据亦见 CORREIA, Eduardo, *Estudos* 23 s., e passim。

[26]　对于巴西法，CERNICCHIARIO, cit. 54 和 DOTTI, cit. 310 s 亦这样总结。

第四章　主刑：Ａ）剥夺自由的刑罚（或徒刑）

ANCEL, La peine privative de liberté..., *Schultz-FG* 1977 453.

BEMMANN, Für und Wieder die Vereinheitlichung..., *GA* 1967 129.

CALIESS, *Strafvollzugsrecht* 1978.

CORREIA, Eduardo, Assistência Prisional e Pós-Prisional, *Homenagem Alberto dos Reis* 1961 337.

CORREIA, Eduardo, La prison, les mesures..., *Estudos Beleza dos Santos* 1966 229.

FLORA（Org.）, *Le nuove norme sull'ordinamento penitenziario* 1987.

GREVI（Org.）, *L'ordinamento penitenziario dopo la riforma* 1988.

GRÜNWALD, Das Rechtsfolgensystem..., *ZStW 80* 1968 89.

GRÜNWALD, Offene Fragen..., *Schaffstein-FS* 1975 219.

HORN, *Die strafrechilichen Sanktionen* 1975.

JESCHECK, La peine privative de liberté..., *RScC* 1982 719.

JESCHECK, *Die Freiheitsstrafen...* 1984.

JESCHECK, Das Strafensystem des Vorentwurfs des schweiz. StGB..., *Lackner-FS* 1987 901.

KAISER, Erneuerung des kriminalrechtlichen Sankionensystems..., *Estudos Eduardo Correia* Ⅱ 1989 281.

KAISER/KERNER/SCHÖCH, *Strafvollzugsrecht* [3]1982. v. LISZT, Die Reform der Freiheitsstrafen, *Aufsätze und Vorträge* I 1905 511.

MORRIS, N., *The Future of Emprisonment* 1974.

MÜLLER-DIETZ, *Strafzwecke und Vollzugsziel* 1973.

MÜLLER-DIETZ, *Strafvollzugsrecht* [2]1978.

RODRIGUES, Anabela, *A Posição Jurídica do Recluso...* 1982.

RUSCHE/KIRCHHEIMER, *Pena e struttura sociale* 1985 153.

SIMSON, Neue Entwicklungslinien im schwed. Kriminalrecht, *Dreher-FS* 1977 747.

VASSALI, Le tournant actuel..., *Études Ancel* Ⅱ 1975.

WÜRTENBERGER（Org.）, *Kriminologie und Vollzug der Freiheitsstrafe* 1961.

一　单一和唯一的刑罚以及其法定限度

1. 单一和唯一的刑罚：刑事政策评价

第 91 节　有别于过往的葡萄牙刑法典中规定的多样剥夺自由的刑罚种类，1963 年总则草案提议、现行《刑法典》确立了一种单一和唯一的刑罚：**单一的**（**única**），因监禁的多样形式消失了；**唯一的**（**simples**），因任何徒刑的判罪没有由于其性质与执行徒刑以外的必要或自动的法律效力相关联[1]。毫无疑问，单一和唯一的徒刑的确立构成——此外，正如在我们之间及国外普遍认可和欢迎的[2]——新刑事改革运动最重要和最成功的成就之一。

第 92 节　作为监禁的形式，1852 年《刑法典》在所谓的"重大刑罚"（penas maiores）中包括具劳动的重大监禁（prisão maior com trabalho）和唯一的重大监禁（prisão maior simples）（1852 年《刑法典》第 29 条第 3 款和第 30 条第 1 款）。另一方面，1886 年《刑法典》在重大刑罚中包括重大的隔离监禁（prisão maior celular）和重大的临时监禁（prisão maior temporária），并维持轻罪监禁（prisão correcional）（1886 年《刑法典》第 55 条至第 57 条以及第 58 条第 1 款）。1954 年《刑法典》改革——此外，遵循 1936 年《监禁改革》中已包含的规定（5 月 28 日第 26643 号法令）——放弃了隔离监禁的名称，并只确立了两种监禁形式：重大监禁中的重大监禁（prisão maior entre as penas maiores）和轻罪监禁中的（*唯一*）监禁（1954 年《刑法典》第 55 条第 1 款至第 5 款和第 56 条）[3]。

1　有人或许会说，除了犯罪记录中的登记效力外。然而，这主要与徒刑无关，而与判罪有关，见下文第 1030 节。

2　仅见 CORREIA, Eduardo, *ProjPG* 53 s. 及 *Estudos Beleza dos Santos* cit. 263 s.；JESCHECK, *Estudos Beleza dos Santos* 462 s；HÜNERFELD, *Die Entwicklung der Kriminalpolitik...* 1971 261。

3　参见 1954 年 6 月 5 日第 39688 号法令报告（1954 年《刑法典》的改革）。

第 93 节　不同形式的徒刑之间的区别很久以前——除非从刑罚效力的角度看——在我们之间*已经失去了可信性和理由*。首先，我们不能像其他法律体制那样主张它寻求在徒刑方面将著名的拿破仑形式的刑事违法行为的三分化转变为犯罪（crimes）、罪行（delitos）和轻微违反（contravenções）：一方面，因为后者（轻微违反）不符合特定的监禁形式；而另一方面，因为法律明确将犯罪和罪行区分开来（1852 年和 1886 年《刑法典》第 1 条），所以绝不能将重大监禁和轻罪监禁之间的区别与该两重性相对应。其次，历史上某些监禁形式已被独立化——特别是关于与流刑（degredo）的关系——，原因是无法全面满足惩罚制度的需求，这些在当时是无法克服的困难；但是，可以说，1936 年的《监禁改革》克服了这些困难。最后，对于所有形式的监禁，同一改革统一了执行刑罚的目的（《监禁改革》第 29 条）及使具体执行过程的差异模糊了，甚至差不多消失了[4]。总而言之，在 1963 年总则草案诞生的很久之前，关于监禁形式的区别所仅有的观念主要是：所予以的区别是为了说明*不同效力*必须与每一形式相关联[5]。

实际上——我们限于 1982 年《刑法典》生效之前的情况——，*重大刑罚*可能产生以下效力（自动的效力，根据 1886 年《刑法典》第 83 条）：失去任何工作或公共职务、尊严、头衔、崇高或勋章；无资格选举、当选或被委任担任任何公共职务；无资格——直到刑罚消失——担任监护人、保佐人、司法事务受权人或亲属会议成员（1886 年《刑法典》第 76 条）。（*轻罪*）*徒刑*意味着在其消失前中止任何工作或公共职务，以及所提及的与重大刑罚有关的无资格。

第 94 节　显然，根据所指出的依据，多种形式的监禁不可与现行承认剥夺自由的刑罚只作为最后手段（último recurso）的《刑法典》的基本刑事政策目的相符[6]。我们看到（见前文第 59 节），这种概念是由于从**社会融合的特别预防（prevenção especial de socialização）**角度对刑罚重新塑造的要求而产生的。与这种观点不可挽回的矛盾是，继续将——败坏名誉或污名

4　即使在最敏感的*监禁劳动*（trabalho prisional）的内容中：见 Ref. Pris art. 261.⁰ 的一般原则。

5　因此——尽管只对于在（监禁）刑罚中最严重的判罪——仍见 Câmara Corporativa，*Actas CC* 2689。

6　这也是德国和奥地利目前采用的主要概念，两国的《刑法典》均规定了单一剥夺自由的刑罚。对于奥地利，见 TRIFFTERER 470。然而，在德国，这个概念并不是没有遭到反对：对于不同的意见，见 AE-AT § 36 及 *Begründung* 71；BEMMANN，cit. 129。与此不同，在意大利，不同形式的剥夺自由持续存在：无期徒刑、监禁及逮捕。见有关《刑法典》第 18 条、第 22 条、第 23 条及第 25 条。

化的——*自动的法律效果*与某些形式的监禁相联系。正如我们已知的，现行的《刑法典》消除了这些效果（第 65 条）；并且，通过消除它们，在刑事政策逐步合理化的过程中，亦不得不消除与该等效果有关的监禁形式。此外，根据监禁的抽象性质对*刑罚执行规则*（regras de execução da pena）进行任何区分，也将有悖于社会融合的特别预防的强制性，这种区别反映了在惩罚上额外增加的污名化。因此，必须得出结论认为，现行法律对单一和纯粹的剥夺自由刑罚的宣示只是其刑事政策方案最深层的前提所产生的最合理和最有益的后果之一。

2. 徒刑的限度

第 95 节　因此，任何剥夺自由的刑罚都是单一和唯一的，而且如上所述（第 20 节）是临时性的，故社会融合的特别预防构成所有这些特征的共同点。因此，这种刑罚制度只有两点由《刑法典》规范：其*刑期*（第 40 条）和刑期期间的*计算标准*（第 41 条）。现在将考虑这两点的第一点。

a) 一般或普通限度

第 96 节　由于单一的剥夺自由的刑罚目前取代所有过往的监禁形式，其刑期必须有足够的限度，以便在这些限度中，对于罪过和预防的要求，可以充分考虑到分则中规定的多样罪状的不同程度的严重性[7]，因此，第 40 条第 1 款规定，徒刑的**最高限度**为 **20 年**以及**最低限度**为 **1 个月**。

第 97 节　1963 年总则草案第 47 条规定 10 年的最高刑期，这一刑期基于以下考虑寻求正当："判处更高刑期的刑罚（……）与不法分子重返社会几乎不相符，尤其是因为它在囚犯的身心上具有令人沮丧的效果，以致他不太可能重新自由地生活。"[8] 但是不久，部级修订将最高刑期提高到 20 年（《第一次部级修订》第 49 条第 1 款），在随后的修订中它都保持在这一限度中[9]。对于最高限度的增加，具决定性的考虑是——除了不建议突然降低前一部《刑法典》规定的最高限度：24 年（1886 年《刑法典》第 55 条第 1 款）[10]——在不接受无期徒刑的制度中，最长不超过 20 年的最高限度将不能达到对某些极为严重的罪状所规定的一般预防和符合罪过

7　CORREIA, Eduardo, em：*JDC* 28.

8　CORREIA, Eduardo, *ProjPG* 50 s., 经引用 MITTERMAIER, *Gefängniskunde* 125；之后见 CORREIA, Eduardo, *Estudos Beleza dos Santos*, cit. 264 s。

9　而且由 1991 年修订的第 41 条第 1 款保留着。

10　因此，见 CORREIA, Eduardo, em：*JDC* 28。

的水平。

这个考虑是有根据的。然而，没有根据的是主张及重申以下观点：20 年的最高限度意味着"镇压制度的不良衰弱"[11]，正如 1982 年《刑法典》生效 10 年来所做的那样。相反经验表明，在该范围内满足了融合预防和符合罪过的所述合理要求。有时，人们仍然感到不满的是存在于舆论中的一般报复感[12]；然而，正如 Zipf 所指出的那样，惩罚不足以给予满足感[13]。

第 98 节　关于 1 个月的**最低刑期**，它首先是由 1963 年总则草案提出的，并且在修订工作中保持不变，除了公团局意见书（Parecer da Câmara Corporativa）提出将其缩减为 10 日之外[14]。由 1886 年《刑法典》第 56 条第 1 款规定的 3 日到 1 个月的最低限度的上升，几乎总是被证明是抗击短期徒刑的自然体现[15]。然而，该依据的来源至少是令人怀疑的，因为 1 个月的徒刑（正如 2 个月、3 个月、4 个月或 5 个月一样！）不论从教条的观点（见下文第 106 节）抑或是犯罪学的观点，都属短期徒刑，所以与少于 1 个月刑期的徒刑一样容易受到批评。另一方面，对此也没有足够的理由区分短期和*最短*期徒刑（见下文第 107 节）。因此，似乎应该根据与分则中规定的罪状相符的预防和符合罪过的要求的立法评价标准，来证明 1 个月的最低限度亦是合理的，正如我们在最高限度中所看到的一样。

b）特别或例外限度

第 99 节　我们所指的最高和最低限度仅构成一般或普通限度。在特殊情况下——由犯罪的特别严重性和由此产生的惩罚要求，或由向确定刑罚的机制提供特定实施领域的特别需要性所证明——，该等限度是可逾越的，并可以建立特别或例外的限度。关于**最高限度**，第 40 条第 3 款规定，"均不得超越 **25 年**"。然而，关于**最低限度**，没有制定一个均不得低于的限度，并让这个限度源自具体适用的不同规范。

aa）最高限度

第 100 节　在修订委员会上，1963 年总则草案的作者建议，从正常最高限度排

11　这一表述——尽管它使用在其他背景中——见 Parecer da Câmara Corporativa, *Actas CC* 2670。

12　而且这是基于*法律与秩序*（*law and order*）著名的论述，政客（和媒体）无耻地使用这一论述。关于这方面，见 DIAS, J. de Figueiredo/ANDRADE, M. da Costa, *RDE 8* 1982 3。

13　MAURACH/ZIPF § 59 n.° m. 18。

14　*Actas CC* 2670 s。

15　*Actas CC* 2670 s.；GONÇALVES, M. Maia art. 40.° anot. 3。

除"不确定刑罚的个案以及所有对特别的谴责要求予以更长的刑期的个案"[16]。使用该一般条款只能理解为——目前仍未进行的——制定分则的指导方针。因此，它没有在第 40 条第 2 款中出现，并以**完整指出**可超过的正常最高限度的假设所代替：相对不确定刑的假设（第 83 条及其后续条文）和种族灭绝犯罪（第 189 条第 1 款）、违反人类制度的战争犯罪（第 190 条第 2 款）、恐怖主义犯罪（第 289 条）的假设。

第 101 节　鉴于第 40 条第 2 款的规定，监禁刑期的正常最高限度甚至适用于**犯罪竞合**（**concurso de crimes**）的情况和随之而来的*联合刑罚*（*pena conjunta*）［即所谓的"法律累积"（*cúmulo jurídico*）］，因此第 78 条第 2 款最后部分的规定应理解为提及第 40 条第 1 款，而非提及第 40 条第 3 款（亦见后文第 412 节）：以现行法律为良好基础，占主导地位的司法见解朝着这个方向发展[17]。显然，如果其中一个单一刑罚（penas singulares）超过 20 年，情况就不会这样；但是，根据第 40 条第 2 款*明确*规定的理由之一，而非根据随便添加的未予命名的理由，这超过了正常最高限度[18]。可以讨论的是，在构成权方面及考虑到可理解和可接受的预防及符合罪过的要求，将因竞合"加重"刑罚的情况增加到证明超出正常最高限度合理的情况中，是否可取；甚至其他加重情节，当中最终反映的就像第 190 条第 2 款和第 289 条的情况[19]。

第 102 节　对于所有超过正常最高限度的情况，适用的是载于第 40 条第 3 款的 25 年的"**最高限度中的最高限度**"（**máximo dos máximos**）[20]。然而，它仅适用于*每一*（单一的或源于法律积累的）徒刑，*而不适用于同一行为人遭受的多种刑罚*。实际上，在不可适用第 78 条和第 79 条犯罪竞合的处罚规范（关于这些规范，见下文第九章二）及行为人必须遭受不止一项刑罚的情况中，——一般的或特别的——最高限度适用于*它们中的每一个*，而不是其总和[21]。不可否认的是，透过此方式亦不能消除在执行徒刑方面的敏感问题，尤其是在假释方面（下文第 846 节及其后续节数）。然而，

16　*Actas PG* I 272.

17　例如，AcSTJ de 84DEZ05，*BMJ 342* 187。同一方面，明确见德国《刑法典》§ 54 II。

18　这似乎忘记了 GONÇALVES，M. Maia art. 40.° anot. 5。然而，正确地见 AcSTJ de 85MAI02，*BMJ 347* 137。

19　在此方面，见 1991 年草案第 40 条第 2 款及第 77 条第 2 款。

20　这是 CORREIA，Eduardo，*Actas PG* I 272 使用的表述，亦见 1991 年草案第 41 条第 3 款。

21　明确此含义的，在我们当中见 AcRC de 88FEV24，*CJ XIII – 1* 1988 91；以及在德国，见 SCHÖNKE/SCHRÖDER/STREE § 8 n.° m. 4。

这一切都不能使人们质疑以下想法：第 40 条规定的最高限度涉及**一项**徒刑，以及第 40 条第 3 款并非表示任何人不可保留其被剥夺自由超过 25 年的"权利"。

bb）最低限度

第 103 节　关于正常最低限度，根据第 40 条第 2 款的规定，*在假日履行刑罚*（*prisão por dias livres*）的情况中，它遭到反驳是可以理解的，因为根据第 44 条第 2 款的规定，每个周末，由于不可收容超过 48 小时等于 4 日的持续徒刑（prisão contínua）（关于在此引起的问题，见下文第 614 节及其后续节数）。然而，该最低限度仍可根据在不支付罚金后的代用监禁机制（mecanismo da prisão sucedânea）遭到反驳（第 46 条第 3 款），从而将监禁缩短为*6 日*（第 47 条第 4 款），或因部分付款缩短为*1 日*（关于所有这一切，见下文第 183 节）。

3. 刑期之计算

第 104 节　根据第 41 条的规定，"徒刑期间之计算须按照刑事诉讼法所定标准为之；刑事诉讼法无此规定者，按照民法所定标准为之"。因此，《刑事诉讼法典》第 475 条规定了按年、按月或按日对刑罚计算的方式，以及《刑事诉讼法典》第 476 条规定了确定释放时间的特别规范。有了这一系列的规范，很难想出仍需要诉诸作为补充法律的民法准则的情况（有关该情况，见《民法典》第 279 条）。

包含关于刑期之计算的规范的 1963 年总则草案第 50 条受到了修订委员会的严格批评[22]，但多数没有使以下想法成为疑问：刑法问题具有的特性是，在这方面没有使民法准则的适用变得方便。然而，在后来的演变中——可能是由于不久后公布的新《民法典》的影响——似乎唤起相反的观点：见第一次部级修订第 50 条和 1973 年 12 月 5 日高等法院的判例[23]。1982 年《刑法典》重新确立了良好的学说，将刑法准则优于民法准则，但亦不排除适用后者的可能性。仅在《刑法典》生效时，第 41 条提到的刑事诉讼法在此方面遭到忽略，而只有 8 月 1 日第 265/79 号法令第 16 条第 1 款包含关于释放囚犯的规范[24]。最初，由 9 月 23 日第 402/82 号法令第 14 条——

22　*Actas PG* I 280 ss.

23　*BMJ* 232 37.

24　重要的是关于 P. G. R. n.° 60/83，*DR* II de 84MAR29 22 意见的观点。

《刑法典》关于执行的补充法例——及现在由《刑事诉讼法》[25] 填补这一漏洞。后者作为参考标准（*Sedes materiae*）不得不基于实质性系统的观点（perspectiva sistemático-material），因此，刑期计算的问题是关于有罪判决的*可执行性*（exequibilidade），并具有刑事诉讼性质[26]。

二　根据刑期的徒刑程度

第 105 节　所有剥夺自由的刑罚具有独一性和临时性，从其特征上来看，并不意味着对它的不同程度进行区分是毫无意义的——不论是为了学说的效力，还是为了法系的效力——，应视刑罚的长短而定。相反，完全可以说，随着不同形式的监狱的消失，这种区别具有更重大的刑事政策意义[27]。因此，习惯或必须区分**短期、中期和长期**徒刑：第一种不超过 **6 个月**、第二种不超过 **3 年**及最后一种**超过后者的限度**。

第 106 节　现行法律出于不同目的而承认或预设了这种区别。

我们可以认为，**6 个月限度**的徒刑与以下原则有关：以罚金为替代规则（第 43 条第 1 款）、免除刑罚的可能性（第 75 条）和假释（第 61 条第 1 款）；以及在诉讼方面，最简易诉讼程序（《刑事诉讼法典》第 392 条）。另外，与 **3 年限度**有关的是——尽管为此目的有时强调被适用的刑罚限度，有时则强调可适用的刑罚限度——徒刑由暂缓执行刑罚和考验制度取代的可能性（第 48 条第 1 款和第 53 条第 1 款）；以及在诉讼方面，合议庭的管辖权和不论是强制措施（如留在住所的义务和羁押）的可接受性，还是诉讼程序暂时中止的可接受性，抑或是在审判中的自认或简易诉讼程序的可接受性（《刑事诉讼法典》第 14 条第 2 款 b 项、第 200 条、第 201 条、第 202 条第 1 款 b 项、第 288 条第 1 款、第 344 条第 3 款 c 项和第 381 条）。

然而，除此之外，所涉及的区别特别重要，因为它与小规模的犯罪（*pequena criminalidade*）、中等规模的犯罪（*criminalidade média*）和大（或严重）

---

[25]　关于这一规定，见 GONÇALVES, M. Maia, *CPP* arts. 475.° e 476.°；亦见 AcSTJ de 89MAI31, *CJ XIV-3* 1989 25。

[26]　对此，关于有罪刑事判决的"可执行性"和"执行"之间的分别，见 DIAS, J. de Figueiredo, *DPP* 37 s。

[27]　因此，亦见 MAURACH/ZIPF § 59 n.° m. 8。

规模的犯罪 [*grande（ou grave）criminalidade*] 的犯罪学类别明确对应[28]，也以这种方式及更广泛的形式指出多种必要的择一——或替代——刑罚的策略。正如之前已强调和后面将特别频繁地重新考虑的，在短期徒刑方面出现了特别重要的问题。

第 107 节 较深入的内在系统（*análise intra-sistemática*）分析表明，存在具法律效力的徒刑刑期的其他限度，并与这些限度之一——**3 个月的限度**——相关联的是（持续的）替代刑中的重要后果：在假日履行刑罚（第 44 条第 1 款）、半拘留制度（第 45 条第 1 款）、训诫（第 59 条第 1 款）和向社会提供劳动（第 60 条第 1 款）。因此，可以考虑使*非常短刑期*的徒刑相应地独立，并将其与*犯罪学上的轻微犯罪*（*criminalidade bagatelar*）与犯罪类别联系起来[29]。

然而，对此似乎没有足够的依据。从一开始，所谓的"无关紧要"的犯罪就不应该纯粹或单一地，哪怕是抽象地，以剥夺自由的刑罚受到惩罚。除此之外，*任何*不超过 6 个月的徒刑都会在目的论理由上产生同样的困难，并且原则上可受到同样的消极的刑事政策判断。最后，3 个月监禁，作为替代可接受性的最高限度，是普遍批评葡萄牙立法过度恐惧的症状（见下文第 597 节，关于向社会提供劳动），在这一点中显示其不够大胆去表达其将监禁的持续执行依附于*最后手段*条款（*cláusula de ultima ratio*）的基本信念。

三 执行徒刑

1. 概论

第 108 节 "执行徒刑受到特别立法的管制，其中制定囚犯的义务和权利"。第 42 条本不想贬低这一句陈述，相反想强调在具体规范构想中执行剥夺自由的刑罚的极高重要性。如此之高的重要性使今天在某些学说中有充分的理由认为，这样的内容必须构成犯罪学领域的一门**自主学科**，并因

---

[28] 见 JESCHECK, *ZStW 91* 1979 1052 ss.；亦见 KAISER, *Estudos Eduardo Correia*, cit. 323。1991 年草案，ISASCA, Frederico, *RPCC 3* 1993 77 ss 考虑到部分不同的想法。

[29] 指的是一种较低程度的轻罪，但在理论上仍应受到起诉和惩罚的罪行；在德国学说中普遍存在的一种意义是，有关行为必须对否定其刑事罪状、免除刑罚、刑事迫害或自诉的适时性原则起作用，见 KRÜMPELMANN, *Die Bagatelldelikte...* 1966；HÜNERFELD, *RDE 4* 1978 25；MAURACH/ ZIPF § 13 n.° m. 15 ss。意大利关于此事宜的学说状况，见 PALIERO, *Minima non curat prætor* 1985。

此在法律培训中形成个性化的教学[30]。

第 109 节　8 月 1 日第 265/79 号法令（经 3 月 22 日第 49/80 号法令修改）就监禁性质的刑事处分——剥夺自由的刑罚和保安处分——的执行而言构成一种基本法律，其主要思想与 1982 年《刑法典》在徒刑方面的基本刑事政策观念完全相符。该法规中考虑的多种问题——从执行的目的到囚犯的法律地位；从规范日常工作到监狱工作；从精神援助到医疗保健援助；从探访和信件到离开场所的许可；从维护安全和秩序到使用强制手段——完全证实解决所有这些问题的必要性，以及不可能在此实现它，即使简略地实现亦是如此[31]。

此外，赋予执行剥夺自由的刑事处分权——传统上称为**有关服刑的法律**（**direito penitenciário**）——的相当重要性，甚至相关自主性，构成葡萄牙刑法传统的特征。甚至可以说，在矫正主义思想的框架中适时激烈的讨论构成 19 世纪我们刑法学最活跃和最有趣的部分[32]。具有根本重要性的是，其后 1936 年《监狱改革》的公布（1936 年 5 月 28 日第 26643 号法令），这是 Beleza dos Santos 主要负责的法规，其在处理此事方面将我们的立法再次置于最先进的立法中[33]。

第 110 节　此外，在最近几十年中，大多数国家感到执行监禁性质的刑事处分的问题如此密集，因此，国际上已在努力**编纂**执行剥夺自由的刑罚方面所有立法应接受的**最低要求**。这些努力的产物是拟订了*处置囚犯的最低标准规则*（*Standard Minimum Rules for the Treatment of Prisoners*），此标准于 1955 年被第一届联合国关于预防犯罪和处置不法分子的大会接纳，并由 1957 年 7 月 31 日联合国社会经济理事会决议建议各国采用。1973 年 10 月 19 日，欧洲理事会的部长委员会核准了该等最低标准规则的新文本——无

---

[30]　因此，例如在德国见 CALIESS，MÜLLER-DIETZ 和 KAISER/KERNER/SCHÖCH.，cits. 的基本系统性陈述。

[31]　关于它，见 RODRIGUES，Anabela，cit.；以及见 CORREIA，Eduardo/RODRIGUES，Anabela/COSTA，A. M. Almeida 107 ss。西班牙现行法律的现状也令人非常感兴趣，关于这一现状，见 GARCIA VALDEZ，*La reforma penitenciaria española* 1981。

[32]　关于这一点，详见 HÜNERFELD，cit. 113 – 139. 之后，见 CORREIA，Eduardo I 106 ss.，122 ss. 及 *Estudos* 77 ss（具有令人非常感兴趣的文件 109 ss）；CORREIA，Eduardo/RODRIGUES，Anabela/COSTA，A. M. Almeida 65 ss.；JESCHECK，*Estudos Beleza dos Santos* 250 ss。

[33]　见 HÜNERFELD，cit. 162 ss.；CORREIA，Eduardo I 116 ss.；SANTOS，J. Beleza dos，*BFDC* 22 1947；CORREIA，Eduardo/RODRIGUES，Anabela/COSTA，A. M. Almeida 85 ss.；JESCHECK，*Estudos Beleza dos Santos* 250 ss。

疑在某些地方新文本有所改进。而且，在 1987 年 2 月 12 日对其进行了全面
修订，得出了关于所谓的*欧盟惩罚规则*（*Regras Penitenciárias Europeias*）的第
R（87）3 号建议。将第 265/79 号法令的规定与这些规则进行仔细比较后我们
发现，前者几乎在所有方面都对后者的要求做出了响应；而在其他一些方面，
前者明显超越后者。尤其是，第 265/79 号法令与《欧盟惩罚规则》之间达成
了无可争辩的协议；关于后者这些规则，首先要指出的是：在任何情况下剥
夺自由必须在保证尊重人*的尊严*的道德和实质条件下实行（第 1 规定）。

2. 特别问题

第 111 节　尽管已陈述关于独立处理和研究执行剥夺自由的刑罚的方
面，对于必须在这种背景下进行（即使是简短的）考虑的刑事处分法的本
身主题，有两个问题是如此直接和主要相关的。它们是执行目的的问题，
特别是目的之间可能存在的冲突问题，以及囚犯的法律地位的问题。

a）执行目的 [34]

第 112 节　第 265/79 号法令第 2 条规定，"执行剥夺自由的处分应以使
囚犯重返社会为基础，使其将来在不作出犯罪的情况下以对社会负责的方
式努力适应生活"。而第 2 条第 2 款规定，该执行所起的作用"亦是保护社
会，防止作出其他犯罪事实"。综合考虑这两个规范足以得出有根据的结
论，即执行目的主要是——除了某些可能具体限制的情况，当中由于事物
的性质本身变得完全无用或不可能——**积极的特别预防或社会化预防**
（**prevenção especial positiva ou de socialização**）。此外，这一目的具体为囚
犯[35]提供了必需的客观条件，这些条件不是为了它的修正或道德改革，甚至
不是为了它接受或承认法律秩序的价值标准，而是为了依照在社会生活中
的行为和互动标准"预防累犯"[36]（以对*社会负责*的方式生活）。

第 113 节　将引述的第 2 条第 2 款的规定与第 2 条第 1 款指出的主要目
的兼容（或相冲突？）的方式，是不太可靠的。Anabela Rodrigues 得出的结

---

[34]　关于这一主题，详见 RODRIGUES, Anabela, cit. 99 – 168；以及见 CORREIA, Eduardo/RO-
DRIGUES, Anabela/COSTA, A. M. Almeida 117 ss。

[35]　因此，见 DIAS, J. de Figueiredo, *ROA 43* 1983 29 s.；以及十分明确地见 MANTOVNI, *Il
problema della criminalità* 1984 624 ss。

[36]　我们已在第 56 节的脚注中提到这一来自 Eser 的成功表述，以及在某种意义上类似于有时被
称为"法律或公民改革"的表述：见 CORREIA, Eduardo, *Estudos Beleza dos Santos* 234 ss。

论是正确的：对于保护社会的一般性预防要求，除了受到阻止外，还*限制*主要的社会目的的实现，而非与其相冲突。然而，能正确理解这一点的是，只有在人们认为该社会保护与监狱中囚犯的内在和外在安全问题无关（第265/79 号法令第 108 条及其后续条文）[37]，甚至与具威吓的一般预防需要不太关联，而只是与以下要求——社会化任务（tarefas de socialização）受到**融合预防的最低门槛**（**limiares mínimos de prevenção de integração**）限制有关时，必须执行剥夺自由的刑罚。此外，正如刚刚看到的那样，最低门槛对于准确理解所见社会化的内容和局限性至关重要。归根到底，积极的一般预防最低门槛的想法对正确解释第 265/79 号法令第 2 条的整个规定至关重要。

b）囚犯的法律地位

第 114 节　囚犯在执行刑罚中的法律地位将以最好的地位为特征，即囚犯不再是"对象"，而是**执行的主体**[38]。按照这个想法，第 265/79 号法令第 4 条第 1 款规定，"囚犯保留拥有基本人权，但因有罪判决含义的限制及以监狱的秩序和安全名义施加的限制除外"；第 4 条第 2 款强调和体现出这一主张，宣称囚犯"应有权获得带薪工作、社会保障的福利，并尽可能获得文化和人格整体发展的权利"。

上述规定不再构成将囚犯视为受制于"特殊权力关系"的人的观点——自由主义法治国家以某种方式的典型观点——的基础，可以以这种关系的名义自行决定限制或剥夺基本权利。现在，社会主义法国家的条款所提倡的对囚犯的看法是，人拥有宪法赋予的"特别地位"（《葡萄牙共和国宪法》第 27 条第 2 款），且享有所有基本权利；除上述基本权利为实现宪法秩序认可有关特别地位之目的而*必须*牺牲或限制（且仅限于在有此需要时）的情况外[39]。在这种情况下，将面临宪法法益或利益的冲突，原则上，不应以为维护最重要的利益而牺牲不太重要的利益为代价来解决这一冲突（相互冲突

---

[37]　这正是 RODRIGUES, Anabela, cit. 160 及这位作者提及的德国主流学说所留意到的东西。但是，这两个问题最终往往在具体的执行过程中引起混淆（cit. 161 ss），因在以下文中提议的途径以外不可能确定什么是法律提及的"保护社会"。

[38]　CORREIA, Eduardo/RODRIGUES, Anabela/COSTA, A. M. Almeida 123 ss；亦见 RODRIGUES, Anabela, cit. 58 ss。

[39]　主要关于"特别章程关系"这一概念，见 HESSE, *Grundzüge des Verfassungsrechts…*[13] 1986 n.° m. 321 – 327；以及，在我们当中，见 CANOTILHO, J. Gomes *Dir. Const.*[5] 1991 634 ss. 及 AcsTC 31/84, *AcsTC 2* 1984 123 e 75 – 85, *DR I* 85MAI13。

的法益或利益的衡量原则），而应通过双方的对等和相称的限制来解决这一冲突，以优化解决方法，并尽可能将两者保留在所述情况中（*实际求同原则*）（*princípio da concordância prática*）[40]。

四　关于现今剥夺自由的刑罚的刑事政策情况的结论性判断

第 115 节　如果我们想总结本章和第二章中关于剥夺自由的刑罚的当前刑事政策情况的说法和建议，我们可以做得很好，并肯定这一刑罚仍然存在，只是因为**仍未找到完全取代这一刑罚的方式**，特别是在制裁严重犯罪方面。这些是一般预防和符合罪过的要求，尤其是在上述情况下，这些要求继续证明实际和连续徒刑适用是合理的；值得一提的是（尤其是关于中短刑期的徒刑），其弊端远远超过可以指出的优点。

事实上——如果我们摆脱过时的、具报应性质的"形而上学"观点[41]，就会发现剥夺自由邪恶至极，能够补足犯罪的邪恶——只有在以下情况下，才能看出**优势**：现今一般的社会情感仍然符合的一种信念是，在存在违反规范的情况下，在许多刑事案件中剥夺自由是稳定因犯罪而动摇的期望的*唯一*适当手段，同时可用作罪犯的社会化。

但是，另一方面，剥夺自由的刑罚的**弊端**从一开始在于——甚至对于符合罪过方面——剥夺自由按照遭受它的人的人格可以体现出（并将经常体现出）不同的价值，而这种不同的"对剥夺自由的敏感性"不可适当地在量刑中体现（无论如何，参见下文第 345 节及其后续节数）。此外，正如我们所看到的，必须反映执行刑罚的社会化尝试显然被来自以下情况的强有力的去社会化所反驳：来自被判罪人的家庭和职业关系破灭，来自不可避免地与入狱有关的社会臭名昭著的影响，以及在大多数情况下仍来自被判罪人进入本身具有犯罪性的监狱亚文化[42]。而这些弊端在不同层面上与这个制度极高的——而且有时是不可支撑的——公共财政成本相关。所有弊端对立法者和适用者采用剥夺自由的刑罚仅作为刑事政策的*极端手段*（*extrema ratio*）起约束作用。

---

[40]　关于这一原则，再次见 HESSE, *Grundzüge...*（正如前一脚注）n.° m. 72 e 317 ss。关于这一原则在刑事诉讼法的适用，见 DIAS, J. de Figueiredo, AA. VV. *Para Uma Nova Justiça Penal* 1983 209 及 *O Novo CPP* 1987 12 ss.，21。

[41]　批判性陈述亦见 CORREIA, Eduardo, *ProjPG* 46 s。

[42]　在这一点中合理地坚持的见 CORREIA, *Homenagem Alberto dos Reis*, cit. 341。

第五章 主刑：B）金钱处罚
（或罚金）

ALBRECHT, *Strafzumessung und Vollstreckung bei Geldstrafen*... 1980.

ALBRECHT, Alternativen zur Freiheitstrafe: Das Beispiel der Geldstrafe, *MKrim* 1981 265.

BERISTAIN, La multa penal y la administrativa..., *III Jornadas de Santiago de Compostela* 1976 15.

DIAS, J. de Figueiredo, Problemas de igualdade..., *Estudios Fernadez Albor* 1989 289.

DOLCINI, Le pene pecuniarie comme alternative... *Jus* 1974 538.

DRIENDL, *Die Reform der Geldstrafe in Österreich* 1978.

GREBING, Probleme der Tagessatz-Geldstrafe, *ZStW 88* 1976 1049.

GREBING, Geldstrafenverhängung..., *RPS* 1981 45.

GRÜNWALD, Offene Fragen im System der Hauptstrafen, *Schaffstein-FS* 1975 219.

HILLENKAMP, Zur Höchstpersönlichkeit der Geldstrafe, *Lackner-FS* 1987 455.

JESCHECK, Die Geldstrafe..., *Würtenberger-FS* 1977 257.

JESCHECK/GREBING, *Die Geldftrafe*... 1978.

I. R. S. /JARDIM, M. ᵃ Amélia, *Trabalho a Favor da Comunidade*... 1988.

MANZANARES SAMANIEGO, La pena de multa en el Projecto..., *ADPCP* 1980 17.

MOLINARI, La pena pecuniaria..., em: VASSALI（Org.）, *Problemi generali del diritto penale* 1982 179.

MOREIRA, L., Penas Pecuniárias, *RDP 28* 1980 87.

PADOVANI, La pena pecuniaria..., *RItalDPP* 1980 1182.

PESTANA, E., As Multas e as Reformas do CP, *RDES 8* 1953 2.

PLAWSKI，Les jours-amendes，*RPénDP* 1983 353.

PRADO，Luís R.，*Pena de Multa* 1980.

STRAHL，Les jours-amendes dans les pays nordiques，*RScC* 1951 59.

一 罚金的演变和其刑事政策意义

1. 一般情况

第 116 节 扩大有效金钱处罚（pena pecuniária）或罚金（pena de mul-ta）的范围（这与它对剥夺自由的刑罚所表明的**优先**有关），是 1982 年葡萄牙刑法改革最深切关注的问题之一（第 71 条）。可以说，根据 Jescheck 的说法，这次刑事政策的改革——至少在立法意图方面——比 18 世纪另一个改革更为重要，后者从中世纪的体罚通往启蒙主义的剥夺自由的刑罚[1]。此外，为了实现这一演变，1982 年的立法者比 19 世纪的立法者的处境更为有利：因为现在没有必要塑造新的罪状，甚至不必重新建立像从 1852 年起葡萄牙刑法秩序为人所知的罚金的内在结构，而只是解释在所述秩序中已存在的主力，而这一解释与有意义地扩大其适用范围有关。

通常要指出的是，在"血亲复仇"（faida）和"同态复仇"（talião）时期过去后，国家开始规范罚金（compositio），这是历史的根源[2]。并非没有道理的是：如果罚金确实具有超出金钱处罚的范围，那么归国家所有的部分同样已经包含了金钱处罚的基本要素。实际上，这在中世纪的法律中得到了广泛的应用，尤其是在《西哥特人法典》、多个法律证书（forais）——例如，罚金（calumnia，coima，achada）——以及秩序（Ordenações）本身中[3]。

第 117 节 罚金的优势作为刑事政策和处罚制度的重要组成部分，与 19 世纪末起涉及短期徒刑的危机有关，且对化解这一危机法国的 Boneville de Marsangy 和德国的 v. Liszt 的作品都作出了贡献[4]。然而，在大多数仅以

1　JESCHECK，*Würtenberger-FS* cit. 258.

2　因此，例如见 CORREIA，Eduardo/RODRIGUES，Anabela/COSTA，A. M. Almeida 46。

3　见 CAETANO，Marcello，*História do Direito Português* 1981 252 ss.，336 ss.；REALE e OUTROS，*Penas e Medidas de Segurança*... 1985 146 ss。

4　见 MARSANGY，Boneville de，*De l'amélioration de la loi criminelle* 2.ª parte 1864 251；以及 v. LISZT，*ZStW 9* 1889 738 ss. 关于这一点，见 DOLCINI/PALIERO，*Il carcere ha alternative?* 1989 1。

一定金额的罚款（*multa em quantia certa*）形式或在法定最高和最低之间确定的罚款（*multa a fixar entre um máximo e um mínimo legais*）形式——可称之为**金额**（**soma**）、**复合金额**（**soma complexo**）或**总罚款**（**multa global**）制度[5]——接受罚金的国家中，赋予罚金一个极重要的刑事政策角色意味着广泛而深刻的重新构造。这一重新构造同时允许完美适应不法行为和罪过，以及另一方面会考虑行为人的经济和财务状况；否则，该罚金就不会对穷人和富人造成不堪重负的不公平待遇。

人们在**罚金日数**（**dias-de-multa**，也称"罚金天数"）的斯堪的纳维亚（*escandinavo*）模式中找到了这个解决方案[6]，根据这一模式，基本上是通过两个连续自主的操作确定罚金（见下文第三部分）：第一个是根据一般量刑标准（罪过和预防，见下文第八章）确定罚金日数的**数目**（*número*）；第二个是根据行为人的经济和财务能力确定每一罚金日数的**数量**（*quantitativo*）。根据这些特征，罚金被允许担当预期的角色，即在中小型犯罪领域中真正取代徒刑的角色。

2. 葡萄牙的情况

第 118 节　可以说，葡萄牙是立法**从本质上首先承认了罚金日数制度**的欧洲国家之一[7]，比芬兰、瑞典和丹麦[8]确立这一制度更早，也比 v. Liszt 在1890 年国际刑法联会大会中主张这一制度更早。实际上，在 1852 年的葡萄牙《刑法典》中——在某程度上受到了 1830 年巴西帝国的《刑法典》第 55条影响[9]——第 41 条除了规定一种诸如支付一定金额的罚款，还规定了另一种行为人必须"向国家支付在判决中判处的不超过其三年收益的比例金额的罚款，从而使每日不少于 100 巴西币（reis）"。

5　例如见 SCHULTZ 106 及 BERISTAIN，cit. 21。

6　关于这方面的数据，见 STRAHL，*RScC* 1951 59 ss 及 JESCHECK § 73 VI。

7　关于在所有情况下的差异，以及像我们这样的制度对斯堪的纳维亚模式的影响，见 JES-CHECK/GREBING，*Die Geldstrafe*… cit. 125 ss。

8　丹麦后来撤销了二级刑法制度；一般来说，这个制度受到了强烈的批评，见 DRIENDL，*ZStW 64* 1976 1138。

9　其内容如下："如法律特别规定各被告不得以其他方式缴纳罚金，则罚金须强制各被告缴付一笔款项，而该款项必须由被判刑者每天因其财产、工作或产业而可能存在之款项所规范。"见 PIERANGELI，J.（Org.），*Códigos Penais do Brasil. Evolução Histórica* 1980 173。关于我们 1852 年《刑法典》第 41 条内容的影响，见 JORDÃO，art. 41.°；关于巴西建立罚金日数制度的要求，见 PRADO，Luís，cit. 57 s。

第 119 节　尽管受到评论者对 1852 年《刑法典》第 41 条的批评[10]——通常是没有根据的批评，尤其是关于法院难以适当澄清被判刑者的经济和财务状况的批评——在那里建立的罚金日数模式在后来的立法中仍得以保留。然而，除了这种模式，亦——在刑法领域中以特定且不断增加的频率——存在**总罚款制度**，无论是以一定金额的罚款形式，还是在法定最高和最低之间确定的罚款形式。

另一方面，直到 1954 年，法律没有规范罚金日数制度中的量刑标准，当年的改革引入了一条新的规定——第 84 条单一节——，这一规定模棱两可，而且绝不会帮助司法见解认识到与该制度共性的两个操作，以及每一个操作中必须留意的标准[11]。也许因此，尽管这一制度取得了巨大和不可否认的进展，在 1886 年《刑法典》生效期间，罚金永远都无法作为真正取代剥夺自由的刑罚而强加给我们，让我们接受，实际上其刑事政策上的潜力还未耗尽。

第 120 节　1982 年《刑法典》的目的是坚决地放弃这一概念：应赋予金钱处罚"仅具有边际和辅助的作用"[12]。其实际表达的信念是，**在中小型犯罪的对待中罚金相对徒刑具有刑事政策优势**[13]。可以肯定的是，为了实现这一目标，像已经指出并且现在很好地理解的那样，没有必要对制度进行重新构造，而仅仅是解释其基本坐标和扩展其适用范围[14]。因此，一方面，现行《刑法典》局限于消除法定金额的罚款和在法定限度之间确定的罚款模式，尽管这些情况仍然存在于《刑法典》未废止的单行刑法中（不幸及令人愤慨的是，在随后的立法中也是如此！）；另一方面，它解释量刑的操作和其本身的标准，将罚款的适用范围扩大为狭义的主刑或替代刑罚。这样，似乎已经具备了必要条件，使罚金在新的刑事政策框架中发挥首要作用。

二　罚金的教条和一般刑事政策定性

1. 本质和目的

第 121 节　只有当罚金不仅出现在其法律框架中，而且出现在根据其适用而形成的社会概念中时，它才被当作一种真正的**刑事处罚**（**pena crimi-**

10　见 JORDÃO art. 41.° 及 FERRÃO art. 41.°。

11　学说本身不能幸免的模棱两可，例如见 FERREIRA, M. Cavaleiro de II 1961 164。

12　这一表述由 ROMANO pré-art. 17 n.° m 5 经参考现行意大利《刑法典》而使用。

13　此外，在 1982 年《刑法典》公布之前的报告第 10 款明确承认了该目的。

14　同样，在总则草案修订委员会中，见 OSÓRIO, José, *Actas PG* II 32。

nal），而不是仅仅作为针对被判刑者的"国家债权"（direito de crédito do Estado）——尽管具有公开性——才可作为刑事政策的特权手段。经过更仔细地考虑，这一似乎无关紧要的断言确实是重要的，并具有实际的效果。

第 122 节　因此，从一开始，罚款就像任何刑事处罚一样，都是**个人性质（natureza pessoalíssima）**的后果[15]，且不能由继承力（forças de herança）向它负责[16]，不能由第三人支付罚款，对于其支付不可接受捐赠或类似法律行为，也不应有与之有关的保险合同[17]。因此，违反这些禁止——葡萄牙司法见解似乎永不陈述的东西[18]——可构成*袒护他人罪*（第 410 条第 2 款），因为就实际支付罚款金额的人而言，这种行为涉及"向他人提供帮助，其意图或意识是全部或部分地防止或挫败执行对其适用的刑事处分"。然而，这种禁止将不再存在——因此，上述犯罪的可能性亦不存在——针对借贷支付罚款或在支付后该金额由第三人恢复（除非在后者的情况中，在支付之前已存在此方面的承诺[19]）。

第 123 节　鉴于上述情况，仍然变得迫切需要的是——从理论角度看，这一需要本身是明显的——罚款在法律上成形及具体适用，以便在每个具体情况下都能充分实现**刑罚的目的**，特别是由行为人的罪过所限制的积极的一般预防。换句话说，至关重要的是，罚金的具体适用不代表宣告无罪的伪形式，也不代表替换没有勇气宣读的免除或豁免刑罚。甚至因为那样，变得不可避免的趋势为，将罚金的适用范围限制为无关紧要的犯罪，并且（更糟糕的是）将罚款视为"从属"于徒刑的刑事政策刑罚。相反，必须规定在每一情况下，科处罚金意味着对事实进行了足够的审查，同时确保了被违反的法规的有效性及合法性。

---

[15] 因此，关于接下来的内容，见 HILLENKAMP, cit. 455 ss。

[16] 因此，可以理解的是，1972 年，从我们的制度中已删除一条像现行《刑法典》第 1 节第 122 条的规定，根据这一规定，"如果被判刑者在生时有罪判决转为确定，那么支付罚款的义务转移给被判刑者的继承人"！

[17] 因此，部分意大利学说合理地主张，相关体制的规范——这些规范明确允许第三人支付罚金！——不可避免地对刑罚的个人原则提出质疑，并因此可能是违宪的。对此，见具有一致书目的 ROMANO art. 18 n.° m. 12 s，但最终（我们认为无依据）的结论为，该等规范与所述原则相符，因此亦与宪法相符。

[18] 实际上，我们未能（尽管进行了尽可能彻底的调查）碰到唯一的葡萄牙司法见解样本——与其他国家的司法见解所发生的情况相反，尤其面对与德国类似的法律规定，见 HILLEN-KAMP, cit. 466——，当中这一问题已被考虑。

[19] 关于这一点，详见 BRUGGEMANN, *GA* 1968 166 ss。

第 124 节　此外，这导致立法者有义务确定罚金——事实上，确定罚金日数制度中的天数和每日金额——**充分分隔的最高和最低限度**，使得刑罚的具体确定（量刑）能适应多种情况。立法者和法官都清楚地意识到，以维护人的尊严为名，通过确保被判刑者具有与其社会经济条件相适应的*最低生存水平*，构成了唯一不可逾越的限度；更甚的是，被判刑者总是有可能（在任何刑事政策不受欢迎的情况下，并实际上是法律秩序所不希望的可能）不支付罚款，但是在这种情况下，其会遭受附属性的不利后果和制裁（见下文第四部分）。

2. 刑事政策的评估

第 125 节　现行《刑法典》的意图是将罚金作为法律上较轻和中等犯罪刑罚的优先刑罚，毕竟这是**无条件地受到称赞的**。事实上，有充分根据的信念是，如果有效地减少实际适用徒刑的个案，可以大大改善整个处分制度——尤其是有关服刑的制度（sistema penitenciário）[20]。

一直有人说——在某些坚持的学说中，尤其在平均收益水平更低的国家中——只有公民的**收益水平**普遍是高的（至少相对高的），先前的主张才是正确的。毫无疑问，这种情况在一定程度上提高了罚金作为刑事政策卓越手段的有效性和效力。然而，从之前已说过的以及下文第 140 节起所增加的关于罚款量刑标准内容得出的结论是，当民众生活在适合其经济状况的最低生活水平以上时，必须确保这种有效性和效力；其他一切将取决于罚款量刑标准及其在适用时的正确使用。因此，有理由相信，这种主张往往只是一种手段，用以掩盖对罚金的刑事政策效力的不信任或对威吓性的剥夺自由的刑罚的需求的信任。

a）优点

第 126 节　如今，按照对健康的刑事政策的理解，金钱处罚相对于徒刑的优势似乎是无可争辩的。其中最大的好处是不破坏被判刑人与其家庭和职业环境之间的联系，从而避免了剥夺自由刑罚的最严重的刑事后果之一，并尽可能避免了因该破坏而导致的去社会化和污名化。

第 127 节　除此以外，金钱处罚除了至少——在考虑罚金日数制度时——与剥夺自由的刑罚一样是完美地可分类的，亦抑制透过分期付款而更弹性地执行的可能性（见下文第 160 节及其后续节数）。

---

[20]　见 JESCHECK § 73 II。

第 128 节　讽刺的是，它不会给国家乃至整个社会增加一个最后的优点：如果显然不应该使用金钱处罚作为获取收益的手段，那么形式上的控制制度（sistema formal de controlo）的**行政和财务成本**中所引起的缓和是无可争议的，既因为其执行的容易性（至少是相对的），也直接由于其产生的收益。此外，对于这些收益可以（并且应该）赋予其一个直接积极的刑事政策目的，且将这些收益在某些情况下和前提下——如在我们当中第 129 条第 3 款所规定的[21]——用作赔偿犯罪受害者。

b）缺点

第 129 节　鉴于金钱处罚所具有的这些无可争议的刑事政策优点，我们经常将它的最大缺点归结为，**给穷人和富人带来不同的压力**。实际上，在一个其成员的社会经济状况仍然存在着巨大差异的社会中，众所周知的是，上述不同性是不可避免的，因为穷人和富人"对刑罚的感觉"是不同的[22]。然而，从一开始，我们所看到的是（见上文第 115 节），剥夺自由的刑罚亦不能免除（当然，在一定程度上）所述感觉的不同。另一方面，这种不平等还不足以质疑《葡萄牙共和国宪法》第 13 条规定的平等的宪法性原则（亦见下文第 185 节）。在任何情况下，应透过罚金日数制度将这一不平等尽最大可能降低，其量刑的自主操作旨在罚款的每日金额符合被判刑者的经济和财务状况[23]。

第 130 节　第二，有人强调，由于被判刑者的经济和财务状况恶化将给家庭带来影响，金钱处罚可给家庭带来不利的后果；对于那些不为犯罪负责的人，它最终可能代表不公平的痛苦。如果这个论点本身被认为是正确的，那么事实就是任何刑罚都有不希望的却不可避免的副作用；与剥夺自由的刑罚所产生的不利影响相比，在任何情况下都具有不可比拟的不利和有害影响。

第 131 节　还要考虑的是，罚金导致——当可能长时间将被判刑者放置

---

[21]　另见关于国家对暴力犯罪受害人的赔偿的 DL n.° 432/91，de OUT30。

[22]　在某个时刻，这将导致社会主义国家以怀疑的态度将罚款视为"资本主义关系的一种表现"，见 JESCHECK § 73 VI。但是，在后来的演变中（甚至在社会主义体制内），情况发生了重大变化。然而，该论点并没有被放弃，仍见 ROMANO pré-art. 17 n.° m. 7。

[23]　在这方面汇聚着最著名的意大利学说的一个重要部分，当中突出的是 DOLCINI，cit. 539；PADOVANI，cit. 1183；MOLINARI，cit. 199 及 ROMANO pré-art. 17 n.° m. 21 和 art. 18 n.° m. 10。

在最低生存或接近最低生存界限中时——**次要的致犯罪效果（efeito secundário criminógeno）**，并因此是刑事政策上的有害效果：煽动行为人犯下能补偿因罚款遭受的金钱损失的新罪行。在这种情况下，法官在量刑时可以合理地考虑由于积极的一般预防的最低界限而应受到尊重的情况。

第 132 节　最后，一直有人说，相对徒刑，罚金具有较小程度的**一般预防作用**，且在许多情况下还不够。然而，在立法上正确地确定罚款的适用范围的前提下，该批评没有根据：正如已经说过的（见上文第 124 节），这种处罚的法律依据指出了足够宽的范围，以至于在其具体确定中能适当考虑可面临的多种情况。

第 133 节　曾有人说过，针对金钱处罚，在受到明显通货膨胀的国家中罚款将完全丧失效力。然而，我们可以容易地避免这一缺点，将每日数量的限度建基于考虑贬值的会计单位中[24]（就像最近我们当中的《刑事诉讼法典》第 1 条第 1 款 h 项所做的那样），自然这要遵守合法性原则的要求。

第 134 节　亦曾有人说过，罚金的严重缺点在于其**对社会融合的特别预防漠不关心**[25]，而且就这一论点而言，根据意大利《宪法》第 27 条第 3 款关于重返社会的刑罚目的的规定，它甚至在意大利达到拟使金钱处罚违宪的程度。然而，宪法法院（*Corte Costituzionale*）拒绝了这一论据[26]。其理据为：如果对社会融合的特别预防的考虑在此并非像剥夺自由的刑罚一样明显和具决定性，该等考虑就不得不发挥作用，无论是普遍关于所涉的刑罚种类还是特别在其具体确定的行为上。

3. 适用范围

第 135 节　根据我们现行的刑法，罚金的适用范围非常广泛。然而，为了进行正确的解释，重要的是区分在现行葡萄牙刑法体系中罚金体现的不同方式。

a）"独立"罚款

第 136 节　在某些情况下，罚金体现为对某种类型的犯罪所规定的**唯一刑罚类型**，在此司法见解正确地将罚金表达为"独立"刑罚。这种情况在

---

[24]　例如，巴西《刑法典》第 1 节第 49 条规定留意"在犯案时现行每月最低工资"。关于这一规定，见 COSTA Jr.，P. J. da art. 49° anot. 3。

[25]　最后，见 PRADEL n.° 560。

[26]　关于这一争议，见 GROSSO，*RItalDPP* 1966 999 ss；以及概括见 BETTIOL/PETTOELLO MANTOVANI 843。总结上，正如文中的内容，见 ROMANO art. 18 n.° m. 14 s。

次要刑事立法中频繁发生——尤其是在有关轻微违反的现行立法中——但在《刑法典》分则中罕见（第 228 条第 4 款、第 272 条第 2 款、第 409 条第 2 款、第 429 条）。这种罕见性不足为奇，因为即使就最小规模犯罪而言，将罚金作为替代监禁的规定也不会带来不希望的后果，因此，在这些情况下，罚金应代替监禁适用，除了已述的例外情况（第 43 条和见下文第 139 节）。此外，在由于未缴纳罚金而实际上要处以代用监禁的刑罚的情况下，这一替代规定可带来实用性和消除疑虑的优势（见下文第 184 节）。

b）择一罚金

第 137 节　金钱处罚规定的**主要**形式——因为它是真正执行现行刑法体制最深层的刑事政策意图的一种形式——是作为徒刑的择一形式；因此，当法律对犯罪处以 x 个月（或年）监禁**或** y 天罚金的处罚时，这种情况发生在我们《刑法典》分则中处以不超过 2 年徒刑的绝大部分罪行（尽管无论如何还是不够，见下文第 191 节）。在法律的字面意义上，在徒刑之后将罚金处在第二位，这绝不影响承认在所有这些情况下罚金在法律上都是优选的：从这个意义上说，这是第 71 条的规定。

c）补充罚金

第 138 节　无论是《刑法典》分则还是次要刑事立法都将罚金作为徒刑的补充刑罚；因此，对许多犯罪处以最高 x 个月或年监禁**及**最多 y 天罚金。尽管这种刑罚在我们的法律中具有牢固的传统，但它在刑事政策上是无可辩驳且与 1982 年立法者依据的前提相抵触的方法（详见下文第 192 节）。

d）代替罚金

第 139 节　现在要强调的是，在下列情况下，以替代刑罚的形式还可科处罚金：即使法律没有明确规定针对某犯罪的罚金，具体判处不超过 6 个月的徒刑。实际上，在这些情况下，将由相应的罚款日数代替徒刑，除非为了防止将来犯下罪行而要求执行监禁的情况（第 43 条第 1 款）。然而，将这种罚金与之前提到的罚金并置是不正确的。这是因为，正如将在后文第 554 节中讲述的一样，在此这是*有别于*作为主刑的罚金的刑罚，而这种主刑有其本身的制度并因此应得到独立的学说和系统考虑。

三　确定罚金的程序

1. 序言

第 140 节　如果我们仅考虑《刑法典》分则，则始终按照罚金日数制度来规定罚金。然而，在刑事零散法例中，在很多情况下，罚金按照**总和**（*soma global*）制度规定，无论是以法律规定的最低与最高之间确定的金额形式（例如 5000 元至 20000 元罚款），还是以法律规定的特定金额形式（例如 10000 元罚款）。

第 141 节　因此，在法律规定的一定金额罚款的情况下，法官不用遵循任何"程序"来具体确定刑罚，既不能根据不法行为的严重性和罪过进行调整，也不能根据行为人的经济和财务状况进行调整。因此，这种刑罚不仅明显地违背我们体制的刑事政策精神，而且实际上是——假如不是双重地——**违宪的**。对于认为*罪过原则*是宪法上承认的人来说，它是违宪的，因为其适用不可避免地违反了该原则。然而，除此之外，当由于在具体量刑时完全无法考虑行为人最弱的经济和财务状况从而损害这一状况时，它因*侵犯平等原则*无疑违反宪法（《宪法》第 13 条第 2 款）。

然而，在意大利，宪法法院（*Corte Costituzionale*）——即使不是匆忙的，始终如此公开以宪法上的非合法性损害现行刑法的规定——迄今为止一直强调意大利《刑法典》第 27 条明确规定的固定罚金的合宪性。一方面，当考虑罪过原则的含义在学说和司法见解中所具有的相对较小（并且实际上不足）的价值时，这不足为奇。然而，当认为同一法院因违反平等原则而使未付罚款转换为代用监禁（*prisão sucedânea*）的制度违宪时，似乎几乎是无法理解的；但人们认为这里不一定存在所述违反[27]！

第 142 节　如果**要在法律规定的最低和最高之间确定罚款**，那么就不可能根据罪过以及行为人的经济和财务状况对刑罚进行具体化处理。然而，鉴于上述具体化只能以不完美、不足和不可合理化却直观的方式实现，刑事政策针对上述罚款的反对仍然存在。实际上，罚款的具体确定在此是*在唯一一个行为中实现的*[28]，在此行为中法官必须同时考虑——但要根据极为不同的标准：见下文第 144 节及其后节数——行为人的罪过因素及经济和财务状况因素。因此，考虑到这些因素在具体判决中所具有的不同权重，其结果并不令人满意[29]。

27　在意大利关于这一司法见解学者一直有分歧，例如见 PALIERO, *RItalDPP* 1981 726 及最后见 ROMANO art. 28 n.° m. 18 ss。

28　这一情况亦被 JESCHECK §73 III 所强调。

29　此外，这可能导致违反平等的法律和宪法原则，而且在这方面应被视为违宪。见 DIAS, J. de Figueiredo, cit. 296。

第 143 节　鉴于这些总和制度，罚金日数制度是唯一一个能够充分实现刑事政策目的和适用罚款时汇聚的宪法参照物的制度。而且，允许这一刑事政策目的实现是通过一个复杂的程序，基本上由*两个独立的量刑行为*组成，其中一方面对罪过和预防的相关因素进行考虑，而另一方面对被判刑者的经济和财务状况的相关因素进行考虑。除了这两个行为，还有具或然性的*第三个行为*，透过这一行为确定服刑的具体方式。这些行为都是接下来将要详细研究的。

2. 罚金日数的确定

第 144 节　根据罚金日数制度具体确定刑罚的程序中，法官的第一个行为旨在根据刑罚（分量）具体确定的一般标准在法律范围内确定罚款天数（第 46 条第 1 款）。**最低限度为 10 天**，而**最高限度为 300 天**，根据第 72 条第 2 款的规定（在任何情况下，具有不能肯定的刑事政策需要，且与 1963 年总则草案第 56 条所发生的不同[30]），这些限度即使在*犯罪竞合*中也有效。

第 145 节　关于在此操作中刑罚（分量）的确定的一般标准的参考，根据同一规定第 2 款体现的第 72 条第 1 款的规定，它意味着按照行为人的罪过和**预防**要求来具体确定罚金日数数目（见下文第八章）。因此，有关罪过及一般和特别预防的所有考虑，都应仅在刑罚的确定*此阶段中*产生影响，并因此对罚金日数数目产生影响，而非对每日的金额产生影响。然而，与被判刑者的经济和财政状况有关的所有事务，正因如此（*qua tale*），都不应在此阶段进行考虑，而仅在确定每日罚款金额时才具有重要性——除非当罪过分量的确定显出紧迫性（见下文第 159 节）。

3. 每日金额的确定

第 146 节　法官按照罚金日数制度在刑罚的具体确定中的第二个行为，旨在在法定范围内根据被判刑者的经济和财政状况及其个人负担确定每日罚款金额（第 46 条第 2 款）。**每日的最低限度为 200 元**及**最高限度为 10000元**。因此，金钱处罚旨在实现*负担和花费的平*等原则；鉴于此，仅需考虑

---

[30]　而且与从许多立法中所发生的情况不同，例如在德国，相关《刑法典》第 54 节 II 在竞合的情况下将第 40 节 I 所规定的罚金日数数目的最高限度提高两倍；同样情况发生在意大利，根据相关《刑法典》第 66 条第 3 款的规定。同样，我们的 1991 年草案第 77 条第 2 款提议，在竞合的情况下，罚金日数的最高限度定为*600 天*（而第 47 条第 1 款规定的正常最高限度为*360 天*）。

的是，所述的最高对于今天来说是不能容许的低，并且将来应该明显提高[31]。但是，在执行金钱处罚的确定这一操作时，会产生许多应该考虑的困难。

a）被判刑者的经济和财政状况

第 147 节　正如已看到的，第 46 条第 2 款规定考虑"被判刑者的经济和财政状况"。然而，为达到这一目的，没有为法官提供任何标准来协助其确定该状况；有别于例如德国法律所发生的情况，规定法官依据"行为人通常平均每天获得或可能每天获得的*总收益*"（相关《刑法典》第 40 节 II）。毫无疑问，像德国法那样的标准能有效地使每日罚款金额合理化[32]，并不允许法官进行——正如在我们当中几乎是一成不变地继续发生[33]——判断。但是，问题在于，了解这样是否没有确立一个过于严格的标准（如果是这样的话，就存在被证明是非社会化的风险）[34]。因此，与该总收益标准相反的是另一个被称为"夺去"或"减少"（*Einbusseprinzip*）的标准，根据这一标准，法官应计算行为人每天可以节省或可以提取的金额，而不会影响其必要开支。应认同 Schultz 的看法，他指出两个标准实际上是相同的[35]，并应优先考虑总收益标准，仅因为它能提供一个更精确的出发点。

b）收益和负担

第 148 节　我们的《刑法典》对确定被判刑者的经济和财务状况必须考虑的标准保持沉默仅意味着——尤其当与 1963 年总则草案第 57 条对比时，这一条文尽管不精确，但在任何情况下均提及被判刑者的收益和财富，以及对依赖他的人的义务——立法者希望向法官提供尽可能大的选择相关因素的范围。确信无疑的是，应考虑（在任何情况下以刑法为基础，而非税法）被判刑者**自己的总收益**，无论其来源为何（自雇形式或受雇形式的工作，如资金；定期金，如保险），但补助金、潜在的津贴、生活津贴及类似津贴除外。另一方面，同样确信无疑的是，对该等收益应扣除税项、保险费——强制性或自愿性的——以及类似负担的**费用**。同样，正如德国法明确规定的那样，考虑*未来的* 但在判刑时已经*可预见的* 收益和负担似乎是

---

[31]　1991 年草案第 47 条第 2 款正确地提议保持*最低限度为200 元* 和提高*最高限度至100000 元* 。

[32]　一个广泛的决疑论见于 SCHÖNKE/SCHRÖDER/STREE § 40 n.° m. 8 ss. & MAURACH/ZIPF § 59 n.° m. 50 ss.

[33]　正如许多判决所表明的那样，在这方面，只能对被定罪人的贫困、补救或富裕状况提出上诉！

[34]　批判性地见 JESCHECK, *Gallas-FS* 1973 43 及 GREBING, cit. *ZStW* 88 1976 1062 ss.

[35]　SCHULTZ 109 s.

合理的（例如：失业人士在几天内从事工作）。

第 149 节　然而，一个困难而令人怀疑的问题[36]是确定是否及以什么程度必须考虑被判刑者的**财产**（并从这个意义上讲，即**财富**）。

1963 年总则草案第 57 条明确规定将被判刑者的"财富"考虑在内。但是，在这一部分中，Gomes da Silva 坚定反对这一规定，因为这意味着将罚金变为充公（*confisco*）；这一反对最终获得了修订委员会的多数支持，并造成草案作者的断然分歧[37]。

似乎有必要采取差异化的考虑来纠正此问题。一方面，可以肯定的是，罚款不能变成充公；并因此应立即按照确定每日金额的影响令条件丧失，例如被判刑者与其家人一起住在高价别墅中，拥有豪华车，支付很高的人寿保险费等条件。然而，可以肯定的是，应考虑源于财产的*所有*收益，例如，证券或银行存款。值得怀疑的是，是否应考虑如收藏品、绘画和类似物品的价值；然而，肯定的答案似乎是这些必须在合理的一般标准内。也许值得一提的是奥地利司法见解的一般思想[38]——尽管也许有些局限性——，根据这一思想，应考虑财产，但前提是考虑*可用的*财产。

c）被判刑者的责任和义务

第 150 节　产生特定的问题是因为需要考虑由被判刑者承担的责任和义务。因此，首先有必要强调在家庭成员中由其负责的**法律援助责任**（**deveres jurídicos de assistência**），尤其是提供扶养义务和为家庭生活作出贡献的义务（《民法典》第 1675 条）。然而，不仅需要考虑此类别的义务，亦要**考虑其他自愿承担的义务**和对被判刑者的收益有极大或持久影响的义务，例如，支付诉讼费用、培训课程或购房的分期给付。考虑所有和任何*此类别*的义务都是过分的，并可危及罚金所预期的一般预防效果[39]。然而，毫无疑问，法官应考虑以上大部分的义务，并为此效力以*合理性*和*可要求性*标准作为指引。

d）本身收益的缺乏

第 151 节　当对**缺乏本身收益的人**判处罚金时，在计算每日罚款金额会

---

[36]　MAURACH/ZIPF § 59 n.° m. 59 称之为"整个罚金日数制度最无人知晓的一点"。关于这一问题的要点，见 TRÖNDLE，*LK* § 40 n.° m. 52 ss。

[37]　*Actas PG* II 34 s.

[38]　例如由 JESCHECK § 73 III 2 提及。SCHULTZ 111 对此表示认同。

[39]　因此，亦见 JESCHECK § 73 III 2。

出现的特殊——且高度敏感的——问题，例如，*配偶、学生或失业人士*。在此，法官应分别从配偶由于另一方履行援助义务而有权获得的个人利益的收入金额、学生的月薪金额或失业救济金金额；并考虑收到的潜在特定给付，例如，住房。为保留刑罚的个人性质，法官不应犯以下错误：将另一方的一半收入赋予没有收入的配偶或将父母的任何百分比收入赋予学生[40]。

第 152 节　由此可尝试争论**对有关类别的人判处罚金的适当性**，甚至本身的**可能性**，争论罚款的总和是如此无关紧要以至罚金最终将失去其刑事效力。但是毫无理由，相反，人们可正确说的是，在这些情况下，鉴于被判刑者的经济和财务以及个人状况，小额罚款最终具有重要的刑事效力。简而言之，即使在这些情况下，罚款应优先于监禁，"只要罚款证明足以促进不法分子的社会重返，并满足谴责和预防犯罪的要求"（第 71 条）。

第 153 节　社会法治国家或福利国家假设不存在**生活于最低维生指数或比这一指数更低的人**，并因此对于这些人，不能适用已陈述的确定每日罚款金额的标准。然而，即使在我们当中，这样的主张仍然是非常理论化的，与生活的现实格格不入。因此，对于这些人，如果法官通过适用第 71 条的标准认为罚款应继续优先于监禁（或甚至没有对犯罪作出监禁的规定），他应*在法定最低限度内确定其金额*；然后，*中止执行罚金*，因为根据第 48 条第 1 款最后部分的规定，罚金已"加罪于不可能支付罚款的被判刑者"（亦见下文第 180 节）[41]。

在我们之间已经——毫无根据地——讨论过这种法律解决方案的**合宪性**，主张这一解决方案代表着按照人的经济和财政状况有利于穷人却针对富人的任意不平等待遇。宪法法院合理地驳回了这一主张[42]。实际上，这一法律解决方案是正当的，不论是因为中止执行罚金对于有能力支付罚款的人来说构成一种"根据预防犯罪需要的观点属无效的制裁"[43]，还是因为中止执行刑罚是一种真正的刑罚（替代刑罚：见下文第 508 节及其后续节数），这一刑罚甚至可受履行责任和行为规则限制（显然不

---

[40] 从这个角度看，显得难以理解的是——即使不是绝对错误的——关于青少年的刑事制度的 9 月 23 日第 401/82 号法令第 9 条的规定："在确定罚款时应尽可能（?!）尝试只影响青年的财产（?!）。"

[41] 关于在此涉及的问题，见 DIAS, J. de Figueiredo, cit. 297 ss。

[42] 透过 AcTC 149/88, de 88JUN29, *BMJ 378* 192。

[43] 在前一脚注引用的 AcTC。

具有经济和财务内容)[44]。

第 154 节 人们可以问的是，**从严格的刑事政策观点来看，中止执行刑罚的制度是否与罚金相符及其理由**[45]。否定答案似乎是必须的，并出于多种原因。因为这一解决方案可马上将处罚置于融合预防的最低门槛之下。然后，中止执行监禁的刑事政策理由（见下文第 509 节）并不能用来中止执行罚款。确实，中止执行监禁具有可靠的特殊预防作用（以个人威吓的形式），因为实施新的犯罪或单纯不履行其所应承担的责任和行为规则会导致中止的废止和监禁的实际履行（因此，两者都视乎行为人可负上责任的"意愿"）。相反，在中止执行罚款时，（不可能支付罚款的）行为人知道，当所述的不可能继续存在，无论不履行起制约作用的责任有多么严重和不可原谅，都将不会执行刑罚。结果，个人预防作用（应属于整个刑罚的特性）就会完全消失。

但是，即使这样，也不会使该问题不可能得到一个在未来法（*de iure condendo*）的正确解决方案。这一解决方案将导致法官至少适用罚金。如果没有支付罚款和被判刑者应履行代用监禁，那么应中止执行（监禁，而非罚款!），偶然伴随着非经济和财务内容的责任和行为规则[46]。

e) 诉讼上的问题

第 155 节 确定每日罚款金额可造成诉讼上的明显困难。然而，那些基于刑事诉讼法的问题本身将不会在此考虑[47]，而只会考虑那些直接在物理层面上共同涉及的特定争议的问题。

第 156 节 因此，首先，法官可能难以获得有关正确确定每日罚款金额所需因素的**证据**，而且嫌疑人仍然可以正当地利用自己的**沉默权**（《刑事诉讼法典》第 61 条第 1 款 c 项、第 143 条第 3 款相反意思、第 342 条相反意思、第 343 条第 1 款和第 2 款，以及第 345 条第 1 款[48]）。面对这种情况，法

---

44 在此方面，见 DIAS, J. de Figueiredo, cit. 300。

45 而且应当指出的是，这一中止罚金的制度一直（合理地）对我们的司法见解产生不少也不容易解决的问题：例如见 AcsSTJ de 86MAI21, 86NOV12, 87ABR23 和 90JAN31，分别在 *BMJ 357* 230, *361* 253, *366* 299 和 *CJ XV − 1* 1990 20。

46 这是由 1991 年草案第 49 条第 3 款提议的解决方案，因此，这一草案实际上没有规定中止罚金的制度。相同的解决方案载于 1963 年总则草案 § 1 第 61 条中。

47 为指出这些问题，见 MAURACH/ZIPF § 59 III F。

48 关于这一专题，已经参照了旧的《刑事诉讼法典》，见 DIAS, J. de Figueiredo, *DPP* 448 ss。

官应利用其调查权至少确定订定该每日金额的必要因素；当然要遵守提出证据的可适用的一般规则（《刑事诉讼法典》第 340 条第 1 款和第 2 款，以及第 371 条）。如果不可避免，法官将**通过估算**确定这些因素[49]（经自然推定的证据），并不断为证据提出根据（《刑事诉讼法典》第 374 条第 2 款）以及在判决的内容中载有所有内容。

当检察院预料嫌犯可能被判处罚款，以上对法官的行为所阐述的内容相应适用于检察院的行为（正如《刑事诉讼法典》第 16 条第 3 款所强烈建议的[50]）。此外，在*最简易诉讼程序*中，检察院的这种工作构成严格的义务（《刑事诉讼法典》第 394 条第 1 款和第 2 款）。

第 157 节　罚金日数制度在刑事政策上越是正确，在被判刑者的经济和财务状况的特征描述中对考虑其需服刑之时（而非作出事实之时）变得越有可能；因此，无须谈论违反刑法的不可追溯性。所以，如果嫌疑人的经济和财务状况已得到明显改善，《刑事诉讼法典》第 409 条第 2 款 a 项将加重罚金免除禁止**不利益变更**（proibição de *reformatio in pejus*）。然而，明显的是，这种加重只能是因为每日罚款金额的增加（因为只有这个可受到行为人的经济和财务状况改善的影响），而不是因为罚金日数数目的增加：后者继续受到禁止不利益变更覆盖，甚至受到其增加对易科徒刑（prisão em alternativa）所具有的影响覆盖[51]。

4.“制度偏离”

第 158 节　在罚金日数制度中确定刑罚的程序中，针对此陈述的第 1 节和第 2 节中所解释的两项行为的明显区别，一直有人说，一个“制度偏离”是经常必需的[52]。这一偏离的根本原因是，法官在确定罚金日数数目时应该已经考虑到罚款的总额：鉴于高额罚款天数的“渐进影响”，这将避免太高的罚款会给刑罚带来一种特别预防的消极作用，即一种**去社会化的作用**。

---

[49]　尽管我们的《刑法典》（例如有别于德国《刑法典》：§ 40 III）没有明确提及这个可能性。

[50]　关于《刑事诉讼法典》第 16 条第 3 款中检察院的“预见”，分歧的想法见 BRANDÃO, Brochado, em comunicação ao Congresso da Magistratura Judicial（Lisboa, 87JUN）及 DIAS, J. de Figueiredo, *JDPP* 19 ss。

[51]　在德国学说和实践中罚款和不利益变更之间的关系问题受到热烈讨论，但是，在其法律体制中缺乏类似于我们《刑事诉讼法典》第 409 条第 2 款 a 项的规定。关于这些问题，综合见 MAURACH/ZIPF § 59 n.° m. 75 s。

[52]　因此，见德国主流的司法见解，当中见 JESCHECK § 73 III 1。

此外，亦不得不强调的是，可以通过相反迹象的制度偏离来获得相同的结果，并特别考虑在确定每日金额时的特别预防[53]。

以这种方式主张的解决方案值得称赞。然而，似乎没有足够的理由去适当谈论"制度偏离"。正确的是，在确定罚金时，它并不是——此外，正如在适用法律的过程中永不会是——纯粹逻辑上的操作，而是最终必须旨在与法律的意思和目的相符并公平对待具体个案的程序[54]。所谓的高额罚款天数的"渐进影响"（或鉴于总金额而任意减少每日金额的"无补偿"作用）似乎仍与该意思和目的相符，以作为对**积极的一般预防**的效力的保证，否则，罚款的刑事政策作用将不可避免地受到损害。此外，同样可这样说的情况为，极好的经济状况乍看之下可能导致人们怀疑的是，鉴于罪过的严重性较小及因此鉴于低的罚金日数，罚款总额会是过高的[55]。

第 159 节　另一方面，所有人都同意的是，不可说是"制度偏离"，因为在量刑的一般因素中——因此，对确定罚金日数数*目*有关的因素——，可以看见的情况是"行为人的个人条件及其经济状况"（第 72 条第 2 款 d 项）。这些因素不应纯粹和简单地强调罚金日数数目的确定，而只强调每日金额的确定，否则会违反一事不再理原则（见第 160 节）。只有这些因素对罪过程度有*直接*影响（如上文第 145 节所述）时才不会这样，例如，因较低程度的可归责性和可要求性[56]。

5. 支付期间和条件

第 160 节　除了所述的确定罚金的两项操作，还有第三个操作，即关于确定支付的期间和条件；在此，仍按照被判刑者的经济和财务状况（第 46 条第 5 款第 1 部分）确定。期间不得超过 **1** 年，而分期给付的最后一期不得在确定判罪日期后超过 **2** 年。根据上述规定第 2 部分，"如嗣后另有原因证明更改原定之缴纳期间为合理者，得在上述限度内更改之"。然而，根据第

53　因此，见 HORN, *SK* § 40 n.° m. 4。

54　关于这个一般的问题，最后见 DIAS, J. de Figueiredo, *RPCC 1* 1991 12 ss。

55　正如在此，在总结上，见 GREBING, cit. *ZStW* 1088 ss. 和 *JZ* 1976 750 s. 及 MAURACH/ ZIPF § 59 n.° m. 36 s., 40。

56　在德国这实际上是无法争辩的学说和司法见解。我们当中，跟随 Jescheck 方向的见 LEAL-HENRIQUES, M. /SANTOS, M. Simas I 280。

6 款的规定，"欠缴任何一期罚金者，其余各期罚金同时到期"[57]。

已经主张的是，只有在确定了被判刑者在正常期间内**绝对**或至少付款的情况下，才必须使用第 46 条第 5 款所规定的可能性[58]，这毫无理由。首先，人们错误理解什么是一种"相对的可能性"。然后，也许被判刑者完全"有可能"全部和立刻支付罚款的总金额，但考虑到其个人的经济和财务状况，这对他来说意味着不公平的*严厉*（例如，因为必须提取几天之内到期的定期银行存款，从而损失大量的利息）。这足以使法官有权制定有期限或分期支付。

第 161 节　有期限或分期支付的可能性找到了需要执行两个相互冲突的利益的实际求同（concordância prática）的**原因**。不容置疑的是，罚款的规定必须导致适用足够重的刑罚，以充分实现刑事制裁的一般目的。因此，一方面，支付的便利必须尽可能避免没有执行罚金，并因此避免执行财产或代用刑事制裁（上文**第四章**）。然而，另一方面，这些便利不应过于广泛，以致导致罚款丧失其真正的刑罚性质和预期的刑罚效力。

第 162 节　鉴于临时延长其履行的这一制度，罚金的法律形态在一定程度上接近——由 Baumann 在他所谓的反提案（Gegenentwurf）中所主张的，并由替代刑法草案（AE-AT）第 49 节所采纳的[59]——一种以部分或单一时间为期间的罚款（*定期罚款*）（Laufzeitgeldstrafe）。根据该制度，由一开始将罚款确定为日、星期或月，并仅在每个时间结束后才支付相应的金额。关于罚金日数制度，以时间单位支付罚款在刑罚中突出其执行的持续性和持久性。

四　执行刑罚。不缴纳罚款及其后果

1. 执行罚金

第 163 节　通常有充分的理由强调，经罚金而指出的刑事政策方案的履行在很大程度上取决于罚款的金额将是自愿支付的，或至少是强制性收取的[60]。从这个意义上说，执行罚金的程序比起初看起来具有更大的意义，且实际上具有**实质性的**刑法意义。

---

[57]　在德国法律中，在此指的纯*可能性*是，法官可能会使用也可能不会使用：相关《刑法典》第 42 节 II。

[58]　对此精确的规定，见 GONÇALVES, M. Maia art. 46.° anot. 6。

[59]　BAUMANN, *Entwurf eines StGBs AT* 1963. 关于这一制度，见 BERISTAIN, cit. 26 ss。

[60]　例如见 JESCHECK § 73 IV；以及我们当中见 LEAL-HENRIQUES, M. /SANTOS, M. Simas I 284。

第 164 节　像任何其他刑事制裁一样，**促进执行**罚金属于检察院的职权范围（《刑事诉讼法典》第 469 条第 1 款）。判决转为确定后，被判刑者获通知支付免除任何额外费用的罚款，并必须在 10 天期间内支付罚款，除非已获延期支付或批准以分期制度支付（《刑事诉讼法典》第 487 条）。然而，法律没有赋予有权限执行的实体（例如，像在德国法中所发生的：相关《刑事诉讼法典》第 459 节，II，1）或赋予法院（像 1963 年总则草案第 1 节及第 2 节第 59 条所主张的）资格以便更改确定判决中所确定的期间或支付制度。这种可能性，至少当起着唯利被告（*pro reo*）的作用，可以帮助更完整地实现罚款的刑事政策目的。然而，由于没有从 1963 年总则草案过渡到《刑法典》，立法者似乎有意删除这一可能性；而刑事的立法者，而不是刑事诉讼的立法者，有权限确立这一可能性[61]。

第 165 节　可能有人会问，当罚金**在最简易诉讼程序中**适用时，会否遵守执行罚金的一般原则。实际上，可以认为，嫌疑人"接受"《刑事诉讼法典》第 396 条第 2 款所提议的制裁意味着立*即*支付罚款；相反，不支付意味着不接受，并因此将程序反致（reenvio）为另一种诉讼形式。然而，这一解决方案与基于最简易诉讼程序的简化、快捷性和共识的目的完全不一致[62]。因此，这一解决方案似乎超出了《刑事诉讼法典》的意图：关于最简易诉讼程序，该法典不希望脱离《刑事诉讼法典》第 487 条所规定的一般执行规则，亦因此不希望脱离《刑法典》对没有缴纳罚款的情况所规定的解决方案（包括确定代用监禁：第 46 条第 3 款和下文第 176 节及其后续节数）。否则，具期限或分期支付罚款的可能性会被排除；对于嫌疑人接受最简易诉讼程序，将构成不公平和刑事政策上不适当的对等措施。

2. 执行财产

第 166 节　如果罚款不是自愿支付的，就会执行被判刑者的财产（第 47 条第 1 款），这一执行——如果被判刑者拥有法院知道的财产或拥有他在支付期间内指出的财产——是根据**因诉讼费用的执行**（《刑事诉讼法典》第 488 条第 2 款）的规定而作出的。法院知道被判刑者的财产的前提是，法院对财产的确定进行必要的调查；这些是可理解的措施，因为这些措施可导致罚款最终被收取，而且代用的制裁不会起作用。

---

[61]　像现在由 1991 年草案第 47 条第 3 款第 2 部分提议。

[62]　关于这些目的可见 ANDRADE，M. da Costa 和 GASPAR，Henriques，两者分别在 *JDPP*336 ss. 及 373 ss。

第 167 节　9 月 28 日第 402/82 号法令第 25 条第 3 款规定，犯罪工具和产物始终要承担支付罚款的责任。可以理解，没有出现与《刑事诉讼法典》中这一规定（见第 488 条）相符的规定。并不是因为对于《刑法典》第 107 条及其后续条文的规定该规定已 "降低实际利益"（丧失与犯罪有关的物或权利归国家：见下文第十七章）[63]，而是因为这两个规定不可避免地发生冲突。此外，第 402/82 号法令的规定对满足基于《刑法典》第 129 条第 3 款规定且具突出的社会内容的目的带来损失：可能赋予受害人犯罪工具和产物的价值。因此，有充分的理由表明，在之前的《刑法典》范围中已捍卫了的是，与第 402/82 号法令第 25 条第 3 款类似的制度仅适用于轻微违反，而这些轻微违反不受限于丧失与犯罪有关的物或权利的一般制度[64]。

3. 日计劳动的制裁

第 168 节　"如被判刑者不自愿缴纳或在强制下仍不缴纳罚金但具劳动条件，罚金将全部或部分由在国家或其他公法法人的工程或工厂中相应数目的日计劳动代替"（第 47 条第 2 款）。这种在我们的法律中具传统[65]的罚金的代用旨在尽可能非常合理地排除代替未付或未收取罚金而适用徒刑（第 47 条第 3 款）。然而，其规定在表面上简单的情况下在理论理解和实践适用上都带来最大的困难。

a）日计劳动的制裁和向社会提供劳务的刑罚

第 169 节　首先，需要确定，尽管理论上不同且对于向社会提供劳务而言是独立自主的［第 60 条及下文第十章，二，C）］，日计劳动的制裁是否在后者的规定中从很多方面来看都没有发现在填补后者的规定所存在的众多漏洞时必须给予优先考虑的一种**补充法律**。

原则上必须对所提出的问题表示肯定的答复：这一代用罚金的制裁的*内容*完全类似于该刑罚的内容，而两者的刑事政策意义本身是相同的。因为日计劳动的制裁（尽管从教条主义的角度来看不像向社会提供劳务的刑罚那样是替代刑罚）亦证实作为最后一种方式去避免对于不自愿缴纳或在强制下仍不缴纳罚金的被判刑者判处剥夺自由的刑罚。所有理由都证明，应以与向社会提供劳务的刑罚所构成的问题相同的方式和意义来解决大多

---

[63]　然而，见 GONÇALVES, M. Maia, *CPP art.* 488.° anot. 2。

[64]　因此，见 CORREIA, Eduardo/RODRIGUES, Anabela/COSTA, A. M. Almeida 50。

[65]　见 1929 年《刑事诉讼法典》第 5 节第 63 条；然后见 1945 年 6 月 18 日第 34 674 号法令第 24 条、第 28 条、第 30 条和第 33 条及其后续条文。关于这一事宜，详见 I. R. S. /JARDIM, M.ª Amélia, cit. 91 s.。

数适用和执行日计劳动的制裁的问题。此外，1987 年《刑事诉讼法典》朝这个方向走，它消除或减轻了一些最敏感的差异，这些差异使日计劳动的制裁比向社会提供劳务的刑罚重得多[66]，并由于这个原因法院实际上不会适用该制裁。

b）被判刑者的接受？

第 170 节　刚刚得出的断言适用于以下问题：尽管法律无规定，履行日计劳动的制裁是否意味着——正如向社会提供劳务的刑罚所意味的一样——被判刑者的接受。权衡一切后，对所提出的问题作出**肯定的回答**是必要的[67]：第 60 条第 4 款对向社会提供劳务所规定的被判刑者接受的要求，也适用于第 47 条第 2 款规定的日计劳动的提供[68]。

相对于此解决方案，我们已经——有理由——说过，第 47 条的行文在与第 60 条的行文相比时，强烈建议有意删除关于被判刑者接受的内容。另一方面，正如我们已经说过的那样，这一删除可以由法律希望尽量避免剥夺自由作为代用不缴付罚金来证明。仍正如曾经说过的，缺乏该接受不会使日计劳动变成"强迫和强制劳动"——原则上，与葡萄牙法律秩序中现行的国际公约相反——，因为这种假设仍适用于国际劳动组织第 29 号公约第 2 条第 2 款 c 项所规定的例外情况[69]。

然而，根据与我们所持观点相反的论点的良好依据，这些理由并不足以使我们信服。一方面，《欧洲人权公约》第 4 条第 2 款和《公民权利及政治权利国际公约》第 8 条仅将监禁刑罚或假释中提供的劳动从禁止强迫劳动中剔除。另一方面，如果法律设法不惜一切代价避免以实际履行监禁以代替罚金，那么它就不能为此目的而以强制性的劳动进行威胁；否则，以这种方式冒着产生在刑事政策上反常的后果的严重风险，最终会导致实际执行监禁的案件数量增加。最后，应该指出的是，无论是 1963 年总则草案（第 59 条第 3 节）还是第一次部级修订（第 57 条）都规定，以日计劳动代替罚金"按被判刑者的申请"而作出；在我们看来，这可能是刑事政策上

---

[66]　因此，亦见 I. R. S. /JARDIM，M.ᵃ Amélia，cit. 35。

[67]　同一方面，见 CORREIA，Eduardo，em F. I. P. P.，*Community service* 1987；I. R. S. /JARDIM，M.ᵃ Amélia，cit. 37 – 42；以及 AcRE de 84JAN24，*CJ IX* – 1，1984 299。

[68]　暗含这一想法的，见前一脚注的 AcRE cit。

[69]　在这一方面，见 LEAL-HENRIQUES，M. /SANTOS，M. Simas I 285；对主要理据的评价，见 I. R. S. /JARDIM，M.ᵃ Amélia，cit. 37 s。

和诉讼上更完美的解决方案[70]。

第 171 节　在这方面提出的（执行）问题是，调查存在以日计劳动的代用判罪的条件是属于法院还是属于检察院的职权。一直主张后者想法的司法见解[71]没有任何道理。判罪的责任始终是法官的责任，仅由他负责处理其执行的条件。当然，不同的是，他应在工作中获任何其所找实体（尤其在此案中，检察院或重返社会机构）提供的协助。

c）日计罚金与日计劳动的一致性

第 172 节　关于如何理解第 47 条第 2 款中所指的未全部或部分缴付罚金由日计劳动**相等日数**代替，会产生之后的——及多种的——问题。1 日的罚金等于 1 日的正常劳动会导致如此可怕的结果以至必须完全及单纯地阻止它[72]：例如，它可导致被判刑者必须工作 2400 个小时才能缴纳 60000 元的全部罚金（300 天的未付罚金，每天 200 元！）。似乎这不可能曾是法律的理解[73]。因此，为了确定一天的劳动时间，必须再次使用法律对第 60 条第 3 款中向社会提供劳务的刑罚所规定的内容，即劳动的提供不得超过每天"根据超时制度所允许的"时间，即原则上是*2 小时*。

也不应该以其他方式予以考虑，否则会阻碍被判刑者保证其*最低维生指数*（*mínimo existencial*）；或必须将劳动的提供视为*有偿*工作；这当然不是法律想要的，因为它完全不适合刑罚的特性和目的[74]。也不应该说主张的解决方案——使 1 日的劳动等于 2 小时的超时工作[75]——会使罚金的*预防作用*降低到难以忍受的低额度：原则上，将要提供的超时工作的预防作用肯定不会低于罚金的预防作用。丧失的是所提供工作的经济价值与罚款金额的一致性；实际上，总是造成国家的经济和财务损失。然而，国家的经济和财务利益不构成刑罚在刑事政策上优先的媒介；而且，无论如何，如果被判刑者履行代用的剥夺自由而非日计劳动，那么国家遭受的财务损失将更大。

第 173 节　通过上述理解，已经可以主张日计罚金和日计劳动之间在**算**

70　这是目前再次由 1991 年草案第 48 条提议的解决方案。

71　而且，例如可见 AcsRE de 84JAN24 e de 85MAR19，*CJ IV – 1* 1984 299 e *X – 2* 1985 305。

72　此外，我们的司法见解一直考虑到该问题，可见 I. R. S. /JARDIM，M.ª Amélia，cit. 32 ss。

73　然而，相反的想法，见 I. R. S. /JARDIM，M.ª Amélia，cit. 32。

74　关于有偿的问题，见 I. R. S. /JARDIM，M.ª Amélia，cit. 35 ss 及 AcRL de 85ABR24，*CJ X – 2* 1985 571。

75　此外，这一解决方案明确规定于 Schultz 草案第 34 条第 1 款 （3）项中：1 天罚金等于向社会提供 3 小时的劳动。

术上的相等吗？一点儿也不。这种相等将缩短——在很多情况下以不可接受的形式——所陈述的确定罚金的标准，因为没有考虑每日罚金金额及因此考虑被判刑者的经济和财务状况[76]。所以，即使以所指出的理解，这种相等不必是算术的，尤其是日计劳动的日数可少于日计罚金的日数，以免使经济状况疲弱的被判刑者负担过重[77]。

第 174 节　另一方面，还必须考虑到的是，尽管在此涉及（正如已经说过的）要提供的劳动的经济价值与罚金的经济价值相等，在任何情况下都必须考虑到不同的**劳动性质和价值**，而没有严重的相对不公平的风险。因此，《刑事诉讼法典》第 489 条第 2 款规定，"以日计劳动代替罚金的决定*按照等于相对活动的基本工资确定与日计罚金相等的日计劳动日数*"。所以，要重申，不是为了使罚金的经济价值与日计劳动的经济价值具有算术等价关系；相反，通过该规定，似乎应该更明确的是，**等价关系只能是规范性的**，不能是算术的。

d）*罚金的全部或部分缴纳*

第 175 节　可提出的最后一个问题是，已被判处代用的日计劳动的人是否有可能**全部或部分偿付未缴付的罚金**；如是，那么这一缴付的**法律后果**是什么，尤其是在诉讼层面上。

如果不缴纳的罚金被代用监禁所替代（见下文第 182 节），则与所发生的情况明显相似，将会对所提出的第一个问题作出肯定回答。但是，从双重观点来看，这样的解决方案本身令人非常怀疑：一方面，正如我们已经看过的那样，履行日计劳动的前提是（明显与代用监禁所发生的相反）被判刑者的事先接受；而另一方面，导致在一定程度上避免执行连续徒刑（penas contínuas de prisão）的刑事政策理由并不与日计劳动制裁对立。无论如何，第 47 条第 2 款明确规定以日计劳动部分地代替罚金的情况可解释，（全部或部分）缴付罚金——即使在行为人被判处日计劳动后——导致相应的判罪修改。

76　因此，亦见 LEAL-HENRIQUES, M. /SANTOS, M. Simas I 285 s。

77　1945 年 6 月 18 日第 34 674 号法令第 41 条曾是这一想法，它规定，如罚金以日数确定，至少一天的罚金总是以一天的劳动兑现。对此规则的解释，见 I. R. S. /JARDIM, M.ª Amélia, cit. 93 s。

4．代用监禁

a）一般制度

第176节　根据已陈述的内容，当罚金未被缴付或没有由日计劳动代替，第47条第3款规定，"将在判决中履行择一适用的徒刑"。这一法律规定与第46条第3款载有的法律规定有关，根据后者，"当法院判处罚金，在判决中总是须确定择一监禁，时间减为罚金时间之三分之二"。然而，如果被判刑者证明未缴纳罚金的原因——应予以补充：不以日计劳动替代的原因——不可归咎于他，那么根据第47条第4款规定，"择一监禁可减至6日或免除刑罚"。

第177节　随着现行《刑法典》的公布，人们曾提出的一个问题是——关于轻微违反属严重的问题，因该法典所核准的9月23日第400/82号法令第7条的晦涩和模棱两可的内文——对于根据**总额**制度确定的罚金是否也适用在没有缴纳罚款并因此确定"择一监禁"的情况下履行代用监禁的原则。

共和国总检察院和一些中级法院对此问题的回答是肯定的[78]，而高等法院总是维持否定意见。需主张最后一个立场：要么是因为现行《刑法典》不包括这一假设（与先前的《刑法典》第1节第123条所载的假设一样）的转换标准，这显示出该法典想将自己的规范严格地保持在罚金日数制度的框架内；要么因为在没有法定标准的情况下法官本身就无正当性"创造"一种转换标准，因为与（受尽约束的！）刑罚的罪刑法定原则相悖。因此，可以肯定的是，转变成完全缺乏对没有缴纳或收取（总）罚金的情况的制裁。然而，这仅表明1982年立法者的（值得称赞的）意图是将总罚金制度从葡萄牙的法律体制中消除，并（可能）必须由罚金日数替代。当涉及刑罚的合法性原则，正如在此所涉及的一样，不能以立法者不作为来行使司法职能。

第178节　因此，除了可以*免除刑罚*之外，代用监禁的限度*最高为240日*，而*最低为6日*。即使在此，也证明了罚金日数与代用监禁日数在**算术上的不一致**是合理的[79]，这是出于类似的考虑——尽管这些考虑是不一致的，

78　见 P. G. R. n.° 186/83，de 84MAR09，*BMJ 339* 89 的意见书；以及见 AcRL de 83ABR06，*BMJ 333* 510 及 AcRE，*CJ IX－2* 1984 294。

79　例如，适用于德国刑法的算术上的一致（相关《刑法典》第43节 II），但这合理地受到普遍学说的批评，见 JESCHECK，*Lange-FS* 379；GREBING，cit. *ZStW* 1111。然而，赞同的见 HORN，*JR* 1977 100。

而且在任何情况下受到加强的——即类似于我们阐述关于日计劳动的考虑而产生的（见上文第 173 节）：一方面，监禁的痛苦原则上将超过罚金日数的痛苦；而另一方面，算术上的一致将"惩罚"许多被判刑者不佳的经济和财务状况，并对他们起着不合理的作用[80]。

第 179 节　由于最不希望的是，从刑事政策角度看，显示出履行剥夺自由的刑罚*而非*罚金，这对于保持罚金的**有效性**绝对至关重要，尤其当赋予这一有效性的适用范围与我们现行刑法赋予的适用范围一样大时（见上文第 135 节及其后续节数）[81]。从这个意义上讲，可以肯定的是，确立未缴纳罚金的代用徒刑在刑事政策上是*既不可取的亦不可舍弃的*：如果没有代用徒刑，罚金本身将会受到不可弥补的损害，因为代用徒刑是中小规模犯罪领域中刑事政策的首选手段。关键是，要认真考虑——如在我们的制度中尝试这样——的是，履行代用监禁只有在遵从最后手段条款（cláusula de *ultima ratio*）的情况下才具正当理由[82]。

第 180 节　对于被判刑者证明"不缴纳罚金之理由为不可归责于其本人"的情况，某些不同似乎是第 47 条第 4 款所载法律后果的规定的理由——将代用监禁减少至 6 日或免除刑罚[83]。判罪**之后**，这一理由肯定无疑地在于被判刑者的经济和财务状况的**意外恶化**，这与被判刑者为履行其同意的代用日计劳动的个人状况的同时恶化有关[84]。

法官在**将监禁减少至 6 日**时对应考虑的标准的确定并非是完全流动的。然而，似乎要么缴纳罚金变得完全不可能（哪怕是部分地缴纳），其后果必然是免除刑罚；要么该缴纳变得更有负担，并且该减少必须首先考虑增加负担的措施。

关于在嗣后完全无法缴纳罚金（和履行日计劳动）的情况下，解决方案的好处也不是没有严重的刑事政策保留。实际上，这样的解决方案象征着完全消除行为人被判处的刑罚的功效和效力[85]。这是因为一是与不法性和罪过无关，二是与刑罚的尊

---

[80]　关于这一点，见 DIAS, J. de Figueiredo, cit. 303。而且，与内文含义一致的，亦见 BERISTAIN, cit. 37："平均比例……损害那些缺乏经济手段的人。"

[81]　总括上，亦见 SCHULTZ 115。

[82]　正如 AssSTJ de 75JUL03, *DG* I de 75OUT14 所确切强调的，尽管在先前的《刑法典》中亦然。

[83]　关于这个段落的事宜，见 DIAS, J. de Figueiredo, cit. 302 ss。

[84]　在这个程度上，AcSTJ de 86MAI21, *BMI* 357 230 暗含着正确的理解，当决定暂缓执行罚金不能推迟到有罪判决之后。

[85]　而 CORREIA, Eduardo, *Actas PG* II 49 所使用的论据是不能被接受的，根据这一论据，这种免除的可能性仅"无疑适用于小额罚金，因此不会大大削弱预防"。

严无关，三是与刑罚的必要性无关！优先的解决方案[86]为对这些情况确立——就像1963 年总则草案在其第 61 条第 1 节所承认的那样——*暂缓执行代用的监禁*；尽管这种暂缓原则上应受制于（显然是非经济和财务内容的）义务和行为规则，否则会损害罚金的刑事政策效力[87]。如上文第 153 节所述，如果被判刑者在判决时因处于（或低于）维生指数而无法缴纳罚金导致暂缓罚金本身（第 48 条第 1 款最后部分）在其后时间同样无法缴纳，那么最好的是暂缓执行代用监禁（原则上伴随着非经济和财务的义务和行为规则），而非免除刑罚。

b）代用监禁的性质

第 181 节 履行监禁代用未履行的罚金不是——针对有时所述的——，甚至在形式上也不是在上述意义上的**替代刑罚**（上文第三章一，以及详见下文第十章一）。一方面，显然，代用的徒刑（相反地！）不兼有反对在历史渊源和替代刑罚的刑事政策本质中的监禁的刑事政策运动；或者只是在——暗喻和间接的——意义上兼有这一运动，目的是赋予罚金连贯性和效力，*并在这种精确的范围内*避免监禁。另一方面，代用监禁代替主刑适用的断言是不正确的，反而它只针对罚金未被履行的情况。但是如果代用监禁不是替代刑罚，那么在其制度的基本方面似乎也不应将其识别为我们在第四章已学习的**剥夺自由的刑罚**。

第 182 节 似乎特别是，*部分*缴纳罚金应导致*按比例*减少代用监禁，就像随后缴纳必须确定不执行仍待履行的监禁一样。从刑事政策的角度来看，这些结论是可取的，同时全部或部分避免履行切实的监禁，并在代用监禁十分确切地出现**约束的（刑事）制裁**方面[88]，从而实现缴纳罚金的优先效果。尽管这些解决方案未在现行《刑法典》中获得明确认可[89]，但这不足以妨碍根据现行法律主张这些解决方案。

86　如前所述，现在由 1991 年草案第 49 条第 3 款提出。

87　没有代用监禁的可能性——等于目前的免除刑罚和 1963 年总则草案亦规定的可能性，*除了*（！）暂缓执行监禁，见条文内最后部分及 § 1.°——在修订委员会中被排除，见 *Actas PG* II 51。支持免除的（但不可令人信服的）论点是，以其他形式，"对由于经济状况而无法缴纳的人确立一种公然的不平等对待"，但见 CORREIA, Eduardo/RODRIGUES, Anabela/COSTA, A. M. Almeida 52。

88　需强调的是，无论如何都属于*刑事制裁*，且德国学说强调是一种真正的刑罚。在我们当中，亦见 AcComConst n.° 149, de 79MAR13, Apêndice ao *DR* de 79DEZ31 44；而且，在新《刑法典》中，见 AcRC de 85MAI02, *CJ X – 3* 1985 102。

89　与 1991 年草案所发生的情况不同，其第 49 条第 2 款明确规定："被判刑人在任何时候都可以全部或部分避免执行补充性监禁，并全部或部分缴纳其被判处的罚金。"

第 183 节　实际上，这些解决方案符合**我们法律的传统**（《刑事诉讼法典》第 638 条及其后续条文，在 9 月 6 日第 377/77 法令改革之前的版本）及明确载于刑事改革的文本中（1963 年总则草案第 60 条第 2 节和第 3 节；第一次部级修订第 58 条第 3 款及第 4 款；以及第 9/X 号法律提案，第 VIII 基准，第 6 号及第 7 号）。一方面，代用监禁的性质或目的论没有改变。另一方面，在 1977 年《刑法典》和《刑事诉讼法典》的改革中，删除了关于部分偿付罚金的可能性和关于在代用监禁中随后缴纳的影响的规范；当——在我们看来，这是许多方面的决定性考虑——立法者表示担心（无理的担心，正如之后会讲述）将未缴纳罚金转换为监禁可能被视为违宪时。1982 年《刑法典》在建立称为"择一监禁"的制度时（第 46 条第 3 款和第 47 条第 4 款），为传统学说继续自我辩护提供了足够的法律依据；此外，在规范以日计劳动代替未缴纳罚金时（第 47 条第 2 款），立法者明确预见了这种全部或部分替代的可能性[90]；同样适用（不是因为相同性，而是主要因为避免履行剥夺自由的刑罚的特殊要求）于以监禁代替未缴纳罚金。

问题是，要执行的监禁是否应具有某些**最低限度**。鉴于其特定的刑事政策性质和功能，在此否定的答案似乎是必需的，且监禁可减至 1 日。如果未缴纳罚金的部分按比例不等于监禁 1 日，则不应执行后者[91]。

c）代用监禁和"择一监禁"[92]

第 184 节　如前所述，根据第 46 条第 3 款和第 47 条第 3 款的规定，对于没有缴纳罚金及没有履行日计劳动的情况，立法者建立了一种判刑制度，即**择一监禁**（prisão em alternativa）。这种制度适用于判处金钱处罚的*所有*情况——第 46 条第 3 款以"总是"表述——，且因此同样适用于犯罪*仅*以罚金抽象地处罚的情况。因此，1982 年立法者将未缴纳罚金纯粹转换（后验）为代用监禁的制度搁置，这一制度在我们的法律中曾经适用至第 371/77 号法令和第 377/77 号法令。而将这种转换搁置的理由在于想避免普通法院捍卫转换的违宪性的某些司法见解：在所有适用金钱处罚的情况中，或至少对相关犯罪没有规定徒刑作为主刑的情况中[93]。

宪法委员会正确地驳斥了这一论点，其基本论据是，"**法律以徒刑判处的行为**"，为着《葡萄牙共和国宪法》第 27 条第 2 款规定的效力，是法律直接规定监禁的行为，或者是以罚金判处的却*根据一种形式刑法*（uma lei pe-

---

[90]　同样，正如第 47 条第 5 款的情况。见下文第 187 节。

[91]　明确载于德国《刑事诉讼法典》第 459 节 III 的解决方案。

[92]　关于这部分的所有内容，见 DIAS, J. de Figueiredo, cit. 302 ss.

[93]　司法见解和学说适当地说明于 AcComConst n.° 149，apêndice ao *DR* de 79DEZ31。

nal formal）将未缴纳罚金转换为监禁而适用监禁的其他行为。否则，旧的"转换"制度将与现行的"择一监禁"制度一样违宪。

第185节 更深层次的论点是，每当由被判刑者的经济和财务不足导致代用监禁被执行时，转换制度是违宪的——但由于相同理由这一制度应再次适用于择一监禁制度——因其违反《葡萄牙共和国宪法》第13条第2款规定的**平等原则**。

与意大利宪法法院所发生的情况不同[94]，我们的宪法委员会在两个判决中特别拒绝了这一论点[95]。而且，我们再次有理由拒绝：这一论点无疑在固定罚金制度上实行；甚至可以在像意大利这样的简单可变化的罚金制度上实行[96]；然而，鉴于罚金日数制度，它并没有法官严格遵守量刑的相关标准的前提[97]。实际上，在这个制度中，通过运用罪过原则来确定罚金日数数目可以确保形式上的平等，而通过使每日金额符合被判刑者的经济和财务状况可以确保实质上的平等。或者换一种说法[98]：当确定罚金日数数目旨在符合*犯罪的弊端*，确定每日金额则旨在符合*刑罚的弊端*并将其平均分配给富人和穷人。因此，无论是为这种效力而考虑所面对的转换制度还是择一监禁制度，谈论违反平等原则都是没有意义的。更何况，在经济绝对不足的情况下，有可能不执行代用监禁，就像我们的制度一样。

第186节 在这种情况下，容易得出的结论是，在转换制度和择一监禁制度之间，前者是完全可取的。设立"择一"代用监禁，无论是在法律上还是在刑罚上都是一种伪善的手段，丝毫不会改变事情的实质，只是象征性地削弱了罚金的优先价值，而且从程序上来看，它即使不是不公正的，

---

[94] Sentença n.° 131/1979；关于这一判决，见 PITTARO, *RItalDPP* 1980 1373；NUVOLONE, *RPS 102* 1985 8 及 PALAZZO, *La recente legislazione penale* [3] 1985 77 ss。然而，奇怪的是，宪法法院没有将未缴纳罚金转换为替代劳动或受管制的自由视为违宪（第689/1981号法律）。这只不过是一个独特性，因此，如果转换违反了平等原则，那么在同样的程度上，转换为劳动或警察监管亦违反这一原则！最后，关于这一分歧，见 ROMANO art. 136 n.° m. 16 ss，该文献有大量的书目。

[95] AcsComConst n.°s 149，在脚注 93 已引及 387，de 81MAR31，apêndice ao *DR* de 83JAN18 43 ss。

[96] 主要关于这一问题，在意大利见 DOLCINI, *RItalDPP* 1972 408 及 PITTARO, *RItalDPP* 1978 1255。

[97] Nunes de Almeida 在 AcComConst n.° 149，cit 中对这个含义投落败票。

[98] 利用 SCHMIDHÄUSER 20/11 的建议。

也具备无用的复杂性[99]。

5. "故意处于不缴纳罚金的状态之罪"

第 187 节　根据第 47 条第 5 款的规定，"如行为人故意使其处于不能全部或部分缴纳罚金或不能由日计劳动代替罚金的状态，则将判处第 388 条规定的刑罚"（普通违令罪：处最高 1 年监禁或科最高 30 日罚金）。

这是实质上不合理、刑事政策上荒谬及系统上矛盾的规定[100]。对于——因可归罪于被判刑者的任何理由——未缴纳罚金或未由日计劳动替代的情况，代用监禁被视为最后却不可或缺的解决方案。如被判刑者故意使其处于不缴纳罚金或使罚金由日计劳动替代的情况，我们不明白为何要对代用监禁再增加一项罪行；但如果被判刑者只是单纯不想缴纳罚金或提供劳务，则不会增加罪行。此外，如果代用监禁——根据法律的思想，代用监禁构成罚金效力作为刑罚的*最终手段*（extrema ratio）——可以因一项所谓的违令罪或类似罪而增加徒刑，那么这种解决办法是不可接受的，我们只能以疏忽来解释它；而且这可笑至极，因为对犯罪施加的刑罚是徒刑*以及*罚金！实际上，这一解决方案在以下时刻出现了：因担心所述违宪而完全消除将未缴纳的罚金转换为监禁的可能性（第 377/77 号法令版本中的《刑事诉讼法典》第 3 节第 641 条）。然而，事实是，透过转换或择一监禁的制度，故意处于不缴纳罚金或不能履行代用的日计劳动的状态之罪的表现完全是虚假和自相矛盾的[101]，并在任何情况下都不应根据将要构建的法律维持这一表现[102]。

五　在现行葡萄牙惯例中罚金的刑事政策意义

1. 罚金的失败

第 188 节　故意载于 1982 年《刑法典》的基本概念中将罚金变成**有关中小型犯罪的刑事政策特权工具**的需求，现今仍然远远不能说已完全实现。

---

[99]　因此，可以理解的是，1991 年草案在第 47 条和第 49 条中实质上返回到转换制度。

[100]　这是创造性的规定，用 ROMANO art. 18 n.° m. 11 令人印象深刻的表述，"拥有者和未拥有者之间*在处理上的无理和不合理的不一致*"（subl. no orig.）；亦见 nota s。

[101]　确切地注意到这两个解决方案是互相排斥的，见 PALAZZO, *La recente legislazione penale* ³ 1985 79。然而，意大利的体系亦认为有必要创建一种类似的犯罪（见第 689/1981 号法律第 102 条至第 109 条），由于宪法法院将代用监禁视为违宪的决定（n.° 131/1979, cit. supra）。对所有人都理应显而易见的是（但 ROMANO art. 18 n.° m. 11 认为只对某些人是明显的），透过这种扭曲的解决方案，穷人和富人之间的差异会变得更大，并最终只有穷人很有可能经受监禁！

[102]　因此，这种表现没有载于 1991 年的草案中。

　　如果我们将新《刑法典》生效的第一年与前两年进行比较，则发现罚金的适用频率仅微乎其微地由18%和20%增加至21%[103]。根据现有的最新数据，该罚金的科处在1991年只录得作为主刑的刑事判罪案件的19%，而未替代的徒刑的判处则录得54%。这一数字是完全不可想象的，不是后者的百分比包括判处徒刑的情况，而是徒刑被缓刑所代替——而这在总数的约20%的个案中发生。然而，即使进行了这一实质性修改，现有的统计数据也表明，1991年实际徒刑（在——不完美的——统计表达方式中既"不暂缓"也不"替代"的监禁）的判处占判罪个案总数的34%，而罚金则在不到[104]42%的个案中科处[105]。

　　即使无疑代表多年来的进步，上述百分比仍使葡萄牙在大幅减少实际适用监禁个案的百分比的能力方面处于欧洲最差的位置之一；即使与诸如西班牙[106]这样的国家相比较，这些国家的刑法是旧的和过时的，与我们的《刑法典》相比较并没有规定普遍适用金钱处罚的可能性。而且，这一比较只会变得十分差，如果在取代剥夺自由的刑罚事宜中与拥有与我们类似的刑事法例（尽管我们的刑法在此方面不是十分丰富，但有时教条和立法的严格性有所提高）相比较；例如，与德国、日本、瑞士和瑞典相比较，当中多年来分别超过80%、90%、90%和95%的总判罪是以罚金科处的[107]！

　　因此，得出在我们之间科处罚金的频率——对于1982年立法者的刑事政策目的——非常之低以及无法透过罚金大幅减少判处实际徒刑的百分比这一结论是无可争议的。

　　第189节　另一方面，在葡萄牙不存在可用的数据来准确了解在判罪中所确定的**罚金日数或每日金额的平均数目**。但是，用心观察公布的司法见解令人们相信该等数值相对于法律规定的最低和最高限度是非常低的——甚至有时是可笑的；而这

103　*Apud* ALMEIDA, M.ª Rosa Crucho de，*BMJ 348* 64.

104　没有可用数据指出在全部科处替代刑罚（除了"暂缓刑罚"）中罚金的相关百分比。然而，不幸的是，替代刑罚的适用——如举证制度和向社会提供劳务——非常少见，而且微不足道，以至于为这一效力可以将（几乎）所有替代刑罚虚构为罚金。此外，存在的（微小）差异将支持文中解释的批判性考虑，而不是反对它。

105　来源：1991年的*Estatísticas da Justiça*。

106　当中，已有四分之一个世纪约有64%的判罪被处以罚金，正如从BERISTAIN, cit. 21提供的数据所得出的结论。

107　例如在BERISTAIN, cit. 20的数据中。从这些数据得出的结论是，我们在罚金中的百分比仍在1986年（*Estatísticas da Justiça* 1986）等于1882年德国的百分比！对于瑞士，SCHULTZ 105的数据显示，每年被起诉的罚金比监禁多十倍。

些数字与剥夺自由的日数不符（即使只在规范上符合）。如果这个信念是正确的，那么与必然存在于任何刑事处罚中的预防和符合罪过的目的相违背；而且，当不想将金钱处罚变成一种伪装的罚款时，该等目的应在金钱处罚中特别受尊重。

第190节　最后，对于**未自愿缴纳罚金**，执行财产及以日计劳动替代的制度似乎——在此仍缺乏可用的统计数据以允许完全确认——运作不足，或者没有完全运作，即使在适用层面上而不仅在纯粹执行的层面上亦然[108]。因此，我们有理由担心，代用监禁的执行在我们当中可发生于大量和刑事政策上不可取的情况中[109]；而且，当没有发生这样的情况时，并不意味着通常不执行罚金，而（更严重的是）意味着不遵守法律的行为实际上不会受到惩罚。

2. 失败的理由

a）立法层面

aa）择一罚金的有限范围

第191节　必应从立法层面上找出的金钱处罚失败的理由。首先，在以下情况中，我们的《刑法典》尚未充分作出决定确立择一监禁**或罚金**的处罚：**在大多数中型犯罪的范围内**，即可处最高三年徒刑的犯罪。针对判处剥夺自由的刑罚的频率的一致和有效争论所需服从的是，在大多数这些犯罪中（有若干例外情况，例如：致人死亡或使用暴力的故意犯罪以及针对社会或国家的故意犯罪中），处罚理应是（却不是）最高三年监禁或罚金（或比例上一致）。再者，我们甚至不应该排除以下可能性：在特殊情况下，特别是在财产犯罪领域中，确立同样特别的金钱处罚最高限度（例如最高600日罚金），在此仍使用这些最高限度作为最高五年徒刑的*取代办法*，并因此在所谓的"大型"犯罪中使用[110]。

bb）补充性的罚金

第192节　第二，《刑法典》分则中在**以极高频率采用补充性的罚金**（徒刑和罚金）时，在除了犯刑事政策上很严重的错误外[111]，在损害了罚金作为监禁替代方案的真正刑事政策功能的情况下，揭露了违反所谓的基本

---

[108] 对于由日计劳动替代未缴纳罚金的现行制度持怀疑态度的，见 I. R. S. ／JARDIM，M.ª Amélia，cit. 105。

[109] 例如，在瑞士代用监禁的执行达到5％的个案及在德国达到6％的个案：SCHULTZ 116。

[110] 这是1991年草案果断地（及合理地，根据我们一直的考虑）追随的方法。

[111] 在德国的主流意见，见 JESCHECK，*Die Freiheitsstrafe und ihre Surrogate…*1984 2053；*AE-AT*，Begründung 101；GREBING，*JZ* 1976 749；ZIPF，*ZStW 53* 1965 541 s。

规定的情况。实际上，从刑事政策角度上看，徒刑和罚金的"混合"刑罚是可被判处的：要么在单纯罚金的刑事效果中突显无法接受的不信任，以及对罚金主要是监禁的取代办法突显出犹豫不决的信心；要么意味着被判刑者缴纳一定百分比的收入，同时在剥夺其自由的情况下消除其获得收入的可能性！总之，这样的"混合"刑罚，除了与罚金日数制度相抵触外，亦是深入地进行去社会化[112]：罚金日数制度希望将被判刑者置于接近符合其经济和财务状况以及个人状况的最低维生指数，剥夺其他消费的可能性，而被判处"混合"刑罚的当事人已在监狱中失去了该等可能性！因此，在将来对《刑法典》所作的修订中，不应存在罚金的补充刑罚，必须将刑事政策更深的含义赋予金钱处罚，并提高其刑事效力[113]。

第 193 节　或许，这一混合刑罚只能在——例如德国《刑法典》第41节和意大利《刑法典》第 24 条中规定的——以下情况中有意义：犯罪是为了*牟利*[114]。然而，与第109 条第 2 款所载的规定相比，这种可能性的意义微乎其微。根据这一规定，行为人透过犯罪直接取得的权利和利益归国家所有（见后文第十八章）[115]；此外，这一制裁实际上具有与现代刑事政策准则不兼容的拖延特征（cariz taleónico）[116]。

cc）刑罚幅度

第 194 节　在我们现行法律体制中罚金的另一个严重缺憾，源于**在规定分则的单一犯罪中的限度方面**与监禁限度有关的最完全的**任意性和杂乱无章**。可以理解的是（尽管不被接受），面对这种情况，当与确定择一罚金相比，审判人在判决中确定徒刑（尽管在某些情况下可能会提出有充分根据的批评，但其限度揭示了与犯罪的严重程度成正比）时会感到踏在更安全的领域上。因此，这种情况也构成科处罚金的令人遗憾的反理由（contra-motivo）。

112　因此，亦见 JESCHECK，如前脚注中那样。

113　因此，这一"补充性的罚金"经 1991 年草案完全被废止。

114　关于德国《刑法典》这一条文的批评——尤其当这一法典满足于行为人获得利润的目的——见 MAURACH/ZIPF § 59 n.° m. 51 及 GREBING, cit. ZStW 1115；而且，对意大利《刑法典》相应规定的适当性提出疑问的，见 ROMANO art. 24 n.° m. 7。鉴于刑罚的合法性原则，这种解决方案的合宪性本身令人质疑，因为没有必要对罪状规定罚金，见 SILVA, M. Gomes da, Actas PG II 35 及现在见 SCHULTZ 112。不同的解决方案——因牟利加重罚金——在 1963 年总则草案第57 条 § ún. 及 1. ª Rer. Min., art. 55.° – 2；但修订委员会拒绝了这一解决方案，见 Actas PG II 35。

115　在此方面，亦见 SCHULTZ 112。

116　正如 JESCHECK, *Die Freiheitsstrafe und ihre Surrogate…1984 2052* 所指出的。

举几个例子将足以说明前面的陈述；这些例子仅与择一罚金的情况有关，以及仅考虑最高限度。因此，对于同样*判处最高6 个月的徒刑*，会规定[117]的取代办法，见第316条中的*15日*罚金，第273条第5款中的*20日*罚金，第234条第4款、第310条、第422条和第436条中的*30日*罚金，第148条、第221条第1款和第295条第1款中的*50日*罚金，第249条中的*60日*罚金，第274条第2款和第275条第2款中的*100日*罚金，以及第176条第1款中的*120日*罚金！对于同样判处最高一年的监禁，最高的择一罚金可达到*30 日*（第416条和第425条第1款和第2款）、*50日*（第273条第4款、第283条、第329条第3款、第399条和第417条第3款）、*60日*（第269条第3款、第391条和第396条第3款）、*90日*（第238条第1款、第308条第1款和第330条）、*100日*（第195条、第273条第3款、第398条第3款、第400条第1款）、*120日*（第269条第2款和第328条）、*150日*（第274条第1款、第275条第1款和第433条第1款）、*180日*（第142条、第197条第1款和第199条第1款）或*200日*（第367条）！最后，对于同样判处最高3年徒刑，可等于的择一罚金为*90日*（第432条）、*100日*（第271条第1款和第397条）、*200日*[118]（第197条第2款和第260条）或*300 日*（第198条第1款）！鉴于这种混乱的情况，任何批评的话语都变得更多余。

b）司法见解层面

第195节　对于作为刑事政策的特权手段的罚金的失败，除了立法层面的明显缺陷之外，还有在**应用**层面上，即司法见解层面上的重大缺陷。因此，对于应用上的任务，总体上可指出的是：误解罚金作为公共和超个人刑罚的功能和意义；无视通过适用罚金实现刑罚的目的，尤其实现积极的一般预防和符合罪过的最低门槛；简而言之，不论在确定罚金日数数目还是在确定每日金额上，忽视确定罚金的法定标准。此外，关于最后这一点，法院几乎没有提供或要求提供足够的证据，以确定被判刑者的职业，不论他是富人、穷人还是过小康生活的人；此外，这一程序目前已果断反对重新评估主导1987年《刑事诉讼法典》第369条和第371条的量刑问题（见上文第5节）。

如果对此加入42%的金钱处罚判罪，则可使人们更相信，在这一司法见解中存在的（尽管并非完全有意识的）想法是，在低严重性的不法行为

---

[117]　鉴于第43条的规定，这些取代办法在某种程度上很少被用到。实际上，即使没有规定择一罚金，原则上也要根据替代监禁的效果并实际上按照1日监禁等于1日罚金的比例来科处罚金〔见下文第十章，二，B)〕。

[118]　在第309条的情况中，判处*最高6 年监禁*由同样的200日罚金取代！

和罪过的情况下，金钱处罚并非一种监禁的取代办法，而是一种——如被允许这样说——"宣告无罪的取代办法"（或至少是免除刑罚：第 75 条以及下文第九章五）！葡萄牙刑事政策目前的许多困难无疑都源于这种巨大的误解，必须以一切必要和可以接受的方式制止这种误解。

第六章　附加刑

BERISTAIN, La inhabilitación penal…, sep. da *Rev. gen. de legisl. y jurisp.* 1966.

CAEIRO, Pedro, Anotação ao AssSTJ de 92ABR29, de próxima publicação na RPCC [*].

CERQUETTI, Pene accesorie, *EdD 32* 1982 819.

COSTA, A. M. Almeida, *O Registo Criminal* 1985.

DIAS, J. de Figueiredo, O Sistema das «Penas Acessórias»…, *Libro-Homenaje a Beristain* 1989 499.

DOTTI, *Bases e Alternativas…* 1980.

GOLDSCHMIDT, Strafen und verwandte Maβregeln, *VDAT* IV 81.

JEKEWITZ, Freiheitsentzug und Abgeordnetenmandat, *GA* 1981 433.

KIELWEIN, Nebenstrafen, Ehrenstrafen und Sonderstrafen, *Materialien 2* 1954 117.

LARIZZA, *Le pene accessorie* 1986.

MANZANARES SAMANIEGO, Las inhabilitaciones y suspensions …, *ADPCP* 1975 176.

PALAZZO, Le pene accesorie nella riforma…, *Studi Musotto* IV 1981 36.

PISA, *Le pene accesorie…* 1984.

REALE e OUTROS, *Penas e Medidas de Segurança…* 1985.

SIMSON, Ohne Verlust bürgerlichen Ehrenrechte, *NJW* 1957 639.

另见第三章引用的书目。

---

[*]　感谢该作者为我准备了手稿。

一　主要特征和一般制度

1. 附加刑和"刑罚的效力"

第 196 节　在第 86 节及其后节数中已充分描述**现行《刑法典》对附加刑的理解**。在那里已揭露出，立法者将传统上所谓的刑罚效力（或"定罪的刑事效力"）视为附加刑[1]——撤职和临时中止公共职务和禁止（无能力）从事某些职业、活动或行使权力——，但消除刑罚（同样是传统的）自动产生的效力。

因此，适用附加刑的必要但*绝非*充分的条件是判处主刑；实际上，除非关于临时中止职务（见下文第 216 节），判处最高两年徒刑。然而，除了这一要求之外，仍*总是*变得有必要的是，法官在个案中证明不法行为的特定内容，而这一内容实质上为判处附加刑提供了理由。

2. 刑罚效力的非自动性原则

第 197 节　附加刑的性质和制度的这些基本特征——附加*刑*和主刑的非*自动效果*之间具有的混乱——例如在第 65 条明确规定（章节的第 1 条规定明确命名为"附加刑"），根据这一规定，**"任何刑罚均不具有丧失民事权利、职业权利或政治权利之必然效力"**。我们已经说过这一学说（见上文第22 节和第 88 节）在刑事政策上是正当的，并且毫无保留地[2]受到欢迎，因为它揭示了刑事立法者对以下基本信念的依附：必须在刑罚中消除所有和任何增加刑罚（不可避免的[3]）害处的臭名昭著或带有耻辱性的效果。这从法律上体现了国家不可推卸的责任，即不损害、相反应鼓励被判刑者社会化[4]。

然而，尽管存有其所有的刑事政策价值和意义，就其作为一般法的本质而言，第 65 条只能构成《刑法典》的"纲领性规范"以及对将来的刑事

1　同一方面，见 FERREIRA，M. Carvaleiro de II 1989 125："新的《刑法典》中，判罪的刑事效果是附加刑"；以及 CORREIA，Eduardo/RODRIGUES，Anabela/COSTA，A. M. Almeida 245。此外，在这一"混乱"的含义中，亦见意大利《刑法典》第 20 条。

2　因此，亦见 RODRIGUEZ DEVESA/SERRANO GOMEZ 931。然而，关于公务人员的撤职，持反对意见的见 *Actas CâmCorp.* 2689 s.，其论据为"已作出之行为之严重性，其表现为所科处之刑罚"，"为行为人"设定"一种因道德原因而正式解除其恢复公职的情况"。

3　正如 BERISTAIN，cit. 36 亦正确地强调一样。

4　因此，见 CORREIA，Eduardo，em：*JDC* 29 及 DIAS，J. de Figueiredo，*ROA 43* 1983 36。

立法构成一种刑事政策上的——在任何情况下都不具约束力的——指引。但是，载于该规定中具有强烈社会化意义的原则，以这种方式被社会认可为整个完整、现代和有效的刑事政策方案的基石，这一方案已通过 1982 年宪法改革升格为**宪法性原则**（《葡萄牙共和国宪法》第 40 条第 3 款）。因此，规定适用某些刑罚的自动刑事效果的零散刑事法律（leis penais extravagantes）违反了宪法[5]；而且，在刑法的所有领域中，未来的立法者都有义务在任何情况下不准许自动产生这些效力[6]。

第 198 节　宪法法院曾经捍卫的是，《葡萄牙共和国宪法》第 30 条第 4 款在"刑事宪法"中的隐含之意"无非是民主法治国家原则的必然结果（《葡萄牙共和国宪法》第 2 条）"。事实上——它补充说——刑事效果实质上反映"一种真正的刑罚，在适用时必须遵守民主法治国家的规则本身，尤其是司法保留、罪过原则、适度原则等"。[7]

然而，这个理据太过分了。民主法治国家的原则不会直接和必然导致它受到以下事实的侵犯：*基于形式法律*，对犯罪的判罪和相关刑罚的判处增加其他刑事性的效果：这些效果仍然可以被视为构成判罪内容以及在判罪中（法定）判处的刑罚的一部分。对《葡萄牙共和国宪法》第 30 条第 4 款的规定提供真正的依据并非民主法治国家的宪法性原则，而是**反对刑罚的污名化、去社会化和犯罪化效果的刑事政策原则**。确切的说法是，这一刑事政策原则完全符合实质的法治国家的概念[8]；但是，在没有居间的情况下——目前确切由《葡萄牙共和国宪法》第 30 条第 4 款构成的居间——不可能从 1982 年宪法修订之前的那个概念中实现。这绝不影响这一规则的尊严，相反，我们的宪法立法者高度重视基本的刑事政策原则是显而易见的，从某种程度上讲，将这些原则提升为组成"刑事政策宪法"原则的种类。

我们刚才说过，如果有必要的话，这将透过很多法律——在今天仍然是大多数的法律，例如西班牙、法国、意大利、德国等的法律——证明，当中以民主法治国

5　例如，见 AcsTC 16/84，*AcsTC 2* 1984；127/84，*AcsTC 4* 1984 403；e de 86ABR20，*DR* I，de 86JUN03。有疑问的是 AcTC 282/86，*DR* I de 86NOV11，"出于多数的理由"（？），它将"非刑事处罚"理解为宪法上对刑事处分所规定的制度。

6　因此，正是《葡萄牙共和国宪法》本身接受了"刑事效果"的刑法概念，所以，看不出难以解释第 30 条第 4 款的原因，即 CANOTILHO，J. Gomes/MOREIRA，Vital art. 30.° anot V 及 AcTC 127/84 407 指出的原因。

7　AcTC 127/84 408. 同一方向，尽管比较不果断，见 AcTC 16/84。

8　而且，在另一个地方我们已经强调过，见 DIAS，J. de Figueiredo，*ROA 43* 1983 33 ss。

家的原则为主导，但继续体现刑罚（或判罪）的*自动性*效果；众所周知，这些国家的学说或司法见解未曾在这方面提出违宪问题。此外，在1982年宪法修订之前葡萄牙也是如此。

3. 刑罚的效力和"犯罪的后果"

第199节　然而，对第65条中所载的刑事政策和宪法性原则的**实质限制**似乎源于第69条第2款的规定："根据法律，实施某些犯罪仍可等于无资格选举或被选为共和国总统，立法议会或地方自治团体成员作为鉴定人，实施亲权、监护权，保佐或管理财产。"

乍看之下，可以说这两个规范之间没有矛盾，甚至没有意义上的交错：第65条禁止**刑罚**的效力的自动性，第69条第2款同意某些和特定的**犯罪后果**的自动性[9]。可以用这样的论点辩解，即这样允许的犯罪的自动性效果——对于公法或甚至私法特定的义务（*ufficii*）的某些积极和消极的无被选举资格以及无行为能力——与相关*不法行为的内容*有关，而非与被确定的*刑罚性质*有关；因此，在此针对与某种类型的刑罚有关的额外污名化和不法分子社会化的不利后果的刑事政策理由将不再可取。

第200节　然而，仔细观察，事情的状况却要复杂得多。法律自动将其与某些犯罪联系在一起的效力自然意味着判罪（condenação）——不可避免地是"判罪的效力"——以及随之而来的实施一种刑罚（aplicação de uma pena）。这样，它们**成为刑罚的效力**，然后似乎被第65条的字面内容所涵盖；在这种情况下，这两个规定似乎是非常矛盾的。此外，更为重要的是，以这种方式自动与判罪联系在一起——尽管不是因为刑罚，而是因为犯罪——的是，作为真正的刑罚的效力本身具侮辱、去社会化及致犯罪性质的刑罚的效力。因此，第69条第2款最终使第65条的基本刑事政策依据成为疑问，并可透过明确的解释从*根本上质疑该规定的合宪性*。尤其是当立法者使用像"谁*被判*有x犯罪，则（自动）受到y效果"的公式——立法者一直使用这些公式，而且有时滥用它们——，实际上不可能知道我们是在第69条第2款的允许范围内，还是在第65条的禁止范围内。

这种模棱两可的例子是，7月16日第34/87号法律第28条至第31条，关于公

---

[9]　这样见 CORREIA, Eduardo, *Actas PG* II 99。在这方面，形成了葡萄牙实际统一的学说，可见 LEAL-HENRIQUES, M. /SANTOS, M. Simas I 360。

共职位据位人的犯罪，当将自动的刑罚效力（解任、丧失委任和撤职）与某些人格确定性判处“责任犯罪”（crimes de responsabilidade），以及当明称这些效力为“刑罚的效力”。因此，似乎无可争议的是，这些规定的合宪性变得很可疑。从相同的角度来看，第 175 条和第 408 条第 4 款规定的情况亦并非不是模棱两可的[10]。《军事司法法典》第 37 条第 1 款的情况仍是模棱两可的，关于第 16/84 号和第 127/84 号合议庭裁判所处理的问题[11]，不论可视为刑罚的效力——其后违宪，正如审判最终这样认为——，还是视为某些犯罪的效力（在此所分析的概念中，这种效力不会违反《葡萄牙共和国宪法》第 30 条第 4 款的规定）。

第 201 节　因此，正如第 69 条第 2 款的规定——在主流学说对其作出的解释中（将其自动性与第 65 条所规定的非自动性相对比），但我们的宪法性司法见解确切地对其作出保留——**在刑事政策上是不合理的，并且在宪法上是有疑问的**[12]。可以理解的是，将某些犯罪与附加效力（例如各种无被选资格和无资格）联系起来是适当的。然而，这些效力理应遵守非自动性原则。确实，拒绝刑罚的效力的自动性所建基的历史原因——反对与某种刑罚相关的特定污名化，例如，在我们当中所谓的“更大的刑罚”——并不完全涵盖犯罪后果的非自动性。但可以肯定的是，正如已经说过的那样，由于犯罪的某些后果而产生的污名化将不会比因刑罚的某些后果而受到轻蔑对待或受到更少惩罚，因此，应由像我们这样的刑法强烈的社会化氛围来拒绝污名化。

第 202 节　主流学说可受到的批判性考虑说明第 69 条第 2 款的解释使这一条文在刑事政策上成为可接受的，同时又使它受到合宪性的怀疑。该解释是因为考虑到法律并非要承认某些犯罪后果的自动性[13]；它仅旨在提请注意的是，立法者可以在法律确定的情况下并鉴于相关的犯罪，建立除了第 65 条和第 69 条提及的附加刑以外的其他附加刑。即使在其他情况下，后

10　关于附加刑——并因此关于*刑罚的效力*——的方面，见 LEAL-HENRIQUES，M. /SANTOS，M. Simas I 348。但事实上，它们还完全具有 CORREIA，Eduardo，*Actas PG* II 100 所称的与*犯罪的特定情况*相关联的效力。

11　Cits，na nota 326。

12　AcRL de 85JAN23，*CJ X - I* 1985 178 宣告为违宪——尽管没有直接对第 69 条第 2 款提及违宪，但似乎理应这样做。然而，持相反的意见——至少在高度怀疑和不可弥补的错误的说明理由上——见 AcSTJ de 86NOV11，*BMJ 361* 239。

13　尽管第 69 条第 2 款的情况实际上在 1963 年总则草案第 82 条中找到其起源，而且，如前所述，该草案的作者表述的含义与目前文中所主张的有所不同。

果也不会是自动产生的，而是（按照 Ferrer Correia 在修订委员会中使用的表述）这种关联将依法建立，但始终"通过法官"建立[14]。总之，**在第 69 条第 2 款中亦适用第 65 条所载的非自动性原则**[15]。

此外，为了加强这一解释，请注意以下情况。当《刑法典》希望将某些后果与某些犯罪联系起来——例如，在第 218 条中的中止亲权与淫媒罪，或者在第 383 条中的无资格宣誓和选举或被选举与违反国家安全罪——它这样做是透过第 65 条的非自动性及透过所谓的"附加刑"，而非透过第 69 条第 2 款[16]。

二 一般刑法的单一附加刑

1. 附加刑的*扩张解释*

第 203 节 《刑法典》在第 66 条及其后续条文规范只有公共职务的撤职，公共职务的临时中止及禁止执行职业、活动或行使权利作为附加刑。然而，由第 200 节中所陈述过的可得出**法律可制定或规定其他附加刑的结论**；而实际这发生在《刑法典》本身（见第 175 条、第 252 条和第 408 条第 4 款，除了我们可能会引起的对定性的怀疑），但尤其发生在零散刑法中：例如请留意第 34/87 号法律关于所谓的责任犯罪的已引述的第 28 条及其后续条文中；在大量载于 1 月 20 日第 28/84 号法令第 8 条关于对经济的违法行为的附加刑中；在刑事税法中规定的附加刑中（1 月 15 日第 20A/90 号法令第 12 条）；在法律规定的某些情况下（《道路法典》第 46 条第 2 款和第 61 条[17]），至少在部分学说和司法见解的理解上，在被视为附加刑的禁止驾驶的权能中[18]；对不法贩卖麻醉药品施加的各种附加刑中（1 月 22 日

14　CORREIA, A. Ferrer, *Actas PG* II 115.

15　正是基于这种解释，1991 年草案在所提议的第 65 条第 2 款中保持着这一原则，在任何情况下对犯罪后果的自动性与否，措辞都更为中性："法律可以使禁止行使特定权利或职业与某些犯罪相对应。"

16　此外，1991 年草案在其第 179 条和第 345 条（与现行《刑法典》第 218 条和第 383 条相对应）的规定中强调了这一非自动性。确实在此基础上 GONÇALVES, M. Maia art. 69.° anot. 3 可表述为法官具有的"宣告无能力与否"的"权力义务"。

17　此外，这一法律在形式上和实质上都是有缺憾和不连贯的，有时甚至是矛盾和荒谬的。

18　尽管根据同一学说和司法见解在其他情况中被视为*保安处分*（cf. Infra § 793 s.）——有时是刑事处分，有时是"行政处分"——，但根据其他学说和司法见解则被视为*刑罚的效力*！持不同意见的，见 FERREIRA, M. Cavaleiro de II 1961 200 s. e II 1981 364；FAVEIRO, Vítor, *Prevenção Criminal* 1952 20；FARINHA, Pinheiro, *Slvr* 1956 177 ss. 及 MATOS, Oliveira, *CE Anotado* 1988 229 ss。

第 15/93 号法令第 34 条）。而且，这些例子可以成倍增加[19]。附加刑的这种泛滥对应于有时甚至是迫切需要的"刑事干预的恢复"[20]；然而，在公正刑法（direito penal de justiça）中，这似乎是对非刑事化的刑事政策命令的坚决反对，因此，其选择空间属于二级刑法范畴，尤其是经济刑法的范畴[21]。

第 204 节　上面提到的——故意使用过去的公式——关于禁止驾驶的权能的说法似乎并不能在今天继续捍卫下去。实际上，1992 年 4 月 29 日最高法院的合议庭裁判[22]最近确立了关于禁止驾驶的权能的定性的司法见解，并得出以下结论："**《道路法典》第 61 条规定的禁止驾驶的权能构成一种保安处分**。"不管所达成解决方案的实质性好处是什么——我们不同意这一好处，因为在我们看来，上述差异化考虑是唯一与此类问题适用的（无疑是模糊的和不完美的）原则相一致的——人们几乎不了解为何最高法院确立关于刑事制裁*定性*的司法见解；除非为了将来从概念中推断出的制度的（非法）效力，将（由制度定义的）规范功能与（由解释者负责的）分类概念功能（função conceitual classificatória）混淆[23]。

第 205 节　无论刚才考虑的一点是怎样，在未来法律（lege ferenda）中，都必须强调刑事政策的必要性和紧急性，即葡萄牙处罚制度具有——根据一*般*刑法而不单只根据道路交通刑法——一种**禁止驾驶**机动车辆的**真正附加刑**。这一刑罚在形式上的前提理应是，行为人因在驾驶中或使用车辆时而作出的犯罪，或者行为人使犯罪的执行显要地便利而被判处主刑；而实质的前提是，考虑到事实和行为人人格的情节，驾驶行为显得特别应受谴责[24]。这一具有特定刑罚幅度的刑罚仅当行为人因同样的事实遭受保安

---

[19]　被讨论的问题——实际上是可讨论的——是了解在我们当中与犯罪有关的财产或权利的丧失是否属于刑罚的效力。见下文第十七章。

[20]　这一表述源自 PALAZZO, *La recente legislazione penale* [3] 1985 88。

[21]　例如，可以说，就连第 689/1981 号法律引人的意大利刑法中的五种新的附加刑也是如此。关于这些附加刑，见 MANTOVANI 788 ss，而扩展的内容可见 LARIZZA, cit. 131 ss。

[22]　*DR* I-A n.° 157，de 92JUL10。

[23]　关于这种"礼节的交换"见宪法学者 José Saraiva 的落败票，当中主张的是——对于我们来说，是合理的——"禁止驾驶汽车可是一种刑罚或一种保安处分，视情况而定"。与文中批判想法一样的，见 CAEIRO, Pedro, cit.。

[24]　上述描述的制度的含义，见 1991 年草案第 69 条。当中没有明确出现所提及的实质性前提；但这并非不能（及不应）从权衡形式前提的多种定性中得出结论。

处分以禁止驾驶权能的情况下，并以吊销驾驶执照或禁止其批给的方式，才不会发生[25]。

（令人遗憾的是）在我们当中太明显地证明了上述规定[26]的必要性和紧急性的刑事政策理由，因此需要特别强调[27]。如已强调的那样，如果适用这一刑罚的实质性前提必须是在特别应受谴责的情况中显示出驾驶行为，那么这一情况将增加对（或因）事实的罪过限度。因此，对于禁止驾驶，还必须注意（及要求）具威吓的一般预防的效力，而这一效力本身没有任何不正当性，因为它只能在罪过限度内起作用（见下文第 307 节）。最后但并非最后，必须期望这一附加刑在很大程度上有助于鲁莽或轻率驾驶的公民修正其行为。

第 206 节　随后的陈述将限于第 66 条及其后续条文所载的附加刑范围。一方面——正如我们在开始时指出的那样，见第 16 节——一般刑法的范围原则上构成整个目前处理的范围；另一方面，考虑专门为某些犯罪规定的附加刑是分则处理的任务，渗透这些领域中的任何一个都需要澄清那些附加刑发生的范围的具体问题。此外，希望在之前的处理中已提出主要思想以理解（并判断）其余的附加刑。

2. 公共职务的撤职

a）前提

aa）义务行为人

第 207 节　第 66 条指出公共职务的撤职这一附加刑的义务行为人以及其在有罪判决中的确定所依据的要求。刑罚的义务行为人是**公务员**；并非在《公务员的纪律通则》（1 月 16 日第 24/84 号法令第 1 条）的（*狭义*）*行政法词义*上[28]，而是在经 10 月 6 日第 371/83 号法令第 4 条第 2 款扩展的第 437 条的（*广义*）*刑法词义*上[29]。关于该等要求，它们有两种不同的要求，并能以合理依据——从撤职刑罚本身的角度出发——定性为形式前提和实质前提。

---

[25]　关于这特别的一点，见 CRAMER，*NJW* 1968 1764。

[26]　显然，这一规定符合第 204 节中提及的由司法见解的建立而产生的学说（在我们看来，我们已经提出了该学说是不合理的）。

[27]　关于这一点，在德国十分有趣，例如见 BRUNS，*GA* 1954 161；CRAMER，*Schröder-GS* 1978 533；LACKNER，*JZ* 1965 62；WARDA，*MDR* 1965 1。

[28]　最后，关于这一词义，见 RIBEIRO，V.，*Est. Disc. dos Func. Púb. Comentado* 1990 art. 1.°。

[29]　关于这一问题，见 LEAL-HENRIQUES，M.，*Procedimento Disciplinar* 1984 22 s。

bb）形式前提

第208节　从形式上来讲，有必要对行为人**处以 2 年以上徒刑的具体刑罚**，抽象地对犯罪处以该刑罚是不足够的。尽管第 66 条第 3 款的措辞有些模棱两可，但当考虑到该规定改变了 1963 年总则草案第 1 节第 77 条的明确表述时，似乎不能再对其作出另一种解释。此外，由于这是刑罚的效力，而不是犯罪的后果——作出的犯罪可以是*任何形式*及*以任何形式*（犯罪未遂、参与犯罪）——，可以理解的是，对具体判处的刑罚起决定性作用。此外，以这种方式，在刑事政策上可取的是对撤职刑罚范围的进一步限制[30]。

第209节　这就是仍然必须运作的刑事政策限制，当被问及在**犯罪竞合**的情况下值得结合所分析的形式前提是共同刑罚（或竞合的刑罚：见下文第九章二）还是单项刑罚（penas parcelares）的每一个。正如刚才所说，考虑到决定性的是被判处的刑罚而不是可判处的刑罚，似乎必须赞同第一个含义。但是，考虑到上述（与第 66 条第 3 款的字面意义有关以及与刑罚和犯罪有必要关联有关）限制性的刑事政策意图，透过要求特定的实质前提（见下文第 211 节及其后续节数），最终应要求至少对竞合中的一个犯罪判处至少 2 年徒刑[31]。

第210节　由于刚刚陈述了第 66 条第 3 款的最好解释，如果主刑是至少 2 年的徒刑但**被暂缓**执行监禁，明确的是因缺乏形式要件，判处撤职的刑罚在法律上是不可能的：暂缓执行监禁是一项独立的（替代）刑罚，并因此与徒刑不同（见下文第494 节）。所以，这无疑违背了意大利学说在附加刑问题上认为传统的原则，即所谓的*刑罚不衰性原则*（*princípio da indefectibilidade da pena*）[32]；此外，这一原则如此重要，以至于不乏有人想要看到存在附加刑的真正原因，并通过这一原则去补偿暂缓执行监禁的"好处"[33]。然而，从刑事政策角度来看，必须拒绝这样取得的效果：为了"补偿暂缓的好处"，存在可限制暂缓的义务和行为规则，为此目的撤职的附加刑是不适合的。

---

[30]　与文中的意见相反的，见 GONÇALVES，M. Maia art. 66.° anot. 4（"可科处的"犯罪）。然而，与文中持相同意见的，见 LEAL-HENRIQUES，M. /SANTOS，M. Simas I 351。

[31]　这正是 AcRP de 87NOV04，*CJ XII – 5* 1987 225 表达的含义。

[32]　例如见 MANTOVANI n.° 203。

[33]　因此，见 PALAZZO，*La recente legislazione penale* [3]1985 86。

cc）实质前提

第 211 节　从实质上讲，要求——并通过这些要求对刑罚的效力消除自动性——法官证明：或者证明与行为人执行的公共职务有关而作出的犯罪是**公然或严重滥用**与公共职务固有的**责任**（第 66 条第 1 款）；或者证明尽管在执行职务之外作出的，犯罪显示出行为人**无资格或有失尊严**去担任官职或意味着对执行职务所需的**一般信心的丧失**（第 66 条第 2 款）[34]。

尽管这两种情况之间的区别显示出——如今，即使出于纪律性质的效力，这一区别已过时——公务人员的"内部习惯"和"外部习惯"之间的旧区别[35]，但撤职的实质前提的共同点不再在于"征兆性的概念"，即犯罪及其严重性构成行为人不适合执行职务的指标[36]。这个共同点的一个基本思想是：在与犯罪共存的情况下，有人严重违反了与正确执行**该职务**有关的职责，或者严重损害了执行**该官职**所需的尊重和信任[37]。以近似的方式，也许可以说，不仅必须从所作出的*犯罪*的角度——以主刑予以制裁——来看待附加刑的正当违反，而且应从*犯罪*对行为人执行的*职务所产生的反射*来看待；即使法律要求行为人"失格"或对担任职务"失去信任"，也是如此。

dd）后果

第 212 节　一旦实现了所依赖的形式和实质前提，撤职的附加刑**应**——而不仅仅"可以"，如第 66 条第 1 款和第 2 款不正确地表述——在判决中被科处[38]。因此，没有理由抱怨关于此方面有时听说的"法官的主观主义"[39]。也不能说[40]这样就可以消除撤职的非自动性质：正如刚刚强调的那样，这一

---

[34]　然而，从犯罪性质"推断"这些实质前提的验证是错误的。但是，AcRP de 88MAI25，*CJ XIII–3* 1988 251 曾经这样做，它决定"在没有贪污的情况下撤职处分是不可避免的（?!），不论是因为犯罪本身（?!）严重违反了职业义务，还是因为涉及公然滥用职务"。

[35]　或者，按照 Duguit 的术语，公务员的"积极地位"和"消极地位"之间：见 Estatuto Disciplinar de 1943 第 2 条；但严格来说，见 CAETANO, Marcello, *Do Poder Disciplinar no Dir. Adm. Português* 1932 80 ss.，SANTOS, J. Beleza dos 113 以及尤其见 CORREIA, Eduardo, *Lições* 39 s。根据新通则，见 LEAL-HENRIQUES, M.，*Procedimento Disciplinar* 1984 26 ss。

[36]　因此，见 OSÓRIO, J.，*Actas PG* II 98 s.，正如上文已看过，除了见 Câmara Corporativa：*Actas Câm. Corp.* 2689 s。

[37]　类似地，见 STRATENWERTH n.° m. 59 关于刑事处分和纪律处分之间的分别。

[38]　GONÇALVES, M. Maia art. 69.° anot 3 合理地表述为法官在这些情况下的"权利义务"。

[39]　而且是由 LEAL-HENRIQUES, M./SANTOS, M. Simas I 351 作出的反响，并涉及在 Comissão Revisora do ProjPG de 1963 中作出的讨论。

[40]　正如 OSÓRIO, J.，*Actas PG* II 106 所提议的。

性质并非源于法官判处附加刑的权力义务，而是源于犯罪和主刑的构成要素以外的实质性要件的司法核实的必要性。一旦被证实，如不具备这些要件，法律后果就不再是一个单纯的自由裁量，而是法官的一种不容许的任意决定。

因此，必须将源于 1986 年 12 月 16 日最高法院的合议庭裁判的学说[41] 视为不准确，根据这一裁判，"在具体个案中，只有法官作出决定才可科处撤职的附加刑，因为这不是法律的自动实施，也不一定与任何对公职的滥用职权有关，即使是明显和严重的滥用职权，或明显及严重违反与该义务有关之义务，取决于其确信处于显示行为人完全不能继续有效执行其职务之状况"。如果是这样的话，我们会面对上述"主观主义"，甚至面对不可控的法官自由裁量权，应该感到遗憾的是，最高法院确实在没有法律（sine lege）和肯定是违反法律（contra legem）的情况下建立了一个适用于"行为人完全不能继续有效地执行其职务"的裁决标准，这不是法律规定的，也不是法律目的论所允许的。在此这是对附加刑的"非自动性"的典型误解。

b）内容

第 213 节　《刑法典》并未定义撤职处分的内容，而是允许其源于第 68 条对其指明的效力，尤其当在第 1 款规定，"公务员丧失获赋予之权利及优惠"。由此可以合理地说，这一处分内容与 1 月 16 日第 24/84 号法令第 12 条关于纪律撤职的处分内容一致，其内容在于"将公务员从职务中明确分开，并停止职务联系"[42]。因此，这是一种明确的丧失，从某种意义上讲，恢复权利本身不能决定公务员重返已丧失的职位，而只是赋予他再次被委任该职位的权利[43]。

第 214 节　关于此方面，谈论撤职处分的**永久**性质没有任何意义，尤其是为了从那里得出其面对《葡萄牙共和国宪法》第 30 条第 1 款是违宪的结论。这会使刑罚的*内容*与*期间*混淆。因此，这一考虑可能导致撤职的刑事——非纪律——内容在不同的情况下被利用，而这种情况来自对该处分的重新制定；换句话说，在撤职*刑事*附加刑告终的情况下，为了让*禁止执行公共职务*的（明显临时性的）附加刑代替它（见下文第233节）。

---

[41]　*BMJ 362* 359.

[42]　持相同意见的，见 LEAL-HENRIQUES, M. /SANTOS, M. Simas I 352，357。而且即使第 68 条第 1 款规定"关于暂缓期间的暂缓产生相同的效力"（下文第 216 节）；这明显是不正确的，因为在此不能以确切的名义表述为"明确的"分开或"中止"联系。

[43]　见 *Actas PG* II 118 s。然而，含糊地，见 AcSTJ de 83JUN15. *BMJ 328* 329。

c) 效力

第 215 节　在撤职处分的效力中，特别值得一提的是第 68 条第 2 款所载的双重限制。

一方面，"撤职处分**不涉及丧失退休的权利**"。这一限制本身是完全可以理解和合理的，其依据甚至不表现为直接刑事政策依据，而表现为以下承认的结果：作为公务员，行为人进行了强制性扣除。如果现在由于撤职而忽略这些强制性扣除，则可以合理地说[44]，它们将（不可接受地）被没收[45]。

另一方面，第 68 条第 2 款第二部分规定，撤职处分"不排除公务员被任命为公共职位或不同职务，或者在其据位人不满足被撤职的职位所要求的特定的尊严和信任条件的情况下可以行使的职务"。例如，这里再次揭示了作为附加刑基础的刑事政策的深层概念，尤其是撤职处分。这一概念对受影响的公务员从不代表着（使他在整个公共职务应受谴责的）"失去和平"或"民事死亡"——这肯定是去社会化和致犯罪性的——，而仅仅代表着**无能力去行使一项具体和确定的职务**。因此，他将被允许担任其他职位，即使是在公共职务中，而对于这些其他职位，不适用无能力的决定性理由；在不损害公共职务的情况下，从社会融合的特别预防的角度来看，这可显示出最高的价值。

3. 临时中止职务

第 216 节　第 67 条规定，"最终被判徒刑而未被撤职的被告在履行刑罚期间被判中止职务"。的确，在此这是徒刑不可避免的一种实质效力[46]——被捕者当然被剥夺履行公共职务！——而不是刑罚的法律效力，更不用说是附加刑了[47]！此外，如果是这样的话，那么根据《葡萄牙共和国宪法》第 30 条第 4 款这将会是违宪的，因为只有执行剥夺自由的刑罚期间中止公务员职务才有这种自动或"必要"的效果。规范从此对行为人地位产生的后果必须属于公共职务的法律，而不是刑法。

44　正如尤其由 CORREIA, Eduardo, *Actas PG* II 105, 108 ss 所强调的一样。

45　此外，这——可恨的——制度被 Estatuto Disciplinar de 1979（1 月 25 日第 191 – D/79 号法令第 13 条第 11 款）排除了，即使在纪律范畴；现在，见现行的 Estatuto 第 13 条第 11 款（1 月 16 日第 24/84 号法令）。

46　因此，亦见 GONÇALVES, M. Maia art. 67.° anot. 3。

47　因此，这一中止不会适用，当（主）刑为在假日履行刑罚或半拘留制度（因此见 GONÇALVES, M. Maia, 如前一脚注），或暂缓执行监禁。

4. 禁止从事职业、活动或行使权利

第 217 节　现行《刑法典》在第 69 条的标题及第 69 条第 1 款第一部分使用"*禁止*"（*interdição*）职业、活动或权利的用语。然而，这不是很贴切，因为理应使用"*禁止从事*"（*proibição do exercício*）职业……至少根据立法意图，在此这实际上是一种附加*刑*，理应避免更适合于（或只是适合于）相应的保安处分且法律实际上在此情况下使用（第 97 条、第 100 条及下文第 799 节及其后续节数）"禁止"一词。

a）禁止从事职业或活动

第 218 节　根据第 69 条第 1 款的规定，"第 66 条第 1 款和第 2 款、第 67 条以及第 68 条的条文适用于须具公共资格或须获公共当局许可或认可方得制止（*正确应是：禁止从事*）职业或业务"；在这些情况中，法院可决定（*正确应是：必须决定*）禁止从事职业或活动，而非撤职"[48]。在此基础上，法律似乎试图对禁止从事职业或活动适用刑法制度中规定的撤职的实质内容。然而，这一程序引起难以解决的疑问和难以克服的困难。

第 219 节　由于第 66 条第 3 款没有包含这一准用，似乎必须得出的结论是，禁止从事职业或活动的附加刑能在**任何被确定的主刑**中接受（只要实现其余前提）。从刑事政策角度来看，这样的结论也许是有道理的，其论点是，这一附加刑将具特别含义和频率适用于*过失犯罪*的个案中。因此，当中主刑可能不是监禁，或者即使是监禁，也可能是一种低程度的监禁。如果这一论点令人信服，则不能援引禁止从事可适用于真正的*刑事琐事*（*bagatelas penais*）这一事实来反对这个解决方案，这就是为什么这一结论将与直接适用的宪法上的*适度*原则相抵触（《葡萄牙共和国宪法》第 18 条第 2 款）。如果认为该刑事政策论点是没有根据的[49]，那么对于禁止从事职业或活动必须适用所要求的形式前提以进行撤职，以及根据这一前提，*附加刑仅当主刑至少是 2 年的徒刑才适用*；在此使用类推的论据变得合法，因为它将以合法的方式（*in bonam partem*）运作。

第 220 节　其次，不可靠的是，这一刑罚的内容反映着与我们表达撤职的失去类似的**确定性失去**。确实没有意义肯定的是，例如，商人从事相关

48　关于这一附加刑，BATTAGLINI，*RDPenit* 1935 1231 的研究继续关注它；现在，见 LAR-IZZA，cit. 172 ss。

49　正如 1991 年草案似乎已经这样认为，见第 66 条第 2 款所规定的内容。

活动假设是取决于公共当局的批准或认可，商人因附加刑的效力从其从事的职业或活动中"确定地"被排除；同样仍没有意义肯定的是，由于恢复权利（见下文第 229 节）商人由一开始取得从事的权利。如果根据其内容真正反映着*在刑罚期间*不可能从事职业或活动，则所涉刑罚仅具有刑事政策意义和教条一致性。

第 221 节　因此，根据其*期间*，所涉的刑罚必定是一种**临时性的刑罚**，不论法律对这一刑罚没有确立一种刑罚幅度所产生的困难为何，以及不论超越这些困难的合法（及可能）的方式为何（关于这方面，见下文第 228 节及其后续节数）。可以理解的是，为了附带禁止的效力，不计算行为人被剥夺自由的时间；然而，仍在此方面，为了达到这一效力，对这一刑罚援引适用第 67 条的规定在立法技术上是完全有缺陷的，当中法律确立一种（尽管是假设的）临时中止职务的附加刑。

第 222 节　具有疑问的问题为，准确确定——为适用刑事制裁在宪法上所要求的确定性——**哪些是**规定中涵盖的**职业或活动**。例如，1963 年总则草案的作者认为，尽管提及"公共的名义"，但该规定没有涵盖所谓的"自由职业"，因此，修订委员会得出结论，应删除该表述[50]；然而，该表述再次出现在《刑法典》的确定文本中。

但是，对"从事职业或活动取决于公共的名义或公共当局的批准或认可"这一表述的解释，从某种角度来看，我们不得不**强烈地加以限制**。从刑事政策角度看，现在谈论的附加刑只在以下情况变得可承受：当构成一种活动的"撤职"，而由于这种活动不属于"公共职务"而构成一种与实现公共利益仍然强烈联系的真正*职务*（*função*）——或者在此含义中，一种*职位*（*cargo*）。完全可以允许的是所谓的"自由职业"或"自由主义者"的情况[51]。在所有情况下，必不可少的是：使人对从事职业或活动的特殊责任和尊严感到有要求，而这些要求与执行职务所必需的一般信任相关联且因犯罪而受到直接质疑；并且以这些要求的名义，必须有一个公共的名义、批准或认可。不符合这一标准的可体现为从事"职业、商业或工业"，所述从事可证明适用*停止职务的保安处分*（*medida de segurança de interdição*）（第 97 条第 1 款及下文第 805 节及其后续节数），而不可证明适用现在正在考虑的

50　CORREIA, Eduardo, *Actas PG* II 114.

51　关于这些表述，见 CANOTILHO, J. Gomes/MOREIRA, Vital art. 47.° anot. IV.

附加刑。

鉴于《葡萄牙共和国宪法》第 47 条第 1 款和第 61 条第 1 款的规定，我们所分析的附加刑原则上不会引起对合宪性的怀疑[52]。在任何情况下，其**宪法参考文献**加强了第 69 条第 1 款的适用范畴的限缩解释所述的需求。特别是，对于在职业或活动之外进行的犯罪，至少有必要要求该犯罪与职业活动的范围密切相关，即使它甚至不需要表达出来。另一方面，这一禁止只能针对*一种*职业或活动，而不能针对其他与犯罪无关的职业或活动——即使这些职业或活动也取决于公共的名义、批准或认可。此外，这种理解需要前述的相似之处，而立法者在这方面显然希望通过撤职制度取得这种相似之处。

b）禁止行使权利

第 223 节　第 69 条第 2 款规定，法律可以以禁止行使权利的方式使特定**无行为能力**与实施某些犯罪相对应。关于此规定的一般范围和制度，已在附加刑的上文中（第 199 节及其后续节数）陈述主要内容。法律从一般条款所体现的研究只能在《刑法典》分则部分的陈述中或在零散法例（当中出现该等体现）的陈述中实现。

c）禁止的违反

第 224 节　从事/行使的禁止（proibição de exercício）——显然，尽管法律无规定——在有罪判决**转为确定**生效（对于在此类似的方面禁止职业的保安处分的位置，明显地请参见第 97 条第 2 款和下文第 810 节）。如果行为人通过回避禁止违反这一禁止，则根据第 393 条应受到处罚；并直接根据这一规定受到处罚，无须按照狭义的罪刑法定原则适用类似于第 98 条第 2 款的规定（见上文第 186 节）。

5. 驱逐外国人

第 225 节　根据 9 月 3 日第 264 – B/81 号法令第 43 条的规定，"在不影响刑法规定的情况下，将对以下外国人适用驱逐的附加刑：

　　a）因故意犯罪而判处至少 6 个月徒刑的非在国家居住的外国人；

　　b）因故意犯罪而判处至少 1 年徒刑的在国家居住少于 5 年的外国人；

---

[52]　对于先前的法律，见 QUEIRÓ, Afonso/MELO, A. Barbosa de, *RDES 14* 1967 216。

c）判处更高刑罚的在国家居住满 5 年且未满 20 年的外国人"[53]。

尽管这是一*般*刑法的附加刑并因此其研究原则上应包含在我们的处理中，但该附加刑不值得受到特别关注。原因在于根据《葡萄牙共和国宪法》第 30 条第 4 款的规定，整个制度**实质上已违宪**，以及没有显示出——尽管"在不影响刑法规定的情况下"的表述——在没有立法干预的情况下根据《葡萄牙共和国宪法》对这一条文进行解释的方法[54]。实际上，根据所述法令第 45 条的规定，即使始终需要驱逐的司法决定，附加刑所反映的效力源于法律的*自动*形式：这一决定只需要评估形式前提（高于一定限度的监禁主刑），并作为必要的后果，适用所涉"附加刑"。这一自动性在本身的立法表示中变得毫无疑问，当认为所指法令第 48 条第 1 款 a 项以难以逾越的自然（*naïveté*）数量规定"除非当驱逐具有附加刑的性质，决定将强制包含依据"：这一效力会发生是因为根据法律（*ope legis*）而非根据法官（*ope iudicis*），并由此只能够理解（且即使是错误地理解）这一"决定"不需要说明理由！

第 226 节　的确，针对已陈述以及似乎难以质疑的内容，在 1982 年的宪法改革后的某些决定，即使是最高法院的决定[55]，在不损害其合宪性的情况下，一直宣读驱逐的附加刑。尽管有时明确提到了其"自动适用"的性质[56]；但如果有必要，仍将证明这一自动性，因为同样已决定在没有侵犯不*利益变更*原则（*princípcio da reformatio in pejus*）的情况下，在仅由被告或对其有利的情况下提出的上诉中，驱逐的附加刑可被"添加"[57]！关于这一司法见解所引起的错误，不值得点缀任何额外的考虑。但值得注意的是，立

---

[53]　关于不法贩卖和吸食毒品的 12 月 13 日第 430/83 号法令第 34 条第 3 款亦遵循这一规定的含义。现见 12 月 13 日第 430/83 号法令第 34 条第 3 款，根据这一规定，"如果［贩卖毒品、清洗黑钱及其他违法行为的］嫌疑人是外国人，法院可以下令将他驱逐出国家，期限不超过 10 年，并遵守有关共同体成员国国民的规定"。

[54]　关于在已引述的第 264–B/81 号法令之前规范这一事宜的 7 月 22 日第 582/76 号法令第 2 条，亦见 CORREIA，Eduardo/RODRIGUES，Anabela/COSTA，A. M. Almeida 19 s。

[55]　最后，见 AcSTJ de 92JUL15，*CJ XVII–4* 1992 8；然而，持不同意见的见 AcSTJ de 92DEZ17，*CJ* XVII–5 1992 26。

[56]　因此，见 AcSTJ de 86NOV26，*BMJ 361* 283。

[57]　因此，见 AcsSTJ de 86JUL09 e de 87ABR08，*BMJ 359* 358 e *366* 450。我们清楚地看到，禁止不利益变更原则只不适用于附加刑中，如果这些附加刑——正如我们在意大利法律体制中原则上所见——是自动产生的，见 ROMANO art. 20.° n.° m. 18。

法者迅速意识到改革有关问题处理的不可逾越的必要性。从刑事政策角度来看，极有疑问的是，驱逐外国人是一种附加刑罚，而不是把驱逐外国人视为唯一可能的东西（如果必须的话[58]），即*外国人在治安上的行政措施*；并非由于这样而必须忽视——相反地，不应忽视——其适用的合法性、典型性和司法管辖性的保证。

三　现行法律中对附加刑制度进行批判性评价的尝试

1. "附加刑"和"判刑的刑事效果"

第 227 节　从已陈述的所有内容来看，现行法律的附加刑制度中有一个重要方面，从纯粹的刑事政策角度来看，对于这个方面不应吝啬赞扬——根据《葡萄牙共和国宪法》断然地——以产生（犯罪或刑罚）判刑效力的自动性或基于法律的必要性作为结束。但是，当这样说的时候，困扰整个制度的最大困难和模棱两可已经同时暴露出来：正如被构思及规范好的，这一制度确实并不是一种*附加刑*制度——这些附加刑不只是单纯*像这样*存在于现行葡萄牙刑法体制中——除非是一种**非自动的判刑刑事效果**（**efeitos penais não automáticos da condenação**）的制度。我们已经看过（见第 87 节及其后续节数），因此不值得在此重复：从概念的角度来看，它们都是不同的事情。

在研究其制度后，许多理由证实了当时有人提出的建议，即目前的附加刑并非真正的*刑罚*。而这种说法的依据是，法律在制度上没有基于行为人作出事实的**罪过**而规定该等犯罪的法律后果——正如总是在意会这样发生——而只是基于与行为人从事职务、职业或行使某些权利有关的预防性**要求**（尤其是一般和个人安全的要求）。这些制裁工具可能是"刑罚的效力"，或者是"保安处分"，却永远不会是*刑罚*。

2. 附加刑的期间问题

第 228 节　针对刚刚阐明的结论，可以说，从行为人的犯罪*事实*和所包含的*罪过内容*出发，而非根据所显示的一般或个人的安全要求，注释者并非不可能展望适用附加刑的实质前提——"公然严重滥用职务"、"无资格或失格行使职务"或"丧失该行使所必需的一般信任"。这确实是有可能的，而且有必要被视为这些制裁工具的刑罚。然而，这不是现行葡萄牙法

---

[58]　特别考虑到欧洲统一进程的事态发展可能对这类问题产生的影响。

律的观点[59]。在我们的成文法的附加刑中它不是直接与罪过相关的真正刑罚，而是纯粹的预防工具，这一确凿的证据在于立法者没有说出关于**其存续期（prazo da sua duração）**的一个字！如果这是真正的刑罚，那么必须将其视为*违宪*，因为根据《葡萄牙共和国宪法》第 30 条的规定，"不能存在无限或不明确期间［……］的刑罚"。或许[60]，违宪仅因为涉及刑罚的效力而没有实现。但是，在此强调的上下文中，批判的关键点甚至不是这个，而是缺乏刑罚幅度的法律指引表明，法官绝对不可能根据量刑的一般标准——其中需突出一般的*罪过*原则（第 72 条第 1 款）——来个*性化*[61]及*衡量*附加"刑"。**因此，罪过与附加刑之间的联系被彻底打破了。**

第 229 节　曾经有人捍卫说，如果确实没有关于附加刑存续期的法律指引，那么它们根据第 70 条规定的**恢复权利**机制而*间接*存在，这一机制与关于刑事记录的 1 月 25 日第 39/83 号法令第 20 条规定的*法律上的恢复权利*制度相关联（见下节）[62]。因此，附加刑的期间在最短*2 年*（相当于司法上的恢复权利的期间，并由第 70 条确认）和最长*5 年*（相当于法律上的恢复权利的期间），且实际期间要视乎"个别考虑每一具体情况"的刑罚[63]。

这一学说——根据 A. M. Almeida Costa 巧妙的表述，这一学说使恢复权利充当着附加刑法律制度的"基石"[64]——的最终目的是值得鼓掌的（尽管应立即最小化的困难是，法律没有明确在此含义上规定的情况下其内容在于非从施加附加刑起而是从主要"刑罚的消灭"时起计算最大期间，正如第 39/83 号法令第 20 条第 1 款和第 21 条第 1 款为恢复权利的效力而作出的规定）。但**这一学说并不能弥补上述罪过和附加刑之间破裂的关系**。恢复权

59　COSTA，A. M. Almeida，cit. 235 s. 似乎认为这就是我们之间的情况，至少在"失格"及"丧失行使职务的一般信任"方面。从某种意义上说，这应发生于所有附加刑中，见 SCHULTZ 143。

60　然而，在类似的基础上，在巴西学说中被认为是违宪的，见 GARCIA，Basileu，*Instituições de Dir. Pen.* 684 及 LOPES，Jair L.，*Da Reabilitação no Dir. Pen.* 1956 78。

61　因此，确切地，亦见 DOTTI，cit. 307 s. 及 CERNICCHIARO，*Ciência Penal* 1979 – 2 51。

62　如上面第一章脚注 22 所述，现今存在一项关于刑事记录的新法律（5 月 21 日第 12/91 号法律），但只有其中提到的规定才生效。然而，出于文本讨论的目的，在文本中提到的和新法律的规定是完全相同的。

63　因此，见 COSTA，A. M. Almeida，cit. 232 ss。持相同意见的，见 AcSTJ de 83JUN15，*BMJ* 328 329。巴西学说的很大部分亦强调了恢复权利的含义以便将附加刑定性为刑罚，见 DOTTI，cit. 306 s.，具参考书目。

64　Cit. 238.

利之时——并因此，附加刑的具体期间——如在法律上的恢复权利之前，由法官按照对行为人的行为*作出有利预测*（*prognose favorável*）而裁定（无论如何，不是由"审理事实的法官"，而是由"执行刑罚的法官"，见10月29日第783/76号法令第22条第9款）：根据第70条的规定，如行为人的"举止合理地假设他已经变得有能力、庄重和应当受到他被撤职的职务所要求的信任或者行使他被剥夺的职业或权利的信任"。这不仅是一种伪造品，即一种完全无视审理罪过的法官（*juíz de culpa*）在量刑中行使的不可替代的功能——为此目的实际上是不会实现的功能——；而且它必须根据法律及宪法法规来行使。除此之外，无论如何，判断罪过仅应*在判罪时*进行，而且仅在这一时候才具有意义。

请不要说在这里所陈述的与假释（见下文第十四章）或相对不确定刑罚（见下文第十五章）类似。在上述任一情况下，事实上——不论对所提到的最后一项制裁是否构成真正的处罚存有疑问（见下文第880节及其后续节数）——，审理事实的法官在法律规定的范围内及因此根据罪过，以他自己确定的一个期间实施制裁。这些都不会发生在附加刑中。

3. 附加刑的未来

第230节　这不是为未来法（*de iure condendo*）提出建议并为其解释的适当地方。然而，鉴于上述考虑，人们可能会问，没有求助附加刑和判罪的——尽管是非自动的——效力是否不应以不赞成作为结论？然后可以说，对于德国的替代刑法草案总则，如禁止驾驶的附加刑应变成主刑（见上文第83节），而其他附加刑——包括判罪的效力——应该被删除：在履行刑罚后，尤其是剥夺自由的刑罚，重返忠于法律的社会的行为人不应像某人一样仍然带有额外的刑事烙印。如果必须以公共利益的名义限制行为人的活动，可以通过职业禁止（*interdição profissional*）的保安处分，或者在刑法领域之外通过职业法规、公务员法律等来实现（正如由20世纪30年代起一直在斯堪的纳维亚国家中显示出这是绝对足够的）[65]。

但是，从刑事政策角度看，这似乎不是更可取的解决方案，因为它最终将反映对担任——且亦对继续占有？——某些职务或职业而提供"白色的"刑事记录的行政法要求。尽管构成刑法"净化"任务，对与犯罪行为

---

[65]　*AE-AT* 71.

密切相关的禁止（interdições）和无行为能力（incapacidade）进行行政"降级"，实际上会导致个人保障的缩短，并最终以最敏感的方式损害罪犯的社会化[66]。

第 231 节　那么，更可取的是巴西《刑法典》所走的路，它将附加刑（更正确地说应称之为"权利的临时禁止"）转变为*主要和自主刑罚*（第 47 条）或剥夺自由的*替代刑*（第 44 条）[67]。但是令人怀疑的是，以这样的方式，附加刑可以证明的有关其特定性质和功能没有被遗忘；并因此，除了附加刑的类别之外，巴西《刑法典》最终维持刑罚（或判罪）的效力类别，其中大多数是自动产生的（第 91 条和第 92 条）[68]。

第 232 节　因此，从刑事政策角度看，对于这里所考虑的一系列问题，最正确的演变是一种**多样化的解决方案**[69]。当只根据中立或囚禁的特别预防（prevenção geral de neutralização ou de inocuização）才是合理时，所谓的附加刑作为刑罚实际上应被删去，并转变为真正的*保安处分*，正如第 97 条以职业之禁止所充当的方式（见下文第 799 节及其后续节数）。但是，除此之外，似乎无可争议的是，继续存在对主刑功能的附加或辅助裁制的余地，这可加强判罪的刑事处分内容及使其多样化。那么，重要的是，这些制裁被视为真正的*刑罚*，与行为人作出的事实和罪过密不可分，并具有特定的刑罚幅度，从而允许在每种情况下确定其刑罚分量的司法任务；而且，透过这些注解，不论从教条的角度看，还是从刑事政策的角度看，这些制裁都被视为纯粹的"刑事判罪效力"的不同本质。

第 233 节　正如已经提到的（见上文第 205 节），这些情况应该是，*禁止驾驶*作为*一般*刑法的附加刑的情况，而不仅仅作为道路交通刑法的附加刑的情况。正如应该是，（*临时*）*禁止占有或担任公共职务*的情况，并应将这一刑罚再次转变为（例如：德国《刑法典》第 45 节 II 或瑞士 Schultz 草案第 45 条第 2 款的风格）撤职的刑罚；这一刑罚只能这样被视为纪律处分。这将有助于消除对葡萄牙司法见解和学说的长期怀疑和犹豫的根源："刑

66　因此，见 DIAS, J. de Figueiredo, em F. I. P. P.（Org.），*Casier judiciaire et réhabilitation* 1979 49 s.；之后见 LARIZZA, cit. 337。

67　见 COSTA Jr., Paulo J. da I 281, REALE e OUTROS, cit. 142 ss。

68　COSTA Jr., Paulo J. da I 438 ss。

69　从这个角度来看，BERISTAIN, cit. 35 是有道理的，该作者断言，"丧失资格应保留与其原有及先前之本体法律性质相符之矛盾性质，并作出适当之更新"。

事"撤职和"纪律"撤职之间的关系[70]；同时，有助于消除对撤职刑罚的"永久性"的误解（见上文第214节）[71]。

第234节　这样，**就判罪的效力而言**，是仍保留一个**独立的空间**，还是应该废除这些效力，并以行政法及（或）劳动法的要求代替之？从纯理论和理想的角度来看，毫无疑问，所述效力应当全部被废除。但如果认为现在仍不可能这样做，那么从决定性的社会化角度来看，更好的解决办法就是维持这些效力——前提是这些效力具非自动性质——作为仍然与定罪有关并因此属于刑法和其保障范围的**预防性措施**。

---

[70] 例如，这是 SANTOS, J. Beleza dos 113 ss 和 CORREIA, Eduardo, *Actas PG* II 108 所反映的。在意大利学说中，这一问题在一个更广泛的情况下备受讨论：非纪律性质的禁止或中止的附加刑和行政处分之间一般潜在的竞合情况。根据 ROMANO art. 19 n.° m. 2 s.，在第 689/191 号法律进行改革之前尝试过允许这一竞合的主流学说，今天由于*刑事处分和行政处分之间的特殊性原则*而采取相反的态度。

[71] 本质上，1991 年草案朝这些建议的方向走：一方面，它在第 69 条中将禁止驾驶机动车辆规定为一般刑法的真正附加刑；另一方面，在第 66 条至第 68 条将禁止从事公共职务（第66 条第 1 款）、取决于公共名义或者取决于公共当局批准或认可的职务（第 66 条第 2 款）规定为真正的附加刑。

第二部分

刑罚的确定

第七章　刑罚的确定制度

A. I. D. P, *Le rôle du juge dans la determination des peines*, X Cong. intern. 1969.

ALBRECHT, Gleichmässigkeit...em: KERNER/KURI/SESSAR, *Deuts. Forschung z. Kriminatitätsentstehung...*6/2 1983 1297.

ASHWORTH, *Sentencing and Penal Policy* 1983.

BAIGUN, *La naturaleza de las circunstancias agravantes* 1971.

BLEI, Die Regelbeispielstechnik..., *Heinitz-FS* 1972 419.

BRAUNSTEFFER, Strafzumessung bei Zusammentreffen von Regelbeispiel und Milderungsgrund, *NJW* 1976 736.

BRICOLA, Le aggravanti indefinite..., *RItalDPP* 1964 1013 ss.

BRUNS, *Strafzumessungsrecht*, *Gesamtdarstellung* [2]1974.

CALLIESS, Die Rechtsnatur der «besonders schweren Fälle» und Regelbeispiele..., *JZ* 1975 112.

CASTRO, Aníbal de, *Da Aplicação e da Execução das Penas* 1942.

CORDEIRO, Robalo, Escolha e Medida da Pena, em: *JDC* 235.

DELMAS-MARTY, La durée de la sentence..., *RDPCrim* 1984 277.

DAWSON, *Sentencing* 1969.

DE VERO, *Circostanze del reato e commisurazione della pena* 1983.

DELOGU, Potere discrezionale del giudice penale e certezza del diritto, *RItalDPP* 1976 369.

DIAS, J. de Figueiredo, Algunas consideraciones..., *Estudios de der. penal y crimin.*, *Homenaje Rodriguez Devesa* I 1989 281.

DOHNA, Die gesetzliche Strafzumessung, *MKrim 43* 138.

DOLCINI, Discrezionalità del giudice e diritto penale, em: AA. VV., *Diritto pe-*

nale in trasformazione 1985 261.

DOLCINI, La commisurazione della pena…, *RItalDPP* 1991 55.

DREHER, Die erschwerenden Umstände im Strafrecht, *ZStW 77* 1965 220.

DREHER, Über Strafrahmen, *Bruns-FS* 1978 141.

ENGISCH, Karl Peters und der Ermessensbegriff, *Peters-FS* 1974 15.

EXNER, *Studien über Strafzumessungspraxis…* 1931.

FERREIRA, M. Cavaleiro de, A Medida da Pena, *BIC 5* 1939 55.

FRAGOSO, Cláudio/SEQUEIRA, Lídia, A Cominação das Penas no Novo CP, *RDP 17 – 18* 24.

HAAG, Die Formalisierung…, *ZStW 90* 1978 64.

HAAG, *Rationale Strafzumessung* 1970.

HASSEMER, Die rechtstheoretische Bedeutung des gesetzlichen Strafrahmens, *Radbruch-GS* 1968 281.

HORSTKOTTE, Zusammentreffen von Milderungsgründe, *Dreher-FS* 1977 265.

KELLENS, La determination…, *Dév. et Soc. 2* 1978 77.

KELLENS, *La mesure de la peine* 1978.

MAIWALD, Bestimmtheitsgebot, tatbestandliche Tipysierung und Technik der Regelbeispiele, *Gallas-FS* 1973 137.

MONTENBRUCK, *Strafrahmen u. Strafzumessung* 1983.

MOTA, J. Carmona da, Medida da Pena…, *TJ* 1956 6.

PALAZZO, *Il principio di determinatezza nel diritto penale* 1979.

PALMA, Fernanda, Problema do Concurso de Circunstâncis, *RPCC 1* 1991 259.

PRADEL, L'individualisation de la sanction…, *RScC* 1983 723.

RADBRUCH, Die gesetzliche Strafänderung, *VDAT* Ⅲ 189.

RODRIGUEZ MOURULLO, Naturaleza de los conceptos juridicos y limites de la individualización penal, em: FERNANDEZ ALBOR (Org.), *III Jornadas de professores de der. pen.* 1976 301.

SAUER, Zur Behandlung der gesetzlichen Schärfungs-und Milderungsgründe, *GA* 1955 232.

SCHRÖDER, Gesetzliche und richterliche Strafzumessung, *Mezger-FS* 1954 415.

SERRA, M.ª Teresa, *Homicídio Qualificado. Tipo de Culpa e Medida da Pena* 1990.

STILE, *Il guidizio di prevalenza e di equivalenza tra le circostanze* 1971.

STRENG，*Strafzumessung u. relative Gerechtigkeit* 1984.

STRATENWERTH，*Tatschuld und Strgfzumessung* 1972.

STREE，*Deliktsfolgen und Grundgesetz* 1960.

WAHLE，Die strafrechtliche Problematik «besonders schwerere Fälle…»，*GA* 1969
　　161.

WALKER，*Sentencing in a Rational Society* 1969.

WESSELS，Zur Problematik der Regelbeispiele…，*Maurach-FS* 1972 295.

ZIPF，*Die Strafmaβrevision* 1969.

亦见下一章开头所引用的书目。

一　刑罚的确定中学说、立法和司法见解的演变

1. 一般演变

第 235 节　在之前（第 3 节）我们已提出，刑罚的确定（determinação
da pena）* ——法官在具体情况下确定适合的刑罚的*种类*（*espécie*）和分量
（*medida*）——问题，是在犯罪的法律后果学说框架内最近发展最迅速的问
题之一。对这一问题**学说观念和司法见解态度的迅速而深刻的改变**，以及
相关**立法数据的迅速而深刻的改变**，促成了这一点。这种改变是可以理解
的，并从某一时刻起是不可避免的。

第 236 节　当法官的活动应限于基于当时对社会契约和分权原则的理解
而施加的纯粹的形式*归纳*行为（acto de *subsunção* formal）时，在**刑法启蒙运
动**的思想影响下——这一影响在 Beccaria 及其《*论犯罪与刑罚*》（*Dei delitti
e delle pene*）中找到了最连贯和坚定的支持者 [1] ——，以威吓和基本应履行
的事实回报的一般性预防功能的名义，众所周知刑事制裁应怎样才算是*确
定的* [2]。这些准则直接通往法律对各种罪状所规定的**固定刑罚**（**penas fix-
as**）的（由古典学派作为起点的）原理，其中源于法国大革命的第一个刑

---

　*　译者注：葡萄牙语 "determinação da pena" 的表述可译作 "刑罚的确定" 和 "量刑"，在此
　　章我们只理解为前者，以免与第八章关于 "量刑" / "刑罚分量"（葡萄牙语均为 "medida
　　da pena"）混淆。

. 1　BECCARIA，*Traité des delits et des peines*，Milano：Sciardelli 1989，§ § II，III e IV.

　2　因此，见 CORREIA，Eduardo II 315。

事立法（1791 年的《刑法典》）被视为典范。结果，没有真正的刑罚确定*程序*：法官确定行为人已作出犯罪事实并对之负责后，制裁的确定是依法自动进行的。这是"犯罪唯一真正的（抽象的，并因此只由立法者确定的）衡量标准是对国家的损害"这一思想最正当的结果[3]。

第 237 节　**实证主义学派**（或**现代学派**）的基本准则将对问题提供一个截然不同的理解。与作为*疾病*的犯罪和作为*治疗*的制裁的谬误推理相联系的没有障碍的特别预防思想，将导致通过*各种各样的*处罚制度和*司法制裁的个体化*行为来作出控诉[4]。此外，在个体化的过程中将介入困难或不可能的合理化的协同因素，因此主要由法律——当中对不可舍弃的最低合法性和对市民的随后捍卫，法律仍被视为必不可少的——负责定义可适用于事实的制裁种类和应进行充分的**司法自由裁量权**（从这一角度来看并非没有理由，对它曾赋予"审判的艺术"之名称[5]）的范围的角色。

第 238 节　所概述的极端观念的演变逐渐走向**双重趋同**（**dupla convergência**）。

一方面，即使在古典学派中也开始听到声音——其中 Carrara 的声音最强烈和最清晰——认为*一般预防*的要求不应被视为纯粹威吓上的（或者甚至是 Feuerbach 所说的心理胁迫的[6]）消极含义，而应被视为"恢复社会的外部秩序"和"［所有公民］信任自己的安全"的积极含义，简而言之，保持"由透过保护法律所确保的秩序而体现的社会利益"[7]的含义。

另一方面，实证或现代学派从很早就面临着——以保护个人权利、自由和保障的名义——司法裁量的合法性、确定性和限制的不可避免的要求[8]，而这些要求严重质疑了差别刑学（penologia diferencial）和不受限制的个体化制裁的教条。除此之外，对于这一问题争取到的影响是，*回报*思想的恢复权利（reabilitação do pensamento *retributivo*）作为刑罚的主要目的以

3　BECCARIA, como na nota 1，§ III；之后见 § § XIX, XX 及 XXIII。而对此方面见 DIAS, J. de Figueiredo, *Actas do Congresso Beccaria* Milão 1989。

4　这一方向的典范，见 SALEILLES, *L'individualisation de la peine* 1898。

5　因此，仍见 CORREIA, Eduardo II 317。

6　FEUERBACH, *Lehrbuch*, 3.ª ed.，14 s.

7　CARRARA, *Programma* § § 615, 617, 623. 关于这一点，见 DIAS, J. de Figueiredo, *RItalD-PP* 1988 791 ss。

8　新的社会保障学派在其中发挥了关键作用，见 ANCEL, *Estudos Beleza dos Santos* 203。

及因此*罪过*作为量刑的决定性标准[9]。

第 239 节　直到最近，这些并不总是完全一致的要求的**融合点**（**ponto de confluência**），可以在以粗体显示以下特征的情况中发现：

第一，**学说**很少注意到（而且不太努力去合理化）的是，知道如何定义在确定具体量刑中的各种刑罚目的及如何使这些目的相互兼容的问题。作者们通常只能引起注意（取决于他们通常在刑罚目的的立场）的是，需要法官考虑罪过的要求（几乎总是与故意的强烈程度和疏忽的严重性相混淆）或者考虑一般预防和刑罚个体化的要求；甚至不论涉及哪些要求——一般预防实际上在制裁的法定确定时已用尽了其功能——都不知道这些目的中的每一个应如何及在多大程度上进入制裁的确定范围内，尤其是，正如经常发生的，当这些目的在具体情况下发生冲突时，它们应如何互相兼容[10]。

第二，因此，**立法者**的干预有限，尽管确立了原则上在最高和最低之间可变化期间的刑罚，但要避免向适用者提供刑罚的具体确定所必不可少的活动的规范标准；或者，提供涵盖所有可能程序的方式，以及在帮助阐述其中涉及的实质性问题之前，提供只将这一问题掩藏的方式[11]。有时会对这些方式增加用作加重或减轻责任的一长串*情节*（但哪一种责任？如何确定责任？）。

第三，根据所描述的情况，有一个区别的**司法见解程序**：首先是纯粹的法律和形式主义行为，旨在确定抽象地适用于个案的*刑罚的类型*（在适用时）和*刑罚幅度*（即量刑的最高和最低限度）；其次是纯粹的主观主义、直观和不可合理化的行为，即使是*后验的*（因此不可避免），旨在在预先确定的刑罚幅度内确定*具体的量刑*；最后是根据加重和（或）减轻情节的相对规则和比重对所发现刑罚量（*quantum*）进行衡量。

2. 葡萄牙法律的演变过程

第 240 节　借助一般可以说与罗马和日耳曼传统的刑法体制共同的情况，所描述的演变过程中的基本步骤亦存在于葡萄牙刑法的演变过程中。但是也许可以毫不夸张地说，以某些名义，葡萄牙立法有时**比一般演变阶**

---

[9]　在此方面十分清晰的，见 MEZGER, *Tratado* II 397 及 CORREIA, Eduardo II 318。

[10]　例如，在像 MEZGER § 74 这样一篇出色的论文中，人们对这一问题的重视微乎其微。

[11]　在 1975 年以前起草的德国《刑法典》第 13 节中，这样的规定被 STRATENWERTH, *Tatschuld u. Strafzumessung* 1972 13 称为"特别严重的错误立法干预"。

段领先一步，这似乎预示着下一阶段的发展。特别可以肯定的是，从 1960 年起，Bruns 的研究在德国量刑学说中所进行的真正"革命"[12]，已由于 1954 年的刑事改革在我们当中发生过。

第 241 节　如果确实从许多方面来说 1852 年的《刑法典》是拿破仑式《刑法典》以及其作为纯粹具威吓的一般预防工具的刑罚概念的忠实拥护者，那么就不能说它是"固定刑罚"的法典：如果规定某些固定刑罚，则刑罚绝大多数为"临时刑罚"或"多变刑罚"，其期间在法律规定的最高和最低之间变化。另一方面，如果确实的是，对于确定多变刑罚的具体限度，在法规中缺乏定义一种一般司法程序标准，则该法规包含大量的加重（第 19 条）和减轻（第 20 条）情节，用作按照这些情节在"罪犯的*罪过*"所施加的影响来评定刑罚（第 20 条第 11 款和第 80 条）。在所有这一切中，可见 1848 年西班牙《刑法典》的影响[13]。

第 242 节　**1886 年《刑法典》**——尽管被宣称是完美的、具有进步性以及在损害具威吓的一般预防的情况下对道德回报思想（ideias ético-retributivas）的喜好[14]——对于所研究问题的考虑方式明显倒退了。这基本上是因为，在第 55 条及其后续条文所包含的广泛刑罚目录中，所判处的刑罚总体上是*固定的*刑罚（这不会打扰所有那些认为道德回报思想本身"赞成"和一般预防思想"阻碍"量刑学说的发展！）。另一方面，可以说 1886 年《刑法典》实际上没有改变先前法规所包含的加重和减轻情节制度。然而，在以下部分取得了进展：第 88 条包含了确定"任何临时刑罚"的具体限度的一种真正标准，并规定"*鉴于犯罪的严重性*，法官将在法定的最高和最低限度中确定（……）刑罚的期间"。尽管人们认为这是对具体确定任务的一种模糊和不可行的标准，但事实是，这是第一次提请大家注意在（可适用的且之后对其运作一般加重和减轻情节规则的）刑罚幅度内的处罚量（*quantum de pena*）的决定因素[15]。

第 243 节　1886 年《刑法典》最初版本包含的刑罚确定制度——从刑事政策角度来看，由于绝大多数刑罚是固定的，因此总体上是不可接受的制度——随着 1954 **年的刑法改革**发生了深刻的变化。变化表现在两方面：一方面，结束了*固定徒刑*制度，所有这些刑罚都在严重性不断降低的情况下变为*临时的*（第 55 条和第 56 条）；另一方面，完善了"不考虑加重和减轻情

12　BRUNS, cit 的著作已变成了典范。

13　正如评论者们不断注意到的：JORDÃO e FERRÃO arts. 77.° ss。

14　关于此法典特征的摘要，见 CORREIA, Eduardo I 111 ss。

15　关于所有这一制度的描述，可阅读 CASTRO, Aníbal de, cit. 1 – 55。

节的竞合下刑罚酌科的一般标准"[16]，并为此效力第84条规定"在法律规定的范围内，刑罚的适用取决于不法分子的罪过，并考虑到犯罪事实的严重性、其结果、故意的强烈程度或罪过的程度、犯罪动机及不法分子的人格"。

第244节　不管对这样一个制度的批评是什么[17]，事实是，它赋予了决定性的步骤，以正确理解和解决刑罚确定的复杂问题。

一方面，建立了一种**在清晰度和精确度方面可接受的制度**[18]：第一步——被称为*法定*或*抽象的*刑罚确定——，法官根据可适用的法定罪状以及根据改变所规定的刑罚的最低或（和）最高法定限度的加重或减轻情节，确定抽象适用于个案的*刑罚幅度*；第二步，在确定的刑罚幅度中，法官将根据第84条的标准，并因此以法律的表述根据"不法分子的*罪过*"，对刑罚进行具体酌科；第三步，法官根据法典包含的大量*一般*加重和减轻情节所产生的规则（1886年《刑法典》第34条和第39条）[19]，在第一步确定的刑罚幅度限度中，加重或减轻在第二步确定的刑罚量（*quantum de pena*）。所描述的第二步和第三步的结合形成了所谓的*具体*或*司法*的刑罚确定阶段，或以较短的形式表述——（狭义上的）*量刑*阶段。

另一方面，通过这种制度，在复杂的刑罚确定过程中，**立法者和法官的权力分工**变得明显。结果是双重的：一方面，使整个程序*合理化*的结果，不再允许将其交托于法官的自由裁量权或其审判"艺术"，而是使其明白当中这亦是真正的"法律适用"；另一方面，其结果是，使该程序受到*后验的*（*a posteriori*）控制，从而允许对量刑问题的*上诉*。因此为在此问题上学说和司法见解迅速而安全的演变开辟了道路。

二　刑罚确定中的自由裁量权和约束力

1. 立法者与法官之间任务的合作和分配

第245节　今天，在没有重大差异的情况下，刑罚确定的程序被视为在

---

[16]　这一表述取自 Relatório da Reforma de 1954（1954年6月5日第39 688号法令）。

[17]　实际上，这些批评十分多，正如之后的陈述所产生的，尤其是第八章中所陈述的。特别见第275节。

[18]　关于这一制度，详见 FERREIRA, M. Cavaleiro de, cit, II 1961 213 ss., e 1982 371 ss. e CORREIA, Eduardo II 141 ss。

[19]　甚至在今天——或多或少——它们都包含在某些外国法规中，例如，在意大利《刑法典》第61条和第62条中。

不同程度上要求立法者和法官之间密切**合作**——但另一方面，亦是一种尽可能明显的任务和责任的**分离**——的一系列操作。

第 246 节　从一开始，由**立法者**确定适用于《刑法典》分则部分及零散法例中描述的每一事实类型的**刑罚幅度**，并为此目的评估每一事实类型的不法性或然可具有的最高和最低的严重性。但是，因为在此方面未配备安全阀，则这一制度无法公平有效地运行，所以立法者还预见了在特殊情况下会加重或减轻通常适用于某种事实类型的刑罚幅度的最高和（或）最低限度的情节（**变更性的情节**）。鉴于所有这些由立法者确定的条件，法官必须严格遵守。

第 247 节　另一方面，由立法者负责向法官提供关于在具体确定（和选择）刑罚时应使用的**标准**上尽可能精确的指示。通过阐明这些标准，并可能通过列举（即使只是示例性的列举）实施这些标准的因素来加以补充，立法者将使关于以下方面的思想本身变得更加透明：关于涉及适用刑罚的目的，甚至可能，关于在特定情况下发生冲突时应如何使这些目的兼容。

第 248 节　**法官**负责由立法者向其提供的条件框架内的两项（或三项）任务。首先，确定在程序中对已证**事实**适用的抽象刑罚幅度。然后，在这个刑罚幅度中找到应判处嫌疑人的**具体刑罚量**（*quantum* concreto de pena）。除了这些操作——或者在它们之后——，选择要具体适用的刑罚种类或类别，当立法者向法官提供不止一种时。

第 249 节　立法者与法官之间描述的合作形式在我们当中是（如果不是在其细节上，至少是在其一般轮廓上）**受宪法约束的**。

法官对确定刑罚的任务负完全责任，将意味着违反刑罚合法性原则（《葡萄牙共和国宪法》第 29 条第 1 款），或者至少违反其确定原则（《葡萄牙共和国宪法》第 30 条第 1 款）[20]。在这方面，可以提出一个问题，即立法者对任何刑罚幅度的指示——尤其是，从相关刑罚种类的最低和最高之间的刑罚幅度——是否符合宪法上的合法性和刑罚确定的要求。原则上，似乎对否定的答案没有决定性的理由[21]，除非或许对徒刑的幅度为，例如，

---

[20]　在这方面，在德国见 SCHÜNEMANN, *Nulla poena sine lege?* 1978 37 s。

[21]　因此亦见 MAURACH/ZIPF § 62 n.° m. 22 ss。但是，见 FERREIRA, M. Cavaleiro de II 1989 70："刑罚的特别宽泛很难与合法性原则相协调。"关于法国最近的刑事立法尝试减少刑罚的"不确定性"，见 PRADEL, *Dalloz-Chr.* 1987 – II 5。

1 个月至 20 年之间。然而，即使在这种情况下，除了确定原则，可受到质疑的原则是*刑罚适用*原则——它亦是宪法性原则：《葡萄牙共和国宪法》第 88 条第 1 款，由于相同或更多的理由[22]。

相反，*立法者*对确定刑罚的任务负全*部责任*将导致固定刑罚的存在，并因此导致违反罪过原则和（也可能）违反平等原则。

第 250 节　在确定*真正的*刑罚中特别重要的仍然是——特别是像我们这样对社会融合的特别预防十分敏感的刑法中——由审理有关案件的法官（juíz da causa）与**执行刑罚的法官（juíz de execução da pena）**及惩罚的执行管理机关本身（própria administração executive da sanção）之间所建立的关系[23]。诸如相对不确定刑罚、假释、暂缓执行监禁、举证制度等的制度（见下文第十五章、第十四章和第十章），清楚显示了执行刑罚的法院和执行管理机关本身如何对确定实际履行的刑罚有决定性的影响。

2. 自由裁量权和法律的适用

第 251 节　从已陈述的内容产生了一个问题，即关于适用法律的正常任务，刑罚确定的司法工作是否表现出以下特殊性：允许视其为一种**自由裁量的工作**。对问题的正确处理——主要是从纯粹的方法论角度来看是有趣的问题——将意味着完全解释在当前框架中不宜提供的假设[24]。我们只需强调以下内容：如果通过司法的自由裁量工作将所有归纳视为没有反映或没有详尽地论述形式上的三段论法归纳（subsunção silogístico-formal）——正如事实上刑事法官在证明事实符合法定罪状的最初时刻中所履行的归纳[25]——，那么确定刑罚的工作毫无疑问是*自由裁量的*；但是，另一方面，可以确定的是，这种自由裁量权不应与行政法的自由裁量权相混淆，在这种自由裁量权中，法官只出于务实和最终考虑，从法律上同样可能的几种解决方案中选择一种。从这个意义上讲，确定刑罚的整个司法工作是受法

---

[22]　基于此，见 CORREIA，E. /RODRIGUES，Anabela/COSTA，A. M. Almeida 8。

[23]　详见 HASSEMER，*Strafrechtsdogmatik u. Kriminalpolitik* 1974 58 s，以及在：LÜDERSSEN/ SACK（Orgs.），*Strafprozeß u. Strafvollzug* 1977 246 ss.；之后见 BAUMANN，*Estudos Eduardo Correia* I 289 ss；而在总结上亦见 MAURACH/ZIPF § 62 n.° m. 11。

[24]　在我们当中，主要见 NEVES，A. Castanheira，*Questão de facto – Questão de direito...* 1968，sobretudo § § 12 e 15。

[25]　无论如何持反对意见的，见 NEVES，A. Castanheira，*Estudos Eduardo Correia* I 437 ss。但与文中的意见相同的，见 DIAS，J. Figueiredo，*RDP 31* 1981 41 s. 及 *RPCC I* 1991 15 s。

律约束的[26]。

因此，可以得出这样的结论：该工作纯粹及单纯地属于*适用法律*，并在适用法律的任何常见操作中发生的相同形式和相同程度下，在该工作中汇集着自由裁量权和约束力的标记；在这一操作中强调成文法和不成文法的规则、描述性和规范性元素、认识行为或纯评估[27]。正是在这一概念的发展和巩固下——这一概念代表着对法官"艺术"的教条及其与这一事宜无关的自由裁量权的最终结束——人们认为所涉及的是，与 Rudolphi 一致，人们可合理地称之为确定刑罚的**司法化**（**juridificação**）[28]。

第 252 节　我们认为这个概念从根本上是准确的。然而，很难否认确定刑罚的程序与适用法律的"普通"程序相比具有显著特色。并非因为法官当中必定受制于不成文的法律规则、规范性和不确定性的概念甚至纯评估；而是因为其必须将**确定的法律标准转化为一定量的刑罚**，换言之，他不能避免对其评估进行（在数字上！）准确的*量化*（*quantificação*）。此外，正是这种情况——不是单一的情况，但无论如何在适用法律中是特别的情况——对确定刑罚中的*差异*（*diferenças ou distonias*）负最大责任，对于这些差异最近的学说尤其警惕。在这整个事宜中，无论是在不同的条件下，还是在类似的时间和地点条件下，实际上真正令人愤慨的差异一直受到关注[29]。

因此，对确定刑罚的程序和结果的**形式化**——甚至在没有"数学化"的要求，尤其是在*信息技术的*辅助下[30]——的要求越来越高；这是人们一直将英美学说与*量刑*（*sentencing*）区分的要求[31]。然而，如果在这个问题上司法见解的统一并非不会受到欢迎（无论实现起来有多困难），那么就不应以牺牲相关程序的形式化为代价来实现。考虑到确定刑罚的标准所具有的必然*具体化*特征以及考虑到根据该等标准所强调的因素的无限*多样性*，这种

---

[26]　因此，十分准确地，见 AcSTJ de 88FEV24，*BMJ 374* 229；这一学说当今在意大利亦是主流，根据相关《刑法典》第 132 条的规定——当中见 DOLCINI，cit.，7 ss.，MANTOVANI n.° 204 及 ROMANO art. 132——，在德国也是主流——当中见 JESCHECK § 82 II 1。然而，就西班牙而言，法官的"自由"裁量权概念似乎仍然占主导地位：当中见 RODRIGUEZ DEVESA/SERRANO GOMEZ 953 s。

[27]　基于此，见 MAURACH/ZIPF § 63 n.° m. 192。

[28]　RUDOLPHI，*ZStW 83* 1975 375.

[29]　欧洲委员会第七次犯罪学学术讨论会（1987 年）就这一主题举行，其主题恰恰是量刑差异。当时提交的报告构成了关于这一主题的理论、司法判例、比较法和文献方面的重要指引。

[30]　除了前一脚注引用的报告，见 STRENG e de HAAG，cits 的著作。

[31]　当中见 ASHWORTH，cit.，e *CrimLR* 1984 519 ss。

形式化应预先被排除在外[32]（关于这一点，见下文第 335 节及其后续节数）。

第 253 节　我们所考虑的一切，包括刚刚强调的特性，没有足够的理由怀疑，在确定刑罚的程序中，这是**真正的法律适用**。这是问题演变到当前阶段最引人注目的标记之一，与之相关的是最具深层意义的学说和司法见解的结果。

3. 在上诉过程中的可控性

第 254 节　在刚刚提到的那些结果中，最重要的结果之一是刑罚确定程序上诉过程中的可控性。这样，第 72 条第 3 款明确规定，"在判决中应明确提及**量刑的依据**"；而且，与这一规定相符，《刑事诉讼法典》详细规定了相关程序，并使其在罪过确定程序中具有一定的自主性（《刑事诉讼法典》第 369 条、第 370 条和第 371 条）。这种实体法和诉讼法上的说明理由义务恰恰是旨在使对确定刑罚的决定的控制变得可能[33]——中级法院的完全控制，而最高法院（或者甚至中级法院，当存在对事实事宜的上诉的放弃：《刑事诉讼法典》第 364 条第 1 款和第 2 款以及第 428 条第 2 款）则仅限于"法律问题"的控制。

第 255 节　为了复审中刑罚确定的可控性，确立什么是"**法律问题**"很重要。从一开始，根据以纯粹的方法论（或"本体论"）观点认为本身属于*事实*和*法律*之间或者*事实问题*和*法律问题*之间的对比的思想，应拒绝为取得这种解决方案的所有尝试。Castanheira Neves 的论点在此亦完全有效。根据这一论点，复审法院根据其拥有的诉讼权力，必须认识*所有能够认识*的问题[34]。这一论点只会由我们的《刑事诉讼法典》所确立的*扩充复审*制度加强，只要当上诉——不论是向中级法院还是向最高法院（《刑事诉讼法典》第 410 条第 2 款和第 3 款）——只是来自法律问题时。

此外，逐渐地——特别是在德国的司法见解[35]和葡萄牙学说[36]中——显示出**扩大范围**的趋势，**当中确定刑罚的问题可受复审**。今天，所有人都同

---

[32]　在这一结论的含义上，亦见 MAURACH/ZIPF § 63 n.° m. 194。

[33]　根据 CORREIA, Eduardo, *Actas PG* II 125，甚至在 1982 年《刑法》之前，这一想法也符合我们之间的"和平判例"。

[34]　NEVES, A. Castanheira, *Questão-de-facto-Questão-de-direito* 1968 32 ss., 36；同一方面，见 DIAS, J. de Figueiredo, *RDES 17* 1970 278 ss。

[35]　因此，见 JESCHECK § 82 II 3 及特别见 THEUNE, *NStZ* 1985 158 ss. E 1986 153 ss。

[36]　见前面脚注 21 和脚注 22。

意，可受复审的是：对确定刑罚程序或操作的修正、法院缺乏知识或对确定刑罚的一般原则的错误适用、缺乏指出对确定刑罚属重要的因素或相反地指出应视为无关或不可接受的因素。然而，有人认为对公正问题或适时问题的司法考虑已被复审法院所控制[37]，而另一些人则进行区分：过错的限制或幅度问题将完全受复审，正如刑罚目的在预防范畴内的行为方式，但不再在这些参数范围内确定准确的刑罚，以便对复审上诉进行适当的监督[38]。考虑到我们所陈述的（上文第 252 节），这一最后的立场是最正确的。但是，如果例如违反经验规则（regras da experiência）或定量（quantificação）显得完全不相称，那么事实就不是这样了，而且该解释（tradução）即使在复审中也会是可控的。

三 刑罚确定的三个阶段

第 256 节 根据上文（第 248 节）所述，可以由案件法官通过三个不同阶段的程序取得刑罚的最终确定：第一阶段，法官调查和确定适用于个案的*刑罚幅度*（也称为刑罚的法定或抽象[39]限度）；第二阶段，法官在该法定框架内调查和确定将适用的刑罚的*具体限度*（称为司法或个体限度）；第三阶段——正如我们将会看到的，从时间顺序的角度看，不一定在第二阶段之后——，法官选择（在对个案可给予的处罚中，通过择一刑罚或替代刑罚的机制）实际应当执行的*刑罚种类*。

1. 刑罚幅度的调查和确定（"可适用的刑罚"）

a）可适用的法定罪状

第 257 节 刑罚幅度的调查——学说、司法见解和法例本身通常称为"可适用的刑罚"[40]——从分则或零散刑事法例所载的法定罪状类型开始。在法官确定行为人的行为所符合的罪状后，相应法定罪状所规定的刑罚幅度将自动适用。例如，如果行为人作出可纳入第 201 条第 1 款的犯罪行为，则可适用的刑罚幅度将为 2 年至 8 年的监禁。

---

[37] 因此，见 JESCHECK § 82 II 3。
[38] 因此，见 MAURACH/ZIPF § 63 n.° m. 200 ss.，211。
[39] 例如由 LANGE, *Materialien* I 85 推荐的这一术语。
[40] 在此方面，FERREIRA, M. Cavaleiro de II 1989 65 表述为*罚则*。

第258节　然而，行为人的行为所符合的罪状可能不是基本罪状（正如所陈述的例子中），而是加重罪状（例如，第208条第1款a项的侵犯卑亲属）或减轻罪状（例如，第202条第1款的侵犯无意识的妇女）。在这些情况下，将不会有任何特殊之处：将由所符合的法定罪状指出变更后的刑罚幅度（第208条第1款a项的情况中，2年加2年的三分之一至8年加8年的三分之一的监禁；第202条第1款的情况中，2年至5年的监禁），并就所有目的而言，加重或减轻元素是真正的典型元素（无论是描述性的还是规范性的元素）[41]。唯一需要指出的是，如果所规定的刑罚幅度仅指出其最高限度的刑罚（例如："最高3年监禁"），则幅度的最低限度必将由相应的刑罚种类的*法定最低限度*（*mínimo legal*）构成（第40条第1款的1个月监禁）；如果仅指出其最低限度的刑罚（例如："不少于10年的监禁"），则幅度的最高限度必将由相应的刑罚种类的*法定最高限度*（*máximo legal*）构成（第40条第1款的20年监禁）。

然而，无论如何，以上所陈述的并没有详尽地论述与确定可适用的刑罚幅度有关的操作。

b）可变更刑罚的加重和减轻情节

aa）情节的"理论"

第259节　原则上，正如我们刚刚看到的那样，可适用的刑罚幅度直接源自行为人行为符合的——基本的、加重的或减轻的——法定罪状。然而，由于所谓的变更、加重（*agravantes*）或减轻（*atenuantes*）情节，这一幅度在许多情况下可以被其他幅度变更或代替。这些情况有别于先前考虑的加重（*qualificação*）或减轻（*privilegiamento*）情况，因为在后面这种情况下对刑罚幅度的变更是通过*罪状*（*tipo*）或*罪状要素*（*elementos típicos*）——不论是普遍出现的*不法罪状*（*tipo-de-ilícito*）还是不经常出现的*罪过罪状*（*tipo-de-culpa*）——层面的变更而发生的，而现在我们处理的情况则根据*变更情节*（*circunstâncias modificativas*）发生。从这种意义上讲，**情节**是指以下前提或一系列的前提：虽然不直接关于（客观或主观的）不法罪状、罪过罪状或者甚至本义的可处罚性（*punibilidade em sentido próprio*），但**它们与整个**

---

[41]　因此，在最后（规范性的元素）的情况中，没有任何理如 FERREIRA，M. Cavaleiro de II 1989 71 一样表述为"实施刑事制裁的案件不合时宜"。

犯罪的严重性程度[42]**相冲突**[43]，并因此在刑罚确定学说中直接占有显要的地位。

因此，从教条上讲，对这些情节的研究不属于犯罪的一般学说，而属于其**法律后果**的学说，尤其是**刑罚确定的学说**。然而，这并不意味着变更情节不能源于构成犯罪要素的特殊等级，例如，源于不法罪状或（和）罪过罪状的特别加重或减轻的严重性。

第 260 节　传统上，在我们当中，"情节的理论"涵盖了——在许多方面现今仍占主流的学说的显著影响下，尤其是在意大利[44]——所有所谓的*偶然的*犯罪要素[45]；所有这些要素指的是，即使从犯罪的存在所不依赖的从属要素来讲，它们与犯罪的"特殊方面"有关，并引起不同的法律后果。

但是，通过这种扩展和理解，这一概念还没有足够的目的论依据。目的论上——因此也是教条上——，重要的不是某要素对于犯罪的（本体论？）存在是必不可少的或偶然的这一事实；决定性的只是要知道该要素在犯罪层面还是在法律后果层面是重要的。另一件事最终导致了典型要素之间的混淆，这些要素构成了加重或减轻的罪状以及变更情节[46]。简而言之，不是犯罪的基本结构和偶然结构之间的——确实难以辨别的——任何区别，而是一方面是不法事实或罪过的典型要素与处罚性的典型要素之间的区别，另一方面是有别于我们已在第 257 节和第 259 节考虑过的类别的东西。

此外，这种**情节的限缩概念**被以下事实加强：我们的《刑法典》通过删去之前所谓的*一般*加重和减轻情节的类别，即在刑罚幅度中耗尽其产生的效力的情节，缩小了我们传统的"情节理论"的范围和重要性。因此，基于现行《刑法典》，今天真正的情节只是变更情节。但另一方面，为了谈论变更情节，没有任何理由要求其效果是自动或强制性的，并不干涉法官审查其特别的前提[47]。无论是在历史上、法律上还是学说上，如此要求都是没有道理的。

---

[42]　用 BETTIOL/PETOELLO 576 的表述来说，就是罪行的"数量"。

[43]　正如 BETTIOL/PETOELLO 576 所述的"抽象假设"——这看起来像文中的含义。

[44]　最后，见 PADOVANI，«Circostanze del reato»，sep. do *NDigIt* [4]1988 的出色研究成果，但对这个问题的结论（16 ss.，24 ss.）似乎已经在许多方面接近于文中具有的立场。ROMANO préart. 59（无论如何，也许更保守）的陈述似乎也是这样。从这个意义上讲，情节不仅是犯罪的偶然要素（传统上称为 *accidentalia delicti*），而且是量刑的要素，见 MACHADO，M. Pedrosa，*BMJ 383* 103 ss.。

[45]　见 CORREIA，Eduardo II 142 em nota。

[46]　在 CORREIA，Eduardo I 309 e II 141 及 FERREIRA，M. Cavaleiro de II 1989 73 ss. 的考虑中清楚地指出了这一混淆。

[47]　然而，见 FERREIRA，M. Cavaleiro de II 1989 78，81。

bb）普通和特别的加重和减轻情节

第 261 节　情节分为加重情节——通过仅在其最高限度或仅在其最低限度或在最高和最低限度中提高刑罚幅度而改变它的情节，和减轻情节——通过仅在其最高限度或仅在其最低限度或在最高和最低限度中降低刑罚幅度而改变它的情节。

第 262 节　另一方面，所有这些情节可能具有普通的（comum ou geral）性质，或者相反具有特别的（específico ou especial）性质。

原则上，**无论所涉及的犯罪是什么**，都适用普通情节。在加重情节中，第 76 条的累犯显然是这种情况（正如第 78 条的犯罪竞合和第 83 条的相对不确定刑罚，只要这些情况技术上应被视为"变更情节"[48]）。在减轻情节中，像这样的情况有第 73 条的刑罚之特别减轻、第 401/82 号法令第 4 条的可归责之未成年、第 10 条第 3 款的不作为犯、第 17 条第 2 款的因可谴责而缺乏对不法行为的意识、第 23 条第 2 款的犯罪未遂、第 27 条第 2 款的从犯、第 33 条第 1 款的防卫的体力过当、第 35 条第 2 款的不可要求性、第 38 条第 4 款的行为人未知悉的同意。鉴于这些情节的共同性质，原则上它们载于《刑法典》的总则中。

具有特别性质的情节是**仅适用于某种或某些法定罪状**的情节，并因此在分则中受规范及应在那里进行研究。

cc）有名和无名的情节

第 263 节　值得商榷的问题是，变更情节是否只能在**法律明确规定**的情况下才能得到承认。从刑事政策角度来看——更具体地说是立法政策角度——，似乎毫无疑问，该等情节尽管不构成典型要素，鉴于量刑以及对罪犯和社会本身的期望具有决定性影响，它们应由立法者以类似于对罪状要素所要求的准确性和可确定性的程度进行描述。否则，立法者会将确定刑罚的工作中的责任部分压在法官的肩上，而这部分会远超于已陈述的立法者和法官之间合作的最佳模式（上文第 245 节及其后续节数，以及第 248节）对其所适用的部分。

48　这绝对是不合理的。在任何情况下，正如 CORDEIRO，Robalo，cit.，240 所捍卫的，并非因为犯罪竞合和相对不确定刑罚都已经假定为刑罚的具体确定。这是准确的；但正如我们将看到的（见下文第 380 节），同样的情况会发生在累犯中；而并非因此它不是更变的加重情节。

然而，不缺乏自由地接受存在**法律未有详细描述，甚至完全未有描述**的变更情节的刑法体制（当然在刑事政策和教条观点上也不是最不完美的体制）。当然，在以下本身是准确的前提下：该等情节尽管与*确定刑罚的问题*有关，并未纳入*没有法律就没有犯罪*（*nullum crimen sine lege*）的宪法要求所涵盖的事宜。因此，特别是德国《刑法典》承认存在所谓的"*特别严重的情况*"和"*特别轻微的情况*"：法官透过以下要素执行完全不确定的纯价值条款——经过判断认为重要的却在加重或减轻的意义上具有对可适用的刑罚幅度进行变更的作用的要素[49]。

第264节 然而，我们的《刑法典》没有承认——至少在德国法律采纳的范围内[50]——这些情况；当然，最重要的是，从法治国家原则的角度来看，其至少具有令人怀疑的性质[51]；令人怀疑当在对行为人起作用时并非完全无法忍受，而且并非没有理由的是，刑事合法性原则在其目前的理解中强调*没有犯罪*（*nullum crimen*）和*没有法律就没有刑罚*（*nulla **paena** sine lege*）。特别是对于"特别严重的情况"，在我们的《刑法典》中这些情况完全由有名的变更加重情节（*agravantes modificativas nominadas*），甚至由加重罪状（*tipos qualificados*）代替。对于"特别轻微的情况"，我们的《刑法典》至少在第228条第4款的情况中认可了它们；但是，在此，上述弊病不会以德国法律中使人感到的强烈程度发生，因为法律上的不确定和司法裁量只能*以合法的方式*（*in bonam partem*）运作[52]。无论如何，从刑事政策角度来看，这远非使它们成为不受指责且值得称赞的制度；因为如果在特别严重的情况中法院的裁量能不当地导致加重刑罚，那么在应予减轻的情况下，相同的裁量能导致不减轻刑罚。

然而，在零散法例中有时会出现"特别严重的情况"：例如见第28/84号法令

49　概括这些情况的，见 JESCHECK § 26 V 1。而且详见 MONTENBRUCK, cit. 50 ss. , 67 ss。

50　这导致 § 62 E1962 试图定义（！）特别严重的情况是什么——但仍然存在无法接受的广泛和不精确的内容。至关重要的是，*AE-AT* 111 具充分的一致性规定完全删除该等情况。BETTIOL/PETOELLO 580 还正确地将特别严重的情况视为"无法容忍的"。

51　如此令人怀疑的是，这一学说的某一部分——例如见 ROXIN § 12 n.° m. 127 s 及 JES-CHECK § 29 II 3 b——要求故意涵盖法官认为对某一案件特别严重的情况属重要的要素。因此，不足为奇的是，在德国，这样认为的人的数目持续增加：认为特别严重的情况纯粹而简单地在实质上是违宪的（MAIWALD, *Gallas-FS* 150 e *NStZ* 1984 435 ss. ），而其他人则要求将该等情况变换成加重犯罪（WAHLE, cit. 161 ss. ）。

52　因此，*AE-AT* 113 本身肯定保留着它们。

第 36 条第 2 款。但是，之后，同一规定第 5 款准确地列出——且有限制地！——出于第 2 款的目的而必须将哪些情况视为特别严重；这最终会使"特别严重的情况"的技巧及以这一技巧假定会实现的目的完全无效。因此，当第 36 条第 5 款最终揭示想要的只是创建一种加重罪状，人们不会明白第 36 条第 2 款中所提及的所有内容！

dd）"标准示例"的技巧

第 265 节　在有名的加重变更情节和无名的加重变更情节之间存在着一种也被德国法律广泛认可的形态（figura），其轮廓是通过学说所称的"示例性的"（exemplificativa）技巧或*规则示例*（*Regelbeispielen*）的技巧［"规则示例"（exemplos-regra）或"标准示例"（exemplos-padrão）］[53]。这是关于立法者不愿透过纯粹的不确定价值条款来表示，也没有透过针对罪状使用的详尽技巧来描述，而是透过其**标准化的示例说明（exemplificação padronizada）**来选派的加重变更情节[54]。这具有双重后果。一方面，所做的描述构成应导致加重情况的**指示**示例（exemplo **indicador**）；但是，如果通过个案的整体评估，法官认为具体没有存在加重的理由（razão de ser），即使在立法者使用的范例相吻合的情况下，法官可否定该指示效力。另一方面，即使法律的列举不详尽且仅是**示例性的**，但法官可能会认为，尽管案件情况不属于法律列举的一部分，加重情节的理由是有效的。

第 266 节　我们的《刑法典》第 132 条第 2 款明确认可了这种标准示例的技巧（"……除其他情况外，可受到……"）[55]。无论如何，这与德国法律有明显差异：该规定没有确立为了*直接*产生加重效力的标准示例，而是**根据**第 132 条第 1 款中充分描述并**确定的加重条款**而起作用[56]。尽管鉴于在此这是真正的确定刑罚规则而非加重罪状的要素而令所涉的技巧并非不可避免地受到谴责，但至少有疑问的是，其优点大于*对被告有害的*（*in malam*

---

[53]　关于这一技巧，见 SERRA，M.ª Teressa，cit. ；赞同这一技巧的见 LANGE，*Materialien* I 84。

[54]　见 SERRA，M.ª Teresa，cit. 66 ss. 及 WESSELS，cit. 295 ss。

[55]　我们的法院一直在讨论"示例性的情节"——从某种意义上说，这最终基本上与文中所陈述的相吻合：当中，见 AcsSTJ de 84FEV08，84FEV08，84OUT24，85MAR20 e 91ABR03，分别源自 *BMJ 334* 258 e 267，*340* 235 e *345* 248 和 *CJ XVI – 2* 1991 15。

[56]　仅在处理《刑法典》分则中的加重杀人问题时才能提供更多细节。此外，关于加重的依据和理由，葡萄牙学说和司法见解明显区分开的。关于这些说明，见 SERRA，M.ª Teresa，cit.，*passim*。

partem）法律不明确的弊病及随之而来的给公民保障带来的不安全的弊病[57]；尤其是当示例性的列举立即产生加重效果时。

第 267 节 以上述保障的名义，一些德国学者要求——无论因其产生的制度扭曲要付出的代价为何——标准示例被视为故意、犯罪未遂和共同犯罪方面的**典型要素**[58]。从刑事政策角度来看，这肯定值得称赞；无论如何，应问及的是，标准示例是否不应捍卫其他效力，例如"加重不法行为"（«ilícito agravado»）的无意识方面。透过这一思路最终得出一个结论，即标准示例为一切效力，与罪状要素一样——除非为了对公民而言最重要的效力，即其*法律上的确定性*（determinabilidade legal）的效力。在德国，有人为一切效力开始将标准示例转变为典型示例[59]，但肯定违背了法律字面含义和法律精神[60]。

ee）情节竞合

第 268 节 一个非常有趣——尤其是由于现行法律对它的完全沉默——和实际上非常重要的问题是，当在个案中只有加重变更情节竞合，或者只有减轻变更情节竞合，或者有加重和减轻变更情节竞合时，法官应怎样确定抽象适用的刑罚幅度。鉴于上述立法上的沉默，一般原则（princípio-reg-ra）只能是，法官应——尽可能并且有合理迹象表明在这种情况中法律另有规定除外——使**所有在这种情况中竞合的变更情节**起作用[61]。然而，重要的是，确定实现这一需要必须遵循的程序：解决在此可能出现的困难的形式对最终结果并不是无关紧要的。

第 269 节 1886 年《刑法典》明确规定了加重变更情节的竞合情况，并在第 96 条独一节中规定，只会"发生源自更严重的加重情节的加重，并将这一类别的其他情节判断为一般特征的情节"。因此，这一法典舍弃了——在法国和德国体制中现行的[62]——所谓的**累积制度**（o sistema dito de **acumulação**），并遵循了意大利《刑法

57　MAURACH/ZIPF § 62 n.° m. 57 在任何情况下表述为"可承受的状况"和"必要的危害"。

58　关于整个问题的状况，见 SERRA, M.ª Teresa, cit. 77 ss. 在这个方向上，当中见 JES-CHECK § 26 V 2 及 ROXIN § 10 n.° m. 132. 其他学者以近似的形式主张，如 DREHER/TRÖNDLE § 243 n.° m. 3，将标准示例教条式地放在罪状要素与确定刑罚的规则之间。区别在于，这些学者直接适用罪状规则，而 Jescheck 和 Roxin 仅通过类推来实行。

59　CALIESS, JZ 1975 117.

60　正如 MAURACH/ZIPF § 62 n.° m. 49 所强调的。

61　同一方面，CORDEIRO, Robalo, cit. 264 s. 合理地断言："规范性规则规定，当法律确立一种制度，不论为了什么而起作用……"；亦见 GONÇALVES, M. Maia art. 72.° anot. 6。

62　根据 CORREIA, Eduardo II 307。

典》第 63 条第 3 款中规定的所谓的**加重兼并**制度（根据我们 1954 年 2 月 6 日最高法院的判例中所确定的司法见解和我们的主流学说[63]）[64]。刑事政策和主要目的论的论点在于，这是避免适用过分刑罚的方式[65]。原则上，这个论点在新《刑法典》面前是无效的，该法典让人理解为对加重兼并制度的舍弃。

第 270 节　在**加重变更情节的竞合**中，今天法官不应准确地"加"或"累积"每一情节的加重值[66]，而要使它们**相继**起作用，直到发现法律规定的刑罚幅度为止。重申，仅当法律另有规定时才不会这样。但是，考虑到累犯确实是《刑法典》接受的唯一普通的加重变更情节，关于此方面的特殊研究必须涉及处理确定刑罚的特别情况的地方（例如，当累犯与犯罪竞合或者与不确定刑罚的前提的适用相竞合[67]）或者涉及处理《刑法典》分则中特别的加重变更情节[68]。

第 271 节　在**减轻变更情节的竞合**中，似乎没有什么可以阻止其以任何秩序进行的相继运作[69]。但是这个想法远非正确：恰恰相反，这里有很多困难；此外，正如在研究*刑罚的特别减轻*后（后文第九章，四），我们将更好地理解几乎所有减轻变更情节（尤其是那些具普通性质的情节）重新引导的思想核心。只有在（且在一定程度上）减轻的理由各*不相同*时，竞合性的减轻情节的相继运作才是合理的；或者换句话说，当每一减轻情节有*自主的实质性基础*（*autónomo fundamento material*）时（例如，未遂和可归责的未成年人）。但是，如果减轻的理由*相同*，那就不再是这种情况了（例如，为第 228 条第 4 款的目的，不法行为和罪过的降低程度不能同时用于将伪造定性为"不严重"，以及根据第 73 条的规定为刑罚的特别减轻提供依据）。在这些情况下，**只有一种**变更情节必需运作——那种减轻效力*最强*的情节——为了捍卫这样一个原则，即每一具有减轻效力的情节都必须只考虑

63　见 FERREIRA, M. Cavaleiro de, *Lições* 532 ss. 及最后见 II 1989 85 ss。

64　关于这一规定，除了 PALMA, Fernanda, cit. 269 ss.，见 ROMANO art. 63 n.° m. 7 ss（提请注意这一规定于 1984 年经受的改革及其对我们的问题的重要性）。

65　CORREIA, Eduardo II 307.

66　正如 FERREIRA, M. Cavaleiro de II 1989 86 所强调的，"不可能［……］累积加重或减轻的效力，因为不可能将其相加；罚则不相加"。

67　然而，对于后一种情况，现参见第 77 条第 2 款的规定。

68　关于盗窃罪中变更情节的竞合，PALMA, Fernanda, cit. 的研究正是这种情况。

69　亦见 CORDEIRO, Robalo, cit. 265。而在前一《刑法典》生效时的主流学说，见 CORRE-IA, Eduardo II 310 及 FERREIRA, M. Cavaleiro de II 1982 409。

一次[70]，在此，我们可以看到确定刑罚中*禁止双重考虑*原则（princípio da *proibição de dupla valoração*）的第一次体现[71]（第 72 条第 2 款和下文第 314 节及其后续节数）。

第 272 节　Cavaleiro de Ferreira 主张"未遂并非不存在的既遂犯罪的减轻情节。未遂本身就是以抽象适用于既遂犯罪的刑罚予以处罚，*好像*特别减轻了的刑罚一样"[72]。他对于从犯（cumplicidade）也这样捍卫。他补充说："情节的竞合将偶然改变这样间接确定的刑罚的法定限度。"原则上，最后的断言是有理的。但并不总是如此：例如，如前所述，不可接受的是，法官基于未发生损害为由针对未遂犯罪特别减轻已确定的刑罚，因此，以减轻的形式减少不法性（第 73 条第 1 款）。在此，我们仍然会面对一种就相同情节的不合法双重评价。因此，这样认为是正确的：未遂和从犯构成对既遂和正犯所规定的刑罚幅度的变更情节。

第 273 节　最后，在**加重和减轻变更情节的竞合**情况下，最公正和最正确的程序似乎是使**加重情节首先起作用**，**然后**关于临时这样确定的刑罚幅度使**减轻情节**起作用[73]。问题——然而，正如第 262 节所陈述的，这些问题不会与加重变更情节的事宜相悖——只能在犯罪竞合的刑罚框架或相对不确定刑罚框架中提出。

然而，不排除在某些情况下，根据其本身的含义和目的论，减轻情节的发生应排除一种加重情节的竞合，即使加重情节亦实际上发生。尤其是当加重情节和（或）减轻情节的理由对行为人的*罪过*必定产生影响时，可能会发生这种情况[74]。在这个问题上建立或多或少的一般原则是莽撞和危险的[75]，因此在分则的具体覆盖中这些问题必须提出并且得到正确解决。

2. 刑罚的具体确定（"适用刑罚"）

第 274 节　一旦确定了抽象地适用于个案的刑罚幅度，法官毫无疑问便

---

[70]　采用德国《刑法典》第 50 节的风格。在此，正如随后在文中所强调的那样，这是禁止双重评价原则的一种表现，或有时部分葡萄牙学说和司法见解表达为"一事不再理"（«*proibição de ne bis in idem*»）〔译者注：文中有"禁止一事不再理"的意思，但译者认为"禁止"一词不应存在，否则意思矛盾〕的表现。司法见解在加重和减轻情节事宜中经常忽视这一禁止：例如见 AcSTJ de 86JUN25, *RPCC 1* 1991 259，其中有 Fernanda Palma 不支持的注释。

[71]　因此，见 HORSTKOTTE, cit. 265 ss.；亦见 MAURACH/ZIPF § 62 n.° m. 62。

[72]　FERREIRA, M. Cavaleiro de II 1989 73. 斜体由我们强调。

[73]　因此，亦见 CORDEIRO, Robalo, cit. 266。

[74]　在某种程度上与这一点有关的，见 PALMA, Fernanda, cit. 274 ss 的考虑。

[75]　正如一部分意大利学说一直有论述的，关于像其《刑法典》第 69 条所载的一般规定。尤其见 STILE, cit. 及 ROMANO art. 69.° n.° m. 1 - 7。

开始面对整个确定刑罚程序的最复杂的任务：找出*具体*适用于个案的刑罚，即载于判决中的刑罚*量*（*quantum de pena*），简而言之，正如日耳曼文学中所说的狭义的*量刑*。为此，法官使用第 72 条第 1 款中规定的综合标准，根据这一标准，"刑罚分量之确定须按照行为人之**罪过**及**预防**将来的犯罪之要求，在法律所定之限度内为之"。

第 275 节　不缺乏会指责这种**表面上只协助法官**的法定方式的人，因为这些方式忽略了他必须解决如此复杂的问题的模式，诸如确定刑罚目的问题、解决冲突或彼此之间产生的对立的问题，即选择对量刑重要的要素[76]。至少在我们当中，**这种否定主义是没有道理的**。当然，第 72 条第 1 款——或者任何其他类似的制定——并没有为法官提供封闭的及适合于纳入（subsunção）的概念，以使量刑程序的形式化和自动化成为可能。但是，我们已经看过（第252 节），该形式化既不方便也不适合所讨论的任务。另一方面，这里有一个问题，即其解决方案无法转化为法律条款。然而，在任何情况下，存在为量刑做向导的一般法定标准是所有正确适用的*必要*条件（condição *sine qua non*）。

因此，信摩尼教的概念是不可接受的，但在我们当中走了一段路，这颂扬了现行 1886 年《刑法典》第 84 条中涵盖的价值及批评现行《刑法典》第 72 条第 1 款所具有的所有缺陷[77]。实际上，正如尤其是透过第八章中包含的陈述将会变得明显一样，没有什么不确切的。相反，可以说，今天在量刑学说中讨论的并且（不幸地！）继续悬而未决的问题中没有一个遇到第 84 条中的明确解决方案。即使将其解释为，在该学说中对衡量罪过赋予决定性作用（即使是唯一的作用），也并非不会导致绝对错误的解决方案。正如必须得出这样的结论：所有与罪过无关的且只能通过预防与之相关的要素都必须与量刑保持陌生！这一结论在刑事政策上是十分不可接受的，以至于今天对这一结论不值得浪费唇舌。

第 276 节　无论遇到什么困难，都可以确定一件事：根据第 72 条第 1 款的规定，由法官按照**罪过**和**预防**确定刑罚分量；例如，这些种类将在可适用的 2 年至 8 年监禁的刑罚幅度中确定嫌疑人是否应被处以 2 年、4 年半、6 年半或 8 年监禁。此外，按照曾经所谓的"不法分子的有罪行为"，正如 1886 年《刑法典》第 84 条所发生的一样。在任何情况下有一种区别：在前一《刑法典》中，法官根据第 84 条找出刑罚的量（例如，在刚才的例子中，4 年监禁）；然后，根据*一般*的减轻或（和）加重情

---

[76]　因此，LACKNER, *Gallas-FS* 136 在对德国《刑法典》第 46 节的评注中——与我们的第 72 条第 1 款十分接近——表述为"这个方式覆盖了一切，只会掩盖问题"。

[77]　因此，从指出的角度来看，见 BRITO, J. de Sousa e, *Estudos Eduardo Correia* I, 5。

节的权重增加或减轻该量——1886 年《刑法典》第 29 条和第 34 条（最终确定具体的刑罚，例如，3 年 9 个月或者 4 年半的监禁）。新《刑法典》废除了这种缺少实质意义和基础的双重性程序：一般情节不能（也不应）是与罪过和预防有关的要素，并因此为了第 72 条第 1 款的效力必须被视为*单一行为*（uno actu）的要素；总之，它们是根据可适用的一般标准与量刑相关的*因素*（下文第八章，四）。

第 277 节　因此，变得不可理解的是，以下观念如何能够在司法见解中获得回响：法官在具体确定刑罚时应从**"可适用的刑罚幅度的手段"**出发（?!），然后按照情节的规定加重或减轻刑罚[78]。显然，法官不应或不能这样做，而是按照罪过、预防及对罪过和预防有关的要素来确定准确的刑罚量。每当缺乏加重和减轻情节时，一旦众多刑法典开始包含**量刑的一般标准**，就必须放弃（且实际上已经放弃了）施加"中等程度"刑罚这一非常古老的学说——由 19 世纪西班牙学说根据其 1848 年《刑法典》第 74 条主张的学说[79]。最后，这一论点——被我们一直批评的司法见解所引用，且 Eduardo Correia 在其分则草案[80]的讨论中以一个句子赞扬的论点——不值得赞扬。对我们来说，显然，这个句子是在有别于我们关注的问题的背景下给出的[81]，并尤其是针对我们之前司法见解的（现今完全不可接受的）习惯，即当没有发现加重情节时至少掩盖刑罚幅度的习惯[82]。

然而，现在有可靠的迹象表明，这种错误的司法见解已被放弃[83]，并且

---

[78]　STJ 的司法见解（在此错误的含义中）一直是决定性的：见 AcsSTJ de 84FEV15，84ABR26，84JUL07，85JUL10，87ABR08 e 87NOV11，分别在 *BMJ 334* 274，*336* 331，*339* 223，*349* 258，*366* 318 及 *371* 226。同一方向的，见 AcsRC de 83MAI18，*CJ VIII – 3* 1983 88，及 de 84MAR28，*BMJ 335* 350 及 AcRE de 84FEV14，*BMJ 336* 482。FERREIRA，M. Cavaleiro de II 1989 104 似乎同意这一方向。持反对意见的，见 BRITO，J. de Sousa e，*Estudos Eduardo Correia* III 1990 580 ss。

[79]　见 JORDÃO，anot. ao art. 84.°。

[80]　*Actas PE* 20。

[81]　此外，正如 CORREIA，Eduardo II 315 ss 本身在我们的问题中由始至终承认的（实质上正确的）立场所显示的一样。

[82]　GONÇALVES，M. Maia art. 72.° anot. 4 合理地指出，所述的有关 Eduardo Correia 的陈述一直"过分地被司法见解所考虑"。

[83]　此外，科英布拉中级法院很早就反驳这一司法见解：见 AcsRC de 83NOV09，84MAI23 e 85JUN26，分别来自 *BMJ 332* 519，*337* 420 及 *CJ X – 3* 1985 125。波尔图中级法院然后追随的司法见解：AcsRP de 86OUT15 e 88JAN13，*CJ XI – 4* 1986 255 e *XII – 1* 1988 221。而且，在某些犹豫后（AcsSTJ de 87NOV25 e de 88FEV24，*BMJ 342*，233 e 362 359），现在最高法院最终支持的司法见解：AcsSTJ de 87NOV25 e de 88FEV24，*BMJ 371* 225 e *374* 229，de 89JUN07 e de 89JUN21，*ActJur 1* 1989 4 e 8。

人们一直理解的是，在考虑罪过和预防之前，并非预先赋予法官其必须"依据"的刑罚幅度的中间或其他任何"位置"。

3. 刑罚的选择和可适用的制裁范围

第 278 节　有时在确定可适用的刑罚幅度之后，有时——十分频繁地——在确定具体刑罚之后，法官在法律上仍然拥有**不止一种刑罚**。因此，*一旦*法官确定*可适用的*刑罚幅度是不高于 3 年监禁，他可具体适用这一范围中的徒刑*或者*将被判刑人依附于证据制度（第 53 条第 1 款）。同样，并非偶然地，可适用的刑罚幅度本身*择一地*承认适用监禁*或者*罚金的主刑（例如，第 156 条第 1 款）。另一方面，如果法官*具体*确定不高于 3 年的徒刑，那么他可由暂缓执行刑罚代替（第 48 条第 1 款）；如果具体刑罚不高于 6 个月的监禁，仍可由罚金代替（第 43 条第 1 款）；如果是不高于 3 个月的监禁，仍可由在假日履行刑罚（第 44 条第 1 款）、半拘留制度（第 45 条第 1 款）、训诫（第 59 条第 1 款）或者向社会提供劳动（第 60 条第 1 款）代替。

因此，在任何上述情况中，法官面对一项新任务，即选择刑罚的任务[84]，当中法官将以在这一事宜上合法确定并载于第 71 条的一般标准为向导；以及（或者）根据载于例如第 43 条第 1 款第二部分、第 44 条第 1 款第二部分、第 48 条第 2 款、第 53 条第 1 款第二部分、第 59 条第 2 款的特别标准。从任何角度看，这项任务都是确定刑罚的一部分，并有时在这方面以合理的准确性和正当性表达为一种**确定**或者甚至为一种**广义的量刑**[85]。然而，几乎所有这些问题都直接与所谓的*替代刑罚*相抵触，我们将会详细分析这些问题（下文第十章）。

第 279 节　最后，必须留意的是，可适用的制裁范围有时并非仅来自可适用的刑罚幅度，也不来自所述的选择刑罚的程序。实际上，在某些情况下，从整个刑法体制中不会对法官产生（或者不单只产生）替代刑罚之间选择的任务，而会产生（或者亦都会产生）**累加法律后果**和特别是制裁的必要性和可能性。例如，当对于案件可适用的不仅是一种主刑，而同样适

84　关于这一任务，见 RODRIGUES，Anabela，*Estudos Eduardo Correia* I 21 ss.，FERREIRA，M. Cavaleiro de II 1989 96 ss. 及 CORDEIRO，Robalo，cit. 238 s。

85　因此，亦见 MAURACH/ZIPF § 62 n.° m. 20 s。

用附加刑，或者适用一种刑罚的附加效力，或者甚至适用保安处分（例如，第 97 条第 1 款）时。在整个量刑过程中，法官必须将所有这些（即整个*制裁体制*）都摆在眼前，否则他可能从一开始就犯下严重的错误[86]。

86　因此，再次见 MAURACH/ZIPF § 62 n.° m. 64。

第八章 量刑/刑罚分量

ANDENAES, Strafzumessung, *ZStW* 69 1957 651.

BADURA, Generalprävention und Würde des Menschen, *JZ* 1964 337.

BETTIOL, Pena retributiva..., *Scritti giuridici* I 1966 524.

BRITO, J. de Sousa e, A Medida da Pena..., *Estudos Eduardo Correia* III 1990 555.

BRUNS, Die Generalprävention..., *Weber-FS* 1963 75.

BRUNS, Zur Tragweite des Verbots der Doppelverwertung, *JR* 1980 226.

BRUNS, Zur Verbot des Doppelverwertung..., *Mayer-FS* 1966 353.

CARVALHO, A. Taipa de, Condicionalidade Sócio-Cultural..., *Estudos Merêa e Braga da Cruz* II 1985 1128.

CUNHA, J. M. da Silva, *A Personalidade do Criminoso*... 1944.

DE VICENTE REMESAL, *El comportamiento pos-delictivo* 1985.

DIAS, J. de Figueiredo, Carrara e l'attuale paradigma penale, *RItalDPP* 1988 788.

DOLCINI, *La commisurazione della pena* 1979.

DOLCINI, La disciplina della commisurazione..., *RItalDPP* 1981 34.

DREHER, Doppelverwertung..., *JZ* 1957 155.

DREHER, Gedanken zur Strafzumessung, *JZ* 1968 209.

DREHER, *Über die gerechte Strafe* 1947.

DREHER, Zur Spielraumtheorie..., *JZ* 1967 41.

FRISCH, Gegenwärtiger Stand..., *ZStW* 99 1987 349.

GRAßBERGER, *Die Strafzumessung* 1932.

HEINITZ, Strafzumessung und Persönlichkeit, *ZStW* 63 1951 57.

HENKEL, *Die «richtige» strafe* 1969.

HORN，Wider die «doppelspurige» Strafhöhenbemessung，*Schaffstein-FS* 1975 241.

HORSTKOTTE，Die Vorschriften des 1. StrRG über die Strafzumessung，*JZ* 1970 122.

KÖHLER，*Über den Zusammenhang von Strafrechtsbegründung und Strafzumessung...* 1983.

LARIZZA，La commisurazione della pena...，*RItalDPP* 1982 596.

LUZÓN PEÑA，*Medición de la pena y sustitutivos penales* 1979.

MILITELLO，*Prevenzione generale e commisurazione della pena* 1982.

MOOS，Positive Generalprävention u. Vergeltung，*Pallin-FS* 1989 283.

MÜLLER-DIETZ，Strafzumessung und Behandlungsziel，*MDR* 1974 1030.

NOWAKOWSKI，*Perspektiven z. Strafrechtsdogmatik* 1981 221.

PAGLIARO，Commissurazione della pena e prevenzione generale，*RItalDPP* 1981 25.

RODRIGUES，Anabela，Critério de Escolha das Penas de Substituição...，*Estudos Eduardo Correia* I 1989 21.

ROMANO，Prevenzione generale e prospettive...，em: ROMANO/STELLA（Orgs.），*Teoria e prassi della prevenzione generale dei reati* 1980 176.

ROXIN，La determinacion de la pena...，em: ROXIN，*Culpabilidad y prevención en derecho penal* 1981 93.

ROXIN，Prevención y determinación de la pena，em: ROXIN，*Culpabilidade y prevención en derecho penal* 1981 115.

SCHAFFSTEIN，Spielraumtheorie...，*Gallas-FS* 1973 99.

SCHMIDT，Eb.，Strafzweck und Strafzumessung...，*Materialien* I 9.

SCHÖCH，Grundlagen und Wirkungen der Strafe，*Schaffstein-FS* 1975 255.

SCHÖNEBORN，Die regulative Funktion des Schuldprinzips，*GA* 1975 272.

SCHÖNEBORN，Schuldprinzip und generalpräventiver Aspekt，*ZStW 88* 1976 349.

SPENDEL，Die Begründung des richterlichen Strafmaßes，*NJW* 1964 1758.

SPENDEL，Zur Entwicklung der Strafzumessungslehre，*ZStW 83* 1976 203.

SPENDEL，*Zur Lehre der Strafmaß* 1954.

TRÖNDLE，Gedanken über die Srafzumessung，*GA* 1968 298.

v. WEBER，*Die richterliche Strafzumessung* 1956.

ZIPF，Die Integrationsprävention...，*Pallin-FS* 1989 479.

亦见第七章开端所指出的书目。

一 罪过和预防作为量刑的一般标准或规范原则

1. 初步确定

第 280 节　根据已多次引用的第 72 条第 1 款的规定，"刑罚分量之确定须按照行为人之罪过在法律所定之限度内为之，并考虑预防将来的犯罪之要求"。因此，*罪过* 和*预防* 是二项式的两个术语，必须借助它来构建**刑罚分量模式**（狭义上，或者"刑罚的具体确定"模式，因为我们知道这两个表述对所有效力都是同义的）。

然而，悬而未决的问题似乎仍然构成巨大的多样性：为了量刑的效力，如何理解或概念化罪过和预防？它们如何相互关联？而且，在预防领域中，如何将一方面的个人或特别预防与另一方面的一般预防关联？这些是不可能省略明确答案的关键问题；可以肯定的是，这些问题不仅具有——远超于此——最坚定的理论或学说价值，而且在对它们给出答案之前，最终取决于对行为人科处的刑罚分量。

在回答提出的问题时，解释者并非无助的，尽管这些表述存在缺陷并且受制于第 72 条第 1 款不可避免地[1]表现的巨大不确定性。一方面，适用者拥有德国、瑞士乃至奥地利学说和司法见解不可估量的协助，而这些学说和司法见解，鉴于法律文本在某些程度上与我们的相近（德国《刑法典》第 46 节、瑞士《刑法典》第 63 条和奥地利《刑法典》第 32 节），在此方面一直发展着一些基本理论，这些理论虽然在很大程度上相互矛盾，但以决定性的方式阐明了主导悬而未决的问题的可能方法。另一方面，不论从第 72 条，还是从《刑法典》的其他规定[2]，甚至从整部《刑法典》及甚至从某些宪法规定[3]，都会产生关于构建*理解及罪过与预防相互关联*的模式作为量刑的*规范性原则*或必要标准的一种足够明确的立场。

第 281 节　法官根据罪过及预防找到量刑的法律要求是绝对可以理解的和合理的。通过考虑**预防**要求的要件，产生对具体个案惩罚的*社会需要及*

---

[1]　由于所涉问题的特殊性，这里似乎忘记了 BRITO, J. de Sousa e, cit.。这就是为什么相应的规定在 1991 年草案第 71 条第 1 款中具有更大的可塑性："刑罚分量之确定须按照行为人之罪过及预防之要求，在法律所定之限度内为之。"

[2]　即使是从分则所包含的规定。

[3]　正如在意大利一直被 DOLCINI, *RItalDPP* 1974 356 ss 所特别强调的一样。

由此引起在具体个案中实行的刑罚*目的*。通过考虑行为人*罪过*的要件反映出以下要求：犯罪的个人方面——这方面与无条件规定尊重行为人的人格尊严有关——以不可克服的方式*限制着*预防的要求。

一旦肯定了这一点，就引出了以下方面的要点：关于应如何理解所述的两个方面及它们应如何在量刑程序中产生作用，关于在它们相互冲突时应如何兼容，简而言之，关于对这些方面的每一个（载于第 72 条第 1 款中）赋予量刑的不同*因素*的标准（在第 72 条第 2 款中示例性提及的因素）[4]。此外，这仅是对整个事宜中必须构成最基本原则而承认的结果：*量刑程序是（并且只能是）在适用刑罚的含义、范围和目的中刑法体制所持立场的纯* **衍生物**[5]。

2. 预防

第 282 节　从以上陈述可得出的结论是，当将预防视为规范法院量刑活动的原则时，不能够将*广义的预防*概念视为所有刑事政策的总目的，即视为一系列打击犯罪的预防手段和策略[6]。实际上，这里所涉及的是，在犯罪已作出并因此不能以上述意义进行预防时而适用的具体刑法后果。这里相关的背景中，"预防"具有——只能具有——当讨论*适用*刑罚的含义和目的时，简而言之，当讨论刑罚的*目的*时而具有的确切含义。换句话说，"预防"一方面是指**一般预防**，另一方面是指**特别预防**，具有这些术语在讨论惩罚目的时所具有的特定含义。

第 283 节　然而，这种看似无关紧要的主张在学说上仍然非常有争议。实际上，不缺那些坚持认为刑罚的一般预防价值在法律上受到威胁时实际上已耗尽的人，因此在具体适用一种刑罚的过程中预防的要求会以绝对优先的方式变成或者在任何情况下倾向于个人预防[7]。然而，准确无误的是：

4　正如目前开始逐渐地在意大利获得承认：见 DOLCINI, *RItalDPP* 1974 356 及 MANTOVANI n.° 204。

5　似乎 DOLCINI, em: AA. VV., *Dir. pen. in trasformazione* 1985 270 和 MANTOVANI n.° 204 亦接受这一点。

6　因此，亦见 MAURACH/ZIPF § 63 n.° m. 2。

7　因此，例如在德国见 KÖHLER, cit. 29 ss., 62 及 MAURACH/ZIPF § 63 n.° m. 2；在意大利见 ROMANO, cit. 179 及在某种程度上见 DOLCINI, como na nota 5, 277；以及在葡萄牙见 BRITO, J. de Sousa e, cit. 33 ss.。在西班牙坚决合理地持反对意见的，见 LUZÓN PEÑA, cit. 61 ss。

就目前的理解而言，作为**积极或融合的一般预防**（见上文第55节）是*适用*刑罚的不可或缺的时候——而事实上，正如我们将会看到的，是最重要的时候——，并因此对一般预防的程度是非常重要的。

3. 罪过

第284节　从上述指出的一般方向还可得出结论，与量刑有关的罪过严格上必须是在确定刑罚的含义、范围和目的及其适用中占显要地位的罪过，因此，在整个理解中，即在引用**罪过原则**而提及的罪过或者在研究**作为犯罪概念的构成元素的罪过**[8-9]而提及的罪过。

第285节　但是，这一主张也受到质疑，实际上，今天，这种主张的范围比预防概念的范围广得多。一种普遍的学说，尤其在德国，想要区分**以刑罚为依据的罪过**（*Strafbegründungsschuld*）和**以量刑为目的的罪过**（*Strafzumessssungsschuld*）[10]。然而，这种区分没有充分的依据，不论是基于没有充分确定在一般犯罪学说中有效的罪过概念，还是基于在量刑过程中对罪过和预防如何联系有不正确的理解，甚至是基于对规范性原则和量刑的具体因素之间的关系类型的不正确理解，以及对于该等规范性原则应如何定性这些因素。

第286节　大多数学者认为，为量刑效力而对特定的罪过进行个体化将会是必要的，因为作为构成犯罪要素的罪过，如果因为根据规范没有对罪过进行确定（尽管可以确定）而纯粹针对行为人的谴责作出判断，**可能无法使**行为人的行为所作出的（客观和主观的）**不法罪状的严重性与量刑相**

8　甚至对"罪过原则"中提到的罪过与犯罪概念的构成要素之间的这种区分也存在争议：第一种罪过对于某些学者来说主要构成刑事政策和宪法的概念，第二种罪过纯粹构成教条和类别上的概念，例如，ACHENBACH, *Historische u. dogmatische Grundlagen der strafrechts-systemathischen Schuldlehre* 1974 § 1。但是，从我们的角度来看，这是不合理的，正如源于针对作为犯罪的构成要素的罪过所进行的研究。最后见 DIAS, J. de Figueiredo, *RPCC 2* 1992 7 - 30。

9　总而言之，从不同的角度同意的，例如见 HORN, *SK* § 46 n.° m. 37；NOWAKOWSKI, cit. 159 及 *WK* § 3 ss. n.° m. 49；JAKOBS 17 n.° m. 1, nota 1；而且，似乎有相同意见的见 BRTIO, J. de Sousa e, cit. 21 ss。

10　因此，首先，我们当中的主流立场见 CORREIA, Eduardo, *Actas PG* II 123 及 FERREIRA, M. Cavaleiro de II 1989 102 ss。以及在德国，当中见 ACHENBACH, como na nota 487；JESCHECK § 82 IV 2；ROXIN, *RPCC 1* 1991 533 ss 及 *Bockelmann-FS* 288；MAURACH/ZIPF § 63 n.° m. 19 ss. , 31 ss。最后，关于整个问题，见 FRISCH, *ZStW 99* 1987 380 ss。

关——正如所有学者都同意应该这样，此外，第72条第2款 a 项亦这样规定。所以，必须在量刑中使用罪过的"高级概念"，即一种通用术语（Oberbegriff），当中包含——此外，当它必须发生在1886年《刑法典》第84条中的"罪过"概念时[11]——的不单是罪过罪状，亦包含作为犯罪的构成要素的不法罪状。

然而，这似乎不是必要的，甚至不是准确的。由于刑法上的罪过是一个*实质性的*概念——它不仅限于纯粹对谴责的判断，亦包含谴责的理由以及通过罪过对行为人作出谴责的东西——，马上变得有可能的是透过罪过对不法罪状的要素进行考虑：*本身*不存在刑法上的罪过，而只存在具体涉及单一不法罪状的罪过罪状[12]。另一方面，批判性观念的基础是这样一种想法，即罪过与量刑相关，提供一种*罪过幅度*（moldura de culpa），而预防仅在这一幅度*内*起作用。但是，正如我们将在下文第298节及其后的节数所看到的那样，这样的观念也不准确：为量刑的效力，积极或融合的一般预防（prevenção geral positiva ou de integração）要求所提供的"幅度"是关键，因此以这种方式有可能（和有必要）为了量刑而强调与不法罪状有关的许多因素。

第287节　为使有效的罪过概念具有正确性而提出的另一个理由是，不必扩大犯罪一般学说的概念——正如我们所看到的，它支持先前提出的理由——，而是要缩小这一概念。这是因为，当在这个概念中——即使这一概念尽可能缩减至以下判断，即根据规范没有对罪过进行确定（尽管可以确定）而纯粹针对行为人的谴责而作出的判断——不可能完全抽出关于行为人的人格的组成部分，那么为量刑的效力重要的是，使一种新的概念"缩减"起作用[13]，这允许构建一个**"只涉及事实的纯罪过概念"**[14]。从这一概念删去与行为人人格有关的所有要素，而这些要素只应通过预防与量刑

11　因此，坚持地，见 FERREIRA，M. Cavaleiro de II 1981 420。

12　因此，见 CORREIA，Eduardo II 320："当将*罪过*视为量刑［……］，有必要考虑当中所透视的所有犯罪要素，并可考虑这些要素以调节透过罪过对行为人作出的谴责"（在原文中已突出）；以及 DIAS，J. Figueiredo，*Liberdade* …[2] 1983 161 s。总之，现在亦见 BRITO，J. de Sousa e，cit. 22 ss. 及 FERREIRA，M. Cavaleiro de II 1989 104："必须根据有罪行为，包括有罪意愿和作为其目标的不法事实来确定刑罚。"

13　在此方面，见 BRUNS，*Welzel-FS* 752。

14　这一表述来自 SCHAFFSTEIN，*Gallas-FS* 108。

相关[15]。

但是，这一论点也远远不能成立，事实上有几个原因。在其基础上仍然有犯罪的一般学说中关于什么是罪过的不可接受的一种理解。根据这一理解，尤其是不可能对**透过罪过**必须与量刑有关的行为人人格的成分及对**透过预防**必须与量刑有关的行为人人格的成分进行区分，正如总是有必要完全合理化刑罚的具体确定程序[16]。此外，在受到批评的整个观念中，存在着一种本质但无法克服的矛盾，即为量刑效力从罪过概念要求原始的且实质上复杂的功能——像提供一种"罪过幅度"的功能，当中将确定具体刑罚——以及同时使罪过概念失去其所有实质内容的矛盾[17]。从这里要捍卫的观点来看，任何一个都不是准确的；相反，正是通过罪过与行为人人格相关——在一般犯罪学说中也应如此——这一概念就同时对量刑任务变得有用和必要。

4. 作为有别于量刑的规范原则的罪过和预防。量刑因素的所谓"矛盾性"

第288节　就像在围绕刑罚目的的讨论中一样，在量刑学说中，"罪过"和"预防"必须被维持区分，不论在其概念上的确定，还是——这也许是最重要的——在其**目的论和功能上的确定**（**determinação teleológico-funcional**），即建立它们（译者注：指罪过和预防）每一个都必须在量刑制度中行使的功能。从这个意义上说，Zipf 完全有理，当他断言（尽管这将在下文变得清晰起来，其用意和含义有别于我们论述中存在的用意和含义），"罪过与预防之间的明显区别对理解量刑学说是*关键的*"[18] 时。在不影响——无论如何我们将会补充——所承认的范围中，确定刑法上的罪过概念（此外，像所有其他刑法上的教条类别的概念）受到刑事政策考虑的支配，并因此受到预防考虑的支配[19]。

---

[15]　这一方向，除了 SCHAFFSTEIN, cit. , 亦需强调：STRATENWERTH, *Tatschuld u. Strafzumessung* 1972 28 ss；HORN, *SK* § 46 n.° m. 41；以及 MAURACH/ZIPF § 63 n.° m. 7 ss。

[16]　这样承认的见 BRUNS, *Strafzumessungsrecht* 396，甚至在某种程度上见 MAURACH/ZIPF § 63 n.° m. 8！

[17]　BRUNS, 如前一脚注和 *Welzel-FS* 753 留意到这一矛盾。

[18]　MAURACH/ZIPF § 63 n.° m. 3.

[19]　DIAS, J. Figueiredo, *Liberdade…* ²1983 237. 这方面主要见 JAKOBS, *Schuld u. Prävention* 1976 7 s. 及 ROXIN, *Pol. crim. y sistema del der. pen.* 1972。

第 289 节　然而，不应在量刑方面将过错和预防的规范性原则之间的区别理解为与量刑相关的每个不同因素也都归因于*其中之一*——不论是归因于罪过，还是归因于预防（第 72 条第 2 款）。

相反，有必要接受这些因素的矛盾[20]，而实际上是从双重的含义上来讲。一种含义是，在构成一种因素的各种要素之间——例如，第 72 条第 2 款 a 项所指的"事实之不法程度"——某些要素**不仅**与罪过相关，**而且**与预防相关。另一种含义是，同样的要素，在双重相关时，可具有**反义的含义**，这取决于该要素是否为罪过或预防的效力而被考虑。例如，减少（减轻）罪过的要求以及增加（加重）预防的要求，反之亦然。此外，从这个理由可以看出，按照 1886 年《刑法典》第 34 条和第 39 条的方式，关于加重和减轻情节的法定"情节"的正确性和有用性不容怀疑[21]。

二　罪过原则和预防原则的关系及量刑"模式"

第 290 节　我们已指出为什么在量刑过程中最大限度地保持维持罪过原则和预防原则的不同。然而，有一件事是不可争议的：量刑的诉讼程序是单独和不可分割的，其结果是找到一个具体的解决办法，不论确定应对不法分子科处的具体刑罚为何。因此就产生了一个不能被抑制或掩盖的问题：在量刑的单一过程中，有别于罪过和预防的本质是如何联系在一起的？这些本质中的每一个在这个程序中具有什么功能以及其关系遵循什么模式？这个模式可以提供什么以解决适用刑罚的目的之间不可避免的冲突和矛盾？

1. 所谓的立场或使用价值理论

第 291 节　在德国出现一种学说[22]［在德国学说上以非常重要的称号*"地方价值理论"*（*Stellenwerttheorie*）流传着］，该学说旨在从一开始就消除量刑程序中罪过和预防之间发生冲突的任何可能性，以及防止预防原则在

---

[20]　这方面主要见 HORSTKOTTE, *JZ* 1970 125。我们当中，亦见——但只强调某些情节可具有的加重或减轻含义——FERREIRA, M. Cavaleiro de II 1989 118 s。

[21]　持相同意见的，见 MMAURACH/ZIPF § 63 n.° m. 11。

[22]　由 HORN, *Schaffstein-FS* 241e *Bruns-FS* 165 和 SCHÖCH, *Schaffstein-FS* 255, 259 ss. 完全及一致地主张。然而，见 HENKEL, *Die «richtige Strafe»* 1969 22 ss。同一想法，现见 ROMANO, cit. 181 e art. 133, n.° m. 41 ss。

整个确定刑罚的程序中被双重考虑——正如，根据这一学说，最终在其他理论中也是如此——，即为狭义上的量刑效力被考虑，以及为刑罚的选择被考虑（广义上的量刑：见上文第258节）。当像第72条第1款这样的法律规定——同样引起争论——将罪过和预防视为量刑的原则时，这只能作为广义上确定刑罚学说的"纲领性指引"[23]。然而，事实是，在整个程序中，**罪过和预防具有产生不同作用的领域**：对于刑罚的选择（或广义的量刑）应完全而且只是对预防进行考虑；对于刑罚的具体确定（或狭义的量刑）应只是对罪过进行考虑。

第292节　毫无疑问，以这种方式实现问题的简化是值得注意的；而且，正如我们将要看到的（下文第497节及其后续节数），也是准确的是，为刑罚的选择效力，只有预防性的观点是有效的，而不是对罪过进行考虑。然而[24]，不准确的是，刑罚的具体量（狭义的量刑）应——或者甚至可以——**仅**出于罪过的考虑而得出。

此外，批评的原因不在于这种方式意味着接受罪过程度（medida da culpa）可以立即提供刑罚的准确量［正如点罚理论（*Punktstrafetheorie*）所捍卫的，见下文第296节］以及不只是提供其中预防性观点可以产生作用的一种"罪过幅度"或者一种"自由边缘"［*罪过结构理论*（*Schuldrahmentheorie*）或者操作边缘理论（*Spielraumtheorie*），见下文第296节］[25]。批评的原因在于，从一开始位置价值理论就与第72条第1款的内容不相容，这一内容无疑希望将预防性观点亦与*量刑相关而不仅仅是与刑罚的选择相关*。然后，罪过观点——无论这个概念有多广泛：见上文第286节——从刑事政策角度来看，单凭它们不足以也不适合去找到具体的刑罚，只根据罪过的标准来确定刑罚无疑是公正的刑罚，但不知道它们是否同时足够、便利或者甚至必要！正如我们已经看到的（上文第54节），广义上的刑罚必要性是在民主和社会法治框架内使刑罚合法化的必要条件（*conditio sine qua non*）。尽管刑事政策观点上的罪过概念广为人知且经常得到肯定，但事实是，只有预防性观点才能构成对该必要性、便利性和适当性的安全保证。因此，简而言之，只有适用刑罚的加剧报应性观点（当中这种适用在罪过中找到其*唯*

23　同样见 HORN，*Schaffstein-FS* 253。

24　在 ROXIN，*Culpabilidad*，cit. 115 ss 中可以找到对这一理论的全面批评。

25　然而，就这种批评而言，见 MAURACH/ZIPF § 7 n.° m. 23。

一*的依据*）才可以肯定地证明像位置价值理论这样的理论。

2. 准确罪过的刑罚理论

第 293 节　另一种理论——虽然显然是从与先前考虑的前提完全不同的前提出发，但最终在依据和结果上都显示接近它——简单纯粹地指出，**量刑由罪过程度提供，而且罪过程度是一种精确的分量**（**medida exacta**），反映从刑罚等级所定义的一个点，因此被称为*点罚理论*（*Punktstrafetheorie*）。至于预防性的考虑——而在此，这一理论与前一理论有分歧——，它们只能在罪过的概念范围内加以考虑，从而确定准确的罪过程度[26]。

第 294 节　对这一理论的批评最频繁的观点一直在于以下主张：根据其本质，**罪过不可能反映一种准确的程度**，能够确定刑罚等级的固定和完全准确的点[27]。或者以下主张：即使是这样，鉴于人类知识固有的局限性，这种准确的程度是**难以理解的**[28]。但是，当罪过在量刑程序中发挥的功能被正确确立时，所有受到批评的方式都变得毫无意义；可见，罪过提供一种准确程度或者只提供一种刑罚幅度，这并不重要。

第 295 节　这一理论受到的基本批评，与反对先前考虑的理论的批评，在很大程度上是相同的：在量刑程序中，**它赋予罪过更多，而赋予预防更少**，并基于以下所谓错误的基本原则，即适用一种刑罚的主要功能是行为人罪过的补偿（回报）。此外，即使只为了确定罪过而突出预防性观点，最终显得背信于在可能范围内有别于在量刑过程中罪过和预防的最大考虑（见上文第 288 节）。

3. "自由空间"或"罪过幅度"理论

a）陈述

第 296 节　德国司法见解在这方面所捍卫的以及今天多个国家学说中广

---

[26]　见 KAUFMANN, Arthur, *Das Schuldprinzip* 1961 65 s 及 HEINITZ, *ZStW 70* 1958 5 ss.；而在瑞士，见 TRECHSEL § 63 n.° m. 4。

[27]　例如见 ROXIN, cit. 96 ss.；以及我们当中，见 CAVALHO, A. Taipa de, cit. 1129 及 BRITO, J. de Sousa e, cit. 6 ss。

[28]　同样，我们当中，见 CORREIRA, Eduardo, *Actas PG* II 123，跟随着 KAUFMANN, Arthur, Das Schuldprinzip 1961 66 及 BRUNS, *Strafzumessungsrecht* 270。批评方面，见 BRITO, J. de Sousa e, cit. 7 s。

泛主流的理论（*操作边缘理论* 或者*罪过结构理论*）[29] 指出，**基本上必须通过罪过程度来确定刑罚的分量**。然而，罪过程度不是作为确切的数量提供给适用者，而是作为一种*自由的空间* 或者*不确定的空间*（*操作边缘*）、作为一种*罪过幅度*（*罪过结构*），甚至在法定的最大和最小幅度之间波动。"在此存在——德国联邦法院范式地指出[30]——一种自由的空间，其下限由*曾经* 显示符合罪过的刑罚确定，而其上限由*仍然* 显示符合罪过的刑罚确定"。至于**预防性**的考虑，它们将在这种罪过幅度、自由或不确定的空间*内* 确切地产生作用：在与罪过相应的各种刑罚中，应选择最适合于不法分子重返社会的刑罚。因此，正如 Zipf 正确地表示那样[31]，罪过幅度的确定是一个"通往刑罚的最终分量的中间步骤"。

第 297 节　这就是目前正在研究的理论核心。因此，像 Roxin 这样的人的立场是，在某些特殊情况下，考虑**特殊的社会化预防**的力量会导致打破*罪过幅度的最低限度* 本身，并允许具体的刑罚**低于该限度**：在这种情况下，具体的刑罚已与罪过不符，而是通过令人信服却无法实现的社会化理由来证明其合理性[32]。简而言之，当罪过与社会化之间的冲突变成真正的对立面时，必须根据社会化的需求来确定哪一个具果断的优势。在这些情况下，刑罚可减少多少？Roxin 回答：**直到法定幅度的最低限度**，因为立法者以这种范围确定积极的一般预防的最低要求，其形式是——在所有情况下都是不可避免的——*法律体制的保护*（*捍卫*）。

相反，刑罚将永远不能以**超出**罪过幅度提供的自由空间的最大限度来确定——

29　同样对于德国，当中见 BRUNS, *Strafzumessungsrecht* 105 ss；MAURACH/ZIPF §§ 7 e 63；ROXIN, cit. 93 ss., 115 ss。但奥地利同样也是主流的，见 NOWAKOWSI, *Strafrechtliche Probleme* II 181 及 BURGSTALLER, *ZStW 94* 1982 131 ss.；在瑞士见 DUBS, *ZStW 94* 1982 161 ss.；以及在意大利见 DOLCINI, cit. 354 ss e *RItalDPP* 1974 1156 及 MARINUCCI, *Jus* 1974 481 ss。同样在葡萄牙，这个方向很大程度上是主流，见 CORREIA, Eduardo, *Lições* 62 s., II 318 e *Actas PG* II 123；FERREIRA, M. Cavaleiro de II 1989 103 ss.；CARVALHO, A. Taipa de, cit. 96 ss.；BRITO, J. de Sousa e, cit. 10 s；GONÇALVES, M. Maia art. 72.°, anot. 2；LEAL-HENRIQUES, M./SANTOS, M. Simas I 375。明显表达这种含义的例如亦见 AcSTJ de 91 JUL 10, *CJ XVI – 4* 1991 15："为了确定刑罚，罪过被认为是首要且不可侵犯的原则，对在一定范围内针对劝阻和重返社会的数据的某种对等措施进行调节。"

30　BGH 7, 32。斜体由我们加上。

31　MAURACH/ZIPF § 7 n.° m. 25.

32　ROXIN, cit. 104 ss., 136 s. 而在之前，在*未来法* 中及紧跟着 § 59 do AE-AT，见 SCHULTZ, *Einführung in den AT des Strafrechts* II – 2 1974 63。我们当中，现见 BRITO, J. de Sousa e, cit. 28 ss。

对此，所有人都同意——，即使从这种意义上讲，对具威吓的一般预防（prevenção geral de intimidação）或者具特别性的安全或中立预防（prevenção especial de segurança ou neutralização）有迫切的理由（针对行为人的危险性而捍卫社会）。实际上，这种刑罚——与刑罚低于罪过幅度的最低限度所发生的不同，至少对于在此以 Roxin 为首所流行的观点——必然违反罪过原则，并因此违反自由和民主的刑法体系的基本刑事政策（甚至宪法）依据之一。

b）批评

第 298 节　明确地，罪过幅度理论应被否定[33]，因为在具体个案中确定刑罚的相反目的的方式是不可接受的。的确，将量刑的决定性力量赋予罪过程度（即使透过一种"幅度"，而不是罪过的"确切点"）与这种基本思想相悖——然而，这种思想的支持者不少！[34] ——根据这种思想，**预防性的考虑完全构成刑罚的目的**，因此，刑罚和罪过之间不是一种双向（在 Roxin 的术语中为双边）关系。简而言之，它所反对的思想为：在以补偿或偿还行为人的罪过为目的的刑罚适用上，罪过是刑罚的前提和限度，但已不是其分量的标准。当预防性的观点被排斥以便不论只在罪过幅度内还是只在特别情况下低于这个幅度而产生作用，在将量刑的决定性力量只赋予罪过的考虑下，整个基本思想肯定会受到损害[35]。

第 299 节　在此亮出的立场的对立面中找到那些批评自由边缘理论的学者[36]——有时被称为其对罪过的"入侵"（Romano），并允许它考虑不同分量的适当刑罚（即对罪过*已经*是适当的刑罚和对罪过*仍然*是适当的刑罚）——，因为赋予**太少**（！）罪过的本质和其在制度中的功能。然而，显然，这种立场受到了更加严峻的报复主义（retribucionismo）的影响，这种报复主义在这里决不能被接受，因为它不符合当前葡萄牙制裁制度的意图。

第 300 节　此外，正如我们所说，即使在最后提到的"特殊"情况中，反对罪过考虑的力量只赋予（重新）社会化的想法，而对于**一般预防**而言，其所缺乏的功能是，指出低于无法实现法律体制的必要保护的限度。

---

[33] 同样，尽管出于十分不同的观点，见 JESCHECK § 82 III 3, *in fine*, BRUNS, *Strafzumessungsrecht* 263 ss. 及 FRISCH, *ZStW* 99 1987 362。

[34] 正如 ROXIN, cit. 187 ss. e *BFDC* 59 1983 1 的示例性情况。

[35] 最后，在这种批评的意义上，非常清楚地指出了所分析概念中所隐含的矛盾，同样见 LUZÓN PEÑA, cit. 36 ss。

[36] 例如，DREHER, *JZ* cit. 45, JESCHECK § 82 III 3, ROMANO art. 133 n.° m. 33。

此外，具有以下加重因素：这种可能的刑罚的"最低中的最低"源于立法者的抽象确定（可适用刑罚的最低限度），且不能在具体个案中被法官改变；尽管可以肯定的是，整个过程的关键在于法官**对具体个案**确定必要的和公正的刑罚。立法者抽象地认为，在关于特定事实类型的规范生效时，对维护社会信心所必需的最低刑罚为何不必与面对具备具体严重性的事实对同一目的所必需的刑罚**量**相吻合，实际上，这个**量**可能必须高于该最低值。因此，永远不能夺去法官面对具体事实而进行一种由立法者抽象地确定的最低刑罚的"社会形态行为"（acto de conformação social）[37] 的能力。

4. 解决方案的建议

a）*基本思想*

第 301 节　*适用*刑罚的目的**主要**在于**维护法益及尽可能使行为人重返社会**。另一方面，**刑罚绝不能超出罪过程度**。在这两个命题中，存在着解决刑罚目的之间的相互矛盾的基本方式，因此，这种方式亦必须提供解决量刑问题的钥匙[38]。所有反映在量刑过程中这种基本方式的操作或变更，都会在制度中引入一种*规范性矛盾*，这使刑事政策上的不可放弃的宪法原则产生疑问。相反，在遵守该方式后，勾画出的主线是刑法的功能、刑罚的含义和目的与在具体情况中其分量的确定之间必不可少的协调。

b）*法益的维护*

第 302 节　因此，首先，必须通过在具体情况下**维护法益**的**必要措施**来确定刑罚的分量。而且，以下这种想法将不会合法地遭到反对：面对已发生的及明确已损害或危及法益的一个违法行为，谈论法益的维护没有意义。当肯定维护法益是刑法的功能时，不仅要考虑刑罚的*威胁*的时刻，而且——以同样重要的方式——要考虑其*适用*的时刻。因此，在此，法益的维护具有*预期的*意义（significado *prospectivo*），这反映出维护社会对维持（或甚至加强）被违反规范的有效性的期望。所以，我们已看到的以**积极的一般预防**或**融合预防**的思想完全涵盖的这个含义（见上文第 55 节）主要源

---

[37]　这一表述源自 JESCHECK §82 III 3, *in fine*。

[38]　依我们的观点，第 72 条第 1 款的内容已足够清楚的是，在与支配现行《刑法典》的基本刑事政策概念联系在一起时，面对 1991 年草案第 40 条第 1 款和第 2 款，现在变得无可争议："1. 刑罚的适用［……］旨在维护法益和使行为人重返社会。2. 刑罚绝不能超出罪过程度。"

于《葡萄牙共和国宪法》第 18 条第 2 款不容置疑地确立的*刑罚的必要性* [39] 的基本刑事政策原则。几乎可以肯定的是，如果量刑基本上不是由这一必要性的标准所规定，则可能会违反所述的宪法规范的精神。

第 303 节　正是由于 Jakobs 的提议——在 Luhmann 的术语之后才提出的——，根据这一提议，刑罚的主要目的在于**社会在被违反的规范生效时期望的反事实稳定化** [40]。然而，对于 Jakobs 而言，这种刑罚的稳定化功能与**法益的维护**功能不同：后者的功能至少在主要方面不会属于刑法，因此，"社会并不是为保持利益并很少为利益最大化的层次" [41]。在这一点上，文中的概念是另一回事。实际上，刑法的主要功能是法益的保护，稳定社会的期望的想法只是该基本思想所反映的可塑性形式。在这种意义上，也许可以说，文中的概念偏离 Jakobs 著作中可见的"纯粹的规范主义"，以便更接近于可能被称为一种"现实主义"甚至一种价值学的"社会主义"。

第 304 节　因此，维护法益的必要措施并不是*抽象的* 评估行为（它由立法者在确定可适用的刑罚幅度时执行：见上文第 257 节及其后续节数），而是**具体的** 评估行为，源于社会对立法评估的同意并由适用者根据案件的情节来执行。因此，具有最多样化性质和起源的因素——实际上，不仅是"环境"的因素，而且包括与具体的事实和行为人直接相关的因素 [42]——可使维护法益的措施和刑罚的需要性多样化。

第 305 节　乍看之下，有人说，与维护法益有关的刑罚必要性的这一基本标准必须提供**刑罚的确切量**，以此衡量的具体刑罚再次变成一种不允许任何更正的*点罚*（*Punktstrafe*）：不论是出于罪过的考虑（否则罪过会影响社会在被违反的规范生效时期望的反事实稳定化的层面），还是出于社会融合的特别预防的考虑。因此，可以补充的是，所有未达到这种维护法益的确切措施的东西都仍未履行刑罚的主要目的，而所有超出的部分都将超出必要措施，并因此是非法的。

然而，没有什么比这样的概念更准确了。当然，有一种维护法益和社

39　见 DIAS, J. de Figueiredo, *RItalDPP*, cit. 790 ss. 及 *Actas do Congresso Beccaria*, Milão 1988。

40　JAKOBS 1 n.º m 4 ss.

41　JAKOBS 2 n.º m 23.

42　从我们认为类似的意义上，FERREIRA, M. Cavaleiro de II 1989 108 指出，"情节可能是内在的和外在的"。

会期望的*最佳措施*，因此，这是一种以任何形式的考虑的名义都不能超过的措施。但是，**在这个最佳点以下，还有一些其他点，当中该维护仍然有效和一致**并因此在不丧失刑罚的主要功能的情况下仍然可确定量刑的位置，直到达到*最低门槛*，而在这最低门槛以下，在不会无法挽回地使其维护功能成问题的情况下，确定刑罚已不是社会上可承受的了。

第306节　从这个意义上讲，甚至可以说——尽管只是从翻译的意义上讲——正是**积极的一般预防**本身（不是罪过）**提供一种"自由或不确定的空间"，即一种"预防幅度"**，在这个幅度中，对社会融合的特别预防要求的考虑可以（而且应该）发挥作用。需强调的是，所发生的并非出于适用者认知限制的原因，而是出于甚至扎根于积极的一般预防思想的核心原因。然而，重要的是要更加严格地确定在量刑中罪过和社会化的考虑如何及在何种意义上共同产生作用。

c）罪过的考虑

第307节　首先——我们已强调了这一点，但是重复一遍并不过分——量刑/刑罚的分量绝不能超出罪过程度。在量刑学说中，罪过的真正功能实际上在于无条件的*过度禁止*[43]：罪过构成所有及任何预防性考虑的一种**不可逾越的限度**——不论是积极的或消极的，融合的或威吓的一般预防；还是积极的或消极的，社会化、安全或中立的特别预防[44]。结果，变得无所谓的是，知道罪过程度是在刑罚等级的固定点上确定还是被视为一种罪过幅度：不论以何种形式，适合于罪过的最高刑罚都是不能超过的。即使是出于最迫切的预防要求的名义，这种超过会使不法分子的人格成问题，并因此，由于宪法性原因，这是不可接受的。

第308节　此外，罪过与特别预防或威吓的一般预防之间可出现频繁的冲突。但是，不再容易否认这样的情况：对法益的必要维护的最佳点应**高于**符合罪过所允

---

[43] 然而，这与在限制基本权利的宪法性问题中——见 ANDRADE, J. C. Vieira de, *Os Direitos Fundamentais* 1983 223 s. 及 CANOTILHO, J. J. Gomes, *Direito Constitucional* [5]1991 628 ss. ——或者在关于保安处分的刑法问题中所使用的并行表述的含义不同（见下文第705节及其后续节数）。

[44] 十分确切地，似乎 CORREIA, Eduardo II 318 与我们的观点完全相同，他断言，"罪过的程度［……］仅对确定惩罚的*最高限度*有效"（在原文中加上粗体）。然而，正如我们所说，在随后的行文中，最终他赞同"自由的空间"学说。

许的点。实际上，减少罪过的理由原则上在社会上亦是可理解的及可接受的[45]，并且可以确定，社会在规范生效时期望的稳定化所必需的刑罚较少。因此，原则上，罪过和积极的或融合的一般预防之间没有不可预见的冲突。然而，这并不意味着融合的一般预防只是*罪过*的另一个名称、另一个观点[46]。从所陈述的内容可看出，那里存在着不同的现实，且在量刑学说中行使着不同功能的现实。

d）行为人的社会化

第 309 节　在积极的或融合的一般预防所允许的范围内——在最佳点与维护法益的措施在社会上可承受的点之间——可以及应该使**社会融合的特别预防观点**产生作用，正是这些观点**将会在最后确定刑罚的分量**。这个刑罚的分量应最大限度地避免行为人重返社会的破灭并帮助他重返社会[47]，只有以这种方法实现保护法益的最佳效力[48]。

第 310 节　但是，社会化考虑可以在多大程度上降低刑罚呢？或者，更明确地说：在什么时候积极的一般预防的最低要求使这种降低变得不可接受呢？在上文已经陈述过，Roxin 关于在抽象适用的刑罚幅度的最低界限中看到这样一个限制的想法不应该被接受（见上文第 297 节和第 300 节）。这一界限无疑是最低中的最低，但明显可发生的是，从具体个案获得的考虑促使积极的一般预防可承受的最低点确定为高于刑罚幅度的最低限度，这将会是一个低于这个点绝不能够确定刑罚分量的一个点。所有适用者必须问的是，鉴于相关个案的具体情况，根据维护法益的必要性和社会在被违反的规范生效时期望的稳定化，什么仍能显示社会上可承受的最低刑罚[49]。同样在此，融合的一般预防的这种最低（以捍卫法律体制的形式）与罪过所要求的最低刑罚无关[50]，这是现在不再需要更广泛地说明理由的结论。

---

[45]　从这个意义上讲，坚持着的，见 ROXIN，*BFDC* 59 1984 23 ss。

[46]　像在德国、奥地利和西班牙学说中流散的立场。对这一问题的优秀分析——以便像文中一样的总结——见 MOOS，*Pallin-FS* 305 ss。

[47]　因此，亦见 JESCHECK § 82 IV 2。

[48]　正如 CORREIA，Eduardo，*BFDC* 46 1970 29 s.；然而见 DIAS，J. de Figueiredo，*BFDC* 48 1972 139。

[49]　从这个解决方案的最终意义上说，同样见 LUZÓN PEÑA，cit. 61 ss。关于德国教条中捍卫法律体制的标准，见 MAIWALD，*GA* 1983 49；NAUCKE e OUTROS，*Verteidigung der Rechtsordnung* 1971；SCHRÖDER，*JZ* 1971 241；ZIPF，*Bruns-FS* 1978 205。

[50]　然而，跟随德国流散的学说，见 RODRIGUES，Anabela，cit. 37 s；但是，像在文中的，见 MOOS，*Pallin-FS* 310 s。

三 量刑要素的取得和评估之标准

1. 量刑本质的确定

第 311 节 确立了在具体的刑罚过程中罪过和预防相互联系的方式以及它们在该过程中实现的确切功能后——换句话说，确立了德国学说所讲的*基本方式*（*Grundlagenformel*）以及上文我们称之为量刑"模式"后——，可以说，从教条理论的观点来看，一方面我们阐明了最困难的东西，另一方面我们阐明了基本的东西。然而，出于同样的理由可以说，教条实践的适用任务现在才真正开始。实际上，选择所有与罪过和预防相关的*完全复杂的事实情节*也很重要。我们将这项任务称为[51]确定量刑的**本质**以及将该等情节称为量刑的**要素**[52]。

在取得这项任务时，法官得到了第 72 条第 2 款的协助，这一条文于规定法官在（具体）确定刑罚中将注意*所有尽管不是罪状的组成部分却规定对行为人有利或不利的情节*之后，示例性地列举一些最重要的具*一般*特征的量刑要素，也就是说，关于《刑法典》分则任何规定而可被考虑的要素。此外，仅这些要素将成为下文关注的内容：刑罚学说的特殊部分，除了尚未撰写的部分[53]，这些部分只能在对《刑法典》分则进行全面研究的情况下才能被想到。

第 312 节 德国学说经常强调，可能必须在**犯罪事实**的实质概念**之外**寻找和发现与量刑（要素）有关的——因此，属于量刑本质的——情节。所以，一些学者构建了*为量刑目的的事实*（或更喜欢可称之为*种类*）概念[54]；其他学者则主张，在此相关的事实概念确实是比实质性概念更为广泛的概念，而且是对*刑事诉讼法*（尤其是出于控诉原则的目的）有效之概念[55]；而另一些学者则主张一种"*双重方向*"*的构建*，这取决于与罪过还是与预防有关的情节[56]。

51　见 Zipf：MAURACH/ZIPF § 63 n.° m. 140。

52　BRUNS, *Strafzumessungsrecht* 357 适当地称之为"量刑的真正原因"。

53　同样对于德国，亦见 JESCHECK § 83 antes de I。

54　主要的构建步骤在 SPENDEL, *Zur Lehre*, cit. 233 ss., LANG-HINRICHSEN, *Engisch-FS* 353 ss. 及 SCHAFFSTEIN, *Gallas-FS* 112 ss 中。

55　同样见 MAURACH/ZIPF § 63 n.° m. 141 ss。

56　同样见 BRUNS, *Strafzumessungsrecht* 577 ss.；之后，我们当中见 BRITO, J. de Sousa e, cit. 24 ss。

这一问题尤其产生关于"事实之前和事实之后的行为"，而根据第 72 条第 2 款 e 项的规定，这一行为是量刑的要素。因此，当单独研究这一要素（见下文第 351 节及其后续节数、第 355 节及其后续节数）时，我们将有机会尝试澄清在此涉及的问题。

第 313 节　从一开始就很明显，如果认为**"实质性的"**事实概念只由相关的不法罪状和罪过罪状组成，那它不足以包含所有的量刑要素。[57] 例如，试图将实施犯罪已经过了很长时间且行为人在此期间维持良好行为的情况归因于不法行为和过错，是会不成功的[58]（这种情节，尽管超出第 73 条第 2 款 d 项的特别情况中作为确定刑罚的特别要素而占有显要地位的情况之外，一般应根据第 72 条第 2 款 e 项的规定与量刑有关）。事实上，需要记住的是，量刑的本质不能满足不法罪状和罪过罪状的类别，即使当对这些类别增加一种事实的处罚性类别（由刑事尊严的规范性原则组成的类别）时；相反，量刑的本质必须包括由*惩罚必需性*的规范性原则（princípio regulativo da *carência punitiva*）所组成的*惩罚*类别[59]。

因此，我们在此谈论的是构建一种支持法律后果的**总复合类别（tipo complexo total）**（或者实际上，如果更喜欢的话，是一种为量刑效力的类别），它不仅考虑罪过的要求，还要考虑预防的要求。基于这种承认，绝对没有必要追溯将罪过归因于它不支持的情节[60]，或者将刑事诉讼法本身的事实概念搬到刑法里[61]。但是，实际上有必要在总复合类别中将透过罪过形式与量刑有关的一系列元素与透过预防形式与量刑有关的那一元素区分开来；但是，所不允许的是，鉴于上文第 289 节所指的事实，谈论许多相关要素的矛盾性的（子）类别。

2. 禁止双重考虑的原则

a）含义和所涉及的范围

第 314 节　根据第 72 条第 2 款的规定，**不应在量刑中考虑已属于罪状**

57　但是，见 MAURACH/ZIPF § 63 n.° m. 50 ss。

58　同样见 BRUNS, *Strafzumessungsrecht* 591 ss。

59　关于这些类别及其规范性原则，见 DIAS, J. de Figueiredo, *RPCC 2* 1992 30 ss., 40 ss。

60　在总结上，十分确切地，亦见 DE VICENTE REMESAL, cit. 347 ss。

61　众所周知，在我们当中这源于《刑事诉讼法典》第 1 条第 1 款 f 项、第 303 条、第 358 条和第 359 条。关于这一内容，见 ISASCA, Frederico, *Alteração Substancial dos Factos...* 1989 及 FERREIRA, M. Marques, *RPCC 1* 1991 221 ss。

的情节：这实质上是禁止双重考虑的原则（princípio da proibição de dupla valoração）。按照最简单的表述，这一原则几乎具有明显的理由：*法官*为确定刑罚的分量不应使用*立法者*在建立事实的刑罚幅度时已考虑过的情节。因此，不仅包括狭义上的不法罪状要素，而且包括所有与法定的刑罚确定相关的要素[62]。从这个角度来看，很明显，双重评估的原则仅以其立即出现的形式出现，作为（在上文第 245 节及其后续节数已提及的）在整个确定刑罚过程中分开立法者和法官之间任务和责任的必要制度后果[63]。

第 315 节　**例子**。因此，例如，以第 136 条的罪行中所发生的牺牲人类生命为理由而*增加*刑罚的分量不是合法的；或者以第 137 条的罪行中母亲曾有婚姻以外的性关系为理由；或者以（第 215 条第 2 款）淫媒罪（crime de rufianaria）中行为人为牟利而行事为理由[64]；或者以公共危险罪（第 253 条及其后续条文）或针对卫生的罪行（第 269 条及其后续条文）中与行为有关的严重和不确定危险为理由；或者以第 306 条第 3 款 a 项的罪行中行为人使用危险的手段为理由；或者以第 420 条及其后续条文的罪行中行为人因属于公务员而具有特殊义务不作出犯罪（尽管这一情节亦可能是重要的，如果涉及例如第 219 条的帮助的不作出犯罪）为理由；或者以在个案中没有任何东西可用作证明行为人的行为或用作减少不法性或罪过的程度为理由。

同样，例如，如果根据法律或法官的决定已出现第 73 条规定的特别减轻刑罚，以并未意识到事实之不法性而作出犯罪（第 17 条第 2 款）、以犯罪在未遂阶段（第 23 条第 2 款）或者以犯罪归纳为从犯（第 27 条第 2 款）为理由而*减少*刑罚的分量不是合法的（见上文第 271 节及其后续节数）。

第 316 节　然而，根据个案的特殊情节，所陈述的内容绝不妨碍按照履行一个罪状要素的**强度**或**效力**而增加或减少刑罚的分量。例如，并非无关紧要的是，第 306 条第 3 款 a 项规定的抢劫中所使用的是喷枪还是机枪；同样并非无关紧要的是，第 143 条 a 项的身体侵犯反映的是一条腿还是两条腿的切割；第 160 条第 2 款 a 项的剥夺他人行动自由持续了 3 天还是 3 个月；或者第 314 条 c 项规定的诈骗中财产损失了 2 万康托还是 20 万康托。因此，正如 Bruns 正确地指出的那样[65]，在此所讨论的只是对"实现罪状的方式"

62　因此，为了涵盖在此赋予这一原则的所有范围，FERREIRA，M. Cavaleiro de II 1989 120 按照情节理论所提供的论点已不足够：某些要素不能被衡量两次，因为"除了罪状以外，情节更多"。

63　同样见 MAURACH/ZIPF § 63 n.° m. 60 ss。

64　同样，确切地见 AcRP de 83DEZ14，*BMJ 332* 511。

65　BRUNS，*Strafzumessungsrecht* 369.

的合理考虑，而不是对禁止双重考虑的原则的不法违反。

b）原则范围的一般延伸？

第 317 节 到目前为止，这一原则的实质内容基本上是未经过讨论的。然而，以 Bruns 为榜样，在德国普遍占主导地位的学说对这一内容增加了这样一种想法，即必须使罪状要素与那些以**被违反的刑法规定背后的动机和目的**为特点的要素相等，以及更普遍地**与一般伴随着相同种类的所有罪状的要素**相等[66]。但是，在这个范围内，是否应该支持这一想法是令人怀疑的。

当然，例如，鉴于与道路交通或毒品贩运有关的犯罪急剧增加，如果立法者决定加重在这些领域适用的刑罚幅度，法官不能——否则必然违反禁止双重评估原则——援引那些相同的一般情节，以加重具体个案中的刑罚分量；尽管几乎是显而易见的，这是我们的司法见解一直经常忽视的一个断言。

然而，这是一回事，另一回事所思考的是（正如似乎是上述德国学说的基础），在确定刑罚的问题上，仅由立法者而非由法官，出于刑事政策的考虑说明理由。与此相反，必须强调指出，这一任务不仅是由法官以不可放弃的方式具体规定实施该罪状的方式，而且是由法律规定的政治－犯罪意图。这项任务意味着在司法上确定具体个案中的刑事政策要求，尤其是关于诸如刑事必要性和尊严之类的类别，这些类别不能免除对事实及其行为人的**个别**考虑，并因此必须与量刑相关。并且应该果断地补充一点，即只有这样，才能确定具体案件中法益保护和行为人社会化要求的程度（见上文第 300 节、第 304 节及其后续节数）。

第 318 节 从以上陈述的内容得出结论，不应将这一原则理解为它只对透过罪过而相关的要素有效，而对透过预防而相关的要素无效[67]。即使这样的想法可以克服因矛盾或双重相关性的因素所引起的困难（见上文第 289 节），它只能期待以下慰藉：（不可接受地）减少关于特别预防中对量刑有意义的所有预防，并因此可理解的是，第 72 条第 1 款所载的罪过/预防二分法与关于事实要素/关于行为人要素二分法相同。相反，的确，整个问题在于正确确定禁止双重评估原则的范围，而不在于"重新塑造"——不必要的和不合法的重新塑造，见上文第 282 节及其后续节数以及第 284 节及其后续节数——为量刑效力的罪过和预防概念。

---

[66] BRUNS, *Strafzumessungsrecht* 366；之后例如见 JESCHECK § 82 V 及 MAURACH/ZIPF § 63 n.° m. 65 s。

[67] 然而，同样见 MAURACH/ZIPF § 63 n.° m. 60s.，72。

c）原则向量刑的其余操作延伸

第319节　没有充分的理由就**刑罚的法定确定或选择时**必须考虑到的情节排除禁止双重评估原则的发生[68]。换句话说，确定可科处之刑罚幅度或选择刑罚之具体情节，不应在定性与量刑有关之过错及预防方面重新考虑：这一原则不仅应适用于不法罪状的要素，也应适用于罪过罪状的要素或处罚性的决定性要素；甚至适用于源于标准示例[69]或由特别严重或不太严重的个案构成的变更、减轻或加重、有名或无名的单纯情节。关键是这些要素已经与法定的刑罚确定或与刑罚的选择相关。

第320节　然而，必须提出两项警告，否则，一直被证实的内容可能会引起误解。第一项警告是，很多时候，特别是在所谓的确定刑罚的特别情况中（下文第九章）或在选择刑罚的特别情况中（下文第十章），法律为这一效力规定要注意**罪过或预防的特别特征**。这并不会妨碍法官为量刑的效力其后使用这两个规范性原则（因此，例如在累犯问题中，见下文第385节；或者在替代刑罚问题中，见下文第557节）。这只妨碍法官第二次评估与刑罚的法定确定或与刑罚的选择相关的*具体情节*。

第二项警告——而且与刚才所陈述的有关——是，在这些情况中，罪过和预防的规范性原则反映在**事实的整体形象**中，以确定可适用的刑罚幅度（这样，例如在犯罪竞合问题中，见下文第420节及其后续节数；或者在特别减轻问题中，见下文第454节），在任何情况下都不应妨碍的是，这些原则在没有任何限制的情况下再次考虑量刑的操作。在这种情况下，不能说违反了禁止双重评估原则。

3. 量刑要素的评估及其标准

第321节　以第72条第2款的表达方式，"提供有利于或不利于行为人"的具体量刑要素，必须首先确定其与罪过或预防效力**相关的**要素；然后，必须根据这些规范性原则按照其具体含义对每一个要素进行**权衡**；最后，根据已决定适用的刑罚类型进行定性。在上述任何一项操作中，都不要忽略过错和预防在复杂的量刑程序中所起的作用。

a）罪过标准

第322节　因此，如上所述，罪过的功能是建立**具体的最大刑罚**，这仍

68　然而，部分重要的德国学说持反对意见，见 HORN, *SK* § 46 n.° m. 89 及 MAURACH/ZIPF § 63 n.° m. 67 ss. 与文中一致的，见 DREHER, *JZ* 1957 155 ss. 及 JESCHECK § 82 V；以及我们当中，见 SERRA, M.ᵃ Teresa, cit. 103 ss.

69　同样，十分确切地，见 SERRA, M.ᵃ Teresa, cit. 105 ss.

然符合在民主法治国家的本身框架中维护人的尊严的要求和保证其人格自由发展的要求。因此，作为**限制**的是，罪过程度用作确定绝对不能超过的最大刑罚（准确地说是"罪过原则"的现时形式，即"在没有罪过的情况下没有刑罚以及量刑不能超过罪过程度"），并非为了最终提供量刑：在罪过允许的范围内，量刑取决于预防的考虑。但是，在这种情况下，有两个细节仍然特别重要。

第 323 节　第一个细节——旨在强调第 286 节中的内容——将可用于再次强调的是，透过罪过的方式对量刑重要的是**不法罪状的考虑**，或者，诸如第 72 条第 2 款 a 项的表述，"事实的不法性程度、执行这一事实的模式及其后果的严重性，以及违反对行为人施加义务的程度"。在不需要任何进一步考虑的情况下[70]，与此相关的这种十分准确的想法，即刑法上的罪过不是一种"本身的罪过"，而是由于在一定事实中并因此在*具体的不法罪状*中有材料证实的无价值态度（atitude desvaliosa）而针对行为人的一种谴责。

第 324 节　第二个细节（严格来说，也已经包含在刚才陈述的内容中）是——与今天在德国广泛传播的某种学说所教授的内容相反[71]——**透过罪过的方式，事实的任何非典型后果**（**consequências atípicas ou extratípicas do facto**）都与量刑无关，而仅与典型后果有关，即与罪状之社会整体含义、其单一组成要素或其具体落实仍可产生之后果有关。不同的概念会影响到所有刑法的核心地位（此外，影响对其在民主法治国家中保障个人作用的承诺），根据这一主张，人类众多行为之中选择与限制判断和罪过原则有关的那些行为的功能属于这种罪状——尤其是属于客观的不法罪状，不论它由不法性的*基本理据*（ratio essendi）构成，还是由不法性的简单*认识理据*（ratio cognoscendi）构成。不法罪状和刑法上的罪过之间的绝对"一致性"是我们学科中最不可或缺的前提之一；不可避免的后果是，在不对判断和罪过原则的不合理［*译者注：此处理应表述为"合理"才能与文中的前后背景一致*］操作的情况下，不能以罪过的名义将不属于不法罪状的要素与任何效力相关联。

---

[70]　尤其是，依我们的人为判断来看，根据这种构想，"为量刑效力的罪过"不只包含"行为元素"，而且包含"结果元素"，见 MAURACH/ZIPF § 63 n.° m. 19 ss。批判性的想法，亦见 BRITO, J. de Sousa e, cit. 22。

[71]　见 HORSTKOTTE, *JZ* 1970 125 及 FRISCH, *GA* 1972 321。先驱的，见 WEBER, *MDR* 1957 693。

第 325 节　令人惊讶的是，部分重要的德国学说忘记了这些基本主张，并试图通过作为犯罪要素的罪过和为量刑效力的罪过之间在功能上和目的论上的区别来证明这一操作是正当的；如此操作的是，德国《刑法典》第 46 节 II——有别于我们的《刑法典》第 72 条第 2 款 a 项——规定，只有"事实的罪过后果"才与量刑有关。这使所述的德国学说进行一种完全虚假的构建：事实的非典型后果，尽管其具有的特征必须是**仍然可归责于行为人的罪过**（！）。其后，存在以下意见分歧：在故意犯罪中所有这些情节仍应被故意涵盖[72]；在类似于因事件而加重的犯罪中所发生犯罪的情况下，以过失的名义可被归责就足够了（第 18 条）[73]；还是所涉的后果作为行为中所含的典型危险的体现时才足够[74]。

似乎没有必要这样做。第一，有些与量刑有关的所谓的抽取后果甚至不是事实的后果，正如这一事实所能想象的那样，只是在事实发生时并不产生的旁系效应而已。例如，已婚人士在一个婚外情的周末，由于疏忽开车撞死了第三人，而配偶在得知通奸情况后自杀。第二，还有其他一些所谓的非典型后果，这些后果体现了罪状或其要素的社会意义，因此，仍然可以而且应该重新加以实现（例如，因身体伤害而患病的日子）。第三，在其他情况中所涉及的是结合了与行为人共同实施的另一种犯罪的构成要件的情况，并且必须根据将适用于该犯罪的刑罚来考虑这种情况——例如，被谋杀者的母亲因得知孩子死亡而中风，而谋杀者知悉她的心脏状况非常恶劣及她非常爱她的孩子。但是，只要仍有后果可归结为客观的不法罪状，对于所有这些后果都必须与主观的不法罪状及与罪过罪状一致，以便可以通过罪过在量刑中对这些后果进行评估。因此，对于这些后果，支配刑法中罪过、故意及错误的原则应继续完全有效。

第 326 节　非典型后果只能是重要的——并应是多次重要的——，但**并非透过罪过形式，而是透过预防形式**（例如，由一系列特别严重的犯罪造成的普遍不安全感、因特别令人反感的性攻击而造成的恐惧等）；尤其是透过积极或融合的一般预防，因此对维护法益和社会期望的需求增加。

b）积极的一般预防标准
第 327 节　直到罪过允许的最大程度，是**维护法益所要求的程度**——或

72　同样，见 SCHÖNKE/SCHRÖDER/STREE § 46 n.° m. 26。

73　同样，见 FRISCH, *GA* 1972 321 及 MAURACH/ZIPF § 63 n.° m. 36 ss. , 42。

74　同样，见 JESCHECK § 83 I 4。

者，这对于我们来说是一样的（见上文第303节），即稳定社会对被违反的规范的有效性的期望所要求的程度——，这种程度将确定量刑/刑罚的分量。因此，不要将这种程度与法定的量刑/刑罚的分量相混淆，尽管立法者在后者中基本上已经命令对积极或融合的一般预防作出考虑。现在所谈论的——这样的任务只能属于法官，而非立法者——是从所涉的个案中确定上述要求，综合其具体的执行形式、其特殊动机、它产生的后果、受害人的情况、行为人在事实之前及之后的行为等。

例如，并非这样的是——亦从现在所涉的维护法益及稳定社会期望的角度来看，而非只从罪过的角度来看——超市中的盗窃是由低收入的原不法分子进行的，其想在女儿生日那天送她一些巧克力，或者（即使偷窃的价值是一样的）由一位喜欢"收集"被盗的附属物品的高收入的多次累犯者进行。因此，在每一个由罪过所允许的限度内所接受的是——或甚至必须服从的是——通过参考相关的最大限度，后者的刑罚高于前者的刑罚。而且，正是透过这种形式——而非透过罪过的形式——，亦可突出第326节所谈论行为的某些非典型后果。

第328节　在所有情况下，尊重罪过所允许的最大限度后，以下异议总是与赋予一般预防的考虑的重要性相违背[75]，并且失去了价值：以这种方式，行为人被用作"手段"来达到他治的目的（fins heterónomos），并因此违反其**个人尊严**。尊重这一限度是根据《葡萄牙共和国宪法》第1条、第13条第1款和第25条第1款规定在此主张的解决方案的合宪性保证。

第329节　这样，量刑学说中一般预防的作用这一最受热议的问题也没有被讨论过，即以大多数的**消极**或威吓的**一般预防**的要求名义，这一问题是否合法。从一开始，大多数刑事制裁的威吓作用——在某种程度上有别于积极的一般预防所发生的[76]——到今天持续存在，以完全避开任何经验证据（comprovação empírica）[77]。例如，维持、废除或重建死刑的问题继续发生于许多国家中，这就足以证明了。但是无论如何在这一点上，普遍性的威吓，即使无疑是在融合的一般预防框架内应考虑的作

---

[75] 我们当中，例如见 CORREIA，Eduardo I 48 s.；以及最后见 KÖHLER，cit. 29 ss.，62 及 RO-MANO art. 133，n.° m. 36 ss。

[76] 关于此问题，主要见 ANDENAES，*JCLaw & Crim* 1975 e em AA. VV.，*Teoria e prassi della prevenzione generale dei reati* 1979。突出的亦见 PAGLIARO，*IndP* 1976 5 e *RItalDPP* 1979 1190 e *RItalDPP* 1981 447，HAFFKE，*Tiefenpsychologie u. Generalprävention* 1976 e SCHÜNEMANN，*Nulla pœna sine lege* 1978 12 s。

[77] 最后，我们当中，见 RODRIGUES，Anabela，cit. 38，附和 SCHÖCH 的研究；以及在奥地利，见 BERTEL，*Pallin-FS* 1989 31 ss。

用——而忽略或掩盖它却是虚伪的[78]——，但它本身并不构成刑罚的正当目的，只能作为维护法益和稳定社会期望的（也许是可取的）旁系作用。

第330节 在第302节中我们已经明确指出，维护法益的必要性——请记住，其最大程度并不一定总是与罪过程度相吻合——未作为刑罚的确切要点，而是作为一种"预防框架"；这一框架的最大值由个案罪过所允许的最高点构成，而其最小值亦在具体个案中源于对维护法益和社会期望有必要的刑罚*量*。正是这种"预防框架"的最低程度值得**法律体制捍卫**这一名称[79]。这种程度绝不受到罪过或特别预防的考虑影响[80]。决定性只能是必不可少的刑罚*量*，以使社会对规范的有效性的信念及以此方式使刑法制度中公民的信心和安全感不会不可挽回地出现问题。

第331节 从以上陈述的含义来看，捍卫法律体制的标准构成了整个量刑学说中的**基本的一般指引**（**orientação geral básica**），因此，它不需要明确地包含在法律中就可以得到承认。在不妨碍应同意这一概念在*刑罚的选择*和*替代刑罚*中获得其决定性意义的情况下，这是可证明的（下文第501节）[81]。与德国《刑法典》所发生的不同，当中这一概念出现在刑罚的选择中（第47节I、第56节III以及第59节I第3条），而葡萄牙的《刑法典》并没有明确提及。然而，这一概念对于我们的刑法制度并不陌生，在以下情况中提出了这一概念：在总则草案的修订委员会中，有人提议撰写今天的第71条，并非旨在改变第71条中的学说，而只是为了找到更适当的表述[82]，但明确地呼吁采用"法律秩序的捍卫"标准。

c）*特别预防标准*

第332节 在刚才提到的"预防框架"内，特别预防的目的不受限制。这意味着，应在此评估所有与任何特别预防思想所实现的**功能**有关的量刑因素，不论是社会化的主要功能，还是个人警告或者安全或无害的任何次要功能[83]。

78　诸如 CARVALHO，A. Taipa de，cit. 1134 准确地注意到一样。

79　关于这一概念，我们当中见 RODRIGUES，Anabela，cit. 39 ss，尽管在刑罚选择的特别问题中。

80　同样，在我们当中，再次见 RODRIGUES，Anabela，cit. 44 ss.；以及在德国，见 MAURACH/ZIPF § 63 n.° m. 99 ss。

81　RODRIGUES，Anabela，cit.，*passim*.

82　OSÓRIO，José，*Actas PG* II 121. 与内文的含义相同的，亦见 RODRIGUES，Anabela，cit. 24 s。

83　关于特别预防的各种功能，也从历史角度来看的，见 COSTA，A. M. Almeida，*O Registo Criminal* 1985 30 ss.，113 s. e 120。

第333节　事实上，如果**社会化的功能**当今构成——且在将来应继续构成——特别预防最重要的媒介，那么确实的是，它只在行为人**缺乏社会化**[84]时才发挥作用，而法官在这一范围内有义务对社会化进行首次查证。如果这种缺乏并不存在，那么从特别预防的角度来看，一切都是赋予刑罚一种足以**警告**行为人的功能的问题，这将使量刑／刑罚的分量降到接近捍卫法律体制的最低限度，甚至与它一致。如果确实警告的功能在替代刑罚中起主要作用，那么它也可能在量刑中起决定性的作用。

关于**社会化缺乏**的标准，在学说上经常会引起严重的误解，尤其是在经济犯罪和"白领"（*white-collar*）[85] 犯罪领域中。据称，至少在大多数情况下，"白领"因其经济社会地位、生活方式而受到尊重以及其社会融入的稳定性并不缺乏社会化。但是，这种主张必定遭到反对：即使是"白领"犯下的经济犯罪，原则上也显示出社会化的缺陷，当中国家有义务提供纠正的手段。但是，原则上亦不能这样说，例如关于因偶然对事情认罪的（某些）行为人等。

第334节　因此，原则上，行为人**社会化的必需性**的措施是为量刑效力而对特别预防要求的决定性标准。然而，如果行为人的社会化没有成功的希望——因此，意思上是在"不可改正"[86]的情况下——，那么唯一的选择就是（始终在罪过和维护法益的合法允许范围内）必要的**个人威吓**或**个人安全**（即无害性）。毫无疑问，这种特别预防方面的效力最主要的领域是保安处分（见下文第668节及其后续节数）。然而，正如在这方面一样，在刑罚本身中也将存在严格服从《葡萄牙共和国宪法》规定的法律*适度原则*——以及相继的**禁**止*过度原则*[87]——的前提（《葡萄牙共和国宪法》第18条第2款）。

四　量刑的具体要素

第335节　第311节中已经提到了这些限度，在这些限度内可在本陈述中考虑量刑的具体因素。起决定性作用的是第72条第2款所载的不完整清单。除此目录以

---

[84]　从某种意义上说，为量刑的效力，必须按照一定秩序评估特别预防的各种功能，见 BRUNS, *Strafzumessungsrecht* 323, HIRSCH, *LK* § 46 n.° m. 13 ss. 及 MAURACH/ZIPF § 63 n.° m. 111。

[85]　关于这一点及 DIAS, J. de Figueiredo 所追随的，见 CEJ（Org.），*Direito Penal Económico* 1985 36 s. e *Est. pen. y crimin.* 9 1986 62 ss。

[86]　众所周知，反对这种"不可改正"的原始立场是 CORREIA, Eduardo, *BFDC* 46 1970 25 ss，它在这个方面援引"我们的改正主义传统"。

[87]　现在，这些表述在其确切的宪法意义上得到了理解——与上文第307节所发生的不同。

外，还有与受害人有关的要素（人格、罪过竞合、不重要的同意等）——这些要素可透过罪过或预防显得重要——，以及特别与*刑罚的必要性*有关的因素（例如，在作出事实后已经过了十分长的时间，尽管无条件考虑第 73 条第 2 款的规定）。

1. 与事实的实行有关的要素

第 336 节　在此，"事实的实行"是从**总体和复杂的意义**上讲的，能够涵盖"事实的不法性程度、实行事实的方法及其后果的严重性，以及对行为人施加的义务的违反程度"、"故意或过失的强烈程度"以及"在准备犯罪时所显示的感觉以及确定犯罪的目的或理由"（第 72 条第 2 款 a 项、b 项和 c 项）。因此，在此所隐含的多种因素[88]是由属于不法罪状或罪过罪状的情节以及与透过罪过或预防与量刑有关的情节而产生的。

第 337 节　因此，在不法罪状的层面上，首要的是，以行为人作出**违反法律的严重性**[89]为特征的所有情节，而这些情节属于客观或主观的不法罪状：由行为产生的物质和精神*损害*（*dano*，material e moral）以及由此产生的所有典型后果、在犯罪未遂及危险罪的情况中造成*的危险程度、实行事实的类型和方式*（违法行为的残酷性、车辆造成的过失杀人罪中的超速、人身伤害中的残酷）、*故意中的认识程度和意思的强烈程度、过失中违反谨慎义务的程度*，等等。

第 338 节　另一方面，与事实的实行有关的因素中——甚至与违反法律的严重性有关的因素中——包含与行为人**弥补损害**有关的情节，甚至仅与他在此方面或者在与受害人解决争端方面所作出的**努力**有关的情节；以及，一般而言，包含**被害人的行为**。所有这些情节——即使透过罪过可显得重要（例如，被害人在强奸罪中的行为，以与第 201 条第 3 款的规定相对应的方式），通常将透过预防的形式，尤其是积极的一般预防，而显出其重要性（例如，关于弥补损害，以与第 301 条第 3 款的规定相对应的方式）——在减少量刑的意义上，具有最明确的含义。

这样，**对受害者的调查**（**investigações vitimológicas**）[90] 对量刑学说就变得极为

88　可以在 FERREIRA, M. Cavaleiro de II 1989 119 ss. 中找到其分析，他示例性地使用 1886 年《刑法典》第 34 条和第 39 条所载的一般加重和减轻情节列表。

89　同样见 CORREIA, Eduardo II 320 ss. 及 JESCHECK § 83 I。

90　关于它们的广泛资料，见 ANDRADE, M. da Costa, *A Vítima e o Problema Criminal* 1980。一个例子在 ALMEIDA, M.ª Rosa Crucho de, *RPCC* 3 1993 103 中。

重要。在某种程度上，正如在另一个背景下已提到（见上文第 64 节），就构成权（direito a constituir）而言，不乏学者提倡弥补损害的整个问题与刑罚和保安处分一起构成刑法的"第三阶层"。在量刑时，仅应避免在*提高*刑罚上评估*缺乏*弥补损害和行为人在此方面的努力而经常犯的错误。

第 339 节　关于**事实的非典型后果**，在先前的处理中（见第 324 节）它们已经是一个问题。当时所显示的是，它们也可以共同确定违反法律的严重性，在这种情况下，尽管它们始终从属于罪过的限度，但它们应通过预防的形式与量刑相关，尤其是通过积极的一般预防。

第 340 节　从这里所考虑的广泛意义上讲，与事实的实行有关的多种情节仍被用来描绘**谴责程度**的特征，并因此直接关系到判断或（和）罪过罪状。因此，行为人的*感觉、动机和目的*会表现在事实中[91]；在这种情况下，十分重要的是确定事实是否基于行为人的特定支配或只基于偶然或短暂的情况（这些情节在特别预防方面具有的所有重要性）。关于感觉和动机，重要的是要留意[92]，它们不仅包含内在动机的情况（仇恨、愤怒、营利意图、同情心、恐惧），还包括外在刺激（经济需求、胁迫、政治压力）的情况。关于对行为人施加的*压力*程度及其*刑法价值本质*，法官必须调查感觉、动机和目的[93]。并不是根据个人道德或哲学概念甚至是根据任何道德或哲学秩序来分析感觉、动机或目的，而是根据价值框架，尤其是刑法体制本身所流露出的宪法价值。在此特别重要的是要弄清亢奋感觉和无力感觉之间的区别，原则上前者是加重责任，后者是免除责任（正如明确源于第 33 条第 2 款，尽管在其他情况中[94]）。

第 341 节　在这个框架中，最后要考虑的是**对行为人施加的义务的违反程度**。正确的断言是，这一要素具有在过失犯罪中其选择的领域。但这并不是完全正确的：谨慎义务的违反不应在这个框架中占有显要的地位，而应像我们在第 337 节中所看到的透过第 72 条第 2 款 b 项的规定强调它。相

---

[91]　透过它们，在总则草案作者的用意上，反映着德国学说名为 *Gesinnngsmerlamale* 的东西，即"那些描绘不法分子的内在态度或道德态度的特征的元素，以及在故意或犯罪意思的动机和目的中容不下的元素，因为面对法律秩序本身，它们都更直接地与行为人的立场有关"，见 CORREIA, Eduardo, *Actas PG* II 126。之后见 DIAS, Jorge de Figueiredo, *O Problema da Consciência da Ilicitude*[3]1987 336[12], 434[39] 及 FERREIRA, M. Cavaleiro de II 1989 126 s。

[92]　诸如 JESCHECK § 83 I 4 亦指出。

[93]　十分相似地，见 DIAS, J. de Figueiredo, *Liberdade...*[2]1983 184 s., 217 ss。

[94]　在量刑学说范畴中，关于此含义的亦见 FERREIRA, M. Cavaleiro de II 1989 125。

反，第 72 条第 2 款 a 项提到的"行为人对被要求须负之义务"体现于行为人（与法益、被害人、行为目标等）的特殊关系，这些关系尽管不是罪状的组成部分（禁止双重评估），但应用作描绘加重罪过（*culpa agravada*）的特征[95]：这些元素不论在过失犯罪中还是在故意犯罪中都可遇见。

2. 与行为人人格有关的要素

第 342 节　行为人的人格——尽管不是整体人格，而只是事实中体现的人格——是量刑最重要的要素，并实际上透过罪过形式或预防形式与量刑相关[96]。

a）行为人的个人和经济状况

第 343 节　在此我们需考虑行为人的个人和经济状况。我们已经知道这些因素在确定罚金方面的特殊重要性（见第 147 节及其后续节数），因此，我们将不会反复说明这一点。在这种情况下，重要的是要强调，作为一般考虑，必须谨慎处理这些因素，因为它们具有非常特殊的**矛盾性**：只有能够具体确定以下与行为人应负的特殊职责相关联的情节时所起的加重或减轻作用，诸如行为人的经济和社会状况、年龄和性别、受教育程度、智力、家庭及职业状况等。

第 344 节　另一个重要的考虑是，这些因素**对过错和预防可能具有不同的意义**（这方面也存在矛盾之处），特别是经济因素。这甚至会导致其考虑的*时间*（*momento temporal*）发生变化：对于罪过关键的总是作出事实之时间，而对于预防关键的是判决确定之前诉讼上可能的最后时间[97]。

b）对刑罚的敏感性和受其影响的易感性

第 345 节　作为对量刑相关的要素，学说[98]指出了对刑罚的敏感性（sensibilidade à pena）的要素——行为人将受到对其施加的刑罚影响的程度，和受刑罚影响的易感性（susceptibilidade de ser influenciado pela pena）的要素——行为人对所施加的特定刑罚可预见的反应，即*刑事敏感性*（*Strafempf-*

---

[95]　总结上，亦见 FERREIRA，M. Cavaleiro de II 1989 123。

[96]　正如我们在第 287 节中所看到的那样，反对 Stratenwerth 和 Maurach/Zipf 所支持的，对于他们，与人格有关的要素只透过预防的形式显得重要。

[97]　同样地，亦见 MAURACH/ZIPF 63 n.° m. 169。对于量刑，请特别记住《刑事诉讼法典》第 409 条第 2 款 a 项所规定的不利益变更（*reformatio in pejus*）之禁止的例外（见第 157 节）。

[98]　尤其德国学说，可见 BRUNS，*Strafzumessungsrecht* 498 ss. 及 MAURACH/ZIPF § 63 n.° m，117 ss。但是亦见 CORREIA，Eduardo II 332 ss。

änglichkeit）。实际上，这些要素可以通过罪过或预防来显示其重要性：例如，多次作案的累犯者或者主要、偶然或基于同情的不法分子所期望的对刑罚的敏感性都是不同的；同样，在不同情况下所作出的预后判断，并因此不同行为人受刑罚影响的可能性也是不同的。基本上关于行为人的人格所涉及的两个要素合法地再次进入第 72 条第 2 款 b 项所指的"个人条件"领域中。

第 346 节　根据某些学者的观点[99]，对刑罚的敏感性——无论是在客观方面（例如，经济状况）还是在主观方面（例如，羞耻、内疚和后悔的感觉或相反，否认罪过的感觉）——应仅通过罪过加以考虑，而受刑罚影响的易感性——从根本上导致制裁的个体化，因此，在选择刑罚的操作中尤其重要——应通过预防加以考虑。但是，令人怀疑是否应该如此，只要考虑到一方面存在可用来确定刑罚的敏感度而与罪过无关的情节，但与刑罚的必要性有关的情节（例如，所述的经济状况、事实发生后的疾病）；另一方面，第 20 条第 3 款本身予以考虑的是，"行为人受刑罚影响的无能力"可被评估为不可归责性的指标，因此，这是关于罪过的事宜。所以，在此也有具明显矛盾性的量刑因素；必须承认的是，透过**预防**，尤其是透过**特别预防**，其具有最常见及最重要的含义。而后一种说法在可受刑罚影响方面特别有价值，为此，有必要作出一种预后的判断（*juízo de prognose*），不论是直观的判断（正如有时合法地必须是直观的判断），还是科学的判断（临床的或统计的判断[100]）；根据《刑事诉讼法典》第 369 条至第 371 条，在诉讼领域中（准确地是在量刑和选择刑罚方面），科学预测（*prognose científica*）现已广泛成为可能。

c) 表现在事实的人格特征

第 347 节　在此框架下，尤其重要的是行为人表现在事实的人格特征。所讨论的人格不是只包含特征——在特征学说（*doutrina caracterológica*）赋予它的含义中——，并因此有时被称为"自然主义"人格，而是包含性质及（尤其是）主导它的"个人原则"，特别是**内在态度**（*Gesinnung*[101]，*atte-giamento interiore*[102]），并从这种态度产生犯罪事实，而且从这个意义上说这

---

[99]　其中，引人注目的例子见 MAURACH/ZIPF 在前一脚注被引述的位置。

[100]　反对，但没有理由的，见 MAURACH/ZIPF § 63 n.° m. 126，对于他们而言，基于统计的预后只能与制定整体预后有关，而与个人预后无关。关于基于统计的预后方法，见 CARVALHO, A. Taipa de, *BFDC 54* 1987 45 及概括地见 DIAS, J. de Figueiredo/ANDRADE, M. da Costa 143 ss。

[101]　因此，我们不能同意德国学者的一般看法，认为态度（*Gesinnung*）是与事实的执行有关的因素，而不是与人格有关的因素；同样地，当中见 JESCHECK § 83 I 4 及 MAURACH/ZIPF § 63 n.° m. 156。

[102]　关于意大利文学中的这个概念，最后见 MORSELLI, *Il ruolo dell'atteggiamento interiore ...* 1989. 主要见 BETTIOL, *ROA 38* 1978 415。

种态度是犯罪事实的基础[103]。如果我们承认正是这个基础构成了罪过的刑法概念的内容和事宜，可以接受的是，我们在这里讨论的是原则上通过罪过的方式，并且只是在例外情况下通过预防的方式与量刑有关的因素。这意味着将行为人人格特征与法律秩序所假定的特征——并非与"普通人"，即善良家父（*bónus pater familias*）的特征，而是与*忠于法律的人*（*homem fiel ao direito*）的特征——进行比较，并据此作出在此领域中有价值或无价值的更强或更弱的判断。

从这个角度来看，我们几乎会断言，在这个主题中，最终一切都与罪过有关，没有任何东西与预防有关。但这太过分了。事实上，人格的各个组成部分虽然共同说明和体现了犯罪事实，但在法律上和伦理上没有任何意义，该等组成部分从"忠于法律的人"的角度来看并不重要，因此，不能有效构成谴责罪过之判断标的。例如，行为人在智力上的缺陷或欠缺对过失的理解[104]就可以解释这一点。

第 348 节　第 72 条第 2 款 f 项的规定必须与所提出的概念相联系，因为对于量刑这一条文强调了缺乏准备以维持合法行为的严重性，这种严重性体现在事实中，而所述缺乏准备必须透过适用刑罚予以谴责。这显然是与透过罪过进行量刑相关的一个因素[105]，因为它构成了衡量行为人人格与忠于法律或法律秩序所指称之人的人格之间不一致的指标。

这样就确定了一个观点，即在罪过的刑法学说的许多方面，尤其是在缺乏对不法性的意识的谴责性方面（第 17 条第 2 款），该学说无情地伴随着"生活行为中的罪恶感"[106]。*以此类推*[107]，对于行为人因信仰决定而产生的问题，在信仰自由的基本权利未涵盖该决定的情况下——而这些情况属大部分的情况[108]——，也会发生同样的情况（《葡萄牙共和国宪法》第 41 条）。纯粹**通过认罪的行为人**（**agente por convicção**）

103　关于这一点，坚持的见 DIAS, J. de Figueiredo, *O Problema da Consciência da Ilicitude* ³1987 252 ss., e *Liberdade*... ²1983 169 ss., 177 ss。

104　再次见 DIAS, J. de Figueiredo, *O Problema da Consciência da Ilicitude* ³1987 212 s。

105　同样地，尽管出于不同的观点，亦见 BRITO, J. de Sousa e, cit. 17 ss。

106　这一表述来自 BOCKELMANN, *Strafrechtliche Untersuchungen* 1957 14, 并主要被 CORREIA, Eduardo I 417 和 DIAS, J. de Figueiredo, *Liberdade*... ²1983 276 所接受。

107　某些学者认为不是类推适用，而是直接适用：见 WELZEL, *Niederschriften* 3 61 s., 尤其见 KAUFMANN, Armin, *ZStW* 80 1968 40 s。持合理的反对意见的，见 DIAS, A. Silva, *A Relevância Jurídico-Penal das Decisões de Consciência* 1986 142 ssm。

108　不合理地持反对意见的，见 DIAS, A. Silva, 如前一脚注，65 ss, 106 ss。

的情况是不同的：尽管对于行为人绝对不会涉及阻却罪过（以类似的方式，通过对不可谴责的不法行为缺乏意识），认罪可通过第 72 条第 2 款 c 项减轻或加重量刑/刑罚的分量；诸如认罪可影响刑罚的必需性，并因此透过预防与量刑相关。

第 349 节　此外，通过预防，将突出显示与行为人人格相关的大多数要素，尤其是那些已提及的（第 343 节及其后续节数）个人条件及经济状况，但只涉及以下部分：这些要素决定*是否*、*怎样*及*多么需要*行为人的*社会化*及其可能性[109]。基本上，这是在刑罚对行为人未来在社会上的生活产生可预期影响的背景下考虑其人格。

3. 与行为人在事实之前及之后的行为有关的要素

第 350 节　第 72 条第 2 款 e 项强调了与量刑相关的"在事实之前及之后的行为，特别是当这个行为旨在弥补犯罪的后果"。因此，它大大地扩展了——具理由——法官可以及应该诉诸的情节范围，以便找到适合于罪过和预防的刑罚*量*。此外，在某种程度上，当不考虑所有这些要素固有的**限制**时，量刑的操作会变成对行为人整个生活在法律上不可接受的调查；因此，这种操作既不会适合施加刑罚的目的，也不会适合刑事诉讼的原则和目的。这种固有的限制基于以下要求：仅将之前和之后的行为考虑在内，并**在与事实相关联的情况下**对其进行评估，且通过这种方式可将这些行为视为不但与确定罪过程度有关的痕迹，而且与确定预防（尤其是[110]特别预防）的要求有关的痕迹。

a）在事实之前的行为

第 351 节　关于行为人之前的生活，刚才所陈述的是立即可见的。它一定具有*减轻的价值*——主要从预防的角度来看[111]，但在某些情况下从罪过的角度来看（见上文第 340 节）——只要能得出的结论是，在忠于法律的余下生活的情况下，事实以**偶然及个别的情节**出现；但是很明显，不能简单地从行为人之前没有被判罪这一情节得出这个结论[112]。另一方面，有争议的是，向社会整体或行为人所在的中等规模的社会提供服务——尤其是自愿地提供服务——是否应总是及本身具有减轻的价值。即使在这里答案也必

---

[109]　同样地，亦见 JESCHECK § 83 II 2。

[110]　正如 JESCHECK § 83 III 1 正确地指出一样。

[111]　同样地，见 MAURACH/ZIPF § 63 n.° m.165。

[112]　这与 1886 年《刑法典》第 39 条第 1 款 a 项规定的关于"之前良好的行为"的一般减轻情节的已经在我们当中成为主流的司法见解相符：例如见 AcSTJ de 54JUL14，*BMJ 44* 115；以及 TAVARES，Mesquita，*RJ 28* 97。

须是否定的[113]，一切都必须取决于与事实及与在这种情况下这一情节对罪过和预防所具有的意义的具体联系。

第 352 节　相反，行为人**之前的判罪**的存在构成与他之前生活有关的一种情节，这种情节可用作*加重*量刑/刑罚的分量。然而，即使在此，也只能在这种判罪可以——除了累犯的特殊领域：第 76 条及第 77 条，以及上文第 372 节及其后续节数——与所实施的行为联系起来并构成更严重的罪过指标（只有当可以确定作出的事实没有注意到之前判罪中所载的在生活上的法律依从的告诫时，才会出现这种情况）和（或）提高预防要求的指标的情况下发生。

第 353 节　然而，根据 1 月 25 日第 39/83 号法令（今天，根据 5 月 21 日第 12/91 号法律，但尚未生效），其记录被*取消*的行为人之前的判罪，不能被法官为量刑的目的而进行评估。尽管在这种意义上缺乏明确的规范，但取消的社会化目的以及禁止取得该取消所确定的登记的机制本身（下文第 1026 节）会导致大家认为[114]，在此存在一种法官不可违反的真正的**证据禁止**（*评估证据的禁止*）。情况将有所不同的是，对于根据《刑事诉讼法典》第 280 条和第 281 条的规定而导致归档或诉讼程序暂时中止的事实：由于法官确实不能将这些情况等同于之前判罪的情况，似乎没有什么可以明确阻止他能够以自由的信念评估这些元素，以确定罪过的程度和（或）预防的要求[115]。

第 354 节　因此，第 72 条第 2 款 f 项提及的要素亦适用于该规定 e 项一般性提及的"事实之前的行为"。然而，第 72 条第 2 款 f 项的自主性是有道理的，因为，正如第 347 节所陈述的，所包含的情况与行为人人格的定义有关，这对于在罪过方面的价值非常重要。但是，除了之前的判罪情况及缺乏为保持一个合法行为的准备的情况，一个行为人**纯粹偏离的之前行为**[116]不应该影响量刑（例如，行为人是一个"坏的"配偶、儿子或父亲，行为人在深夜饮酒或作出轻佻的行为），除非这种行为与事实有一个紧密及不容置疑的联系；尤其是，法官必须根据某*种*或其*道德标准*，谨慎地评估行为人

---

[113]　有别于主流司法见解关于 1886 年《刑法典》第 39 条第 2 款 a 项所给出的答案（例如见 Ac-STJ de 63JUL03, *BMJ 129* 171，跟随着 OSÓRIO, Luís I 159 的讲授）。

[114]　COSTA, A. M. Almeida, *O Registo Criminal* 1985 249, 321 ss. e sobretudo 377 s 同样提出有依据的意见。

[115]　同样，对于德国法律类似的个案，亦见 JESCHECK § 83 III 2。

[116]　从广义上讲，犯罪学提供了这个概念，见 DIAS, J. de Figueiredo/ANDRADE, M. de Costa 70 ss。

的之前行为（尤其是，评估行为人是否属于少数人或者属于任何种类的"反文化"群体）。

b）在事实之后的行为

第 355 节　关于在事实之后的行为，对于其与罪过程度和预防要求的联系，法官在可能的情况下应更加严谨和谨慎。原则上甚至可以说，之后的行为**不会透过罪过而相关，而只能透过预防而相关**[117]，尤其是当与*刑罚的必需性*的类别相关时[118]。

第 356 节　正是在这种情况下，而不是在所谓的"罪过追溯控诉"的情况下，诸如以下情节才有其真正的意义：之后的行为**旨在弥补犯罪后果**（尤其是损害），或者相反地，旨在隐瞒其犯罪或使其难以被发现；或者事实的作出已经过了很长时间，而行为人在这个时间内保持着依法的行为。

根据第 72 条第 2 款 e 项，行为人不必有效地弥补损害——这可在某些情况下改变可适用的刑罚本身，例如第 301 条第 1 款——，但之后的行为确切地**旨在实现它**，这样就足够了。在这种情况下，人们一直提出一个问题，即由*第三人*进行的弥补是否应影响量刑。如果从预防的要求和刑罚的需要角度来看这个问题，那么肯定的回答似乎是合理的[119]。另一方面，值得拥戴的是，我们的《刑法典》并不将整个问题局限于弥补"损害"，而是将其扩展到"犯罪后果"；因此，毫无疑问，它不仅包括实质性弥补（reparação material），而且包括理想弥补（reparação ideal）。

第 357 节　以下问题一直被提出，即为了量刑的目的，**嫌疑人在诉讼上的行为**在何种程度下是可评估的。可以肯定的是，就某些类型的行为而言，《刑事诉讼法典》规定了*禁止*对嫌疑人*进行考虑*，正如嫌疑人选择沉默或者拒绝提供声明的情况（《刑事诉讼法典》第 343 条第 1 款和第 345 条第 1 款）[120]。然而，似乎应该有更深远的影响，考虑到他一般承受的身体和（或）精神压力的情况，*原则上*应拒绝针对嫌疑人在诉讼行为上的评估。当其行为不可否认地被定性为*损害*正常诉讼过程的意图时，才不应

---

[117]　从这个意义上讲，尽管仅指出个人预防需求（"为了创造足够强大的对抗手段劝阻被告继续走相同的道路……"），见 AcRP de 83NOV16，*BMJ 331* 600。

[118]　从内文的意义上看，这方面主要见 DE VICENTE REMESAL，cit. 347 ss。

[119]　明确这个含义的，见奥地利《刑法典》第 34 – 14 节。

[120]　ANDRADE，M. da Costa，*Sobre as Proibições de Prova…* 1992 126 ss。

该这样考虑[121]。

　　为了量刑，诉讼上**有利于嫌疑人**的行为将可广泛地被评估。诸如行为人对发现真相作出重要的贡献或者全部或部分地自认的情节，应该毫无疑问地对此予以考虑，至少在不与 Zipf 所谓的纯粹"诉讼策略"相混淆的范围内[122]。

121　同样，亦见 SCHÖNKE/SCHRÖDER/STREE § 46 n. ° m. 42。
122　MAURACH/ZIPF § 63 n. ° m. 185.

第九章　确定刑罚的特殊情况

ALMEIDA. M. ᵃ Rosa Crucho de，O Intervalo da Reincidência…. *BAPIC 26* 1971 15.

ASSOCIATION FRANÇAISE DE CRIMINOLOGIE（21e. Congès de l'），*Le récidivisme* 1982.

BARROS，A. Coelho de，*A Reincidência no Código Penal Português*，diss. Lisboa 1985.

BELLAVISTA，Perdono giudiz.，*NDigIt 12* 1965 928.

BERCKHAUER，§ 48 StGB…，*MKrim* 1982 270.

BERGALLI，*La recaída en el delito. Modos de reaccionamento contra ella* 1980.

BIRKMEYER，Das Absehen von Strafe…1910.

CARNEIRO，Salgado，*Penas e sua Aplicação* 1900.

CARRARA，Lo stato della dottrina sulla recidiva，*Opuscoli di dir. crim.* II 1909 192.

CARVALHO，E.，As Multas na Acumulação de Penas，*RTrib 39* 1920-1 211.

CORREIA，Eduardo，*Unidade e Pluralidade de Infracções* 1945.

CORREIA，Eduardo，A Punição da Reincidência e da Sucessão de Crimes…，*RLJ 86* 225.

CORREIA，Eduardo，*Caso Julgado e Poderes de Cognição do Juiz* 1947.

CORREIA，Eduardo，Pena Conjunta e Pena Unitária，em：CORREIA，Eduardo，*Direito Criminal*（Sudium）1953 173.

CORREIA，Eduardo，Reincidência e Sucessão de Crimes，*RLJ 94* 49.

DE NAUW，Les nouvelles téchniques…，*RDPCrim 58* 1978 351.

DECOCQ，Les modifications apportées…，*RScC* 1976 5.

DIAS, J. de Figueiredo, O Instituto da Dispensa de Pena..., *RLJ 123* 196.

DOLCE, Perdono giudiz. , *EdD 22* 1982 992.

DREHER, Zweifelsfragen zur Anrechnung, *MDR* 1970 965.

ESER, Absehen von Strafe..., *Maurach-FS* 1972 257.

FERNÁNDEZ RODRÍGUEZ M. ª Dolores, El abono de la prisión preventiva, *Est. pen. y crim. 6* 1983 87.

FRISCH, Das Verhältnis der Milderung..., *JR* 1986 89.

FROSCH, *Die allgemeine Rückfallvorschrift des § 48 StGB* 1976.

HANACK, Zur Problematik einer Sonderstrafe für Rückfallstäter, em: *Programm für ein neues Strafgesetzbuch* 1968 100.

HASSEMER, Das «Absehen von Strafe»..., *Sarstedt-FS* 1981 65.

HILLENKAMP, Zur materiellen Rückfallklausel..., *GA* 1974 204.

HORSTKOTTE, Die Vorschriften..., *JZ* 1970 152.

JUNG, Fortentwicklung des strafrechtlichen Sanktionssystems, *JuS* 1986 741.

KERNER, Mehrfachtäter..., em: GÖPPIN-GER/VOSSEN (Orgs.) , *Rückfallkriminalität. Führerscheinentzug* 1986 103.

KOCH, Sondergesetz, Subsidiaritätsklausel und Sichereitsmaβregel, *GA* 1960 1.

MAATZ, Zur Anrechnung..., *MDR* 1984 712.

MAIWALD, Das Absehen von Strafe..., *ZStW 83* 1971 663.

MARTINEZ, Zamora, *La reincidencia* 1971.

MIR Puig, *La reincidencia en el Codigo Penal* 1974.

MOOS, Die mangelnde Strafwürdigkeit..., *ZStW 95* 1983 153.

MOREIRA, A. , *Estudos Jurídicos* 1960.

MÜLLER-DIETZ, Absehen von Strafe..., *Lange-FS* 1976 303.

MUÑOZ CONDE/MORENO CATENA. La prisión provisional..., em: AA. VV. , *La reforma penal y penitenciaria* 1980 339.

NOWAKOWSKI, Noch einmal zu § 42 öStGB, *Jescheck-FS* 1985 527.

PFEIFFER, Zur Strafschärfung bei Rückfall, *Blau-FS* 1985 291.

PINATEL, Essai de synthèse..., *RPenDP* 1969 249.

PISAPIA, Riflessioni in tema di recidiva, *RItalDPP* 1961 967.

PRADEL, Le recul..., *Dalloz-chron* 1976 63.

ROUJOU DE BOUBÉE, L'ajournement et la dispense de peine, *Mélanges Marty*

1978 955.

RScC，Les sanctions pénales nouvelles…，*RScC* 1979 513.

S. I. C.，III Congrès International de Criminologie，*RintDP* 1955.

SANTOS，J. Beleza dos，A Prevenção Especial，os Delinquentes Habituais e os Multiocasionais，*BMJ 87* 69.

SANTOS，J. Beleza dos，Crimes da Mesma Natureza na Reincidência，*RLJ 75* 49.

SANTOS，J. Beleza dos，Dúvidas Quanto à Aplicação da Pena a Reincidentes，*RLJ 75* 289.

SANTOS，J. Beleza dos，Recidivistes et délinquants d'habitude，*RScC* 1954 687.

SANTOS，J. Beleza dos，Um Caso de Crime Continuado，*RLJ 75* 75.

SCHWANDER，Der Rückfall，*RPS 80* 1964 317.

SECCO，A. L. Henriques，Theoria da Reincidência，*RLJ 9* 161.

SERRANO GOMEZ，La reincidencia en el C. p.，*ADPCP* 1976 45.

SOUSA，Marnoco e，Da Reincidência，*Estudos Jurídicos* 1903.

STURM，Zur Strafschärfung bei Rückfall，*MDR* 1979 369.

v. WEBER，Das Absehen von Strafe，*MDR* 1956 705.

ZIPF，*Die mangelnde Strafwürdigkeit der Tat* 1975.

第358节　研究了确定刑罚的"正常"程序——不论关于其法定或抽象确定，还是关于司法或具体确定——，现在有必要考虑某些假设或情况，在这些假设或情况中，该程序受特定标准约束，因此导致的结果不要与通过之前描述的正常程序所获得的结果相混淆。我们将这类情况称为"确定刑罚的特殊情况"。除了代表与上述研究的程序的偏离之外，这类情况还没有形成一个教条或刑事政策单元：有不同的刑事政策理由证明特性、主导这些特性的原则、这些特性所产生的程序以及导致的结果。然而，从教学和物质的角度来看，其统一的系统考虑是有道理的，因为这与在"正常"情况下的确定刑罚规则相反，在这些情况下的法律规定都得到了重视和认可。

第359节　传统上，对正在分析的情况的研究分布在广泛而严格的情况制度中，尤其是**变更、加重和减轻情节**[1]。然而，这样的制度在今天并没有足够的理由。因

---

[1]　见 CORREIA，Eduardo II 141 ss，即使是现在面对 1982 年《刑法典》，见 FERREIRA，M. Cavaleiro de II 1989 107 ss.，145 ss。

此，正如我们已陈述过的，在假设或表面的"系统"内，在其前提、理由及结果中引入完全不同的情况。所以，倾向于将不应当得到，或者难以得到的*情节*——例如，犯罪竞合、犯罪未遂、共同犯罪[2]，或者现在亦包含相对不确定刑罚的适用——的名称的情况包含在该"系统"中，尽管所有这些情节都以一种特殊方式加重或减轻处罚的效果。然而，无论情节的概念被扩展了多少，即使是不合理的扩展，它也遗漏了——并在大多数情况下最终没有被理论化的——一些情况，例如*扣除*或*免除刑罚*的情况，这些情况与（"真正的"）变更情节完全相同地代表着确定刑罚的特殊情况。

第360节　根据我们赋予它们的含义和范围，"确定刑罚的特殊情况"将比本节要研究的情况涵盖更多的情况。例如，没有错的是重新引导情况，诸如适用相对不确定刑罚或者——甚至更清楚地——对"确定刑罚的特殊情况"适用替代刑罚[3]。然而，从应该在此占主导地位的教学系统观点（ponto de vista didáctio-sistemático）来看，这种程序是没有道理的，这就是为什么在任何提到的情况中，其他特征（尤其是，不同的和特定的刑事政治问题）优于确定（或者广义的衡量）刑罚的特征。

一　累犯

1. 刑法的演变和重要性

a）*一般演变*

第361节　很早的时候[4]（早在罗马和中世纪的法律中）就有人提出了**严惩累犯者**的想法，但未能将这种情况与犯罪竞合的情况区分开来。仅在相对较晚的时候，尤其是从 Farinacius 的讲授才开始要求将行为人**之前的判罪**视为累犯的前提，从而累犯的概念取得了 19 世纪普遍法典化中所采用的自主性。但是，自主性并不能妨碍对加重的形式前提作出不同的描述，例如，是否在*不太严重的犯罪*（crimes de menor gravidade）中将累犯排除在外；仅要求行为人之前已被判罪，还是必须全部或部分履行他已被判决的*刑罚*；自上次判罪以来已经过了*一段*或多或少的*时间*；承认累犯可能发生在*所有*

---

[2]　同样见 CORREIA，Eduardo II 197 ss。对于犯罪竞合亦见 FERREIRA，M. Cavaleiro de II 1989 155 ss。

[3]　例如，关于以罚金替代短期徒刑，德国学说是一致的。只见 JESCHECK § 84 I 及 MAURACH/ZIPF § 64 n.°m. 1 ss。

[4]　关于这一制度的一般历史，见 CORREIA，Eduardo，*RLJ 86* 225 ss.，*RLJ 94* 49 ss. e II 143 ss。

罪状中，还是只在*某些及特定的*罪状中；简而言之，与加重效力相关的*犯罪*是必须源自*同一种类或同一性质*，还是行为人被判的*刑罚*是源自*同一种类*。

第 362 节　最后的要求导致了将**特定的、同质的或同性的累犯**（只发生在同种类或同性质的犯罪之间）与亦称被为纯粹的*再犯*（sucessão de crimes）的**一般的、异质的或多性的累犯**（可发生在任何种类或性质的犯罪之间）区分开来[5]。

在 19 世纪下半叶的立法和学说中，这种区别成为这个制度中讨论的最重要和最难的问题。从*教条*的观点来看，人们无法就将犯罪定性为"同种类或同性质的"有何依据和要件的问题达成共识：在执行中的客观和（或）主观的相似性；主导动机、趋势或冲动的共同特性；事实表现出的特征性质的相似性；受影响的法益的共同特性，不论是否与主观归责形式甚至是所适用制裁种类的共同特性有关。但是，从*犯罪学*的角度来看，由于不可能对以下问题免除疑问，即重复*相同*性质的犯罪是否表明更大的刑事危险性，与特殊的犯罪倾向的想法有关，这种想法是基于今天确立的所谓的"犯罪职业"[6]；或者相反，该更大的危险性是否更好地由*不同*性质犯罪的重复所表明，因为它将显示出更广泛、更多样化的犯罪能力，这种能力不局限于一个含义，而是在不同方向蔓延。

*b)**葡萄牙法律的演变*[7]

第 363 节　**累犯**作为与某些犯罪相关的加重情节，已经在律令（Ordenações）中被熟知，并包含在 José Manuel da Veiga 1837 年的法案中，而且以同向重复（reiteração homótropa）的形式被 1852 年《刑法典》第 85 条和第 86 条确立为具一般特征的加重变更情节；此外，后来在 1886 年《刑法典》第 101 条中，以**连续犯罪**（**sucessão de crimes**）的名义作为一个不太严重的加重情节出现了多型累犯（reincidência polítropa）。这种考虑的双重制度一直维持到 1982 年《刑法典》生效，尽管 1954 年修正案在第 100 条

5　特别关注这一问题的，见 SANTOS, J. Beleza dos, *RLJ 75* 49 ss. 及 CORREIA, Eduardo, *RLJ 86* 225 ss.。

6　关于这一概念，见 HAFERKAMP, *Kriminelle Karrieren* 1975；概括上，见 DIAS, J. de Fiegue-iredo/ANDRADE, M. da Costa 351 ss.。

7　关于这个制度在葡萄牙的历史，除了见 CORREIA, Eduardo, *RLJ 86* 225 ss.，亦见 SECCO, Henriques, cit. 161 ss.；SOUSA, Marnoco e, cit. 16 ss.；SANTOS, J. Beleza dos, *RLJ 75* 49 ss. 及 BARROS, A. Coelho de, cit. 38 ss.。

和第 101 条中重新拟订了加重效力的条款。源于时间上十分遥远的《刑法典》改革及由十分不同的刑事政策目的所主导的多种针对累犯的法律规定所产生的混乱制度，这种制度有时是相互矛盾的，并很难重新引导连贯的刑事政策观念，其适用给学说和司法见解制造了更大的困难[8]。

第 364 节　这些困难源于如何理解第 35 条提及的"**相同性质的犯罪**"，对于以下问题学说和司法见解有分歧：被违反的罪状属于《刑法典》相同的篇（título）或章（capítulo）的形式标准（critério formal da pertinência）是不是关键，或者相反关键的是被违反的罪状的单元中的实质标准，可能在该单元中包含特殊关系；是否应该要求主观归责形式的相同性；是否应该要求刑罚种类的相同性。随后，在确切了解刑罚的加重含义方面仍然存在困难，如涉及更大刑罚（pena maior），加重是否反映着刑罚幅度中规定的刑罚量，是否反映着建立一种新的在其最高和最低限度加重的刑罚幅度，或者是否——似乎更合理——仅在其最低限度中加重；以及如涉及惩戒性刑罚（pena correccional），加重是否能逾越该种刑罚的法定最高限度。而且，关于了解累犯的规则是否——如果是，怎样——对非监禁刑罚起作用的问题，困难会达到顶点[9]。

c）当前问题

第 365 节　前面的陈述已经清楚地表明，在所产生的教条、刑事政策及犯罪学的综合问题上，累犯在刑法上的处理可能会遵循多个方向[10]。在根据累犯而加重责任的问题中，在两种不同形式的考虑之间存在着一种不可避免的张力。一方面，它具有重要性，因为在判罪之后所作出的事实中证实了一种**更大的罪过**（**maior culpa**），体现为个人*无视*之前判罪中所载的严肃警告的态度，从而更严重地违背了行为人人格与法律秩序所假定的人格类型相符的存在性任务，也就是说，"忠于法律的人"的人格。另一方面，在犯罪活动的同型或多型累犯中，可能会增加**更大危险性**的迹象，并从那时起，人们会感到对预防的需要增加。

第 366 节　曾经有人认为，至少在刑事制裁的**二元制度**（**sistema dualista**）或"双轨"制度中，两种考虑形式中的第一种会以*加重刑罚*处罚累犯，而第二种会适用保安处分，且可以（甚至应该）在这一问题的立法处

8　这种结论的含义，亦见 BARROS, A. Coelho de, cit. 56 ss。

9　关于所有这些困难，详细及广泛的书目，见 CORREIA, Eduardo II 171 ss。

10　关于接下来的内容，见 MANTOVANI, *Il problema dela criminalità* 1984 598 ss 的精彩摘要。

理中将两种考虑形式相结合[11]；而在**一元制度**（**sistema monista**）或"**单轨**"制度中，只有第一种考虑形式是被接受的。

但实际上，事情并没有以这种简单且线性的方式呈现。一方面，可产生疑问的是[12]，根据对之前判罪中所载的警告的无视，加重刑罚是否根据*所有刑法罪过*（包括"人格的罪过"）*必定涉及事实*（下文第 377 节、第 383 节、第 390 节及其后续节数）的原则仍然是可解释的。另一方面，对行为人（增加的）危险性的考虑并不意味着唯一的法律后果是保安处分，这种危险性与预防（尤其是特别预防）效力相关，并因此，正如我们已经知道的一样，与量刑的效力相关[13]。

然而，可以理解的是，在累犯的处理上，突出行为人的特别危险性，对于其前提的定义和法律后果的塑造，趋于接近适合对*惯性或倾向性不法分子*（*delinquentes habituais ou por tendência*）的处理[14]；因此，在我们现行的制度中，它趋于接近对适用相对不确定刑罚的情况所提供的处理。人们试图将这两个制度的区别主要或完全建基于*犯罪学*性质的差异[15]；但如今，这一观点变得越来越成问题，因为大家知道[16]，广义上的重复犯罪现象——包括同型和多型的累犯及惯犯——在很大程度上（当不是最大程度时）是由以前的判罪或判刑而产生的污点或污名化——及继发性偏差[17]——造成的[18]。

第 367 节　在现行的《刑法典》中（第 76 条和第 77 条），累犯*仅*被视为一种加重刑罚的原因——而不是一种典型的变化，无论是在不法罪状层面还是在罪过罪状层面——有利于将适用于事实在其*最低限度*加重的刑罚

11　同样，当中见 MAURACH/ZIPF § 64 n.° m. 23。

12　而且确实一直坚持地提出，见 *AE-AT* 117，SCHULTZ 171 s.，以及我们当中，见 BARROS, A. Coelho de，cit. 137 ss。

13　提出以罪过结合累犯中加重刑罚为依据的想法的批评者似乎经常忘记这一点。例如见 SANTOS, J. Beleza dos, *RScC* 1954 691 s 及跟随他的见 BARROS, A. Coelho de，cit. 142 ss。

14　关于这一点，见 FERREIRA, M. Cavaleiro de II 148 ss. 及 BARROS, A. Coelho de，cit. 23 ss。在此方向上，在意大利的法律中可以找到 MANTOVANI n.° 182 的表述："累犯属于犯罪理论，而非被告理论。"

15　例如见 CANEPA, *ScPos* 1967 590 及 FERRACUTI, *ScPos* 1969 27。

16　见 KERNER, cit.。

17　关于在此涉及的概念，见 DIAS, J. de Figueiredo/ANDRADE, M. da Costa, 342 ss., 345, 349 s。

18　例如在意大利法律中，ROMANO pré-art. 99 n.° m. 1 e art. 99 n.° m. 2 s. 批评——从我们的角度来看是有道理的——《刑法典》（尤其是 1974 年改革前）赋予累犯制度的特别预防重担，并使其过度地接近惯性、专业性和犯罪倾向的制度。

幅度适用于行为人。因此，继而产生了我们扩大行为人在累犯中**加重罪过**方面的法律传统，只是间接地能够考虑到其可能增加的危险；然而，在不影响以下情节的情况下——如果在这种情况中汇聚着累犯及适用相对不确定刑罚的（不相同的）前提，后者的规定优于前者的规定适用（第77条第2款）。另一方面，现今累犯的概念包含着同型累犯及多型累犯，而且法律规定两者受到平等对待。

2. 累犯的前提

a）形式上的前提

第368节　根据第76条第1款第一部分的规定，*"因故意犯罪而被确定判决判处全部或部分履行的徒刑后，如单独或以共同犯罪之任一方式*[19]*，实施另一徒刑之故意犯罪……以累犯处罚之"*。而第76条第2款第1部分亦规定，*"如行为人被判刑之前罪之实施距后罪之实施已逾5年，则该前罪不算入累犯"*。这两个规定体现了累犯在形式上的前提。

aa）故意犯罪

第369节　首先，累犯只适用于故意犯罪的情况，而不适用于过失犯罪或故意犯罪与过失犯罪的情况[20]。故意犯罪是那些不仅应根据其**主观的不法罪状（tipo-de-ilícito subjectivo）**，而且应根据其**罪过罪状（tipo-de-culpa）**予以考虑的犯罪。因此，以阻却罪过的前提之错误而作出的事实为此目的不是故意的（第16条第2款）；以可谴责地缺失不法性的意识（第17条第1款）、在基础犯罪是故意的情况下因结果之加重事实（第18条）或者犯罪未遂的事实（第22条第1款）而作出的事实，就是故意的了。

第370节　根据故意事实的*例外性*[21]或不太严重性，为累犯的效力而排除过失事实是没有道理的；尤其是在诸如我们这样的制度中，并不会透过要求重复犯罪的刑罚的最低严重性——或者持续性——来限制累犯的加重效力（见下文第371节和第391节）。相反，理由将与以下观点相关联：只

19　在这方面，已经打算提出这样的问题，即以这种方式这一规定是否还包括从犯，见 BARROS, A. Coelho de，cit. 72 ss。但答案是肯定的，这一点可靠到该问题不值得进一步考虑。

20　此外，之前的法律对此问题进行了讨论。对于不同的意见，见 AssSTJ de 60JUL15，*BMJ 99* 570 及 SOUSA, Marnoco e，cit. 28，FERREIRA, M. Cavaleiro de I 1981 660 ss. 及 CORREIA, Eduardo，*RLJ 94* 97 ss。

21　然而，同样见 CORREIA, Eduardo，*Actas PG* II 144。

有关于行为人已预测及想作出的犯罪以及基于与刑法规范相反或无视这些规范的个人态度的犯罪，行为人不具动机的**累犯的实质前提**才能通过在判罪中或之前的判罪中所包含的警告获得意义[22]。

bb）徒刑

第 371 节　累犯只在被判处徒刑及曾被判处徒刑，即**实际徒刑/实际监禁**（**pena efectiva**）的犯罪之间起作用（诸如源于第 76 条第 1 款所规定的，之前的徒刑至少部分地被"履行"，见下文第 376 节）。这当然不能将累犯建立在罚金或任何本义的替代刑罚的基础上。但对于*在假日履行刑罚*的刑罚（第 44 条）或对于*半拘留*制度（第 45 条）就不能说同样的话了，因为在本质上其所涉及的是执行或履行徒刑的形式[23]。

如果最后一个解决方案因在假日履行刑罚及半拘留原则上与无关紧要的犯罪或任何情况下与小规模犯罪有关而仍然令人震惊[24]，那么缺憾在于我们的《刑法典》为累犯的效力没有要求*徒刑的最低刑期*。不论是针对短期徒刑的刑事政策原则，还是一般出于社会融合的特别预防功能的考虑，都建议累犯的加重效力仅对**高于 6 个月**的徒刑产生作用。

第 372 节　问题在于了解之前**附带替代监禁的罚金**（**pena de multa com prisão alternativa**）（第 46 条第 3 款）的判罪在替代监禁实际上已被履行的情况下是否足以证实所涉及的要件。一个否定的答案是必要的，鉴于在法律的精神上显然存在这种意愿：之前的判罪具有涉及（**直接**）适用徒刑的严重性，这种意愿与刑事政策角度上面对真正的徒刑而处以罚金的代用监禁所具有的特征相关联。就累犯而言，比起立即支付罚金的行为人或者以日计劳动收取或取代罚金的行为人，也没有足够的理由更不利地对待因未支付罚金而必须服刑的行为人：在任何情况下，之前的判罪的警告价值将会完全相同。

此外，法律意图将相关犯罪直接判处实际徒刑似乎导致的是——尽管这里的问题似乎更令人怀疑——，*因暂缓执行刑罚*（第 51 条第 2 款）*或者因证据制度*（第 57 条第 2 款）*的废止而履行的监禁*亦与累犯并不相关[25]。然而，关于因没有向社会提供劳动（第 60 条第 6 款）而被判罪或者关于被军事法庭所作出的判罪，为累犯的效力

---

[22]　对此表示怀疑，但是没有足够依据的，见 BARROS，A. Coelho de，cit. 82 s.。

[23]　同样，亦见 GONÇALVES，M. Maia art. 76.° anot. 3。对于在假日履行刑罚在 1963 年草案总则中明确持这一意见的，见 CORREIA，Eduardo，*Actas PG* II 150。

[24]　然而，明确捍卫这个解决方案的，见 CORREIA，Eduardo，*Actas PG* II 144，他提出这一论据："这一［徒］刑所侧重的在草案中已足够地减少了……"

[25]　反对后一种情况（但没有提及前一种情况）的，见 GONÇALVES，M. Maia art. 76.° anot. 3。

原则上没有理由将它们排除[26]。

cc）转为确定

第 373 节　第三，有必要的是，在实施新犯罪时，对先前犯罪的判罪已转为确定。这项要求是可以理解的，否则这种情况将导致犯罪竞合（见下文第 397 节）；此外，也只有在转为确定后才能严格确认之前的判罪获得了其对行为人庄严警告的功能。

有些制度要求预先存在不止一个，而是至少**两个**之前的判罪（因此，1963 年草案总则及德国《刑法典》现今已被废除的第 48 条）；这在有关判刑的时间序列与有关转为确定之间的关系上造成了困难[27]。我们的立法者将会拒绝这样的制度，理由是一旦判罪转为确定，再加上全部或部分履行刑罚，就会有训诫功能，而对训诫功能的忽视会导致累犯的恶化[28]。

dd）累犯的"时效"

第 374 节　法律规定，如果**之前的犯罪的作出**和**新犯罪的作出**之间的间隔超过 5 年，则之前的犯罪不算作累犯。在学说中，有时将此要件称为累犯的时效。累犯的时效在犯罪学中流行的[29]及为各种效力而使用于立法中的（例如，为恢复权利的效力：见下文第 1049 节）[30] 以下观念中寻求依据：根据这种观念，在一定时间后——但不会由所有效力一致地确定这个时间——，再也无法通过在犯罪之间建立**实质联系**将最后的犯罪与行为人无视载于之前判罪内的警告相关联。

当之前的判罪是在不同时间作出的*犯罪竞合*的犯罪，那么这一要件可能会产生困难。由于为此效力重要的是*作出*犯罪的日期而非判罪转为确定的日期，可以确定的是，期间将从竞合的最后一个犯罪的作出日期开始计算（当然，除非这个犯罪不是故意作出的，或者没有诸如自主犯罪一样被判处实际徒刑）。

第 375 节　根据第 76 条第 2 款第二部分的规定，在累犯的时效期间内，

26　因此，关于最后所考虑的情况，见 CORREIA, Eduardo II 172, CORDEIRO, Robalo, *JDC 241* 及 GONÇALVES, M. Maia art. 76.° anot 4。

27　见 MAURACH/ZIPF § 64 n.° m. 32。

28　然而，出于对双重判罪要求的坚持，见 CORREIA, Eduardo, *Actas PG* II 147。

29　见向欧洲理事会提交的报告 *Étude du récidivisme. Recherche sur la récidive de condamnés libérés après une période de dix années* 1974 11 ss. 及 TOURNIER, em：ASS. FRANÇ. DE CRIMIN., cit. 69 ss。

30　COSTA, A. M. de Almeida, *O Registo Criminal* 1985 204 ss.，369 ss。

行为人已履行剥夺自由的刑罚或保安处分的时间——请让我们明确一点，在这个意义上，累犯的时效期间**中止了**——不计算在内（但是行为人已履行剥夺自由的拘留或诉讼中的强制措施，即留在居所或羁押，这些时间就不能这样说了——而且，这是不合理的[31]）。无论是在葡萄牙还是在国外发生剥夺自由的情况，中止都必须有效（根据第 76 条第 3 款，见下文第 379 节）。存在这种制度的原因在于，在剥夺自由期间，就事情的性质而言，对之前判罪的告诫的预期效力并不存在争议。人们说"就事情的性质而言"，是因为很有可能（尽管并非不可避免），尽管被剥夺了自由，行为人并未体验过载于判罪中关于将来不作出其他犯罪的个人警告。

ee）徒刑之全部或部分履行

第 376 节　最后，第 76 条第 1 款规定，行为人之前被判处的徒刑必须全部或部分被**履行**；而第 76 条第 4 款规定，为此目的，（刑罚的）时效、大赦和特赦等同于履行徒刑。

类似要求的刑事政策理由令人太过**怀疑**[32]：或者，累犯中加重刑罚的理据只是（如我们所见，见下文第 377 节及其后节数）与行为人漠视载于之前*判罪*的庄严警告有关，然后不知道为什么仍然必须要求全部或部分履行徒刑；或者，也与对罪恶或*徒刑的痛苦*的记忆有关，然后不理解这种记忆如何能够等同于大赦、刑罚的时效或特赦。此外，反对这种既定解决方案的论点始终会占主导地位，即该解决方案涉及对那些自愿避免处以监禁的人的不合理"奖励"[33]。为此，更好的是——更线性及更符合累犯中加重刑罚的真正依据——不要求履行徒刑，即使只是部分地履行亦然[34]，那时（亦只有那时！）会变得可以理解的是，刑罚的时效、大赦——而且，即使在此，只有所谓的"不真正大赦"（amnistia imprópria），见下文第 1109 节——或特赦不会妨碍累犯的发生。

b）实质前提

第 377 节　根据第 76 条第 1 款第二部分的规定，累犯的一个（实质性）前提是，根据个案的具体情况，显示**之前的一项判罪或多项判罪**对行为人

31　这种不一致在 1991 年草案第 75 条第 2 款中已被纠正。

32　同样，亦见 FERREIRA, M. Cavaleiro de II 1989 148 s。然而，果断赞成这个要求的，见 CORREIA, Eduardo, *Actas PG* II 144。

33　同样，见 MANTOVANI n.° 182。

34　而且这正是 1991 年草案第 75 条所做的事。

的犯罪没有起到充分警告的作用（法律没有以"警告"作为表述，而是以"预防"作为表述。但这不太贴切，因为"预防"的表述因不具有其刑法技术的意义而变得模棱两可，并容易导致解释错误。）正是由于行为人对这一警告的不尊重或漠视，立法者看到了**更严厉的谴责**的理由，并因此看到了关于累犯者作出事实而**将罪过加重**的理由[35]。所以，这正是累犯真正的实质前提——从"实质"的意义上说，但亦从"非自动"运作前提的意义上说[36]——所建基的理由。对此，拒绝累犯的纯"事实"概念，以至于它立即产生于实现某些形式上的前提及与罪过原则不符；亦拒绝将累犯导致加重**罪过**视为不可能的概念，因此只能或主要在特别**危险性**的范畴内对其进行处理[37]。

第378节　如果并非意味着倒退到以下观念，即真正的累犯只是同型累犯，那么因行为人漠视源于之前判罪的犯罪警告的基本*谴责*标准，考虑到个案的情节，完全要求**重复犯罪之间有密切的联系**，从该谴责及随之而来的罪过的角度来看，这种联系应该被认为是重要的[38]。原则上，可以根据被侵犯的法益、执行的原因、类型和形式，就具有*相似性质*的事实确认这种联系；尽管这里的情节（例如，情感、社会和经济退化特别是监狱的犯罪经历等）仍可以在此处进行干预以排除联系，因为它阻止了之前定罪产生的警告[39]。但是，关于不同性质的事实，要建立所需的联系将更加困难（尽管绝非不可能）。

因此，如果不是在所有传统范围上都出现了同型和多型累犯之间的教

---

[35]　因此（正如 BARROS，A. Coelho de，cit. 190 准确地留意到的），见 SANTOS，J. Beleza dos，*RLJ 75* 50 所捍卫的方向；尤其是，致力于研究这一问题的著作中，见 CORREIA，Eduardo，por último em *Actas PG* II 147。同样，在其《刑法典》第48节的生效期间，R. F. A. 中也许占主导地位，为此，可见 JESCHECK II 1222；然而，事实上，这种学说并非——远非于此！——绝不受争议，当中见 STRATENWERTH，*Tatschuld u. Strafzumessung* 1974 16；FROSCH，cit. 74；HANACK，cit. 110 ss。最近，亦持反对意见的，见 SCHULTZ 170。

[36]　关于累犯加重的自动性或非自动性，法律是有分歧的，像葡萄牙的法律，以前有德国联邦的法律，今天有奥地利——在1974年改革之后，见 PEDRAZZI，*RItalDPP* 1976 303——和意大利的法律；西班牙、法国和瑞士的法律等有所不同。

[37]　正如见 AE-AT 及现在的 Projecto Schultz。

[38]　基本上在这个意义上的，亦见 CORREIA，Eduardo，*Actas PG* II 147；以及 JESCHECK II 1222。

[39]　正确地，见 AcRP de 85JUN06，*CJ X – 2* 1985 240。

条式区别[40]，则无论如何都是真正的**累犯者**与简单的**多随意犯罪者**（multi-casional）[41] 之间的犯罪学区别在这里仍将继续发挥作用。在所有情况下，决定性因素都是法官对以下问题给出的答案：是否应归咎于行为人没有受到之前的一项或多项判罪产生的犯罪警告的引导。

第 379 节　根据第 76 条第 3 款的规定，之前的一项或多项判罪是**由葡萄牙法院还是由外国法院**作出的，这并不重要，而对多项判罪也（合理地）承认基于累犯中加重的告诫效力。重点当然是，根据葡萄牙法律，*所有必要的形式前提都应实现*；不仅是犯罪是故意的这一前提，正如可以从所述规定的字面意义想到的一样。

3. 累犯中刑罚确定的操作

第 380 节　**例子**。A 因在 1984 年犯下加重盗窃罪（第 297 条），被判处 1 年徒刑，已转为确定。1987 年，他犯下了新的加重盗窃罪，法院认为累犯的所有前提都得到了证实。应该执行哪些操作来确定刑罚？

第 77 条第 1 款规定，"如属累犯之情况，须将对犯罪可科处之刑罚之最低限度提高三分之一"，并补充，"但上述之加重不得超逾以往各判刑中所科处之最重刑罚，且可适用的刑罚不能超过法定罪状所规定的最高刑罚"。在这一规定中包括（尽管透过不是很令人满意的公式，以及从不同的角度来看，这是令人想要的）法院在累犯中为确定刑罚而必须执行的所有操作。

a）与累犯无关的刑罚分量的确定

第 381 节　首先，法院必须确定行为人在不属累犯者时具体应承担的刑罚，遵循上述第七章和第八章所陈述的确定刑罚的**正常程序**（在我们的示例中，我们将假设法院得出结论，无论累犯如何，该行为人都应被判处 5 年徒刑）。出于以下两个原因，从这一操作开始非常重要：为了确定累犯的其中一项形式前提是否成立，即累犯*被判处实际监禁*（上文第 370 节）；为了使第 77 条第 1 款第二部分所规定的*最后操作*变得可能（下文第 386 节及其后续节数）。

b）累犯的刑罚幅度

第 382 节　也就是说，法院将建立一种累犯的刑罚幅度：作为*最高限度*，这种刑罚幅度将有由法律对相关罪状所规定的最高限度；而作为最低

40　甚至是意大利《刑法典》第 101 条的风格，当要求与累犯相关的犯罪"在特定情况下具有*共同的基本特征*"，见 GIANNITI, *I reati della stessa indole* 1949。

41　关于最后这一概念，见 SANTOS, J. Beleza dos, *BMJ 87* 69 及 KERNER, cit。

限度，法律对罪状所规定的法定最低限度会被**提升三分之一**。（因此，在我们的示例中，根据第 297 条的规定，累犯的刑罚幅度将会是由 $1\frac{1}{3}$ 年至 10 年徒刑。）

第 383 节 鉴于立法者曾依据的刑事政策概念，法律上规定的累犯刑罚框架建设形式是无条件受到赞扬的。如果**提高**对犯罪所规定的刑罚幅度**上限**，在累犯的过错——尽管是加重的罪过——与其所实施的事实之间必不可少的关系方面（我们认为这是难以克服的）将会带来困难；此外，这些困难在某种程度上与在狭义的"罪过刑法"（«direito penal de culpa»）内理解相对不确定刑罚所产生的困难相同（见下文第 879 节及其后续节数）。这样的增加——例如，奥地利《刑法典》第 39 节规定的增加——会使累犯具有主要的**特别预防**[42] 表现，并且只能在实质上作为一种保安处分被证明是合理的，但仅限于具体量刑中可以超过罪过所允许的最高限度的情况。

但是，从罪过（请坚持总是关于事实的罪过）的观点来看，没有人反对**增加**罪状所规定的幅度的**最低限度**。我们已经预料到，只有从特别预防的观点来看[43]，这种增加才是可以理解的，当然，前提是加重不过是对短期徒刑的惩罚。但是这没有理由。首先，因为与累犯有关的刑罚可能很短，也可能会长或很长（例如，第 189 条，种族灭绝罪中的累犯！）；其次，从逻辑和法理上来讲，使刑罚幅度的下限提高成为正当的理由是，不尊重先前的判罪或判刑中所包含的严肃警告而加重罪过。正如 Bockelmann 所说，这种加重的罪过总是意味着接受"生活中的一种罪过"，这在刑法教条学上并不罕见[44]，也不会使——前提是不会超出对罪状所规定的刑罚幅度的最高限度——"关于事实的罪过"的教条成为疑问。

第 384 节 在我们当中[45]已经很明显的是，按照法律的规定，累犯的加重对**过于狭窄**的犯罪幅度所针对的罪状（例如，第 334 条规定的 15 至 20 年，当中累犯的刑罚幅度的最低和最高限度相同！）不能正常地起作用。毫无疑问，尽管这是正确的，刑事政策的缺陷必须归因于针对罪状所规定的刑罚幅度的构建，而不是归因于累犯加重的制度。针对罪状所规定的刑罚幅度**过宽**，因此累犯的加重效力将变得过于脆弱的情况（例如，第 297 条规定的 1 至 10 年）也是如此。但是，没有任何证据（尤

42　在这个含义上，见 JESCHECK II 1223。在相反含义上，但没有可见的解释，见 MAURACH/ZIPF § 64 n.° m. 27。

43　再次见 MAURACH/ZIPF § 64 n.° m. 25 e 27。

44　BOCKELMANN, *Strafrechtliche Untersuchungen* 1957 14 e já supra, § 348 e nota 106. 确切关于累犯的加重，亦见 JESCHECK II 1222 及 BETTIOL/PETTOELLO 577 s。

45　见 CORDEIRO, Robalo, *JDC* 245 及 BARROS, A. Coelho de, cit. 134。

其是见下文第 385 节的内容）可以断言"在这些情况下加重实际上是无用的"或"仅具有象征意义"[46]。

c）累犯的刑罚幅度中的量刑

第 385 节　第三项操作是，法院在累犯的刑罚幅度中确定适合于事实的具体量刑。即使在这里，也要完全遵守第 72 条所规定的**量刑的一般标准**（上文第八章）。我们只需要考虑：首先，由于最低限度增加了三分之一，我们现在正在使用的刑罚幅度有所*减少*——也许更确切地说是有所*缩小*；其次，由于行为人无视源于先前的一次或多次判罪的警告的谴责强度，罪过所允许的具体刑罚的最高限度将可以*更高*；最后，最有可能*增加*预防的要求——实际上，由于更大的危险，不仅是增加特别预防的要求，而且由于社会在被违反的规范生效时期望的稳定性显得更加难以实现，积极的一般预防要求也要增加[47]。所有这些考虑的结果将导致对累犯的刑罚不可避免地比没有发生累犯的刑罚更高。（在我们所举的例子中，如法院将对累犯的量刑定为 7 年。）

第 386 节　从**禁止双重评价原则**的角度来看，累犯的刑罚幅度内确定量刑的操作可能会引起一些疑问和令人提出保留意见（见上文第 314 节及其后续节数）。但是这些困难是可以克服的。前述事实是适用加重刑罚幅度的形式前提，因此，就其本身而言，不能对累犯的量刑方面再次加以评价。对于不尊重先前一项或多项判罪中所载警告的实质前提，也可以这样说；但重要的是不要忘记，禁止双重评价原则并不妨碍为了量刑而评估执行某项元素或评估违反确定刑事幅度适用的义务的严重程度。因此，不妨碍法院——相反，法院必须——评价行为人因无视源于先前一项或多项判罪中的警告而可受谴责的程度。因此，可以说，这甚至实际上是在确定累犯刑罚的这一操作中获得*自主*意义的因素，而在其余部分，原则上，它不仅仅是将第一个刑罚幅度中经过选择的刑罚（规范地）"转换"为累犯幅度中"等同"的刑罚。

d）限制

第 387 节　似乎这样已经完成确定累犯的刑罚的程序，但这不是正确的。最后，法院必须在不考虑累犯的情况下（在我们的示例中为 5 年，见上文第 380 节）将其所达成的刑罚分量与在累犯的幅度中找到的刑罚分量

46　BARRO, A. Coelho de, cit. 136.

47　CORREIA, Eduardo, *Actas PG* II 147 从累犯的事实中正确地谈到了"更大的社会警报"。

（在我们的示例中为 7 年，见上文第 384 节）进行对比。正如我们所看到的，它必须这样做是因为根据第 77 条第 1 款第二部分的规定，累犯所决定的加重**不得超过先前判罪中判处的最严重的刑罚分量**。（因此，在我们的示例中，刑罚的分量不能是 7 年，而只能是 6 年，即 5 年因与累犯无关的犯罪，加上 1 年因之前的犯罪）。这种学说的理由源于一种可以理解的意愿，即防止先前判处小规模刑罚的判罪，由于累犯的影响，能够不成*比例地*加重先前犯罪的刑罚分量。

为累犯的效力，根据现行法律，先前的一项判罪已经足够的情况——有别于我们在上文第 372 节所看到的那样，即在 1963 年草案总则中所发生的，要求至少两项先前的判罪——导致 Cavaleiro de Ferreira 认为，第 77 条第 1 款提到"先前的判罪"（以众数表述）归因于"修订失误"[48]。但是，这种结论是不必要的：当要求行为人被判处"另一项罪行"作为累犯的形式前提时，一切都好像以"至少另一项罪行"作为表述。因此，我们一直在讲述以前的定罪或判刑。

第 388 节　目前正在研究的累犯加重效力的限制似乎使人对纠正上述与确定刑罚的第二次操作有关的内容提出了质疑；并且，在这个限制下，第 77 条第 1 款的更正本身所针对的是"在累犯的情况下，适用于犯罪的最低限度应增加三分之一"的部分。因此，我们认为可发生的是，这一增加已经确定了比"先前判罪中判处的最严重的刑罚分量"更高的刑罚幅度的最低限度；在这种情况中，将会得出一个荒谬的解决办法，即对累犯所判处的刑罚定出**低于累犯刑罚幅度的最低限度**（！）[49]。这将意味着：或者，我们错误地陈述了确定累犯刑罚的操作；或者，第 77 条第 1 款第一部分和第二部分之间有不可避免的矛盾。

例子：A 于 1987 年被判犯有灭绝种族罪（第 189 条），判决已转为确定——但无论如何，在应当受到第 73 条和第 74 条第 1 款 a 项规定的特别减轻的情节下，见上文第四章——，其被判 2 年徒刑，已经履行。1992 年，他犯下了新的灭绝种族罪，法院认为，无论是否累犯，他都应被判处 10 年徒刑。在这种情况下，即使累犯的刑罚幅度的最低限度为 10 年加 10 年的三分之一（即 13 年 4 个月），累犯的刑罚分量也不可超过 12 年，也就是说，实际上低于刑罚幅度的最低限度。

第 389 节　然而，对于上文陈述的内容，没有任何错误及荒谬的地方。

---

[48]　FERREIRA，M. Cavaleiro de II 1989 152.

[49]　从这个意义上说，见在 LEAL-HENRIQUES，M. /SANTOS，M. Simas I 408 的表中的建议。

事实上，上述确定累犯刑罚的最后操作并不构成*确定刑罚的规则*，而是构成一种限度，即一种**绝对和外在限度**，这只与避免累犯刑罚被视为过于严厉的加重的立法目的有关；因此，严格地说，这并不与确定刑罚的操作相悖。所以，在这种情况下，累犯刑罚幅度的最低限度仍然是可适用于事实的最低刑罚限度增加三分之一的结果。然而，由于正常程序以外的原因，即由于与该程序没有直接关联的原因，所判处的刑罚超出了刑罚幅度的限度。

例如，确实与禁止不利益变更原则（princípio da proibição da *reformatio in pejus*）所发生的一样，只要上级法院（tribunal *ad quem*）根据其确定的法定原则认为刑罚的分量应该高于下级法院（tribunal *a quo*）所确定的刑罚分量。而并非因此某人想在这种情况下看到对刑罚确定原则的废除。实际上，同样在此，正如我们处理的情况一样——只是为了进行这样类比——，所涉及的是一个绝对限度，即从所讨论的专题（量刑的专题）以外根据不同性质的刑事政策考虑，必须在没有质疑确定刑罚原则的情况下以这些原则的结果为前提。

4. 关于累犯处罚制度的刑事政策判断

第 390 节　在严峻批评之下，在许多方面能找到适用于累犯情况的刑罚加重，并在最近才开始这一争议运动[50]，例如，这一制度从德国《刑法典》删除，以便仅从危险和随后适用的保安处分方面考虑[51]。然而，我们已经看到，就像面对我们《刑法典》的制度一样，主要*教条上的*异议——反对加重与罪过原则的可疑兼容，或者原则上接受之前判处徒刑的警告效力——并不存在。

可能有更充足的理由认为，最近的犯罪学调查——尤其是标签理论（*labeling approach*）辅助调查——所显示的是，累犯的加重并不总是涉及，甚至更经常地涉及最危险的犯罪群体[52]；它涵盖了极高比例的小规模甚至无关紧要的犯罪个案（尤其是在侵犯财产罪的范畴中）[53]；在行为人已经超过

---

[50]　主要代表见 FROSCH, cit. 184 ss.；BLEI, *JA* 1972 647；BERCKHAUER, *MKrim* 1982 270；最后，概括见 JUNG, *JuS* 1986 743。

[51]　正如 AE-AT 主张的一样（从这个意义上，亦见 MIR Puig, cit. 547 s.），以及现在 Projecto Schultz 这样捍卫。

[52]　见 KERNER, cit. 107 ss.；而现在亦见 SCHULTZ 170 s。

[53]　这样，见 MAURACH/ZIPF § 64 n.° m.55。

其犯罪职业生涯的最高点时，它通常会给行为人带来负担[54]。

第 391 节　不管这一论点包含多少真理，一方面，应指出的是，正如我们反复强调的那样，葡萄牙的累犯制度并不建议一线处分累犯者的特殊危险或阻碍其犯罪生涯（由于这个原因，拥有一种相对不确定刑罚的制度），而是处分**加重罪过**（**culpa agravada**）。另一方面，必须强调的是，这一制度完全适用于刑罚的目的，不论是保护法益的目的，还是行为人重新融入社会的目的。实际上，现行葡萄牙制度的刑事政策弱点仅存在于以下部分——反对理应的事情——要求与累犯相关的所有犯罪都处以*超过6 个月的徒刑*；因为只有通过这种方式，才有可能从根本上消除对小规模犯罪或无关紧要的犯罪在累犯的加重效力上的适用。

但是，从刑事政策角度来看，承认这一缺陷**并不意味着对这一制度的总体谴责**。无论如何，这种谴责将与承认以下想法的良好基础相抵触——即使是国际刑事改革运动也普遍认可这一想法的良好基础[55]——，根据这一想法，对累犯者应相对于主要罪犯予以更严厉的惩罚，尤其是当主要罪犯是偶然的罪犯时。

二　犯罪竞合

1. 前言

第 392 节　与犯罪竞合有关的事项必须首先与"事实理论"或"犯罪学说"联系起来考虑（第 30 条）。在系统陈述犯罪的法律后果下，正如在此陈述的一样，竞合的事宜必须限于其**与处罚的关联**，并因此限于其与*可适用于情况的确定刑罚的（特殊）规则*（第 78 条和第 79 条）。因此，所有与犯罪的实际和表见（或法定）竞合之间以及犯罪的真实和理想、同类和异类竞合之间的区别有关的概念都将会是之后陈述的前提，并尽可能避免其自主考虑。

最后，将犯罪竞合的处罚研究与**加重变更情节**（**circunstâncias modificativas agravantes**）[56] 理论相结合是不可接受的。确实，对这些情况进行处罚所涉及的特殊

54　再次见 KERNER, cit. 128 ss. 及 JESCHECK § 84 II 2。

55　只见 PRADEL n.° 612 及 MANTOVANI n.° 182。

56　正如 CORREIA, Eduardo II 197 ss 的理论。

性并非源自对竞合中的任何犯罪的不法罪状或罪过罪状层面所作出的更改，因此，这似乎是变更可适用刑罚的一种真实的*情节*——在上文第 259 节及其后续节数所指出的意义上。然而，事实是，确定刑罚的规则在此并不根据任何一*项*相关犯罪而起作用——例如，正如我们所看到的与累犯所发生的一样——，而是根据*所有*犯罪，这只是排除了谈论"情节"的可能性。另一方面，如果我们考虑总体竞合中的犯罪，甚至无法在意义上说竞合所确定的处罚"加重"。因此，简而言之，犯罪竞合的处罚确实只构成*确定刑罚的特殊个案*[57]。

2. 前提

第 393 节　现在分析中适用惩罚制度的前提是，行为人在任何判罪转为确定之前作出了不止一项犯罪（第 78 条第 1 款）。

因此，所涉制度只适用于**实际竞合**（**concurso efectivo**），而不适用于法定竞合。在**法定竞合**（**concurso legal**）中，以多数为表见，实际上存在的是*犯罪统一性*（*unidade criminosa*）：唯一需要执行的操作是确定实际应该对行为人进行处罚的*犯罪*，之后对行为人进行一般的确定刑罚操作。只需注意的是，即使只在犯罪的法定或表见竞合下，法院也可以对行为人处以任何竞合的法律（因此，即使以等级从属的且原则上在适用过程中被排除的法律亦然）所规定的*附加刑罚*（包括*刑罚的效力*）及保安处分[58]。

第 394 节　德国的法学理论和司法见解主要通过法定竞合制度的"近似"方式，以及法律对理想竞合的处理来达到这一效果（《刑法典》第 52 节，IV）[59]。在我们当中，这种解决方案——毫无疑问在刑事政策上都是合理的解决方案——在第 78 条第 4 款中得到明确的支持，尤其是关于"仅由可适用的*法律之一*"所规定的制裁的适用。另一方面，似乎没有什么能阻止法定竞合所排除的法律能按照刑罚的分量确定加重，当然除非所涉及的一项要素也属于实际可适用的法律所规定的罪状（禁止双重评价）。

更令人怀疑的是，所述德国学说和司法见解对被排除的法律所规定的刑罚幅度的**最低限度**赋予"**阻碍效力**"：在任何情况下，法院都不能将限度降低至低于该最低

---

[57]　当以"*刑罚的竞合*"为标题去处理这一事宜时，这一准则在 FERREIRA, M. Cavaleiro de II 1989 155 中可看到某些理由。但是这种称呼亦是模棱两可的，它应被保留予另一个现实：行为人必须履行多于一个刑罚的现实（见上文第 102 节）。

[58]　在此意义上，亦见 LEAL-HENRIQUES, M. /SANTOS, M. Simas I 412。

[59]　这种"近似"的一个主要特点体现于 MAURACH/GÖSSEL § 55 n.°m. 6 ss., 21 ss. 为这个问题所提供的处理方式。关于这一点，详见 KOCH, cit.

限度（如果接受不纯正消耗 [60]，这能具更大的重要性）。为了接受这种效力，我们的法律中没有最低的背景基础，而这总是对*不利于被告*（*contra reum*）的解决方案必要的基础。

第 395 节　我们不必视乎相关犯罪是在真实或理想竞合（concurso real ou ideal）的关系还是同类或异类竞合（concurso homogéneo ou heterogéneo）的关系而作出区别：与多国法律所发生的不同——例如，在巴西见《刑法典》第 69 条及其后续条文，或在德国见《刑法典》第 52 节及其后续节数——，当中处罚制度视乎是否面对其中一种或多种形式的竞合而有所不同，葡萄牙法律将**理想竞合完全等同真实竞合**的基础概念输送到这种处罚制度中（第 30 条第 1 款）。

第 396 节　重要的只是，作出竞合的犯罪**在因任它们任一个的判罪转为确定之前**发生。这是一项众所周知的要求，如果犯罪的作出是*之后的*——尽管从犯罪学说的角度来看，仍然存在犯罪的"复性"或"竞合"，那么这种情况将不再为处罚的效力而被视为*犯罪竞合*，而只是偶然地被视为*累犯*（上文第 372 节）。

3. 在法律后果方面处理犯罪竞合的可能性

a）实质合并的制度

第 397 节　面对犯罪的实际竞合，立即出现一个问题，即是否应尊重确定刑罚的一般或普通原则。如果答案是肯定的，则在没有任何限制下适用**刑罚与犯罪一样多**原则（princípio **tot poena quod delicta**），这一原则直接表现为所谓的"实质合并"的制度：法官确定每项竞合犯罪的刑罚，就好像是犯罪单一性的情况一样；并将所有确定的刑罚适用于行为人。该等刑罚如果具有相同的性质，则将依次履行它们（例如，4 项徒刑）；或者，如证明确定可行，则将同时履行它们（例如，1 项徒刑和 1 项罚金）。

第 398 节　现今，大多数法例没有完全采用这种制度。由于**执行方面**所产生的困难有时是不可克服的；甚至因为在其他情况下这样的执行将导致实际变更刑罚的种类（例如，执行 10 项 15 年的徒刑将临时性的徒刑变成无期徒刑；这是法律秩序不承认的刑罚，或者正如我们当中所发生的一样甚

60　关于它，见 CORREIA, Eduardo, *Unidade*, cit. 201 ss. e II 207 s.

至拒绝它）。

然而，即使对这种制度设置限制以允许其运作和合理执行——尤其是当实质合并受到*刑罚的最高限度*限制时[61]，也不能避免其严重而明显的刑事政策缺陷[62]。一方面，这种制度与罪过原则相悖：单纯将刑罚不加思索地增加会不公正地增加其按比例计算的严重性[63]，并带来了以这种方式来超过**罪过限度**的可能性[64]。因为如果罪过总是涉及事实（在这种情况中涉及多于一个事实），则事实是，罪过在多次被估量下，在同一程序中，对于同一个行为人，它得到了不可否认的倍增效力。如果对于罚金及其"递增的"效力（见上文第158节）特别明显的话，那么对于徒刑也是准确的——原则上甚至对行为人是更沉重的。另一方面，所涉及的制度与适用刑罚的**特别预防目的**完全不兼容，因为部分执行——并由趋向单一的处理方式来对部分执行进行补偿——不可避免地反对任何认真的社会化尝试[65]。

b）单一刑罚或竞合刑罚的制度

第399节　因此，一般法例是为了对竞合的处罚构建一种单一刑罚（pena única）或竞合刑罚（pena do concurso），这种刑罚根据**行为人的个人或人格——必需是单一的——考虑**在教条上是合理的；而且在确定和适用任何刑罚的过程中，根据罪过和预防（尤其是特别预防）的要求，在刑事政策上是可以接受的。但是，这种单一刑罚或竞合刑罚可具有两种结构上不同的形式：单一刑罚（pena unitária）和联合刑罚（pena conjunta）。

aa）单一刑罚制度

第400节　当竞合的处罚（punição do concurso）在没有考虑到竞合犯

61　例如，正如与意大利和巴西在真实竞合的处罚制度中所发生的一样，见相关《刑法典》第71条及其后续条文，以及第69条及其后续条文；而关于这些制度，见 MANTOVANI n.°139 ss. 及 COSTA Jr.，Paulo J. da I 354 ss.。同样，西班牙《刑法典》在其第69条规定实质合并，"只要有可能"，见 RODRÍGUEZ DEVESA/SERRANO GOMEZ 849 ss.。在任何情况下都应注意的是，源于1974年改革的意大利《刑法典》第81条现行行文大大减少了实质合并原则的发生，这一原则之前在此事宜上甚至构成了一种一般原则，见 ROMANO pré-art. 71 n.° m. 27 ss. e art. 81。

62　因此，不能同意 CORREIA，Eduardo，*Actas PG* II 151 的观点，他断言："原则上，对竞合的处罚最合适的制度是合并制度，前提是通过这一制度不得超过所考虑的刑罚种类的法定限度。"

63　正确地，同样亦见 CORREIA，Eduardo II 213，跟随着 Mittermaier。

64　同样见 SCHÖNKE/SCHRÖDER/STREE § 52 n.° m. 4。

65　见 MAURACH/GÖSSEL § 56 n.° m. 57；亦见 CORREIA，Eduardo II 213。

罪的数量且不管如何将每种刑罚结合在一起而随后发生时，都将会存在单一刑罚。竞合犯罪**在此丧失了其全部自主性**，甚至没有必要确定每项犯罪的刑罚：它们对于竞合的刑罚没有决定性的意义（正如在实质合并制度中一样），甚至没有间接的意义〔正如我们将会在兼并制度（sistema da absorção）及加重制度（sistema da exasperação）中看到的情况一样〕，只能作为该刑罚的简单衡量*因素*[66]。简而言之，所有发生的就像所作出的一系列事实构成一种*单一的*（想象中的）犯罪，为此，法官将为确定刑罚的效力使罪过和预防的标准起作用。

第401节 然而，单一刑罚制度至少在其纯度上是不能接受的。不仅因为与之相关的**在法律实践上的**实际**不便**，尤其是诉讼上的不便，还因为以下基本考虑：由于与法治原则、所有干涉的前提、依据和措施有关的不可避免的原因，真正的单一刑罚制度只与**行为人刑法**（**direito penal do agente**）兼容，而不与在基于事实的刑法含义上的*事实刑法*（*direito penal do facto*）兼容[67]。

Eduardo Correia 主张，不论在上诉方面，还是在多个诉讼、竞合的刑罚的嗣后确定、时效、暂缓执行刑罚等方面，从单一刑罚原则来看，都没有出现重大的实际困难[68]。然而，必须考虑的是——除了我们当中今天明确承认的*部分判决已确定的案件*的情况之外，见《刑事诉讼法典》第403条——这种立场只能得到捍卫，因为 Eduardo Correia 同时认为，在判决中确定必须适用于每一具体犯罪的具体刑罚与单一刑罚原则兼容[69]。因此，似乎对于上述作者而言，一旦对行为人的人格和竞合的犯罪进行单一评估，竞合的刑罚将会是单一的。事实是，一方面，这样的评估——将其表述为"联合的"或者"共同的"比"单一的"更好——在联合刑罚（pena conjunta）的框架中是有可能的（甚至是必需的，见下文第402节）[70]。另一方面，当单一刑罚仍然与单项刑罚的确定兼容时，单一刑罚制度与联合刑罚制度之间的对立将失去所有意义，即使这种对立不是荒谬的。

[66] 对于类似的特征描绘，见 MAURACH/GÖSSEL § 59 n.° m. 60。
[67] DIAS, J. de Figueiredo, *Liberdade* ... ²1983 161 s. 在总结上——尽管并非在其说明理由上——现今德国学说是一致的，正如大多数国家的学说一样。
[68] CORREIA, Eduardo, *Direito Criminal*（Studium）175 ss. e II 214 s., em notas.
[69] CORREIA, Eduardo, 前述脚注所引用的位置。
[70] 非常清楚的是，例如，透过德国《刑法典》第54节 I 最后部分，由于明确确立一种"联合刑罚"，它规定"联合地评估行为人的个人和具体事实"。

bb）联合刑罚制度

第402节　当根据法定"联合原则"（«princípio de combinação»）[71] 所规定的多于一种刑罚幅度（as molduras penais previstas）或者多于一种具体确定的刑罚（as penas concretamente determinadas），针对每一项竞合中的犯罪，之后被改变为一种刑罚幅度（moldura penal）或者一种竞合的刑罚（pena do concurso）时，联合刑罚将会存在。至关重要的是，竞合的刑罚分量源于**对事实和行为人的人格进行联合评估**。在这一部分中，实际上，在单一刑罚和联合刑罚的建立之间存在一个共同点，但是，后者不能与前者相混淆，因为事实和人格评估的"单一性"并不证明——因是单一刑罚的主要特征——一种完全与单项刑罚无关的处罚，而对于这种处罚，竞合犯罪仅具有单一刑罚分量因素的功能；相反，"单一性"是在**单项刑罚的联合**框架内运作的，而**部分刑罚不丧失其竞合刑罚的基础性质**。然而，可以根据不同原则进行联合。

第403节　首先，人们认为，联合是根据一种**纯粹的兼并原则**（**princípio de absorção puro**）而作出的，根据这一原则，竞合的处罚将仅由具体确定的刑罚构成，并适用于**更严重的犯罪**[72]。但是，当这一原则被提升为一种竞合处罚的规则制度（sistema-regra）或者多种规则制度之一时，**不可逾越的刑事政策保留**亦反对这一原则。实际上，对于作出其他任何同等或不太严重的犯罪，这一原则使犯罪的行为人完全不受惩罚，从而在这种程度上相当单纯地消除根据联合而对处罚所有任何犯罪所具有的一般预防的效力。

第404节　根据**加重原则**（**princípio da exasperação ou agravação**）建立的联合刑罚制度，我们就不能说同样的说话了[73]。根据这一原则，竞合的处罚将根据针对最严重的犯罪所规定的刑罚幅度而进行，但应按照犯罪的复性（pluralidade de crimes）加重具体刑罚（然而，不得超过对具体犯罪适用的刑罚总和）[74]。实际上，在这种制度下，作出任何犯罪总会确定行为人责任的加重，而从刑事政策角度来看，对于实质累积原则（princípio da

---

[71]　这一表述来自 JESCHECK 在 § 66 之前。

[72]　因此，本质上，法国法律自革命时期开始到今天仍然由 *non-cumul des peines* 规则主导：见 PRADEL n.° 631 ss. 兼并原则同样被德国法律承认，但只对于异类的理想竞合情况，相关《刑法典》第52节 I 及关于这一原则见 JESCHECK，§ 66 之前。

[73]　然而，见 CORREIA，Eduardo II 212。

[74]　在此意义上，对于实际竞合的大多数情况，见德国《刑法典》第53至第54节。

acumulação mateiral）而言，这种解决方案体现出的"扣减"或"减轻"将会是合理的，这是避免累积对行为人罪过所具有的倍增效力的一种方式[75]。

然而，毫无疑问的是，在加重制度中，加重效力视乎行为人作出的犯罪数目而减少或增多；以这种方式，加重效力可能下降到如此低的配额，以至于使人质疑**积极的一般预防的最低限度**，而在适用刑罚没有失去其所有意义的情况下绝不能不遵从这一最低限度。

4. 根据现行法律确定竞合的刑罚

第 405 节　自 1837 年司法改革以来（第 307 条）[76]，我国法律中现行竞合处罚制度是**联合刑罚**制度，尽管对建立联合刑罚具决定性作用的*联合原则*和*形式*并不总是相同的。实际上，当上述改革可适用的规定是基于*兼并原则*，由这一改革开始——不论是在 1852 年的《刑法典》（第 87 条），还是在 1886 年的《刑法典》（第 102 条），甚至是在 1954 年改革之后——对于建立联合刑罚具决定性作用的是*加重原则*（*princípio da agravação ou exasperação*）。在 1954 年后，具显著特殊性的是，在很多情况下——尤其是在相同严重的徒刑的竞合情况下——竞合的刑罚幅度与更严重犯罪的刑罚幅度已经不相吻合，而它是透过比更严重刑罚所适用的等级更高的等级所形成的（在其后确立的"刑罚等级"制度中，见 1886 年《刑法典》第 55 条和上文第 243 节）。因此，在某种情况下，可以说，支配联合刑罚形成的联合原则源自*加重原则和累积原则的混合*。在此基础上，我们的学说和司法见解并非没有依据地给这种制度起了**法律累积制度**的名称[77]。

第 406 节　目前第 78 条确立的制度亦是透过**法律累积**取得的**联合刑罚制度**。但是，这一制度——尽管明显是单一刑罚制度——在**累积原则**中找到了受启发的基本来源。因此，让我们看看如何构成及确定竞合刑罚。

Maia Gonçalves 似乎声称 1963 年草案总则第 91 条所确立的制度是真正的**单一刑罚**制度，因为当中"不要求区分涉及法律累积的每一项违法行为的单项刑罚"[78]。尽

75　总结上，亦见 MAURACH/GÖSSEL § 56 n.° m. 59。

76　在我们当中关于竞合处罚的历史，见 CORREIA, Eduardo, *Direito Criminal*（Studium）222 ss. e II 220 ss。

77　见 CORREIA, Eduardo, *Direito Criminal*（Studium）193 ss. e II 213；以及 FERREIRA, M. Cavaleiro de II 1961 320 s。

78　GONÇALVES, M. Maia art. 78.° anot 2. 持相同意见的，见 CORDEIRO, Robalo *JDC* 278 及 LEAL-HENRIQUES, M./SANTOS, M. Simas I 411。

管这种观点被公开了（此外，这种观点在草案作者本人的表述中获得支持[79]），但这没有任何理由：即使在 1963 年草案总则中，对竞合所规定的处罚制度也是*联合刑罚*制度，而不是单一刑罚制度[80]。

第 407 节　为了更容易理解之后的陈述，让我们举一个将伴随着陈述的**例子**。现在对 A 审判其犯下的 3 项罪行：可经第 302 条第 1 款处以的盗窃罪 X；可经第 304 条第 1 款处以的窃用车辆罪 Y；以及可经第 306 条第 1 款处以的加重抢劫罪 Z。为确定竞合的刑罚，必须执行什么操作？

a）竞合中每一项犯罪的刑罚分量

第 408 节　首先，法院必须确定**具体**适用于每项竞合中的犯罪的刑罚，就好像它们是*单一的*犯罪，即独立认识的目标，则应遵循**确定刑罚的一般程序**。联合刑罚的本身实质和性质证明了这一操作的合理性；而且，正如我们将在下文看到的一样，还因为它对确定竞合刑罚的随后操作是必不可少的。

（在我们的示例中，我们假设法院将向 A 处以的刑罚为，对犯罪 X 处以 15 日罚金、对犯罪 Y 处以 6 个月徒刑以及对犯罪 Z 处以 3 年徒刑。）

第 409 节　原则上，没有人会反对，法院认为任何部分徒刑应在法律允许的情况下由非剥夺自由的刑罚**替代**（例如，在我们的示例中，6 个月的徒刑根据第 43 条第 1 款的规定由罚金替代，或者 3 年徒刑根据第 48 条第 1 款的规定由暂缓执行替代）。然而，目前不能拒绝法院评估犯罪竞合的情况，以便从预防要求的角度来看，尤其是从特别预防要求的角度来看，确定替代刑罚的适用是否仍然合理。另一方面，由于知道实际将要处以的刑罚并非单项刑罚，而是联合刑罚，明显的是，仅对后者提出其替代的问题才有意义[81]。

第 410 节　鉴于与各种竞合犯罪的刑罚或单项刑罚有关的各种效力——首先，在确定联合刑罚最高限度方面（见下文第 412 节），但例如亦在上诉、大赦、附加刑、刑罚和保安处分的效力、随后竞合等方面——根据第 72 条第 3 款的一般规定，该等刑罚不仅必须特别载于判决中，而且必须对

---

[79]　*Actas PG* II 155.

[80]　在此方面，见 CORREIA，Eduardo II 215 e nota 2。

[81]　因此，我们占主导地位的司法见解见 AcRE de 85DEZ12，*CJ X – 5* 1985 241，AcsSTJ de 86FEV26，*BMJ 354* 345，de 86JUL02，*BMJ 359* 339，de 86NOV19，*BMJ 361* 278 e de 90FEV07，*CJ XV – 1* 1990 30；持不同意见，但没有理由的，见 AcRP de 86FEV12，*CJ XI – 1* 1986 205。

其分量**独立地说明理由**[82]（上文第 254 节）。

b）竞合的刑罚幅度

第 411 节　之后，法院将建立竞合的刑罚幅度——一个具有最高和最低限度的真正刑罚幅度——，这一操作首先取决于已经具体确定的单项刑罚的种类。

如果联合刑罚制度遵循纯粹的兼并或加重原则，则将大大简化这一操作：竞合的刑罚幅度将是适合于最严重犯罪的刑罚幅度或者根据这一刑罚幅度所确定的刑罚幅度。事情会变得更加复杂，如果——正如在我们当中发生的那样——确定联合刑罚的联合原则或多或少准许最大的累积：法律必须规定在任何情况下如何获得竞合的刑罚幅度的最高和最低限度。

aa）同种类的单项刑罚

第 412 节　如果所有单项刑罚属于同一种类——不论所有都属于徒刑还是**罚金**[83]——，竞合的刑罚幅度将"*可科处之刑罚之最高限度为具体科处于各罪之刑罚之总和*"（第 78 条第 2 款）作为**最高限度**，因此，为此效力适用纯粹的累积原则。然而，首先，具有**绝对**的限度：竞合的刑罚幅度的最高限度不得"*超逾第40 条和第46 条规定的限度*"（第 78 条第 2 款），这意味着如果任何竞合的犯罪可处以高于该限度的刑罚，那么徒刑才能超逾 20 年的一般最高限度；并且，罚金的联合刑罚幅度不得超逾 300 日。

如果最后一个断言无可争议，那么前者就远非如此了。确实，不乏有人主张——但这是没有理由的，见上文第 101 节——竞合的刑罚幅度的最高限度在所有情况下都可以长达 25 年[84]。

Cavaleiro de Ferreira 捍卫，如果对其中一项竞合犯罪进行的处罚起逾 20 年，则其分量是竞合犯罪的最高限度，而不一定是 25 年[85]。但这是没有理由的。即使在这种情况下，正如法律所规定的，适用的单项刑罚汇总，联合刑罚幅度的绝对最高限

---

[82]　因此，亦见 JESCHECK § 68 III 1a。

[83]　因此，我们的主流司法见解是正确的（当中，见 AcRE de 85OUT08，*CJ X - 4* 1985 307，AcsRC de 84JUN06，*CJ IX - 3* 1984 98 e de 87JUL29，*CJ XII - 4* 1987 102，AcRP de 89NOV29 *CJ XIV - 5* 1989 236），它们主张的是，对于罚金的竞合，适用单一刑罚或竞合刑罚制度，而不适用实质累积制度。

[84]　见 GONÇALVES，M. Maia art. 40.° anot. 5 e art. 78.° anot. 6。然而，正如在文中，主流学说和司法见解见 CORREIA，Eduardo，*Actas PG* II 152，FRREIRA，M. Cavaleiro de II 1989 157，CORDEIRO，Robalo，*JDC* 278；以及 AcSTJ de 84DEZ05，*BMJ 342* 187 ss。

[85]　FERREIRA，M. Cavaleiro de II 1989，157.

度也只变为 25 年。

第 413 节　从刑事政策角度来看，所述的最高限度是**难以证明有理的**。如果某人在一项应受同等刑罚的犯罪竞合中犯下可处以 20 年以下徒刑或 300 天以下罚金的犯罪，则竞合的刑罚幅度受纯粹的加重原则支配，而不是受累积原则支配。因此，在这些情况下，刑罚幅度最好可长达 25 年徒刑及例如高达 600 日罚金[86 - 87]。可以说，如果其中一项竞合犯罪最高可判处 25 年徒刑（第 40 条第 2 款），那么竞合的刑罚也将纯粹是加重的刑罚[88]。的确如此，但并非因此这种批评是合理的。对于葡萄牙制度而言，超逾 25 年的徒刑在刑事政策上是完全不可接受的；20 年至 25 年之间的徒刑尽管在特殊情况下是可以接受的，但它应有助于维持犯罪竞合的逻辑。

第 414 节　至少对于刑罚幅度的**最低限度**，我们现行的法律绝对是遗漏了的。填补这一漏洞的各种方式在此是可以理解的。然而，首先要否认的想法是适用**两种刑罚的法定最低限度**，即 1 个月徒刑（第 40 条第 1 款）和 10 日罚金（第 46 条第 1 款）。一方面，因这种解决方案可确定竞合的刑罚毕竟代表着**减轻**（！）只适用于其中一项竞合犯罪的刑罚，或者代表着在任何情况下完全被蔑视的加重，因为应根据一种十分广泛的刑罚幅度来确定该刑罚，所以这会构成在刑事政策上十分不可接受甚至不可想象的结果。而另一方面，因为在许多情况下，就监禁刑罚而言，存在着面临如此广泛的刑罚幅度的风险（例如，1 个月至 20 年甚至 25 年徒刑！），以至于因其不确定性而产生最大的刑事政策保留，即使不属宪法上的保留（上文第 249 节）。

第 415 节　另一种可能的解决方案是使**适用于更严重的竞合犯罪的刑罚幅度的最低限度**作为竞合的刑罚幅度的最低限度适用[89]。然而，即使在此——尽管犯罪程度较轻且涉及较少数量的情况：例如，犯有 10 项可判处最高 3 年或最高 5 年监禁的罪行——，先前考虑的拟议解决方案的批评仍然有效。要理解这一点，只需注意，一旦确定了竞合的刑罚幅度，法院将在这个幅度中浮动（下文第 420 节），其自由度与在任何刑事幅度内处理单

---

[86]　正如在德国联邦法所发生的，当中，尽管与加重原则有更大关联，罚金的最大日数由单一犯罪的 360 日变成竞合情况的 720 日（相关《刑法典》第 40 节 I 至第 54 节 II）。

[87]　我们的 1991 年草案第 77 条第 2 款目前正与文中的确切意义一样。

[88]　因此，见 CORREIA, Eduardo, *Actas PG* II 155。

[89]　在这个意义上，见 CORREIA, Eduardo, *Actas PG* II 155。

一犯罪的情况完全相同。除此之外，人们几乎不理解这样一种制度的"逻辑"：在这种制度中，竞合的刑罚幅度的最高限度源于竞合刑罚的*具体*分量，而最低限度源于竞合刑罚的*抽象*分量。

第416节　最好的解决方案——实际上大多数国家的学说和司法见解所倾向的解决方案是，**将在第一次操作中所确定的单项刑罚中的最高者作为竞合的刑罚幅度的最低限度**[90]。而且，法律无规定似乎不能以不同的含义进行解释。法律在任何情况下都不希望的是，竞合确定减轻行为人对更严重的竞合犯罪所承担的责任，而这将是完全避免该结果的唯一方式。的确，竞合的刑罚幅度可以通过这种方式变得非常小（至少在最低和最高之间相差1个月的徒刑或者10日罚金），但是，这种小实质上是合理的，因为竞合必然在严重程度不同的犯罪之间发生。

（在我们的示例中，并仅考虑到判决中确定的部分徒刑——上文第407节——，竞合的刑罚幅度是3年至3年6个月徒刑。）

bb）不同种类的单项刑罚

第417节　如果单项刑罚是不同种类的刑罚，则现行法律*在它们之间*放弃了单一刑罚制度（并因此放弃了联合刑罚制度和法律累积制度），以便本质上遵循**实质累积制度**（**sistema de acumulação material**）：根据第78条第3款的规定，徒刑和罚金总是彼此累积；而且，这一解决方案仍然适用于混合着监禁和罚金的刑罚，以及适用于其中一种刑罚是代用监禁的情况（或者根据第46条第3款和第4款的"可选择的判处"），即因未缴纳罚金而产生的监禁[91]。

［因此，在我们的示例中，A因作出轻微盗窃（furto formigueiro）而被判处其后确定的联合徒刑*以及*15日罚金。］

---

[90]　因此，见 FERREIRA, M. Cavaleiro de II 1989 158 s.，CORDEIRO, Robalo, *JDC* 278, HEN-RIQUES, Leal/SANTOS, Simas I 411；以及，在1963年草案的讨论中，见 GONÇALVES, M. Maia, *Actas PG* II 153。同样，主流的司法见解见 AcSTJ de 84OUT10，*BMJ 340* 230，Ac-RC de 85MAR13，*BMJ 345* 461 e AcRP de 89DEZ20，*CJ XIV – 5* 1989 240。

[91]　因此，我们的主流司法见解例如见 AcSTJ de 84OUT10，*BMJ 340* 230，AcRL de 86FEV26，*CJ XI – 1* 1986 126 e AcRP de 87JAN07，*CJ XII – 1* 1987 250。持不同意见的，例如，德国体制*允许*法官甚至在不同种类的刑罚下宣告联合刑罚；问题是了解原则上是否应该宣告联合刑罚（因此，见 MAURACH/GÖSSEL § 56 n.° m. 64），或者宣告实质累积（因此，见 SCHÖNKE/SCHRÖDER/STREE § 53 n.° m. 20），或者不宣告它们任何一个（因此，见 JES-CHECK § 68 II 2）。

第 418 节　**放弃单一刑罚制度以及联合刑罚原则和法律累积原则是不合理的**[92]。首先，这些制度和原则基于的理由就在不同种类的刑罚竞合下继续完全适用：行为人是同一个人而且是唯一一个人，其人格只是单一的，对于作出的一系列事实其人格应当被评估。另一方面，由这种制度引起的监禁和罚金所组成的刑罚在此仍然震惊地违反了我们制度怀有的基本刑事政策原则，在这种情况下，完全适用上文第 192 节及其后续节数所陈述的内容，即关于《刑法典》分则因某些犯罪而负有的监禁和罚金的"混合"刑罚。

的确，在这些情况中，保留单一刑罚制度始终意味着将日罚金转变为监禁[93]，例如，使用日罚金减少至 2/3 监禁的标准。但是这种解决方案在我们的制度中并非例外（请记住将未缴纳罚金转变为代用监禁的情况）。针对这一解决方案，也不能成功地援引"与徒刑斗争"的格言，因为行为人根据这种刑罚所判处的竞合犯罪总是履行剥夺自由的刑罚。最后，没有任何理由预见，因未缴纳罚金的代用监禁不应像任何其他徒刑一样构成联合刑罚[94]。

第 419 节　我们已经看过（上文第 409 节）以下原因：就单项刑罚而言，原则上不应以非剥夺自由的刑罚代替徒刑。但是，即使是这样，明显的是，为构成联合刑罚的效力，重要的将会是具体确定且可能被代替的刑罚的分量。在任何情况下，一旦确定了联合刑罚，而且是监禁性质的联合刑罚，那么法院将会决定它是否可以在法律上及应该在刑事政策上**由非剥夺自由的刑罚代替**。

c）竞合的刑罚分量

第 420 节　确定犯罪竞合的刑罚幅度后，法院将最终在该限度内，**按照罪过和预防的一般要求**，确定共同刑罚的分量。然而，并非因此可以合理地说，我们在此所面对的是确定刑罚分量的*正常*程序。实际上，除了第 72条第 1 款规定的关于刑罚分量的一般标准外，法律赋予法院一种*特别*标准："在具体确定［竞合的］刑罚时，**应一并考虑行为人所作之事实及其人格**。"（第 78 条第 1 款第二部分）

92　因此，1991 年草案第 77 条第 2 款提议对这些情况保留联合刑罚原则，认为罚金应被转变为等于减至 2/3 时间的监禁。

93　正如在德国所发生的一样，当中《刑法典》第 54 节 III 为此效力而规定，1 日罚金将转变为 1 日监禁。

94　因此，德国的主流学说见 SCHÖNKE/SCHRÖDER/STREE § 53 n.° m. 27；SAMSON, *SK* § 53 n.° m. 15；以及 CRAMER, *JA* 1970, 210。持反对意见的，见 JESCHECK § 68 II 2 e 3，其提出可能导致随后全部或部分缴纳罚款的困难。

这个特殊标准的存在促使（我们的司法见解似乎没有讲述这一情况[95]）判决内容载有根据该标准对竞合的刑罚分量的*特别说明理由*：对第 78 条第 1 款和第 72 条第 3 款之间不可缺少的联结起约束作用，只有这样才能避免竞合的刑罚分量被视为直观行为的产物——再次被视为法官的"艺术"的产物——或者被视为纯粹自动并因此任意行为的产物[96]。这不妨碍我们认为，说明理由的义务在此不具备第 72 条所规定的严谨和范围（在不违反禁止双重评估的情况下，该条文所列举的因素可作为竞合的刑罚分量的"指南"，见下文第 422 节），因此，该义务不再是在法律上和实质上不可减损的义务。

第 421 节　因此，一切事情都必须像这样发生：所有事实表现出作出**所有不法事实的严重性**，对其评估具有决定性作用的是在竞合的事实之间出现联系或联系的类型。在行为人的——单一的——**人格评估**下，尤其重要的是了解以下问题：所有事实是有利于犯罪倾向（或者甚至可能有助于"生涯"），还是仅有利于不基于人格的多种偶然性（pluriocasionalidade）。只有在第一种情况而非在第二种情况中，才适宜将联合的刑罚幅度中的加重效力赋予多种犯罪。同样重要的是，分析关于行为人将来行为的刑罚的可预见效力（社会融合的特别预防要求）[97]。

（在我们的示例中，例如法院最终确定联合的徒刑为 3 年 5 个月——因此，非常接近联合刑罚幅度的最高限度——，因为法院认为，行为表现出不断增加严重性的一种"一连串的正犯"，甚至表现出"犯罪生涯"的开始，这就是为什么提高了罪过的限度及社会融合的特别预防要求。而且，因作出轻微盗窃而在这一徒刑上增加 15 日罚金。）

第 422 节　德国学说对以下问题讨论很多：在禁*止双重评估原则*下，是否可以在联合刑罚的分量中再次考虑单项刑罚的分量的要素[98]。原则上需要否定的回答；应

---

[95] 这一情节几乎总是局限于有说服力地陈述如下情节的内容："根据 X 和 Y 的单项刑罚，把 Z 刑罚定为竞合刑罚似乎是'合理'或'适当'的。"

[96] 同样见解亦见 JESCHECK § 68 III 1 c。然而，赞成在此将一切留给"法官的自由裁量权"的，见 MAURACH/GÖSSEL § 56 n.° m. 72。

[97] 因此，这一标准——与 GONÇALVES, M. Maia, art. 78.° anot. 4 所提议的相反——完全与第 72 条第 2 款关于人格要素所规定的内容相容（上文第 342 节及其后续节数）。

[98] 肯定的答案，见 BRUNS, *Strafzumessungsrecht* 473 s. 及 *H. Mayer-FS*, 374 s. 否定的答案，见 JESCHEECK § 68 III 1 c; JAKOBS 33 18; SAMSON, *SK* § 54 n.° m. 9; SCHÖNKE/SCHRÖDER/STREE § 54 n.° m. 15。

注意的是，乍看起来似乎是*相同的*具体要素，但实际上并非如此，这取决于它是指一个单一事实还是一*系列*单一事实：在这种情况下，没有理由援引禁止双重评估原则[99]。

第 423 节　除了徒刑或罚金的联合刑罚之外，法院将根据第 78 条第 4 款的规定判处附加刑（包含刑罚的效力）或与任何作出的事实有关的保安处分（以及在第一个操作中已确定的保安处分，见上文第 410 节）。从刑事政策角度看，甚至从联合刑罚制度的逻辑角度看，这一解决方案是可以理解和接受的：一方面，这是以下思想的产物，即根据竞合，单一犯罪不会丧失其单一性及其特殊性（就像在纯粹的单一刑罚制度中所发生的一样）；另一方面[100]，不同的解决方案可能会导致行为人作出另一种犯罪，只是为了避免与第一种犯罪有关的附加后果，而该后果是特别旨在避免的。

5. 竞合刑罚的嗣后确定

a）前提

第 424 节　正如我们在上文第 396 节中所看到的，竞合刑罚形成的前提是，犯罪在判罪转为确定之*前*已经作出。然而，根据第 79 条第 1 款的规定，竞合的刑罚制度仍然适用于竞合只是**嗣后获悉**的情况。这一制度的范围取决于以下三个前提。

aa）时间前提

第 425 节　一方面，有必要的是，现在才得悉的犯罪**在之前宣告的判罪之前**已经作出，以致这一判罪理应已考虑该犯罪。对于了解现在得悉的犯罪是否并非在判罪之前的问题，决定性的时间为宣告判罪的时间——当中，法院仍然有可能判处联合刑罚[101]——，而非其转为确定的时间。如果现在得悉的犯罪是多种的，一些在宣告判罪之*前*发生，一些在之*后*发生，那么法院宣告*两项*联合刑罚：一项是纠正之前判罪的刑罚，另一项是关于在该判罪之后才作出犯罪的刑罚。关于法院在此仅作出一项共同刑罚的主张[102]，明确违反了法律，不符合将犯罪竞合的处罚与累犯区分开来的法律制度。

---

[99]　在这一结论的意义上，我们当中见 OSÓRIO, J., *Actas PG* II 153。

[100]　正如 CORREIA, Eduardo II 224 所强调的。

[101]　这可能导致复杂的诉讼问题，尤其是与上诉及与诉讼标的变更有关的事宜。关于这些问题，见 MAURACH/GÖSSEL § 56 n.° m. 90。

[102]　在德国主张的有 SCHACKSOFSKY, *NJW* 1963 894。有理由地反对的有 BENDER, *NJW* 1964 807 及 JESCHECK § 68 III 2。

bb）之前仍未消灭的刑罚

第 426 节　其次，有必要的是，之前判罪中宣告的刑罚**尚未服刑、尚未过时效或消灭**，只有尚未以任何形式消灭的刑罚才能纳入后续程序的目标及用作组成联合刑罚[103]。确定前一刑罚是否已消灭的决定性时刻，也是在这里作出新的有罪判决的时刻，在此之前，还可以判处一项共同刑罚。

cc）已转为确定的裁判的情况下

第 427 节　可以发生的是——而且经常发生——竞合刑罚的嗣后确定应该发生，但由于**第二法院不认识之前的判罪**而没有发生。如果新的裁判转为确定，*尽管实现上述两项前提*，则第 79 条不包含这一情况。然而，很长一段时间以来——甚至面对之前生效的刑事法例——我们的司法见解认为，即使在这种情况下，也应适用构成联合刑罚的原则[104]，为此目的，它对第 79 条的规定进行类推扩展[105]。

这种解决方案无条件地**受到称赞**[106]：要么因为联合刑罚证实的目的论在这些情况下充分存在；要么因为在刑事政策角度下这一解决方案比替代的解决方案更可取（即对行为人判处两项刑罚且他必须接续执行的替代的解决方案）；最后，要么因为这一解决方案更有利于行为人。

第 428 节　然而，这种解决方案直接源于第 79 条第 1 款的想法，就像被人提出的一样[107]，这是不可取的；在这方面这一规定是有漏洞的，而这一漏洞应在宪法允许的情况下**类推地**被填补。此外，这一漏洞同样存在于德国《刑法典》第 55 节中，与我们的第 79 条完全相同。而且在该国，学说和司法见解也完全类似于我们司法见解的解决方案，但基于相关《刑事诉讼法典》第 460 节和第 462 节中的规定，绝不是直接基于《刑法典》第

103　AcRL de 84JUN15, *CJ IV – 3* 193 难以理解地忘记了这一前提。

104　对此方面，重要的见 PGR de 52JUN26, *BMJ 28* 203 的意见。

105　当中见 AcsSTJ de 86FEV26, *BMJ 354* 345, de 86OUT02, *BMJ 360* 340, de 86NOV19, *BMJ 361* 278 及最后见 de 91JUL03, *CJ XVI – 4* 1991 7. 无依据并有疑问的，见 AcSTJ de 87JAN21, *BMJ 363* 251。

106　持支持意见的，见 FERREIRA, M. Cavaleiro de II 1989 164 s. ; GONÇALVES, M. Maia art. 79.° anot. 2; LEAL-HENRIQUES, M/SANTOS, M. Simas I 416 ss.持反对意见的，*在未来法上*（*de iure condendo*），见 CORREIA, Eduardo, *Actas PG* II 160 及*在现行法上*（*de iure condito*），见 CORDEIRO, Robalo, *JDC* 280。

107　然而，见 FERREIRA, M. Cavaleiro de 及 GONÇALVES, M. Maia, 前一脚注已引用。

55 节[108]。

首先从此我们将会看到 Cavaleiro de Ferreira 是不合理的，他指出当所有判罪已转为确定时，1987 年《刑事诉讼法典》没有注意规范由竞合的嗣后审理所产生的程序步骤的要求。《刑事诉讼法典》避免规范在实体法中存在*漏洞*的问题。因此，变得清晰的是，所指出的司法见解的解决方案明确载于第 79 条的高度便利[109]；这就是为什么只有这样才能使《刑事诉讼法典》中也规定这种实质解决办法所要求的诉讼程序——某些程序是十分精巧的。

b）*制度*

第 429 节　如果之前的判罪是针对**单一犯罪**，则没有问题：法院根据该判罪和之前的犯罪宣告竞合*的联合刑罚*。如果之前的判罚已经是**联合刑罚**，则法院*将它废除*，并根据载于该联合刑罚的具体刑罚及载于认为适用于现在审理的犯罪的刑罚的具体刑罚来确定包含所有竞合的一种*新的联合刑罚*[110]。

第 430 节　在我们考虑的情况中，很可能发生的是，刑罚之一是徒刑的**替代刑罚**。为确定联合刑罚的效力，法律没有任何转换徒刑的标准。因此，同样正如上文（第 419 节）所述，为此效力适用被替代的徒刑，此外，一旦确定了竞合的刑罚，法院将会决定将联合的徒刑由非剥夺自由的刑罚替代是否在法律上可行及在刑事政策上恰当[111]。

第 431 节　即使在嗣后审理竞合的情况下，根据第 79 条第 2 款的规定，适用于竞合的单一刑罚或载于之前宣告的联合刑罚的**附加刑**（包括刑罚的效力）及**保安处分**仍然存在。然而，这有其必需性：新的裁判必须始终考虑到附加刑和保安处分的*必需性*的存在，尤其是面对之前的裁判；正是之前裁判的存在可以证明第 78 条第 4 款和第 79 条第 2 款之间制度的不同。

6. 离题：连续犯的处罚

第 432 节　从"犯罪学说"中进行的研究得知，连续犯不是构成多重

108　当中见 JESCHECK § 68 III 2 及 MAURACH/GÖSSEL § 56 n.° m. 93 ss。

109　而这一解决方案实际上明确载于 1991 年草案第 78 条第 2 款中。

110　在此意义上十分准确的，见 AcSTJ de 88OUT26，*CJ XIII – 4* 1988 18。

111　在最后的一个结论的意义上，亦见 JESCHECK § 68 III 2。然而，这一问题在德国要简得多：要么因为比起我们，德国的替代刑罚种类要少得多；要么因为相关《刑法典》第 58 节包含对这些情况明确确立一种转换标准的规定。

犯罪或犯罪竞合的情况，而是构成*在法律上犯罪的单一性*（*unidade jurídica criminosa*）。因此，从纯粹的逻辑上讲，连续犯的处罚也与犯罪竞合的处罚无关。但是，事实并非如此，连续犯并不因此而不构成由**实际多重犯罪**（**pluralidade efectiva de crimes**）所构成的法律单一性。因此，在竞合的处罚上以立法的方式对其进行处罚，而且第78条第5款规定，"连续犯，以可科处于连续数行为中最严重行为之刑罚处罚之。"

第433节　可以将此规定理解为纯粹的*兼并原则*的体现：法院确定适用于每一项单一行为的具体刑罚，其中最严重的刑罚纯粹及简单地被视为连续犯的刑罚。

这样的理解是错误的：法院将要作的是，在第一项操作中，选择适用于不同的单一行为的**最严厉的刑罚幅度**；在选择这一幅度后，法院将根据一般规则在当中确定连续犯的**刑罚分量**[112]。因此，考虑到罪过的限度和预防的要求，没有任何事情可以阻碍将多数行为视为加重的因素[113]；当连续犯的处罚是根据竞合的联合刑罚规则而得出时，连续犯罪所特有的可执行性较低和随之而来的犯罪减轻已获考虑。在所陈述的措施中，可以说仍然是一种**加重原则**，而非兼并原则，它主导着作为法律单一性的连续犯的刑罚分量的操作。

三　扣除

1. 主导制度的刑事政策思想

第434节　第80条至第82条规定的扣除制度是基于以下基本思想：由于作为或者理应作为刑事诉讼目标的组成部分的一个或多个事实而令行为人遭受任何类型的剥夺自由，**出于实质公正的强制原则**（**por imperativos de justiça material**）[114]，应对行为人在该诉讼程序中被判处的刑罚作出扣除。

这种思想对于在诉讼决定**转为确定之前**发生的频繁（不幸的是，比刑事政策上所期望的及比基于法律本身的意图要频繁得多，见《刑事诉讼法

---

[112]　同样，亦见 FERREIRA, Cavaleiro de II 1989 163。

[113]　我们当中见由 GONÇALVES, M. Maia art. 78.° anot. 6 提及的 AcSTJ de 83MAI04。同样，亦见 JESCHECK § 66 IV 3，在德国表面上一致的学说。

[114]　因此，亦见 MUÑOZ CONDE/MORENO CATELA, cit. 408 及 ROMANO art. 137 n.° m. 1。

典》第 193 条及第 202 条[115]）剥夺自由特别有效，尤其是对*羁押*（《刑事诉讼法典》第 202 条及其后续条文）、单纯的*拘留*（《刑事诉讼法典》第 254 条及其后续条文）及*履行逗留在住宅之义务*（《刑事诉讼法典》第 201 条）有效。这些措施——所有措施——不是"预期的刑罚"（«penas antecipadas»）[116]，而是尽管基于*保全必需*的诉讼原则而介入以下时刻：嫌疑人仍被无罪推定保护着（《葡萄牙共和国宪法》第 32 条第 2 款和第 265/79 号法令第 209 条第 1 款），这样对于该等措施就完全解释了刑罚的扣除。

但是，这种思想也必须适用于以下情况（当然，这些情况的发生频率要低得多，见下文第 438 节）：已转为确定的裁判所施加的刑罚之后由其他刑罚**替代**，在此同样公正的强制原则，如果可能的话甚至更清楚地，会在新的刑罚中扣除之前已经履行的刑罚。

第 435 节　然而，尽管扣除的刑事政策基础似乎很明确，但它的含义使人们产生疑问：在某些情况下，它可能与其他确定刑罚的原则相抵触，尤其是与**社会融合的特别预防**要求相抵触。例如，如果法官考虑到这些要求认为行为人服刑 1 年是有必要的，但行为人在羁押中度过了 10 个月——这在我们当中是一种十分普遍的情况——最终他将会服刑 2 个月（!），从社会融合的特别预防角度来看，这总体上构成一种非常不便的解决方案。

因此，某些制度——在一定程度上，由 1963 年总则草案所载的制度所组成，当中基本原则是"公平"扣除原则（第 93 条正文内容）——在特殊情况下允许法官全部或部分否认扣除；但在大多数情况下根据行为人*在作出事实之后*的行为中作出扣除[117]，这没有为提出的问题提供适当的解决方案。然而，像我们这样的其他制度[118]则无一例外地规定了扣除，从而使公正的考虑完全优先于预防的要求，尤其是特别预防的要求。

第 436 节　已经有人声称，由于扣除的操作是"自动的"——或者更好的表述是"强制性的"——，它不再构成*确定罚款*的特殊情况，而成为

115　最后，见 DIAS, J. de Figueiredo, «O CPP 2 Anos Depois»（即将出版）。在葡萄牙也可以这样说，甚至可能比德国更有理由，因德国在预防上拟"太多，太快，太长"：JESCHECK § 84 III 1, nota 29, citando Heinz。

116　再次见 DIAS, J. de Figueiredo, 在前一脚注已引用；以及 RODRÍGUEZ RAMOS, *La Ley* 1983 - 2 1056 ss。

117　因此，见德国《刑法典》第 51 节 I 及瑞士《刑法典》第 69 条。

118　亦像奥地利《刑法典》第 38 节的制度或者 art. 52 do Projecto Schultz 的制度。

纯粹的**法律执行规则**：其结果是，无须在判决中提及扣除，成为有权限当局执行的任务[119]。

至少值得怀疑的是我们当中应该如此。一方面，正如我们将要看到的那样，在某些情况下，法官在刑罚中所作的并不是法律中的预先确定的扣除，而似乎是一种"公正的"扣除——这完全排除了谈论纯粹的执行刑罚的规则的情况；另一方面，即使在法律上预先确定的情况下，扣除会改变行为人服刑的量，这足以证明在确定刑罚的特殊情况下对扣除制度的系统处理是合理的[120]。因此，所有内容都要求扣除总是——即使在法律上预先确定的情况下——在有罪判决中被提及[121]。

2. 前提

a) 诉讼性质的剥夺自由

第 437 节　根据第 80 条的规定，从徒刑或罚金中扣除嫌疑人在判罪的诉讼程序中遭受的*羁押*。更严格地讲，这就是由构成或应该构成行为人在被判罚的诉讼目标的一个或多个事实所遭受的羁押。因此，在此决定性因素是**诉讼的单一性**（**unidade processual**），而非实体的单一性（unidade substantiva）。例如，如果行为人因被控诉事实 X、Y 和 Z 而被羁押，即使仅因事实 Y 被判罪，扣除仍会发生[122]。

尽管法律没有规定，羁押应与**其他诉讼性质的剥夺自由**相匹配，例如*拘留*（detenção）和*在房屋内逗留的义务*（obrigação de permanência na habitação）[123]。在这些情况下，理由与羁押的理由完全相同，解决方案对行为人有利，因此，以这种方式填补漏洞没有任何障碍[124]。另一方面，不论是在葡萄牙遭受的剥夺自由，还是根据第 82 条的规定在外国遭受的剥夺自由，都会对其进

---

[119] 因此，见 JESCHECK § 84 III 1；同一含义的见 SILVA, M. Gomes da, *Actas PG* II 164 s。

[120] 最终以此意义作结论的，亦见 JESCHECK § 84 III 3 及 MAURACH/ZIPF § 64 n.° m. 57 ss。

[121] 尽管没有明确地反对已确定的东西，见 AcSTJ de 85MAR15, *BMJ 345* 228。

[122] 因此，见 Comissão Revisora do ProjPG 63, *Actas PG* I 165 ss. 及 GONÇALVES, M. Maia art. 80.° anot. 2。在德国学说中，见 MAURACH/ZIPF § 64 n.° m. 63 及 SCHÖNKE/SCHRÖDER/ STREE § 51 n.° m. 10。影响更深远的有意大利《刑法典》，它规定在判决不得废止之前扣除行为人所遭受的所有羁押，见 ROMANO art. 137 n.° m. 5 ss.，该作者指出扣除甚至适用于羁押发生在"有别于判罪程序的程序中"时。

[123] 明确在这个意义的，见 1991 年草案第 80 条。

[124] 因此，正确的有 AcRP de 91DEZ04, *CJ XVI–5* 1991 223。因相同理由，错误的有 AcRP de 90FEV07, *CJ XV–1* 1990 254。在德国，MAURACH/ZIPF § 64 n.° m.64 将法律无规定解释为应导致无扩展的情况。然而，与文中同一意见的，见 ROMANO art. 137 n.° m. 3。

行扣除。

b）先前之徒刑或罚金

第 438 节　第 81 条第 1 款规定，如刑罚经确定裁判判处后在往后诉讼程序中由另一刑罚**替代**，则刑罚亦在已服之限度内扣除。在嗣后知悉犯罪竞合的情况下，这种情况发生的次数最多（见上文第 424 节及后续节数）；但也可能发生在再审程序中（《刑事诉讼法典》第 449 条及其后续条文）[125]或在同一诉讼标的上在外国发生的判决中（第 82 条及第 6 条第 4 款）。

c）先前之其他刑罚

第 439 节　透过解读第 80 条至第 82 条似乎得出的结论是，从法律的角度看，扣除的制度只适用于诉讼上的剥夺自由（privações de liberdade processuais）、监禁和（或）罚金，而不适用于其他**替代刑罚**及**保安处分**[126]。然而，这种限制似乎在政治和刑事上是没有道理的，至少在所有可想到的情况下。因此，最好考虑是否存在漏洞，如能找到符合法律制度及充分界定的扣除标准，法官可将其填补——如本案所涉及的是对不法分子有利的解决方案（见下文第 443 节）。

3. 标准

第 440 节　扣除的法定标准取决于扣除的保安处分或刑罚的性质及类别，并取决于给予扣除的刑罚。

第 441 节　如必须扣除**监禁之诉讼措施**（medida processual detentiva），而科处之刑罚为**徒刑**，则须作出全部扣除（第 80 条第 1 款）；如科**罚金**，则以*1 日剥夺自由折算1 日罚金*，扣除诉讼上剥夺自由的时间（第 80 条第 2 款）。

第 442 节　如从一刑罚中扣除另一同类型及性质相同之刑罚，则该扣除须重新作出整项扣除——当然，只要先前之刑罚已服（第 81 条第 1 款）；然而，如先前之刑罚为罚金而其后的刑罚为徒刑，或相反地，法律规定，在新刑罚中作出认为衡平之扣除（第 81 条第 2 款）。法官不能仅根据对罪

---

[125]　持相反意见的见 GONÇALVES, M. Maia art. 81.° anot. 2，该作者持完全不成立的主张，即再审后"被再审之判决及对其科处之刑罚不再存在"。

[126]　1963 年总则草案第 93 条是这样的，尽管扣除标准不是预先确定的标准，而是"衡平"标准。

犯已经遭受的"报酬"或"补偿"的考虑来评估这种**"衡平"**（equitativ-idade）的做法。重要的是决定新的刑罚分量，即为*保护法益*及*使不法分子重新获得社会地位*，考虑到已服的刑罚分量，仍必须科处的刑罚分量[127]。不要祈求在一般制度中禁止法官作出这样的考虑，因此最好用（或通过）算术标准来代替上述"衡平"的考虑，即对诉讼措施的扣除有用的标准之一。一方面，这些诉讼措施不是刑罚；另一方面，即使在这些情况下，作为扣除依据的"公正的"，也是对应被科处的刑罚的目的进行重新评估的理由，这里试图界定的"规范性的衡平"（equitatividade normativa）是有道理的。

第443节 衡平标准允许填补之前提及的漏洞（上述第439节），该漏洞所涉及的情况是，（先前或/及之后的）刑罚是**一种与监禁或罚金（或保安处分）不同的刑罚**：在上述所有情况下，法院均应以有利于被判刑者之类推，在新刑罚中作出其认为衡平之扣除。

四 特别减轻刑罚

1. 主导制度的刑事政策思想

第444节 我们已经看到（第246节），当立法者对某一罪状订定刑罚幅度时，必须规定事实发生的最不同的方式和程度，从可想象的最轻微到最严重的方式和程度：根据最轻微的方式和程度订定相关刑罚幅度的最低限度，及根据最严重的方式和程度订定相关刑罚幅度的最高限度；这样，在任何情况下，具体确定的刑罚均可符合罪过的限度和预防要求。然而，值得注意的是，立法者的预见能力必然受到限制，并不可避免地被生活中实际情况的丰富性和多重性所超越。因此，作为刑罚的不可放弃的公正及适当（或"必要"）的命令规定——当涉及的是*减轻*行为人的责任，而不是"加重"的问题时，因为在这些情况下，处罚的合法性原则意味着立法者没有预见的行为是对行为人有利的（见上文第263节）——该制度必须有一个**安全阀**。在特别情况下，当存在明显减轻对事实之处罚要求的情节而对立法者在订定相关刑罚幅度的限度时其眼睛所看到的"正常"个案的复杂

---

[127] 有趣的是，在衡平方面，尽管 AcRL de 84ABR04，*CJ IX－2 1984 155*，正如文中所指出的那样，试图用法律量化标准来取代规范性标准。

情况使其**整体形象特别减轻**，这样，我们将再有一个特别的量刑个案，以另一个较轻的刑罚代替对该事实所规定的刑罚幅度。这些是特别减轻刑罚的情节。

第 445 节　在这些情况下，立法者还必须在《刑法典》的总则及分则中具体规定应予如此处理的情况：立法者本身会意识到，当订定适用于不同类别的多个事实之刑罚幅度或者订定这些事实中的某些或某个事实之刑罚幅度时，不考虑该等情况，并命令或让法院在该等情况下特别减轻刑罚。总则中，第 10 条第 3 款、第 17 条第 2 款、第 23 条第 2 款、第 27 条第 2 款、第 33 条第 1 款、第 35 条第 2 款、第 38 条第 4 款就是这种情况；分则中，第 135 条第 2 款、第 201 条第 3 款、第 268 条、第 269 条第 5 款、第 273 条第 6 款、第 275 条第 5 款、第 276 条第 3 款、第 277 条第 8 款、第 278 条第 4 款、第 279 条第 5 款、第 287 条第 4 款、第 288 条第 7 款、第 289 条第 3 款、第 303 条第 5 款、第 312 条第 4 款、第 313 条第 2 款、第 319 条第 2 款、第 382 条第 1 及第 2 款、第 403 条第 2 款、第 404 条第 2 款、第 423 条第 2 款亦是这种情况。

第 446 节　但是，如果该等规定还不足以在所有情况下避免量刑高于因罪过和因预防而判处的刑罚，立法者在第 73 条规定（"除法律明文规定之情况外"）一条真正的特别减轻刑罚的一般条款，并在第 74 条规定所有特别减轻刑罚（明确规定或仅透过上述一般条款规定）须遵守之制度[128]。这就是现在正在研究的一般条款和制度。

第 447 条　在明确规定的特别减轻刑罚的情况下，《刑法典》对此的表述有时是*特别*减轻（atenuação *especial*），有时是*自由*减轻（atenuação *livre*）。不论是哪一个表述，它们均完全属于**同一个制度**[129]，术语上的不确定性应完全归因于 1963 年总则草案的规定（第 88 条）中——相当于现行第 73 条——使用"特别减轻"和"自由减轻"这两个完全同义的词语[130]。虽然修订委员会建议在今后的修订中仅使用"特别

---

[128]　在一个相似（不一致）的层面上，奥地利《刑法典》第 41 - 1 节规定特别减轻刑罚，"如减轻情节明显优于加重情节，且行为人有理由预料，对其科处的徒刑低于法定刑罚幅度的下限，那么不再实施其他可处罚的行为……"关于这一规范，见 PALLIN，*WK* § 41。

[129]　今天，我们几乎一致认为如此，仅见 CORDEIRO，Robalo，*JDC* 248 及 LEAL-HENRIQUES，M. /SANTOS，M. Simas I 395。

[130]　这两个表述在 § 64 do E1962 中被使用，但当中有其本身的内容；然而，这一区别没有被应用到我们的 1963 年总则草案中。

减轻"的表述[131]，但在对文本进行最后修订时没有注意到这一点。

第 448 节　特别减轻的制度实质上属于 1852 年《刑法典》第 82 条及其后的 1886 年《刑法典》第 94 条所载的**刑罚的特别减轻**（**atenuação extraordinária da pe-na**）制度。在适用有关制度方面，法官对"减轻情节的数目及重要性"的考虑具有决定性作用。但部分学说并非没有强调，即使减轻情节的"数目"较少（或者说只是一种减轻情节），只要面对"以公正及衡平的名义，在没有使用这些特别权力的情况下不能确定处罚的这一情况"，就应该特别减轻刑罚[132]。这是 1954 年的修订确立的意见，该条文删除了提及情节的"数目'并只提及'特别价值"的表述。

2. 前提

a) 特别减轻的"**模式**"。**不法性或罪过的明显减轻**

第 449 节　实施特别减轻刑罚的前提要件，除了法律明文规定要特别减轻刑罚的情况外，还包括"在犯罪之前或之后或在犯罪时存在**明显减轻事实之不法性或行为人之罪过之情节**"（第 73 条第 1 款）。随后，法律示*例地*列举了这些情节——刑罚的法定或抽象的真正"因素"，并提醒留意下列情况："行为人在严重威胁之影响下，或在其所从属或应服从之人之权势影响下作出行为"；"行为人基于名誉方面之原因，或因被害人本身之强烈要求或引诱，又或因非正义之挑衅或不应遭受之侵犯而作出行为"；"行为人作出显示真诚悔悟之行为，尤其系对造成之损害尽其所能作出弥补"；或"行为人在实施犯罪后长期保持良好行为"（第 73 条第 2 款）。

第 450 节　乍看之下，第 73 条特别减轻的制度（或"模式"）与第 72 条规定的普通量刑的制度（或"模式"）之间的**相似性**（**paralelismo**）似乎是明显的：在行使与该等条文所履行的功能相似的功能时，在此适用的是第 73 条第 1 款*明显减轻事实的不法性或行为人的罪过* 的规范性原则，而非适用第 72 条第 1 款的罪过和预防的规范性原则；在此适用第 73 条第 2 款减轻刑罚幅度的情节——而非第 72 条第 2 款具体量刑或刑罚分量的因素，这些情节实质上与该等因素相符，但在这种情况下，这些情节会在某种程度上出现，或者其强度特别明显时出现。

然而，可以说，相似之处仅存在于**表面**，因为当在正常量罚确定的程

---

[131]　*Actas PG* II 139 s.

[132]　见 CORREIA, Eduardo II 276 及 *Direito Criminal*（Studium）239；基本持同一意见的，见 FERREIRA, M. Cavaleiro de II 1961 303 s。

序中罪过和*预防*的原则均属规范性原则时，在特别减轻上一切都属于不法性或罪过的特别减轻，所以，最后，一切都属于在罪过的重要性方面的特别减轻（见上文第 286 和 323 节）。从某种意义上说，预防的要求对特别减轻刑罚没有任何意义。但事实并非如此：法律明确认为对此有意义的情节，从罪过的角度来看（并因此也从罪状的角度来看）是毫无意义的，而只有从*刑罚需要*（因此，从*预防*的需要）的角度来看才是有意义的。这就是行为人在实施犯罪时已经过了很长时间，同时维持其良好行为的情况（第 73 条第 2 款 d 项），见上文第 313 和 355 节；这亦是其他情节的情况，例如受害人行为的情节（第 73 条第 2 款 b 项)[133]，其"矛盾"——不仅对罪过，而且对预防尤其重要——似乎是无可争议的。

第 451 节　因此，结论如下：适用特别减轻制度的规范性原则不仅是特别减轻事实的不法性或行为人的罪过，也是特别减轻**刑罚的必要性**以及**预防的需要**[134]。由于对第 73 条第 1 款所载的一般条款的这一扩展——完全可以接受该扩展，因为对行为人有利——，不仅在正常情况下和特别减轻的情况下在确定刑罚的模式之间存在实质模拟，亦使法律明文规定对特别减轻属重要的许多因素与决定特别减轻的规范性标准或一般条款。

第 452 节　在这方面，我们一直认为，主要的司法见解会加强特别减轻和重返社会的要求之间的联系。然而，当认为只有在（正面地？）证实"存有确实理由相信减轻刑罚对被判刑者［……］重返社会有利"才应特别减轻时，这一司法见解没有根据地过于苛刻了。无论如何，应当强调，这种主张出现在年轻成年人所犯罪行的（特别是可以理解的）背景中[135]。另一方面，令人极为感兴趣的是，我们的司法见解已经达到不仅提出特别预防的要求，而且提出将积极或融合的一般预防作为特别减轻制度运作的要求[136]。

---

[133] 持反对意见的见 FERREIRA, M. Cavaleiro de II 1989 135 s，在此情况下，见（可追溯性的）迹象显示所作出之事实不适合行为人之人格。对于这一批评，见上文第 315 及第 355 节。

[134] 在这方面，见 1991 年草案第 72 条第 1 款："除法律明文规定之情况外，如在犯罪之前或之后，或在犯罪时存在特别减轻事实之不法性、行为人之罪过或*刑罚需要*之情节，法院应特别减轻刑罚。"

[135] AcSTJ de 86NOV26, *BMJ 361* 233. 亦见 AcRC de 85NOV13, *CJ X – 5* 1985 53 e AcSTJ de 87ABR08, *BMJ 366* 450。

[136] 例如见 AcSTJ de 84JUL18, *BMJ 339* 297, 决定"为着第 73 条第 2 款 d 项的效力［……］不能仅仅因为犯罪已经实施了很长时间，而且犯罪人行为良好，重要的是，这对事实或行为人（？）造成了深刻的影响，例如，*社会混乱* 或行为人的人格已变得更好"。（引号及斜体由我们加上）

b) 实质前提

第 453 节　第 72 条第 1 款各项所指的情况，可作为第 73 条第 1 款的一般条款中所载的特别减轻情节的示例。但是，这里有类似于——而非相同！——我们已经看到（上文第 265 节及其后续节数）的标准范例：一方面，如果特别减轻行为人之罪过或预防之要求所需的效果，则可以（及应）考虑未在上述各项中列出的其他情况；另一方面，第 73 条第 2 款各项中所描述的情况本身不具备特别减轻刑罚的"自动"效果，但只有在发生所声请的效力时才拥有该效果[137]。从这一观点出发，可以合理地断言，**罪过或预防要求的特别减轻**是特别减轻刑罚的真正实质前提[138]。

第 454 节　只有当由减轻情节的行为所产生的*事实整体形象*（*imagem global do facto*）呈现出如此严重的程度，以至于可以合理地认为**立法者在制定适合于相关事实类型的框架的正常界限时没有考虑该等情节**的情况下，才能考虑特别减轻罪过或预防的要求。因此，我们的司法见解[139]——及相关学说[140]——坚持认为只有在**特殊或例外情况**下才能实行特别减轻：一般情况下，对于"正常"情况，具其上限和下限的刑罚幅度。

c) 特别减轻的因素

第 455 节　在我们就量刑因素作出考虑后（见上文第 355 节），在很大程度上可以免除对第 73 条第 1 款各项具体情节[141]的研究：这些情节在大多数情况下只是在某种程度上或/及减轻处罚的程度特别高时的减轻因素。

第 456 节　在第 73 条第 2 款 b 项所规定之情节中存在挑衅的情节。根据我们之前的法律，这是一种特别的作用，不论可以作为通奸或腐败罪现行犯下轻微身体伤害的理由（1886 年《刑法典》第 372 条第 1 至第 3 段），还是作为一般减轻情节（同一《刑法典》第 39 条第 4 段），抑或为对杀人及伤害身体罪状属特别性质的可变更的减轻情节（上述《刑法典》第 370 条及其后续条文）。在后一种情况下，即类似

---

[137]　见 CORREIA，Eduardo 和 OSÓRIO，José 于 *Actas PG* II 129 s 中的表述。

[138]　从这一观点来看，没有任何司法见解的解释，例如，"……不受惠于第 73 条第 2 款 d 项所规定的特别减轻情节的是之前没有良好行为及没有显示之前有良好的行为的人"（!），见 AcSTJ de 83NOV09，*BMJ 331* 229。

[139]　例如见 AcRL de 83MAR02，*CJ VIII – 2* 1983 147。

[140]　在此意义上，见 OSÓRIO，José，*Actas PG* II 129 s；以及见 LEAL-HENRIQUES，M./SANTOS，M. Simas I 388 及 GONÇALVES，M. Maia art. 73.° anot. 4。

[141]　关于这些情节，见 FERREIRA，M. Cavaleiro de II 1989 134 ss。

第 73 条第 2 款 b 项规定的情况，出现了各种复杂的问题[142]，尤其是关于挑衅与其预定和预谋之间的关系。这些问题自然会持续到今天[143]，即便不是很明显，因为一切都取决于挑衅，在实际发生的情况下，是否可以呈现关于罪过和预防要求特别减轻的事实整体形象。这里提出的问题在很大程度上类似于为自卫而提出的问题。

3. 制度

a) 受约束的自由裁量权

第 457 节　根据第 73 条第 1 款之规定，如符合上述前提，则"法院*得*特别减轻刑罚"。斜体的表述并不严格，不能理解为，尽管存在前提，但特别减轻的法律后果取决于法院的*自由判断*（*arbítrio*）或裁量（*discricionariedade*）。相反，在符合相关前提，尤其是罪过或预防需要特别减轻的实质前提下，给予特别减轻一项**责任**（**dever**）或**义务**（**obrigação**）——是一种真正的"法律后果"——法院不能予以逃避；而该责任或义务应在约束的自由裁量中得以体现；使用"可以"一词的唯一目的是[144]证明没有任何情况及因素本身具有特别减轻效力，而只有在与上述实质前提相连的情况下才具备特别减轻效力。

b) 特别减轻的刑罚幅度

第 458 节　特别减轻首先及主要是概括于减轻刑罚幅度的建立（第 74 条）。该幅度的**上限**来自对该事实作出所规定的上限减少三分之一。然而，关于**最低限度**，有几个假设必须加以区分，并不是对其中一些假设给予统一的解决办法。

毫无疑问，如果就事实所规定的刑罚幅度至少为 8 年或 8 年以上，则减轻刑罚幅度的最低限度为 2 年（第 74 条第 1 款 a 项）。若最低刑期为 2 年或 2 年以上（但不少于 8 年），则特别最低刑期为 1 年（第 74 条第 1 款 b 项）。然而，对第 74 条第 1 款 c 项及 d 项之规定所作之解释却引起最有依据之疑问。根据 c 项的规定，"如徒刑之最低限度为法定之最低限度，得判处之刑罚为在假日履行刑罚"；根据 d 项的规定，"如就犯罪规定的刑罚为最高 2

142　关于这些问题，见 VALE, M.ª de Lourdes C. 及引述的 SANTOS, J. Beleza dos, *Etudes Donnedieu de Vabres* 111 ss. 和 CORREIA, Eduardo II 278 ss., 284 ss。

143　在这方面有大量的司法判例，其中最重要的可见于 LEAL-HENRIQUES, M./SANTOS, M. Simas I 390 ss。

144　这个考虑源自 CORREIA, Eduardo, *Actas PG* II 133。

年徒刑，则刑罚得减至法定最低限度，或在法定限度内以罚金代替之；如法律规定须同时科处罚金，则仅得科处法律规定之罚款"。

第 459 节　有人反对这一制度，认为在最低限度超过法定最低限度但不超过 2 年的情况下，这一制度造成了一个严重的**漏洞**，即没有指明减轻刑罚幅度的最低限度[145]。这一批评是准确的，但前提是[146]，在这些情况下，如果刑罚的最高限度不超过 2 年，则最低限度为 d 项所规定的，即法定最低限度，尚可容许以罚金代替。如果不是这种情况（例如，对该事实规定的幅度为 6 个月或 1 年至 5 年），那么就存在如何填补漏洞的问题，其中一种观点认为，减轻刑罚幅度的最低限度应为刑罚的法定最低限度[147]；而另一种观点则认为，该最低限度应**与针对事实所规定的最低限度相一致**[148]。在法律无规定的情况下，只有后一种解决办法似乎是可捍卫的；从刑事政策角度来看[149]，不能认为该解决办法令真正的特别减轻不可能。

可以认为，在第 74 条第 2 款 c 项和 d 项中，立法者混淆了建立减轻刑罚幅度和选择（替代）刑罚的问题。这是正确的，但本身不能被定罪。替代刑罚亦导致审判者在减轻刑罚幅度——罚金的刑罚幅度——的法定限度范围内，有很大可能找到公正及适当的具体刑罚。

c）特别减轻的量刑

第 460 节　在减轻刑罚的刑罚幅度建立后，法院将在刑罚幅度内为此目的确定一个**完全正常的程序**，即量刑。只需禁止再次考虑对适用减轻刑罚幅度已起决定性作用的那些具体情节（禁止双重考虑的原则）[150]。

如具体刑罚不能被替代，则**以特别减轻之事实不妨碍其被替代**：在这

---

[145] 见 GONÇALVES, M. Maia art. 74.° anot. 4 及 LEAL-HENRIQUES, M./SANTOS, M. Simas I 394。

[146] 这是 FERREIRA, M. Cavaleiro de II 1989 139 s 所强调的。从同一角度看，似乎是 AcRC de 83JAN26, *CJ VIII - 1* 1983 61。

[147] 见 LEAL-HENRIQUES, M./SANTOS, M. Simas I 394 及部分司法见解，例如 AcsSTJ de 83JUN21, *BMJ 328* 378, 84JAN04, *BMJ 333* 223, 84NOV14, *BMJ 341* 202, 84NOV14, *BMJ 341* 227 及最后见 AcRC de 92FEV13, *CJ XVII - 1* 1992 116。

[148] 见 GONÇALVES, M. Maia art. 74.° anot. 4 以及部分司法见解，例如 AcSTJ de 83FEV17, *BMJ 324* 440 及最后见 AcRC de 91JUN05, *CJ XVI - 3* 1991 106。

[149] 因此，在 1991 年的项目中，现行制度被另一制度所取代，见第 71 条第 1 款，尤其是 b 项。

[150] 因此，至少从一般观点来看，AcSTJ de 90SET17, *CJ XV - 4* 1990 17 太过分了，当决定"对于未遂犯罪，可以*根据《刑法典》第73条所规定的任何情节特别减轻刑罚*"时（斜体由我们加上）。

方面，第 74 条第 2 款断然规定"刑罚的特别减轻并不排除适用证据制度或科处罚金的原则，也不排除暂缓执行刑罚的可能性"。这里也只有考虑到哪些适用减轻刑罚幅度的情节不应被重新评估以确定是否存在替代，这种假设虽然并不常见，但绝不是不可能的。

第 461 节　Cavaleiro de Ferreira 认为，"当刑罚在普通刑罚的最高及最低限度内被科处时，没有特别减轻刑罚，因为这些效果仍然是一般减轻的效果"。[151] 对这种意见应完全不同意。只要基于罪过或预防要求的明显减轻而建立了一个减轻的刑罚幅度，在该刑罚幅度中确定的具体刑罚必然低于正常刑罚幅度内的具体刑罚。因此，两者的共同点是，它们*都是*特别减轻的结果[152]。

d）*罚金的特别减轻*

第 462 节　上述阐述仅适用于涉及特别减轻徒刑的情况。如果刑罚不是监禁，而是罚金，则第 74 条第 1 款 e 项规定：**"只要刑罚合理，就应减刑。"** 因此，在这种情况下，**不存在构建减轻刑罚幅度的问题**，而法官将——至少在精神上——决定，如果没有特别减轻刑罚的话，何种刑罚分量，以便其后在低于该刑罚分量时根据合理准则订定减轻刑罚。该等合理准则必须考虑罪过或预防需要的明显减少，并因此*只影响罚金的天数*，而不影响每日的数量。

相同的程序似乎适用于**混合徒刑和罚金**情况下的特别减轻罚金。对于已属 1886 年《刑法典》范畴的案件，最高法院的合议庭裁判[153]明确表示其属于特别减轻刑罚制度的范畴。

第 463 节　在科处罚金的情况下，放弃构建减轻刑罚框架所涉及的**偏离制度是没有道理的**。关于罚金，没有有效的理由不遵循与监禁相同的制度：首先，建立一个减轻刑罚的幅度；其次，在这个幅度内确定量刑。Cavaleiro de Ferreira 还希望保持制度的一致性，认为相关罚金的减轻刑罚幅度的最低限度是：如果罚金的最低刑罚幅度高于法定最低限度，可以降低到法定最

---

[151]　FERREIRA, M. Cavaleiro de II 1989 138. 持相同意见的，见 SILVA, M. Gomes da e RITO, Sidónio, *Actas PG* II 136。

[152]　因此，可以理解为了反对文中以相同的理据所批评的解决办法，CORREIA, Eduardo II 278 认为："这一学说一直认为无可争辩的是，不管委员会的自由是什么，不能以不同的理由讨论该规定。"同样，见 GONÇALVES, M. Maia, *Actas PG* II 137。

[153]　AssSTJ de 66FEV23, *DG* I de 66MAR16.

低限度。如属法定最低限度，则应免除刑罚（第 75 条及见下文五）[154]。这一学说是不能接受的，在法律中没有任何支持，同样在法律允许免除刑罚的情况和前提下刑事政策上都不能作为免除刑罚的理由。

4. 关于特别减轻刑罚制度的刑事政策评价

第 464 节 存在**明确规定**的减轻刑罚的特别（或"特殊"或"例外"）情况，说明立法者对该等情况不适用其为事实所规定的框架；他更喜欢一个较轻的刑罚幅度，这就是他的刑事政策依据可能会受到质疑的地方。这就是任何变更减轻情节的特征，因此所有"法律明文规定"的特别减轻情节都是合理的：这是一种能削弱*事实整体形象*的情况，即*整个犯罪的严重性*的情况。

第 465 节 然而，更加令人怀疑的是，除了明确界定的具体情况（例如可归责的未成年犯罪、犯罪未遂、共同犯罪、无意识的可谴责的不法行为等）外，立法者使用**特别减轻的一般条款**作为"系统安全阀"。确实，正如我们在上文第 447 节所看到的，这种解决办法在我们当中有一种值得尊敬的立法传统，这个传统在比较法中并非不为人所知[155]。但这一解决方案——特别是当以我们法律所使用的慷慨行为来使用这一解决方案时——主要是基于与过时及旧的分则有关的两个理由来进行理解[156]：一方面，基于不公正和严厉的刑罚幅度，而这一刑罚幅度的特征是，刑法*人性化*的刑事政策原则在这一时期还没有使人感觉到，或者根本就不能感受到今天所提出的要求；另一方面，基于刑罚幅度太过*狭隘*，最高限度和最低限度相对较近，这也是由固定刑罚的教条和对司法职能独立性的不信任所造成的后果。

今天，面对像我们这样现代的、充满人性化原则并配备了足够广泛的刑事框架的《刑法典》，这些理由没有任何效力。因此（已在上文第 454 节陈述），我们司法见解的良好依据是，如果在相对特殊甚至例外的情况下因所指出的一般条款而对出现的特别减轻的情况予以考虑，那么制度才能成为刑事政策上可支持的制度。

第 466 节 但即使从这一严格的角度来看，这一制度也不能免除最大的**保留**。立法者为了作出规定，最好是增加明确规定的减轻情况，从而可以

154　FERREIRA，M. Cavaleiro de II 1989 141.

155　从本质上讲，正如上文脚注 128 所指出的，奥地利《刑法典》第 41 - 1 节。

156　同样见 GONÇALVES，M. Maia art. 73.° anot. 4.

删除一般条款。否则，就不能排除特别减轻之竞合可能性——尽管这种可能性并不少见，即使有必要考虑到只能对一项情节考虑一次（根据以禁止双重考虑原则为基础之思想），该情节本身或在结合其他情节时，同时构成法律明文规定及第 74 条第 1 款所规定之刑罚的特别减轻（见上文第 271 节）。尽管有这一限制，但仍有很大的竞合空间。例如，一名 19 岁的年轻雇员在雇主的严重威胁下实施谋杀未遂，在这种情况下，必须与第 401/82 号法令第 23 条第 2 款、第 4 条及《刑法典》第 73 条规定的特别减轻一并考虑，应一并产生效力！

可以提出这样的问题：在这种情况下，特别减轻的机制是否最终没有把具体刑罚强制推到甚至不再符合法律体制的最低防御限度的数量上；以及，在刑事政策上将因威胁而导致之罪过之减轻考虑作为量刑的一个简单因素是否更为合适。然而，只有当立法者决定删除上述特别减轻的一般条款时，才能得出这样的结果。

事实上，在我们的司法见解中存在很大的不确定性，它将第 72 条第 2 款所载的特别减轻因素的竞合问题与特别减轻情节的竞合问题混为一谈。很明显，单纯**因素**的竞合并不导致变更减轻效果的加倍（duplicação do efeito atenuante modificativo）[157]；而**特别减轻情节**的竞合会导致这样[158]，除非使特别减轻情节正当的情况相同，并因此不允许重复考虑这一情况。

五　免除刑罚

1. 主导制度的刑事政策思想

第 467 节　根据 v. Weber 的话，"免除刑罚是在没有宣告刑罚的情况下宣告罪过"。[159] 实际上，这里要讲的是所有处罚前提的行为——构成不法、符合罪状、有罪过和可处罚的行为，但不判处任何刑罚（相反，只有宣告行为人有罪过），由于与具体事实**惩罪不恰当**有关的无关紧要特性。在这种情况下，法律规定不得判处刑罚，仅因为刑罚在必须实现的目的方面没有必要。这是第 75 条第 1 款规定的免除刑罚制度的基本思想。

---

[157]　正确地，见 AcSTJ de 83JUL21，*BMJ 329* 416。

[158]　持反对意见，但没有理由的，见 AcSTJ de 89JUL07，*ActJ 0* 1989 4，原则上裁定第 73 条的特别减轻与犯罪未遂的特别减轻没有竞合。

[159]　V. WEBER，*MDR* 1956 707。

第 468 节　尽管这是该制度的刑事政策基础及构成多项法律的共同财产，但它产生**教条和刑事政策上多样化的解决方案**。例如，在*德国*，相关的《刑法典》第 60 节中规定的一般免除刑罚与标示的且非常具体的意义不同，这一意义与行为潜在的无关紧要性无关：当"行为人所遭受的事实后果太严重，以致作出一项刑罚明显属错误时"，才免除刑罚[160]；然而，除了这一一般规定外，在分则的细则中，德国《刑法典》还规定了一项免除刑罚，而该免除与相关具体事实的无关紧要性有关[161]。在*意大利*，在某种程度上，免除刑罚（即只适用于未成年人的刑法）可以消除对该事实的惩罚性欠缺，以强调这一*赦免行为*，从而产生了*司法赦免*制度[162]。而在*奥地利*，《刑法典》第 42 条明确指出，"欠缺事实的惩罚性尊严是不可处罚性的依据"，[163] 因此导致无罪开释（《刑事诉讼法典》第 259 条第 4 款）。在*瑞士*，Schultz 草案第 54 条同样跟随这一方向[164]。更接近葡萄牙解决方案的——以同样的历史根源和同样的刑事政策基础——似乎是英国的"无条件释放"（*absolute discharge*）[165] 制度，并且肯定是法国 1975 年 7 月 11 日的法律所规定的免除刑罚制度[166]。

第 469 节　免除刑罚制度不在 1963 年总则草案中，只是在 1977 年的修订中才被引入，从而产生了第 117/I 号法案。这是由于 1975 年的法国模式的先例，特别是欧洲委员会的部长委员会第 76（10）号决议，其中第 3 点建议各成员国"*a.* 在不对罪犯施加实质性惩罚的情况下，考虑适用证明罪过的刑事措施的可能性；*b.* 考虑在证明罪过后延期判决的机会，以便根据罪犯在审判后的演变情况宣告其判决"。

然而，如果 1963 年总则草案不承认免除刑罚制度，那么它就不得不在总则和分则的多项规定中确立法院命令**免除刑罚**的可能性或强制性。这些规定已被纳入《刑法典》中：第 35 条第 2 款，第 147 条第 2 款，第 148 条第 2 款，第 171 条，第 172 条，第 268 条，第 269 条第 5 款，第 273 条第 6 款，第 275 条第 5 款，第 276 条第 3 款，第 277 条第 8 款，第 278 条第 4 款，第 279 条第 5 款，第 287 条第 4 款，第 288 条第 7 款，第 289 条第 3 款，第

160　重要的是 ESER, cit. HASSEMER, *Sarstedt-FS* 65, MAIWALD, *ZStW 83* 1971 663 及 MÜLLER-DIETZ, *Lange-FS* 527 的研究。

161　见 JESCHECK § 81 I。

162　见 MANTOVANI n.° 217。

163　见 PALLIN, *WK* § 42 n.° m. 1。

164　说明理由的，见 SCHULTZ 177 ss。

165　见 a secção 7 do *Powers of Criminal Act* de 1973，其内容可见 DOLCINI/PALIERO, *Il carcere há alternative?* 1989 63 nota 203。

166　见 PRADEL n.°584。

290 条第 3 款，第 382 条第 1 款、第 2 款和第 3 款，第 404 条第 1 款和第 2 款，第 420 条第 4 款，第 423 条第 2 款、第 3 款和第 4 款。现在这个问题变得非常复杂及在刑事政策上棘手，那就是这些免除刑罚的情况，或者至少其中的某些情况，是属于*法律特别规定的免除刑罚的情况* ——与我们所看到的特别减轻一般条款（见前文第 445 节及其后续节数）与法律明文规定的特别减轻案件之间的关系所发生的情况类似——，还是属于其他情况。这也意味着，在**免除刑罚的教条和系统的制度**方面应尽可能明确。

第 470 节　简言之，在这一领域存在两种可能性：或者，在一个类似于犯罪未遂的层面上，例如，放弃犯罪未遂，该制度仍处于犯罪学说的范围内，因此在**事实的可处罚性**的范畴又是一个排除或取消刑罚的实质或个人的原因；或者，该制度被视为已涉及**犯罪的法律后果**的特定范畴，因此是确定刑罚的特别行为的产物。

在奥地利学说中，关于其《刑法典》第 42 条，如果第一个方向是有绝对影响力的，那么问题在于是存在可导致*事实*不受处罚的排除刑罚的*实质*原因[167]，还是——考虑到惩罚重要性的缺乏所依赖的前提的混合性质——面对的是导致行为人有罪不罚的排除刑罚的*个人*原因[168]。

第 471 节　根据免除刑罚制度在现行葡萄牙法律中具有的法律规定、刑事政策理由及历史根源，**只有上述第二种概念是正确的**。我们的法律当中，免除刑罚不会导致事实不受处罚或行为人不受处罚，因此——正如奥地利法律中的情况一样——也不能导致对行为人的无罪开释。所以，《刑事诉讼法典》在第 375 条第 3 款中认为免除刑罚的判决是一项*有罪*判决，根据同一法典第 521 条之规定（经最大论据），这一判决兼具缴纳司法税及诉讼费用。只有这样的解决办法才符合欧洲委员会的上述决议，在该决议中，我们的制度认为免除刑罚是一种*监禁的取代措施*（*medida alternativa à prisão*）！这一切使人意识到，免除刑罚的问题是在与事实的可处罚性条件不同的刑事政策和教条层面上发展的，事实上是在**量刑**层面上发展的；因此，这并不是事实的惩罚性尊严（*dignidade punitiva*）的类别——作为处罚的实质条件的基础的类别[169]——而是制度所依据的刑罚的必要性[170]的类别。

---

[167]　见 PALLIN，*WK* § 42 n.º m. 1，他注意到奥地利最高法院的同意。

[168]　见 MOOS，*ZStW 95* 1983 173。

[169]　对于这一点重点见 SHMIDHÄUSER 2/14 ss.，12/1 ss. e 13/1 ss. 及 DRINDL，*ZStW 90* 1978 1051。

[170]　关于这个演讲所涉及的教条类别，见 DIAS，J. de Figueiredo，*RPCC 2* 1992 30 ss.，40 ss.。

第 472 节　另一方面，为证明这种概念的良好基础，并不需要使用人工建造——实际上是可批判的建造[171]——来证明我们在此所面对的是**量刑的假设操作，其结果为零**！我们在这一层面上发现行为人的罪过是轻微、损害已得到弥补以及——尤其是确定地！——没有任何一般预防及特别预防的理由要求判处刑罚的刑事琐事（bagatelas penais）的情况本身，证明法院有理由宣判有罪，但不宣判刑罚。这样，问题尤其或至少主要在*犯罪的法律后果*层面发展着，而不必以零作为结果的方式进行一项假想的量刑程序。

第 473 节　因此，在确定刑罚的特别情况中，可以有系统地提出完全合法的免除刑罚问题，变得无可争辩的是，正如我们的实在法中所显示的那样，制度本身具有以下特点：**是一种替代刑罚的东西**。即使形式上看似矛盾，事实上，可以说，在免除刑罚的情况下，真正存在的是*宣告罪过的刑罚*，或者，如果愿意的话，可以说是一种通过宣告罪过而产生的警告（admoestação）。但是，尽管如此，在确定刑罚的特别个案中，制度的系统研究和设置更为可取：不论是因为，当考虑罪过时，"替代"的标准在此与主导真正的替代刑罚的标准完全不同（见下文第 496 节）；还是因为，正如在此所发生的那样，当没有任何预防的理由可以为适用刑罚提供理由时，不应适用刑罚。

2. 前提

第 474 节　第 75 条第 1 款所载制度的适用取决于同时发生（见下文第 483 节）四个前提。一方面，事实构成可处以不超过 6 个月徒刑的犯罪，不论是否科以相同限度的罚金；另一方面，行为人的罪过属轻微、损害已获弥补以及免除刑罚不与社会融合的特别预防或一般预防的要求相违背。

a）*可适用的刑罚*

第 475 节　透过对犯罪可处以不超过 6 个月的徒刑（或科处同一限度的罚金）的要求，立法者的目的是确保免除刑罚的一般制度只适用于**轻微犯罪**（见上文第 106 节）；而轻微犯罪不仅以具体的方式进行评估，还以抽象的方式进行评估。犯罪必须是指，按照可科处之刑罚之轻微严重性所显示的种类或性质而构成的一种轻微犯罪。就这些罪行——其组成行为的平均严重性属轻微，立法者承认，在某些无关紧要的情况下，*刑罚的必要*

171　见 PALLIN, *WK* § 42 n.° m. 1。

性（*necessidade ou carência de pena*）可能消失[172]。

法律并未提及**仅**可科处**罚金**的情况。然而，不能排除在这些情况下不科处刑罚的任何理由，至少在犯罪仅可处以罚款，且罚款不超过 6 个月（180 天）的情况下。填补这一漏洞是不容置疑的，因此该漏洞有利于被告。

第 476 节　如果法院面对的是**犯罪竞合**，也就没有任何教条或刑事政策上的理由，不能使第 75 条第 1 款适用于出现所有要件的单一犯罪。同样也不能合理地说，这种解决办法只能因那些在免除刑罚中不适合量刑的特别个案来捍卫，而非因真正的排除刑罚的理由来捍卫[173]：所发生的情况单纯是，其中一项竞合的罪行是有罪的，因此，不能构成竞合的刑罚幅度。

b）轻微罪过

第 477 节　显然，罪过的轻微性质不能再产生于罪过涉及刑事琐事（*bagatela penal*）的情节，这是法院只能根据第 72 条第 1 款的规定**具体**解决的问题，因此，在此发挥作用的是*所有*因罪过而对量刑属重要的情节。所以，并不完全排除仅在存在任何加重情节或因素的情况下才认定轻微罪过的可能性。重要的是，只有在充分考虑了所有与罪过有关的减轻及加重因素后，才能透过所提供的*整体形象*得出行为人对所实施的符合罪状的不法行为的罪过是细小或轻微的结论。然而，这种情况只有在减轻刑罚的因素在价值及重要性上胜于加重情节时才会出现，这是一个非常需要珍惜的证据[174]，只有这样，过错的界限才会确实位于**刑罚幅度的较低部分**，这一点已变得必不可少。

c）弥补损害

第 478 节　免除刑罚的前提是**损害已获弥补**，因此，行为人认真作出弥补的努力是不够的（与我们在正常量刑程序中所见的不同，见上文第 338和第 356 节）。更明显的是，弥补损害的问题与*罪过*无关：罪过必须以作出事实的时间来界定，以及以往后的情节"是否"不应施加任何影响来界定[175]。从刑事政策的角度来看，实际弥补的要求与下文提到的要件有实质上

---

[172]　类似地，PALLIN, *WK* § 42 n.° m. 6 对此表述为缺乏*惩罚性尊严*。

[173]　然而，见 PALLIN, *WK* § 42 n.° m. 7，他改变了其之前的见解。

[174]　亦见 ZIPF, cit. 23。

[175]　然而，奥地利学说大多数反对，见 PALLIN, *WK* § 42 n.° m. 15。但正如文中所述，见 DE VICENTE REMESAL, *El comportamento post-delictivo* 1985 347 ss.。

的联系，即免除刑罚并不抵触*预防*的要求。

d) 不抵触预防要求

第479节　如果在一个事实中出现符合罪状的不法性、罪过和处罚条件，那么原则上存在对该事实适用一项刑罚拟达到的一般预防和特别预防的目的。然而，在犯罪严重性极低、轻微之过错及损害已获弥补之情况下，只要一般预防及特别预防之理由**不反对**免除刑罚即可。

第480节　从**特别预防**的角度来看，上述所有前提要件都立即令人明白，提出不法分子的"中立化"（«neutralização»）或"无害"（«inocuização»）要求的说法或对不法分子而言的"安全"的说法是没有意义的：这些要求不仅主要通过保安处分而不是刑罚来满足，而且以事实的最低客观严重性作为前提，以便其能够承担危险犯罪的指示功能（见下文第698、713节）。这里可能有争议的只是（与第75条第1款其他部分所确定的一样）**社会融合的特别预防**的要求：实际上，社会化所反对的是，尽管存在其他前提，例如对一名轻率或危险的车辆驾驶员免除刑罚，但不再反对对"没有欠缺社会化"的行为人免除刑罚（见上文第333节），尤其是偶然或情境行为人（agente ocasional ou situacional）。

第481节　从**一般预防**的角度来看，容许免除刑罚，只要在符合其他前提下法院认为在行为*人被宣告有罪*——免除刑罚制度所要求——的情况下，即与判决的有罪性质（见上文471节）及与刑事记录联系有关（见第39/83号法令第3条d项，即现行5月21日第12／91号法律第15条d项）的情况下，已达到*一般性的融合预防的最低限度*或*法律体制维护的最低限度*。因此，从一般预防的角度来看，不必判处一项刑罚。即使是轻微的常见犯罪，如在商店和超市小偷小摸的盗窃（第302条第2a款），也不一定排除这种情况。此外，案件的情节也可以显示没有必要判处刑罚[176]：第75条第1款所分析的前提不是根据犯罪的抽象类别来评估，而是根据具体情节来评估。

3. 制度。押后判决

第482节　如符合上述前提，法院须**判处嫌犯有罪**，但不对其科处任何

---

[176] BURGSTALLER, *Der Ladendiebstal...* 1981 64 ss.

刑罚，亦无须在履行任何条件、义务或行为规则下免除刑罚。另一方面，必须强调的是，如我们所看到的那样，免除刑罚由于与事实的条件无关，而与刑罚的必要性有关，主要是*个别的*，且*不适用于*共同犯罪的情况。

第483节 另一方面，免除刑罚的前提要件原则上必须**全部**具备，以便运用相关制度。然而，第75条第2款规定："如法官有理由相信上款最后部分所指的前提**将会成立**，得将判决押后至最迟一年内，即定出重新审理案件之日期。"

因此，根据法律条文，包含上述**第2款** b 项、c 项及 d 项所考虑的要件[177]。然而，由于物的性质本身，轻微的罪过不能"正在发生"：或在作出事实时存在轻微的过失；嗣后出现的任何情况均属不重要的效果。同样，根据事实情节和行为人的人格，反对预防要求的免除刑罚之欠缺（a falta de oposição à dispensa de pena de exigências preventivas）不能"正在发生"：不论这种欠缺在作出判决时存在还是不存在，均没有意义等一年才决定是否需要使行为人社会化或维护社会期望。

因此，押后判决的可能性在**实际弥补损害**方面才具有真正意义：这种实际弥补损害可能正在得到验证，从而证明押后判决是合理的，特别是考虑到行为人在这方面所做的努力[178]。

第484节 尽管如此，我们不能否认欧洲委员会的建议的意图是不同的，因为我们的制度在该建议的基础上建立，所以，押后判决的主要目的是分析行为人在审判之后的行为，由此得出——基于对社会融合的特别预防的考虑——刑罚的必要性或非必要性的结论。这样我们就有可能**判决押后执行**！但是，将这一意义赋予该制度是不可接受的：在审判后，行为人可能的不当行为绝不能证明在审判时适用不必要的刑罚是合理的。

4. 免除刑罚和类似制度

a）免除刑罚和豁免刑罚

第485节 正如已经指出的（见上文第469节），除一般免除刑罚的情况外，《刑法典》第75条还规定法院可以免除行为人刑罚的多项规定。在这

---

[177] 《刑法典》的序言部分也提到了这一点。然而，FERREIRA，M. Cavaleiro de II 1989 142 认为仅包括上述第 2 款 d 项所指的前提。

[178] 1991 年草案第 74 条第 2 款明确指出了这一点。

些情况中——即使不是绝大多数的情况——，涉及**免除刑罚的情况**[179]，但并不从属于犯罪可抽象地处以不超过 6 个月徒刑的要求，即使被处以同样限度的罚款。但在其他情况下，则涉及是否存在**排除刑罚的原因**、犯罪未遂的放弃或类似情况；因此，涉及以事实缺乏惩罚性尊严为依据的情节，即属可处罚性条件层面之情节，而非属量刑之情况。

只有在对分则每一条规定作出明确的研究时才能区分情节的组别，当中涉及确定免除刑罚的情况和义务。然而，将来修订《刑法典》的任务肯定是区分两种制度[180]，正如上文所指出的，这两种制度的共存是因为只有在《刑法典》的编制工作的早期阶段才考虑第 75 条规定的免除刑罚。然而，*如属任意性的免除刑罚（dispensa de pena facultativa）之特别规定，但不属第 75 条所规定之情况，法官似乎不得不特别考虑轻微罪过之存在及社会化特别预防和一般预防理由之不存在*[181]。

b) 免除刑罚和补偿或异议

第 486 节　学说中以"补偿"（compensação）或"异议"（retorsão）命名的制度特别值得注意。其中涉及**互相侵犯身体完整性罪**（第 147 条第 2 款）或**侵犯名誉罪**（第 172 条第 2 款）。在这些情况下，法律允许免除刑罚：在第一种情况下，针对两名行为人，如不能证明"哪一被告首先殴打"；在第二种情况下，针对"两名不法分子或其中一名，根据具体情况"。

除了试图克服在诉讼秩序上证据方面的困难外，在此需要考虑的是，第一位作出行为的行为人将通过第二位作出行为的行为人（"补偿"）立即受到处罚。而至于后者，由于其行为所受的侵害所处的状况，其罪过被视为轻微[182]。除了所需的准确性外，即除了只有对《刑法典》的分则的研究才能促成准确性外，现在仍然明确存在这样的想法：没有任何施加惩罚的预

179　因此，亦见 FERREIRA，M. Cavaleiro de，II 1989 142。

180　这一任务在 1991 年草案的规定中得以完成，一方面见第 35 条第 2 款、第 148 条第 2 款、第 186 条、第 286 条、第 294 条、第 363 条、第 371 条第 1 款、第 372 条第 2 款及第 373 条第 3 款的规定；另一方面见第 299 条第 4 款、第 300 条第 6 款、第 301 条第 2 款、第 302 条第 3 款、第 344 条和第 361 条。如果对每一个案均作出教条及刑事政策上的改正，那么，重复一遍，只有对个别情况的研究才能作出决定。

181　因此，1991 年草案第 74 条第 3 款规定："如有规定容许任意作出免除刑罚，则只有在符合第 1 款各项所载的要件时，方可免除刑罚。"也就是说，符合免除刑罚的所有要件，除了对犯罪可科处的刑罚的限度。

182　当中见 JESCHECK § 81 III。

防性理由。从这一观点来看，异议或补偿的现象在根本上还可导致出现**特别规定的免除刑罚的情况**。

c）免除刑罚和归档程序

第 487 节　免除刑罚及豁免刑罚的制度在*刑事诉讼*层面上具有重要性。根据《刑事诉讼法典》第 280 条的规定，在上述情况下，"如符合免除或豁免诉讼的前提，检察院得经预审法官同意，决定将卷宗归档"；根据该条第 2 款的规定，预审法官在预审进行期间亦可这样做。然而，在这里不存在这些实体法的制度在程序和法律上的重构。现在的情况只是——在与德国《刑事诉讼法典》第 153 条所规定的非常接近的解决方法中[183]——法律认为，由于其原则上无关紧要的特性，在免除刑罚和豁免刑罚的情况下，检察院（或可能的话，预审法官）在其诉讼程序中可以采用*机会原则*（*princípio de oportunidade*）[184]。

5. 制度在教条上的重要性

第 488 节　如果免除刑罚的制度具有上述不可否认的刑事政策重要性，那么它在教条上的重要性就不小了，在此尤其是在刑罚的目的问题层面上。一方面，除了所有疑问，该制度揭示了我们的立法者已经多次提到的与罪过和刑罚之间的关系不是双边关系这一观点的联系：根据法律之明示意思，在制度存在的情况中，已存在之罪过（尽管属轻微之罪过）并不与任何刑罚相对应。因此，在这个意义上，即使罪过作为刑罚的前提和限度，并不是刑罚的"依据"，因为科处刑罚的理由不会在罪过的补偿中找到[185]。另一方面，免除刑罚的制度显示，适用刑罚的目的**纯粹是防范性的**，当不需要保护法益或防止行为人再次犯罪时，纯粹及简单地说，刑罚不应适用。

---

[183]　当中见 HÜNERFELD, *RDE 4* 1978 29 ss。

[184]　关于这一点重点见 ANDRADE, M. da Costa, *JDPP* 319 ss。

[185]　事实上，我们的立场与 ROXIN, *BFDC* 1983 1 长期所持立场完全一致。因此，从我们的观点来看，没有理由的是 COSTA, J. Faria, *O Perigo em Direito Penal* 1991 ss。

第十章　刑罚之选择及替代刑罚

AA. VV. , *Comentario delle «Modifiche al sistema penale»* 1982.

AA. VV. , *Pene e misure alternative nel'attuale momento storico* 1977.

ALMEIDA, M. ª R. Crucho de, Novas Medidas Detentivas e Semidententivas…, *BMJ 348* 63.

ALVAZZI DEL FRATRE/FORNARA/SIEMASKO, Etude bibliographique sur les mesures alternatives…, *RICrimPT 44* 1991 328.

ATTI del Convegno su «Nuove prospettive per le sanzioni penali», *RItalDPP* 1985 945.

BERNARDI, Le sanzioni sostitutive…, *RitalDPP* 1984 246.

BERNAT DE CELIS, Pourquoi les tribunaux français…, *ArchPC 7* 1984 199.

BESTARD, Les substituts aux courtes peines d'emprisonnement …. , *RPenDP* 1978 305.

BRICOLA, Le misure alternative…, *RItalDPP* 1977 13.

CAMBASSÉDES, Les sanctions de substitution…, *JCP-Sem. Jur.* 1980 n. ° 2977.

CAMBASSÉDES, Peines de substitution, *Enc. Dalloz* 1986 1.

CONSEIL DE L'EUROPE, *Mesures pénales de substitution…* 1976.

CORREIA, Eduardo, *Código Penal. Projecto da Parte Geral* 1963.

CORREIA, Eduardo, La prison, les mesures non-institutionelles …, *Estudos Beleza dos Santos* I 1966 229.

DECOCQ, Les modifications…, *RScC* 1976 5.

DOLCINI, Le «sanzioni sostitutive»…, *RItalDPP* 1982 1390.

DOLCINI/PALIERO, *Il carcere ha alternative?* 1989.

DÜNKEL/SPIESS (Orgs.), *Alternativen zur Freiheitsstrafe…* 1983.

FLORA, Misure alternative..., *NDigIt App.* V 1984.

FRANCILLON/SALVAGE, Les ambiguités des sanctions de substitution..., *JCP-Sem. Jur.* 1984 I n. ° 3133.

GIUNTA, Brevi riflessioni..., *RItalDPP* 1984 479.

GIUNTA, Pene sostitutive e sistema delle sanzioni... *RItalDPP* 1985 481.

GRASSO, La riforma del sistema sanzionatorio, *RItalDPP* 1981 1411.

GRASSO, Le sanzioni sostitutive, *Jus* 1979 1.

GREBING, Sanctions alternatives..., *RIntDP* 1982 775.

GREVI (Org.), *L'ordinamento penitenziario dopo la riforma* 1988.

HEILBORN, *Die kurze Freiheitsstrafe* 1908, reimp. 1978.

HÜNERFELD, *Die Entwicklung der Kriminalpolitik in Portugal* 1971.

I. R. S. (Org.), *Cidadão Delinquente: Reinserção Social?* 1983.

JAGUSCH, Über die Strafaussetzung zur Bewährung, *JZ* 1953 688.

JESCHECK (Org.), *Die Freiheitsstrafe und ihre Surrogate* 1984.

KALMHTHOUT/TAK, *Sanction-Systems in the Member-States of the Council of Europe* I 1988 II 1992.

KERNER, H. -J., Les sanctions pénales classiques..., *AnnIntCrim* 25 1987 91.

KRAMER, L'inventaire des sanctions pénales, *ArchPC 7* 1981 60.

LENCKNER, Die kurze Freiheitsstrafe..., *JA* 1971 319.

v. LISZT, Die Reform der Freiheitsstrafe, *Strafrechtliche Aufsätze und Vorträge* I 1905 511.

LUZÓN PEÑA, *Medición de la pena y sustitutivos penales* 1979.

MAIWALD, Die Verteidigung der Rechtsordnung..., *GA* 1983 49.

MANTOVANI, Le «modifiche al sistema penale»..., *IndP* 1986 443.

MANTOVANI, Sanzioni alternative, em: ROMANO/STELLA (Orgs.), *Teoria e prassi della prevenzione generale dei reati* 1980 67.

MARINUCCI, Problemi della riforma..., em: MARINUCCI/DOLCINI (Orgs.), *Diritto penale in trasformazione* 1985 349.

MARZADURI, *L'applicazioni di sanzioni sostitutive...* 1985.

PADOVANI, *L'utopia punitiva...*1981.

PAGLIARO, La riforma delle sanzioni penali, *RItalDPP* 1979 1189.

PALAZZO, Analisi empiriche..., *RItalDPP* 1986 681.

PALAZZO，*La recente legislatione penale* [3]1985.

PALAZZO，Le pene sostitutive…，*RItalDPP* 1983 819.

PALAZZO，Prospettive di riforma…，*RItalDPP* 1985 1037.

PINATEL，Peines de substitution et criminologie，*RICrimPT* 1984 464.

PRADEL，L'individualisation de la sanction…，*RScC* 1977 723.

PRADEL，Le recul de la courte peine…，*RecD* 1976 63.

PRADEL，Les nouvelles alternatives à l'emprisonnement，*RecD* 1984 111.

QUENSEL，Kurzfristige Freiheitsstrafen…，*v. Hentig-FS* 1967 287.

ROBERT，Les lois du 11 juillet…，*JCP-Sem. Jur.* 1975-I n. ° 2729.

RODRIGUES，Anabela，Les sanctions pénales classiques…，*AnnIntCrim 25* 1987 69.

RODRIGUES，Anabela，Critério de Escolha das Penas de Substituição…，*Estudos Eduardo Correia* I 1988 21.

RODRIGUES，Anabela，A Fase de Execução das Penas…，*BMJ 380* 5.

SALEILLES，*L'individualisation de la peine* 1898.

SCHRÖDER，Zur Verteidigung der Rechtsordnung，*JZ* 1971 241.

SNACKEN，Les courtes peines de prison，*Dev. et Soc.* 1986 363.

STENNER，*Die kurzfristige Freiheitstrqfe*… 1970.

STILE，Concetto e trattamento…，*Jescheck-FS* II 845.

SYR，L'application de la loi…，*RScC* 1979 521.

TRAPANI，*Le sanzioni penali sostitutive* 1985.

VASSALI，Il disegno di legge…，*RItalDPP* 1985 1071.

VÉRIN，À la recherche des «vrais» substitutifs…，*RScC* 1982 399.

ZIELINSKA，Les mesures pénales substitutives…，*RScC* 1985 35.

ZIPF，Die «Verteidigung der Rechtsordnung»，*Bruns-FS* 1978 205.

第 489 节　前面（第 278 节）我们已经强调，确定刑罚的程序并不只是在确定可科处的刑罚和量刑的操作中进行的，还至少以偶然性的方式包括第三种操作：**选择刑罚**。这可能在两种不同的情况下发生：或者由于对所犯罪行规定的惩罚允许*择*一科处两种*主要*刑罚（监禁或罚金，例如第 156 条第 1 款），法院应在确定所选择之刑罚种类前，*就该两种刑罚中应选择哪一种*进行量刑；或者因一徒刑之量刑确定后，法院发现可科处一项替代刑

罚，而不是徒刑，那么法院应对这一替代刑罚进行量刑。除了这两种选择刑罚的方式之外，似乎还有第三种方式，在某种程度上构成*第三类*（*tertium genus*）[1]：如果对犯罪适用的刑罚是不超过 3 年的徒刑，法官可以*立即*选择适用考验制度（*regime de prova*），而不是应判处的徒刑；因此，这个制度被称为"以主刑罚科处的一种（代替）刑罚"（见上文第 81 节）。

总体来说这是一个复杂的问题——我们都知道，其中包含着构成现行《刑法典》基础的刑事政策方案的一个最显著的特征，现在要详细分析一下。

一 概述

1. 历史和刑事政策根源

第 490 节 从历史和刑事政策的角度来看，选择刑罚的所有主题都回到了**反对监禁的运动**：这一运动是上述任何表现的共同特征，当中选择刑罚的主题延伸开来。在以前的讨论中，这一运动的历史、文化、意识形态、刑事政策和犯罪学根源问题已经多次出现，在这方面，我们必须以最简明的方式表达它[2]。

第 491 节 1864 年，Boneville de Marsangy 提出了一项广泛的刑事政策方案，其中一个关键内容是减少监禁的适用范围[3]。所涉及的是**短期**监禁（不论该名称是否应理解为期间：1 个月、1.5 个月[4]、3 个月甚至 6 个月），其适用在一般国家所有定罪中占很大比例。

在德国受到热烈欢迎的情况下[5]，这一建议源于 V. Liszt 的激进立场，根据这一立场，短期监禁不仅是徒劳的，而且会产生比那些行为人有罪不罚更严重的损害[6]。从此以后，短期监禁的刑事政策定罪几乎成为最终判决，问题变成了其**代替**的形式之一，特别是透过典型的缓刑和罚款手段。承认短期徒刑不能满足刑罚所要实现的任何目的：不论是特别预防

---

1 这个意义见 CORREIA, Eduardo II 404 s。

2 基本书目见 CORREIA, Eduardo, *Estudos Beleza dos Santos* I 229 ss.；GREBING, cit. 775, esp. 779 ss.；及最近的 DOLCINI/PALIERO, cit. 1。

3 MARSANGY, Boneville de, *De l'amélioration de la loi criminelle* II 263 ss.

4 对这个限度赞成的见 v. LISZT, 在其《Programa de Marburgo》, *Aufsätze und Vorträge* I 382 中。

5 尤其受到 v. Holtzendorff, DOLCINI/PALIERO, cit. 1 的热烈欢迎。

6 V. LISZT, *Aufsätze und Vorträge* I 347. 导致短期徒刑之刑事政策判刑的理由简述可见于 MAURACH/ZIPF § 64 n.° m. 1。

的目的——无论是透过中立化或安全的理念，都不适合于短期徒刑从本质上旨在反抗的细微犯罪——还是透过警诫或社会化的想法，其实现完全受到短期监禁阻碍；抑或是一般预防的目的——无论是以消极恐吓的形式（必须是不公平的才会是有效的），还是以积极融合的形式（都会受到损害的形式，因为使用同一手段——徒刑——来对付最严重和最轻微的犯罪）。

第 492 节　在葡萄牙，1963 年总则草案是这一运动的又一决定性步骤，它不仅使"短期"徒刑受到质疑，而且**使适用于小规模和中等规模犯罪的所有徒刑受到质疑**[7]。在理论层面上，这意味着强调对徒刑的批判，而不仅仅是对其（短）刑期的批判；在实践层面上，可以说刑法秩序现在不仅反对判处不超过 6 个月徒刑的原则，还反对所有刑期不足 3 年的徒刑——如果在这一限度内看到（正如 1963 年总则草案所看到的以及由 1982 年《刑法典》所接受的）区分中等规模犯罪与大型犯罪的边界：原则上应仅对大型犯罪保留监禁刑罚，而非对中等规模犯罪保留监禁刑罚[8]。这意味着，首先要丰富替代刑罚的制度，并对缓刑及罚金增加刑事政策手段，如考验制度，向社会提供劳务、训诫、在假日履行刑罚、半拘留制度。另一方面，这意味着毫不含糊地建立了这样一项原则，即在具体个案中，当法官可处以徒刑和非监禁刑罚时，只要有理由认为非监禁刑罚允许适当和充分地实现处罚的目的，就应优先选择适用非监禁刑罚。

1982 年的立法者撤回了这两点，而即使撤回了这两点，目前现行《刑法典》在限制徒刑适用范围上继续走在国际刑法改革运动演变阶段的前列，因为《刑法典》仍然过于关注代替*短期*监禁的问题。

2. 针对替代刑罚的"一般理论"。替代刑罚的选择的一般标准

a）替代刑罚的"一般理论"？

第 493 节　在学说中——尤其是在意大利的学说中[9]——开始出现第一

7　见 CORREIA, Eduardo, *ProjPG* 49 ss. 及 *Estudos Beleza dos Santos* I 259 ss。这一点在草案中得到了包括外国作者在内的作者的普遍承认，见 JESCHECK, *Estudos Beleza dos Santos* I 461 ss.；HÜNERFELD, *Entwicklung* cit. 258 ss.；RODRIGUES, Anabela, *Estudos Eduardo Correia* cit. 22。

8　亦见 RODRIGUES, Anabela, *Estudos Eduardo Correia* cit. 23。

9　在这方面，值得一提的是 PALLAZO, cit. na bibliografia deste parágrafo 的著作文献，以及 DOLCINI/PALIERO, cit. 最近的研究。

次尝试构建一种替代刑罚的"一般理论"，当中基本主题为替代刑罚的分类（不论以其内容层面，还是以其结构层面）、替代及实际适用的刑罚种类的相关选择之标准或一般条款、替代刑罚废止的制度及效力。这种努力原则上应当受到赞扬，并得到最大程度的重视。它可大大有助于在这一方面更好地掌握所有的教条；通过给予适用者更多的安全感，它可为更频繁地采用替代刑罚及因此为了更好地实现主导整个制度的刑事政策意图提供重要的鼓励。然而，有疑问的是，在国际层面是否有可能实现这一存疑领域的真正的"一般理论"。

第 494 节　首先，因为就一项在葡萄牙法学理论中明显占主导地位但在大多数外国学说中仍然非常摇摆不定的先决问题达成共识之前，这一点是不能实现的，**即替代刑罚是真正的自主刑罚**。

这在我们当中占有很大的主导立场，并从来都是由 Beleza dos Santos[10] 尤其是由 Eduardo Correia[11] 所主张的立场。而 Ferreira de Cavaleiro 则倾向于普遍认为这些措施属"刑罚在执行中的变更"，这导致他认为其中的一些措施——在假日履行刑罚和半拘留制度，而非训诫和向社会提供劳务——可以在判决后*适用*[12]。但是，这一概念似乎不如接下来要指出的那样，在刑事政策上正确，也不适合葡萄牙的制定法。显然，将替代刑罚视为真正刑罚的，在奥地利学说中有 Nowakowski[13] 和 Triefterer，尽管后者指出同时涉及真正的*量*（*medida*），因为这些措施独立于过错[14]。没有理由相信：*选择*替代刑罚的标准是，如下文所述，独立于对罪过的考虑；然而，选择替代刑罚的标准绝不是确定替代刑罚的*量*。

第 495 节　其次，每一项替代刑罚都有其本身的刑事政策内容及适用范围，因此具有一种**在很大程度上个人化的制度**——即使从表面上看来是共同的问题，正如不履行替代刑罚的情况。无论如何，即使考虑到所有这些，并非不可能反而仍然有用的是，将替代刑罚（见下文 3）按某些类别分组，并根据其内部特征，尤其是根据其与*选择或替代刑罚的一般标准*之间的关系类型分组。然而，确定这一标准确实是我们研究和理解整个专题的前提。

---

[10]　关于附带条件的暂缓执行刑罚见 *RLJ* 73 385 e 74 3。

[11]　*ProjPG* 64 ss. 及 *Estudos Beleza dos Santos* 293 ss。关于 Eduardo Correia 的独特想法，见 Costa, Gonçalves da，*RMinP* 15 1983 37 ss。

[12]　FERREIRA, M. Cavaleiro de II 1989 185，189.

[13]　*WK* § 1 n.° m. 8.

[14]　TRIEFTERER § 19 II 5 a.

b）选择或替代刑罚的标准

第 496 节　现行《刑法典》似乎拒绝提供选择或替代刑罚的*一般*标准或条款。无论是在选择替代刑罚的问题上，还是就几乎每一种替代刑罚的目的而言，它都指出了一种不同的标准或单独的标准。

因此，根据第 71 条之规定，"如显示非监禁性质的刑罚足以促进罪犯重返社会及满足责备和预防犯罪之要求"，法院应优先采用非监禁性质的刑罚而非剥夺自由的刑罚。第 48 条第 2 款非常类似地规定，"如果法院认定对事实的单纯谴责和刑罚的威胁将使罪犯远离犯罪，并满足责备及预防犯罪的需要"，将命令暂缓执行徒刑。就考验制度而言，第 53 条第 1 款规定，当"可以透过此方式得出［罪犯］可被排除犯罪以及责备和预防犯罪的需要不反对"，该制度将会被适用。另一方面，第 43 条第 1 款规定，不超过 6 个月的徒刑将以罚金代替，"除非因有必要预防将来的犯罪而须执行徒刑"。对于训诫，第 59 条第 2 款规定："只有在有利于罪犯复原、损害已获弥补、无须使用法律规定之其他措施时，方可作出训诫。"对于在假日履行刑罚，第 44 条第 1 款还规定，"在断定在假日履行刑罚对责备罪犯及使其远离犯罪合适时"，才适用于行为人。对向社会提供劳务（第 60 条）和半拘留制度（第 45 条），法律没有规定任何替代标准。

第 497 节　问题是，在法定标准的表面多重性和多样性之下——在我们看来（见上文第 75 节），共同承担着令替代刑罚的制度实际失败的责任[15]——是否还能区分选择刑罚和替代刑罚的**一般标准**。总体上简单来说，该标准如下：在证实科处有关处分之前提下，*如择一刑罚*（*pena alternativa*）*或替代刑罚对实现处罚目的属适当及足够*，则法院应优先采用择一或替代刑罚而非剥夺自由之刑罚[16]。因此，证明（并规定）适用择一刑罚或替代刑罚的优先及其实际判处的是特别预防和一般预防的**纯粹预防性的目的**，而非罪过补偿的目的[17]。

---

[15]　ALMEIDA, M.ª Rosa Crucho de, cit. 63 在某种程度上也是如此，以及国外学者对我们制度作出的评价见 DOLCINI/PALIERO cit. 86 ss。

[16]　这就是 1991 年草案建议在第 45 条第 1 款、第 50 条、第 58 条第 1 款和第 60 条第 2 款中采用的一般标准。

[17]　总结上，我们当中，亦见 RODRIGUES, Anabela, *Estudos Eduardo Correia* cit. 24。反对的见 CORREIA, Eduardo, *ProjPG* 59。从文中总结的意义上讲，德国的一般学说也这样认为，可见 BRUNS, *Strafzumessungsrecht* ²1974 331 ss。在西班牙，见 LUZÓN PEÑA, cit. 67 ss. 及在意大利学说中，见 DOLCINI/PALIERO, cit. 198 ss。

第 498 节　这是可以理解的：在整个确定刑罚的过程中，由于过错所起的作用是刑罚量不可超过的限度，因此，它与*选择刑罚类别*的问题毫不相干。换句话说，过错的作用是在徒刑量刑（作为代替前提的必要）或在择一或代替量刑时所起的作用；然而，它对于证明择一刑罚及替代刑罚的历史和刑事政策上的原因是奇怪的，并不是因过错的考虑或基于过错的考虑该等刑罚才在法律体系内构成及存在。

第 499 节　然而，我们之间的司法见解甚至在不久前很大程度上仍占主导地位，却与上述说法和 1982 年《刑法典》的刑事政策意图完全相反，赋予了罪过的考虑在*拒绝*代替方面的重要作用（有时甚至是*决定性*作用）[18]。没有必要再解释《刑法典》所设想的惩罚制度的缺陷。

因此，我们应该满怀希望地接纳 1990 年 3 月 21 日最高法院的合议庭裁判，该院在没有任何误解或限制的情况下决定，适用替代刑罚（在本案中，代替罚金）*特别*取决于特别预防的考虑，尤其是重返社会的特别预防，以及以满足"社会法律意识"的方式进行的一般预防[19]。值得相信的是，对葡萄牙的司法见解来说，这一主导判决（*leading sentence*）可能是决定性的转折点，并导致在所有诉讼层级上根据正确的司法见解作出调整。

第 500 节　在排除罪过在选择刑罚问题上的重要性后，仍需确定在这方面*一般预防*和*特别预防*的要求是如何相互实施的。两者在这方面的作用是完全不同的。决定性的优势不能不归因于对**社会融合的特别预防**方面的考虑，因为从刑事政策角度来看，这是整个反监禁运动的理由。值得留意的是，存在两种不同方面的优势。

首先，从社会融合的特别预防角度来看，仅在执行刑罚**有需要**或在任何情况下可能比该等刑罚**更恰当**时，法院才应拒绝科处择一刑罚或替代刑罚；只有在不忽视监禁中已经多次提到的犯罪性质，特别是短期监禁的犯罪性质时，才会发生这种情况。

其次，当法院拒绝实际判处徒刑时，在给予其多于一种替代刑罚（例如罚金、向社会提供劳务、暂缓执行徒刑）的情况下，则基于社会融合的特别预防之考虑而决定**哪一种**在抽象上可适用之替代刑罚应为被选者。在

18　在 AcSTJ de 83FEV09（*apud* GONÇALVES, M. Maia art. 43.° anot. 5）及 AcSTJ de 84NOV21，*BMJ 341* 237 提及的例子中，可找到上述明显的错误例子。但实际正确的例子，见 AcRE de 83NOV20，*BMJ 333* 540 及 AcRP de 87 ABR01，*BMJ 366* 567。

19　该合议庭裁判已在 *RPCC 1* 1991 243 中公布，并得到 Anabela Rodrigues 的赞同。

这方面，严格地说，至少在原则上不存在"替代刑罚的法律等级"[20]；只有在具体情况下才存在，也就是说，根据社会融合的特别预防要求，在这种情况下，以最合适的方式来感受和满足这些要求。

第501节 但是，一般预防作为由代替的一般标准组成的原则的作用是什么？一般预防仅应以**保护法律体制**所需的最低融合预防内容的形式出现（上文第330节），作为社会融合的特别预防要求的实施**限度**[21]。意思是：只要根据社会化的要求施加或建议择一刑罚或替代刑罚，仅当执行徒刑属必要以致不会不可弥补地损害法益的必要保护及以社会为基础的稳定时，方不科处择一刑罚或替代刑罚[22]。

c)"谴责"的要求

第502节 应注意到，刚刚提到的因有依据之目的论及刑事政策之代替的一般标准，不符合葡萄牙的成文法。这是因为，正如我们在上文第496节中所看到的，在不同的法律规定中，不仅要符合"排除行为人的犯罪"或其"社会重返"的标准（＝社会融合的特别预防）及（一般）"预防"，而且要符合"斥责"（«reprovação»）的需要或要求。在这些要求中，只能体现**"过错标准"**，无论这与证明择一刑罚和替代刑罚合理的历史和刑事政策原因有多么矛盾，根据法律的规定，这种标准不可能是模糊的，因为同一法律明确提到了特别预防和一般预防的标准。

这个理由不成立。确实，在1963年总则草案修订委员会中，这一目的产生了不少误解[23]，Eduardo Correia强调，"斥责是刑罚的基本宗旨"[24]。但亦确实的是，在对该问题进行深入细致的考虑之后，Beleza dos Santos早已得出结论："司法原则所规定的斥责，是同时对所有人作出的，而且都有很大的影响力。因此，这是一般预防的一个重要因素。"[25] 这为所应捍卫的提供了基础，即现行法律在提到"斥责"的要求时，只想具体说明——根据对我们问题的重要性——法律体系不可放弃的维护所设

---

[20] 与学说有时提出的某些建议不同，见 I. R. S./JARDIM, M.ª Amélia, cit. 45 ss。现在在文中所说的并不违反整个第五章中所说的"法律对罚金的优先"，因为那里所涉及的是其与徒刑相比较的问题，而不是其与替代刑罚相比较的问题。

[21] 关于细节问题，德国学说已进行了深入讨论，但基本上与文中得出的结论一样。参见 NAUCKE e OUTROS, SCHRÖDER, ZIPF e MAIWALD, cits.

[22] 亦见 RODRIGUES, Anabela, *Estudos Eduardo Correia* cit. 20 ss。

[23] 正如1963年总则草案第62条及第69条变得含糊其辞一样。在委员会决定（附有 Eduardo Correia 的同意！）以"斥责"取代"谴责"时，这些条文就已变得更含糊其辞，见 *Actas PG* II 56, 79。

[24] *Actas PG* II 56.

[25] SANTOS, J. Beleza dos 274（在原文中显示斜体）。

定的一般预防的最低限度，即想要提请注意，如果因择一刑罚或替代刑罚在不可上诉的情况下遭受 Beleza dos Santos 所述的"犯罪的社会斥责感"（«o sentimento de reprovação social do crime»）[26]，那么不能被判处择一刑罚或替代刑罚；或者第 499 节提到的最高法院合议庭裁判所述，"社会的法律感"（«o sentimento jurídico da comunidade»）。

3. 替代刑罚的种类

第 503 节　作为徒刑的**择一刑罚**，我们的制度仅有**罚金**，因此，正如我们所知（见上文第 78 节），这两种刑罚都属于"主刑"。这一可供选择的罚金完全是第五章所讨论的罚金，所以在此不要求作任何补充考虑。

第 504 节　在**替代刑罚**方面，可以使用不同的方法来进行分类，例如根据其内容予以区分（财产、限制自由、工作强加、象征性的方法）；或者根据其结构予以区分（暂缓、狭义上的代替、自主的方法）[27]。考虑到葡萄牙刑法中规定的替代刑罚的特殊性，我们将根据不同的、更具体的刑事政策观点分为三大类。

a）本义上的替代刑罚

第 505 节　这些替代刑罚应符合两个要件：一方面，是*非体制性*（*não institucional*）或*非拘留性*（*não detentivo*）的特征，也就是说，替代刑罚在自由的情况下［从墙外（*extramuros*）的意义上］被执行，因此最好符合反徒刑斗争运动的刑事政策目的；另一方面，替代刑罚的前提是*预先确定徒刑的分量*，然后予以科处替代刑罚而非徒刑，因此更符合替代刑罚的教条特征。所以，这里包括——不区分它们的内容或它们自己的结构——暂缓执行徒刑、代替罚金、为社会提供劳务及训诫等处罚。

b）监禁性质的替代刑罚

第 506 节　在这些刑罚中，判处的是在假日履行刑罚和半拘留制度。初看来，把在监狱中**墙内**（**intramuros**）实施的制裁视为徒刑的替代刑罚是毫无意义的，甚至是荒唐的！这就是为什么在许多学说和立法中[28]——甚至在

---

[26]　SANTOS, J. Beleza dos 268.

[27]　基本上从这个意义上讲的，见 DOLCINI/PALIERO，cit. 157 ss。

[28]　在意大利，关于这一点——一般而言，关于替代刑罚整体上是否构成真正的刑罚——存在大量的书目，例如见 PALAZZO，*RItalDPP* 1983 819，844，*La recente* cit. 61 ss.，76 及 DOLCINI/PALIERO，cit. 199。

我们当中[29]——这种措施在监狱的问题中被认为是*特别形式的徒刑履行*（或*执行*）。

但是，如果这些处罚也可以从这个角度来看待的话，那么在替代刑罚中考虑它们是完全正确的。当然，从教条的角度来看也是这样，因为其适用意味着事先确定了一项持续徒刑（pena de prisão contínua），然后*被替代*（对于在假日履行刑罚，第 44 条第 1 款明确这样规定，尽管对于半拘留制度第 45 条第 1 款中没有这样规定）。另一方面也是重要的方面，所涉及的任何措施均含有其他替代刑罚在历史上和**刑事政策上**的相同原因，即反对（短期）徒刑的原因。因为显而易见及毫无疑问的是，这些刑罚中所指出的严重的刑事政策上的不便——可以归结为所谓的徒刑的犯罪效果的不便——适用于持续徒刑，而非（或仅在很小程度上）适用于在假日履行刑罚或半拘留制度。

c）考验制度

第 507 节　从教条的角度来看，可以怀疑是否将这一刑罚定性为真正的替代刑罚，以及是否其选择以最高可科处的徒刑为限，因此，法官似乎可以选择该刑罚，正如已经强调的（见上文第 489 节），当还没有对适用于案件的刑罚*量刑*作出决定时。从教条的角度来看，将这一刑罚定性为以主要名义或主要方式判处的刑罚是有道理的[30]。从刑事政策的角度来看，考验制度被认为是真正的替代刑罚，因为它在历史及实质上构成反对监禁刑罚及其犯罪影响的重要里程碑。

二　本义上的替代刑罚

A. *暂缓执行徒刑*

BARTULLI，*La sospensione condizionale della pena* 1971.

BAUMANN，Die Auflagenkataloge im Strafrecht，*GA* 1958 193.

CORNIL，Sursis et probation，*RScC* 1965 51.

COSTA，Gonçalves da，Suspensão da Execução da Pena e Regime de Prova，

---

[29]　在这方面，Comissão Revisora do ProjPG 63 中的说明性讨论见 *Actas PG* I 283 ss。其后见 FERREIRA，M. Cavaleiro de II 1989 185，189。

[30]　RODRIGUES，Anabela，*AnnIntCrim* cit. 75；以及在某种程度上见 CORREIA，Eduardo II 404 s。

RMinP 15 1983 25.

DIAS，J. de Figueiredo，Velhas e Novas Questões…，*RLJ 124* 68.

DOLCINI，Ancora una riforma della sospenzione condizionale della pena？，*RItalDPP* 1985 1012.

DÜNKEL，Probleme der Strafaussetzung zur Bewährung…，*ZStW 95* 1983 1039.

EUSEBI，Prescrizioni…，*RItalDPP* 1985 1148.

FELTES，*Strafaussetzung zur Bewährung…*1986.

FIORAVANTI，Sospensione condizionale e sanzioni sostitutive，*RItalDPP* 1983 111.

FRISCH，*Prognoseentscheidungen im Strafrecht* 1983.

GERMAN，O. A. ，Zum bedingten Verurteilung nach schw. Recht，*Erudes J. Graven* 1969 57.

GRAVEN，J. ，Le sens du sursis conditionnel…，*RPS 69* 1954 261.

GRAVEN. Ph. ，Quelques considérations sur le sursis，*RICrimPT 24* 1970 11.

GRUNHÜT，Bedingte Verurteilung，*ZStW 64* 1952 781.

JAGUSCH，Über die Strafaussetzung zur Bewährung，*JZ* 1953 688.

KAUFMANN，Armin，Die Strafaussetzung zur Bewährung…，*JZ* 1958 297.

KUNERT，Kurze Freiheitsstrafe und Strafaussetzung zur Bewährung，*MDR* 1969 705.

LACKNER，Die Strafaussetzung…，*JZ* 1953 428.

LOURDJANE，La probation en France，*RPénDP* 1977 43.

MARC，Mise à l'épreuve et observation，*RScC* 1970 733.

MARC，Suggestions pour l'extension de la mise à l'épreuve，*RScC* 1968 799.

MARTINE，Mise à l'épreuve…，*RScC* 1961 240.

PADOVANI，La sospensiona condizionale…，*RItalDPP* 1983 1249.

PADOVANI，Sanzione sostitutive…，*RItalDPP* 1982 494.

PADOVANI，Sospensione e sostituzione…，*RitalDPP* 1985 933.

PEREIRA，L. Miranda，Reacções Penais Não Detentivas，em：C. E. J. （Org. ），*O Sistema Sancionatório e a Revisão do CP*，de próxima publicação[*].

---

[*] 这是根据手稿上的打字页所引用的，作者为我们提供了这本书。

POUPET，*La probation des délinquants adultes en France* 1955.

RÖMER，Die Strafaussetzung，*JR* 73 488.

SANTOS，J. Belezs dos，Suspensão Condicional da Execução da Pena...，*RLJ 73* 385 e *74* 3.

SCHULTZ，Der bedingte Strafvollzug...，*RPS 89* 1973 52.

SIMSON，Die bedingte Freilassung...，*ZStW 67* 1955 48.

STILE，La riforma della sospeazione...，*RltalDPP* 1985 997.

SYDOW，*Erfolg und Mißerfolg*...1963.

TRENZ，Le sursis aux fins de mise à l'épreuve en droit allemand，*RScC* 1968 811.

VERGINE，La sospensione condizionale ad unasvolt?，*IndP* 1978 163.

VRIJ，Zum Problem der Strafaussetzung，*ZStW* 66 1954 218.

1. 制度的历史和刑事政策演变

第 508 节　缓期执行徒刑是我们当中**最重要的**一项替代刑罚。首先，最重要的是因为，在所有刑罚中具*最广范畴*的刑罚，可以代替任何不超过 3 年的徒刑，也就是说，不仅可以代替短期徒刑，而且可以代替*中*期徒刑。另一方面，这是葡萄牙法院*最常*适用的刑罚[31]。

第 509 节　1884 年法国 Bérenger 草案（名为"*sursis*"）首次采用这一刑罚，之后 1888 年在比利时及 1891 年在法国获确立，葡萄牙于 1893 年 7 月 6 日成为第一批采用法国及比利时模式的暂缓执行制度的国家之一。

该制度的基本刑事政策思想是[32]，在适用短期监禁的小型犯罪领域，仅仅**监禁的威胁**在许多情况下，特别是在涉及初犯的情况下，充分实现处罚的目的就足够了。在这种情况下，行为人被判处的徒刑的执行，应在判决本身暂缓一段时间，并在该判决中确定这段时间：在该期间，如行为人再次犯罪，那么应实际累积地履行暂缓的刑罚以及因新罪行而被判处的刑罚；然而，如果在暂缓执行徒刑期间没有犯罪，那么已被暂缓的刑罚将被视为已消灭的刑罚。这有一个重要的好处，即在没有对行为人施加徒刑的恶劣和犯罪环境的情况下，惩罚的预防性目的已经实现。

---

[31]　根据 *Estatísticas da Justiça de* 1991 147，这一刑罚大约在 25% 的徒刑定罪当中被适用。

[32]　关于以下内容，概括地见 CORREIA，Eduardo II 396。

第510节　这一制度的发展方向是尽量扩大其应用范围及提高其实际使用频率，同时保持其原有的刑事政策含义。在这方面，首先要指出的是，对主要犯罪者给予暂缓效力的好处的限制没有足够的依据[33]。

但是，很早在这里写下最重要的新理念是——尤其是受英美缓刑（probation）制度或考验制度的影响——，这一制度的可行性可以在很大程度上得到体现（而且其范围和应用频率显著地扩大），如果这一制度不仅依赖于刑罚的威胁及其恐吓效果的概念，而且将这一概念纳入强加于行为人的**义务及行为规则**：一方面，旨在加强对犯罪之恶害之弥补及其后果之义务及规则；另一方面，使不法分子社会化之义务及规则。另外，在缓刑期内，亦可由具特别资格的社工跟进及监管犯罪人，协助其社会化的任务〔从而将英美法缓刑的特定元素结合在大陆法缓刑（sursis continental）中：不法分子与其缓刑社工（probation-officer）之间的互动〕。

第511节　因此，在许多国家的立法和学说的表达方式中，所创立的正是今天被称为为*考验而缓刑*之**"大陆法模式"**[34]，该模式结合了传统大陆法的缓刑（sursis tradicional）和英美法的缓刑（probation anglo-americana）之典型元素。在这个模式中，无可争议的优势是可以有根据地适用于更多的情况，特别是由于在这种理解中，把完全不在传统制度的社会化手段纳入这一制度中。此外，更有理由相信，暂缓执行徒刑并不是*执行刑罚的*一个单纯*附随事项*，甚至不是*执行刑罚的变更*，而是一种独立的刑罚，因此，在最严格和最严厉的定义下，是一种*替代刑罚*[35]。

第512节　最近的学说由于不想公然接受将缓刑视为*独立的*刑罚，倾向于将其纳入教条式的范畴，而不是所谓*附条件判罪*的替代刑罚。在Jescheck的定义中，这一类别的制度的目的在于，"基于一般和特别预防的理由，不容许作出刑事行为没有国家的制裁，但并非因此要对行为人施加刑罚，而是使与该刑罚相关的伤害尽可能减小，并在必要的情况下向行为人提供社会援助"。[36] 在附条件的判刑类别中，除了暂缓执行徒刑外，还会有诸如暂

---

[33]　在这方面，见 CORREIA，Eduardo II 397 s。

[34]　见德国《刑法典》第 56 条及其续条条文所载的 *Strafaussetzung zur Bewährung* 制度的最后一个例子。

[35]　不同但争议很多的是一种在意大利学说中可能占主导地位的立场。关于这一点，最后见 DOLCINI/PALIERO，cit. 275 ss。

[36]　JESCHECK　§ 8 VI.

时中止诉讼程序（《刑事诉讼法典》第 281 条）、考验制度（第 53 条和下文四）及暂缓保安处分（第 99 条和第 100 条以及下文第 820 节及其后续节数）之类的制度。

这一概念既没有教条主义上的依据，也没有刑事政策上的依据。第一，它最大限度地减少了——即使不予以拒绝——替代刑罚类别的自主性。第二，作为诉讼程序暂时中止的制度的一部分，从任何角度来看，不能也不应将其视为"判罪"，即使是附条件的亦然[37]。第三，亦没有必要采用附条件判罪的类别，以强调在暂缓执行徒刑与考验制度之间的事实上是存在的在刑事政策上的相似性；在此情况下，正如上文所建议的，应更进一步将两个制度*合并*为缓期执行徒刑以作为考验（*unificar os dois institutos na pena de suspensão de execução da prisão para prova*）。由于这些原因，附条件定罪的类别最终不论从教条的角度来看还是从刑事政策的角度来看都是多余的，因此应予以拒绝，绝不能赋予其制裁制度的"第三支柱"[38]，即与刑罚及保安处分并排。

第 513 节　如前文所述，于 1893 年**葡萄牙**确立的缓刑制度被多次修改——如上所述，其中许多在扩大其适用范围——当中涉及经过 1929 年《刑事诉讼法典》（第 633 条）、1939 年 5 月 27 日第 29 636 号法令和 1886 年《刑法典》中以 1954 年版本修改的第 88 条之修改。毫无疑问，其中最重要的修改是，允许"在可给予假释的相同条件下"缓刑，也就是说，在被判刑者履行义务及行为规则（行为良好、不履行某些职业、不前往某些环境及地方、居住或不居住在某些地方等）下缓刑，见第 29 636 号法令第 10 条及 1886 年《刑法典》以 1954 版本修改的第 88 条第 2 段及第 121 条[39]。经过这些修改，其已经将*英美法缓刑*（*probation*）制度的一个特征引入典型的*大陆法缓刑*（*sursis*）制度中。

第 514 节　1963 年总则草案以*考验制度*为名确立了英美法缓刑制度的基础（总则草案第 69 条），但它也没有放弃缓刑的制度，即所谓的附条件的判决（总则草案第 62 条），尽管重新详细阐述它：一方面，不会有任何徒刑期限的限制先验地排除替代刑罚的可能性；另一方面，附条件的判决可以暂缓"完全执行具体确定的刑罚"或"具体确定刑期"（总则草案第 63 条）。在最后一种情况下，附条件的判决变成以

---

[37]　关于这一制度真正的性质，见 ANDRADE, M. da Costa, *JDPP* 346 ss.

[38]　然而，见 JESCHECK § 8 VI。

[39]　关于这一演变，见 SANTOS, J. Beleza dos, *RLJ 73* 385 ss. e *74* 3 ss. ; CORREIA, Eduardo II 416 ss. ; FERREIRA, M. Cavaleiro de II 1989 186 s。

主要名义或主要方式科处之刑罚（正如我们今天在考验制度中所看到的那样）。这样，作为附条件判决的制度与考验制度之间的一个*显著标志*，只有后者才能设想而前者不能设想，为罪犯制订个人重返计划，并监督社工的执行情况（总则草案第 71 条及第 72 条）。

关于未定出刑期限度（在此限度以上不得代替及接受未定出刑罚之附条件判决）的问题，是在修订委员会内讨论得最深入的问题[40]，最终修订委员会反对附条件判决，但没有确定刑罚，而是主张不存在该限度[41]。

2. 暂缓执行徒刑的法律制度

a）前提

第 515 节　根据第 48 条第 1 款的规定，"法院得将科处不超逾 3 年之徒刑暂缓执行，不论有否科处罚金……"对适用这类刑罚法律所赋予的表面任意性，不应造成错误：这不是法律技术意义上的单纯的"权能"（faculdade），而是一种完全受约束的权力（poder），因此，在这个意义上，是一项**权力与义务**（**poder-dever**）。这最终导致法律在第 48 条第 2 款中明确规定："在……的情况下，可以命令暂缓。"因此，一切取决于在具体个案中是否具备法律规定必须适用该制度的*所有形式和实质前提*[42]。

aa）形式前提

第 516 节　科处暂缓执行徒刑之形式前提是，徒刑之措施——这一措施必须由法官预先决定——**不超过 3 年**（第 48 条第 1 款）。因此，在这一制度中既不暂缓保安处分（见下文第 815 节及其后续节数），*亦不暂缓执行罚金*：尽管第 48 条第 1 款规定这一罚金，在罚金是"对不具支付能力的被判刑者科处"时，正如我们在上文第 154 节所说，不论从教条的观点来看的，还是从刑事政策角度来看，这都是与暂缓执行徒刑的制度或在广义上与替代刑罚的问题没有什么共同之处的制度。

第 517 节　我们可以提出这样的问题：是否还应暂缓执行一项因*扣除*、*大赦*或*普遍性赦免*而被视为已**完全履行**的徒刑。答案必须是否定的：不仅是因为根据我们

40　见 *Actas PG* II 54 ss. e 58 ss。

41　见 *Actas PG* II 95 e 56。

42　与此不同的是，例如德国《刑法典》第 56 节 II，关于最高两年徒刑，法律赋予审判者真正的暂缓权能，见 MAURACH/ZIPF § 65 n.° m. 26 ss.，30。

的实在法，从刑事记录的角度来看，该程序不会对罪犯有利[43]，而且因为确实没有刑事政策上的意义去暂缓执行因任何法律原因而不能履行的一项徒刑[44]。

bb）实质前提

第 518 节　适用这一制度的实质前提是，法院考虑到行为人的人格和事实的情节，对不法分子的行为作出了**有利的预测（prognóstico favorável）**：事实单纯的谴责及刑罚之威胁——不论有否附带强加义务及（或）行为规则（第 49 条第 1 款）——"将足以使违法者排除在犯罪之外"（第 48 条第 1 款）。为作出这种判断——对这种判断，仅考虑人格或仅考虑事实的情节从来都不够，法院还应特别考虑行为人的生活条件及事实发生之前及之后的行为。

因此，法律明确指出，在作出上述预测时，法院援引**作出决定的时刻**，而不是援引作出事实的时刻。因此，可以也应该考虑到行为人在诉讼标的之后实施的犯罪，并对预测产生不利影响。由于可能对事实发生后的情节产生积极的影响，即使已考虑过这些情节——在可能的范围内（见上文第 355 节及其后续节数），在量刑方面也不应因此认为违反禁止双重考虑的规定。为此，不能不考虑的是，例如以下情节：被判刑人在犯罪后，因触犯一项与饮酒或吸毒有关的罪行而在被判刑前已成功地接受戒毒治疗（见 1 月 22 日第 15/93 号法令第 41 条及其后续条文）。

第 519 节　法律对缓刑制度的**刑事政策目的**是明确而彻底的：阻止罪犯将来实施新的犯罪，而不是对不法分子针对生活及世界的观念进行"改正"、"改善"或——甚至更少是——"改变思维"。总而言之，正如 Zipf 所说，这是一个"合法性"问题，而不是这里所讨论的"道德"问题[45]。或者，也许应该说，在这里重要的是，是社会化概念的"最低内容"，即"预防累犯"[46]。

因此，并不排除对暂缓作出有利的预测——尽管应对这一预测提出更多的要求——即使是对因心证或因良心决定的行为人（当然也可对后者进

---

[43]　与德国法律中的情况不同，见 SCHÖNKE/SCHRÖDER/STREE § 56 n.° m.13 及 HORN，*SK* § 56 n.° m.7。

[44]　关于折扣方面的结论，亦见 MAURACH/ZIPF § 65 n.° m.16。

[45]　MAURACH/ZIPF § 65 n.° m.19.

[46]　关于（重新）社会化的概念，从与文本一致的意义上来看，我们当中见 RODRIGUES，Anabela，*A Posição Jurídica do Recluso*... 1982 78 ss.；COSTA，A. M. Almeida，*BFDC 65* 1989 19 s. 及 PEREIRA，L. Miranda，v.«Ressocialização»，*Enc. Verbo da Soc. e do Est.* V 1987。

行处罚）[47]。但是，在其他一些情况下，即在定罪之前但犯罪之后的行为，如果在暂缓执行徒刑期间发生，则必然导致废止暂缓执行（第51条第1款及下文第546节）。另一方面，先前的判罪或判刑并不会先验地（*a priori*）妨碍给予暂缓执行；但可以理解的是，在这些情况下，有利的预测会变得更加困难及可质疑——即使有关罪行的性质不同——而且人们会要求给予*特定理由说明*（又称必要时的说明理由：下文第523节）。

第520节　尽管法院作出了有利的预测——根据社会融合的特别预防的独特考虑，如果暂缓执行徒刑违背"犯罪斥责及预防的必要性"（第48条第2款最后部分），则不应命令暂缓执行徒刑。我们已经确定（见上文第502节），这里所涉及的不是任何罪过方面的考虑，而是*一般预防*方面的考虑，其形式为**保护法律体系**中不可放弃的最低要求。只有因这些要求而限制——但总是因这些要求而限制——*自由社会化*（*socialização em liberdade*）的价值，而这正是目前所审议的制度的启迪所在。

第521节　我们已对预测性判断的目的进行了大量的讨论，即知道该问题是否以及应如何与**有疑唯利被告原则**（**princípio *in dubio pro reo***）联系起来。不乏有人认为，在对预测的有利性存有不能解决的疑问时，就必须立即执行该项原则，并根据它命令暂缓执行[48]。而其他人则认为，一旦没有理由相信在执行剥夺自由时社会化的可能性就会更大，则应命令暂缓执行[49]。

这些立场是不能被接受的。因为这里所讨论的不是任何"确定性"，而是达到自由社会化的有根据的希望，法院必须愿意为维持行为人的自由而冒某种风险——请让我们这样说，有根据且已计算的风险。然而，如有重要理由怀疑行为人不重复犯罪之能力，而其仍处于自由的状态下，则预测性判断应属*不利*及*拒绝*暂缓执行。正如 Jescheck 所说的那样，"有疑唯利被告原则适用于可能性判断所依据的事实，但法院必须相信这种可能性"。[50]

b）*制度及类型*

第522节　我们已经提出，暂缓执行徒刑可采取两种方法：简单（第48条）或强迫履行义务（第49条）。不过，在这一制度中，有一些*共同的*特点，以下将会对这些特点进行陈述。

47　关于这一专题，已在上文第348节讲述的内容。

48　见 FRISCH，cit. 50 ss。

49　见 HORN，*SK* § 56 n.° m. 11。

50　JESCHECK § 79 I 3.

aa) 该制度在诉讼法上的含义

第 523 节　首先，在任何情况下，法院必须在判决中详细列明**暂缓执行的依据**（第 48 条第 3 款）。这一规范的内容——建议只有在法院决定暂缓执行时，理由说明（当然，即*具体的*且与所有司法决定的理由说明的一般义务没有任何冲突的理由说明，见《葡萄牙共和国宪法》第 210 条第 1 款及《刑事诉讼法典》第 97 条第 4 款和第 374 条第 2 款）才变得有必要——必须广义地解释，这才是正确的解释。法院在确定不超过 3 年的徒刑幅度时，**总是**必须具体说明是否批准或拒绝给予暂缓执行徒刑的理由，尤其是有关预测属有利或不利的方面，以及（可能）有关维护法律体系的要求。其他程序将因违反第 71 条的规定而构成一种真正的法律错误，即使在复审中属可控制的错误也是如此。只有在刑罚低于 6 个月或 3 个月，而法院立即（有理由）以另一可科处的替代刑罚（罚款、向社会提供劳务、训诫）作出裁决的情况下，法院才不必这样做。

第 524 节　在某种程度上，问题在于，在这一问题上，应指出**不利益变更之禁止**（《刑事诉讼法典》第 409 条）的范围[51]。因此，原则的声明（Declarações de princípio）在此是不可接受的：只有案件的具体情节才能决定，例如，暂缓执行较长徒刑比实际执行较短徒刑更为有利[52]；或者，甚至罚金之刑罚比暂缓执行徒刑更为有利[53]；在任何情况下，均不得不考虑已经或应该强加的义务及（或）行为规则之分量。

第 525 节　然而，问题不再是**刑事上诉**是否可以**限制**批准或拒绝暂缓执行徒刑的问题：根据《刑事诉讼法典》第 403 条 d 项的规定，对此必须作出肯定的回答。

bb) 暂缓执行的期间

第 526 节　在任何暂缓执行类型中，法院均须自裁判确定之日起定出暂缓执行徒刑之期间为 **1 年至 5 年**（第 48 条第 4 款）。

然而，如暂缓执行伴随着履行义务，且义务未被履行，又或行为人因其他犯罪被判处刑罚，即使是单纯的犯罪——而这一情节并不导致废止暂缓执行（见下文第 545 节），法院可**将暂缓执行期间延长**到最初确定的期限的一半，但不得少于 1 年（第 50 条 c 项）。

---

[51] 在这个范围中的问题，主要见 STREE, *In dubio pro reu* 112 及 KAUFMANN, Armin, cit. 297 ss。

[52] 在所有情况下，肯定的答复都是德国学说的主导方向，见 MAURACH/ZIPF § 65 n.° m. 36。

[53] 肯定的答复是德国学说的主导方向（对于这一问题，见 KAUFMANN, Armin, cit. 299 ss）。

第 527 节 这里有两种理解：或者在这种情况下，暂缓执行的期限可达 7 年半；或者第 48 条第 4 款所述的最长为 5 年的期间，在任何情况下均不得超逾，因此，仅对不超过 4 年且在某些情况下达不到原定期间之二分之一之暂缓执行，才可以延长。

即使这不是文字上最有力的支持，**后一种理解也应获支持**[54]。不仅是因为延长暂缓执行徒刑期间只是向法官提出的使被判刑者未能履行暂缓执行徒刑所产生义务——广义上的义务（见下文第 531 节），而不仅仅是第 49 条意义上的"责任"——的几种形式中的一种。尤其是因为，将缓刑期间延长至 5 年后，与这一制度基本的且与社会融合的特别预防有关的刑事政策意图不相符合。

第 528 节 无论如何，应当考虑到，即使暂缓执行的期间届满后，也可将此期间延期，只要在该期间届满时可导致延期之附随事项仍待决（《刑事诉讼法典》第 491 条第 4 款）。鉴于对形式合法性的严格考虑，这一解决办法仍然令人震惊，即使我们之间已经有过传统[55]而且本身也有可以理解的理由亦然（见下文第 549 节）。

cc）类型

第 529 节 关于暂缓执行徒刑的类型，我们已经看到，可以是简单的暂缓执行（第 48 条），也可以是**具强加义务**的暂缓执行。关于后一种类型，第 49 条第 1 款规定："暂缓执行刑罚时，得规定被告履行某些旨在弥补犯罪恶害或便利重返社会之义务，尤其是下列义务：a）在一定期间内支付应予受害人之损害赔偿，或以适当之担保保证其支付；b）给予受害人适当之精神满足；c）在未达罚金数额上所定限度的情况下，将一定款项交予国家。"这一规定引起了对解释的若干疑问以及一些非常严重的疑问。

---

54 总结上，见 GONÇALVES, M. Maia, art. 50.° anot. 3 及 LEAL-HENRIQUES, M. /SANTOS, M. Simas I 303；有疑问的见 COSTA, Gonçalves da, cit. 49 s。1991 年草案第 55 条 d 项的案文明确表达了这一点。

55 经 5 月 31 日第 185/72 号法令修改的 1929 年《刑事诉讼法典》第 635 条甚至更进一步，认为在此等情况下，只要法院知悉导致暂缓失效之重要原因，可自由废止（！）宣告暂缓执行刑罚不产生效力之批示。关于这一点，见 ALMEIDA, Arlindo Lopes, JDPP 525 及 GONÇALVES, M. Maia, CPP art. 491 anot. 3。如 1991 年草案第 57 条第 2 款获得通过，上述解决办法应载于《刑法典》而非《刑事诉讼法典》；这一解决办法于 1982 年后在德国《刑法典》第 56 a－Ⅱ节中获得承认。关于这一问题，相关学说已作了详细论述，见 SCHÖNKE/SCHRÖDER/STREE § 56f n.° m. 10。

aaa）暂缓执行徒刑之限制

第 530 节　这样，首先，虽然这一规定复杂地提及暂缓执行刑罚，但它仅拟包括暂缓执行徒刑，而不包括暂缓执行罚金。正如我们知道，如果只向"没有支付能力的被判刑者"科处这一罚金，那么以履行第 49 条第 1 款各项所载的（经济财政）义务为条件是完全不合理的，而且构成完全的偏差。

bbb）义务的性质

第 531 节　最复杂的问题是，可以限制暂缓执行的义务（devers）的性质是什么。考虑到第 49 条第 1 款各项规定，应努力维护的只是主要**经济**性质的义务，例如处于弥补损害的手段与补偿罪过的辅助手段之间的义务；因此，考虑到第 49 条第 1 款各项的纯列举性质，任何其他可能的义务应具有类似性质[56]。

必须完全抛弃这种对暂缓执行的限制义务的**狭义**理解。法律本身也强调，这些义务不仅可以用于"弥补犯罪的恶害"，而且可以用于"便利行为人重新适应社会"，从而使义务的概念包含真正的行为规则[57]。因此，应认为第 49 条中的"义务"包括在考验制度中随同的且第 54 条第 2 款以列举形式规定的行为规则[58]。还可以补充的是，在目前的情况下，这些行为规则比狭义上的义务更重要，因为与这些义务不同的是，这些行为规则甚至与暂缓执行徒刑的*社会化*核心（cerne *socializador*）联系在一起。

因此，在任何情况下都不应得出结论认为——然而，德国学说有一部分认为[59]——，施加义务只会给法院带来一种权能（faculdade），而施加行为规则会带来一种真正的权力与义务（poder-dever）。对义务和行为规则的实施必须**总是**一项权力与义务，但义务受弥补犯罪之恶行之要求约束，而行为规则受犯罪分子不再作出犯罪的必要性约束。

第 532 节　问题是，是否可以更进一步将命令犯罪人**由一名社会重返技术员跟进**作为暂缓执行的条件视为合法（第 54 条第 1 款）——正如我们已知道的，作为考验制度的一个特征。我们的一些判例对这一问题给予了肯

---

[56]　因此，我们认为，在此所争议的义务具有完全类似于德国法律关于 *Auflagen* 的性质，见相关《刑法典》第 56b 节；而关于这些限制，见 SCHÖNKE/SCHRÖDER/STREE § 56b。

[57]　因此，并包括德国法律的 *Weisungen*，见 SCHÖNKE/SCHRÖDER/STREE § 56c。

[58]　在这方面，占主导地位的学说和司法见解见 FERREIRA, M. Cavaleiro de II 1989 188 及 LEAL-HENRIQUES, M. /SANTOS, M. Simas I 299。

[59]　在这方面，见 MAURACH/ZIPF § 65 n.° m. 45。

定的回答，其强调的论点是，在许多情况下特别是在侵犯财产罪、与吸毒或酗酒有关的犯罪等案件中，这样的跟进是暂缓执行在重返社会上成功的关键条件。在许多情况下，当所科处之（对暂缓执行属重要的）徒刑不超逾 3 年时，在考验制度下对可科处之（对考验制度属重要的）徒刑超过 3 年的情况判处的可能性被排除在外[60]。

从*刑事政策*角度来看，这一论点完全成立。但是，这一论点不能成为明显**违反**其所依据的**合法性**的理由，因为它导致暂缓执行徒刑与考验制度刑罚之间出现混淆。因此，只有在构成权（direito a constituir）中才能考虑到这一论点，从而可以充分发挥欧洲大陆由暂缓执行向考验转变的模式对传统英美法缓刑（probation）模式的优势；因此，构成了一个强有力的刑事政策论据，旨在废除作为独立替代刑罚的考验制度，并将其转变为**第三种暂缓执行徒刑的方式**[61]。

ccc）屈辱性的、违反善良风俗的及失格的义务

第 533 节　至于可限制暂缓执行的义务（及行为规则）之性质，亦须考虑第 49 条第 2 款之规定："法院不得要求被判刑者任何屈辱性的行为，亦不得对其规定任何有违善良风俗或有可能侵犯其个人尊严的义务。"

可能可以将这一规定视为对司法官团无用的、没有含义甚至没有意义的规定。但是，如果不能很容易地认同该规定的文字内容，那么对其提出的一项全面的批评就不成立。首先，当适用于狭义上的义务时，无论是实质上的还是道德上的，上指批评就不成立；甚至当适用于行为规则时，上指批评更为明显地不成立。第 49 条第 2 款具恰当性地——即使以不正确的形式——指出一种**双重限制**，而这种双重限制必然导致必须遵守义务及行为规则：一般而言，这些义务和规则符合法律，特别是与尽可能确保被判刑人的基本权利相一致；除此之外，在具体情况下可要求被判刑者履行该等义务和规则[62]。

60　关于这一问题，见 PERREIRA, L. Miranda, cit. 1 ss., 12 ss. e 17 ss。该作者从教条和统计学的角度将这一刑罚视为"附带跟进的暂缓执行刑罚"；我们认为，正如在随后的内容中所述，这是在现行的葡萄牙法律体系中不存在的刑罚，属于根据法律（praeter legem）创立的国家司法见解中的一部分。

61　这是 1991 年草案第 53 条所确立的解决方案。

62　因此，1991 年草案第 51 条第 2 款对相应的规定提出更准确的表述："在任何情况下，所命令履行之义务均不得属被判刑者负有不合理要求其履行之义务。"

第 534 节　不可依法保留的基本权利[63]显然不能受义务或行为规则的影响。例如，强加被判刑人参加或不参加某一宗教服务的义务是不可接受的。关于可受法律限制之基本权利，第 49 条第 1 款和第 54 条第 2 款及第 3 款起到限制性法律的作用。

问题是要知道*在司法上创立*（*criação judicial*）的义务和（或）行为规则方面将会发生什么情况：最谨慎的解决办法——虽然这一解决办法过于局限，以至于不能被视为社会化预防的目的（然而，我们已经知道它远不是一个可以以任何代价实现的目标）——似乎是*否定*将其*强加*于人的合法性，只要这种做法是对任何种类的基本权利的限制[64]。因此我们建议，从立法的角度来看，列举义务和行为规则的范围应尽可能广泛。

第 535 节　关于义务及行为规则具体上应具有的**可要求性**，基本标准是，它们必须与所要达到的目的具*适当性*及*适度性*的严格关系[65]。例如，在此方面规定行为人重新建立夫妻关系或恋爱关系是不适当的，如在暂缓执行 5 年期间或离其居住地或工作地点很远的地方，每天向任何官方实体报到。

ddd）所命令履行之义务之可改变性

第 536 节　根据第 49 条第 3 款，"如嗣后发生重要情节，或法院其后始知悉某些重要情节，得在暂缓执行徒刑之期间届满前更改所命令履行之义务"。毋庸置疑，这一规定虽然仅具体提到第 49 条规定的起制约作用的义务（*deveres condicionantes*），但**同样适用于将来要实施的行为规则**；甚至*基于大多数的理由*，因为在持续问题（*rebus sic stantibus*）[66]上对所定条件而形成的纯已确定裁判的特征是合理的，尤其是考虑到自由社会化制度的主要目的。如果可以肯定的是，情节（或"已知"的情节）的变更在某种情况下从"弥补犯罪的恶害"的角度来看可能是重要的，这一变更无疑从"罪犯在社会上重新适应"的角度来看将更强烈和更频繁地起重要作用。从这一变更在任何情况下都不能对罪过起作用这一观点来看，罪过在有罪判决中明确地获确定，而且不像前面已多次指出的那样对暂缓执行徒刑的制度的模式产生任何影响。

63　关于这一主题，见 CANOTILHO, J. Gomes, *Dir. Const.* [4]1986 277 ss.；CANOTILHO, Gomes/MOREIRA, Vital art. 18；ANDRADE, J. C. Vieira, *Os Direitos Fundamentais...* 1983 213 ss。

64　德国似乎倾向于这类解决方案，尽管有所保留，见 MAURACH/ZIPF § 65 n.° m. 48。

65　在这方面，见 MAURACH/ZIPF § 65 n.° m. 49。

66　关于这一制度，见 DIAS, J. de Figueiredo, *DPP* 410。

需要讨论的问题是，在持续问题上（*rebus sic stantisbus*）是否应在规定义务和行为规则方面毫无限制地实施**禁止不利益变更**（**proibição de reformatio *in pejus***）的规定。原则上，对于经济及财政方面的义务，似乎必须作出肯定的响应，但与《刑事诉讼法典》第409条第2款a项所规定的罚金相同的例外情况除外；至于其他性质之义务及行为规则，一切都要知道在何时可以说修订"变得更糟"，而且总应考虑到的是，必须从行为人的角度来看待这一问题，以及个案的具体情节仍然是决定性的（见上文第524节）[67]。

eee）经济内容或相类内容之义务

第537节　根据第49条第2款a项之规定，法院得规定被判刑人在暂缓执行时受以下义务约束："在一定期间内向受害人支付全部须付之损害**赔偿**或支付法院认为有可能支付之部分损害赔偿，或透过提供适当之担保以保证支付损害赔偿。"如将此义务与第49条第3款所载的可要求性条款相联系，似乎可得出的结论是，如果法院认定只可要求部分支付，则该暂缓执行与部分支付相兼容[68]。

第538节　无论在刑事诉讼程序中还是在民事诉讼程序中，均可对此义务与民事损害赔偿请求之间的关系产生疑问（《刑事诉讼法典》第71条）。似乎普遍认为的是，该义务应尽量局限于（不论在"是否可以限制"上，还是在"如何限制"上，抑或是在"什么程度的限制"上）该请求的前提，并可以低于该请求——因此，不影响随后确定的损害赔偿的法律效力——，但不得超过该请求[69]。因此，例如在（民事）赔偿义务已过时效的情况下，看不出施加此种义务有何意义。简言之，在这一赔偿义务中，它的辅助作用是实现处罚的目的，而不是重新表述第128条所希望的因犯罪而产生的民事损害赔偿的刑事性质的论点（见上文第13节）。

我们之间曾经提出一个绝对没有根据的问题，即暂缓执行受支付赔偿的约束是否在没有支付的情况下不会构成因债务而被监禁（即违宪性的监禁）的问题！这一主张（明显）被1987年11月2日宪法法院的合议庭裁判驳回[70]。不可否认的理由

67　关于德国的这一问题，见 MAYER, *JR* 1982 358。

68　德国《刑法典》第56b节非常正确地规定，支付取决于被判刑人的能力。关于这一点，见 DREHER/TRÖNDLE § 56b, n.º °m. 4。1991年草案第51条第1款a项也是如此。

69　这是在德国学说中讨论过的问题。不同的意见，见 BAUR, *GA* 1957 339；DILCHER, *NJW* 1956 1346；PENTZ, *NJW* 1954 142 e 1956 1867；FREHSEE, *NJW* 1981 1253。

70　*BMJ* 371 178.

是，在这种情况下，监禁是根据法院在确定刑罚时对其作出的有罪判决而执行的。只有完全不明白替代刑罚是什么，才会导致这种误解。

第 539 节　根据第 49 条第 2 款 b 项之规定，法院得规定被判刑人受以下义务约束："给予受害人适当之**精神上满足**"。例如，解释、道歉等，不管是公共的还是私下的。在这方面，法官应特别审议上述关于保障基本权利和可要求性条款所产生的限制的问题。

第 540 节　最后，第 49 条第 2 款 c 项规定，法院得规定被判刑人在暂缓执行时受以下义务约束："捐款予国家，但不得达罚金金额之最高限度。"我们可提出这样的一个问题：这里的"金额"是指罚金之总金额——因此，根据现行的法律，即 300000 元（见第 45 条第 1 款及第 2 款），还是在每一日之金额——10000 元（见第 46 条第 1 款）。

任何解决办法都是不可接受的，甚至可能因违反——在第一种情况下因过度而违反，在第二种情况下因缺陷而违反——适度原则而违反宪法。最好的是，法律不对捐款规定任何限制，允许法院在处罚的目的、适度和可要求性的范围内自由运作。甚至因为在此提及罚金也只会产生无数的误解：**这一数额绝不是罚金**[71]。另一方面，没有任何理由只能向国家交付罚金；相反，在许多情况下，更适合于惩罚目的的是，可向公共或私人社会互助机构（红十字会、医院、幼儿园、老年之家等）交付罚金。同样合理的是，捐款可以等同于相应的等值实物给付[72]。

fff）行为规则

第 541 节　关于法院可施加作为暂缓执行条件的行为规则，将在下文关于考验制度的第 642 节及其后数节进行研究。这里只需要强调以下两点。

第一点是，尽管第 54 条第 2 款 g 项的一般性和全面性**不得将提供劳务作为暂缓执行的条件**，即使在社会互助机构内及具被判刑者的同意，这将意味着两种不同的替代刑罚的令人厌恶的混合——因此，违反了刑罚合法性原则——，每一种替代刑罚都有其意义和其本身的前提[73]。

---

[71]　德国统一的学说当中见 MAURACH/ZIPF § 65 n.° m. 41。

[72]　现在看来，1991 年草案第 51 条第 1 款 c 项考虑到了所有这些批评意见。

[73]　关于这一问题，见 I. R. S./JARDIM, M.ª Amélia, cit. 234 ss.，他们最终正确地对于以其他替代刑罚提供劳务的法律中没有明确规定的"混合"的合法性表现得非常犹像。同样，FERREIRA, L. Miranda, cit. 11 将提供劳务"视为在暂缓执行刑罚范围内确定的义务"，但保留对该措施的合法性作出判断。

第二点是，针对考验制度，第 55 条第 3 款第一部分的规定不能适用于暂缓执行徒刑；若接受 2 个月或以下的强制收容（下文第 644 节），若无明确法律，该解决方案不可能适用，并因此不能适用于未有特别规定的情况。

3. 履行与不履行暂缓执行条件的法律后果

a）不履行

第 542 节　当然，暂缓执行徒刑的条件之一是被判刑者**在暂缓执行徒刑期间不犯任何罪行**：如我们所看到的，如替代刑罚的主要目的是"使不法分子远离犯罪"（第 48 条第 2 款规定），那么在暂缓执行徒刑期间实施犯罪，最能使科处暂缓执行徒刑所必需的有利预测成为疑问[74]。无论如何，这一暂缓执行的条件（即使作为我们称之为"简单的"暂缓执行的背后原因）可能不是唯一的条件，但在附有为此目的而重新纳入广义条件类别的义务和行为规则的情况下可以命令暂缓执行。

至于*实施另一犯罪*，则第 50 条要求行为人受处罚，但没有规定行为人在暂缓执行期间实施该犯罪。然而，这一要求必须继续提出，因为如果犯罪是之前发生的，则根据第 79 条第 1 款的规定，法院必须作出判决的是竞合的刑罚[75]。

第 543 节　根据法律，不履行该等条件不一定会导致相同的**后果**，法院可在多项措施中作出选择（第 50 条）[76]：严正警告被判刑者；要求其保证履行所命令之义务；将暂缓执行徒刑之期间延长至原定期间之二分之一，但不得少于 1 年；或废止暂缓执行徒刑之措施。出现上述任何后果的一个**共同实质前提**是，**有罪过地**不遵守暂缓执行的条件。然而，不履行的过错虽然是法律后果的前提，但绝不应影响法院将采取的措施的选择，即使措施的选择应是以下仍存在的*可能性*的唯一作用：将来能使不法分子远离犯罪，从而使不履行行为在科处暂缓执行徒刑时所作的预测性判断中所应具备的意义的可能性仍然存在。

第 544 节　关于**延长暂缓执行期**的问题，我们已经指出，我们认为，延期绝不应规定超过 5 年的暂缓执行期（见上文第 527 节）。另一方面，由于延期不得少于 1 年，因此必须得出结论，只要最初的暂缓执行期间已定为超过 4 年，就不得延长

---

[74]　在此方面，见 LEAL-HENRIQUES, M. /SANTOS, M. Simas I 303。

[75]　同样地，见 COSTA, Gonçalves da, cit. 48 s。

[76]　*Actas PG* II 68 ss 对此进行了有趣的讨论。

（在此情况下，法院应选择不履行的另一法律后果）。然而，应当注意的是，正如第528节所指出的，《刑事诉讼法典》第491条第4款规定，即使暂缓执行的期间已过，仍可延长期间（另见下文第549节）。

第545节　第50条d项所指的**废止暂缓执行**的后果不是强制性的；也就是说，由于有过错地不遵守暂缓执行的条件，法院应考虑废止是不是实现处罚目的的唯一方式〔而且是最后一种方式，即最后手段（*ultimo ratio*）条款，因为根据第51条第2款的规定，废止导致"执行被暂缓之刑罚之履行，但被判刑者不得请求返还其按第49条第1款之规定作出之给付"〕。

第546节　然而，有一种情况（第51条第1款）规定废止是强制性的[77]：如在暂缓执行徒刑期间内，"被判刑者因故意犯罪而获判处徒刑"。在这种情况下，不履行与对不法分子将来行为的预测性判断完全不相关，因为法律采纳的是从刑事政策观点上可强烈批评的*自动废止*；在暂缓执行期间结束后，自动废止也可以发生（见下文第548节及其后续节数）。正确的做法是，不管有过错地不履行暂缓执行条件的性质如何，只有当一项不履行显示暂缓执行所基于的目的已不能实现时，暂缓执行才会被废止；或者，换句话说，如果从那里形成一种信念，认为一项不履行**明确否定**了作为暂缓执行基础的预测性判断，即希望通过暂缓执行使不法分子将来远离犯罪[78]。

第547节　最后要强调的是，即使在此背景中，暂缓执行徒刑之自动废止，仅在犯罪人被科处**实际**徒刑时方为之。部分司法见解认为，即使被判刑者被判处的徒刑应被宣告缓刑，该后果也应存在。这一论点也证明，在此情况中，作为第一次暂缓执行的依据的预测也将被否定[79]。

这一论点不成立，因为该论点因解释错误而存在法律错误（废止之自动性质）。尽管作出了第一次定罪，如果第二次定罪的法院能够作出导致暂缓执行的有利预测，那么就足以证明，它仍未考虑到自由社会化的可能性已经用尽。另一方面，从第55条第1款的内容看，对我们所主张的解决办法没有决定性的反对意见。如果正确的是，作为废止的理由，这一条文

77　这是在我们的法律中（不幸的）传统解决办法，尽管它们的前提并不总是一样，关于这一点，见 GONÇALVES, M. Maia art. 51.° anot. 2。

78　1991年草案第56条第1款正是遵循这个方向。

79　典型的论点，见 AcRC de 90FEV28, *CJ XV－1* 1990 115 s.。

"没有提到［……］履行徒刑，而只提到因故意实施犯罪而被判处的徒刑［！］"[80]，这显示出其中一件事就是判处徒刑，与暂缓执行徒刑之判处不同。

b）履行

第 548 节　在暂缓执行徒刑之期间届满后，刑罚视为**消灭**，这正是——亦理应是——第 52 条的意思。但它的措辞肯定是不正确和有缺陷的。事实上，在暂缓执行徒刑之期间届满后，暂缓执行徒刑之期间得不被废止，亦不视为已消灭，因为很可能发生的是，当时仍因可导致废止的犯罪或因不履行条件性义务或行为规则的附随事项而处于待决状态。在此情况下，仅当诉讼程序或附随事项完结而无废止或延长暂缓执行徒刑之期间时，方应**宣告**刑罚消灭。

第 549 节　这正是《刑事诉讼法典》第 491 条第 4 款所支持的方向[81]。从某种角度来看，这个方向是唯一正确的方向，即使存在可以**在暂缓执行期间结束后的某一时刻**作出废止或延长暂缓执行的不便。这是不可避免且必须予以支持的不便，除非有一项法律规定废止或延长的期限不得超过暂缓执行的期限。但不可避免的司法拖延将会导致作出一项新的、极其严重的犯罪或者最严重及最有过错地违反暂缓执行之条件，不会影响暂缓执行；这最终可能会消极地反映在主导暂缓执行的刑事政策意图上，从而大大缩小其实际适用范围。虽然不存在这样的规范，但也不应不强调，基于法治国家的明显理由（即安全、法律和平及维护信任），有权撤销或延期的法院**应尽快**就此作出裁决。因此，如有关裁判延迟作出，可构成不下命令废止或延长的充分理由[82]。

B. 代替罚金

BAUMANN, *Beschränkungen des Lebensstandardes anstatt kurzfristige Freiheitsstrafe* 1968.

CONDE-PUMPIDO, *Los medios sustiturivos de las penas cortas de prison*, relatorio às III Jornadas Latinas, não publ. 1982.

---

[80]　在上述注释中提出的论点。

[81]　而且在我们的法律中是传统的方向，正如上文第 528 节及脚注所强调的。

[82]　在此方面，德国的学说——见 SCHRÖDER, *JZ* 1974 683 及 MAURACH/ZIPF § 65 n.º m.56——及司法见解是权威的。

DIAS, J. de Figueiredo, A Pena de Multa de Substituição, *RLJ 125* 163.

DOLCINI, Le pene pecuniarie come alternativa..., *Jus* 1974 529.

F. I. P. P., *Lesnouvelles méthodes de restriction de liberté...*, *Actes du Colloque international d'Ulm* 1967.

HEINZ, Entwicklung, Stand und Struktur der Strafzumessungspraxis..., *MKrim* 1981 148.

HORSTKOTTE, Die Vorschriften des I. StrRG, *JZ* 1970 122.

JESCHECK, Das Strafensystem des Vorentwurfs..., *Lackner-FS* 1987 901.

KAISER, Praxis der Strafzumessung..., *Kriminologische Gegenwartsfragen 10* 1972 92.

PADOVANI, La pena pecuniaria..., *RItalDPP* 1980 1182.

TIEDEMANN, *JZ* 1967 420.

ZIPF, *Die Geldstrafe in ihre Funktion...*1966.

1. 制度的历史和刑事政策演变

a) 罚金和短期徒刑的代替

第550节　我们已经多次强调（例如第117节），从历史上看，罚款处分的扩张是在代替**短期**徒刑的运动的保卫中进行的。在刑罚的意义和目的方面，当预防累犯的要求引起特别的共鸣时，就会在刑事政策上判处这些短期徒刑。短期徒刑——这是适当的时机再一次强调——并不能对犯罪人实行有效的社会化，也不能在社会上对其起重要的安全作用。相反，在短的期间内使被判刑人接触到监狱的不利环境时，短期徒刑本身会带来的严重风险是强烈地将被判刑人去社会化；虽然是短的期间，但在任何情况下，这一期间长到足够严重损害被判刑人在家庭和职业方面的社会融合。在所有这些方面，对负责执行的当局来说，短期徒刑是极其沉重的负担，至少不能通过合理的社会化机会来弥补这一刑罚。

第551节　这一系列理由使人们认识到，以相应的罚金代替短期徒刑已作为一种纯粹的**可能性**开始在刑事政策上主张；其后，这一代替被建议作为**制度规则**（**regime-regra**），仅当执行徒刑对实现处罚目的属必要时，方可进行代替；甚至被主张为**强制性**制度，自动将不超过6个月徒刑以罚金代替（在实践中，最终，法律将徒刑的最低限度定为 6 个月[83]）。

第 552 节　然而，的确在最近，透过积极的刑事政策考虑，我们一直看到短期徒刑恢复权利的尝试，而这一尝试理应得到所谓的*快速而有效的*（*sharp-short-shock*）效力。短期（甚至是极短）徒刑，例如几天的徒刑，作为使行为人确信作出犯罪的严重性的唯一途径，甚至是稳定社会对维持被违反规范的有效性的期望的唯一途径，在许多情况下是必要及有用的[84]。

然而，从这个**一般范畴**来看，该概念肯定是遭到否定的，不论是因为未能证明对短期监禁的一般需要，还是因为没有适当考虑上述最严重的反对短期徒刑的不便，抑或是因为忘了这么纯洁的*快速而有效的*效力在犯罪后适用了——正如会经常发生的一样——几个月（如果不是几年的话！）后几乎完全失去了它所谓的"有教育意义的"特征[85]。

另外一个问题是，对*快速而有效的*效力拒绝赋予短期徒刑的一*般恢复*权利的作用，还是**只有在极少的情况下**才能赋予它积极的价值。事实上，存在的情况是，由于罚金与行为人之罪过及事实之严重性有必要联系，即使科处罚款之日金额的最大数量，仍不是有效之处罚手段。例如，关于非常富有的行为人多次犯下的非常轻微的罪行；或者更一般地说，在经济犯罪或白领犯罪（criminalidade de *white-collar*）范围内犯下的罪行[86]。只不过，即使是这种考虑也不会直接及必然导致科处短期徒刑，因此最好以*其他非监禁性质的刑罚*代替之，尤其是向社会提供劳务代替之。在任何情况下尤其是在上述情况下不能排除的是，案件情节强烈建议利用短期徒刑之*快速而有效的*效力，以及在特殊情况下，短期徒刑最终被视为实现具体处罚目的之必要手段。

---

[83]　见 § 36AE-AT，跟随这一草案的有 1980 年西班牙总则草案第 39 条、Projecto Schultz 第 32 条及 1992 年西班牙草案第 32 条。关于这一点，见 ROXIN，*DoctP* 2 1979 516；CONDE-PUMPIDO，cit.；以及 SCHULTZ 98 ss.，156 ss。

[84]　这一观点在斯堪的纳维亚和美国的学说中得到了支持，并与——已提及的，见第 36 节——*罪有应得*（*just deserts*）的学说联系在一起。主要见 CHRISTIE，*KrimJ* 1983 14 s.，v. HIRSCH，*KrimJ* 1983 57；MORRIS，N.，*RIntDP* 1982 728。之后见 ANTILLA，em：F. I. P. P.，*Les nouvelles tendances de la politique criminelle* 1984 143；WEIGEND，*JZ* 1986 260，以及我们当中的 ANDRADE，M. Costa，*JDC* 212。

[85]　在此方面，非常准确的，见 MARINUCCI，em：AA. VV.，*Pene e misure...* 1977 477；GRASSO，*Jus* 1979 20 ss.，e DOLCINI/PALIERO，cit. 12。

[86]　见 DIAS，J. de Figueiredo，em：C. E. J.（Org.），*Direito Penal Económico* 1985 38 s。

第 553 节　这一考虑本身足以使人明白，以最适合制度的刑事政策目的的罚金来代替短期徒刑的**代替规则**（**substituição-regra**）。由于制度中决定偏向非监禁刑罚，任意的代替并不重要；强制性的代替可能会使我们忘记，即使在轻微犯罪的情况下，仍有例外的情况，在这种情况下，不能彻底放弃监狱[87]。因此，这是今天大多数赞同国际刑法改革运动者所采纳的代替规则制度。

b）代替罚金和主要金钱处罚

第 554 节　现正在研究的代替罚金**不是**上面第五章分析的主要金钱处罚。考虑到其所支配的特定意图和特定目的，从刑事政策角度来代替罚金看不是主要金钱处罚，即使两者均来自同一刑事政策范畴——针对*短期*（*tout court*）剥夺自由的刑罚的一般响应的范畴，代替罚金被视为一种在最高限度内阻碍科处短期徒刑的手段，因此构成轻微犯罪的特殊手段。所以，这种多样性本身足以赋予代替罚金的**自主性**。

但是，如果两种刑罚在刑事政策上是不同的，那么从**教条**的角度来看，也（因此）是不同的：金钱处罚是一项*主要刑罚*，现正讨论的罚金是一项在最纯粹的意义上的*替代刑罚*。正如所预料的，这一区别源于（或基于）最重要的法律实践后果，尤其是在替代刑罚的量刑（下文第 562 节）和不履行（下文第 563 节）方面。在许多学说中，对这一方面缺乏认识的结果是，替代刑罚在一般的理论阐述上仍存在延误，但并非完全缺乏。

针对刚刚采取的立场，对第 43 条第 3 款所指的"第 46 条及第 47 条的制度适用于代替徒刑的罚金"情节，即对主要的金钱处罚制度，我们不会强烈反对。当然，正如我们所看到的，这种适用性必然会以多种理由受到限制性的解释。然后，这里所指的是单纯*准用*（在某种程度上可以理解，由于主刑罚金与代替罚金之间在金钱上的相似性）《刑法典》中的主要金钱处罚方面，而不是两种刑罚在刑事政策及教条实践上等同的证明。

2. 代替制度

a）代替规则

第 555 节　由相应的罚金代替不超过 6 个月徒刑的代替规则制度，就是第 43 条第 1 款规定的制度。根据这一规定，"不超过 6 个月的徒刑，

87　见 MAURACH/ZIPF § 64 n.° m.6。

将由相应的罚金日数代替，但因防止将来犯罪的需要而须执行徒刑的情况除外"。

这是《刑法典》中最常见和最容易被我们的司法见解断然遗忘的一项规定，司法见解继续适用不超过 6 个月的徒刑，而没有事先*根据预防要求特别注意到*（根据《刑事诉讼法典》第 374 条第 2 款规定，属法律上必要的注意，否则该法典第 379 条 a 项明确规定为无效！）*监禁的必需性*[88]。这就解释了当在其他国家引入类似我们的第 43 条第 1 款的规定使得科处罚金的百分比高于所判处的全部刑罚的 80% 时（见上文第 188 节），为什么在我们的司法统计资料中继续指出令人担心的占罚金处罚总数的 43%（以主刑加代替罚金作为罚金）及不可接受的占有效刑期不超过 6 个月的监禁总发生率的 16%[89]。在这方面，也再次希望现在载于 1990 年 4 月 21 日最高法院的重要合议庭裁判（上文第 499 节）中的学说能够使情况发生根本转变。

第 556 节　因此，只有在显示出**纯粹基于预防原因**而被判处徒刑时，才可判处不超过 6 个月的徒刑。在此，行为人的罪过没有任何作用，其功能仅在以下时候发挥：法院在量刑的程序开始时作出结论认为，待定出的徒刑不应超过 6 个月（当然，除了在具体确定代替罚金日数亦起作用外）。如有此情况，法院仅可基于下列两个理由中的一个理由命令执行徒刑，而这两个理由必须明确说明：或特别预防的理由，尤其是严格与防止累犯有关的社会化方面；及（或）基于执行徒刑受法律体系之保护之不可舍弃之要求而施加。因此，以对行为人的罪过提出回报要求（补偿）作为徒刑必要性的理据，一直是无效且不可弥补地违反法律。

b）代替罚金和择一罚金

第 557 节　然而，还是没有消除全部疑问。事实上，许多属于轻罪和中等犯罪概念的罪行将被判处——这应该是将来的规则，见上文第 191 节——徒刑，或择一地（em alternativa）判处罚金；而根据第 71 条之规定，如显示后者足以满足情况所需之预防要求，法院应优先采用后者。如果尽管有这一规定法院却还是决定判处徒刑，在犯罪已可择一地判处徒刑或罚金时，

---

[88]　然而，正确地见 AcRP de 87ABR01, *BMJ 366* 567。

[89]　见 *Estatísticas da Justiça de* 1991。有关 1982 年《刑法典》生效期间的比较数据显示，在 1983 年期间罚款处分最低为 21% 至 1985 年期间最高为 37% 之间的百分比变化；在 1983 年实际徒刑不超过 6 个月的最高刑期 59% 和 1989 年的最低刑期 16% 之间的百分比变化。因此，事实上，后者的百分比每年都大幅下降；但是，正如在文本中所说的那样，这一情况所证实的是，最后一个百分比绝对与制度的刑事政策目的不符。

则以罚金代替具体定出的不高于 6 个月徒刑的代替规则将会有何含义?

答案[90]是,一方面,科处罚金*优于*判处徒刑;另一方面,更为严格的是,以预防为由**要求**执行徒刑。此外,我们有一个便利的及或多或少适合的标准,即一个严格的*必要性*标准,有必要的是——法院必须证明它是适当的,否则属不可避免之法律错误——[91],仅在执行徒刑时,方可对预防之要求作出响应。这一点并不妨碍承认,在实践中,第 43 条的适用范围将越来越多地体现为法律对犯罪择一地规定的徒刑或罚金。

第 558 节 因此,人们认为,某一司法见解是完全错误的,根据该司法见解,"在可处以徒刑或罚金的情况下,当选择及科处徒刑之犯罪,不得根据《刑法典》第 43 条之规定以罚金替代徒刑,即使刑罚分量很少亦然"。[92] 相反,确实地,法院可以择一地决定判处徒刑,因为法院认为徒刑比罚金"可取",然而,法院后来(因具体定出不超过 6 个月之徒刑)在法律上*有义务*以罚金代替监禁,因为在此情况中,并非因预防理由*实施*徒刑。这一解决办法在德国学说中——面对与我们几乎相似的法律文本——被认为是无可争议的,事实上是没有争议的。另一方面,显然第 43 条——《刑法典》中最具刑事政策意义的规定之一——纯粹是"废弃的规定"(letra morta),只要(我们已经看到,应是在轻罪和中等犯罪的情况下的一项规则)一个犯罪可以择一地处以徒刑或科罚金。

第 559 节 执行徒刑的*必要性*标准完全是**预防犯罪**(**profilaxia crimi-nal**),因为它涉及对行为人的具体影响(特别是社会化预防)和对社会的影响(维护法律体制的一般预防)[93]。仅当至少其中一项刑罚之目的需要执行时,法院得判处执行不超过 6 个月之徒刑。

c) 代替罚金和其他非监禁性质的替代刑罚

第 560 节 然而,如依据第 43 条第 1 款之规定,不超过 6 个月之徒刑执行之非必要性*强制*成为以罚金代替的原因,则在此情况下,科处不超过 6 个月徒刑或者更低(即向社会提供劳务及训诫)的非监禁性质之其他替代刑罚,似乎变得**没有任何适用范围**。这已令人主张,这两项刑罚毕竟不是

---

[90] 关于这一问题,见 LEAL-HENRIQUES,M. /SANTOS,M. Simas I 265 s。

[91] 亦见 FERREIRA,M. Cavaleiro de II 1989 182。

[92] 这一错误的例子,见 AcRC de 90FEV28,*CJ XV – I* 1990 1143 s.;更严重的是,根据过错而不是预防的考虑来决定判处徒刑。

[93] 而且不仅是在一般预防方面,正如 CORREIA,Eduardo,*Actas PG* II 37 所断言。

代替徒刑的刑罚，而是根据第 43 条规定的代替徒刑的**代替罚金**刑罚[94]。

考虑到第 43 条的文字内容，这一批评是合理的，但它不符合这一制度的刑事政策意图。基本的目的论在于，不超过 6 个月的徒刑——包括在假日履行徒刑（pena de prisão por dias livres）以及半拘留制度（regime de semidetenção）——不会被执行，除非是为预防而强制执行。**第 43 条第 1 款不应阻碍**以罚金代替徒刑（第 43 条第 1 款）的情况，或在不超过 3 个月徒刑的情况下以向社会提供劳务或训诫代替徒刑的情况[95]。对于上述选择，有关预防方面的考虑仍属决定性，而法院应选择一种在具体情况下对实现预防要求显得更为合适的替代刑罚[96]；只有在*同时*符合上述要求的一种以上刑罚中，且其中一种为罚金的情况下，才应优先考虑罚金。这样就强制遵守第 43 条第 1 款所规定的*优先科处作为替代刑罚的罚金之法定标准*。

第 561 节　在所有情况下于第 43 条第 1 款中注意到的"制度的破坏"是指法律形成过程中的变化。实质上相当于现行第 43 条第 1 款的规定已载于 1963 年草案第 58 条中；然而，该草案没有除罚金以外不超过 6 个月之其他代替徒刑之刑罚（当然也没有暂缓执行徒刑之替代刑罚）。在前期工作的较早阶段——具体而言，只是在对第 117/I 号法律草案所作的修订中——，才引入向社会提供劳务和训诫的制度；然而，当时并未谨慎地对现行第 43 条第 1 款的案文作出相应的修改。然而，这种缺乏协调的情况绝不能从根本上推断出制度的基本意图发生了变化，而该制度使得向社会提供劳务和训诫起着"代替徒刑的罚款处分之替代刑罚"的作用。在这方面，提议对第 43 条第 1 款的解释是有充分理由的[97]。

d) 代替罚金的量刑

第 562 节　最重要的问题是具体确定代替罚金的（量刑）问题。第 43 条第 1 款规定了一项标准，该标准以清楚及易于使用为基础，同时也体现了我们的法律传统：将徒刑天数转换为**相应罚金天数**的（"自动"）标准。

但是，如果这一标准明确且易于使用，那么从刑事政策角度来看，它是错误的，最终将产生最大的疑问甚至最严重的不公正。而且，如果第 43

---

[94]　关于提供劳务的刑罚，见 I. R. S. /JARDIM，M.ª Amélia 49 以及 PEREIRA，L. Miranda，cit. 9 所指出的特定司法见解。

[95]　FERREIRA，M. Cavaleiro de II 1989 183 也认为应该这样。

[96]　因此，包含暂缓执行徒刑，同样见 FERREIRA，M. Cavaleiro de II 1989 264。

[97]　正如 1991 年草案第 44 条第 1 款提出的表述是合理的一样："科处不超过 6 个月徒刑之刑罚，以罚金或其他非剥夺自由之刑罚之相同日数代替，但……除外"。

条第 2 款规定，"如果犯罪被处以不超过 6 个月的徒刑和罚金，则仅处以一项相等于直接科处的罚金及一项产生于代替徒刑的罚金"，更重要的是，如果转换的标准是 1 天徒刑 = 1 天罚金，那么当第 43 条第 3 款规定第 46 条的制度适用于代替徒刑的罚金时，就不能理解第 43 条第 3 款的含义。

第 563 节　只有在立法思想中假设对一项罪行所规定的刑罚幅度的限度意味着罚金的天数与监禁天数**完全相符**，该制度才能发挥作用。然而，无论是在法律规定了徒刑或罚金的择一处罚的情况下，还是在仅规定徒刑处罚的情况下，这种假设显然是没有根据的。只要考虑，作为处罚中小规模犯罪（最高 3 年徒刑，即至多 1095 天）的择一规则（alternativa-regra）的一项罚金，罚金最高处罚期限为 300 天。在分则中，没有一种这样的情况：在择一地判处徒刑或罚金时，罚金的天数等于徒刑的天数！

第 564 节　因此，解决办法应该是另一种。如法定罪状可择一地选择科处罚金，则法院应援用该法定罪状所规定的**罚金之刑罚幅度**；如不科处择一罚金，法院应援用第 46 条第 1 款所载**罚金之一般限度**，并可因立法者原则上不认为对有关罪状可科处罚金是适当的情节来解释源于此作为规则的加重之理由。在如此科处之罚金之刑罚幅度内，法院随后须按照第 46 条所载之其他量刑标准采取行动[98]。

现在要知道的是，这一学说——基于所述的理由，这一学说是我们所具有的最正确的学说——是只能按照未来法主张（*de iure condendo*），还是应该从现行法（*de lege lata*）中得到支持。第 43 条体现了后者，该条规定，*第46 条的制度*适用于代替徒刑的罚金；因此，应当认为的是，当第 43 条第 1 款提及"相应罚金的天数"时，有关的相应**不是算术的，而是规范性的相应**[99]。

第 565 节　可能出现的情况是，判处的刑罚幅度，即使是徒刑刑罚幅度，也有**一个特别的最低限度**。在这些情况下，例如德国《刑法典》规定，罚金刑罚幅度的最低相当于徒刑刑罚幅度的最低，即 1 个月徒刑判处 30 天罚金。这样的规则似乎——鉴于上述关于罚金天数等同于徒刑期间的说法——既不必要，也不可取。另一方面，将徒刑的特别最低与罚金的一般最低相匹配是错误的。在确定徒刑之刑罚

---

[98]　毫无疑问，这并不是德国立法者在这些情况下没有规定短期徒刑与代替罚金之间的同等标准的另一个原因，见相关《刑法典》第 47 - II 节。

[99]　1991 年草案第 44 条第 1 款的措辞目前仍然明确受到批评："……由罚金相同天数代替……"

分量时，徒刑之特别最低限度间接地显得重要；如以罚金代替徒刑，则法院应按照上述一般规定决定该罚金之分量。

第 566 节　如符合第 48 条所规定之要件，法院得以罚金代替不超过 6 个月之徒刑，但以**暂缓执行徒刑代替**之[100]。因此，甚至没有必要问法院是否可以用罚金取代徒刑，然后暂缓执行罚金。然而，一旦被问及这一问题，则可以说我们的司法见解对其作出了否定的回答。事实上必须这样：正如人们有时所说的，不是因为"总可以认为以罚金代替徒刑的刑罚改为罚金"[101]，这是不准确的，正如上文第 554 节所陈述的；而是因为，在此重申，出现第 48 条之前提，而且法院认为，考虑到预防犯罪的要求，暂缓执行徒刑比罚金更可取，所以没有任何理由不应以暂缓执行徒刑代替，而非以罚金代替。

e）自动的替代刑罚或徒刑量刑的特别规则

第 567 节　正如上述 d 项数节所阐述或应阐述的，有必要提出的问题是，第 43 条是否只载有一项（徒刑！）量刑的特别规则。德国学说普遍的响应是肯定的[102]；而这并非没有理由，因为所履行的罚金不是（*主刑*）*罚金*，而是一种不同的刑罚。然而，仅仅衡量监禁刑期的特殊规则的性质并不足以公正地体现以下基本思想：最后，这是一项在主要金钱刑罚方面具有自主性和特殊性的替代刑罚。

3. 不履行代替罚金刑罚的法律后果

第 568 节　由于第 43 条第 3 款规定"第 46 条及第 47 条的制度适用于代替徒刑之罚金"，我们得出的结论是，如被判刑者不缴纳罚金，所有事情都像他**原来被判处罚金刑罚**的情况一样，因此，可相继执行财产、以相应的工作天数代替以及作为最后手段的履行代用徒刑（pena de prisão sucedânea）。

初看起来，这样的制度似乎同时与先前主张的两个观点相抵触：代替罚金不是第 46 条所规定的罚金（主）刑的观点；以及在不遵守替代刑罚的情况下，最适合"替代"刑罚概念的制度是，行为人应尽可能自动及立即履行所确定及被替代的徒刑。然而，在这里，把履行徒刑变成最后手段的刑事政策目的可以证明纯逻辑的削弱是合理的：正如我们所看到的（前面

---

[100]　因此，亦见 FERREIRA，M. Cavaleiro de II 1989 188，以及见 LEAL-HENRIQUES，M. /SANTOS，M. Simas I 264。

[101]　然而，见 AcSTJ de 90JAN31，*CJ XV - I* 1990 21。

[102]　当中见 JESCHECK § 84 及 MAURACH/ZIPF § 64 n.° m. 4。

第 545 节），由于不履行暂缓执行徒刑之条件不应导致执行徒刑，在此亦得提出理由，以便在不履行代替罚金与执行徒刑之间施加类似于被判不履行主要金钱刑罚的"偏离"（diversão）方式。

第 569 节　尽管如此，第 43 条第 3 款的规定导致不可接受的结果。如被判罪者不缴纳罚金、无执行日计劳动或无以日计劳动代替，则被判罪者处以相当于被判处罚金日数的三分之二的徒刑（第 46 条第 1 款）！也就是说，例如法院确定了 4 个月徒刑，以 120 日罚金替代徒刑，并作为以过错不履行替代刑罚的"奖金"，被定罪者被判 3 个月徒刑！这一解决办法与将徒刑视为极端手段（extrema ratio）无关，而是构成一个**立法错误**，这一错误最终使代替罚金本身的刑事政策有效性成问题。对整个替代刑罚制度的一致性和严肃性来说，最危险的莫过于法律最终以"反对"徒刑为名义，推动和鼓励执行徒刑。

第 570 节　然后我们可能会问，**在未来法上**（**de iure condendo**）解决这个问题最正确的方法是什么？例如，完全可以接受的是，可以分期缴纳代替罚金或以其他便利缴纳，或当在非过错情况下没有缴纳时，适用监禁偏离的措施（medidas de diversão de prisão）——与主刑罚金的类比在此是有效的。但已经不能接受的是，由于**过错**未缴纳代替罚金，所以不能立即执行判决中订定的徒刑。从表面上看，这显然是最有利于反对徒刑的解决办法，因为它为整个替代刑罚制度的有效性提供了必不可少的一致性和严厉性[103]。

C. 向社会提供劳务的刑罚

ALBRECHT/SCHÄDLER（Org.），*Community Service. A New Option in Punishing Offenders in Europe* 1986.

ArchPC 9，Le travail d'intérêt général 1987.

CONFERENCE PERMANENTE EUROPEENNE DE LA PROBATION，6.°
Seminário：*Trabalho a Favor da Comunidade e Acção dos Senviços de Reinserção Social* 1988.

DELABRE，Une étude sur la sanction de travail d'intérêt général，*RScC* 1985 667.

DUFT，Zum Auspruch der Verpflichtung…，*NJ* 1976 447.

---

[103]　因此，这就是 1991 年草案第 44 条第 2 款的解决办法。

F. I. P. P. , *Le service au profit de la communauté…*（*Journées de Coimbra 1986*）1988.

HUBER, Der Community Service als Alternative zur Freiheitsstrafe, *JZ* 1980 638.

HUTCHINGS, L'évolution récente de la probation et des travaux au profit de la communauté en Angleterre, *RDPCrim* 1983 881.

I. R. S. /JARDIM, M. ª Amélia, *Trabalho a Favor da Comunidade. A Punição em Mudança* 1988.

KERNER/KÄSTNER（Orgs. ）, *Gemeinnützige Arbeit in der Strafrechtspflege* 1986.

LEROY/CRAMER, Le travail au profit de la communatuté…, *RScC* 1983 37.

MAGGINI, Il lavoro come misura alternativa, *RItalDPP* 1977 700.

PALIERO, Il 'lavoro libero' nella prassi sanzionatoria italiana…, *RItalDPP* 1986 88.

PRADEL, Les nouvelles alternatives…, *Dalloz chr* 1984 37.

PRADEL, Le t. i. g. en Europe…, *RPénitDP* 1986 144.

RPénitDP, *Le travail d'intérêt général* 1984 249.

SCREVENS, A prestaçio de trabalho…, *RPCC 2* 1992 585.

VÉRIN, Le succès du Community Service anglais, *RScC* 1979 636.

VÉRIN, À la recherche de vrais substitutifs…, *RScC* 1982 339.

WOOTON, Community Service, *CrimLR* 1973 16.

1. 制度的历史和刑事政策演变

a）概述

第 571 节　在时间上，把刑罚内容体现成工作内容的想法失去了意义。诸如强迫劳动、苦役（galés）、驱逐出境等刑罚充分表明了这一点，几乎不间断地将劳务视为执行徒刑的一个基本要素也表明了这一点。

可以肯定的是，在任何情况中，刑事政策（甚至是一般社会政策）的意图是完全不同的，因为提供劳务直接或间接地成为有罪判决内容的一部分。此外，其意图是赋予有效性，即纯"惩罚"的回报或用作抵罪的内容所牵涉的刑罚的受折磨性质。因此，在提供劳务时，被判刑者受痛苦的性质加重了，导致被判刑者在特别费力及痛苦（经常使用铁链或其他重物）的情况下执行劳务。此外，亦有社会政策方面的积极效果，如清理监狱、将佃农安置在特别不宜居住的地区，以及获得劳动力来执行那些难以或不可能找到免费劳动力的任务。不同的是在服刑期间提供劳务的情况：在这里不具有用作抵罪或使人受折磨的性质，而是具有修改和恢复的性质，或者至少在较轻的程度上，具有重返社会的性质；即使（例如在称为"费城"的监狱系统中）劳务是在绝对隔离和严格隔离的情况下进行的。

第572节　虽然以提供劳务作为刑罚的概念为基础，且在这方面，兼有（或附带）上述劳务刑罚含义的内容，但**向社会提供劳务的**现代刑罚甚至具有与其他刑事政策目的不同的教条地位（impostação dogmática）。一方面，它是一种**独立的刑罚**，因为提供劳务并不构成另一刑罚的执行内容的一个要素，其本身就是*一种刑罚*[104]。另一方面，向社会提供劳务的刑罚似乎——至少规定它在绝大多数法律中——是一种真正的非拘留性质的*替代刑罚*，旨在避免执行短期徒刑。从刑事政策角度来看，这一情节意味着，只要显示出**对实现处罚之目的属适当及足够**，且符合科处向社会提供劳务的刑罚的形式前提，即应科处此刑罚；也就是说，我们知道，只要显示出对实现社会化预防的目的，因为它不反对以保护法律秩序的形式维护融合预防的最低要求。

第573节　因此，我们就会立即理解在替代刑罚中应将最高价值赋予向社会提供劳务的刑罚；也许这使向社会提供劳务的刑罚起到的作用是，显要地建立代替徒刑的惩罚性"武器库"（arsenal punitivo）。它在这方面的作用一方面是把惩罚性的内容集中在使被判刑者失去相当一部分的**空闲时间**[105]，而不是剥夺他的自由，从而使他能够完全保持家庭、专业及经济的联系，即*保持与环境的接触及社会融合*；另一方面，重要的是，这一刑罚（而且只有这一刑罚！）伴随着**社会上积极的内容**（**conteúdo socialmente positivo**），因为它反映了有利于社会的积极服务（而且我们将会看到，至少在某种含义上是"自愿的"服务）[106]。

---

[104]　因此，我们在上面第169节提到，向社会提供劳务的刑罚在理论上不同于提供工作天数（prestação de dias-de-trabalho），以代替罚金和独立于罚金。不同的是，KALMTHOUT/TAK，cit. 182认为——但没有道理——在葡萄牙的刑事法律秩序中，每日的工作仅是一种"社会服务的变体"。

[105]　关于这一特征，见SCHAFFMEISTER, *Jescheck-FS* II 999 ss., 以及JESCHECK § 70 I 4。

[106]　强调这方面的，见JESCHECK, *Blau-FS* 1985 438, 以及DIAS J. de Figueiredo, 在 I. R. S. / JARDIM, M.ª Amélia, cit. 16的序言中。

b）葡萄牙法律

第 574 节　1977 年 7 月 28 日第 117/I 号法案将向社会提供劳务的刑罚引入新《刑法典》的准备工作。在此之前，可以肯定的是[107]，提供劳务只能在葡萄牙刑法中看到，或以被强迫的（见 1852 年《刑法典》第 29 条及第 35 条）公共劳务刑罚（pena de trabalhos públicos）的形式，或者，一旦 1867 年 7 月 1 日的法律废除了该等刑罚，尤其是在执行徒刑的框架内（尤其是 1936 年监狱改革之后），但亦在未缴纳罚金的情况下[108]。

第 575 节　我们所研究的刑罚形式是从英国社区服务（community service）制度中寻求模式，该模式是根据沃顿委员会（Wooton Comission）的建议由 1972 年《刑事司法法案》（Criminal Justice Act）引入的。此外，这一模式作为一般法律的基础，该法律现今把向社会提供劳务的刑罚规定为一项独立的刑罚（例如，法国），或规定为不缴纳罚金的代用处罚（例如，意大利和德国），或规定为暂缓执行徒刑的条件（再次以德国为例），或规定为全部或部分代替徒刑之执行（例如卢森堡）。

c）结果

第 576 节　对这一新制裁的初步结果的评价几乎在所有方面都令人鼓舞；特别是 1983 年 6 月 10 日第 83/466 号法律在法国引入的一般利益的劳务（Travail d'intérêt général）刑罚的成功，已经被记录下来[109]。最复杂的问题——除了许多某程度上必须解决的执行和监督难题——是为向社会提供劳务的刑罚找到一个真正符合其代替徒刑刑罚特征的法律框架；此外，不要让其降低为——在刑事政策上有很少的好处且难以补偿向社会提供劳务的刑罚所带来的成本及执行上的困难的情况下——单纯的代替罚金措施[110]。

2. 向社会提供劳务的刑罚的积极性规定

a）内容和期间

第 577 节　根据第 60 条第 2 款，"向社会提供劳务，是指向国家、公法人或法院认为对社会有利的私人实体**提供免费服务**［……］"。法律对提供劳务的*目的*没有任何规定，这完全是刑罚本身的一部分，因此，在选择所

107　关于随后的内容，详见 I. R. S. /JARDIM，M.ª Amélia，cit. 71 ss。

108　见 I. R. S. /JARDIM，M.ª Amélia，cit. 91 ss。

109　见 PRADEL n.º 548 e em：F. I. P. P.，cit. 27 ss。

110　JESCHECK § 70 I 4 认为这一后果在实践中难以避免。

提供劳务之种类及性质之标准时，仅得考虑预防方面之因素，尤其是社会化预防方面——永不考虑罪过之回报（retribuição da culpa）[111]。

第 578 节　已经提出的问题是，是有充分的理由使作为独立刑罚的社会劳务能够向**私人实体**提供，有别于第 47 条第 2 款所指的工作天数，还是说这又是一个与立法不一致的问题。这一区别是有根据的[112]：工作天数是一种未缴纳的金钱处罚的代用刑罚，因此，国家经济财政赔偿的层面对于未缴纳的金钱处罚并非无关紧要——尽管不是决定性的；这一点在向社会提供劳务的刑罚中并不重要，因为这一刑罚中具有被判刑者提供劳务的社会意愿和积极性质。所以，只要法院认为劳务所追求的目的在社会上属重要的及积极的，就可以向私人实体提供劳务[113]。

第 579 节　根据第 60 条第 3 款的规定，"提供劳务的时间为 **9 至 180 小时，每日不得超过**按照适用的超时制度所容许的时间"。这种最短和最长期限可能会受到批评，因为向社会提供劳务的小时数不等于向社会提供劳务旨在代替的徒刑天数；同时，亦因为"徒刑/向社会提供劳务的刑罚"与"罚金/工作天数的处罚"的对应标准（critérios de correspondência）之间存在巨大差异。

关于最后一点，对"相等于"罚金天数的工作天数作出合理解释（见上文第 172 节及其后续节数），在很大程度上减少了不一致的现象；必须承认的是，从刑事政策角度来看，最可取的是使向社会提供劳务的刑罚及工作天数的对应标准相等。关于第一点，也必须在此指出，对应标准不应是算术标准，而应是规范性及刑事政策上有根据的标准；随后，在决定科处向社会提供劳务替代刑罚后，法官在相关的刑罚幅度内——9 至 180 小时——根据*一般量刑标准*确定适合具体个案的刑罚。

第 580 节　不同的而且事实上可以提出的问题是，从纯粹的刑事政策角度来看，现行法律规定的向社会提供劳务的刑罚的最低和最高限度是否应被视为**合理**。可代替的徒刑的最高限度 3 个月（见第 60 条第 1 款）为向社会提供劳务 180 小时，对此不产生任何非议。可代替的徒刑最低限度 1 个月（见第 40 条第 1 款）仅相等于向社会提供 9 小时（！）劳务，这种解决方案绝对不可接受；而且，不是因为没有任何算术上的"徒刑天数/向社会提供劳务天数"，而是因为从刑事政策角度来看，向社会

---

[111] 不同的理解，但属没有理由的理解，见 I. R. S. /JARDIM, M. ᵃ Amélia, cit. 58。

[112] KALMTHOUT/TAK, cit. 204, 209 毫无根据地不愿承认这一区别，其指出司法部长 Menéres Pimental 在议会中提出的解释，实际上，这些解释在这一点上并不令人信服。

[113] 1991 年草案第 58 条第 2 款正是这一含义。

提供 9 小时劳务的刑罚是没有意义的，它肯定不会对罪犯的社会化有任何贡献；此外，它不会以维护法律体制的形式达到融合预防的最低限度[114]。

第 581 节　关于要求向社会提供劳务每天不得超过适用的**超时制度**所允许的时间，以及对于未缴纳的罚金的代用工作天数（dias-de-trabalho sucedâneos），问题已得到解决（见上文第 172 节），在这种情况下，我所陈述的是正确的。现在只应强调的是，第 60 条第 3 款对向社会提供劳务规定了*每日*的限制（当然这无疑是该规定的基本目的，即使这一目的在其文本中没有表现出来，这样向社会提供劳务不会影响正常的工作时间！），而不是*每年*的限制，因此，没有理由将工作人员每年最多可提供的正常工作时数的规定适用于向社会提供劳务[115]。

b）前提

aa）被判刑者的同意

第 582 节　根据第 60 条第 4 款的规定，科处向社会提供劳务的刑罚的不可排除的基本前提是被判刑者的同意。关于罚金的代用工作天数的问题，我们已经提出了同意是适用这类刑罚的必要条件（condição *sine qua non*）的合理理由，否则，我们将面临葡萄牙在国际上以及在宪法上（见《葡萄牙共和国宪法》第 8 条第 2 款及第 25 条第 2 款）不应承认的*强迫劳务刑罚*（*pena de trabalho forçado*）；但也因为，如果不是这样的话，将从向社会提供劳务的刑罚中去除取决于自愿提供的积极的刑事政策内容。

第 583 节　从所提到的目的可以明显看出，被判刑人不仅必须同意抽象地以向社会提供劳务代替徒刑，而且必须同意在实现向社会提供劳务的**具体条件**下判处这一刑罚，特别是在工作的时间、地点和种类方面。这就是《刑事诉讼法典》第 498 条第 1 款和第 2 款规定的对这一刑罚的执行作出规范的理由，特别是可以**将判决延期至 1 个月**。到最后一刻，被定罪者必须能够拒绝接受向社会提供劳务。然而，如果拒绝这一刑罚，则法院不能选择另一非拘留性质的刑罚——例如罚金或暂缓执行徒刑，但必须判处已确定的（实际）徒刑。否则，在此不仅仅是让被判刑人选择刑罚的问题，以任何名义这都是不可接受的。这要求法院认真考虑对刑罚种类的选

---

[114]　KALMTHOUT/TAK, cit. 213 认为将最低限度降低到 9 小时是因为法院依法有义务"*取消审前拘留的时间*"（«*to knock off time served in pretrial detention*»）。但其中一件事与另一件事没有任何关系，就如通过阐述*扣除*相关事宜，我们可以清楚地看到这一点。

[115]　持反对意见，但没有足够理由的，见 KALMTHOUT/TAK, cit. 215。

择——这导致法院认为此情况中的向社会提供劳务是适当和充分地实现处罚的目的刑罚，而不是监禁，并使这一司法决定具有连贯性和有效性。

bb）形式前提

第584节　科处向社会提供劳务的刑罚的形式前提是，应对行为人**科处不超过3个月**（具体的）**刑罚分量的徒刑**，不论是否附带罚金，或仅**科处不超过3个月的罚金**。从教条的角度来看，这一前提并不引起任何特别的困难，但是，从刑事政策角度来看，它经常受到合理的质疑和批评。作为3个月向社会提供劳务可替代徒刑的最高限度，法律对这一新制度表示过分担心，并将其作为一种微不足道的刑事政策工具。

第585节　上面所说的理由明显是，由于仅以向社会提供不超过3个月的劳务代替徒刑，向社会提供劳务的刑罚——正如训诫刑罚，见下文D部分——完全消失于以罚金代替不高于6个月徒刑的范围内！在这里，我们也许可以认为，向社会提供劳务的刑罚及训诫的刑罚的**适用范围**将会无效，并存在大量的立法错误。因此，面对不超过3个月的徒刑，法院会考虑以下两种情况之一：或者法院认为，为预防犯罪，执行徒刑是必不可少的，而且应命令执行徒刑；或者法院认为，执行徒刑并非必不可少，应（必须！）以罚金代替它。正如前面所陈述的一样（第560节及其后续节数），应避免这种可正式援引与第43条案文相关的结论的概念，因为第43条的内容与第59条和第60条的内容之间存在距离的历史原因并没有得到考虑。

第586节　即使这一理解更正了对第43条规定的理解，另一项反对似乎是必需的：即使针对向社会提供劳务的刑罚找到任何适用范围，这一适用范围最终会反映的是，**代替罚金，而代之以徒刑**（substituir a multa em que por sua vez foi substituída a prisão），而不是真正代替徒刑。换句话说，在任何情况中，向社会提供劳务的刑罚并不能降低徒刑的适用，因为在所有科处向社会提供劳务的情况下，不应再有徒刑，徒刑应该（强制地）被罚款所取代[116]。

然而，这一概念既不必要也不准确。即使向社会提供劳务的刑罚不具有——正如理应具有，但这是另一个只能合法（de iure）提出的问题——替代刑罚的自主领域，仅在以罚金替代徒刑的范围内起作用，但这并不意味着可以使向社会提供劳务失去特性，以至于成为一种仅取代罚金的制裁。出于一个简单而决定性的原因：由

116　因此，见 I. R. S./JARDIM, M.ª Amélia, cit. 45 ss.；PEREIRA, L. Miranda, em：ALBRECHT/SCHÄDLER, cit. 120, 145；KALMTHOUT/TAK, cit. 212 s。

于存在向社会提供劳务，它将必然拒绝执行徒刑的"必需性"的界限（如上文第 557 节所述，这是适用第 43 条的决定性标准），并在此方面会导致，尽管有第 43 条的规定，与不科处向社会提供劳务的刑罚而执行徒刑的情况相比，执行徒刑的情况较少。

第 587 节　尽管如此，无可争辩的是，确定将被代替的徒刑的最高限度为 3 个月的期限是**不可接受地低及刑事政策上不正确的**，当针对无关紧要的犯罪的替代刑罚作为一个非常有价值的手段时；换言之，当单纯*超短*期间徒刑之替代刑罚充当向社会提供劳务时。向社会提供劳务的刑罚的适用范围应尽可能大，这是由这种刑罚在执行层面上不可避免的限制所允许的，尤其是不应扩大至超过应提供劳务的最长时数，并因此不应扩大至超过实际执行这一刑罚的期限。在考虑所有理由后，向社会提供劳务的刑罚可能不适用于代替*平均*刑期（3 年，见上文第 106 节）限度之内的徒刑[117]；不过，向社会提供劳务的刑罚完全适用于代替**最多 1 年**的徒刑，即可相等于向社会提供劳务大约 **450 小时**的最长期间[118]。

cc）实质前提

第 588 节　科处向社会提供劳务的刑罚的实质前提是，这一刑罚**对实现处罚的目的是适当和充分的**；我们已经知道，在这种情况中，在没有显示出不符合维护法律体系的融合预防的最低要求的情况下，这一刑罚显示出可以促进甚至达到被判刑者的社会化。如法院在这种情况中有多项替代刑罚供其选择，例如，向社会提供劳务、罚金、训诫、暂缓执行徒刑，则在从社会化角度看显示出该刑罚较可取，且仍与法律体系之保护相一致时，法院应选择向社会提供劳务[119]。从这个角度来看，第 60 条第 1 款中的"法院可以"必须解释为包含一项权力与义务（poder-dever），即一项受约束的权能（faculdade vinculada）。

c）*执行*

第 589 节　正如很容易理解的那样，如果没有详细的**规定**来解决（或寻求解决）这里出现的许多问题，就像我们之间没有这样详细的规定那样，执行向社会提供劳务的刑罚会带来最复杂的问题，以至于不能对法院普遍适用及符合刑事政策意义地

117　但不要忘记，例如，法国对将被代替的徒刑期间没有限制，见 PRADEL n.° 549。

118　1991 年草案第 58 条第 1 款对此作了规定。

119　因此，FERREIRA, M. Cavaleiro de II 1989 190 认为向社会提供劳务的刑罚与第 43 条、第 44 条和第 45 条所载的"替代刑罚"混乱地竞合，这是没有道理的。

适用该刑罚寄予厚望。选择劳务之地点、条件及时间、报酬、交通、保险等问题，均为关键问题，而该等问题能否得到解决在很大程度上取决于向社会提供劳务的刑罚是否成功。我们不能在此讨论这些问题，而应在一部专门阐述执行刑事处分权的著作中对其加以论述[120]。为此，第 60 条第 5 款仅指出，向社会提供劳务的执行"由社会工作机关控制"，而第 402/82 号法令第 39 条第 1 款详细地说明这是社会重返机构。

第 590 节　如果基于像医疗、家庭、职业、社会或类似层面的严重原因，导致临时不可能或不适宜执行向社会提供劳务，法律就会出现严重漏洞：解决办法不能不是**临时暂缓执行**[121]；但是，法院要在法律完全保持沉默的情况下才能接受这一点，这是不容易的，因为法律应同时规定执行向社会提供劳务必须完成的最长时间限制。在目前的法律状况中，我们看到的解决办法只是，在该等情况中，法院须立即将案件发回第 60 条第 7 款所规定的范围中（见下文第 593 节）。

3. 不履行向社会提供劳务的法律后果

a) 拒绝向社会提供劳务之"罪"

第 591 节　如被判刑者因故意拒绝或故意置其于不能工作的情况下而不提供被判处之劳务，第 60 条第 6 款规定，被判刑者"应受第 388 条第 3 款所规定之刑罚"，具体而言，即应受对*加重违令罪*规定的最高 2 年徒刑和最多 100 天罚金。

从任何角度来看，这一解决办法都是一个**错误**，而且需要在未来法中断然拒绝[122]。如果向社会提供劳务的刑罚是一项替代刑罚，而且无疑是一项替代刑罚，正如我们已看过的，那么，在因过错未获履行的情况下（正如我们在废止暂缓执行徒刑的情况中所看到的，见第 545 节），唯一正确的解决办法是执行被代替的刑罚，即判决中确定的徒刑。不要说这种方式最终导致了人们最想避免的那种刑罚：一方面，因为只有这样——而且我们已经多次强调了这个想法——才能使替代刑罚变得*有效*，并增加最终避免徒刑的期望；而另一方面，因为如果以可科处徒刑之犯罪处罚被判刑者，或不避免徒刑，又或再次以非剥夺自由之刑罚代替徒刑，这样就陷入了*无穷无尽的倒退*（*regressus ad infinitum*），破坏了替代刑罚的本质，至少使其适用

---

[120]　无论如何，见 RODRIGUES, Anabela, cit. *BMJ 380* 50 s. 及 I. R. S. /JARDIM, M.ᵃ Amélia, cit. 194 ss。

[121]　1991 年草案第 59 条第 1 款正确地提出了这一解决办法。

[122]　关于被判刑者故意将其置于不能缴纳罚金境地的相同情况，见上文第 176 节。

变得可耻。

第 592 节　因此，正确的解决办法[123]——与不遵守暂缓执行刑罚的条件时应发生的情况相一致——是*存在* **废止**向社会提供劳务的刑罚的可能性 以及随后 **履行判决中规定的徒刑**；不仅在被判刑者故意处于不能提供劳务或无合理理由下拒绝提供劳务的情况下，而且在严重违反被判处的向社会提供劳务的刑罚所产生的义务的（被现行法律遗忘的）情况下，以及（尤其是）在其被判处向社会提供劳务刑罚期内实施犯罪的情况下。

在此，问题仅是，这些情节不会*自动*导致废止向社会提供劳务的刑罚，而只是在显示已不能实现向社会提供劳务的刑罚的目的时才会自动导致废止它。为此，在终止向社会提供劳务的刑罚的问题上，为暂缓执行徒刑的刑罚，还必须适用与第 52 条有关联的一个与上述制度完全相似的制度（见上文第 545 节及其后续节数）。

b）无过错嗣后不能向社会提供劳务

第 593 节　与暂缓执行徒刑的情况不同，法律明文规定无过错嗣后不能向社会提供劳务（impossibilidade superveniente não culposa de prestação de trabalho a favor da comunidade）的情况。这种不同是可以理解的。即使暂缓执行徒刑的刑罚取决于某些条件，这一刑罚所基于的基本要素是，单纯谴责事实和徒刑的威胁将怎样实现惩罚的目的的期望。因此，可以接受的是，无过错嗣后之不能，在不对刑罚的执行或变更产生后果的情况下，得以维持；此外，正如上文第 536 节所指出的，所施加的条件可以随时修改，直到暂缓期限结束。关于向社会提供劳务的刑罚并非这样，其主要要素在于向社会提供劳务的积极内容，如果不存在提供劳务，那么就**必须更换或修改**向社会提供劳务的刑罚，否则将失去全部有效的处罚。在这方面，第 60 条第 7 款规定，在此等情况下，判决中订定的徒刑应以罚金代替，或行为人获豁免刑罚。

第 594 节　在**以罚金代替**方面，没有产生任何刑事政策上的反对意见。只应强调的是，根据定义，被定罪者不具条件工作。因此，如果他不缴纳罚金并履行代用监禁（prisão sucedânea），则可以透过这个途径将被判处的徒刑减至三分之二（第 46 条第 3 款）；这以任何名义均令人震惊，并重复对第 43 条第 3 款已在上文第 569 节指出的不一致之情况。因此，在此还应该有这样的想法：如果被判刑者不缴纳罚金，

---

[123]　与 1991 年草案第 59 条第 2 款、第 3 款和第 4 款所提议的完全一致。

他将履行判决中所判处的徒刑[124]。

第 595 节　至于**免除刑罚**的情况，即使被判刑者已经提供了大部分（甚至几乎全部）之前已被判处的劳务，免除刑罚在刑事政策上也是不合理的。理由正是与我们反对关于未缴罚金的代用监禁所记载的同样可能性（见上文第 180 节）而提出的理由完全相同，因此不应在此重复该等理由。最好采用我们在那里所主张的解决办法：规定在这些情况下暂缓执行判决中规定的徒刑，可能需要附带履行法院认为适当的义务和（或）行为规则[125]。

4. 关于制度的刑事政策可能性的评价[126]

第 596 节　从《刑法典》生效至今，葡萄牙法院判处向社会提供劳务的刑罚的案件数量十分少——甚至是微不足道的。为确定一个比较范围，在法国适用的第一年中，共有 2231 宗案件以向社会提供劳务代替监狱，占被判处的全部刑罚的 2.62%[127]；在葡萄牙《刑法典》生效的首 4 年里，有 15 宗案件科处向社会提供劳务的刑罚[128]！除上述解释现行《刑法典》所载的整个代替处罚制度未能成功的原因外，还有一些在此不得不指出的具体原因；而且，在这更有趣的背景下，*在法律改革*要求方面有一些具体的原因。

a) *代替能力的延伸*

第 597 节　首先，在维持只具能力代替不超过 3 个月徒刑之向社会提供劳务的刑罚下，不得期望这一制度至少显示在代替徒刑方面作为一种主要的刑事政策手段。只有在其代替能力达到**不超过 1 年徒刑**的情况下，才有可能这样做；否则，很明显，为了提供执行这类刑罚的基础结构而必须进行的大量投入——尤其是在社会重返机构方面的大量投入，尽管有一些限制——，在这一制度的刑事政策效力几乎为无效的情况下，是不能予以补偿的。这最终证明了放弃这种替代刑罚的想法是正当的，这将使这一制度能够从当代打击监禁的最相关和最有意义的刑事政策中受益。

---

[124]　见 1991 年草案第 59 条第 6 款 a 项最后部分。

[125]　见 1991 年草案第 59 条第 6 款 b 项。

[126]　关于这一内容重要的见 PEREIRA, L. Miranda, cit. 10 ss。

[127]　PRADEL, em：F. I. P. P. , cit. 33.

[128]　见 I. R. S. /JARDIM, M.ᵃ Amélia, cit. 205。KALMTHOUT/TAK, cit. 231 指出至 1985 年末之前的个案有 13 宗。另外，PEREIRA, L. Miranda, cit. 1 指出 1983 年至 1990 年期间，I. R. S 介入的向社会提供劳务的个案有 86 宗；然而，不知道该等个案是否导致实际判处向社会提供劳务，也不知道该等个案是否包括单纯提出适用的假设的个案。

b）执行性规章

第 598 节　另一个需要填补的漏洞是，不存在一个向社会提供劳务的刑罚的执行性规章，即严格在法律框架内，在没有尝试完善这些框架的情况下，正如我们所看到的，指导就所提出之多项问题作出决定的规章。如果这样的规章不应载入《刑法典》，那么它就不应成为刑事法律制度的一部分；否则，它就会夺去向社会提供劳务的刑罚中一个最重要的效力条件。

c）向社会提供劳务作为其他处罚手段的组成部分

第 599 节　学说早就强调，主导向社会提供劳务的刑罚的基本刑事政策思想具有**超出作为独立刑罚这一制度的框架**的可能性。这就是被我们刑法体制承认为*执行徒刑的一个要素*的劳务（经第 49/80 号法令第 63 条及后续条文修订的第 265/79 号法令），以及未缴罚金的代用工作天数（见上文第 168 节）。但是，人们认为，根据《刑事诉讼法典》第 281 条的规定，向社会提供劳务也可作为*暂缓执行徒刑、考验制度、假释甚至临时暂缓程序的可能条件*[129]。

但是，这一观点既不符合现行法，也不符合未来法。考虑在暂缓、考验或假释之条件之间提供劳务，必然会损害处罚制度的"合理性"[130]，而且不具备替代刑罚或有关刑事政策手段的实质特征。另一方面，这将增加制度的复杂性，因此必须始终要求被判刑者的同意。最后，对实在法而言，这意味着违反了刑罚的合法性原则；因为事实是，〔免费？有薪？向社会？向被害人或（及）向受害人？〕提供劳务既不能被视为义务，也不能被视为行为规则，亦不能被视为强制命令，在这一意义上——及在拟达到的目的上，这些条件是在有关刑事政策手段中规定的。

d）向社会提供劳务和长期徒刑

第 600 节　不同的问题是，在将来法中是否向社会提供劳务的概念本身并不具有刑事政策的可行性，甚至现今仍未经勘探，以便在综合反对徒刑的层面中提出。拟提出的想法是，**对于长期徒刑，用向社会提供劳务代替其末端部分的期间**。在不妨碍给予假释的情况下，这是可以做到的：如被判刑者已具备给予其假释之实质条件，但假释不得仅因其未满依法须履行

129　此方面见 CORREIA, Eduardo, em：F. I. P. P. , cit. 96。

130　对此，正如 I. R. S. /JARDIM, M. ª Amélia, cit. 236 所指出的那样。

徒刑之最短期间而作出，在这一最短时限内所剩时间可由向社会提供劳务代替（当然要经过被判刑者的同意）。

这一解决办法[131]不仅可以减少——可能明显减少——囚犯人数，而且更重要的是，可以用一种非常积极的刑事政策手段和无可比拟的社会影响来取代一种具有强烈负面和犯罪影响的刑罚（即使对于原则上使社会化更加困难的严重犯罪亦然）。另一方面，法律体制的维护要求不得受到影响，因此，正如我们所看到的，向社会提供劳务同时具有社会不得不承认的令人受折磨及惩罚的性质。最后，也没有必要强调，这一途径将有利于被判刑者重新进入自由生活，特别是重新进入劳动力市场：这是长期以来主导建立徒刑与自由之间的过渡阶段的目的[132]，但到目前为止，现有的刑事政策手段不能成功地执行，或只能有限地成功执行。这就是未来为社会提供劳务的重要领域，刑法改革应予以谨慎及果断的考虑。

D. 训诫刑罚

BAUMANN, Über die Denaturierung eines Rechtsinstituts（§ 59 StGB）, *JZ* 1980 964.

CREMER, Erlebt die Verwarnung mit Strafvorbehalt— § 59 StGB—eine（Re） Naissarre?, *NStZ* 1982 449.

DREHER, Die Verwahrnung mit Strafvorbehalt, *Maurach-FS* 1972 257.

HORN, Ist die Verwahrung mit Strafvorbehalt noch zu retten?, *NJW* 1980 106.

PADOVANI, *L'utopia punitiva...* 1981.

SCHREIBER, Besondere Umstände..., *Schaffstein-FS* 1975 276.

SCHROEDER, F. C., *Das Strafrecht des realen Sozialismus...* 1983.

1. 制度的历史和刑事政策演变

第601节　训诫刑罚，即根据第59条第3款所规定的"在法院对被判有罪的被告**在听证中**进行庄严和适当的**口头谴责**"，其首次出现于1977年7月28日第117/I号法律提案的《刑法典》的准备工作期间：它表现为一种"我们法律的新事物"，在其他法律中会有相同的地位，其中包括"南斯拉

131　对同时适用刑罚和剥夺自由的保安处分的情况，这一解决办法将扩大（并概括）1991年草案第99条第3款所规定的解决办法——跟随着 § 77 III do *AE-AT* 145，见下文第788节。

132　见 CORREIA, Eduardo, *Homenagem Alberto dos Reis* 337 ss。

夫的例子，自 1959 年以来这一措施就已为人所知"[133]。在葡萄牙的法律制度中，关于这一刑罚的"新颖性"的说法是不正当的：对第 59 条的训诫，只不过是——无论对于其*内容*还是其基本的*刑事政策意义*——1852 年《刑法典》第 30 条第 5 款和第 42 条已规定的一项古老的"申诫"轻罪刑罚；换言之[134]，这是 18 世纪"司法申诫"的现代版本，是普遍公认的《刑法典》。

第 602 节　现在，训诫会被视为一种**真正的替代刑罚**——事实上，被视为所有刑罚中最轻和最接近免除刑罚的刑罚，并就其适用的要件与免除刑罚保持特定关联，正如我们将会看到的一样——，而不是作为一项主刑，即使只是"轻罪的"刑罚罪状亦然。但是，在任何情况下，它与旧的司法申诫一样，都维持其纯粹的**象征**性。事实上，如果训诫不具备使人受折磨的性质（这种性质仍可在谴责的公*开*性中见到），则在任何情况下它都不具备事实和实际的执行特别是，对于训诫不能实现真正预防累犯的情况，训诫与*将来不当之处*（例如，存在于暂缓执行徒刑的不当之处的惩罚）*以及威吓*无关。

训诫刑罚的象征性是明显的，这会使《刑事诉讼法典》的立法者忽略对刑罚的**执行规范**。然而，很明显，在命令科处该刑罚的*有罪判决确定之前*，不能执行该刑罚（即不能执行训诫）；否则，对有罪判决提出的上诉将不会有任何内容。

第 603 节　认为我们的训诫刑罚制度与德国警告但保留处罚（*Verwahrnung mit Strafvorbehalt*）的制度（第 59 节）——**"保留刑罚的警告"**——有相似之处是不正确的[135]，是明显没有意义的。的确，德国的"警告"本身对其所依据的刑事政策目的方面与我们的训诫非常相似，只不过，与训诫不同的是，德国的"警告"保留刑罚和规定一个考验期，并可能附带与暂缓执行徒刑类似的义务和行为规则（第 59 a 节）。如果代替主刑的训诫被废止，则被判刑者必须履行所判处的主刑（第 60 节）。因此，在"训诫"中指的是暂缓执行徒刑或考验制度类型的一项真实和实际的处罚；尽管如此，这并不妨碍有相当一部分德国学说[136]严重质疑其价值和刑事政策利益[137]。

---

[133]　*DAR*，supl. 1 ao n.° 136 de 77JUL28，4926 –（6）. 同样的道理也可以提到曾经在 § 37 do CP da R. D. A. 所规定的 *öffentlicher Tadel* 的刑罚，或在其他东欧国家的《刑法典》所规定的类似制度的刑罚。关于所有这些，见 DOLCINI/PALIERO，cit. 132 s.，170 s.，以及 LA-MISCH，*Die Freiheitstrafe und ihre Surrogate* 143。

[134]　正如 DOLCINI/PALIERO，cit. 88 正确地强调一样。

[135]　KALMTHOUT/TAK，cit. 189 正确地注意到了它。

[136]　这可能是因为 v. LISZT，*Aufsätze und Vorträge* I 384 对此种刑罚的强烈反对。

[137]　在任何情况下见 HORN，cit. 106 及 BAUMANN，cit. 464 的有利考虑。对刑事政策上的深入探讨见 BAUMANN，cit. 476 ss.，DREHER，cit. 275 ss. 以及 ZIPF，*Einführung* 87 s。

这是因为，这种措施——此外，不具备真正的刑罚性质，而是具有"与刑罚类似的刑事制裁"的性质[138]——与过错原则不太相符（至少可以说是令人怀疑的[139]）；尤其是因为，通过其他在程序上更灵活和更具成本效益的制度，如根据《德国刑事诉讼法典》§§ 153和153a[140]（与我们的《刑事诉讼法典》第281条的规定相同）规定的暂缓执行徒刑制度及尤其是诉讼归档制度，这项措施预期的刑事政策影响将得到更容易和更充分的实现。

2. 前提

a）形式前提

第604节　判处训诫的形式前提是，法院具体订定一项**不超过3个月**的徒刑或**不高于180日**的罚金（第59条第1款）[141]。属*共同刑罚*（*pena conjunta*）时，为使训诫得以作出，共同刑罚不超过上述限度是有必要的。

b）实质前提

第605节　根据第59条第2款，"训诫仅在有利于罪犯恢复、损害已获弥补、无须采用法律规定之其他刑事措施时方可作出"。因此，我们在此要再次指出——正如我们在免除刑罚方面所看到的（见上文第478节），在此情况下，我们要求**提前弥补损害**，这一要求具有与我们前面所指出的相同的理由和含义。此外，第59条第2款规定（通过便利罪犯恢复正常生活和不再需要采取更严厉的措施），训诫的实质前提毕竟与适用任何替代刑罚完全相符，重要的是，法院可以得出结论认为，在考虑了事实及行为人的具体情节后，训诫显示出**实现处罚目的之适当及可信的方法**。这是因为要求法院透过作出有利的预测性判断相信，不法分子将通过这种方式（重新）实现社会化；此外，单纯训诫的适用不会影响以维护法律体制的形式出现的社会期望的最低限度或融合预防的最低限度。

第606节　关于"保留刑罚的警告"的措施，德国《刑法典》第51–II节强调其*例外*的性质[142]，规定其适用"在事实发生前3年内已警告或判处行为人一项刑罚时，通常被排除"。德国的解决办法完全合理，因为正如我们所说，训诫是代替罚金

138　因此，见 JESCHECK § 80 II，其载有讨论这一措施的法律性质的文献资料。

139　在这一部分看来 JESCHECK § 80 II 3 的观点是正确的。

140　因此，见 MAURACH/ZIPF § 66，n.°m. 2。

141　这表明，训诫不仅体现为代替徒刑的刑罚，而且体现为代替罚金的刑罚（尽管这方面在我们的考虑中并不重要）。

142　因此，见 MAURACH/ZIPF § 66，n.°m. 6 以及 BLEI，*JA* 1977 93。

的一种刑罚（或处分），但不妨碍接受训诫在刑事政策上的例外性。我们当中的情况不太合理了，在葡萄牙，如果不判处训诫会导致执行一项（短）期徒刑的后果。

c）适用的权力与义务

第 607 节　关于训诫，第 59 条第 1 款规定，法院只*可*作出训诫。也许人们会想，正是由于所述的这一制度在刑事政策上的例外性，我们现在面对的是法院的真正权力（poder）或权能（faculdade）。但这并没有道理，这里所指的也是一项权力与义务（poder-dever），即受确认相关形式和实质前提所约束的一项权能。

3. 对该制度在刑事政策上的价值之判断

第 608 节　对于在此尤其涉及针对成年人的刑法来说，诸如我们的训诫刑罚的替代刑罚的刑事政策依据和效力是令人怀疑和有争议的。这一措施无疑是对儿童监护法律（《儿童监护组织》第 18 条 a 项）的拥戴和支持，而该法与惩罚的性质不符；而且，鉴于惩罚的（重新）教育目的在可归责未成年人的刑法中所具有的绝对主导地位，训诫刑罚在可归责未成年人的刑法中也可以被接受和理解（第 401/82 号法令第 6 条第 2 款 a 项）。然而，**在针对成年人的刑法**中（当中，尽管刑罚的处罚范围以预防为由完全合理，但这一范围是不可被放弃的），被控制在真正的替代刑罚和免除刑罚之间的训诫刑罚是令人质疑的，而且事实上（一般情况下）是可免除的。

Liszt 的怀疑和否定判断在今天仍然有效，正如在作出司法申诫时所作的判断："这种制裁本质上是矛盾的；因为对于那些失去或从来没有名誉的人来说，司法申诫只不过是一件可笑的事，而对于有这种感觉并活着的人来说，这往往是一种不能与程序的污名相提并论的过分的污名。"[143] 还要指出的是：在至少不具备所有其他替代刑罚（即使在无条件的情况下的暂缓执行徒刑亦然！）的*潜在痛苦的*内容的情况下，任何一种仅属司法适用的象征性刑罚在其预防效力上都会受到不可弥补的影响，甚至没有达到真正的刑事训诫的最低水平，因为没有对将来产生任何实际的后果。即使是在预防效力的核心，也很难从刑事政策角度看到一种受影响的刑罚是*不必要*并因此是*应判罪的*处分。

第 609 节　最后，似乎没有足够的理由维持训诫作为代替*徒刑*的刑罚，因为它的（具有含义的自主和刑事政策的）领域在暂缓执行徒刑与免除刑

---

[143]　V. LISZT, *Aufsätze und Vorträge* I 384. 同意这一点的有 DOLCINI/PALIERO, cit. 88。

罚之间不可弥补地受到压缩。在将来之法律中，如暂缓执行罚金之可能性不再存在（第 48 条第 1 款最后部分及上文第 154 节），训诫至多可作为**代替轻度严重性的罚金的刑罚**（**pena de substituição de multas de pequena gravidade**）存在[144]。

第 610 节　尽管人们对这一制度的刑事政策价值及利益作出了负面判断，但葡萄牙司法实践一直都在使用训诫，其使用**频率**远远超过了——虽然在百分比上一直都很小，占全部判决的 1%——向社会提供劳务或考验制度的频率！然而，我们相信，出现这种情况有两个原因，其中任何一个原因都不能作为这类制裁的刑事政策价值的证据。一方面，因为在葡萄牙刑法中训诫已经拥有悠久传统。另一方面，因为训诫可以作为掩饰应命令的免除刑罚，甚至是掩饰应命令的宣告无罪，即以下程序：无理由有时认为有助于避免使控诉和刑事司法机关本身失去声誉，而且认为不会给被判刑者带来特别有害的后果（忘记在听证室内开始的污名化的刑事后果），因为，正如我们所看到的，制裁在实施之时已告结束。但比这些原因更重要的是[145]，葡萄牙法院一直使用训诫作为圆滑的处事方法或严厉的惩罚，在1987 年《刑事诉讼法典》生效之前以这一方法或惩罚肯定促进了刑事诉讼程序的合法性原则，这也是其不再适用于今天的一个原因。

三　监禁性质的替代刑罚

CORNIL，Une expérience pénitentiaire belge: les arrêts de fin de semaine, *RD-PCrim* 1962 – 3 607.

CONSTANT，Les mesures prévues par le législateur belge…, *Bull. admin. pénit.* 1975 71.

HERREMAN，Arrêts de fin de semaine et semi-détention…, *Bull. admin. pénit.* 1964 129.

HERREMAN，Les arrêts de fin de semaine et la semi-détention…, *Bull. admin. pénit.* 1966 3.

JOHNSON/HERREMAN，Work Release in Belgium. Tolerance and the Urban Job

---

[144]　因此，它实际上是在 1991 年草案第 60 条中设想的。

[145]　正如 KALMTHOUT/TAK，cit. 189 s.，233 合理地指出。

Market，*IntJ Crim. Penol.* 1975 367.

Nieders，I 142，362 s. ，II 335 ss，XII 444.

POTVIN，*RDPCrim* 1961 – 2 329.

RODRIGUEZ RAMOS，El arresto de fin de semana...，*La Ley* 80NOV18 1.

SAINZ CANTERO，Consideraciones sobre el arresto de fin de semana...，*Homenaje López Rodó* 1972 377.

第 611 节　早些时候，在第 506 节中，我们详细阐述了如下内容：像在假日履行徒刑和半拘留制度等刑罚应被视为*替代刑罚*。确实，这两种刑罚完全产生于对更可接受的刑事政策处分代替短期（连续）徒刑而作出努力[146]。两种情况均允许履行徒刑，但不会导致犯罪后果，例如失去工作、中断学业或培训、中断向被判刑人和家庭成员提供的社会保障福利，以及家庭关系的恶化和社会地位的丧失的（至少部分的）后果。因此，现在要具体研究科处这些刑罚的前提及其制度的实质。前者载于 1963 年总则草案（第 50 条），后者仅出现在 1977 年第 117/I 号法律草案（第 46 条）中。

1. 在假日履行徒刑

a）前提

第 612 节　根据第 44 条第 1 款的规定："不应由罚金代替的不超过 3 个月之徒刑得由在假日履行徒刑代替，当在考虑到行为人的人格、其生活条件、其在可处罚之事实之前及之后之行为以及该事实之情节后，得出之结论为，在假日履行徒刑足以谴责他并使其远离犯罪。"因此，在这里，考虑到这一情况为实现处罚的（预防性）目的的客观和主观情节，我们发现一个适当和充足的替代刑罚的**形式**前提——定出不超过 3 个月之徒刑——与**实质**前提。

第 613 节　在此情况下，一方面要强调的是，考虑到已就第 43 条第 1 款（上文第 560 节及其后续节数）所阐述的理由，当法律规定"不应以罚金代替"时，它的意思是"不应被罚金或其他非剥夺自由的刑罚所代替"[147]（例如，向社会提供劳务或训诫），仅当法院先前已依据第 43 条第 1 款最后部分之规定认为执行徒刑在防止将来作出犯罪是有必要时，方得实行在假日履行徒刑。

146　见 AcSTJ de 88MAR02，*BMJ 375* 204；以及 RODRIGUES，Anabela，*BMJ 380* 40 s。

147　1991 年草案第 45 条第 1 款明确这样规定。

另一方面，必须指出，所规定的实质前提完全符合适用替代刑罚的一般标准：绝对优先考虑社会化的预防（prevenção de socialização），这些考虑可能被维护法律体制不可放弃的要求所限制（原则上，这些要求是以现在所涉及的刑罚在所有情况下仍然是徒刑这一事实为前提的）。

b）内容和制度

第 614 节　第 44 条第 2 款规定，"在假日履行徒刑为在周末之期间内剥夺自由"；第 44 条第 3 款还规定，"在周末或周末之前的公众假期可用于执行这一刑罚"。每段时间至少为 36 小时，例如，从星期六下午 7 时到星期一上午 7 时；最长为 48 小时，例如，星期六上午 7 时至星期一上午 7 时。可以肯定的是，在假日之前或紧接着周末的情况下，不能超过每一期的期限（第 44 条第 2 款和第 3 款）。另一方面，如以上所指的在假日履行徒刑属于一项替代刑罚，则在它与持续徒刑之间必须有任何**对应的标准**。根据第 44 条第 2 款之规定，在假日履行徒刑不得超过*15 个期间，且每周末相当于持续4 天徒刑*。

第 615 节　这种对应的标准可能会很快受到批评，理由是"在数学上"的**错误**。当然，这里的对应也不一定是算术的，而是*规范性的*；因此，立法者必须指出应遵守的最长期限（必然相当于在假日履行徒刑可代替的 3 个月持续徒刑），但可以保留指出每一个周末相对应的连续徒刑天数。如立法者这样指出，似乎不可避免地得出法律标准有误的结论：15 个期间乘以 4 天等于连续徒刑 60 天，不知道如何以在假日履行徒刑代替（尽管法律明确允许这种代替）60 天至 90 天之间确定的徒刑。Cavaleiro de Ferreira 希望的是，"更具体地说，实际徒刑于在假日履行徒刑上不应超过 2 个月或 60 天，三分之二的徒刑"。[148] 但困难仍然存在：如果每一个期间不能超过 48 小时及最大期间数目为 15 个期间，那么在假日实际履行的徒刑的时间（实际上）不能超过 30 天。

此外，还有另一个困难：法律标准似乎不允许订定天数不是*乘以4* 的一项连续徒刑！作为唯一可能的解决办法，Maia Gonçalves 提出，"法官须使连续徒刑日等同于法律规定相等于 4 天之小时数"！[149]

第 616 节　所有这些都显示了一些困难（实际上在理性上是不可逾越的），这些困难由严格的数学对应标准所导致，忽略**规范性的改正**在此不仅是适当的，甚至会在目的上强制执行。在不影响在未来法主张对应的标准

---

[148]　FERREIRA，M. Cavaleiro II 1989 184.

[149]　GONÇALVES，M. Maia art. 44.° anot. 5.

的"数学"改正的情况下[150]，在代替的操作上，法官应遵从最后一项规范性标准，查核被判刑者因预防原因必须遵守的周末期间之数目；因被判刑者未在假日履行徒刑，每一期间在法律上等同于 4 天持续徒刑适用于须强制服刑之情况，而不适用于相反之情况。这使该解决办法符合《刑事诉讼法典》第 486 条第 3 款的规定[151]。

第 617 节　要强调的是，一般来说[152]，在假日履行徒刑的**执行制度**必须特别"严格"：不仅是为了达到一般预防的最低限度，而且是为了可以理解并可以接受，使在假日履行徒刑的每一期间相等于持续徒刑时间最长的时间。这种**严厉性**不仅应反映在被判刑人在住所或工作地点*附近*履行刑罚的尝试——为了使人能够"对其同胞的社会谴责"[153] 感到特别强烈，而且反映在严格和持续地隔离被判刑人的情况，并造成其一切传统后果：沉默规则，单独囚室，单独进餐，完全不参加如体育、电影或电视的群体活动，禁止在囚室播放电台或电视节目等。仅在接获要求时，方可提供宗教服务协助[154]、在囚室内进行个别娱乐活动，同时亦可——如属可由监狱管理部门提供服务的情况——在囚室内进行极简单的手工或智力活动。

关于执行这类刑罚的形式的方向，在某种程度上是有根据的。但重要的是要记住，执行的目的纯粹是*预防性的*，而不是报复性的；因此，没有任何理由利用这一刑罚对被判有罪的人进行污名化或蔑视。然而，在《刑法典》、《刑事诉讼法典》（第 485 条）和 9 月 23 日第 402/81 号法令中没有为这一方向提供足够的法律依据。

c）不履行

第 618 节　根据《刑事诉讼法典》第 486 条第 3 款第二部分的规定，如被判处在假日履行徒刑之人在任何期间内均不履行其报到义务，且该缺席被视为不合理，"**刑罚改为持续徒刑，并履行所欠的时间**"。这一解决办法因排除了将不履行处罚定为刑事犯罪的尝试[155]——正如我们在上文第 187 节

150　这是 1991 年草案第 45 条第 2 款所作的改正，根据该草案，在假日履行徒刑不得"超过 15 个期间"，每一个期间相当于"6 天持续徒刑"。

151　主要由 LEAL-HENRIQUES, M./SANTOS, M. Simas I 271 s 主张这个想法。

152　在这部作品开始时引用的是比利时和法国的普遍著作。而我们当中见 LEAL-HENRIQUES, M./SANTOS, M. Simas I 270，以及 RODRIGUES, Anabela, cit. *BMJ 380* 41。

153　这一表述源于 RODRIGUES, Anabela, cit. *BMJ 380* 41。

154　为此，见 Gomes da Silva 和 Eduardo Correia 在 *Actas PG* I 283 ss 的讨论。

155　对 LEAL-HENRIQUES 来说，这一点是完全清楚的（此外，正如在文本中强调的那样，对这一点表示热烈欢迎），因为除了服完他所没有履行的徒刑时间外，他还必须遭受到"第 393 条罪行的刑事程序"。在所有情况下，这一解决办法是毫无道理的，而且绝不是该规定所要求的。

以及第 591 节及其后续节数所看到的一样，法典在其他情况作出让步的尝试——完全符合在假日履行徒刑的性质。正如已经说过的，在此面对的只是实质和刑事政策角度上的替代刑罚，而从形式和教条的角度来看，这仍然是一种徒刑。为确定不履行义务之时间，法院应将每一个（欠缺履行的）期间等同于 4 天持续徒刑（第 44 条第 2 款）。

d）对该制度的批判性评价

第 619 节　作为持续徒刑的替代刑罚，在假日履行徒刑的成功，在其一直被实践的几个国家中（特别是比利时）是非常有限的，而且有越来越小的趋势[156]。很难在需要表现的严重性（为赋予它像刑罚的稳定性）与必须具备的延展性（为可以期待它对罪犯的社会化作出有效的贡献）之间找到适当的平衡点。另外还有执行上的困难和复杂性——因为这是一项在*墙内的*执行（execução *intramuros*），而令监狱管理部门变得不太想执行这一刑罚。在葡萄牙，在《刑法典》生效的 10 年内，判处在假日履行徒刑的案件数量，从刑事政策角度来看，对于反对（持续）徒刑来说绝对是微不足道的。无论如何，正如我们所说的与训诫所发生的一样，这类刑罚在可归责的未成年人的刑法中可以具有特定的可行性，因以下两个理由：这是被判刑者一般上学的年龄，可以肯定的是，即使刑罚很短的持续徒刑也可严重影响相应学年的课程；另一方面，在这些年龄段，考虑到成人社会当前关于年轻人如何度过空闲时间的社会表现，空闲时间可能具有"附加价值"，这意味着牺牲空闲时间可能会产生明显的特殊预防甚至一般积极预防的作用。

2. 半拘留制度

a）前提

第 620 节　根据第 45 条第 1 款的规定，半拘留制度的徒刑执行须取决于被判刑者之**同意**。这一前提既没有道理，也不是通常在特别预防的情况下成功的条件，也没有要求避免我们在向社会提供劳务中所承认的强迫劳务的性质（见上文第 582 节）：正如第 506 节所提到的，半拘留制度最终只是一种*执行徒刑的方式*。这一前提的理由是，从其本身的性质来看，对那些其生活方式或工作时间不适合以这种方式服刑的被定罪人，以及对所有在远离监狱的工作场所工作的人，半拘留可能会变得**过重**。这是为了维护

---

[156]　J. Jacobs-Coenen 在 KELLENS, *La mesure de la peine* 1978 130 中被引用。

同意在法律上要求的刑罚牺牲的*适度*概念。

第 621 节　另一方面，作为形式前提，第 45 条第 1 款规定，以半拘留制度执行的徒刑*不得超过3 个月，且不应以罚金或以在假日履行徒刑代替*。基于第 612 节对在假日履行徒刑所提出的相同理由，在此提及的罚金也应理解为包括任何其他非剥夺自由的刑罚[157]。只需注意到的是，在法律目的上，在假日履行徒刑的适用在刑事政策上比半拘留制度更为可取：后者是在实行持续监禁之前的最后手段。

第 622 节　所有这一切都表明，这里也有一个隐含的**实质前提**，即基于适用全部替代刑罚的实质前提[158]：在有关情况下，仅在（或当）对实现处罚目的属足够及适当之情况下，方得采用半拘留制度；即与持续徒刑相比，半拘留制度不法分子的社会化更可取，且并非与维护法律体制的要求相违背。

b）内容和制度

第 623 节　第 45 条第 2 款规定，半拘留制度是执行徒刑制度，使被判刑者能**不间断地从事其职业、培训或学校工作**，尽管不能再保障其正常的社会和家庭生活：他将在完成日常工作后不久进入监狱，并在那里度过没有工作的周末。因此，尽管法律保持沉默，但显而易见的是，1 天半拘留相当于 1 天持续监禁。所以，即使半拘留的时数远少于相应的持续徒刑的时数，如已注意到的那样，半拘留制度也可以对被判刑者构成重大的牺牲甚至大于（不论是在生理上还是在心理上）持续执行徒刑的牺牲。

第 624 节　人们所肯定的就像我们在这里所说的方向，根据这一方向，与本应在假日履行徒刑的情况一样（上文第 616 节），半拘留制度的执行必须是**严厉的**，要严格与*世隔绝*，并具有因与世隔绝而产生的后果。但是，除了我们在法律上缺乏对这一方向的支持之外，这一方向在此领域中比在假日履行徒刑中更令人怀疑，因为正如我们看到的那样，被定罪人离开监狱是严格限于履行职业、培训或学校的义务。

c）不履行

第 625 节　《刑事诉讼法典》第 486 条第 3 款（见上文第 617 节）的规

---

[157]　因此，再次见 1991 年草案第 46 条第 1 款。

[158]　持反对意见但没有理由的，见 LEAL-HENRIQUES, M./SANTOS, M. Simas I 276，对于他们，半拘留制度将不会 "因刑罚的目的而有形式上的限制"！

定完全适用于半拘留制度。因此，特别正确的是，从教条的角度来看，该
制度只是一种执行徒刑的形式。所以，如果被判刑者违反其自愿履行的制
度所产生的义务，"刑罚改为持续徒刑，并履行所欠的时间"，即正如前文
所述，1 天半拘留以改为 1 天徒刑。

d）对该制度的批判性评价

第 626 节　成人刑事法律中关于在假日履行徒刑的第 618 条的规定，完全适用
于半拘留制度。尽管可以肯定的是这永远是代替短期徒刑的问题，但半拘留制度对
于被判刑者来说可能最终变得过于严厉。此外，这项处分的成功将取决于其主要优
势——维持被判刑者之社会职业安置——与其适当执行中无可争议的困难和复杂性
之间的权衡结果。

四　考验制度

CHORÃO，J. Bigotte，*Probation* 1959.

CONSEIL DE L'EUROPE，*Organisation pratique des mesures de surveillance...*
1970.

DUFT/WEBER，Höhere Wirksamkeit der Verurteilung auf Bewährung...，*NJ*
1975 34.

FASSONE，L'affidamento in prova...，*RItalDPP* 1977 1472.

GALANTINI，La nuova disciplina dell' affidamento in prova al servizio sociale，
IndP 1987 461.

GOLDBERG，La probation des adultes aux Etats-Unis，*RDPCrim* 1970 627.

KERNER/GALAWAY/JANSSEN（Orgs.），*Jugendgerichtsbarkeit in Europa und
Nordamerika...* 1986.

LACKNER，Die Strafaussetzung zur Bewährung...，*JZ* 1953 428.

NEWMANN，*Sourcebook on Probation*，*Parole and Pardon* 1958.

PRESUTTI，Affidamento in prova...，em：GREVI（Org.），*L'ordinamento peni-
tenziario dopo la riforma* 1988.

RADZINOWICZ，*The Results of Probation* 1958.

STOCCO，L'affidamento in prova...，em：FLORA（Org.），*Le nuove norme sull
ordinamento penitenziario* 1987 171.

UNITED NATIONS，*European Seminar on Probation* 1954.

VERGINE/PALIERO，La revoca dell'affidamento in prova…，*RItalDPP* 1978 209.

1. 制度的历史和刑事政策演变

a）考验制度的"自主性"

第 627 节　至于暂缓执行徒刑，我们已指出了与英美的缓刑制度（instituto anglo-americano da *probation*）有关的考验制度的本质、刑事政策目的及发展[159]；已强调了该制度转入欧洲大陆刑事法律范畴的做法是如何在一般法律中将英美的缓刑（*probation*）的典型要素与暂缓执行徒刑的其他特征结合起来的。这种结合导致出现了——根据不同的法律规定，在任何情况下，其细节配置不同[160]——*具考验制度的暂缓执行徒刑*。然而，在葡萄牙，从1963 年总则草案到现行的《刑法典》，这两个制度在很大程度上因为 Eduardo Correia 坚持主张采用这种解决办法[161]而保持了其自主性。从历史的角度来看，考验制度的自主性建基于两个方面。

aa）认罪后诉讼程序中止

第 628 节　首先，**在法院判定行为人有罪过之后**即在就"过错问题"作出决定后，以及在任何情况下在确定刑罚之前，应适用该制度。到了这一阶段，法院将中止诉讼程序，并在法院认为这样适合于罪犯的社会化时立即执行考验制度。如考验制度的过程令人满意，则有关诉讼程序将不再归档；否则，诉讼程序将在之前暂停的时间点重新开始，并确定刑罚，特别是确定应判处之徒刑。

第 629 节　根据对该制度所作的这一定性（英美法经典的定性，但有别于替代刑罚的特征），主要是为了两个要实现的**刑事政策目的**[162]：一方面，提高个人威吓的效力，并在整个考验期间在罪犯头顶上将达摩克利斯之剑悬在空中不动，作为将来确定（种类及期间不详）刑罚的威吓；另一方面，*减轻*处罚的*污名化效果*，因为行为人既没有受到处罚，也没有被"判罪"，

---

[159]　Jon Augustus 被认为是英美法的"缓刑制度之父"，因为两百年前，他开始为罪犯提供支持，将其带到波士顿的家，并帮助他们重新融入社会。

[160]　因此，见 CORREIA，Eduardo II 399 ss。

[161]　CORREIA，Eduardo II 399 ss.，*ProjPG* 59 ss.，*Actas PG* II 78 ss. e *Estudos Beleza dos Santos* 281 ss. 而且在之前，在某种程度上，见 CARLOS，A. da Palma，*Os Novos Aspectos do Direito Penal* 392 以及 CHORÃO，J. Bigotte，cit。

[162]　在此含义十分明显的，见 CORREIA，Eduardo，*Actas PG* II 78 ss。

而只在一项犯罪上有罪过而已。

bb）有随行人员的重新适应社会的个人计划

第630节 考验制度的第二个显著特点是把罪犯交给专业社工，即所谓的英美法的缓刑社工（*prbation-officers* do direito anglo-americano），而社工则负责**监督**罪犯的**生活**，亦即在该制度存续期间认为行为人充分融入社会生活所缺乏的监视及支持。另一方面，这种社会化机制不可或缺的一部分是，有权限的社会福利部门必须为每个个案准备一份重新适应社会的个人计划，其中包含为达到社会化被认为更可取的策略，以及罪犯应遵守的塑造生命的相应义务。透过这种方式，人们试图增强从考验制度中期望的强烈的（且并非无比的）社会化效果。

第631节 可以说，英美法的缓刑（*probation* anglo-americana）与大陆法的缓刑（*sursis* tradicional）相比，这两个具有历史意义且独有的特征在第69条中仍有明确解释。但是，自始以来对此提出的批评[163]，尤其是对英美法的缓刑的批评，导致现行《刑法典》与传统英美模式相比，甚至与1963年总则草案产生的模式相比，规定了一种明显减轻的考验制度。的确，一种考验制度不一定以确定刑罚之"暂缓"为前提，而只是有别于暂缓执行徒刑，基于以下两种情况。一方面，其前提是对犯罪*可科处的*徒刑（而不是*被科处的*徒刑）；由此产生的是，将证据制度定性为以主刑判处的（代替）刑罚（第53条第1款），以及必然有必要在其被废止时"如无考验制度，法院定出对犯罪可科处之刑罚"（第57条第1款）。另一方面，基于在一名社会重返技术员的协助下执行的罪犯的重新适应社会的个人计划（第54条第1款）。这是朝着放弃作为一项独立制裁的证据制度方向迈出的决定性一步，也是朝着将该制度纳入一种简单的暂缓执行徒刑的形式的可能性方向迈出的决定性一步。

b）批评

第632节 为证明考验制度的自主性而提出的多重刑事政策理由的好处，至少是值得怀疑的。首先，制定**个人社会化计划**并由一名官方人员**陪同罪犯**，无疑是社会化的重要因素。但该计划及陪同亦得——而且，在许多情况下可能应该——在不相抵触之情况下在暂缓执行徒刑时发生：为使其有效，绝对不需要独立地确立"考验制度刑罚"。

第633节 关于适用考验制度的**诉讼程序之中止**要求，这一中止根据法

---

[163] 再次见 *Actas PG* II 78 ss。

治的理念目前是有争议的。如果不能令人满意地或不成功地履行对其（*强制地！*）适用的*其他制裁*，那么就难以允许——如果不只是不允许——犯罪人在刑罚种类和刑罚量方面处于不确定状态。诸如绝对不可接受的是援引产生于该中止的*个人威吓*的效果。以《刑事诉讼法典》第 281 条及其后续条文规定的*诉讼程序之暂时中止*将会出现类似情况为理由，对此展开讨论毫无意义。因为在此（有别于其他发生的情况）中止是在被告*同意*的前提下发生的（《刑事诉讼法典》第 281 条第 1 款 a 项）[164]。这一论点确实是可逆的，我们有充分理由认为，《刑事诉讼法典》第 281 条规定的暂时中止最终在很大程度上以十分正确的方式实现了从考验制度所期望的有效的刑事政策目的，不管有没有污名和强制性同意；而且无论如何在程序上更具成本效益。

第 634 节　也许由于这些复杂的原因，在英国和美国的刑事法律体制中，缓刑似乎逐渐失去其在成人刑法中的重要性，变成**未成年人及（或）年轻成年人刑法中的一个典型制度**[165]；在欧洲大陆之法律中，考验制度甚至现今也不会在某种程度上作为独立刑罚，而仅作为暂缓执行徒刑之方式[166]。

2. 前提和制度

a）前提

aa）可适用的刑罚

第 635 节　根据第 53 条第 1 款的规定，为使不法分子受制于考验制度，首先应预防的是，法律在这方面所说的"权力"是受限制的权力（poder-vinculado）或权力与义务（poder-dever），正如我们在其他替代刑罚中所看到的那样——不法分子"**因实施可处以 3 年以下徒刑之犯罪而被判有罪过，不管有没有罚款**"。我们已经多次提到学说建基于这一情况，根据这一学说，考验制度是以主刑判处的一种刑罚，因为这一刑罚是（可以）在具体确定适用于个案的徒刑之前选择的[167]。

---

[164]　关于这种情况的完整意义，见 ANDRADE, M. da Costa, *JDPP* 325 ss。

[165]　此外，我们当中，PEREIRA, L. Miranda, cit. 13 有证据显示，68% 的判决是针对年轻成年人作出的。

[166]　这一结论方面，见 WÜRTENBERGER, *MDR* 1955 9。

[167]　主流的司法见解例如 AcRL de 85JAN23, *CJ X – I* 1985 181 及 AcRL de 89JAN25, *CJ XIV – I* 1989 209。然而错误的见 AcRP de 89MAR01, *CJ XIV – 2* 1989 230，重要的是其完全不理解考验制度的法律框架，甚至认为"考验制度不构成刑罚"。

bb）关于暂缓执行徒刑之补充性

第 636 节 其次，第 53 条第 1 款规定，只有在"暂缓执行刑罚对［……］行为人之社会恢复属不适当"的情况下才适用考验制度。这就是说，当在个案中会聚暂缓执行刑罚的前提及考验制度的（其他）前提时，**法律优先**适用于该刑罚，而不是这一制度。这并不令人惊讶，因此从社会化的角度来看，它显示出对证据制度的优越性的立法信念——可解释在暂缓执行徒刑之同时适用考验制度之确立的唯一信念——存在动摇。

第 637 节 我们甚至可以试图说，以这种方式，在适用任何考验制度之*前*，为确定是否可以暂缓执行徒刑，法官总是必须**具体**确定适用于案件的徒刑。当然，这没有道理，因为既然在采用考验制度的情况下可科处的最高徒刑为 3 年，那么所有考验制度的情况也先验地（*a priori*）出现了可以暂缓执行徒刑的情况。这就是为什么，正如我们已经注意到的，第 57 条第 1 款规定，如废止考验制度，法院须命令"在无考验制度的情况下定出犯罪可科处之刑罚"。无论如何可以说的是，透过这种形式，立法思想对考验制度的适用范围非常狭窄。

cc）实质前提

第 638 节 适用考验制度的实质前提是，根据第 53 条第 1 款最后部分的规定，"鉴于第 48 条第 2 款规定的情节，即暂缓执行刑罚及在上面第 518 节及其后续节数研究了的实质前提所构成的情节，得出以下结论：以这种方式（即以考验制度的方式）可以阻碍（行为人）犯罪，而且不违背谴责和预防犯罪的需要"。简而言之，在没有任何限制的情况下在此适用选择替代刑罚的标准：如在符合适用之形式前提下，法官认为考验制度**适当及足以满足**这种情况所定之**预防要求**，则适用考验制度；尤其是当从特别预防（尤其是社会化的特别预防）的角度来看这类刑罚似乎是适当的，且必须维护法律体制的理由不反对这一刑罚的情况下。如法官在具体个案中有多项可适用之替代刑罚，只要考验制度为实现不法分子重新融入社会似乎更可取时，法官应选择考验制度［考虑到我们在 bb）中提及法律优先选择暂缓执行徒刑］。在此框架内，人们所提出的问题应以与暂缓执行徒刑相应的方式解决。

这就证实了第 635 节及其后续节数指出的观点，即鉴于法律优先选择暂缓执行刑而对适用考验制度过分限制的观点：只有当法院认为重新适应社会的个人计划的存在以及考验制度的官员的帮助和监视对社会化有需要时，该制度才会适用。

b）*制度*

aa）期间

第 639 节　考验制度之期间，按第 53 条第 2 款之规定，为"自判决确定之日起计 **1 年至 3 年**，但不影响延长之可能性"。延长考验制度之期间构成惩罚处于考验的不法分子没有履行应履行的义务的可能性之一；因此，根据第 56 条 b 项的规定，在这种情况下，考验期间可延长至最多 *5 年*。

bb）重新适应社会的个人计划

第 640 节　正如我们多次强调的那样，考验制度的基本组成部分是在社会重返技术员的协助下，制订一项使罪犯重新适应社会的个人计划，并应让罪犯知悉这一个人计划，尽可能获得其同意（第 54 条第 1 款）。因此，这一计划是法院认为必须遵循的**战略**（和**策略**）的表现，以便使罪犯社会化。所以，最重要的是，它是一项计划，将遵守法院规定的职责和行为规则（其性质完全类似于上文第 531 节及其后续节数所研究的关于暂缓执行徒刑的义务和行为规则，见第 54 条第 2 款及第 3 款）与考验制度官员（专业的"社工"或社会重返技术员）负责的帮助和监视工作联系起来。可以毫不夸张地说，这样的联系产生了一项不法分子应履行的**社会和职业生活行为**的真正**计划**。

第 641 节　一个备受争议的问题是我们想知道，当法律试图"在可能的情况下"取得不法分子的**同意**，但当不可能取得同意时法律可放弃同意的情况下，法律最终是否不接受强制重新适应（readaptação coerciva）的概念，且不建基于强迫治疗的思想，即属于一个"治疗国家"（Estado terapêutico）及在法治国家的框架内是不可接受的思想。

这一问题的答案必须是否定的[168]。不得*强迫*不法分子遵守该计划所载之任何行为规则（另见下文第 643 节所指之关于在特定机构之收容及进行实际之治疗之规定）。因此，所有这些都可以归结为*不履行*这些规则以及法律对此种不履行所规定的法律后果（见下文 3）。

第 642 节　重要的是个人计划的要求引起**执行程序上**的困难。根据《刑事诉讼

---

[168]　DIAS, J. de Figueiredo, *ROA 43* 1983 32 s 提出了某些疑问。在剥夺自由的刑罚中，对这一主题的深入分析，见 RODRIGUES, Anabela, *A Posição Jurídica do Recluso...* 1982 138 ss。

法典》第 492 条的规定，如法院在有罪判决作出时实时具备条件安排，则重新适应社会的个人计划须载于该有罪判决本身，而该决定一经确定，即通知社会重返部门；如决定中未载有该计划，则由有关部门指定之社会重返技术员组织计划，然后进行司法确认。

第 643 节　在考验制度中，例如在暂缓执行徒刑方面亦应在学说上区分**义务**与**行为规则**。关于前者，没有必要补充第 539 节及其后续节数中所述的内容。关于后者，第 54 条第 2 款举例指出，行为人不得从事某些职业；不得常至某些场合或地方；不得居住于某些地方或区域；不得随同、收留或接受涉嫌或不当行为之人；不得常去某些社团或不参与某些会议；亦不得持有能便利实施犯罪或违法行为之物品。除此之外，还增加了一条一般条款，根据该条款，法院可以命令"任何有利于犯罪人的社会重返计划或改善其责任感的其他行为"。第 54 条第 3 款明确规定："法院亦得命令在适当机构收容最多两个月，以及规定被判刑者有义务提供良好行为之担保，或定期向法院或其他非警察实体报到。"

第 644 节　前面所阐述的一般学说在暂缓执行徒刑方面的行为规则，应相应适用于考验制度。在*具体*规则方面，最大的疑问可能是在第 54 条第 3 款所指的适当机构**收容**最多两个月的疑问，因为这是一种强制对待（如被判刑者未同意该计划），这种强制对待甚至在被判处剥夺自由的囚犯所适用的制度中没有类似制度（见第 127 条第 1 款和第 402/82 号法令第 4 条[169]）。当然，可以说，行为人总是可以透过不遵守个人重返计划逃避"强制"治疗，然而，根据《刑事诉讼法典》第 493 条第 1 款的规定，收容实际上是强制性的，并经*委托*（mandato）执行。对于主张一切强制对待都是违宪的人来说[170]，解决办法只能在符合宪法第 54 条第 3 款规定的解释中找到，根据这种解释，收容决定（以及对被判刑者处方的具体治疗的决定）最后总是取决于被判刑者的同意[171]。

第 645 节　关于提供**良好行为**的保证（**caução de boa conduta**），这是

169　最后关于这一点，见 ANTUNES, M.ª João, *O Internamento de Imputáveis…*（diss., Coimbra）1990 108。

170　不乏有人肯定它，见 DIAS, A. Silva, *A Relevância Jurídico-Penal das Decisões de Consciência* 131；提出关于合宪性疑问的，见 DIAS, J. de Figueiredo/MONTEIRO, Sinde *BMJ 332* 70。

171　明确这样指出的，见 1991 年草案提出的第 52 条第 3 款。

美好生活的保证（*caução de bem viver*）的旧制度的痕迹[172]。然而，这似乎并不是一个能使这一旧措施得以恢复的情况。一方面，因为，如果它有一个完全预防的特征，那么就看不到如何将其与作为义务依据的犯罪恶行之弥补有意义地联系起来，也看不到如何将其与作为行为规则基础的不法分子的社会化有意义地联系起来。另一方面，若好好地生活的保证在某些历史时期以及在一些国家中得到了一定程度的重视和稳定，那么应该是以维护个人和平或安全，而不是以保护可能因将来犯罪而受到影响的社会安宁来衡量它。最后，在诸如考验制度的一项刑罚内容中引入真正的保安处分（像良好行为的保证[173]）始终会构成严重的不一致——尤其是，如果不这样强加的话，正如至少在这里因执行上的期间不会这样[174]。基于这些原因，我们强烈主张，在将来的修订中，删除作为考验制度所规定义务的可能内容的良好行为担保[175]。

cc）被判刑者的跟进

第 646 节　如前所述，**社会重返技术员**对被判刑者的跟进是更具明确社会化特征的考验制度的另一个要素。这是因为来自其他国家的实地调查证实了这一观点[176]，当涉及少年犯和所犯罪行具中度严重性时，这样的跟进更具重要性，并增加了成功的机会。另外，社会重返技术员在这方面承担着一项艰巨的任务[177]，其在执行程序中的法律地位很复杂：他必须是被罪犯一方信任的人，及被另一方法院本身信任的人，因此他必须发挥对他所期望的支持和监视双重作用。这样操作有以下额外的困难：社会重返技术员被严格禁止透过被命令履行之义务及行为规则，参与超越法院本身所定之限度有关不法分子之生活。

因此，在技术人员无疑应担任的"建议"职务中，他不应屈服于试图将这一职务变成家长式和说教的任务（missionarismo paternalista e perdicante），而应置于判决中的**"外在合法性"**限制之下；这对于与被判刑人的

172　关于这种担保，见 COSTA，J. Faria，*A Caução de Bem Viver...* 1980。

173　见 COSTA，J. Faria（已在前一脚注引述）127 ss。

174　有别于我们将会看到的关于将可归责者收容于针对不可归责者的场所的情况下所发生的某些情况（下文第 972 节）。

175　而且它实际上没有在 1991 年草案中出现。

176　例如对于美国，见 KAPUSTA，M.，em：KERNER/GALAWAY/JANSSEN，cit. 125 ss。DOL-CINI/PALIERO，cit. 74 s 在考虑到英国的统计数据后显得更加乐观。

177　关于这一点，见 MÜLLER-DIETZ，*MKrim* 1973 15。

亲密和家庭生活有关的一切都特别重要，社会重返部门根据《刑事诉讼法典》第 494 条的规定向法院提交的报告将特别反映出这种外在合法性的态度。

3. 履行与不履行考验制度的法律后果

第 647 节　根据第 56 条、第 57 条及第 58 条的规定，实际上对第 50 条、第 51 条及第 52 条规定的且在上文第 542 节及其后续节数陈述的关于暂缓执行徒刑的内容，相应适用于考验制度。一方面，必须指出的是，不履行义务、行为规则或重新适应社会的个人计划的可能性中，第 56 条不包括与第 50 条 b 项相对应的可能性：要求被判刑者保证其履行被命令之义务；或许因认为难以比从社会重返技术员监视中获得更好之保障。另一方面，延长考验期——如前所述，根据第 56 条 b 项的规定，最多可延长至 5 年——在此并不引起与暂缓执行徒刑有关问题相同的问题。

第 648 节　根据第 57 条第 2 款的规定，**废止考验制度**将确定在不适用考验制度下对犯罪科处之刑罚[178]。法律并未明确排除将该刑罚定为一项对特别预防要求适当及对维护法律体制的必要性可承受的*代替徒刑刑罚*的可能性。然而，除暂缓执行徒刑刑罚外：如上所述，根据第 54 条第 1 款之规定——而且，从刑事政策的角度来看，不知道为什么——，只有这一刑罚在法律上比考验制度刑罚更可取。因此，在适用考验制度之前，法院已经尝试和拒绝了其对案件的适用。所以，令人难以理解的是，考验制度的失败和由此产生的废止现在可能会导致适用暂缓执行徒刑的刑罚。

然而，尽管法律没有明确排除这一解决办法——废止考验制度仍可导致适用不属暂缓执行徒刑的另一种替代刑罚的解决办法——，但它肯定不是最好的解决办法。在考验制度中，作为主刑可科处之刑罚之情节并不完全消除替代刑罚之性质，而且，我们已了解不应接受"替代刑罚的替代"的理由，除非法律明确规定。如果废止了考验制度，那么这只能是法院认为**不可能实现自由社会化**（**socialização em liberdade**）的信念或者在自动废止的情况中法律推定的结果。因此，只有履行*实际徒刑*才能符合本案中所需的预防性要求，并有助于使考验制度本身的刑罚保持一致和有效。

---

[178]　AcRP de 89MAR01，*CJ XIV – 2* 1989 230 再一次错误，因其主张"必须在（适用证据制度）的裁判中载明具体可科处的刑罚，作为在废止有关制度的情况下可科处的最高刑罚"。

第三部分

保安处分

第十一章　一般学说

AA. VV. , *Le misure di prevenzione* 1975.

ANCEL, *Les mesures de sureté...* 1950.

ANCEL, Penas y medidas de seguridad en derecho positivo comparado, *ADPCP* 1956 443.

ANCEL, *A Nova Defesa Social* 1979.

ANTOLISEI, Pene e misure di sicurezza, *Scritti di dir. pen.* 1975 221.

ANTUNES, M.ª João, *O Internamento de imputáveis...* 1990.

BARBERO SANTOS, Consideraciones sobre el estado peligroso... *Est. Crimin y der. pen.* 1972 11.

BARBERO SANTOS, Las medidas de seguridad..., *La reforma pen. y penit.* 1980 93.

BERISTAIN, *Medidas penales en derecho contemporaneo* 1974.

BLEI, Verhältnismäβigkeitsgrundsatz und Maβregeln..., *JA* 1971 235.

BRICOLA, Il principio di fungibilità...*RItalDPP* 1961 830.

BRUNS, Die Maβregeln der Sicherung..., *ZStW 71* 1959 210.

CALLON, Las medidas de seguridad, *ADPCP* 1956 9.

CARACCIOLI, *I problemi generali delle misure di sicurezza* 1970.

CARLOS, A. da Palma, Medidas de Segurança, separata de *Jornal do Foro 26* 1962.

CARLOS, A. da Palma, *Os Novos Aspectos do Direito Penal* 1934.

CONSEIL DE L'EUROPE (Org.), *Etudes sur la responsabilité pénale et le traitement psychiatrique....* , *VII Colloque crimin.* 1986.

CORREIA, Eduardo, A Doutrina da Culpa na Formação da Personalidade, *RDES*

1 1945-6 24.

CORREIA, Eduardo, *Código Penal. Projecto da Parte Geral* 1963.

CORREIA, Eduardo, A Influência de Franz v. Liszt…, *BFDC 46* 1970 1.

DIAS, J. de Figueiredo, La contribution des sciences humaines…, *AnnIntCrim 25* 1987 111.

DIAS, J. de Figueiredo, Das portugiesische StGB…, *ZStW 105* 1993 77.

EXNER, *Die Theorie der Sicherungsmittel* 1914.

FAVEIRO, V. , *Prevenção Criminal. Medidas de Segurança* 1952.

FERREIRA, M. Cavaleiro de, *A Personalidade do Delinquente…* 1943.

FERREIRA, M. Cavaleiro de, Os Criminosos de Difícil Correcção…, *O Direito 70* 1938 130.

FERRI, *Nuovi orizzonti del diritto e della procedura penale* 1881.

FERRI, Les mesures de sureté et les peines, *RIntDP* 1925.

FINZI, Las medidas de seguridad…, *Nuevo pensamiento penal* 1976 183.

FLORA (Org.), *Le nuove norme sull'ordinamento penitenziario* 1987.

GREVI (Org.), *L'ordinamento penitenziario dopo la riforma* 1988.

FRAGOSO, H. C. , Sistema do Duplo Binário…, *RDPC 32* 1981 5.

FREY, Ausbau des Strafensystems, *ZStW 65* 1953 3.

FREY, *Heilen statt Strafen*[3] 1962.

FREY, Der revidierte schweizerische und österreichische strafrechtliche Maßnahmerecht…. *Lange-FS* 1976 347.

FRISCH, Der Marburgerprogramm…. *ZStW 94* 1982 565.

FRISCH, Die Maßregeln…, *ZStW 102* 1990 343.

GRAMATICA, *Principes de défense sociale* 1964.

GRAVEN, J. , *Les peines et les mesures du droit pénal suisse* 1952.

GRIBBOHM, Der Grundsatz der Verhältnismäßigkeit…, *JuS* 1967 349.

GRÜNWALD, Sicherungsverwahrung…. *ZStW 76* 1964 633.

HALL, K. A. , Sicherungsverwahrung und Sicherungsstrafe, *ZStW 70* 1958 41.

HEINITZ, Der Entwurf…, *ZStW 70* 1958 1.

HENKEL, Das Sicherungsverfahren, *ZStW 57* 1945 702 e *58* 1946 167.

HIPPEL, R. v. , *Reform der Strafrechtsreform* 1976.

HORSTKOTTE, Die Vorschriften…über die Maßregeln der Sicherung und Besserung,

JZ 1970 152.

JESCHECK, Die kriminalpolitische Konzeption des AE, *ZStW 80* 1968 54.

JIMENEZ DE ASUA, La mesure de sureté…, *RScC* 1954 21.

JORGE BARREIRO, *Las medidas de seguridad…* 1976.

JUNG, Fortentwicklung des Sanktionssystems, *JuS* 1986 741.

KAISER, *Befinden sich die kriminalr. Maβregeln in der Krise?* 1990.

KAUFMANN, Arthur, Schuldprinzip u. Vertältnismäβigkeitsgrundsatz, *Lange-FS* 1976 27.

LANG-HINRICHSEN, Probleme der Sicherungsverwahrung…, *Maurach-FS* 1972 311.

LEVASSEUR, *Les mesures de sûreté en droit comparé* 1948.

LUZON PEÑA, *Medición de la pena y sustitutivos penales* 1979.

MARINUCCI, Politica criminale e riforma del dir. pen. , *Jus* 1974 463.

MAYER, H. , *Strafrechtsreform für heute und morgen* 1962.

MARQUARDT, *Dogmatische u, kriminalpolitische Aspekte des Vikariiens…* 1972.

MAUL/LAUVEN, Die Vollstreckungsreihenfolge…. *NStZ* 1986 397.

MOLARI, Il problema dell'unificazione…, *RItalDPP* 1964 56.

MÜLLER-DIETZ, *Grundfragen des strafrechtlichen Sanktionensysrems* 1979.

MÜLLER-DIETZ, *Schuld u. Strafvollzug…* 1987.

MÜLLER-DTETZ, Unterbringung im psychiatrischen Krankenhaus u. Verfssung, *JR* 1987 45.

MUÑOZ CONDE, Monismo y dualismo…, *Est. pen. y crimin. 6* 1983 215.

MUÑOZ CONDE, Vorschlag eines neuen Maβregelsystems, em: HASSEMER (Org.) , *Strafrechrspolitik* 1986 117.

MUSCO, *La misura di sicurezza detentiva…* 1978.

NAGLER, Das Sicherungsverfahren, *GS 112* 308.

NOWAKOWSKI, Zur Rechtsstaatlichkeit der vorbeugenden Maβnahmen, *v. Weber-FS* 1963 98.

NUVOLONE, Misure di prevenzzione e misure di sicurezza, *EdD 26* 632.

OVERBECK, A. v. , Le norme generali…. em: AA. VV. , *Il Progetto Rocco nel pensiero giuridico contemporaneo* 1930 143.

PADOVANI, Presunzione di pericolosità…, *RItalDPP* 1979 744.

PAGLIARO，La riforma delle sanzione penali…. *RItalDPP* 1979 1189.

PATIN，La place des mesures de sûreté…. *RScC* 1948 415.

POLÓNIO，Pedro，*Psiquiatria Medicina da Pessoa* 1978.

POROT/BARDENAT，*Anormaux et malades mentaux…* 1960.

PRINS，*La défense sociale et les transformations du droit pénal* 1910.

ROCHA，M. A. Lopes，O Novo Código Penal Português…. em：AA. VV.，*Para uma Nova Justiça Penal* 1983 32.

RODRIGUES，Anabela，A Fase de Execução…. *BMJ 380* 1988 5.

RODRIGUEZ DEVESA，Alegato contro Ias medidas de seguridade，*ADPCP* 1978 5.

ROSA，M. Cortes，Die Funktion der Abgrenzung von Unrecht und Schuld…*

ROTMAN，L'évolution de la pensée juridique sur le bout de la sanction pénale，*Mélanges Ancel* II 1975 163.

ROXIN，Franz v. Liszt…，em：ROXIN，*Problemas Fundamentais de Direito Penal* 1986 49.

SÁ，Fernando，No Momento Actual…，*RDES 15* 1968 273.

SANTOS，J. Beleza dos，Delinquentes Habituais，Vadios e Equiparados…，*RLJ 70* 337.

SANTOS，J. Beleza dos，*Direito Criminal: Delinquentes Perigosos（Lições）* 1950-1.

SANTOS. J. Beleza dos，Medidas de Segurança e Prescrição，*RLJ 77* 321.

SANTOS，J. Beleza dos，*Nova Organização Prisional…* 1947.

SANTOS，J. Beleza dos，*Os Tribunais de Execução das Penas…* 1953.

SCHMELCK，La distinction de la peine et de la mesure de sûreté，*Mélanges Patin* 1965 179.

SCHMITT，Was hat die Strafrechtsreform von der Zweispurigkeit…，*Würtenberger-FS* 1977 277.

SCHRÖDER，Die Erforderlichkeit von Sicherungsmaβregeln，*JZ* 1970 92.

STOOS，*Exposé des motifs de l'avant-projet de code pénal suisse*，*PG* 1914.

STOOS，Die sichernden Maβnahmen…. *RPS* 28 1925 23.

---

* 这是作者参与科英布拉大学法学院 Claus Roxin 教授荣誉博士学位的国际学术报告会上的相关研究（1991 年 5 月），德国文本即将在国际学术报告会的会议录中发表（Heymanns Verlag），其葡文版本将出现在 *RPCC* 中。我感谢 Cortes Rosa 先生把手稿交给我，其页面将会在引用中指出。

STOOS，Der Dualismus im Strafrecht，*RPS 41* 1928 54.

STOOS，Zur Natur der sichernden Maβnahmen，*RPS 44* 1930 626.

STRATENWERTH，Zur Rechtfertigung freiheitsentziehender sichern. Maβnahmen，
　　RPS 105 1988 105.

STREE，*Deliktsfolgen und Grundgesetz* 1960.

SZASZ，*Idéologie et folie* 1969.

VÉRIN，Les rapports entre les peines et la mesure sûreté，*RScC* 1963 259.

VOSSEN，Das revidierte Massnahmerecht aus der Sicht des Psychiaters，*RPS 89*
　　1973 113.

ZIPF，Die Rechtsfolgen der Tat im neuen Strafgesetzbuch，*JuS* 1974 273.

另见第十二章及第十三章开端所引用的书目。

一　保安处分的历史和刑事政策演变

1. 处罚制度中的保安处分

第 649 节　众所周知，现行葡萄牙刑法中的刑事法律处罚制度有两个支柱：刑罚和保安处分。因此，从这个意义上来说，我们的制度是**二元论**（**dualista**）、**双重方向**（**dupla via**）或**双重二进制**（**duplo binário**），这与过去某些法律秩序中的情况不同，而且至今仍然存在，尽管很少出现。对作为有别于刑罚的一类刑事处罚所存在的教条意识，只有 Carl Stoos 的《瑞士刑法典》草案（1893 年）和 Liszt 和 Kahls 的《反制草案》（1911 年）才存在；即使不应忘记更早前 Ferri 甚至 Despine 和 Lombroso 作出有利于代替传统刑罚制度的社会保护措施制度之要求[1]。这并不是说，在包括葡萄牙文在内的先前的刑事制度中[2]，不再存在按照现代教条应归入保安处分范畴的处罚；而是说，只有从上述立法研究中，才能从整体上清楚地意识到不论是什么刑罚制度，都必须包含在（或"围绕在"，根据 Zipf 的巧妙表述[3]）

---

[1]　见 FERRI，*Nuovi orizzonti...*，cit。关于这一演变，见 RODRIGUEZ DEVESA/SERRANO GÓMEZ
　　986 ss。

[2]　当中通常强调 *Allegeines Landrecht für die preuβischen Staaten*，de 1974 跟随 E. F. Klein 首次提
　　出的想法：SCHMIDT，Eb.，*ZStW 86* 1974 621 及 JESCHECK § 9 I。

[3]　MAURACH/ZIPF § 67 n.° m. 2.

具有有别于主导刑罚的刑事政策目的和教条表现的措施体系中。

第 650 节　这种意识首先与对**刑罚目的**的某种理解有关。特别侧重预防的做法越多，对以保安处分制度使刑罚制度完整的需要就越少。相反，当刑罚之目的被纳入赎罪或回报之框架内（当中过错具有法律后果的依据）时，在这方面，不论在多大程度上，都必须将其纳入保安处分制度中；因此，刑罚不能适用于社会保护对违法者提起处罚程序的情况，而适用于有效的实用刑事政策具有决定性的含义的情况。然而，即使在刑罚目的上的概念避免特别预防或回报的排他性，以及即使刑罚目的在于——像我们当中所发生的一样——保护法益及使行为人重新融入社会，诉诸保安处分也将是不可避免的。这种不可避免至少在原则上似乎在*两个不同层面*发生。

第 651 节　最明显和无可争辩的一个层面是由**不可归责的**行为人构成的。犯下（在目前没有处理在随后的陈述中逐渐构建和完善的准确教条决定）一项符合罪状的不法事实但却是不可归责者，即根据定义无罪过，不能被判处刑罚；然而，如行为人所作之事实及行为人之人格显示存有严重危险性，则刑事处罚制度不得不介入，否则有待履行无疑由合理有效的刑事政策负责的社会防御的主要工作。

第 652 节　第二个层面更有疑问及有争议但并非不重要，该层面如下：虽然符合罪状的不法事实是由可归责者作出的，但可以发生的是，主导罪过并因为主导量刑的原则完全显示出不足以发生因具体事实情节及（或）因行为人之人格而引致之**特别危险性**。请考虑诸如很少的可归责性、惯常、有倾向或类似的不法分子等方面可能出现之情况：尽管对这些方面来说过错（因触犯符合罪状的不法事实）仍构成量刑的最高限度，但很可能导致该限度处于十分低的水平，以致不能在这一限度内抵御行为人的特别危险性及相对稳定的社会保护要求。因此，在这方面，透过适用针对行为人的特别危险性的保安处分，非常接近以完善适用因过错而限制的刑罚的概念。

第 653 节　因此，**保安处分**是与行为人实施一项符合罪状的不法事实有关的拘留或非拘留的刑事处分，其危险性作为前提及量刑原则，以及目的至少是与特别预防有关的社会防卫，无论是以纯粹的安全形式还是以（重新）社会化形式。根据这一含义和理解，保安处分的一个子制度如今已构成刑事处分制度中一个不可或缺和不可放弃的刑事政策方面的一个章节。

2. 保安处分在葡萄牙法律的演变

第 654 节　1852 年的《刑法典》和 1886 年的《刑法典》都是以刑罚为基础的刑事处分制度，该刑罚被普遍认为是以威吓（在上述第一部法典中）或以回报（在上述第二部法典中）作为一般预防的工具。然而，这并不意味着葡萄牙的刑事法律制度对引入主导保安处分的基本刑事政策思想存在特别的阻力。准确来说是相反的；正如将会很容易接受的一样，考虑到与社会化的特别预防的理念相联系的惩教学派对我们的体制产生的巨大影响。而接下来要做的是完全意识到刑罚制度和保安处分制度之间的区别。然而，人们确实需要一段时间才能**在教条上**充分意识到刑罚制度和保安处分制度之间的区别（否则，会使在此正在分析的这一制度的刑事政策目的成为问题）。

然而，从**刑事政策角度**我们可以很清楚地看出，刑事处分的概念从很早就已存在，它是对罪犯特别危险的处分要求和对其社会化需求的*特殊*响应。可以肯定的是，一旦获得——根据 Stoos 和 v. Liszt 的研究——上述教条上的意识，在现行《刑法典》生效之前，保安处分制度是葡萄牙刑法的一个重要组成部分。

第 655 节　只有在 1886 年《刑法典》中才有一条（第 47 条）关于如何处置危险的不可归责者的规定[4]。但早在 **1852 年的《刑法典》**（例如第 55 条）中就已经形成措施，如流刑、流亡海外及警察的监督，根据目前的教条和刑事政策概念，这些措施几乎不能被视为保安处分。确实，1886 年《刑法典》（第 57 条、第 58 条和第 59 条）的*刑罚*中规定了这些措施（以及对于在此所涉及的效力的其他类似措施，例如驱逐出境），但同样的事实是，这种法律制度并非没有受到学说上的反对，例如，当认为根据 1886 年《刑法典》应将诸如把某些（流浪、习惯性的）罪犯交给政府及受制于警察的特别监督一样处罚视为保安处分[5]；或者，当要强调的是，根据 1886 年《刑法典》第 55 条和第 60 条的规定，可以将流刑作为较长的单独监禁徒刑的补充处分来适用。

另一方面[6]，**1892 年 4 月 21 日的《法律宪章》**（**Carta de Lei**）规定了——跟随着 1875 年和 1885 年关于*降级*（*relégation*）的法国法律——真正的保安处分，以防止

---

[4]　其内容如下："作出事实而无须承担刑事责任之疯子，如属犯罪或因其状况为提高安全而这样要求，应将之交予其家属监管或置于精神病院。"

[5]　见 OSÓRIO，Luís art. 54.°。

[6]　对于要追随的，最全面、最深入的研究无疑就是 HÜNERFELD, *Die Entwicklung...* 1971 153 ss.，185 ss. 及 213 ss. 的研究。最后，概括上，见 RODRIGUES，Anabela，cit. 53。

某些可归罪的罪犯的特别危险，这些罪犯被视为一种特殊类别的"累犯"，在现代术语中，应被称为惯犯[7]。1896 年 4 月 3 日的法律将 1892 年法律制度的范围扩大到了流浪者和等同者。1912 年 7 月 20 日的法律强化了这一双重制度，规定了这些惯犯、流浪者和等同者将被送到政府的劳改中心（casa correccional de trabalho）或农业刑事营地（colónia penal agrícola）[8]。

1936 年的**监狱改革**创造了在没有预期限制的情况下*延长*适用于特别危险罪犯的*刑期*的可能性。

后一种观点经**1954 年改革**在《刑法典》中已从根本上得到体现：关于"难以改正"的所谓（可归责的）不法分子（包括以屡次实施犯罪为特征之惯犯，以及倾向、显示恶言或导致特别危险性之罪犯）的第 67 条，允许其刑罚连续延长 3 年，直至被判刑者证明其有能力体面地生活或不再是危险的；同样的规定也包括第 68 条，针对因精神失常而可被归罪于刑事上危险之各犯罪人；最后，第 93 条规定，不论上述各条之规定为何，对被认为是惯犯或有犯罪倾向的罪犯所科处之刑罚，均*特别加重*[9]。

这一情况仅因《刑法典》1972 年的修订而发生了改变，该修订将延长期限制为连续两个 3 年，尽管在第 68 条所指的情况下，如危险性延长后仍维持，则法院可对行为人科处第 70 条第 1 款所指的刑事精神病院收容*保安处分*。

二　刑事处分的一元论和二元论

1. 概念化

第 656 节　目前绝大多数现行刑事法律都接受**二元论/双重性**的刑事处分制度。二元论是指制度承认存在以行为人的罪过为主要依据或前提的处罚手段——刑罚，以及承认存在以罪过而非以不法分子的危险性为前提的处罚手段——保安处分。但二元论仍有另一个含义：适用保安处分的依据可以是有罪过地作出符合罪状的不法事实，因此行为人应被判处一项刑罚；也就是说，可以*同时对同一行为人及同一事实科处刑罚及保安处分*。在这方面，**双重方向**（**dupla via**）或双重二进制（**duplo binário**）的表述比起

7　在此方面亦见 CORREIA, Eduardo I 70。

8　关于与监狱改革有关的法律，见 SANTOS, J. Beleza dos, *RLJ 70*, 337 ss。

9　关于这一点，特别见 CORREIA, Eduardo I 73 s。

"二元制度"（sistema dualista）的表述更可取。

第 657 节　当今天讨论并且还在继续讨论的是一元论相对二元论的刑事政策问题时，正是最后一个所指出的含义才是二元论的概念。这一点（现在我们从"一元论"的角度来看）是指，如果保安处分只适用于不可归责者，或者即使适用于不可归责者但只适用于不因同一事实而同时科处刑罚的情况，尽管承认刑罚和保安处分的存在，一个制度也并非不可被视为一元的[10]。

第 658 节　Eduardo Correia 在接近但又不一致的方面上发展了他的一元概念。对该学者来说，这一制度并不失去其一元特征，因为它规定对不可归责者采取保安处分。同样亦不会因对可归责采取保安处分而失去其一元特征，只要这些保安处分具有**非监禁**性质。然而，对可归责者科处收容保安处分，将会导致该制度失去一元特征，即使在有关情况下不科处刑罚亦然[11]。

很明显，一元论和二元论的概念并没有加载事物的本质，因此不能说其中一个是对的而另一个是错误的，不管其目的、其刑事政策功能及其在制度中的位置是什么。然而，在这方面，正如 Eduardo Correia 所想要的，如果能理解为什么在这一领域会出现最常见、最严重及会导致更多的执行困难的问题，将一元论与二元论之间的讨论变为监禁或剥夺自由的刑事处分明确并不是有理据的。在一元论与二元论之间的刑事政策及教条主义的讨论方式完全相同，即剥夺自由或非剥夺自由的处分。另一方面，Eduardo Correia 认为，不应对可归责的行为人适用任何具监禁性质的保安处分，这将导致不考虑其本身的教育[12]——无可争辩是正确的教育，即同一行为人可以在同一程序中被视为对一个事实的可归责者及被视为对另一事实的不可归责者，随后可因前一事实而受监禁刑罚及因后一事实而受具监禁性质的保安处分。

2. 争议

第 659 节　这样，对一元论和二元论概念的预先理解，就更容易在教条主义和刑事政策争议中采取现今对此方面所建立的立场。**关键问题**在于是否——关于对可归责的行为人作出的一项符合罪状的不法事实，在预防危险性（及随后的社会保护）的增加要求与不足以响应这些要求的罪过限度之间存在矛盾的情况——仍有可能且适宜将罪过和量刑的概念延伸至保安

---

[10]　这样，十分正确的，见 ANTUNES, M. ª João, cit. 127 ss；亦见 FRAGOSO, cit. 7 e nota 5。

[11]　CORREIA, Eduardo I 62 ss., *ProjPG* 61, *ZStW 76* 345 s., *BFDC 46* 1970 24 ss. 在概念上完全跟随他的见 ROCHA, M. Lopes, cit. 33 ss。

[12]　CORREIA, Eduardo I 364.

处分可免除的程度。如果这一问题得到肯定的回答，那么就可以考虑采用一元制度（或可能更好地说：一种*趋向*一元的制度），从执行的角度来看，这种制度明显有好处；相反，如果答案是否定的，那么采用二元制度似乎是决定性的。

第 660 节　然而，如果这就是"一元论对二元论"争议的真正界限，那么似乎可以说，它不仅是一个保安处分理论的一般性问题，亦是立法对策应对**特别危险罪犯**问题的一个具体问题。事实上，葡萄牙的学说一直被认为是最具代表性的[13]。为了达到这一思路的目的，整个问题应该不单只在目前的框架内，而且主要[14]在第十五章中关于*相对不确定的刑罚*所作出的研究，即根据葡萄牙现行刑法处理特别危险的可归责行为人的问题的研究。

这就是我们要做的，但不要从我们的理解范围中得出这样的结论：从所陈述的来看，以下结论是不正确的，即保安处分的一般理论只与不可归责性的刑事法律处理有关。我们的制度肯定是**一元的**，因为不允许对同一行为人因同一事实而科处刑罚和带有剥夺自由的保安处分。然而，我们的制度是二元的，不仅是因为要知道存在刑罚及保安处分，而且因为要向可归责者判处非监禁性质的保安处分（第 97 条及其后续条文），同样亦因为要在同一诉讼程序中对同一行为人科处刑罚及保安处分，即使是因*不同*事实亦然。因此，在一元论和二元论之间必须进行刑事政策讨论（尽管附带我们所说的更艰巨的问题，而这个问题是关于"特别危险"罪行的处理）。

3. 二元论的危机

第 661 节　从现在的情况来看，必须确定今天仍听说的对二元论的解决方案进行批评的刑事政策的有效性，这些批评甚至会导致经常或不时地议论到的"二元论"、"双重方向"或"双重二进制"的危机。

13　当中见 SANTOS，J. Beleza dos，*Nova Organização…* cit. 21 ss.，*RLJ 80* 213 及 *RScC* 1954 710；FERREIRA，M. Cavaleiro de，*A Personalidade…* cit. 55 ss. 以及 II 60 s.；CORREIA，Eduardo，倒数第二个脚注；DIAS，J. de Figeiredo，*Liberdade…* [1] 1976 254 ss. 就葡萄牙的法律和学说——而且，从广义上和价值上来说，它似乎非常接近文本中所做的分析，对这一问题的全面分析见 HÜNERFELD，*Die Entwicklung…* 1971 214 ss.，225 ss.，235 ss。

14　所谓的"主要"是因为这个问题也可能针对传统上不属于特别危险的犯罪情况，尤其是低度可归责性之情况（只见 CORREIA，Eduardo I 63 s.，356 ss.，360 ss.；DIAS，J. de Figueiredo，*Liberdade…* [1] 1976 81 ss.，232 ss.；特别是在现在的情况下，见 ANTUNES，M.[a] João，cit. 30 ss）。

a）违反罪过原则的问题

第 662 节　在刑事政策上不容许采用二元论解决办法的部分，其中允许对已犯罪行的可归责者采取保安处分的部分所建基的主要论据——真正令人印象深刻的主要论据是，对罪过原则及这一原则所基于的罪过及宪政基础提出了不可补救的质疑。有人争辩说，执行无罪无刑、刑罚分量不能超过罪过程度的原则（这一原则建立在对法治、人格尊严的不可侵犯性至关重要的最大限度内）是没有意义的，以便之后以一项保安处分补足（**completar**）或补充（**complementar**）该刑罚，而从定义上讲，这一保安处分不受罪过的限制，它主要以非道德的人格质量（即自然主义品质）为依据，如社会危险性。此外，在这种解决办法的基础上，继续肯定罪过原则（宪政上和刑事政策上）的不可侵犯的性质将是伪善的[15]。

第 663 节　这一论点有许多道理，可以作为一种强有力的支持，以各种可能的方式限制二元制度，特别是在处理特别危险的罪犯方面。然而，该论点最终却没有根据。对犯罪的社会防御要求，一方面是**法治和有效合理的刑事政策的前提**[16]；另一方面，如果维护人崇高的尊严是以无条件之罪过作为科处刑罚之前提之依据是绝对正确的话，那么，同样正确的是，即使罪过构成国家制裁权力的最好限制形式，**它也不是唯一的**[17]。如果是这样的话，以与刑法类似之方式构成的罪过原则，就必须是整个（民事、行政、违反秩序等）处罚法律体制的一项宪法原则；但并非这样。实际上，除了刑事法律意义上对限制国家权力的罪过要求之外，还有其他形式；这些形式可以而且应该被重新引导到崇高的人格尊严的表现上。

这尤其是在**适度原则**（它亦是一种宪法原则，见《葡萄牙共和国宪法》第 18 条）下发生的情况，正如我们在下面第 705 节将会看到的，它主导适用任何保安处分。如果我们在这一原则中加上"必要"原则和"补充性"原则，一方面我们必须根据法治的数个原则（尤其是维护人的尊严原则）得出一个合理的结论，另一方面在法律上存在一个二元制度在刑事政策上

---

[15]　这样是非常强烈的，见 CORREIA, Eduardo, *ProjPG* 31；以及现在亦见 ROMANO pré-art. 1 n.° m. 44。在更全面的意义上，更接近于文中意义的，见 RODRIGUES, Anabela, cit. 54。

[16]　在这方面，不久我们将看到 KOHLRAUSCH, *Sollen u. Können...* 1910 7 的典范结论："没有任何东西可以使正确理解实际要求的一种刑法科学，不仅变成没有价值的装饰品，而且是错误的科学。"

[17]　在此方面，见 DIAS, J. de Figueiredo, *RPCC* 2 1992 9 s。

符合合理的社会保护要求。

b）执行上的"运作期间"问题

第664节　要点是，在同时科处刑罚及保安处分的情况下，尤其是当它们都是*剥夺自由的处罚*时，按照 Zipf 的典范表述，执行这两种处分可构成**"相互确定的效力的整体"**[18]。如果这是可能的，只要有可能，就可以排除其他总是反对二元制度的反对意见，即（原则上）对同一行为人执行两个处分必然会使构成保安处分的最大目的的社会化目的以及在可能的情况下使应被判处刑罚的其中一个目的成为疑问[19]。

第665节　事实上，这一论点也很有道理。如所执行之第一项处分（不论是哪一项处分）达到了社会化目的，那么，根据这一目的，履行第二项处分就毫无意义，即使未有损害这一目的并因此使适合执行第一项处分的社会上的积极意义成为问题亦然！但是，如果这一论点成立，人们就会试图通过执行上的"运作期间"（«vicariato»）概念来解决这个问题，即只有相对较短的时间才开始流行的概念，它在各种学说和法律中以非常不同的含义和范围被理解[20]，但其**核心**在于以下三个环节：1）以对社会化最有利的方式确定先后履行两类处分的顺序；2）将在第一项制裁中取得之一切有用效果赋予第二项处分；3）整体上，判处执行可能有利于社会化之代替处分及执行之附随事项，尤其是暂缓执行及（或）假释。

如果这些想法（甚至其最终后果）被法律采纳，那么 Jescheck 的悲观主义似乎是没有道理的，根据这一主义，运作期间原则（princípio do *vicariato*）只在"狭小的限制"[21] 范围内提供帮助；相反，必须指出的是，以这种方式，实现的途径向二元制度开放，否则这些途径将保持关闭状态。与此同时（这是一个非常重要的想法，下文第877节及其后各节将更容易理解这一想法），一种**实际的一元制度**可能出现，该制度对特别危险的犯罪以形式上视为刑罚的手段作出反应，但从实质上讲，这些手段构成真正的保安处分。

18　ZIPF, em: ROXIN E OUTROS, *Einführung in das neue Strafrecht* 1974 106.

19　SANTOS, J. Beleza dos, *Nova Organização...*, cit. 20 s.；CORREIA, Eduardo, *RDES 1* 1945 35；*AE-AT* § § 66 – 77, Begründung 121；PAGLIARO, *RItalDPP* 1979 1204.

20　MARQUARDT, cit. 34 e ANTUNES, M. ª João, cit. 135 ss.

21　JESCHECK § 8 I 4.

c）"使用合法但不适当的概念来解释解决办法的理由"的问题

第666节　像刚刚已主张的，如果二元制度一方面不影响其作用范围内罪过原则的存在，另一方面也不影响社会化原则的可能效力，那么，以下论据——在 Kohlrausch 以口号提出它后受到广泛传播的论据[22]——会失去其效力：在连续履行一项刑罚及一项保安处分时，这只不过是"使用合法但不适当的概念来解释解决办法的理由"（«burla de etiqueta»）。

针对这一论点，必须强调的是，不论执行上的"运作期间"有多少，无论从遭受刑罚和保安处分的罪犯的角度还是从适用刑罚和保安处分的社会角度来看，刑罚和保安处分在教条或刑事政治角度上都是**不同的制裁手段**：在其正当性、其前提、其含义及其目的相关联的方式上不同的制裁手段[23]。

三　保安处分的目的和正当性

1. 目的问题

第667节　阐述保安处分的目的或"宗旨"（与刑罚的目的一样）是在任何系统阐述刑法的引言章节中进行，因此，理应假设已作出阐述及在本框架中避免阐述。然而，有理由在此不遗漏某些详细解释，否则以下阐述中的某些部分将变得难以明白，或可能造成严重模棱两可的认识。

a）主要目的：特别预防

第668节　根据其出现的历史和刑事政策原因，保安处分的目的是——无论是在其适用时，还是在其执行时——防止行为人今后犯下符合罪状的不法事实的一般目的。因此，保安处分的方向至少是为了**特别预防或个别预防**重复作出符合罪状的不法事实[24]。换言之，为了社会生活的安全利益，保安处分建议透过对危险行为人采取特别的预防措施防止将来实施符合罪状的不法事实。

22　KOHLRAUSCH, *ZStW44* 1932 33. 而现在见 ROMANO pré-art. 1 n.° m. 44。

23　其*执行*的标准应该是同样的，见 ROCHA, M. Lopes, cit. 9 以及 RODRIGUES, Anabela, cit. 54。然而，对于我们而言似乎毫无道理的是，统一执行的可能性（正如由适用所有刑事制裁的目的平等而确定的统一，尽管在文中将指出不同之处）在这里是讨论"使用合法但不适当的概念来解释解决办法的理由"的理由。

24　为了对保安处分，尤其是对收容的保安处分指出一个纯粹的教育目的或治愈目的，请参阅意大利学说的一部分：MARINUCCI, cit. 498、ROMANO pré-art. 1 n.° m. 46。

第 669 节　因此，特别预防的目的，在本框架内肯定具有**双重作用**：一方面是**安全**的作用；另一方面是**社会化**的作用。但是，这两个作用中哪一个应起**首要**作用，是一个复杂和正在讨论的问题。

正如我们看到的那样，如果具体保护的是在此所普遍讨论的社会生活的安全利益，那么一般来说，在每一个具体情况下，安全的作用应优于社会化的作用。但这样的说法是不准确的。相反，准确的是，社会化目的应尽可能优于安全目的，正如我们看到的主宰我们的刑事政策宪法的社会性和人性原则所要求的那样（见上文第 58 节和第 20 节）[25]；因此，只有在社会化似乎不可能的情况下，安全才能成为保安处分的独立目的[26]。甚至因为透过安全不可能实现社会化；当社会化在制度措施的框架内可行时，它会在相关的收容时间内伴随着一个安全元素。

已陈述立场的例外可见于 7 月 19 日第 19/86 号法律第 4 条，根据这一规定，"上述各条文所指之任一犯罪（森林纵火）是由不可归责者实施时，根据法律的规定及限制，科处《刑法典》第 91 条所规定的保安处分，其形式为：*间歇性及与正常放火时间相符的收容*"。在这种情况下，**安全目的**明显**优于**社会化目的（在不应放弃社会化的情况下），这似乎是无可争议的。

b）特别预防与符合罪状的不法性的联系

第 670 节　然而，在保安处分方面（正如在刑罚方面一样），社会化作用优于安全作用不应使人认为，社会化作用本身就是科处保安处分的*理由*。证明科处保安处分的理由始终仅是预防将来实施符合罪状的不法事实的必要性（而在此含义上，是广义上的"安全"作用）[27]。

因此，一方面，当社会化在保安处分的目的中具优越性时，进行一种被认为必要和可能的社会化的尝试，首先取决于行为人作出法律定性为一项**符合罪状的不法事实**。然而，这一事实不仅具有社会化需要的"特征"的价值，而且可以毫不费力地从中得出结论。另一方面，仍然而且始终必不可少的是确认**行为人的危险性**，即确认行为人将来犯下其他符合罪状的不法事实的危险性。

---

[25]　认为安全优先在宪法上是令人怀疑的方面，在德国学说中亦见 MAYER，H.，*AT* 1967 207；现在非常明确的见 STRATENWERTH n.° m. 52（"一般安全仅具有次要效力"），但在德国法律中被称为"收容的保安处分"的情况除外（相关《刑法典》第 66 节）。

[26]　第 117／I 号法案的报告第 15 款所载的相关考虑就倾向于这个含义。

[27]　对此方面十分清晰的，见 SCHULTZ，*JZ* 1996 119。亦见 ANTUNES，M.ᵃ João，*cit.* 156。

c）次要目的：一般预防

第 671 节 然而，要求行为人实施符合罪状的不法事实作为适用保安处分的前提，在目前正在审议的事项中提出了另一个重要问题：一般预防的目的在此发挥的作用。人们所听到的主流答案是，这一目的在保安处分的范围内**没有任何自主性**：这一目的只有在完全间接和依赖的情况下才能实现，因为涉及适用和执行保安处分的剥夺或限制权利（剥夺或限制人身自由、禁止从事职业、禁止活动或限制权利等），可以使一般人不实施符合罪状的不法事实。尤其是当剥夺或限制权利适用于不可归责者时，一般预防的要求被认为没有意义，因为社会清楚理解的是，针对个人危险性的处分是异常的内在环境所产生的唯一结果，这些条件并不会在被违反的规范的有效性上使社会期望成为问题，因为一般人不会倾向于以不可归责者为典范[28]。

第 672 节 这一考虑原则上是有根据的。然而，似乎不能反驳的是，就某些保安处分而言，立法者在制定该等处分时亦自主地考虑一般预防的效果，即使是以（可容许的）消极或威吓的一般预防形式。正如 Roxin 合理地强调一样，诸如禁止*驾车权能*的保安处分是"比交通犯罪所判处的刑罚更具恐吓性的方式"[29]。

此外，即使特别对*收容*保安处分，在我们积极的法律体系中，也存在着导致以下信念的规范层面：**积极或融合的一般预防**的目的也是以自主的方式存在，而不仅仅是以上述间接和依赖的方式存在。

第 673 节 首先，正如我们看到的那样，如果保安处分的适用不仅与危险性联系在一起，而且始终与实施符合罪状的不法事实联系在一起，那么只有当它也兼有保护法益及坚持维护社会期望的作用时才会发生这样的事[30]。之后，有必要考虑的是，适用保安处分的前提不是实施*任何*符合罪状的不法事实，而只是实施*严重*符合罪状的不法事实；不论这一严重性指的是已作出的事实的性质（例如，为了收容保安处分的目的，见第 91 条），

---

[28] 当中见 ROXIN, *Culpabilidad y prevencion…* 1988 176，LUZON PEÑA，cit. 46，以及我们当中见 ANTUNES, M.ᵃ João, cit. 54, 155 ss。对于这一学者（cit. 157），在符合罪状的不法事实中，"从小区的角度来看，不存在'违反规范'的情况"。这个概念虽然很普遍，但我们认为它引发了高度争议，在这里不能详细讨论。

[29] ROXIN § 3 n.° m. 55.

[30] 同样这样理解，但其后从这一断言没有得出这些强制性结论，见 ANTUNES, M.ᵃ João, cit. 155 ss。明确而彻底地，现见 1911 年草案第 40 条第 1 款。

还是行为人违反职业、商业或工业上的固有义务（第 97 条）。

即便如此，还可以说，在此仅要求将事实的严重性作为危险性和（或）需要社会化的*症状*，但这一论点是不能令人信服的。如属此种情况，危险性应纯粹从所作出的事实推断，但并非如此。对危险性的判断是自主的，实际上，正如下文第 700 节所述，这是就保安处分所需作出的判断中最重要和最困难的判断。因此，这就是为什么我们坚信，符合罪状的严重不法事实的要求是以这一事实造成的社会冲击的名义提出的，并以社会对被违反的规范的有效性所期望的必要稳定性的名义提出。

第 674 节 此外，从像第 91 条第 2 款这样的规范来看，这一说法的良好依据似乎变得更安全了，该条文规定，当符合罪状的不法事实"为杀人或严重伤害身体，或属可处以 3 年以上徒刑之其他暴力行为，且有理由害怕作出性质及严重性相同之其他事实，收容时间至少为 3 年"。

在此还想说的是，我们面对的仅仅是一个*危险性期间的法律推定（iuris et de iure）*，这将排除任何涉及融合的一般预防思想的可能性[31]。但是，即使涉及该推定，它的目的是什么？为什么在这种情况下而不是在其他情况下作出推定？如不能完全以（安全或社会化的）特别预防为依据，则显示即使可以明确证明危险性已终止，仍存在推定的情况以及根据推定存在收容的情况；甚至明确禁止对被收容者的情况进行复审（第 93 条第 3 款）。在我们看来，这种制度所表示的是，在此并非涉及一项单纯的危险性期间的推定，而是如对人实施严重或暴力犯罪，则透过适用一项保安处分，存在刑事政策应作出响应的*社会安宁*及*社会信任*之特别理由，即使对不可归责者亦然。简言之，在保安措施范畴内（虽然不是以主要形式，正如在刑罚中所发生的一样，而只是以次要形式），融合的一般预防目的也是发挥其作用，事实上是一种自主的作用。此外，还存在一些新的要求，例如实施符合罪状的严重不法事实和适度性的要求作为适用保安处分的前提。

d）结论

第 675 节 由所陈述的内容得出的结论是，在刑事处分的目的方面，刑罚和保安处分之间没有根本区别[32]。不同的只是**一般预防的目的与特别预防**

---

31 这样，见 ANTUNES, M.ᵃ João, cit. 97。

32 对于 ROXIN § 3 n.° m. 59，这一结论代表着向一元论原则靠近，当在刑罚的回报概念中找到的结论可能会导致一种明显的二元论形式时。

的目的之间的关联方式：在刑罚中，融合的一般预防目的具有首要且不可争议之地位，而任何种类之特别预防目的仅在罪过限度建立的框架内产生作用，但仅以该等融合预防目的为基础；在保安处分中，不同的是，（社会化和安全的）特别预防目的占有绝对的主导地位，但不排除以融合的一般预防的考虑，其方式为，以多种名义接近（甚至等同）*维护法律体制的最低要求*。

第 676 节　因此，并非在目的范围内，而是在目的范围外，正如 Roxin 所述，准确地说在其**相互界限（mútua delimitação）**[33] 内，刑罚和保安处分之间产生根本区别：在严格遵守罪过原则作为科处任何刑罚的不可放弃的前提的情况下；这一原则不在保安处分的范围内具有任何种类的作用。如果这一根本上的区别在一种或另一种制裁的目的范围内并不重要，那么就在保安处分正当性的问题上很重要。在这一问题上，我们将考虑以下几点。

2. 正当性问题

第 677 节　保安处分的正当性很简单地[34]来自上述**社会防卫**的总体目的：预防已犯有符合罪状的不法事实的危险行为人将来实施符合罪状的不法事实。只有这样才能理解以下宪法的要求：一方面，适用保安处分由司法权力所垄断（《葡萄牙共和国宪法》第 205 条第 1 款）；另一方面，其适用取决于必要原则、补充性原则和适度原则（《葡萄牙共和国宪法》第 18 条）。具体而言，即保安处分只能适用于维护主要的社会利益，因此，不能与所犯的符合罪状的不法事实的严重性和行为人的危险程度不相称（见下文第 712 节及其后续节数）。只有这样才可以接受，即使适用保安处分不是刑法上罪过概念的功能，亦不会在罪过中找到其限度，但在法治框架中构成一种可以接受的处分，这一处分绝不会违反对人的尊严的绝对尊重。

因此，社会保护原则的合法性作用并不是在其纯粹的事实、自然主义和实用主义的方面得以考虑，而是在**与相冲突的利益的权衡原则（princípio da ponderação de bens confliuantes）**相结合，正如 Roxin 准确留意到的一样。根据这一原则，也就是说，人（任何人，甚至是不可归责者）的自由只能在以下情况才能被限缩或限制，"当它的使用极有可能导致他人遭受损

33　ROXIN § 3 n.° m. 56.

34　同样的见 SCHMIDHÄUSER 21/8 nota 4；我们当中见 RODRIGUE，Anabela，cit. 53。持反对意见的见 FERREIRA，M. Cavaleiro de II 1989 59。

失，而这一损失在整体上超过危险制造者在保安处分中应受之限制时"[35]。

第678节　因此，排除一种观点[36]，根据这一观点，为保安处分的正当性，有必要将其视为**纯粹行政处分**（在意大利的学说中称为"预防处分"[37]）范畴内的措施。一方面，这样的观点会将保安处分的理论置于刑法和刑事政策领域之外，从而削减刑法和刑事政策的制裁手段，这些手段，正如已显示的，对实现其功能和目的至关重要；另一方面，无论如何，也无法解释对保安处分必要的共同司法管辖，也无法解释保安处分是否适用于对符合罪状的不法事实的必要联系原则，而只有在刑事政策的构建中才能找到这两个方面存在的真正理由[38]。

第679节　在所谓的"新国家"时期中，保安处分的"行政化"（«administrativização»）在它们经历的演变中得到了明显的支持，特别是对政治罪犯的适用的保安处分[39]。一方面，这解释了为什么许多学者最初对将保安处分纳入刑事制度的想法表示欢迎，但后来却反对它[40]。另一方面，同样解释了的是，忠于民主理想的刑法制定者一直尝试从刑法领域中清除保安处分的问题，作为保持刑事理论和刑事政策基本原则完好无缺的但有悖于常理的一种手段；同时，主张奉行一元论的制度，作为一

35　ROXIN § 3 n.° m. 57. 实质上同一含义，见 NOWAKOWSKI, *v. Weber-FS*, cit. 105；SCHMIDHÄUSER 21/8 nota 4；STRATEENWERTH n.° m. 36。但不应该接纳 NOWAKOWSKI, cit. 的想法——这一想法被 ROXIN, cit. e nota 48 所接纳，即考虑人的尊严的价值。这是一个限制所有考虑的绝对原则，但考虑它的见 DIAS, J. de Figueiredo, em：AA. VV., *Para uma Nova Justiça Penal* 1983 206 ss。

36　但是非常普遍的观点——如果不是的话，在很多方面绝对是主流的观点，例如对于西班牙（尽管受到批评），见 RODRIGUEZ DEVESA, cit. e RODRIGUEZ DEVESA/SERRANO GÓMEZ 987——，而且是我们之前的研究中所倾向的观点，见 *Direito Penal*, lições ao 2.° ano 1975 82。

37　见 AA. VV., cit. 及最后见 FRAGÒLA, S. P., *Le misure di prevenzione* 1992。有趣的是——但与我们的主题无关——将这些措施的理解与所谓的（由葡萄牙学说所称的，只见 CAETANO, Marcello, *Manual de Dir. Adm.* II[10] 1972 1145 ss.；亦见 SOARES, Rogério, *Dir. Adm.*, lições de 1978 43 ss.）"警察措施"的理解进行比较。

38　得出这一根据的，见 SAX, *Grundsätze der Strafrechtsflege*, em：BETTERMANN/NIPPERDEY/SCHEUNER, *Die Grundrechte* III/2 1972 964 ss.，根据"社会的正当保护"的（道德与法律的）理念，提议使保安处分正当化。然而，只能这样，而不能把刑法的所有正当防卫理论带到这种情况里。在批评上，亦见 NOWAKOWSKI, *v. Weber-FS* cit. 108 以及 MAYER, H., *AT* 1953 38。

39　尤其见 CARLOS, A. da Palma, *Jornal do Foro* cit. 18；关于这一点，一个已经存在的争论来自发表在 BMJ 126 495 上有关该研究的（匿名）批评中，以及来自 CARLOS, A. da Palma, *Jornal do Foro* 1964 37 ss. 的回应中，其中包含一封来自 Cavaleiro de Ferreira 的信件。

40　A. da Palma Carlos 就是这样：请比较在书目中引用的两本著作。

种使保安处分适用于可归责者及政治罪犯不正当的手段[41]。很明显，所有此类动机今天都被葡萄牙民主宪法所取代，因此不应在当前的刑事政策和教条的指导方针中发挥任何作用。

第680节　但是，如果是这样的话，即作出与我们刚才提到的方面相反的思考，那么有必要**将保安处分的依据"伦理化"**，与刑罚的相似之处在于，它与刑事法律上的罪过思想密不可分。在此方面，由于罪过与保安处分之间的联系一开始就变得不可能，Welzel试图透过以下思想来建立这一联系：只有拥有自由和内在自主的人才有正当性自由地参与外在社会生活，因此，他们受到规范的影响。或者说，所有外在社会的自由只有面对占有内在道德的自由才合法，而内在道德的自由不属于精神病患者或那些因先天或后天恶害倾向而不具有利于规范的自由决定条件的人。因此，这些人不能享有充分的社会外在自由，对他们科处剥夺自由的保安处分是合法的[42]。

然而，这种观点完全是不可接受的。因为首先它的基础就是对个人自由的一种不可接受的理解[43]。但是，不管怎样，这种观点的后果（与伦理的"基要主义"所发生的一样）对那些作为不可归责者及冷酷无情的惯犯在任何情况下完全是"人"的人来说是可怕的。事实上这样的观点最终会使人们在不以其所犯的符合罪状的不法事实为名、不面对该等不法事实所表现的重复犯罪的危险以及不面对社会从该等不法事实获得保护的必需性的情况下，逃避外在社会的自由；而是单纯地以涉及该等不法事实的疾病的名义、以对该等不法事实有影响的先天或后天负担的名义以及以随后的不能以规范为动机的名义。简言之，*以拒绝自由的名义！*在法治规则适用的任何地方，基于保安处分理论的原则都没有任何意义和地位[44]。

第681节　有时，考虑到保安处分与符合罪状的不法事实的关系[45]（下文第692节及其后续节数）以及所产生的后果，尤其是在保安处分与（积极的）一般预防措

41　这将是Eduardo Correia教学的模范例子。这就是为什么在国家民主化出现之前，他的1963年总则草案从来没有得到任何正式的接受，而当国家民主化出现后这一草案很快就被接受。

42　WELZEL § 32 III. 。

43　关于这一问题，见DIAS, J. de Figueiredo, *Liberdade...*[1] 1976, passim。

44　这样的结论，十分准确的见HANACK, *LK* antes do § 61, n.° m. 31。

45　因此，见CORREIA, Eduardo, *Actas PG* II 265；而且见GONÇALVES, M. Maia art. 91.° anot. 2, art. 92.° anot. 4 及 art. 93.° anot. 3, 以及 LEAL-HENRIQUES, M. /SANTOS, M. Simas I 472。

施以及对这些措施的期限的法律限制方面，人们会谈论保安处分的"伦理化"。然而，正如以上所述，提及保安处分的"伦理化"是非常令人怀疑的，而且根据刚刚提及的目的，是绝对无用的，因此，应避免提及。正如我们所强调的，只有清晰理解在保安处分的正当性中干涉的并非自然主义层面的社会保护原则，而是与衡量冲突的法益相关联及（尤其是）被最大限度地维护个人尊严所限制的社会保护原则，才具正当性谈论"伦理化"。

四 保安处分权的原则

1. 前言

第682节 保安处分权，如果直至20世纪30年代葡萄牙学说已给予完全符合其刑事政策意义的重视和教条待遇，那么它已成为一个在学说和教条上"不受欢迎的"主题[46]，因为，我们已经提出，从政治上利用这些手段是在所谓的新国家的葡萄牙法律体制中作出的。这只是因为人们普遍认为，葡萄牙的制度是一元或单一的制度，所以，实施收容保安处分只针对不可归责者。在与刑事法律罪过主题的（"消极"）关系方面，不可归责者的问题或者仍属于事实学说；或者主要属于"人的科学"，特别是精神病学，并建议在面对这些科学时将从属及非自主的——因此，简言之，受贬低的——保安处分与法律问题相关联（作为犯罪的法律后果）[47]。此外，1963年总则草案及1982年的《刑法典》在保安处分的立法处理的条文数量方面显得十分少，即使不是出乎意料地缺乏。

第683节 今天没有任何理由可以这样理解。在民主法治的框架内，正如刚刚陈述的那样，保安处分作为一种刑事政策制裁手段的合法性与刑罚一样不容置疑。保安处分仅与刑罚并列构成**另一个处罚范畴**，绝不能是第二顺序、从属或依赖的范畴。无论从教条的角度还是从刑事政策的角度来看，抑或是从（甚至尤其是从）犯罪学的角度来看，保安处分所带来的问题在重要性、困难和体面上都不会少于刑罚所带来的问题。对于整个刑事科学来说，最重要的任务之一正是研究和了解具体与保安处分有关的问题。不仅在葡萄牙法学说中，而且在其他国家的学说中，保安处分的科学领域

---

46 因此，也许由于我们的司法见解（从1982年《刑法典》生效时的*所有司法见解*）严重缺乏保安处分的*一般学说*。

47 关于这一问题的演变状况，见 DIAS, J. de Figueiredo, *AnnIntCrim* cit. 111。

远远落后于刑罚，这也充分证明了 Zipf 这一说法的合理性：对于保安处分，今天仍是"发展中的科学领域"[48]。

第 684 节　在这一问题上，最大的问题可能是，保安处分的学说是否仅在犯罪的法律后果层面上取得教条式的自主性（如主导方向，即使不是几乎一致亦然）。抑或与此相反，保安处分理论意味着在**犯罪学说**的教条层面立即提出一个独立理论。对这一问题的分析最终由犯罪学说进行，因此不应在我们的处理中提及[49]，我们的处理只需要考虑保安处分的学说作为符合罪状的不法事实的法律后果。因此，以下不是保安处分权的总则部分，而是阐述了规范保安处分作为刑事处分的刑事政策和教条的原则[50]。无论如何，的确，与事实学说有关的问题在一定程度上重新出现，而一项符合罪状的不法事实的实施及危险性则属于适用保安处分的前提，因此，也应对这方面加以考虑。

2. 合法性原则

a）*内容*

第 685 节　在现行葡萄牙宪法和普通法律中（《葡萄牙共和国宪法》第 29 条第 1 款和第 1 条第 2 款），合法性原则——从某种意义上讲，即使不完全符合关于刑罚所具有的意义，即*无法律规定则无刑罚*（*nulla paena sine lege*）——也适用于保安处分领域[51]。

第 686 节　首先，当然，在*渊源*方面，只有法律（实际上是由共和国议会制定或批准的**形式法律**，见《葡萄牙共和国宪法》第 168 条第 1 款 c 项）有权制定具有刑事性质的保安处分及定义危险性状态的前提（第 1 条第 2 款）。

第 687 节　因此，其定义应受制于与犯罪罪状原则中对犯罪所体现的类似要求：上述前提必须以明显完整和尽可能描述性的方式进行界定。在不妨碍使用规范性要素、不确定概念甚至具价值的一般规矩（fórmulas gerais de valor）定义科处保安处分的前提下，尤其是定义"危险性状态"的前提

48　ZIPF, em: ROXIN E OUTROS, *Einführung in das neue Strafrecht* 1974 102.

49　为说明上面概括描述的方向的理由，见 DIAS, J. de Figueiredo, *RPCC 1* 1991 7 e 2 1992 7, 尤其是 2 1992 25 ss。

50　类似的选择见 MANTOVANI n.° 224。

51　关于这一内容，见 CARVALHO, A. Taipa de, *Sucessão de Leis Penais* 1990 168 ss。

下，必须以*非类推的方式*（第 1 条第 3 款）履行其支持适用一项保安处分的针对*事实*（*Tatbestand*）的*可确定性*的基本功能[52]。

第 688 节　第三，合法性原则甚至体现在刑法在时间上的适用范围内，**因此禁止追溯适用**：不论是定义其适用所需的前提，还是保安处分的内容，都必须在满足该等前提之前的法律中规定（《葡萄牙共和国宪法》第 29 条第 3 款，以及《刑法典》第 1 条第 2 款及第 2 条第 1 款）。因适用*具体较有利的制度*所体现的例外情况仍与禁止追溯性有关联（《葡萄牙共和国宪法》第 29 条第 4 款及《刑法典》第 2 条第 3 款），同样地，这与适用于处分权类似[53]。

b）*根据*

第 689 节　将合法性原则延伸适用于保安措施，是葡萄牙近期（自《葡萄牙共和国宪法》开始，主要是从 1982 年的初始修订，以及自 1982 年的《刑法典》开始）刑法中的一种与外国法律不完全相同的立场，尽管能在其最新发展状态中得到学说的赞扬。可以肯定的是，保安处分学说的这一*转折点*（*tournant*）把保安处分放在这一问题很长时间不受争论的立场的对立面上。保安处分作为一种完全受特别预防考虑因素支配，特别是为社会化的目的而受支配的刑事政策手段（而且，对于保安处分，实施符合罪状的不法事实的要求不构成危险性的"征兆"及不构成帮助行为人解除社会化的"时机"），其适用应考虑的不是作出事实之时刻，而是可视为最迟之时刻：原则上裁判之时刻[54]，甚至例外地执行处分之任何时刻。因为唯一真正重要的是对不法分子适用最适合阻截危险性的处分，而同时又能使其社会化起作用。简言之，在任何时刻显示出罪犯（及社会）最能实现"真正利益"之处分[55]。

---

[52]　关于这一功能，见 BRITO, J. de Sousa e, em：AA. VV., *Estudos sobre a Constituição* II 1978 197 ss. 及 DIAS, J. de Figueiredo, *RLJ 117* 46 ss。

[53]　尤其关于这一点，见 SILVA, G. Marques da, em：AA. VV., *Estudos sobre a Constituição* II 1978 262 及 CARVALHO, A. Taipa de, *Sucessão de Leis Penais* 1990 169。

[54]　现在，见德国《刑法典》第 2 节 VI，根据这一规范，在作出决定时生效的法律适用于保安处分。

[55]　关于保安处分这一概念的范例——但在此部分限于反映什么是一个普遍及几乎没有争议的学说——，见 SANTOS, J. Beleza, *RLJ 77* cit. 100。

第690节　今天，这种观点是难以成立的[56]。尽管国家是社会利益的合法界定者，但是其不得主张拥有确定行为人"真正利益"之权限，即使属不可归责者亦然。另一方面，在民主法治国家中，不能仅将实施符合罪状的不法事实视为危险性的"征兆"，也不能将其视为为了认为有必要的（再次）社会化的"时机"，而应构成所有刑事性质干预（根据适度的最高限度）的依据和限度。因此，从这一观点出发，同样在保安处分方面，要求合法性原则发挥与其在刑罚方面所起的作用基本相同的**保障作用**。然而，请让我重申，这种观点目前几乎在学说上仍然是一种愿望[57]，但在葡萄牙的法律秩序中这一观点已获实现，而且事实上这一观点建立在最高层面，即宪法层面。

第691节　根据已陈述的内容，在保安处分理论中适用合法性原则无疑是当代刑事法律科学中最重要和决定性的**成就**之一，这是彻底消除（在我们当中绝对是合理的）长期以来反对这类刑事处分的"民主保留态度"的关键一步。然而，它不应该掩盖陷入"基本权利言论"（retórica dos direitos fundamentais）的危险，这将构成为社会实现这些权利提供的最糟糕的帮助，并伴随着无法在立法上推进上述理论成就的危险（甚至令其倒退的危险）。如果以维护人的基本权利的名义，特别是以维护人的尊严的名义，坚持推行保安处分的"伦理化"，而且若没有委婉的说法，就不能肯定法治国家（及其所代表的社会）**捍卫**因所犯的事实和可能重犯而质疑社会生活的基础的要素是完全具正当性的。

3. 符合罪状的不法性原则

a) 符合罪状的不法性之作用

第692节　适用刑事保安处分，不论其种类或性质如何，总是以行为人实施一项事实为前提，根据一般的犯罪理论的规则，该事实**至少可以被视为符合罪状的不法事实**。这一主张在今天可以被认为在学说上是无可争辩的，但在传统观念上却有最大的保留。考虑到保安处分专门的特别预防性质——因此作为讨论的性质——，其基本前提是确定行为人的危险性，而不是行为人实施一项符合罪状的不法事实：如果出于安全和捍卫自由的理由可以实施一项符合罪状的不法事实，那么就不妨碍可以用另一项相等的

---

[56]　表达同一意思的，见 CARVALHO, A. Taipa de, *Sucessão de Leis Penais* 1990 170。

[57]　在德国，见 STREE, cit. 78 ss. 的基本研究，以及在专题论著中，见 JAKOBS 4/55 ss. 及 STRATENWERTH n.° m. 70，这些作者由于这一原因不认为德国《刑法典》§ 2 VI 违宪。

要求取代这一要求，在此基础上可以推定存在最终使适用保安处分正当的**危险性**。

此外，在 1982 年《刑法典》生效之前，这一概念不仅占据了——正如我们所指出的——学说的主导地位，而且支配了法律本身[58]：前一《刑法典》第 71 条规定对流浪者、乞丐、靠妓女过活的人、习惯实施"违背自然的行为"的人、卖淫妇等适用保安处分，甚至对单纯习惯实施赃物罪"嫌犯"适用保安处分，如果刑法确实没有将流浪、乞讨、靠妓女过活、"违背自然的行为"、卖淫、涉嫌习惯实施赃物罪定为犯罪的话！正如学说委婉地概念化一样，这是指**准犯罪或犯罪边缘的状态**，不构成符合罪状的不法事实，但在确定安全处分的适用方面将二者等同（以及与确认危险性等同！）[59]。同样的情况发生在**政治犯**身上，这些政治犯基于按照法律没有描述为符合罪状的不法性的情况而被推定的危险性，受制于保安处分[60]。

第 693 节　因此，今天的主流学说要求实施符合罪状的不法事实作为适用保安处分的必要条件，将没有该实施作为前提的所有处分（在这方面，即"行政处分"，该处分与真正的刑事保安措施有相似之处）置于刑法范围之外[61]。然而，这一学说仍将实施符合罪状的不法事实视为调查危险性的**征兆、指标或时机**[62]，而且只由这一危险性，而并非同时由实施符合罪状的不法事实，具有科处保安处分的正当性依据的"构成"作用。

然而，正如上文所建议的那样，这一概念也不值得欢迎。确切地说，实施符合罪状的不法事实具有**双重作用**：一方面，**显露危险性因素**的功能

58　今天，1970 年 8 月 4 日第 16 号《危险和社会恢复权利法》（*ley de peligrosidad y rehabilitación social*）仍在西班牙法律中生效，该法律取代了 1933 年 8 月 4 日所谓《懒惰和暴徒》（*de vagos y maleantes*）的法律。这部法律很可能是 1886 年《刑法典》第 71 条的灵感来源，这是 1954 年《修正案》撰写的（下文会提到）。关于西班牙的《懒惰和暴徒》及《危险和社会恢复权利法》，有大量（以及在很多方面有教育意义）的书目，例如可在 RODRIGUEZ DEVESA/SERRANO GÓMEZ 1000 中找到。对于意大利，见 BRICOLA，em：AA. VV.，*Le misure... cit. 33*。

59　（批判地）见 CORREIA，Eduardo I 75 s。

60　关于这一点，见 CARLOS，A. da Palma，*Journal do Foro* cit.，以及其研究提出的争议，见已提及的 nota 39。

61　在这一意义上，有时指的是"非犯罪行为"、"准犯罪行为"或"犯罪行为以外"的（保安）处分，见 ANTUNES，M.ª João，cit. 118 s.；之前见 COSTA，J. Faria，*O Perigo em Direito Penal* 1992 638。

62　因此，目前德国学说中继续在此方面讨论着煽动行为（*Anlasstat*）。我们当中，明确此方面的，见 FERREIRA，M. Cavaleiro de II 1989 59。

（或更准确地说，其判断的正当性时机）；另一方面，判处保安处分的**共同依据**及**限度**的作用（在下文将会明确该含义）。在这一意义上，可以而且应该说，在与刑罚所作的相同陈述中的相似（尽管不尽相同的）方面上，保安处分的现代观念要求它*援引所作出的事实*。

b）符合罪状的不法性之内容

第 694 节　要知道问题是，当要求实施*一项符合罪状的不法事实*作为适用保安处分的前提时，这一表述是否应准确地包含在一般犯罪学说赋予它的**教条**内容中，也就是说，要求事实符合一种客观的不法罪状和一致的主观罪状，而且在案件中不涉及任何正当理由；或者相反地，要知道问题是，这一概念是否可以而且必须对在此方面所考虑的效力作出教条上的结构调整。

在某种程度上，这种**结构调整**是必要的。或者，也许更准确地说，事实上，行为人在上述指出的一般犯罪理论中实施的一项符合罪状的不法事实，根据法治国家本身的要求，构成作为科处保安处分前提的**事实之最起码的内容**。然而，不能排除在适用*某一种类及严重性*的保安处分时，必须要求**额外的**事实数据（以及因所涉及的保安处分而不同的内容）。在现行的葡萄牙法律中，当越考虑到最严厉的保安处分（收容，剥夺自由）只适用于不可归责者时，这一点将变得越容易理解（第 91 条）；而非剥夺自由之保安处分可适用于可归责者及不可归责者（第 97 条）。因此，可以接受的是，在研究每一种具体的保安处分时，在此所提出的问题——知道对实施某一保安处分必不可少的"事实"的要件——只应得到一个确定的回答（见下文第 724 节及其后续节数，以及第 800 节及其后续节数）。

4. 危险性原则

第 695 节　保安处分权的真正根本原则始终是——而且，尽管已陈述的内容，仍然是——危险性原则，即适用*任何*剥夺或非剥夺自由的保安处分的必要条件的原则是，行为人揭示了**将会犯下新的符合罪状的不法事实的危险**。

从某种角度上说（完全类似于罪过原则为宪法上规定的后果的角度），可以说，如果违反这一极为重要的原则，那么它就会因为违反维护人的尊严原则而存在违宪的情况。因此，原则上，意大利宪法的司法见解没有这样理解，其在若干判决中接受了*危险性推定*。然而，凌驾于它之上，普通法律的立法者曾指出（1986 年 10 月

10 日第 663 号法律第 31 条），在判处一项个人的保安处分之前，必须具体调查其对社会的危险性[63]。

a）危险的概念

第 696 节　首先可以提出的问题是，保安处分权中的危险概念是否与今天构成犯罪学说中一个依据的危险概念完全相同，尤其是在客观归责方面[64]。其**出发点**是完全相同的，而且，就像这里所讨论的，是根据经验法则，对未来某一特定事件的可能性或潜在可能性的逻辑思考。然而，这一概念在两个领域的作用是完全不同的，因为这里所涉及的只是一个对将来发生某种犯罪的可能性作出预测性判断的具体问题。

在保安处分权中，危险性标题下所涉及的是[65]证实行为人在某一时刻再次实施某种犯罪的**可能性**。对可能性所应要求的*程度*，取决于适用于将判处的独一保安处分的法律规定，以及取决于适用于保安处分与案件中已作出的符合罪状的不法事实的比例性的法律规定。在任何情况下，肯定的是：仅仅重复的*可能性*是不够的，因为严格来说，重复总是存在的；必须始终是一种*加重的*可能性（possibilidade *qualificada*）。

b）危险的定性

第 697 节　事实上，今天一般要求对上述危险作出任何定性，以便使其成为"刑事"危险，从而构成适用保安处分的前提，尤其是剥夺自由的保安处分。这一要求在刑事政策上是有根据的。在某种程度上可以说，重复犯罪行为的任何危险总是存在的，每一个人都有重复犯罪能力，因此不能根据适用保安处分的*必要性*立即得出结论。相反，可以肯定的是，在这些情况下，社会必须自行承担再次发生的风险，不再具有抵御这种风险的正当性。因此，危险必须是一种能够以**主要公共利益**的名义使适用保安处分正当的东西。

第 698 节　然而，在比较法律方面，在应要求给予的**定性类别**方面，还存在一些立法和学说上的分歧。可以理解的是，视乎涉及的是适用剥夺自

63　对这个问题提出学说和司法见解的，最后见 RUSSO, Lucia, em：FLORA（Org.），cit. 55 ss。

64　关于最后一个作用上的概念，见 COSTA, J. de Faria, *O Perigo em Direito Penal...* 1991 591 ss。

65　关于危险性的整个问题，在我们当中，见 FERREIRA, M. Cavaleiro de II 1989 11 ss。而且，最近在意大利学说中，见 FRAGOLA, Saverio, *Le misure di prevenzione* 1992。

由的保安处分还是适用非剥夺自由的保安处分，定性的要求可能有所不同的问题。然而，从一般理论的角度来看，一般要求危险涉及重复实施符合罪状的*严重*不法事实的可能性。只不过，一方面，可以要求（而且应该要求）严重性以便定性符合罪状的不法事实，其实施作为适用保安处分的前提（见第 91 条），或定性该实施导致的违反义务（第 97 条第 1 款）。此外，即使在实施符合罪状的*严重*不法事实的情况下，以重复实施任何种类的符合罪状的不法事实的危险为名义，使保安处分的适用正当是有疑问的。换言之，与我们在累犯方面所见的情况类似（即使不能要求同类的重复犯罪，也仍要求在重复犯罪之间有某种类型之联系，见上文第 378 节），此处似乎也应要求**重复犯罪的危险与所实施的符合罪状的不法事实的种类有关**[66]；否则，实施符合罪状的不法事实作为适用保安处分的前提，就成为国家对非特定犯罪危险性的干预或对行为人社会化的一般需要的干预的唯一"时机"。

第 699 节　简言之，只有当证实**有理由担心行为人可能实施**与作为适用保安处分前提的符合罪状的不法事实**同一种类的事实**时，能够根据法律状况的要求证明适用保安处分的合理性的犯罪危险性才存在。在实施任何剥夺自由或非剥夺自由之保安处分时，必须采用完全相同之要求（但不影响适用之前提将来在其他角度上有所不同）。此外，对有关危险性的定性远比对严重性的单纯要件更为重要，因为严格来说，严重性的要件已经透过必要原则和适度原则得到充分体现（见下面第 705 节及其后续节数）。

c）预后的判断

第 700 节　我们在陈述的多个方面中，已经指出法院有必要作出预后的判断（juízo de prognose），这种必要在此亦存在。这一任务无疑是——尤其是在适用保安处分方面——整个刑事政策领域最困难和最敏感的任务之一，因此与人类行为的可预见性和确定性这一具有挑战性的问题有关。一般犯罪学及特别的单一人文科学，在此被要求发挥特别重要的作用，而且为此目的对可能发生（而且在很多情况下应会发生，见下文第 702 节）的犯罪学、精神学或心理学鉴定的结果绝对是重要的。然而，尽管如此，——而

66　比起要求——例如像德国《刑法典》第 66 节 I 3，针对适用收容保安处分（*Scherungsver-wahrung*）——危险来自特定的"作出重大刑事事实的趋势"更为准确。

且，不论在所谓的统计方法（尤其是预后表格）还是在个人（临床）预后方面，尽管犯罪学在人类行为的可预见性方面取得了进展[67]——不是由鉴定或犯罪学决定危险性的问题，而是仅由鉴定或犯罪学制定决定的依据，而这一决定总是最终由法院作出。

第 701 节　从这里可以很容易地发现在刑事诉讼层面可能出现的困难问题，尤其是关于**有疑唯利被告原则**（**princípio *in dubio pro reo***）的问题[68]。从实质性的刑事法律角度来看，我们已经说过，所要求的是重复犯罪的*可能性*，而不是单纯的可能性，也不是肯定将发生的可能性。这意味着，在刑事诉讼程序中，如果法院——假设其余要件存在——相信重复犯罪的可能性，则适用保安处分；如果确信重复犯罪是可能的，但不是可证实的，则不应命令适用保安处分；同样，根据有疑唯利被告原则，如果对重复犯罪的可能性存有不可逾越的疑问，也不会命令适用保安处分。这里指的是与在暂缓执行徒刑、考验制度（上文第 521 节及第 638 节）或假释（下文第 848 节及其后续节数）方面作出的预后的判断不同的情况，当中，法院应以合理之期待为基础，即危险性已消除，因而有可能获得自由待遇；因此，可以这样认为，在适用保安处分的预后判断方面，有疑唯利被告原则的效力不受任何限制[69]。

第 702 节　然而，上述所指并不意味着忘记在一般适用保安处分的情况下——所有剥夺自由的保安处分（第 91 条及其后续条文；另见第 83 条及其后续条文，以及第 103 条及其后续条文），以及部分非剥夺自由的保安处分（第 97 条及其后续条文）——，可证明行为人存在作为危险的决定性原因或因素的*精神失常*。因此，在几乎所有涉及保安处分适用问题的情况下，对行为人人格的分析变得必不可少，必须进行《刑事诉讼法典》第 159 条及第 160 条所指之法医学及精神病学**鉴定**，以及对人格之鉴定。

第 703 节　最后，应当考虑到，作为适用任何保安处分的前提条件，行为人实施一项**符合罪状的不法**事实的要求（甚至符合罪状的"严重"或

67　DIAS, J. de Figueiredo/ANDRADE, M. da Costa 117 ss., 143 ss 回顾了这个问题的现状。

68　关于这一点，见 BRUNS, *JZ* 1958 647。

69　这一观点在德国学说中绝对是主流，见 BRUNS，正如前一脚注，651。在任何情况下持反对意见的，见 NOWAKOWSKI, *v. Weber-FS* 1963 117。

"具某种性质"的不法事实,见第 91 条第 2 款),正如已经陈述的,如果一方面具有的意义是将保安处分权与权之合法性和属于国家之权的严格前提联系起来,并排除仅在此要求中提供一个对待行为人及防卫社会之*时机*的一个概念,那么当然在任何情况下都不能同时(虽然不是"仅",正如传统概念所想的)具有**现有危险性的征兆价值**;在预后的判断中必须考虑到这一点,并在某种程度上使之更容易和更安全。

d)预后的时间点

第 704 节 作出预后判断的时间点必须是在程序上可能的最后时刻,也就是说,由对**事实**问题拥有完全审理权或以"扩大复审"的形式(这一形式目前在现行《刑事诉讼法典》中得到承认,见第 410 条)对其审理的最后一个法院对法律后果作出决定的时间。当然,预后的问题本身对于危险性的存在性或非存在性并不是一个"法律问题"。然而,如果关于一审法院作出的预后上诉是建基于第 410 条第 2 款规定的某一理由,那么不论是中级法院还是高等法院的上诉法院均得在终审就预后的问题作出裁判。这就不能不确认《刑事诉讼法典》第 409 条第 2 款的规定,因为它排除了禁止不利变更原则对收容保安处分的适用。

在这里所说的显然没有与上述第 687 节关于适用的前提必须在实施符合罪状的不法事实之前的法律中得到规定的要求的说法不符;预后判断不是《葡萄牙共和国宪法》第 29 条第 1 款及《刑法典》第 1 条第 2 款意义上的危险性状态的"前提"。

5. 广义上的禁止过度或适度原则

第 705 节 今天几乎没有争议的是,关于适用保安处分的问题必须严格服从**补充性原则**:如果其他较低负担的处分在面对行为人的危险性下已适当及充分地保护法益,则不应适用保安处分。

这一原则显然有很好的依据;但是,不能理解为,允许法院对法律未规定而且由于比法律规定的保安处分更少负担而可被法院命令的措施进行"创造":保安处分的严格合法性原则在任何情况下都不能受到影响。相反,补充性原则显示为**必要性原则**的结果;众所周知(《葡萄牙共和国宪法》第 18 条第 2 款),一项(一般)宪法原则规定,对个人的基本权利的限制,只有在保障其他宪法保护的权利或利益的绝对必要范围内才可允许。或者,如果不这样做的话,从根本上讲,诸如补充性原则和必要性原则是在基本权利限制方面**禁止过度**的宪法原则[70]或**广义上的适度**原则的体现[71]。简言之[72]，可以说，广义上的适度原则来自法治的思想并因此具有宪法的基础，具体体现了以禁止过度的含义考虑法益的原则。

第 706 节　从这一点来看，不乏学者认为，禁止过度原则或广义上的适度原则，在保安处分权中不会具有任何独立的意义或作用，因此，在这方面（此外，同样在刑事政策的整个方面）不值得特别进行考虑。最后，在此方面，它将是一项*一般法律原则*，只有将它视为这样的原则[73]。

然而，尽管严格分析下后一种说法是准确的，但这种说法不会使保安处分权中对**禁止过度原则**及其后果（必要性和补充性、手段的适当性和狭义上的适度）的**独立肯定**没有必要，甚至不会使其在《刑法典》中的形式确立没有必要[74]。不会使它们变得没有必要的原因是，所提到的原则不仅表现为对立法者而且——更重要的是，立法者所能实现的具体程度必须非常有限——在具体适用任何保安处分时对法院具有约束力的义务：除遵守法律明文规定之要求外，在任何情况下，法官均须证明对行为人适用某一特定保安处分是否遵守禁止过度原则及这一原则所载的次级原则，尤其是狭义上的适度原则（见下文第 708 节）。

第 707 节　因此，法官首先要查明的是，将某一保安处分适用于个案中是否具体地有助于实现其所要达到的目的，即，正如我们所看到的，行为人社会化的主要目的及按已证实之危险性而定之社会安全之次要目的（**与目的相符的手段适用原则**）。然后，法院必须查明，在本案中，适用一项（法律规定的）较轻负担的处分对于实现所指目的是否不足够及有效[75]，在此情况下，应适用保安处分（**必要性**或**可要求性原则**）。最后尤其是法院应

---

[70]　关于这一点，见 LERCHE, *Übermaß und Verfassungsrecht* 1961 及 HÄBERLE, *Die Wesenshalts-garantie des Art. 19 Abs. 2 Grundgesetz* 1962 的主要研究；之后见 KAUFMANN, Arthur, *Henkel-FS* 1974 89。而我们当中，见 CANOTILHO, J. Gomes, *Direito Constitucional* [5] 1991 386 ss., 628 s。此外，在德国（尤其是宪法上的）学说中讨论十分多的是关联这些原则的形式。关于这一问题，例如见 HANACK, *LK* § 62 n.° m. 5。

[71]　CANOTILHO, J. Gomes, *Direito Constitucional* [5] 1991 386。

[72]　根据与 ROXIN § 3 n.° m. 58 的表述相近的表述。

[73]　在此方面，见 HANACK, *LK* § 62 n.° m. 1 以及 NOWAKOWSKI, *v. Weber-FS* 1963 105。

[74]　与德国《刑法典》第 62 节及 1991 年草案第 40 条第 3 款的风格一样。此外，关于这一方向的普遍学说，只见 JESCHECK § 77 I 2；*AE-AT* 121；FINZI, cit. 201 以及 ANTUNES, M.ª João, cit. 98 ss。

[75]　正如将在下文第 820 节及其后续节数看到，其中最重要的是*暂缓执行*收容保安处分。

分析保安处分的适用尽管适当和必要，但根据所实施的符合罪状的不法事实的严重性及重复作出同一种事实的危险，是否不会对行为人造成不适当、过度或不相称的负担（**狭义上的适度原则**）。

6. 特别：狭义上的适度原则

a）功能

第 708 节　人们强调在保安处分权中，狭义上的适度原则具有与在刑罚权中——主要关于量刑——以罪过原则所起作用和功能相类似的作用和功能[76]。这种类似在某种程度上是有道理的。罪过和适度的无条件要求，都是**限制在民主法治的自由范畴内实施的国家的处罚权**的作用。另一方面，过错和适度是在"人类学公理"[77]（«axioma antropológico»）中对**不可触犯的个人尊严**的结果，即法治国家法律秩序的基本规范，而且是可以有效地保护它的结果[78]，即使是以不同的形式和方式并因此以非完全可以代替的形式和方式：如果在保安处分权中不能以罪过的概念来维护和实现显著的个人尊严，那么在任何情况下都可以而且应该通过适度的概念——在这个意义上，补充的概念——来维护和实现。一方面，如果罪过构成量刑的不可逾越的界限，那么在保安处分权中，应由适度担当一项并非不太重要的功能：禁止判处在行为人的否认或限制基本权利负担中，因行为人所犯的符合罪状的不法事实的严重性以反行为人的危险性而表现出的不适当、不适度、不当或过度的保安处分。因此，在这里，正如罪过一样，适度限制了对法益的保护，以及限制了行为人因必须尊重其个人尊严而希望重新融入社会的需要。

第 709 节　狭义上的适度原则——此外，作为禁止过度之整个原则——适用于保安处分的**整个范围**，不论其性质或类别为何。不管是（这是一个非常重要的想法）哪个阶段还是什么时候对保安处分做任何决定。这就是说，这一原则不仅适用于保安处分是否应适用的问题，而且适用于与其执行（例如，知道是否应终止收容，以便以试验名义给予自由，见第 94 条）或复查有关的任何问题（第 101 条）。

76　因此，见 MAURACH/ZIPF § 7 n.° m. 14 及我们当中见 COSTA，J. de Faria，*Estudos Teixeira Ribeiro* III 1983 362。然而，持反对意见的，见 HANACK，*LK* § 62 n.° m. 2。

77　这一表述源于 MELO，A. Barbosa de，*Democracia e Utopia* 1980 17。

78　应在此方面修改我们在 *Liberdade...* 242 中所表达的观点。

b）适度性的标准

第 710 节　适度的原则在其简单的表述中没有回答何时即某一法律手段是适度的以及何时不是适度的：在这一意义上，它只是一项规范性原则，尽管因此不能被定性为*形式*原则[79]。在任何情况下都可以（而且有必要）确立适度性的标准。

aa）非适度性

第 711 节　第一个要考虑的问题是，适度原则——正如宪法上的多个原则，尤其是平等原则——在某种意义上是带有**消极**含义的（另外，这一含义也适用于其构成禁*止*过度的次原则的性质）：法院不必（"积极地"）证明适度性，而需要（"消极地"）证明导致不适用或不执行保安处分的非适度性。

bb）在此背景下符合罪状的不法性及危险性的含义

第 712 节　如上所述，适度性的要求不再是可以与其他适用的形式和实质前提相一致的一个前提：只有在适用及（或）执行保安处分的所有前提成立时，才真正出现适度问题。然而，在适用的以下两个前提及其相互关系上，我们才找到判断适度性的参考点[80]：一方面，在行为人所实施的符合罪状的不法事实上找到；另一方面，在将来可合理期待重复作出事实的含义上找到。因此，在上指符合罪状的不法事实与此事实相互关系中所产生的危险性程度上找到。

第 713 节　就所犯的符合罪状的不法事实的含义而言，为衡量适度效力，这并非涉及调查针对上指事实保安处分是否可以被认为是"应当"。这将意味着一种不可接受的移转，即显然不会存在的罪过标准本身——即使不属于"回报"（«retribuição»）的情况——向保安处分权的移转。在这一点上，不存在可归因于已作出的事实的危险性的"征兆力量"：这一事实本身就被认为（即不论其与未来可能重复犯罪的可能性及与行为人的人格的关系如何）对于危险性问题是微不足道的。问题只在于保安处分——相当于拒绝或限制适用保安处分的对象的基本权利的系数——是否**与所犯的符合罪状的不法事实的严重性不成比例**。实际上要分析的是以下要求：如果一项符合罪状的不法事实（不论是从不法事实的客观性还是主观性的角度

79　见 JESCHECK § 3 II。

80　在此方面十分明确的，见德国《刑法典》第 62 节。

来看）的*严重性较低*甚至显得无关紧要，那么不适用保安处分。

第714节　同样的情况也应适用于预期在未来重复的事实的含义。正如上文（第699节）所述，如果涉及的并非任何种类符合罪状的不法事实，而是已实施的同一种类符合罪状的不法事实，那么适度问题与关于前一要素所指出的内容**完全相同**：原则上，还应根据所期望的事实的轻微严重性或无关紧要性来决定保安处分的适用或执行是否不适度。仅应指出的是，在要求作出相同种类的事实时，应考虑在整个符合罪状的不法事实方面的相似性，而不仅仅是在不法行为的客观罪状方面的相似性[81]。

第715节　在任何情况下，确定适度的最重要的因素以及符合保安处分之目的及正当性来源本身是重复犯罪或累犯的可能性所造成的**危险程度**；在这方面，相关因素为预期的重复犯罪*频率*，甚至重复犯罪的时间*短*[82]。正是因为这一因素才必须对保安处分的适度或不适度作出**整体价值判断**[83]。

7. 法院判决原则

第716节　在我们所陈述的这一点上，不再有疑问的说法是，刑事保安处分的适用由**司法职能垄断**；可以这样说，只有法院（实际上是*普通*法院，而不是行政法院）才可以命令其适用[84]。这一原则排除了法治国家的根本原因，阻碍了在纯粹政治上和反民主上使用这一制度的尝试。

首先，正如已经看到的一样，一项保安处分的适用要求法院对行为人犯下符合罪状的不法事实作出判断；因此，导致由普通法院的司法职能垄断判处刑事**处分**的理由——从未受过争议的理由——，根据同一理由，也适用于刑事保安处分。另一方面，适用保安处分总是要解决行为人对自由的利益与行为人的社会化和安全上（首要的）公共利益之间的冲突。如果可以肯定的是，对相互冲突的利益的权衡往往部分地属于法律本身，那也可以肯定的是，它始终是一个必须由法律适用者来履行的任务。在最真实的意义上，这一任务属**司法行政**（**administração da justiça**），而根据《葡萄牙共和国宪法》第205条第1款的规定，法律适用者必须是法院。

---

[81] 因此，将预期会重复作出的事实排除在外，如属轻微严重的已实施的符合罪状的不法事实的情况和十分严重的预期重复作出的事实以及相反的情况。

[82] 因此，有理的，见 HANACK, *LK* § 62 n.° m. 13。

[83] 因此，概述上，亦见 JESCHECK § 77 I 2 及 SCHÖNKE/SCHRÖDER/STREE § 62 n.° m. 2。

[84] 关于这一点，最before见 RODRIGUES, Anabela, cit. 55 s。

第 717 节　这一点并不意味着忘记存在**行政处分**，这些处分，正如上文第 678 节所提到的，在其表面上接近于刑事保安处分，但行政实体在没有违宪的情况下可适用它们。对于某些特定类别的情况，可变得有疑问的是将一项处分定性为刑事保安处分还是行政处分。乍看之下，最大之区别似乎在于，处分之内容是否实际上体现为剥夺自由。但这一标准不会起作用，因为正如我们所看到的，确实存在着不构成剥夺自由的刑事保安处分。此外，（尤其是）对某些与心理健康有关的处分不会起作用：因为经常发生的是（即使在所谓"先进"民主国家的法律体制中），在某些特定的限制条件下，精神病人必须接受剥夺自由的处分，但之前并未犯过符合罪状的不法事实。然而，这种处分仍应被视为行政处分，而不是刑事保安处分。因此，涉及符合罪状的不法事实的刑事保安处分的标准将会是区分刑事保安处分和行政（保安）处分最可靠的标准。当然，任何对其主体的个人权利造成严重后果的行政处分，尤其是对其自由造成严重后果的行政处分，均应受制于法院判决原则。

要知道问题是，精神病患者若不符合刑事保安处分的前提——特别是，由于未犯下任何符合罪状的不法事实——，在某些情况下是否仍可或应该以有时被援引[85]（尽管这一援引是有疑问的）的"社会危险性"的名义被强制收容。但是，这个问题对于刑事政策方面的考虑是十分奇怪的，因此，不应由刑法处理，而应由行政法处理（明显是在《葡萄牙共和国宪法》规定的法律框架内处理），由其承担解决责任。这似乎是我们所不能理解的，在这一领域我们目睹了有权限实体在公共心理健康方面不可接受的不负责任[86]。

85　例如见 LEAL-HENRIQUES, M. /SANTOS, M. Simas I 466 以及 1984 年 2 月 28 日 AcRL，*BMJ 334* 533。

86　这一模式体现在卫生司中及在 LEAL-HENRIQUES, M. /SANTOS, M. Simas I 467 ss 中的"资料"查阅。

第十二章　剥夺自由的保安处分

ATHEN，Zur gegenwärtige Situation der Behandlung…，*MKrim* 1985 34.

BARBERGER，Personnalisation et/ou égalité dans la privation de liberté…，*RScC* 1984 19.

BLAU，Regelungsmängel beim Vollzug der Unterbringung….，*Jescheck-FS* Ⅱ 1985 1014.

DELITALA，Prevenzione e repressione nella riforma penale，*RItatDP* 1950 699.

DILGER，Das Wesen der Sozialtherapie…，*MKrim* 1969 255.

GERMANN，Maßnahmerecht des schw. StGB，*RPS 73* 1958 44.

GEILEN，Sukzessive Zurechnungsfähigkeit，Unterbringung u. Rücktritt，*JuS* 1972 73.

HADDENBROCK，Forensische Psychiatrie u. die Zweispurigkeit…，*NJW* 1979 1235.

HANACK，Sozialtherapie u. Unterbringung…，*JR* 1975 441.

HANACK，Probleme des Vikariierens…，*JR* 1978 399.

HORSTKOTTE，Strafrechtliche Fragen zur Entlassungspraxis…，*MKrim* 1986 332.

KAISER，Neue Wege im schw. Maßnahmenvollzug，*ZStW 100* 1988 228.

KAISER/DUNKEL/ORTMANN，Die sozialterapeutische Anstalt—das Ende einer Reform?，*ZRP* 1982 198.

KOCH，Wann ist die Unterbringung eines Geisteskranks erforderlich?，*MDR* 1961 561.

LANG-HINRICHSEN，Probleme der Sicherungsverwahrung…，*Maurach-FS* 1972 311.

MOLINARI，Le misur di sicurezza psichiatrice…，*RItalDPP* 1980 147.

MÜLLER-DIETZ，Die Reihenfolge der Vollstreckung…，*NJW* 1980 2789.

MÜLLER-DIETZ，Rechtsfragen det Unterbringung…，*NStZ* 1983 145，203.

MUSCO，*La misura di sicurezza detentiva* 1978.

NEU，Die erhebliche Straftat…，*MDR* 1972 915.

NEU，Die Behandlung der Vollstreckung…，*MDR* 1973 551.

PETERS，Die ethischen Voraussetzung…，*Heinitz-FS* 1972 501.

REHBERG，Fragen bei der Anordnung…，*RPS 93* 1977 164.

RODRIGUES，Anabel，A Fase de Execução…，*BMJ 380* 5.

SCHMITT，Auf der Grenze von Recht u. Medizin…，*Bockelmann-FS* 1979 861.

SCHULTZ，30 Jahren schw. StGB，*RPS 88* 1972 1.

STRATENWERTH，Zur Rechtsstaatlichkeit der freiheitsentziehenden Maßnahmen…，*SchwZ 82* 1966 337.

STRATENWERTH，Strafrechtl. Massnahmen an geistig Abnormen，*RPS 89* 1973 131.

WEIHRAUCH，Die materiellen Voraussetzung der Sicherungsverwahrung，*NJW* 1970 1897.

另见前一章开端引用的书目。

一　这些处分的市质和目的

第 718 节　正如前文所述，现行《刑法典》区别剥夺自由和非剥夺自由的保安处分。在剥夺自由的保安处分中，专门规范（第十二章）**不可归责者**在康复、治疗或保安场所之**收容**保安处分（第 91 条第 1 款）。因此，所涉及的收容具有**双重性质**。收容首先是为使行为人透过康复或治疗而*重返社会*之收容，因为其对象是因精神失常而属不可归责者（第 20 条第 1 款）或者因为已依据第 20 条第 2 款之规定被宣告为不可归责者的可归责者（亦因精神失常）。在实现社会化的目的期间，亦以间接的方式实现安全的作用。然而，由于根据医学知识水平，面对具反社会行为的不可改善性的无法治愈者，当治疗（或可能的康复）功能显得不可能实现时，安全的作用才会自主地出现。

　　然而，并非因为安全的作用在所有情况下都存在，以及并非因为社会化的作用只是在行为人仍然能被社会化影响时，安全的作用才被认为是收容的首要和主要目的，安全的作用只是附属或次要的作用。相反，应继续断言的是，收容处分的真正和主要目的是——像在第 688 节及其后续节数所看到的一样，是整个保安处分的目的——社会化，而这一目的只有在（以及在例外情况下，如有的话）*显得完全不可能实现* 时才不能被追随。

8 月 1 日第 265/79 号法令第 217 条强调，"收容……之目的是保护社会，而收容之目的应是让被收容者重新融入社会之自由生活中"，可以从这里得出结论（与所指出的结论相反），所有这些处分的*主要目的* 是安全，而不是社会化。但这是没有道理的。除了一方面目的为适用刑事处分提供理由，另一方面由目的主导其*执行* 的形式（对剥夺自由之刑罚，见上文第 112 节及其后续节数）——在任何情况下都强调，它在此方面及在那方面并不意味着，实际上也不意味着"分裂"或"对抗"——，事实上，现正分析的内容非常明确，即整个执行都是*以社会化为导向* 的；提及"社会保护"等同于赋予正当性的依据。

第 719 节　因此，葡萄牙法律没有遵循这方面最常见的模式，这一模式基于不同保安处分在其目的上及在每一保安处分的适用所依赖的前提下的区别[1]。一方面，这透过已指出的目的，即仅对不可归责者适用剥夺自由的保安处分的目的得以解释；在这方面，不应忘记，除了收容保安处分外，处罚制度还对一种相对不确定的刑罚作出了规定[2]（下文第十五章）。但另一方面，不能不考虑的是，有意识采纳葡萄牙制度的刑事政策目的是，不区分适用于不可归责者的收容保安处分，然后根据所提议的最终目的对其进行合并（见上文第 667 节及其后续节数）。

第 720 节　因此，在执行层面上这方面可能存在差异。然而，即使在这一点上，我们的法律也是（故意地？）没有规定的。经 3 月 22 日第 49/80 号法令修订的 8 月 1 日第 265/79 号法令只在涉及多个执行剥夺自由处罚的场所时作出了规定，设有专门机构（第 158 条第 1 款 c 项），其中包括监狱精神病院（第 158 条第 5 款 d 项），并由该等专门机构负责接收被宣告为不可归责者之被拘禁者（第 167 条）。在执行剥夺自由保安处分的规定方面（第 XX 编，第 217 条及其后续条文），没有任何规定允许

---

[1] 在这方面，德国《刑法典》是一种范式，它区分了精神病院的收容（§ 63）、戒毒机构的收容（§ 64）、社会治疗机构的收容（§ 65，目前已被废止）和安全机构的收容（§ 66）等保安处分。

[2] 这样，在某种程度上涵盖了一般情况，例如德国法律规定，可归责者于戒毒机构、社会治疗机构和安全机构的收容保安处分。

以确定方式对康复、治疗或保安处分在执行上作出区分。第 718 节中已经提到的第 217 条在这方面没有意义。

对于在此考虑的措施专业化的问题，更重要的是《刑事诉讼法典》第 500 条，该条规定："下令收容之机构须**具体指明**应进行收容之**机构种类**。"令人遗憾的是，在实践中，这一规定几乎是一纸空文，因为适合实施收容保安处分的不同类型的机构很少（甚至根本没有）。

第 721 节　上述制度在刑事政策上是可以接受的[3]。如前所述，鉴于所有收容保安处分的*最终目的*，收容保安处分的实体法统一是合理的，即防止将来同一行为人重复作出同类犯罪的目的，尤其鉴于所有处分仅因精神失常而对不可归责者适用。

然而，从事物之性质本身而言，为使行为人之危险性得以消除（或遏制）而必须采用之*手段*之**多样性，在执行层面上亦变得必不可少**。但最终就这么简单。保安处分的种类层面上的多样性会对危险性治疗的理想单位造成不可弥补的损失，并在法律考虑中造成难以避免的障碍，尤其是考虑到每项处分的实施取决于不同的前提时。此外，一个区别的制度将导致建立一个收容保安处分的选择和——至少在特殊情况下[4]——组合（或合并）制度，从而危及处分的目的统一性，即使不危及适度原则。

第 722 节　因精神失常而导致不可归责性与**酗酒**或**毒瘾**状态有关之情况，均成问题——而且这样的情况越来越多。在此，有理由提出这样的问题：适用于不可归责者的处分是否不应与"普通"收容区分开；不仅是在其执行上，而且可能在其前提下[5]。即使在此，尤其需要精神科护理或干预的长期病理状态的共同基础，也可以证明措施的非多样化是合理的；但不妨碍源于特殊情况的保留，即目前（越来越多）拟在这一特别刑法中体现为"毒品"刑法却由于刑事政策的原因而需要干预的特殊情况；也不妨碍我们当中最近的 1 月 22 日第 15/93 号法令的模范体现，但这一法令认为没有必要对这方面的保安处分作特别的考虑。

二　收容的前提

第 723 节　根据第 91 条第 1 款的规定，适用保安处分所取决的前提有

---

[3]　因此，1991 年的修订也这样认为（第 91 条第 1 款），没有改变现行法律。

[4]　见 SCHÖNKE/SCHRÖDER/STREE § 72 n.° m. 5；亦见 MAURACH/ZIPF § 67 n.° m. 23。对于瑞士法，见 TRECHSEL，在 § 42 n.° m. 4 之前。

[5]　与之相同的是，例如，当酗酒或毒瘾不能确定行为人的（全部）不可归责性，并因此可能适用一项收容处分，即相对不确定的刑罚（第 86 条及下文第 909 节及其后续节数）。

三个：行为人作出一项犯罪的法定罪状中所描述的事实；依据第20条之规定，行为人被视为不可归责者；以及，基于精神失常及所作出之事实之性质及严重性，有理由恐防其会实施其他可视为严重之符合罪状之事实。

1. 作出法定罪状中描述的事实

a）概述

第724节　当行为人作出"一项法定罪状中所描述之事实"已经足够时——而且，当提到担心重新作出其他"符合罪状的事实"至少表面上强调了这一观点时——，第91条第1款似乎否认我们已陈述的关于*最低*特征的内容（第694节及其后续节数），应具有这些特征的是全部及任何保安处分所要求实施的"事实"。可以说，毕竟不需要行为人实施至少一项*符合罪状的不法事实*；从法律背景来看，行为人所实施的事实似乎足以构成一项法定罪状，即从这个意义上说，这是一个**形式上的符合罪状的事实**。

这一理解应一开始就被**拒绝**[6]。如上所述，这一理解与主导刑事保安处分，尤其是主导最严重的刑事保安处分，即收容处分的刑事政策的实质和意图不符。这最终证明违反了民主法治国家的原则。对第91条第1款之规定作出合理解释后，即认为在不可归责者之事实中，至少应有前面所指之*最低内容*作为适用任何保安处分之共同名称（denominador comum）。例如，不能评估不可归责者在自卫或行使紧急避险权时可能存在的危险。也没有任何理由反对这种解释——即使认为这是真正的惩戒性解释，因此它是为行为人和自由而作出的解释。还要指出的是，第94条第1款已经提到了"作出新的不法事实的危险"。

此外，法律在这方面使用的措辞难以解释。在1963年总则草案中有关规定正确要求，不可归责者之事实得视为不法，以便触发适用收容保安处分。然而，根据第117/1号法律草案第94条，条文内容是要求作出"法定罪状中所描述的事实"。对这一改变唯一可以想出的解释是——即使它不成立！——下文第725节最后部分提及的解释。

第725节　无论如何，不能忘记，在此被视为科处收容保安处分的事实是**不可归责者**作出的事实。这一情节要求进行的细微分析是，不可归责者事实的不法罪状在其所有要件中是否为构成一般犯罪学说中的一个基本类

6　同一想法，见 RODRIGUES, Anabela, cit. 53（nota 121）。

别的同一不法罪状。事实上，可以立刻问的问题是，因精神失常而不可归责者是否有能力实施一项真正的符合罪状的不法事实，而在一般犯罪学说中，**这一概念在实质意义上**应被采纳。换句话说，可以问的问题是，不可归责者的事实中是否出现了刑法意义上的真正"不法性"，因为这一不法性假定因精神失常而不可归责者不能构成"道德上的归责性重心"[7]。对于"罪状"的概念，甚至对于不可归责者的"行为"，也许可以提出同样的问题；尤其是对于后者，是否可以捍卫诸如 Roxin 当今提倡的"个人"的行为概念[8]。

在第 91 条文本中，"符合罪状的不法事实"的表述以"法定罪状中所描述的事实"代替，恰恰在于立法者不想在刚刚提及的（纯理论）问题上采取立场。因此，本来会使用尽可能中立的措辞[9]。但是，必须同意的是，如果这是理由，那么它就没有根据（下文第 726 节），这种变更可能会带来比利益更大的损失。

第 726 节　确实，对于所提出的疑问，不存在足够的依据。符合罪状的不法事实仅仅是想表达（尽管仅仅想如此表达）一种涉及具体情况下的具体行为*在刑法上不尊重（desvalor jurídico-penal）的特定含义*，因涉及保护法益的必要性。这种判断与行为人面对这一不尊重的*内在态度*毫无关系；而且，**因精神失常的不可归责性问题所涉及的只有这种态度**。也就是说，不可归责者也会作出行为；就不可归责者而言，可以满足客观归责（因果关系和风险潜力）及主观归责（一方面，实施事实的表现和意愿；另一方面，违反谨慎的客观义务）所载的含义要求；就不可归责者而言，也可以完全理解为通过一项排除不法性的理由（正当防卫、紧急避险、同意等）来使事实成为正当[10]。

第 727 节　然而，问题不会在此结束。因为我们急需知道，当要求符合罪状的不法事实作为适用保安处分的前提时，最终是否**要求少了**。也就是说，是否不存在制度上在符合罪状的不法事实发生后传统上会要求的但应

7　强调这一观点的，见 NEVES, A. Castanheira, *A Legítima Defesa*, diss. dactil, Coimbra 1954。

8　ROXIN § 13 n.° m. 42 ss. 持批判意见的，见 DIAS, J. de Figueiredo, *RPCC 1* 1991 36 ss., 39。

9　在这个解释的含义上——而且，绝不能以任何方式去判断法律所使用的表述方式所涉及的后果，见 DIAS, J. de Figueiredo, *RPCC 2* 1992 7 ss, 17 ss。

10　从最后的结论来看，我们当中见 ROSA, M. Cortes, cit. 9 ss。

被视为适用收容保安处分的前提的其他要件[11]。这主要涉及法律规定的不可
要求性（阻却罪过之紧急避险，见第35条；阻却罪过之防卫过当，见第33
条第2款；阻却罪过之不当服从，见第37条）和阻却罪过之错误（第17条
第1款）之情况；但仍涉及传统上在处罚范围内考虑的情况，尤其是未遂
行为放弃之情况。在上述所有情况下，仍然有可能适用一项收容保安处分，
那么如何观察谁足以符合实施符合罪状的不法事实的要求？或者，甚至在
这里，法治和刑事政策上的宪法的实施是否必须得出这样的结论：在这些
情况下，为适用收容保安处分的目的而评价不可归责者的危险性是否不正
当，以至于在符合罪状的不法事实的前提下增加**额外的要求**[12]？

第728节　面对所提出的问题，**教条和建设性的选择**（opções dogmáticas e con-
strutivas）仍然可以是多种多样的：第一种选择是，一般而言，使针对符合罪状的不
法事实而适用保安处分之前提成为要素的组成部分[13]；第二种选择是，将要素定性为
在过错前仍存在的教条和建设性的类别，即Maurach以"对事实之责任"的类别；
第三种选择是，将该等要素定性为一种以Roxin风格设计的"责任"类别，但须注
意的是，从教条和建设性角度来看，该类别是罪过之后而不是罪过之前的类别；第
四种选择是，考虑适用保安处分的最起码前提是将实施一项符合罪状的不法事实与
跟行为人罪过无关的其他犯罪要素结合起来。

然而，必须考虑的是，在所有这些选择中，只有第一种选择才能保留一种观点，
即符合罪状的不法事实（具在一般犯罪理论界的确切内容的事实）是适用一项收容
保安处分所需要的及足够的事实内容。

b) 不可要求性的情况

第729节　今天仍然普遍存在的学说对这个问题作出了回答，即尽管在
不可要求的情况下存在一个并非个别的而是一般的标准（不论实际上是罪
过的标准还是责任的标准）[14]，即存在一种"标准化的方法"[15]；尽管**在这种**

11　关于接下来的内容，更详细的见 DIAS, J. de Figueiredo, *RPCC* 2 1997 7 ss., 17 ss.。

12　关于后一种观点，MAURACH, *Schuld und Verantwortung* 1948 对阻却罪过之紧急避险和类似
　　的情况作出了答复，而这一答复基于建立新的一类犯罪学说：*对事实的责任*类别（见
　　MAURACH/ZIPF §§ 31 ss. 及 68 n.° m. 6 ss.）。关于这一建立，见 ROXIN, *RPCC 1* 1991
　　536 ss. 及 DIAS, J. de Figueiredo, *RPCC* 2 1992 21 ss.。

13　当今某些西班牙学者如 CUERDA RIEZU, *La colisión de deberes...* 1984 237 ss., 280 ss. 这样
　　选择，其跟随着 GIMBERNAT ORDEIG, *Welzel-FS* 1974 486 以及最后见 ESER/PERRON
　　（Orgs.）, *Rechtfertigung und Entschuldigung III* 1991 71。

14　因此见 ROXIN, *RPCC 1* 1991 536。

15　因此见 JESCHECK § 39 V 2。

情况下（尽管不太可能），只要能证明行为人是危险的，**就可以对不可归责者适用保安处分**（Roxin 举出例子，例如因为不可归责者在"在见血时会变得'激动'"[16]）。

第 730 节　在我们看来，**这种解决方法应获得支持**；但**不应支持所产生的前提**[17]。如果正确的话，在这种情况下，不会面对真正的罪过问题；或者，如果面对的话，评价阻却罪过的标准不会是个人的标准，而是一般的标准；如果是这样的话，那么，只有诸如 Maurach 的构建才可以被认为适合于问题内容的构建。这种情况应定性为罪过前的一个系统类别，在这种情况下，应排除适用保安处分的正当性，即使对不可归责者也是如此。如果不是这样的话，这仅仅是因为，根据葡萄牙法律[18]，不可要求性的问题在很大程度上是真正的**罪过**问题：为排除某一性质的危险而作出的不法行为不是"一般"阻却罪过的适当理由，而是"根据具体情况，要求（行为人）作出不同的行为时"而作出的不法事实（第 35 条第 1 款）；并非由于"一般"的阻却罪过造成的困惑、害怕或恐惧而导致防卫过当的事实，而是由于在具体个案中"因不可谴责的困惑、害怕或恐惧而引致"的防卫过当的事实（第 35 条第 2 款）。

作为真实的罪过问题（例如不应受谴责的对不法性缺乏意识的问题的同一层面上），就因精神失常而对不可归责者不可要求之真实情况是否存在作出判断是不可能的。因此，亦须接受该等情况对保安处分的适用不具重要性；至少对于此问题应维持这样的断言，即适用保安处分取决于实施符合罪状的不法事实，以及取决于随后在其基础上对危险性的判断。

Cortes Rosa 反对在此捍卫的立场[19]，但这仅仅是因为，从根本上说，它反驳了关于不可要求性的问题（根据现行葡萄牙法律）是罪过的问题的说法。如果接受这样的说法，就必须承认，在不可要求的（根据情况的客观和心理特征潜在的或可能发生的）情况下行事的不可归责者将会因缺乏可归责性，而非因不可要求性而被宣告无罪。不同的是，不可归责者在正当防卫状态下行事：就正当防卫而言，最终可以有

16　ROXIN, *RPCC 1* 1991 537.

17　完全*相反*，捍卫这一前提但反对这一结论的，见 ROSA, M. Cortes, cit., 11。同一含义的见 MAURACH/ZIPF § 68 n.° m. 7 及 TRIFFTERER 488 所告知的奥地利的一般学说："在安拉塔特（*Anlaβtat*）中，不应缺乏任何关于责任的其他组成要素，除了可归责性外。"

18　有别于德国法中所发生的，见 DIAS, J. de Figueiredo, *RPCC 2* 1992 27 ss。

19　ROSA, M. Cortes, cit. 11 ss.

意义地就这种情况（与客观及心理情况相抵触，而不是与行为人对法律秩序之要求所持之心灵及人类道德上之立场相抵触）作出决定。

c）故意、过失和错误的情况

第731节　另一方面，在考虑到**故意、过失和关于符合罪状的事实的错误**之问题时，根据犯罪的一般学说而对实施符合罪状的不法事实的要求，作为适用收容保安处分的前提，似乎应被捍卫[20]。对于不可归责者的事实，*构成不法性的主观要素*的故意和过失的判断是完全有可能的，有必要（如没有令人产生疑虑）求助于"自然故意"：这只不过是知悉和愿意实施客观罪状，即作为主观不法罪状的"故意"；而且，对于作为违反客观的谨慎义务的过失，也是同样的说法。

在任何情况下，确实可以提出这个问题，即精神失常本身是对实施客观罪状的知悉和愿意的阻碍，或导致对相关符合罪状的事实的错误——在可能的情况下，可归责者不会不正确地掌握这种状况。然而，即使在这种情况下，似乎也应以（对罪状）缺乏故意而不是因不可归责性而宣告行为人无罪，其后果是不应有可能对其适用任何保安处分。同样，可归责者可以仅仅因为极度分心、鲁莽或轻率而无故意地作出行为，而这一情节会导致否认故意。

只有在**或然故意**的情况下才不同，在这种情况下，其与有意识的过失——是基于确定行为人是否同意罪状的实施见第14条第3款——的区别在心理和故意的层面上不能实现，但这一区别最终在刑法规定及其主导的*价值*上透过行为人的*内在态度*实现。在此是的，但只有在此是这样，一个（*过错*！[21]）问题不能对一个不可归责者作出有意义的回答；因此，在这种情况下，可以根据所作出的事实来判断其危险性，以便偶然适用一项保安处分。

第732节　然而，**如对禁止存有错误，而该错误之认识对不法行为、对阻却不法性之要素存有错误或者对不可要求性原因之要素存有错误的意识**

20　关于与不可归责性问题有关的错误问题，最后见 CASTALDO，em：ESER/PERRON，*Rechtfertigung und Entschuldigung III* 1991 343。肯定文中含义的，见 JESCHECK § 77 II 2 a。

21　某些*或然故意*的情况只能在过错方面解决，主要见 ENGISCH，*Untersuchungen ...* 1930 及 GALLAS，*La teoria del delito ...* 1959 57 ss.；之后见 DIAS，J. de Figueiredo，*Responsabilidade pelo Resultado e Crimes Preterintencionais*，diss. copiog. Coimbra 1961 71 ss. 及 *JDC* 71 s.；而现在亦见 COSTA，J. Faria，*Estudos Eduardo Correia* I 701。

属合理必要，则问题更为复杂。的确，在这些情况下——与对符合罪状的事实的错误一样，也涉及排除故意的错误（第 16 条第 2 款）。但同样正确的是，任何一种情况都触及实施客观不法事实的罪状的认识和意愿，而且是在罪过方面，而不是在主观不法事实的罪状方面对故意作出否定；或者，如果我们选择与符合罪状的事实之错误情况不同，这里否认的不是主观上故意的不法罪状，而是故意的罪过[22]。因此，我们必须得出结论认为，在这些情况下，不可归责者犯下了一项符合罪状的不法的事实，这一行为符合科处收容保安处分的前提[23]。

第 733 节　而**刑事政策上的要求**，即使是在最严格的法律地位标准的指导下，似乎也没有与被认为最适当的在教条及建设性上的结论相抵触。如一不可归责者在知悉一名妇女已怀孕的情况下使其堕胎，则没有理由在该事实的基础上判断其可能存在的危险性。就好像他杀死了另一个误拿了一件狩猎物品的人一样，没有理由在故意杀人的基础上判断可能的危险性，而是在（可能）过失杀人的基础上判断可能的危险性；这是最重要的，因为适用的保安处分的种类及其本身的适用取决于事实的"严重性"（第 91 条第 1 款及下文第 736 节及其后续节数）。而且，请让我重复一遍，这一错误可归因于所遭受的精神失常以及由精神失常导致的错误；因为正如我们刚才所说的那样，不可置信地分心或疏忽的人所犯的错误并不能扩大故意的界限。

但与此不同的是，不可归责者是在不遵守关于安全的法律规范的情况下制造药物，而对这些法律规范的认识对于了解事实的不法性是必不可少的；或者杀死误以为在攻击或伤害的其他人；或者，在遇难的情况下，抽回同伴抓紧的救生圈，因为错误地认为救生圈只能用于救一个人；而且，如果基于*所作出之事实*在上述任一情况下显示行为人之*危险性*，那么，有足够的预防和社会保护理由对其实施收容保安处分，因此不能认为违反了法治的规则本身。

---

[22]　因此，坚持这样主张的，见 DIAS, J. de Figueiredo, *O Problema da Consciência da Ilicitude...* § 18。

[23]　从这个结论来看，在德国学说中，例如见 WELZEL 264 及 JESCHECK § 77 II 2 a；以及——这是一个非常有趣的内容——见 MAURACH/ZIPF § 68 n.° m. 7 中对于受不可归责性状态限制的阻却不法性或责任的事由之错误的情况。

再一次，在阻却罪过的事由的前提（不可要求性的事由的前提）[24] 方面的错误问题上，针对在此所持立场的 Cortes Rosa 的批评不能达到目标，至少在现行的葡萄牙法律制度中是如此。因为事实是，根据第 16 条第 2 款的最后部分，这一错误*阻却了故意*，而不仅仅是影响*罪过*。即使立法者可以正当地选择以这一错误的"结构性相同"为基础制定法规，例如对合理理由的前提的错误[25]，或相反以（对我们而言是不可接受的）在这些前提之间潜在的"过错差异"为基础制定法规，立法者的选择无疑是第一个方案。因此，选择第二个方案在此意味着其本身判断凌驾于法律判断之上。

d）缺乏可处罚性前提的情况

第 734 节　要提出的最后一个问题是，在不可归责者作出一般的犯罪学说含义上的一项符合罪状的不法事实，但缺乏可处罚性的前提的情况下，如果可肯定危险性，适用收容保安处分是否合理。

答案必须是否定的[26]。欠缺"可处罚性前提"意味着，具体事实**并未达到刑事处罚尊严的最低限度**[27]：例如，因为行为人有效地放弃了实施犯罪的企图，或者因为作出了一项帮助他人自杀或造成破产的符合罪状的不法事实，但没有发生自杀或未宣告破产（第 151 条及第 324 条及其后续条文）。然而，如事实未达到最低限度，则科处保安处分与科处刑罚一样不合理；这甚至可适用于不可归责者，因为，可针对不可归责者彻底评价缺乏可处罚性前提的问题。所以，以其可能存在的危险为理由，将意味着违反在此应不加限制地保留法律地位的前提。

e）结论

第 735 节　由此得出的结论是，作为科处收容保安处分前提的事实在某种程度上**超越了**一般犯罪学说中**符合罪过的不法事实**类型的内容；然而，只有在一定程度上也包括**可处罚事实的前提**。当然，另一方面，在完全不同的情况下，也可以这样说：适用收容保安处分的前提是由不可归责者实施**犯罪事实**，而不是单纯的符合罪状的不法事实，**但属罪过类别的所有要**

---

[24]　ROSA，M. Cortes，cit. 7.

[25]　在 *O Problema da Consciência da Ilicitude...* § 21 IV 中，我们主张结构性相同并曾试图显示其存在。

[26]　在这方面，亦见 BLAU，JR 1984 27 及 JESCHECK § 77 II 2 a，然而他们强调，在这些情况下，若行为人在放弃的情况下表现出危险性，仍可根据国家（*Länder*）的规定被收容！

[27]　在这方面，尽管主要考虑到刑罚的问题而不是保安处分的问题，见 DIAS，J. de Figueiredo，*RPCC* 2 1992 30 ss。

素或由罪过产生的所有要素除外。

2. "作出的事实的性质及严重性"

第 736 节 为使考虑中的保安处分可被科处，仍必须使事实具有某种性质及严重性才可以使诸如收容的处分等严重处分具正当的理由，从而剥夺不可归责者的自由。然而，这样的要求**具体**要理解什么，却是一个极难解决而解释者无法拒绝面对的问题。尤其不能令人满意的回答是，一切都应该成为**适度原则的功能**，由法官来实现整个任务。因为如果是这样，法律就没有必要明确提到所提到的标准。

第 737 节 另一种观点可能是指出以下标准：所实施的事实的性质和严重性足以证明适用收容保安处分的理由恰恰是**那些在涉及一项刑罚下应被判处徒刑的情况**。而且，作为理据，我们可以认为，不论在此种情况下还是在那种情况下，处罚的严厉程度实质上是相同的，因为这两种情况都涉及剥夺行为人的自由。但是，这种标准是不合理的，原因有几个。

首先，如果对行为人来说最严重的处分是刑罚或保安处分——剥夺自由持续相同时间的前提——的争论毫无意义的话，那么就必须强调，尽管法治国家的思想在保安处分理论中提出了所有限制和保障，保安处分之期间比刑罚之期间更不确定，因此，在这一意义上，原则上保安处分对于遭受它的人来说在心理上是*较沉重的*。

此外，在一系列不同的个案中，可以且应该以非剥夺自由的刑罚代替徒刑，而替代收容保安处分的可能性则具有与徒刑*不可比*的范围和多样性。

最后但并非最不重要的是，必须考虑收容处分只对那些不能被视为有罪过的人实施。这一情况有两个重要的效力。一方面，在适用保安处分时，完全没有过错的限度，其刑事政策意义和作用恰恰在于维护行为人在国家惩戒权面前的自由——不仅是在没有罪过的情况下，而且是在确定罪过的情况下；如果可以肯定的是，在保安处分中，根据适度原则，一个与罪过相似的限制性功能是可以执行的，那么正确的是，正如前面所强调的，这里所指的是一个*不太完美及不太严格的*限度。另一方面，正如我们在上文第 672 节及其后续节数所看到的，鉴于不可归责者的*融合预防*要求没有消失，与可归责者的处罚权相比，其力量无可争辩地要小得多，因为更不需要以违反事实的方式重申被违反的规范的有效性。

第 738 节 当考虑到事实的*性质*标准具有抽象的特征而*严重性*标准在缺

乏法定准则下只在具体情况下才能确定时，对所提出的问题的一个刑事政策上正确的解决办法似乎是可行的[28]。在这些条件下，我们认为可以合理地描绘以下框架。

在涉及**刑罚之无关紧要性**方面[29]，甚至是在涉及犯罪学概念中**轻微犯罪**方面（关于这些概念，见上文第105节及其后续节数），事实的（抽象）性质将排除收容保安处分的适用。即使可以说的是，尽管事实的性质并不明显，但它还是一种重大危险的症状[30]；因为在这里，仍然应该坚持认为事实的作用是创建性的，而不是单纯的症状性的。

除了轻微犯罪的门槛外，一切都不应取决于事实的性质，而应取决于事实的**具体严重性**，为此，法官应考虑我们认为（上文第八章四）对以预防方式衡量刑罚非常重要的所有因素（显然在此不是以不能谈论的罪过方式）。

3. 行为人因精神失常的不可归责性

第739节　其后，*关于同样作为科处处分前提的事实*，科处收容保安处分的前提是，根据第20条第1款或第2款的规定，行为人被视为**不可归责者**。事实上，在多个事实的情况下，行为人可被视为可归责于一个事实（如盗窃），但被视为不可归责于另一个事实（如强奸），那么就后一事实而言（而非同样就前一事实），应具备已指出之要件，且应评价行为人之危险性。

德国的司法见解和学说在此一直要求[31]，因实施收容措施处分（根据德国法律，在精神病院进行）而产生的不可归责性并非基于某种精神失常，而是基于一种**长期的病态**所引致的失常。这是有道理的，偶然的精神失常不能为适用处分提供理由——不论是以必要性原则、补充性原则和适度原则为理由，还是根据危险性及相关预测。

4. 不利的预测

第740节　法律要求科处收容保安处分的最后一个前提——而且，从刑

28　非常令人感兴趣的是，就作为收容前提的事实的*严重性*而言，在1963年总则草案的修订委员会中存在这一争议：见 *Actas* II 266 ss。

29　在此方面，亦见 JESCHECK § 77 II 2 a 提及德国主流的司法见解。而且，关于这个问题，见 ZIPF，*JuS* 1974 276。

30　再一次，正如文中所述，见 JESCHECK 如前脚注，但在这部分反对所提及的司法见解。

31　在 MAURACH/ZIPF § 68 n.° m.1 中指出。

事政策角度来看，是重要的前提——是，行为人的危险性透过**对事实及行为人作出整体评价**而得以确定，这一评价基于"有依据之理由恐防作出其他可构成严重情节之事实"。这一评价的关键是作出决定的时候。除上面对这一前提所陈述的所有内容外，尤其是其所处的"可能性"的特征（见上文第 695 节及其后续节数），在此值得强调的某些要点，即必须实现已确立的原则的要点。

第 741 节　要指出的第一点是，出于同样已经阐述的理由，对重复犯罪的担心必须是针对**实施符合罪状的不法事实**，而非针对实施单纯符合罪状的事实。要指出的第二点是，不能是任何种类的符合罪状的不法事实，而必须是严重的符合罪状的不法事实，并（至少）具有与已作出事实的严重性相对应的严重性；然后，应是与已作出的事实相同种类的事实。我们知道，这并非意味着"相同的"的事实（由同一种犯罪组成的事实），而是在任何情况下均意味着与所实施的事实有实质联系的事实（例如对人的暴力行为、侵犯财产的事实、经济犯罪或危害健康的犯罪等）。

第三，预测的事实应表现为行为人患有**精神失常的后果**，而不仅仅是行为人可能出现冲突情况[32]。在这些情况下，法院原则上应根据*法医学及精神病学鉴定，以及（或）人格鉴定*作出决定，这是一项合理的而且由事物性质本身所需要的要求[33]。

三　处分的适用和其期间

1. 适用

第 742 节　如符合收容所取决之要件，**必须**进行收容（"要求将'不可归责者'收容"，正如第 91 条第 1 款所规定之）。以这种方式没有在刑事政策上可能及可取地遵守**补充性原则**并不能正当地反对这种解决办法。一方面，因为（在某些前提下，在第 822 节将会对这些前提进行研究）法官可以下令采取非剥夺自由的保安处分：*具条件的暂缓收容*（第 99 条）。另一方面，因为在发出收容命令后，收容可透过考验性释放制度（第 94 条）终止——尽管保安处分仍在执行——，该制度（见下文第 757 节及其后续节

---

[32]　这样亦见 JESCHECK § 77 II 2 a。
[33]　明确此方面内容的，例如见瑞士《刑法典》art. 43 – 1 III。

数）与在暂缓执行收容过程中已命令的收容没有实质上的区别。

第 743 节　7 月 19 日第 19/86 号法律关于森林火灾罪的第 4 条规定了适用收容处分的一种已在第 669 节中提及的特殊形式：收容处分不会像一般情况下以连续方式执行——这实际上是一个适用的问题，而不仅仅是一个执行的问题——，而是以"**间歇性且与正常火灾季节一致**"的方式执行。因此，在这些情况下，无论行为人所实施的符合罪状的不法事实的严重性如何，以及行为人的危险性程度如何，连续收容保安处分均不能适用。从刑事政策角度来看——甚至从平等待遇且与司法要求相关的角度来看，这是一种不可接受的解决办法。在法院根据事实情节及行为人之人格认为这种处罚足以实现处分的目的，且在释放期间由门诊治疗伴随或补足时，间歇性收容处分应构成**代替**连续收容之可能性。

2. 期间

a）上限

aa）法定及抽象之确定

第 744 节　今天仍然绝对占主导地位的学说继续认为，收容保安处分**不具法定期限的上限**与这些处分的本质和刑事政策性质相符。然而，对这种学说施加的压力[34]体现在民主法治国家的思想上，这一思想体现在所作出的事实的构成价值、广义上的适度原则以及合法性原则本身等思想上[35]，导致立法者在实施收容保安处分的所有或至少部分情况下，决定收容保安处分的抽象上限。基本法律非常明确地规定，"不得有永久性、无限期或不明确的剥夺自由或限制自由的保安处分"（《葡萄牙共和国宪法》第 30 条第 1 款）。但又规定，"如因严重精神失常而引致危险性，又或因未能以开放性方式治疗，在此状态期间，得连续延长剥夺自由或限制自由之保安处分，但必须透过司法裁判"（《葡萄牙共和国宪法》第 30 条第 2 款）。

第 745 节　现行的葡萄牙一般法律继续从根本不存在收容的抽象上限的原则出发，因此在第 92 条第 1 款中规定："当法院证实导致收容之犯罪危险性状态已终止时，收容即终结。"可以这样说，至少从表面上看，这是一项

---

[34]　因此，见 SCHÖNKE/SCHRÖDER/STREE § 67 n.° m.1；以及对于法国，见 PRADEL n.° 519。

[35]　例如见 MUSCO, cit. 282。

实质违宪的规范。

然而，对于第一次收容的普通情况，这一判断绝对不能成立，根据第92条第2款的规定，第一次收容"不得超过与不可归责者所实施之罪状相应刑罚之4年最高限度"。然而，对于*第一次收容之例外情况*——就是说，即使根据同一规定，"新的危害人身罪的危险非常严重，以致［行为人］释放的危险不可取"的情况——，又或对于*第二次或随后出现之所有情况*，则第92条第1款之规定完全适用，因此，收容仅在危险性状态终止时方予终止。所以，在这些情况下，《刑法典》似乎没有遵守《葡萄牙共和国宪法》第30条第1款和第2款的规定，该法规的相关规定应被视为实质违宪[36]。

第746节　然而，为了解决该问题，还必须考虑第93条关于**对被收容者状况进行审查**的规定。一方面，一旦由检察院或由执行部门、被收容者或其代理人提出终止收容的合理原因（首先，这一原因显然是使危险状态终止）明显为第92条第1款所规定的效力，法院便可随时审理该问题（第93条第1款）[37]。另一方面，根据第93条第2款之规定，"不论是否作出陈述，自开始收容起经过3年及自作出维持收容之裁判经过2年后，必须"进行审查。

从上述规定所产生的学说来看，似乎必须得出结论认为，尽管第93条第2款所指的审查是强制性的，但第93条第1款所指的重新审查对于法院而言*确实是任意的*，即使提出存在收容的合理理由，法院也可以不必进行审查从而拒绝该主张。然而，很明显的是，拒绝不能是随心所欲的，只能以所援引的*明显不成立*为依据，例如，因为没有主张任何能使其起码可信的情节，或因为明显涉及单纯的强词夺理。但是，透过援引总是存在第93条第2款的强制性审查以保障合法性，甚至透过援引已经没有足够的时间令合法性得以实现来拒绝该主张是不合理的。

第747节　现在的问题是，**审查制度**——对实现保安处分的刑事政策目

---

[36]　在此方面，见 LEAL-HENRIQUES，M.（Org.）art. 92.° anot. 2（表达出疑问）及 ANTUNES，M.ª João，cit. 110 ss. 针对合宪性，见 LEAL-HENRIQUES，M./SIMAS SANTOS，M. I 473 及 RODRIGUES，Anabela，cit. 56（nota 128）；以及 GONÇALVES，M. Maia art. 92.° anot. 3，其论点为"延长时间必须透过新司法裁判为之，而该裁判与首次收容裁判所产生之裁判不同"。但这个论点并不能让人信服，因为"行为"（符合罪状的不法行为）是相同的，正如危险也是"相同的"一样，只是危险不会停止，而是继续存在。

[37]　与 GONÇALVES，M. Maia art. 93.° anot. 1 所主张的相反，第93条第1款的规范并非（远远不是）"无必要的"。第92条第1款规定，如法院证实危险性状态已终止，须终结收容；第93条第1款规定，如果提出终止的原因，法院应随时进行审查。

的属必要的制度（除了第 93 条第 3 款规定的情况外，第 752 节也将会考虑这一情况），即使所有保安处分都具有法定的抽象上限——**是否足以确保制度完全符合宪法**。换言之，问题是，该制度是否对《葡萄牙共和国宪法》第 30 条第 1 款和第 2 款所载的宪法禁令给予了最起码的执行。

答案必须是**否定的**[38]。人们可以认为，考虑到审查制度，一切似乎都是假设保安处分的上限为 3 年，其次是假设危险性持续存在，期间就会延长 2 年。但是，在这一论点中，这是一种似是而非的理由，完全不足以将相关的解释作为"合宪解释"。因为事实是，一般法并没有规定真正的保安处分的"延长"，而是存在着一种趋向无限制的收容，即在一定时间内，对维持危险性状态前提而进行重新审查的收容[39]；收容保安处分并不意味着预先存在*严重的*精神失常[40]，或证实无法进行开放式治疗，正如《葡萄牙共和国宪法》第 30 条第 2 款所规定的一样，为了能够延长收容期间。因此，在这方面，一般立法者必须介入，以确保该制度完全具合宪性。

第 748 节　上述违宪性如被认为仍然存在，则在 1982 年《刑法典》生效之日即已存在，因为《葡萄牙共和国宪法》第 30 条第 1 款已载入此宪法的起始版本，1982 年的修订只扩大了禁止的范围，这一范围起初只限于剥夺自由的保安处分，后来亦包括单纯"限制"自由的保安处分。

然而，该制度的合宪性似乎已通过对与 1991 年草案中所载的有争议的相同规定所提议的措辞得到充分保证。草案第 92 条第 2 款规定，"收容不得超过与不可归责者所犯罪行之罪状对应之刑罚之上限"。第 92 条第 3 款还规定："不可归责者作出之事实，如属可处以 8 年以上徒刑之犯罪，且有作出新事实之危险，以致不宜将之释放，收容可连续延长 2 年，直至证实（犯罪危险性状态已终止）为止。"

bb）司法的具体确定

第 749 节　然而，我们至今所考虑的一个问题是，法律是否应预先对保安处分规定（抽象的）上限；另一个问题是，即使在已经预先确定的情况下，法院是否应在判决中**具体**定出收容之期间。对后一问题必须**总是**给予

38　在结论方面，亦见 ANTUNES, M.ª João, cit. 110 ss。

39　在第 92 条第 2 款中提到的"首次"收容的情况中，并无充分矛盾之处。

40　因此，根据第 91 条第 1 款的规定，"严重"指的必须是事实，而不是精神失常。也不能说精神失常是否确定了（正如必须确定的那样）第 20 条规定的行为人的不可归责性，这就证明了其严重性。根据第 20 条的规定及为第 20 条的目的，轻度精神病和神经病、抑郁状态或感情状态均可构成精神失常，而不必以其严重性得出结论。

否定的回答[41]，因为认为收容的具体期间（尽管在法律规定之抽象上限内）完全取决于是否已达到适用该处分所拟达致的目的——首先包括社会化的目的，但亦（可能仅）包括安全的目的。因此，前面已经提到的第 92 条第 1 款所载的学说的理据是正确的。

b）下限

第 750 节　导致原则上不应存在上限的同一刑事政策理由同样导致——但更具分量地导致——**不应抽象或具体存在**收容保安处分期间的**下限**。在这方面，必须首先考虑行为人危险性状态的维持，以及特别预防的要求；当危险性状态在保安处分开始执行后立即终止，例如因已成功进行手术[42]而终止时，保安处分应终止。这一学说无可争辩地是从第 92 条第 1 款中得出的。

第 751 节　当然，不应排除法律本身以**危险状态持续期间的推定**的名义制定收容的下限的可能性，但是，这种解决办法在刑事政策上并没有根据，而且会引起严重的合宪性问题。在刑事政策上没有根据，因为可能会出现以下情况：基于事物之性质，绝对肯定危险性在推定之持续期间届满前已终止。例如，在前文所指之成功进行手术及终止行为人所受之性侵害的情况下，又或得了高危疾病、残疾等。即使在极短的时间内，一旦危险性状态已终止，维持收容是一个可能基于不同观点解决办法，尤其是（尽管没有道理）基于以下观点：某些事实类别本身就是犯罪危险性的证明；但从不会是特别预防的思想，不论是社会化上还是安全上。这表现为一项非常有疑问的宪法性[43]，因为一旦危险状态结束，以危险期限的推定的名义继续收容，将意味着与宪法上的适度原则严重（或甚至以不可接受的方式）相抵触，这一原则不仅在适用保安处分时，而且在执行保安处分的整个过程中都必须遵守；否则，甚至将意味着与维护个人尊严的原则相抵触。

第 752 节　然而，尽管如此，仍有法律对收容的期间规定了下限的情况，即第 91 条第 2 款规定的情况，根据这条规定："不可归责者作出之事实为严重之杀人或身体伤害，或在可处以 3 年以上徒刑之其他暴力行为中，且

41　因此，同样在德国法中，见 JESCHECK § 77 VII 1。

42　明显地，按照职业规则（*leges artis*）进行医学上指定的手术，并具有治疗目的及根据一切医疗措施之一般规定由病人或权利人有权限批准的目的（第 158 条）。

43　在这方面，意大利在法律和宪法层面就危险推定问题展开了热烈的讨论，见上文第 694 节及脚注。

有理由恐防作出性质及严重性相同之其他事实，**收容时间为 3 年**。"这一下限也排除了在下限未被履行完成的情况下，对收容进行审查的可能性（第 93 条第 3 款），不论是依职权，还是由利害关系人要求。然而，正如第 674 节已经指出的，这一解决办法不仅在刑事政策上是有根据的，而且从适度（宪法上重要的）角度来看是合理的。这是因为，在这些情况下，最终所涉及的不是"危险性期间的推定"，而是**一般的融合预防的最低要求**，这些要求在某些情况下为独立适用和履行保安处分提供理由。

第 753 节　可合理提出的问题是，在第 91 条第 2 款的文本中是否反映了表现出一般的融合预防的特别要求的**所有情况**，而且**只有这些情况**。从根本上讲，这一问题涵盖了所有可处以 3 年以上徒刑的暴力行为的情况；这种情况可能是过度和高度不安全的，尤其是考虑到"暴力行为"的概念不是法律所规定的情况时，而且尽管在犯罪学中有相关的过程，不可否认的是这一概念在法律上是无法确定的。考虑到法律对相关情况影响的严重性和分量，最好采用严谨的定义，即使这一定义在结果中较为狭窄。对于*可处以 5 年以上徒刑之侵犯人身之犯罪*，一般的融合预防之特别要求肯定会表现出来。对于*故意危害公共安全的犯罪*，今天也可以这样做——考虑到当代社会对高价值的法益构成的危险[44]——，原则上，在我们的制度中，这些犯罪可被判处 5 年以上的徒刑（第 253 条及其后续条文）。

关于第 91 条第 2 款第二部分规定的要求，即"有理由害怕作出性质及严重性相同之其他事实"，似乎没有任何有用之处，因为这是对实施收容保安处分的一般要求。然而，除有疑问外，重复（尽管严格来讲，可免除）旨在显示，即使在第 91 条第 2 款的情况下，仍有必要对危险性进行*独立核实*，不得推定它。另一方面，要强调的是，当要求事实为"相同性质"时，该规定确认我们在第 698 节及其后续节数给出的定义，即为适用收容保安处分的效力而定义的犯罪危险性。

第 754 节　基于一般的融合预防之理由，第 91 条第 2 款所规定之收容期间的下限，应考虑行为人因同一事实而被剥夺自由之期间。值得指出的是，扣除制度在此亦应适用——尽管法律对此保持沉默（见上文第九章三）；这对于合法性原则并不构成任何困难，因为这是一种刑事政策上有根

44　在此方面，最近见 COSTA，J. Faria，*O Perigo em Direito Penal* 1992 340 ss。

据的且有利于自由的解决办法。但如收容期间之下限仅基于特别预防之考虑，尤其是基于危险性期间之推定，则该等扣除不再有意义[45]。

四 危险状态的终止和改变

1. 收容的终止

第 755 节 按第 92 条第 1 款之规定，被收容者之释放意味着法院宣告危险性已终止，但法律订定之上限为已实现者不在此限。鉴于对危险性状态作出判断的特殊性，似乎有理由认为，在确定这种终止时出现的困难与我们为确认危险性状态而看到的困难是相同的——尽管含义是相反的。因此，可以说，一切都取决于法院是否能够就被收容者的未来行为作出**有利的预后判断**（**juízo de prognose favorável**）。

第 756 节 然而，还必须考虑一个应得到特别法律处理的问题及根据上述关于危险性及不可避免的附随疑问的判断性质，在此以更高的频率和严肃性提出的问题，即**有疑唯利被告原则的实质表现的问题**。从前面关于这个问题所讨论的内容——尤其是比较暂缓执行徒刑[46]及科处保安处分的可能性判断（见上文第 701 节）——可以看出，应改变这一原则的附带问题（incidência do princípio）。

一方面，显然法院很少能够确定危险已经终止；另一方面，**有疑问**的是，法院亦不能确信危险状态持续存在的情况，而且根据上述有疑唯利被告原则，所有这些情况似乎都应导致终止收容。然而，鉴于在这方面不可避免的不安全状况，法律使被收容者的释放在这些情况下以社会保护的名义得到特别照顾。这就是试验性释放（libertação a título de ensaio）（第 94 条）及考验性释放（liberdade experimental）（第 95 条）的制度。

2. 试验性释放

a）制度、性质和刑事政策上的目的

第 757 节 根据第 94 条第 1 款之规定："在收容之最短期间届满后，得

---

[45] 1991 年草案中的相应规定试图对上述两个段落中针对现行第 91 条第 2 款提出的批判性考虑作出答复。根据这一规定："如不可归责者作出之事实属可处以 5 年以上徒刑之侵犯人身罪或公共危险罪，则收容之期间最低为 3 年。在该期间内，行为人因同一事实而被剥夺自由之期间扣除。"

[46] 另外，如后面所说（下文第 850 节），为给予假释之效力。

以试验名义释放（libertado a título de ensaio）不可归责者，其期间最低为 2 年，只要有**重要理由推定被收容者不再有作出新的不法事实的危险。**"在试验期间，被收容者须遵守法院认为"为预防其危险性而必须遵守之**义务**（更准确地说，是指行为规则），尤其须接受适当之治疗、康复管理以及在指定地点进行试验及观察的义务"；并"接受专业社会工作者的监督"（第 94 条第 2 款和第 3 款）。"如试验证实犯罪危险性已终止，则法院将确定释放被收容者"。"否则"，或者"如果在试验期间，根据被释放人的行为，发现释放制度不适当"，法院将命令（重新）收容，或"根据法律及行为人之行为或人格，适用更合适的处分"（第 94 条第 4 款和第 5 款）。

第 758 节　在收容保安处分方面，试验性释放制度采取此方式旨在履行一项本质上类似于*假释*制度在徒刑方面所履行的功能（下文第十四章）[47]。关于对被收容者的状况进行审查以及可能的危险性状态终止的问题，法院首先认定，该状态已有所好转[48]，即**作出新的不法事实的危险已明显减少**，然而，其预后判断尚不能达到可使其确定危险性已终止的可能性程度。根据第 92 条第 1 款及第 93 条第 1 款之规定，这必须令法院宣告收容终止。基于此，经证实累犯之风险已减少，法院有义务再作出判断，并根据随后出现之有利变化，评估是否**合理地期望收容之目的得以释放实现**。如果这一新的判断是肯定的，则赋予试验性释放。

第 759 节　正如现在所看到的，法律希望通过试验性释放制度对**补充性原则**的要求作出响应，而这些要求在涉及剥夺自由时是特别迫切的；迫切到为这些要求赋予《葡萄牙共和国宪法》第 30 条第 2 款规定的宪法基础（尽管具体针对的是其他目的），只允许在"无法以开放式治疗"的情况下延长收容。因此，主导该制度的目的是建立一个能够应对在这种情况下表

---

[47]　必须避免的是，在这方面（以及在考验性释放方面，见下文第 763 节及其后续节数），术语上的混淆几乎是无法摆脱的（1991 年草案第 94 条没有改善术语上的混淆情况）。Eduardo Correia（以及 1963 年总则草案修订委员会的其他成员）正确地认为，以试验名义的释放是真正的假释，见 *Actas* II 20 ss。然而，在此称为"以考验名义的收容终止"（第 127 条）。而且这是很严重的，也是完全不可理解的，所谓的"考验性释放"是 1963 年总则草案的"假释"！同样，FERREIRA，M. Cavaleiro de II 1989 217 继续声称，"考验性释放是一种在确定释放前的假释"。

[48]　法院首先核实——在 TESCHSEL § 43 n.° m. 24 中，关于"被收容者为考验而释放"的瑞士刑法制度——"处分的目的已部分达到"（s. n. o.）。

现出相互矛盾的刑事政策上的紧张和要求的体系[49]。一方面，这种体系允许被收容者在有重大理由认为其释放的风险在社会上是可承担的，即使为此必须让行为人接受门诊治疗及（或）专门的监督。另一方面，在对刑事危险性的终止存有合理怀疑的情况下，这种体系允许在面对可能存在的犯罪危险性下继续保护社会。

尚待查明的问题是，立法者采用的法律技术上的解决办法是否最符合该制度所主导的刑事政策目的及性质。

b）批判性思考

第 760 节　很明显，人们对第 94 条第 1 款所载的赋予试验性释放的**标准**提出了强烈的批评（正如先前的考虑已经表明），即"有充分理由推定被收容者不再有作出新不法事实之危险"的标准。的确，这意味着核实（即使对人类的判断，尤其是对预后的判断具固有的易错性）"危险状态已终止"。确切地说，这将使任何*试验性释放*都不合理。根据第 94 条第 4 款的规定，"如试验*证实*危险性已终止……"这表明，并非如第 94 条第 1 款规定的当有"重大理由推定"危险性的终止时，而是当对危险性的终止存在*疑问*时，试验性释放制度才会运作，即使危险状态发生了有利的变化。

第 761 节　除了这一批评外，法律规定了最短 2 年期限而不是**最长期限**（如对考验性释放所规定的一样，见第 95 条第 1 款），这是不可接受的[50]。即使收容时间之上限为抽象定出之期间，可在远超于该上限的临时时间中赋予试验，以致这一制度无论从法律地位的角度还是从刑事政策的角度来看都是绝对不能容忍的。如果收容没有上限，那么根本就不知道以试验名义释放的人何时可以对其状况进行分析，从而使该释放转为确定性的释放。

第 762 节　根据第 93 条第 2 款有关被收容者状况的*审查*方面，人们可提出理据*直接*反驳以上所陈述的内容。正如该条明确规定的那样，审查是收容的审查，而不是试验的审查。此外，这被以下事实所确认："*收容开始后满 3 年*，以及*维持收容之裁判作出后满 2 年*。"第 93 条第 2 款规定审查属强制性。因此，只有在**类推**的情况下，有关收容审查的规定才能适用于试验性释放。不过，这种类推没有充分的根据，因为主导收容和试验的刑事

49　关于这一点，见 FLORA，cit. 4 ss.，7 ss 的有趣见解。

50　例如，瑞士《刑法典》第 43 条也没有提到"为考验而释放"的期限，只是在所有情况下，明确规定须对处于考验的情况进行"至少每年一次"的分析。

政策的目的是不同的，所以，收容和试验的上限的标准理应是不同的。然而，由于法律中存在漏洞，除上述类推外，没有其他办法可以补救这一制度的合宪性（在宪法上禁止不确定期限的保安处分，见《葡萄牙共和国宪法》第 30 条第 1 款），尽管存在已陈述的内容。

3. 考验性释放

a) 制度、性质和刑事政策上的目的

第 763 节　考验性释放（liberdade experimental）制度所主导的刑事政策目的和性质完全有别于应赋予试验性释放的目的和性质。根据第 95 条第 1 款之规定："如无试验性释放，在为不可归责者而设之场所中之被收容者，在确定释放前必须总是有不少于 2 年亦不超过 5 年之考验性释放。"第 95 条第 2 款规定对考验性释放适用第 94 条第 2 款、第 3 款、第 4 款及第 5 款的规定，即法律规定适用试验性释放制度的制度。

第 764 节　事实上，可以肯定的是，考验性释放不能具有与我们所说的试验性释放相同的**实质适用的标准**（即使在可能性方面可能有所不同），也就是说，正如我们所看到的，有理由期待收容的目的可在释放的情况下实现。因为如果是这样的话，很明显，这两个制度会相互混淆，不存在任何考验性释放的独立空间。

适用考验性释放的实质标准——对这一标准，现行法律完全没有规定——是另一种标准，而且只能是以下标准：收容处分终止后，**这一终止不自动与保安处分的消灭**及随之而来的确定释放**相对应**；相反，在收容终止与保安处分消灭之间，必须（"总是"）存在一段考验性释放期间。

因此，**适用考验性释放的前提**取决于保安处分*是否因具有法定上限的期间*而有所不同（甚至其本质上亦有所不同）。如具有，考验性释放取决于在被收容者未获给予试验性释放的情况下达到其期限的（*形式*）前提。相反，如果处分不具法定上限，且没有给予试验性释放，则考验性释放取决于法院认定危险状态已终止的（*实质*）前提。

第 765 节　因此，考验性释放的制度与试验性释放的制度没有任何共同之处。正如我们所看到的，试验性释放是建立在*特别预防和社会化的*刑事政策理由之上的，即在任何名义下释放的社会化比*围墙内*的社会化更为可取，因为社会在囚犯获得释放之后冒一定的风险，这是值得的；对（宪法规定的）*补充性*要求应予以适当赞扬。

主导考验性释放及可以表现为两种不同的考虑的**刑事政策思想**是完全不同的。一方面，这个想法——犯罪学上有根据的想法，但在某种程度上，这意味着在*强制治疗的思想*基础上作出牺牲——是，收容（尤其是如果是长期及因精神失常而加重的收容）可能会使被收容者非常不适应将会回到外界社会生活的规则，因此，强制使其处于收容和完全自由之间的**过渡阶段**符合其"真正的利益"。另一方面，令人担心的是，关于危险状态终止的司法判断——众所周知的复杂、困难和有很大的易错性的判断——可能是没有根据的，因此，应对被释放的人给予一段真正的**补充性试验期**（**período complementar de prova**）。所以（根据第 95 条第 2 款可适用的第 94 条第 5 款），如果发现"释放制度不适当，法院应命令收容……或适用其他措施"，即"根据法律规定，并根据行为人之行为或人格，显示出更适合的措施"；如考验性释放"确认刑事危险性的终止，则法院将被收容者的释放转为确定性释放"（根据第 95 条第 2 款可适用的第 94 条第 4 款）。

b）批判性考虑

第 766 节　考验性释放制度和试验性释放制度一样在刑事政策上没有任何依据，甚至可能存在对合宪性的严重怀疑。确实，我们刚刚看到，这一制度会在以下两种情况中的一种发生：或者收容的上限已过；或者当法院决定收容因导致收容之危险性状态终止而终止时。在上述任一情况中，即使以考验性释放的形式，也**欠缺执行任何保安处分的实质依据**。因此我们在上文坚决主张（第 709 节）保安处分的一般原则——特别是危险性和适度原则——不仅适用于保安处分的适用，而且适用于保安处分的整个法律范围，包括其执行的范围。

当然，对于危险性状态变得更好（但没有终止）的情况，《瑞士刑法典》第 45 条也规定了两种不同的制度："假释"制度及"考验性释放"制度。但是，将瑞士刑法的这两个制度与我们的试验性释放制度和考验性释放制度进行对比将会是仓促的（而且是不正确的）。首先，因为这些瑞士的制度不是*强制性的*，就像我们的考验性释放制度所发生的一样。其次，在我们当中，法院并没有在两者之间作出*选择*——像瑞士法律一样——，因为两者的前提是不同的，而且其运作时间也不同。最后，由于瑞士的两个制度之间的巨大区别——在葡萄牙法律中，没有任何意义的区别——在于，根据 Trechsel 的表述，"与假释相反，考验不属获释放之人之责任"[51]。

51　TRECHSEL　§ 44 n.° m. 24.

第 767 节　无论如何，人们会说这种批评没有足够的理由。这里的问题是，根据其法律制度——从这个角度来看，确保合法性原则——，在法律上被定性为"不可归责者的收容"并在第 91 条及其后续条文规定的保安处分并不是一项简单的收容处分，而是一项**收容及考验性释放的"混合"处分**。

然而，这一思路既没有消除也没有缓解上述刑事政策上的批评。如收容处分之期间具上限，在法律上确定该上限的理由（符合罪状的不法事实所形成及所显示的力量；危险性期间的推定；适度）会导致当达到该上限，自动产生的后果必须是完全（或"确定"，以法律第 94 条第 4 款所使用的表述）释放被收容者。与之不同，如收容处分之期间没有法定上限，考验性释放与导致收容之危险性状态已终止之司法判断（对的或错的司法判断，即使已转为确定亦然）有不可补正之冲突。

在这一反驳论点中，并不涉及纯理论和抽象的推测，而是涉及从被批评立场中得出的非常重要（及不可接受）的法律实践的后果。事实上，正如已经说过的（第 95 条第 2 款和第 94 条第 5 款和第 4 款），如果释放制度属（根据法律的表述）"不适当的"，收容或其他对行为人之行为及人格较适合之措施是可行的！然而，这一新的措施——不管是重新收容，还是其他任何措施——**在法律上是相互矛盾的、不符合宪法的及在刑事政策上是不能容忍的**：不论是因为已经达到了法律规定的上限，还是因为不再存在与处分可正当联系的符合罪状的不法行为；不论是因为已经明确判断危险状态已经终止，还是因为任何新的处分都不再受适度原则的支持。无论如何，如果法院不能在符合罪状的不法事实上及刑事危险性上再支持其判断和选择，那么法院如何在重新收容和其他"适当的"处分之间作出选择？

第 768 节　1991 年草案所采用的制度并非完全不受批评[52]。这一草案实际上取消了试验性释放制度，维持了考验性释放制度。当然，只有在没有达到收容期间上限的情况下，才会涉及考验性释放。另一方面，可以肯定的是，在草案中，在某种意义上，收容必须总是具预先确定的上限，因为在某些情况下，这一上限可以连续延长 2 年。还可以肯定的是，考验性释放的期间（最长为 5 年）不得超过收容期间上限之剩余时间。因此，草案中规定的考验性释放制度确实接近（真正的）假释制度，而且从政治及刑事角度来看，该制度毫无保留地受到拥戴。然而，正确的是，

---

[52]　相反，我们不打算以这种方式推卸我们在修订委员会——1991 年的草案源于修订委员会的工作——中所持立场所应承担的责任。

这一规定在一定程度上是模棱两可的：因为*在完全欠缺给予或拒绝考验性释放之标准之情况下*，现行法律赋予同样制度的表述形式存在严重风险，尤其是其刑事政策概念是剥夺自由和"确定"释放之间的一个过渡阶段，而不是一个专门由自由社会化问题所主导的制度。

第 769 节　确实，正如人们已经指出的那样，在长期收容的情况下，在剥夺自由和完全释放之间存在一个过渡阶段在刑事政策上是有道理的。考虑到法律上的地位，面对对考验性释放制度提出的反对意见（尤其是在失败时对其后果提出的反对意见），这种过渡阶段不应再是*刑事*保安处分的一部分。相反，这种过渡阶段必须由完全基于之前的被收容者（ex-internado）同意（甚至基于援助请求）的**单纯社会援助制度**所取代（正如，所谓的"犯人出狱后的安置"或拘留后的援助），这一取代必须具有好处，即使是刑事政策上的好处。

五　执行收容处分的问题

第 770 节　人们已经注意到，关于执行涉及剥夺自由的保安处分的现行法律规范过于简洁，甚至有些贫乏[53]。在这方面，仅需提及第 265/79 号法令第 218 条的一般规定，即"对因科处保安处分而产生的收容，类推适用关于执行剥夺自由之刑罚之规定，只要无其他规定"。然而，确实，在这一框架内，无须整体考虑应在系统阐述执行刑法的范围内执行收容处分的问题。首先要解决的这两个问题与其他问题完全不同，虽然它们与执行的主题相关，但与收容保安处分的实质及实体法律内容有着重要的联系。

1. 收容处分的重新审查制度

a) 刑事政策上的依据

第 771 节　收容保安处分之重新审查制度[54]载于第 102 条，这意味着原则上，如就作出收容之裁判已过 3 年者，在法院没有重新审查导致收容的情况，不得开始进行收容之执行；即更好地说，在法院没有确定适用收容所依赖的基本（但可变更的）前提的存在，即**维持犯罪危险性状态**的前提。

53　对执行制度中的重要问题存有（有根据的）疑问——即使不在此处所述的情况下——，例如，关于收容处分是否（在与剥夺自由的刑罚相似情况下）符合所谓的*开放制度*的问题。给予肯定答案的，有 Parecer da P. G. R. n.° 98/89, *DR* Ⅰ de 90AGO06。

54　例如，亦载于德国《刑法典》第 67 节 II。

这一制度拥有无可争辩的刑事政策基础。正如在第 704 节强调的那样，为适用保安处分的效力，作出预后的时间必须是在程序上属可能的**最后**时刻。出于更充分的理由，同样的思想应适用于执行收容之开始：如在适用时已存在较长时间（3 年或 3 年以上），在执行未开始的情况下，可发生的是，保安处分之目的不再要求执行之履行。这些都体现了一般的**必要**原则，这一原则显然适用于包括**执行**在内的整个保安处分的范围，正如已强调的一样。

b）制度

第 772 节　当然，只有在适用之决定后 3 年或以上之期间内，在保安处分因任何理由（例如死亡、大赦等）而**不消灭**之情况下，方可重新审查。最常见的情况可能是**执行时效**（**prescrição da execução**）；然而，正如在下面的第 1152 节中将以较小的篇幅阐述的，现行法律想要（即使从刑事政策角度或教条角度来看这一解决方案是不合理的）在有利于重新审查制度的情况下将执行时效制度从保安处分中排除，不论对构成适用处分的前提的符合罪状的不法事实的时间间隔如何，重新审查都将必然（！）进行。

然而，如保安处分之执行已被**暂缓**，则不得再重新审查（第 99 条及第 101 条）：如废止保安处分的暂缓执行，则在不作重新审查的情况下须进行收容，即使有关决定已作出 3 年或 3 年以上。这是可以理解的，因此，废止措施意味着对收容的执行作出了方便的判断。

第 773 节　不可归责者**受另一剥夺自由处分拘束**之时间，不得计算在 3 年内（第 102 条第 1 款第二部分）。这一规定的依据是，一般而言，只有释放中作出的行为才能得出最终是否有必要进行收容的结论[55]；这会导致除包含剥夺自由外，这种剥夺自由具有刑罚、保安处分或诉讼之强制措施之性质。

在我们看来，这一理据明显**不成立**[56]。因此，可以很容易地发现，例如，通过外科手术、精神治疗或戒毒（完全可能*在城墙内*）治疗，危险性已被消除，在此情况下，执行收容变得没有必要且毫无意义。

第 774 节　令人感兴趣的是，重复审查制度是否仍适用于**根据第 91 条第 2 款的规定而适用的**收容保安处分（见上文第 752 节）。一个否定的回答

---

[55]　这一点适用于德国的一般学说，当中可见 SCHÖNKE/SCHRÖDER/STREE § 67 c n.° m. 8。

[56]　因此，1991 年草案（第 96 条）删除了现行第 102 条第 1 款最后部分的例外情况。

可以通过以下说法来证明其合理性：在考虑积极的一般预防要求时，在这里必须始终存在下限的收容[57]。但这一论据不成立。首先，第 102 条绝对忽略这一点，因此不能以可能不利于自由的解决办法填补这一漏洞（从宪法上的角度来看）。然后，实质上，正如我们所说，如果在第 91 条第 2 款的制度中存在积极的一般预防的理由是正确的，那么同样正确的是，这一措施的目的和正当性的首要方向仍然是指向危险性及面对危险而须保护社会之必要性。另一种想法是，以一种刑罚代替一种堪忧的保安处分，但不能真正这样做，因为这对行为人的罪过是没有意义的。

如果想要基于第 93 条第 3 款的规定说明这一结论的理由——正如 Leal-Henriques 和 Simas Santos 明确这样做一样——，即如收容处分是根据第 91 条第 2 款的规定科处的，"在任何情况下"均保留最短 3 年之收容期间，则上述结论更不成立[58]。由此得出的结论是，不允许重新审查的理论是没有理由的，不论从何种（字面上、目的上、刑事政策上）角度。相反，它会产生一种严重的误解：第 93 条第 2 款所指的处分所*推定*的不是危险性的期间，而是*危险性本身*。这是不真实的（也不能如此），正如第 91 条第 2 款本身得出的结论，只有在存在"有理由害怕实施同样性质及严重性的其他事实"的情况下才能适用这一处分。因此，即使在这种情况下，只要有存在危险性的独立证明，显然重新审查制度仍有完整的理由——与任何其他收容情况一样完整的理由。因此结论只能是，即使在根据第 91 条第 2 款适用的收容处分中，重新审查制度也会发生及有根据。

第 775 节　如因重新审查而引致仍须执行处分之目的，法院**须命令收容**（这就是第 102 条第 2 款所指之"确认"处分）。如果这一措施的目的已经实现或对其实现是否存在不可逾越的疑问——有疑唯利被告原则[59]，法院会**考虑消灭这一处分**（这就是第 102 条第 2 款所指之"废止"处分）。如尚未达到处分之目的，但有可合理推定该处分之目的可在释放下实现之情节，则法院须一并按第 102 条第 2 款及第 99 条之规定暂缓执行处分，见第 820 节及其后续节数。

在这种情况下，第 102 条第 2 款还为这一处分的转换提供了可能性，但

57　LEAL-HENRIQUES, M. /SANTOS, M. Simas I 501 s 表明了自己对此方面的看法（正如我们已指出的一样，表述为"伦理原因"，即使这一表述不恰当）。

58　LEAL-HENRIQUES, M. /SANTOS, M. Simas, loc. cit.

59　因此，例如见 SCHÖNKE/SCHRÖDER/STREE § 67 c n.° m. 11。持反对意见的，见 HORST-KOTTE, *LK* § 67 c n.° m. 120。

是，这种可能性并没有有效的内容[60]，因为唯一合法转换的可能性是以暂缓执行收容处分代替收容处分（依据第 99 条及第 102 条第 2 款之规定，称为"有条件暂缓"收容）。

2. 剥夺自由的刑罚和保安处分之执行

a）现行法律中的问题

第 776 节　人们已经不止一次地指出，在剥夺自由的刑罚方面，现行的刑事法律制度中存在着一个巨大的漏洞：没有处理行为人同时被判处剥夺自由的刑罚和剥夺自由的保安处分的情况。尽管在这种情况下**运作期间**原则（princípio do **vicariato**）的刑事政策和教条方面最为突出，对于更严重、更难以理解的漏洞以及正确地解决这些问题所涉及的漏洞，人们都应当期待一种倾向于一元论的处罚制度作出重大甚至决定性的贡献（见第 665 节）。无论如何，毫无疑问，可以同时存在——对同一行为人及在同一诉讼程序上[61]——一项剥夺自由的刑罚和一项剥夺自由的保安处分的情况。

第 777 节　请注意，这个问题已在 1929 年《刑事诉讼法典》第 633 条 § 1 中得到解决——不论人们对所采取的解决办法有何批评。根据这一规定，"如执行中涉及多项剥夺自由之刑罚或不能同时执行之刑罚及保安处分，则开始执行剥夺自由之刑罚，当中执行最重之刑罚，之后履行因转换罚金而引致之徒刑。只有在之后才会执行保安处分，如仍然属此情况的话"。

这一规定是由第 185/72 号法令引入的，但该规定被第 402/82 号法令第 53 条所废止，这一条文并未规范相关事宜，从而造成了上述漏洞。这一漏洞不属于新《刑事诉讼法典》的范围，因此，所涉及的事宜不属于执行之诉性质，尽管在这一层面上自然也应有所反映。这一规定的记载亦不应出现——说实话——在*执行《刑法典》的任何补充法*中（如上述第 402/82 号法令的情况一样），而考虑到其所具有的（非常重要的！）**实体性质**，其应出现在《刑法典》中。

第 778 节　在法律（包括《刑法典》和刑事执行法例）完全没有规定的情况下，一般指导思想应尽可能在判决中加载指导性的执行方针。因此，我们要以严格遵循合法性原则和各类制裁的目的作为指导思想，以及避免在法律明确规定的情况之外采取任何强制治疗措施。这就是说，在此，连续执行徒刑和收容保安处分的实质问题（而不是单纯"执行"问题），应从

60　因此，1991 年草案第 96 条没有提及它。

61　对于在不同诉讼程序中适用的情况，在德国学说中，见 MÜLLER-DIETZ，*NJW* 1980 2789。

行为人的**社会化**要求出发，寻求较可取的解决办法，而不应以**保护法律体系**的最低形式忽视**危险性预防**及融合预防的最低要求。

如果不能再强调这些一般原则——如下面所述，在不影响某些部分解决办法可从作为综合处罚制度及其刑事政策目的的有关现行规定间接地被抽撤掉的情况下——，就必须承认立法者的介入是绝对必要的，以便根据*运作期间*原则弥合漏洞。接下来，我们将简要阐述理应着眼于立法者介入的解决办法。

b）*将来法上的问题*

第 779 节　在总结了*运作期间原则的基本原理*后，Maria João Antunes 指出了三个基本要点[62]，这些要点体现在很多其他针对在此讨论的问题的部分解决方法中：收容保安处分之执行应在 徒刑执行*前*之解决方法；收容期间应从须服刑之徒刑中*扣除*之解决方法；以及，在执行收容后，对徒刑之履行可能变得*不必要*，在此情况下，不应履行徒刑之解决方法。任何一种解决方法都是——从刑事政策和教条主义的角度来看——毫无保留地值得赞扬的，其总体同时对同一行为人科处剥夺自由的刑罚和剥夺自由的保安处分的问题给予了应有的回答。

aa）收容处分之执行之优先及在随后之徒刑中所作之扣除

第 780 节　如我们所知，收容保安处分的执行应**在徒刑之前**执行，因为对犯罪的恶害作出回报和让行为人为他的行为补偿罪过不是刑罚的目的（不管是刑罚的适用上还是刑罚的执行上）。因此，鉴于刑罚和保安处分的目的完全是预防性的，但在刑罚上突出（积极的）一般预防目的，而在保安处分上突出（同样积极或社会化的）特别预防，收容处分之执行应优先：**因为在整个收容期间内，监禁的目的同时得到实现**（在其整个*范围*内，即使不一定在其所有*延伸*上）。除此之外，这一情节还适当地解释了为什么在之后服刑时应当扣除收容处分的整个时间[63]。

从根本上讲，德国（《刑法典》第 67 节）和奥地利（《刑法典》第 24 节）的法律，以及部分西班牙（《刑法典》第 9 条）和瑞士（《刑法典》第 43 条及其后续条文）的法律支持所陈述的方面[64]。然而，毫无疑问，在此方面（不要忘记 E 1962 第

62　见 ANTUNES，M.ª João，cit. 134 s. ；亦见 MARQUARDT，cit. 34 ss，以及见上文第 665 节。

63　1991 年草案第 99 条第 1 款完全支持这些解决方法。

64　关于此方面的比较法数据，见 ANTUNES，M.ª João，cit. 136 s。关于瑞士法，见 TRECHSEL 在 § 42 n.° m. 2 ss.，222 ss. 之前。

87 节所载的部分和胆小的尝试），在德国《刑法典》第 77 节中第一次以完整的方式及在分条陈述和连贯的制度内确立运作期间原则的功劳属于 AE-AT。

第 781 节　有人有时说——例如，德国《刑法典》第 67 节 II 就很明显地反映了这一点——，**在没有例外的情况下**事先执行保安处分的原则太过分了。因为可存在——尽管稀有——的情况是，行为人的社会化最重要的是，保安处分在刑罚执行*后*执行；尤其是，例如 Jescheck 所举的例子，当行为人只在释放前接受改掉坏毛病的治疗[65]。归根结底，这意味着**如果收容的目的能够更容易实现**，那么监禁应**在收容前**（全部或部分）执行。

第 782 节　即使所提出的理由从严格的理论观点来看不可受批评，这一理由也**不成立**[66]。在其基础上，几乎总有一种错误且不可接受的信念认为，与刑罚相关的是对犯罪的罪恶进行某种惩处［在此方面，德国学说具充分的理由将其表达为*承受压力（Leidensdruck）*！[67]］，将它清楚地摆在囚犯眼前是很重要的。另一方面，例如，我们看不出为何期待在剥夺自由的最后部分使被收容者接受戒毒治疗（或以更一般的形式，接受危险性治疗），这一治疗至少在可能的情况下应当是自愿的，可以而且应该在执行刑罚时发生（此外，见第 87 条及下文第 914 节）。最后但决定性的一点是，不要忘记，在现行葡萄牙法律中，同时被判处剥夺自由的刑罚和剥夺自由的保安处分的人患有导致长期病态的*精神失常*，因此，原则上，他不具条件执行刑罚（第 103 条及其后续条文，以及下文第十六章）。此外，这一考虑亦会导致**在已构成之法律层面上**，法院可在有合理理由的情况下命令**在执行徒刑前**执行收容保安处分。

第 783 节　在某些法律秩序中——例如，同样像德国的情况，见《刑法典》第 67 节 IV——，规定收容期间**从刑罚中扣除，但仅限于一定限度**（一般情况下，最高限度为三分之二）。而且，人们试图解释这一限制的理由，强调仍可执行的部分刑罚可有助于治疗的成功[68]。

65　见 JESCHECK § 77 VI 2；亦见 ANTUNES, M.ª João, cit. 135 s.。似乎瑞士法指向同一方面，见 TRECHSEL 在 § 42 n.º m. 4 之前。

66　在此结论方面，亦见 MARQUARDT, cit. 34 及 HORN, *ZStW* 89 1977 554。

67　然而，这里有一个很大的矛盾（关于这一矛盾，可见 JESCHECK § 77 VI 2 a e nota 67），例如部分矛盾源于 HANACK, *LK* § 67 n.º m. 34 s. 及 *JR* 1975 444 及源于 MÜLLER-DIETZ, *NStZ* 1983 150。

68　例如，见 SCHÖNKE/SCHRÖDER/STREE § 67 c n.º m. 3。

这一论点完全是**不可接受的**。正如前文所述，一方面，*所有*收容时间均完全符合徒刑的目的。另一方面，正如上文所述（第434节），扣除制度的基础是一项实质性的司法要求。最后，而且具决定性的是，把一把达摩克利斯之剑挂在囚犯头上也看不到对社会化有任何帮助；我们更应再次强调，尤其是涉及的人在导致长期病态的不可归责性状态下作出符合罪状的不法事实。因此，只有关于消极的特别预防（个人威吓）、非积极的特别预防（社会化）的令人难以接受的考虑才能成为这种限制的基础。

bb）随后执行徒刑

第784节　如我们所知，如果收容处分已完结，可能是因为以下两个原因之一：或因收容期间已达法定上限，又或发现危险性状态已终止（不能先验地排除两种情况在时间上相同）。

如危险性已终止，则徒刑之随后执行即使未完全失去其理由，至少在很大程度上也丧失其理由。在这种情况下，可预见因囚犯被（重新）社会化，因此，在随后执行一项刑罚时，完全不具备*积极的特别预防*方面的支持；相反，也可以说，该执行将构成一种严重的犯罪及去社会化的因素。在刑罚中占主导地位的*积极的一般预防*目的方面，这一目的亦全部或部分透过执行收容得以实现，所有这一切取决于收容期间最后是否与行为人被判处之刑罚之幅度相冲突。当然，扣除制度也会考虑到这一点；但仍要知道的是，除了扣除制度外，是否存在积极的一般预防理由（与其余刑罚有关的理由），但这些理由不可避免地与积极的特别预防理由发生冲突，从而导致特别预防的理由更优先，至少以这种形式并不影响保护法律制度的最低要求的情况下如此。这一切可导致**在一般情况下剥夺自由的其他刑罚不应执行**。

第785节　然而，即使在收容应终结而**不使危险性状态终止之情况下**，仍不得——即使是在必须总是产生作用的扣除制度之外——拒绝接受已实施之收容对随后执行徒刑所造成之一切影响。事实上，在*积极的一般预防*方面，问题的处理方式与危险性已终止的情况完全相同。另一方面，如收容未导致危险性的终止，则有可能——甚至可证实——至少已对相关预后判断作出更好改变；而且，部分实现了在刑罚中同样存在的*社会化预防*的目的。因此，**一般而言**，在收容后执行徒刑，也不符合处罚之目的及制度本身固有的相关刑事政策意图的条件。

第786节　最后一个问题必须在此情况下提出：危险性状态尚未终止，但因已具备条件以**试验性释放**或**考验性释放**被囚禁者而应终止收容时，将发生什么情况？当收容处分之执行应在履行剥夺自由之刑罚前进行，则不应适用这些制度。或更准确地说，一旦应以试验性或考验性释放被收容者，应开始服刑，而不是释放，但从那时起运作期间原则会产生作用。总之，这意味着，不仅在保安处分已完结时，而且当保安处分所涉及的收容已终止，且正如我们所看到的那样，刑罚不一定会终止时，**才应执行刑罚**[69]。

第787节　在将来法的层面上，所有上述陈述的内容涉及的是什么？显然，这不是一个对拟提出的任何法律规定进行透彻分析的问题——在目前情况下，不能涉及立法研究之概括[70]——，只不过是阐述上述规定所产生的执行徒刑的基本规则的问题。

第一个也是最重要的想法是：一旦停止收容处分并应开始执行徒刑，**法院应使行为人处于*假释*状态**，只要证实收容同时实现*刑罚*的目的，直至满足授予该假释一般所依赖的**实质前提**（关于这些前提，见下文第848节及其后续节数）。这将会在以下情况下发生：在法律体系的最低保护形式下，收容已同步实现积极的一般预防目的，而且已实现积极的特别预防或社会化目的——或由于危险性已终止，又或即使危险性仍维持，由于已变得更好，且可合理冒风险使行为人在不再作出新犯罪之情况下处于释放的状态[71]。

第788节　然而，可发生的是，即使具备实质前提，赋予假释所取决之**形式前提**未具备——尽管扣除制度的介入——，尤其是剥夺自由之最短时间，在不经过这一期间下不得假释。在这种情况下，因收容处分与徒刑之间的联系所产生的特别条件，以及因至少在大部分情况下已实现刑罚的目的的情节所产生的特别条件，均应在可能的情况下导致避免继续剥夺自由的情况。如果法院能够以一项非剥夺自由的刑罚，尤其是以**向社会提供劳**

69　更激进的是瑞士刑法中在这方面所载的解决办法：即使在这种情况中，将考验性释放制度适用在被收容者身上；如果成功通过考验性释放，"刑罚不再执行"（瑞士《刑法典》第45条第4款及 TRECHSEL art. 45 n.° m. 5）。

70　即使后来的阐述在"背景"中也不得不参考1991年草案第99条。

71　在这些考虑中——如果这些考虑没有反映其所有范围——，见1991年草案第99条第2款。

务[72]取代可准予假释的时间限制，则可以这样做。如果成功向社会提供劳务，则行为人将处于假释状态。

第789节　这方面的最后一个问题是，向社会提供劳务或假释的后果将根据一般规定**予以废除**（见上文第591节及其后续节数，以及下文第866节），也就是说，由于严重和过错地不遵守相关条件，特别是由于被释放者再次犯罪而予以废除。如一般原则不再适用，应规定罪犯因予以废止上述后果而须服其余被判处之刑罚。然而，即使在这里，由于已经实施了一项收容处分，这一情况的特殊性也应导致采取一种可塑性和差别性的解决办法。因为事实是，罪犯不尊重向其赋予自由的限制性条件可具有双重意义：一方面，可以显示提前释放是没有道理的；另一方面，也可以显示停止收容处分的理由同样不合理——除非收容处分因已达到其期间的法定上限而结束。因此，除了后一种情况——罪犯不得不服剩余刑期的情况——，在所有其他情况下，均应接受的是，一旦废止向社会提供劳务或假释，法院可以选择（完全出于社会化预防的原因）**使被判刑人服完剩余的刑期**，也可以选择**继续以相同时间进行收容**[73]。

72　这是一个类似于上述第600节主张的向社会提供劳务的适用。此外，该文本的思想在1991年草案第96条第3款和第4款中得到体现，其来源是 § 77 III do AE-AT。

73　这正是1991年草案第99条第6款的规定。而且，类似的解决方案被确立于，例如德国《刑法典》第67节 V-2 及瑞士《刑法典》第45条第3款；关于这一问题，分别见 HANACK, *LK* § 67 n.° m. 24 ss 及 TRECHSEL art. 45.° n.° m. 6。

第十三章　非剥夺自由的保安处分

AA. VV. , *Liber amicorum Screvens* 1986.

ADAMS/GERHARDT, Die Berücksichtigung der Behandlungsbedürftigkeit... *NStZ* 1981 241.

ANCEL, Les interdictions professionelles... , *RScC* 1967 242.

BETTERMANN, Die algermeinen Gesetze.... , *JZ* 1964 601.

BINSWANGER, Probleme der Durchführbarkeit ambulanter Maβnahmen... , *RPS 95* 1978 366.

COPIC, Berufsverbot u. Pressefreiheit, *JZ* 1963 494.

EYERMANN, Untersagung der Barufsausübung... , *JuS* 1964 269.

LANG-HINRICHSEN, Umstrittene Probleme.... , *Heinitz-FS* 1972 477.

MAZZANTI, Espulsione dello straniero, *EdD 15* 1966 513.

PERREZ/RAUCHFLEISCH, Katamnestische Untersuchung über ambulanten psychiatrische Behandlung... *MKrim 68* 1985 19.

RAUCHFLEISCH, Die ambulante psychiatrische Behandlung... , *RPS 102* 1985 176.

SABATINI, Stranieri（espuls. degli）, *NDigIt* 18 1971 543.

SCHMID, Kein Berufsverbot für Rechtsanwälte...?, *ZRP* 1975 79.

SCREVENS, *L'interdiction professionnelle en dr. pén.* 1974.

SPOHR, Die strafgerichtliche Untersagung der Berufsausübung, *GS 105* 71.

WEBER, Strafersatz durch Berufsverbot, *NJW* 1951 699.

一 前言

1. 非剥夺自由的保安处分及二元制度

第 790 节　就其本质而言，非剥夺自由的保安处分不会引起像第 661 节及其后续节数中所考虑那样复杂的问题，这些问题涉及今天对刑罚和保安处分二元制度提出的批评。非剥夺自由的保安处分的核心是**剥夺或限制**有别于*非收容权（ius ambulandi）*的**某些权利**的概念，这一概念原则上是为所有人提供协助，但必须以保护社会的名义对以下人强制执行：以严重滥用与该权利有关的权能或权限而实施符合罪状的不法事实且有可能在将来重复实施同类事实的危险的人。法院可以在科处刑罚的同时下令撤销这些权利，这在刑事政策上没有提出任何有依据的保留，相反，这是完全有理由的[1]。

第 791 节　然而，有另一种不同的考虑，这一考虑可能是以存在及命令非剥夺自由的保安处分为依据。从根本上讲，这是补充性原则（如第 705 节中所看到的，属宪法层面）的结果，即反映以下要求：当尽管存在相关前提却仍存在合理预期处分的目的在释放的状态下得以实现的条件时，不应执行剥夺自由的保安处分。在此情况下，应以暂缓执行收容**代替**收容保安处分，并可同时进行门诊治疗（这正是《葡萄牙共和国宪法》第 30 条第 2 款所指的"开放式治疗"）。无论从教条还是刑事政策的角度来看，这都是一种非剥夺自由的保安处分。

2. 现行法律的情况

a）《刑法典》明确规定的非剥夺自由的保安处分

第 792 节　在现行的葡萄牙《刑法典》中，关于非剥夺自由保安处分的一章只适用于第 97 条及随后数条所规定的**禁止职业**之处分。因此，最经常适用及最具实际意义的非剥夺自由的保安处分不属《刑法典》所规定之范围，即涉及*禁止驾驶*机动车辆之权利及在《道路法典》中已有法律基础之保安处分（第 46 条第 2 款和第 61 条）。此外，现行法律否定了*受监视的自由*和*良好行为的担保*的保安处分（经 1954 年修订及其后经 5 月 31 日第

---

[1]　在任何情况下持反对意见——为此目的，不区分剥夺自由和非剥夺自由的保安处分的，见 ROMANO pré-art. 1 n.° m. 47。

184/72 号法令修正的 1886 年《刑法典》第 70 条第 3 款和第 4 款）。

b）禁止驾驶机动车辆之权利

第 793 节　在禁止驾驶机动车辆之权利方面，葡萄牙现行的刑事法律情况是**混乱的**。《道路法典》中的有关规定一方面不够充分，另一方面是含糊和矛盾的。上文第 204 节及其后续节数已提到，最高法院于 1992 年 4 月 29 日就这一问题作出统一司法见解的合议庭裁判，根据这一裁判，《道路法典》第 61 条规定的禁止驾驶的权能是一项保安处分。因此，长期以来存在一种争论，该争论在学说上有分歧：在此之前，对《道路法典》中规定的各种禁止驾驶处罚作出了若干定性（见上述合议庭裁判的理由说明文本[2]），如附加刑罚、保安处分、刑罚效力、警察措施等。我们认为，最高法院的裁决无视这种合理地对学说造成困惑的多样性，宣判《道路法典》第 61 条诸如一项单一的处罚，因为事实上，其多款及多项作出了不同的规定（情况），不能完全透过考虑制裁名称来统一[3]。

第 794 节　因此，所有这些问题都迫切要求彻底改革。这一改革应导致在《刑法典》中规定作为**一般**保安处分的驾驶机动车辆牌照之**吊销**和**禁止发出**牌照的保安处分措施。这些保安处分应与因驾驶机动车辆或与其有关的犯罪，又或严重违反驾驶者应负之义务，又或纯粹因不可归责性而被判无罪有关。如符合上述要件，且有理由恐防行为人可能作出其他同类型之事实（即以所述的方式与汽车驾驶有关的事实）或行为人被视为不适合驾驶机动车辆，尤其是实施诸如帮助的不作为（第 219 条）、危险驾驶道路交通工具（第 278 条）、醉驾（4 月 14 日第 124/90 号法令第 2 条）等罪行或在醉酒或中毒状态下实施的符合罪行的不法事实（第 282 条），则应总是适用上述保安处分。如行为人已持有驾驶执照，应吊销其驾驶执照，且法院命令在指定期间内禁止再发出牌照；如果行为人不是驾驶执照的持有人，则应该简单命令禁止他们在特定期限内取得驾驶执照[4]。

由于所建议的制度被认为过于严厉——接近德国《刑法典》第 69 条至 69b 条的规定，尽管两者并不完全一致[5]；根据上述第 205 节所提及的，*禁止驾驶作为附加刑*的规定应继续与之共存——，看来是出于葡萄牙在这方面感到非常强烈的社会保护

2　*DR* I-A，n.° 157，de 92JUL10. 在此方面的说明，亦见 AcComConst n.° 164，de 79JUL10，*BMJ 291* 318。

3　正是从这个结论来看，见 CAEIRO, Pedro, Anotação（ao referido AcSTJ），de próxima publicação an *RPCC*。

4　1991 年草案第 101 条及第 102 条正是遵循文中主张的方向。

5　关于这一制度，德国存有几乎无法估量的书目。如要进行初步了解，可见 JESCHECK § 78 II，MAURACH/ZIPF § 69 n.° m. 13 e ss.，SCHÖNKE/SCHRÖDER/STREE § § 69 至 69 b，以及 RÜTH, *LK* § § 69 至 69 b。

和预防的理由。要点是，一旦在《刑法典》中规定，《道路法典》的改革就不会像我们之间（不幸）的传统那样明显地改变该制度——其所建基的是，根据这一事宜，规定的权限属"道路法"，且在刑事法律制度的原则及合理性方面作出不可容忍的牺牲。

c）受监视的自由

第 795 节　受监视的自由保安处分之规定在刑事政策上是受讨论和可讨论的[6]。这一处分的*作用*似乎只能发生在预料刑罚（或保安处分）被履行后还会持续存在的危险性中。在此情况下，应向负有沉重负担之罪犯提供必要之帮助，使其能在被剥夺自由前过上自由生活，同时亦应在获释后限制社会面临之风险。因为事实上，如果这是在履行主要制裁期间仍然存在的危险，但预计已经允许以释放取代监禁，那么面对的只是对于为实现该目的而定位较好的制度之重复（或者面对的至少是重叠[7]），尤其是假释和试验性释放制度[8]。

简单地说——除了可能对受监视的自由的可能性产生疑问外（而且确实一直产生疑问），尤其是对向行为人提供帮助和保护社会的作用之协调存在疑问[9]——，应强调的是，这种补充性保安处分或与主刑（或保安处分）一并作出，而且可能是不必要的[10]，甚至可能是刑事政策上不便的；或者，只有在履行主要制裁后才能作出该保安处分，而且它将失去与符合罪状的不法事实的构成价值的全部关系，并在宪法层面上存在最严厉的保留。

d）提供良好行为之担保

第 796 节　至于提供**良好行为之担保**的问题[11]，早在第 645 节（即使与目前的背景有别）就已作出了其刑事政策上的批评，在此不必重复。尽管在 1963 年总则草案第 134 条中以"保安担保和美好生活的状况"的过时形式承认这种担保，在制定新法典的工作中，它的非必要性，即使不是刑事政策上的不便，也得到了承认。为使其重新纳入葡萄牙刑法，不能提出任何有效的理由[12]。

---

[6]　见 COSTA，A. M. Almeida，*BFDC* 45 1989 24，33 s。

[7]　见 COSTA，A. M. Almeida，*BFDC* 45 1989 33。

[8]　对于意大利，见其《刑法典》第 228 条至 232 条，这些条文继续规定将"受监视的自由"（在 1986 年有关服刑的改革后，其第 55 条将它变为"受监视及获帮助的自由"）作为"非剥夺自由的主要个人保安处分"，见 MANTOVANI n.° 226 A。

[9]　事实上，这是德国一部分学说对这一处分的批判焦点，见 *AE-AT* 147，GRÜNWALD，*ZStW* 76 1964 662 s.，HORN，*ZStW* 89 1977 555 s.，MAURACH/ZIPF § 69 n.° m. 12。

[10]　从法律地位的角度来看就足以定罪了，表达相同含义的，见 *AE-AT* 147。

[11]　对于这一制度详见 COSTA，J. Faria，*A Caução de Bem Viver...* 1980。

[12]　即使意大利法律（《刑法典》第 237 条第 239 条）仍将其称为"财产担保处分"，见 MANTOVANI n.° 227 A。

e）其他非剥夺自由的保安处分

第 797 节　如前所述，禁止从事职业是葡萄牙《刑法典》在其相关章节中规定的唯一非剥夺自由的保安处分。然而，这并不意味着同一法典没有规定另外两项非剥夺自由的保安处分，即由于立法技术方面的情节原因（部分可以理解），同一法典在保安处分的一般规定中规范其中一项非剥夺自由的保安处分（**暂缓执行收容**保安处分，第 99 条），在收容保安处分部分规范另一项非剥夺自由的保安处分（**驱逐出境**保安处分，第 96 条）。

第 798 节　在任何情况下（即使在第 100 条关于暂缓禁止从事职业的情况下，但在该情况下因是一项非剥夺自由处分的替代处分而不获得独立地位），这都是一种**替代保安处分**；因此，在所有适用剥夺自由处分的形式上和实质上的前提都得到满足的情况下，法院决定采取一项非剥夺自由的处分代替它。

因此，上述两种情况可以在同一个名称（denominador）上提出。然而，从刑事政策角度来看，情况已不再是这样了。因为，当驱逐出境处分有一个（有根据的或假定的）主要是政治经济学的理由而其背后却存在着民族主义和仇外的偏见时，暂缓执行收容的处分则应在非常接近第十章中谈到的替代刑罚的刑事政策意义上适用。归根结底，这里所涉及的也是，在有充分理由相信保安处分的目的仍然可以实现的情况下，*拒绝接受剥夺自由的去社会化和犯罪之效力*。

二　禁止从事职业

1. 刑事政策上的含义

第 799 节　禁止从事职业保安处分的首要目的是**安全**——保护公众免受因滥用职业活动而可能造成危险的影响——，其*社会化*层面只是一个次要目的。不论对可归责之行为人（在这种情况下，应与刑罚同时适用，因此，应遵循二元论制度中最严格的准则），还是对不可归责之行为人，均容许适用它，在此情况下，不妨碍它与收容保安处分一并适用。这一处分之内容体现在妨碍行为人继续从事职业活动，因他在执行职业时作出了构成严重违反该活动固有义务的符合罪状之不法事实，且有在将来重新作出该事实之危险。

2. 前提

a）"事实"

第 800 节　根据第 97 条第 1 款的规定，科处该保安处分的形式前提是，行为人被**判处**触犯严重违反其所从事的职业、商业或工业固有义务的**犯罪**，或者**仅因不可归责被判无罪**。

在有罪判决的情况下，具体科处的*刑罚*的性质和严重性往往是无关紧要的，因此在这里（尽管涉及可归责者）事实和罪过的*严重性*并不重要，重要的只是行为人之危险性及特别预防之要求[13]。也不能忘记在这一问题上必须存在的并与危险性及事实本身（尽管次要地）联系起来的*适度性*的要求。

从前面所提到的情况来看，因应由可归责者或不可归责者作出而构成科处处分之前提的"事实"的范围和性质有所不同，这一点是可以理解的。

第 801 节　如属**可归责的事实**，仅有一项符合罪状的不法行为是不够的——即使从在上文第 735 节中我们必须理解科处收容保安处分的前提这一表述的广义上讲——，反而有必要的是对实施一项犯罪的判罪。因此，不仅符合罪状的不法事实（对与罪过有关的所有要素作必要的保留），而且完全意上的犯罪，构成适用于可归责者的禁止从事职业的真正前提。

第 802 节　如属**不可归责的事实**，事情会有所不同，为此，完全适用作为科处收容保安处分前提之对事实所要求之要件及范围；也就是说，必须作出一项包含处罚的所有必要要件的事实，但对与罪过或与罪过有关的所有要件除外。因此，禁止从事职业的处分亦得适用于在涉及不可要求性或对不法行为欠缺意识的"外在"要件的情况下作出行为之不可归责者；然而，对于这一情况，最后不能通过分析"内置态度"的要素来确定行为人的罪过或无罪过，这恰恰是因为他是不可归责者。这并不违反平等对待可归责者和不可归责者的原则，恰恰是因为法律处理的差异建基于不可归责者的精神和个人情况的特殊性。

Cortes Rosa[14] 再次对在此捍卫的立场表示反对，认为这部分违反了第 97 条的规

---

[13]　因此，SCHÖNKE/SCHRÖDER/STREE § 70 n.° m. 8 认为禁止从事职业处分甚至符合免除刑罚的规定，在此情况下所面对的是一项有罪判决。然而，如果适当考虑到免除刑罚制度在我们之间所具有的性质（见上文第九章五），我们就会发现这一观点与这方面所提出的适度性的一般要求是不兼容的：见紧接着的内容。

[14]　ROSA, M. Cortes, cit. 12.

定，从而违反了合法性原则；因为第97条之规定不适用于"仅欠缺不可归责性"而被判无罪之情况。但我们不相信他所说的是对的。如不可归责者作出的事实显示出紧急避险或阻却罪过的正当防卫的"外在"要件，则他*只有*在没有可归责性的情况下才可被宣告无罪，绝不在紧急避险或阻却罪过的正当防卫的情况下被宣告无罪；明显的理由是，面对行为人的不可归责性，法院不能得出的结论是，在紧急避险或防卫过当的情况下所作出的事实是可原谅的还是不可原谅的。

b) 违反的严重性

第803节　除了作出上述事实外，禁止从事职业的保安处分的适用前提是，作出事实时"严重违反……的固有义务"。以这种方式作出的规定显示出这一前提过于狭窄。在这种情况下，可以没有出现**严重违反义务的行为**，但行为人严重滥用其职业：这种情况应等同于构成禁止从事职业所依据的危险性的情况[15]。

事实上，可以发生的是，只有以一种（不仅是不便，而且是不合法的，甚至是违宪的）对"职业固有义务"的类推解释才可能包含刑事政策上所要求的情况，更甚于那些存在严重违反职业义务的情况，即禁止从事职业的情况。例如，如果酒店允许酒店设施被用来接收盗窃物品或用于组织犯罪集团的会议；如果有一名律师与客户的犯罪活动勾结；或者，如果商人订购的货物的价值明显超过其支付能力——只有在解释意义上才能说存在严重违反职业固有义务的情况：这里真正存在的是*严重滥用*职权本身[16]。

c) 危险性

第804节　科处有关保安处分的实质前提是，从对行为人所实施的事实和人格的共同考虑，得出"基于有理由担心［行为人］将实施直接或间接对某些人或集体构成危险的其他犯罪"的结论。在第97条第1款的最后部分，这是一个含糊其辞的表述[17]。显然，*任何*犯罪都直接或间接地对某些人

15　见 SCHÖNKE/SCHRÖDER/STREE § 70 n.° m. 5，对于这些学者，"在这两种可能性之间没有明显的界线，所以只需要另一种证明"。正如我们所承认的——而且确实是这样——，它丝毫不会动摇文本中的批评，相反，它确认了这一批评。

16　文本中的区别（及其定性）方面，例如见 SCHÖNKE/SCHRÖDER/STREE § 70 n.° m. 6 及 7。关于这两个类别的详细情况，见 HANACK, LK § 70 n.° m. 17 ss。

17　其存在的理由是希望——1963年总则草案的修订委员会中多个成员表达出这个希望，而且草案的作者本身最终接受了——以任何可能的方式"限制"禁止从事职业的发生，要求事实的前提是故意的，或者甚至是必然导致实施某些法定罪状的：见 *Actas PG* II 286 ss。把后一种想法反映为第97条第1款最后部分的起源是令人遗憾和不可接受的。

或集体构成威胁，这意味着对将来实施任何犯罪的恐惧最终满足了所分析的要件[18]。事实上，没有足够的理由不这样做；然而，在此*适度性*的要求和*犯罪危险性*的真实结构必须起作用。因此，必须要指出的是——总而言之，上述规定确实要求——，**有充分的理由担心当行为人继续从事职业时，将作出与作为适用处分的形式前提的行为相同类别的事实**。

确定危险是否存在的*时间*，显然是作出决定的时间。

d）"职业、商业或工业"

第805节　禁止从事职业的保安处分不会违反**自由选择职业的基本权利**（《葡萄牙共和国宪法》第47条）[19]。然而，在适度性及对基本权利的限制方面具宪法性的一般要求，应导致对形式要件作出严格的解释：事实应*来自*从事职业活动，或至少与其有密切及直接之*联系*；归根结底，必须与所作出之事实、其重复犯罪的危险及继续从事职业活动有**密切联系**。另一方面，违反职业义务必须是严重的：也就是说，专业人员所犯的与从事*某项*活动没有具体关系的轻微违反，绝不会是足够的。

第806节　**有关职业活动的种类**是无关紧要的，既可以取决于特定的资格（医生、律师、药剂师、护士），也可以取决于原则上任何人都可以从事的资格（零售商、店主、流动推销员、擦鞋工）。因此，即使从事受*宪法保障*的职业的人也可以合法地科处处分，但不得因任何性质的公司章程而妨碍处分的适用（形式法律明确规定的除外）。即使在*行政当局*也有权禁止从事有关活动的情况下（即使行政当局已经这样做），也可以适用处分[20]。

德国的学说和司法见解一直坚持提出的问题是，禁止**新闻活动**是否符合宪法赋予新闻自由的法律制度[21]。根据《葡萄牙共和国宪法》第37条第1款和第2款的规定，在我们的法律制度中也可能出现同样的问题。然而，对这一问题应给予肯定的

---

[18]　虽然人们可能同意，1963年总则草案修订委员会的意图是不允许由于一项符合罪状的不法行为或一项不法财产罪而进行职业禁止：见 *Actas PG* II 286 ss。对于这一限制，一般来说看不到足够的理由，前提是该等违法行为足够*严重*，以根据适度标准证明处分的正当。

[19]　关于这一问题，根据1976年《葡萄牙共和国宪法》之前的葡萄牙宪法法律，见 QEIRÓ, Afonso R. /MELO, A. Barbosa de, *RDES 14* 1967 216。

[20]　根据一罪不二审的原则，这一问题不会再提出——这是有道理的。关于这一点，在德国法中，见 LANG-GINRICHSEN, cit. 499 ss。

[21]　见 SCHÖNKE/SCHRÖDER/STREE § 70 n.° m. 4，其具有大量文献资料。对于 COPIC, cit. 496 s，这将具有协调性，但在政策事宜上起草者和评论者除外。但这一保留并没有被普遍学说接受。

回答，并考虑到我们的基本法律第 37 条第 3 款的规定[22]。

第 807 节　问题在于第 97 条的规定是否适用于**公职人员**[23]。可以肯定的是，公务员也从事"职业"，因此似乎属于第 97 条所指的行为人范围；只有当提到禁止从事不属公职之*"其他职业"*时，第 69 条的标题才会强调这一点。然而，如果公务员被（或后来被）撤职，那么，这种禁止似乎没有意义，也不能实现任何目的；同时，这种禁止——正如我们在（上文第 215 节）关于第 68 条第 2 款规定的撤职方面所看到的那样——亦不应妨碍公职人员在执行职务时被指定担任另一公共职务或担任不同职务，当在执行该等职务不显示有累犯之危险时。综合考虑后，从理性目的的角度（ponto de vista teleológico-racional）来看，似乎没有决定性的理由在第 97 条的范围内预先撤走公职人员；仅应注意不将撤职及暂缓的附加刑罚与禁止的保安处分任意地一并进行——正如亦应与禁止驾驶机动车辆一样[24]。

在任何情况下，似乎有一件事应被视为确信无疑：尽管人们坚持认为，公职人员不应受到职业禁止保安处分的制裁，但当因**两种职业身份**而在公职以外从事职业活动时，他就可受职业禁止保安处分约束。因此，例如，法院可随时禁止作为公职人员的医生或教授从事私人医生执业或私人教学[25]。

第 808 节　禁止应涉及"相关"活动，即**某一职业**。禁止从事任何职业活动，甚至不分职业活动，例如禁止行为人从事任何与他人金钱有接触的活动，均属违法——在这里，也许是违宪的。禁止从事与行为人所从事的职业不同的职业，即使有关事实显示出存在累犯的危险，也属违法；然而，这并不意味着禁止只应涉及行为人在特定职业范围*内*从事之专门业务领域[26]。另一方面，几乎没有必要强调这一保安处分严格上也是**人身性**的，

22　关于这一条文，见 AcComConst n.° 175, de 80JAN08, *BMJ 294* 153。
23　从消极的意义上讲，主要学说，例如在德国，认为根据《刑法典》第 70 节（作为安全措施之禁止从事职业），§ 45（丧失行使公职作为*刑罚*效力的能力）是真正特别法。对于这个学说，具有大量书目的见 HANACK, *LK* § 70 n.° m. 32 s, MAURACH/ZIPF § 69 n.° m. 36 及 SCHÖNKE/SCHRÖDER/STREE § 70 n.° m. 3。然而，持反对意见的，见 JESCHECK § 7 III 3。
24　在此方面，见 1991 年草案第 66 条第 2 款及第 69 条第 5 款。
25　散布在德国学说中的见解，只见 HANACK, *LK* § 70 n.° m. 33 及 SCHÖNKE/SCHRÖDER/STREE § 70 n.° m. 3。但是，要知道问题是，在这些情况下，是否只有在行为人（通过附加刑或纪律处分）也被禁止担任公职的前提下才能作出禁止的命令。
26　因此，德国主流的司法见解和学说可见 SCHÖNKE/SCHRÖDER/STREE § 70 n.° m. 15。

因此只能禁止相关职业活动的*行为人*从事该活动（见下文第 813 节）。

3. 禁止之命令和期间

第 809 节　根据第 97 条第 1 款的规定，命令采取禁止从事职业的保安处分是*任意性的*（"得禁止……"）。然而，似乎在这里，法律又一次以动词"得"表达了权力义务（poder-dever）或**受拘束的权力（poder vinculado）**的含义：如果认定适用所依据的所有形式和实质前提（包括适度等一般前提）均成立，则看不到存在任何不应适用的刑事政策的理由[27]。

第 810 节　禁止命令——主要是根据法院确定的*危险性* ——之**期间最低为 1 年，最高为 5 年**（第 97 条第 1 款），*自裁判转为确定之日起计*（第 97 条第 2 款）。然而，面对行为人之危险性及对社会之保护要求，上述期间可能显得不足。有些法律甚至在某些特别严重的情况下规定了终身禁止的可能性，这并非偶然[28]。如果从葡萄牙积极的宪法角度来看，或者从一般的刑事政策角度来看，这一解决办法也是不可接受的，那么，如果所依据的危险性仍然存在，则禁止期间**延长的可能性**是可以接受的，甚至在刑事政策上是可取的[29]。在国际上，这一领域最近出现的严重案例（如大众消费的牛奶、橄榄油、葡萄酒以及婴儿供餐等食品中毒）本身就足以为刚刚所捍卫的观点提出根据。

第 811 节　禁止之期间**自裁判转为确定**时起计，但在行为人履行任何剥夺自由之刑事制裁期间**中止**（第 97 条第 2 款）。基于实质理由，剥夺自由的刑事处罚应等同于预防性监禁的适用[30]。然而，在现行法（De iure dato）中，这种等同不可能实现，因为它不属于有利于嫌犯自由和权利的解决办法。

第 812 节　法律并未明确考虑行为人因同一事实而被科处临时禁止处分之可能性（从预防的角度来看，这通常适用于最危险的情况）。根据《刑事

[27]　然而，应当注意的是，同样在德国法律中，这一处分是非强制性的，见相关《刑法典》第 70 节。但在这方面，德国学说也强调，"处分的目的对受限制的自由裁量权的行使至关重要"。

[28]　这是德国《刑法典》第 70 节 1 2 的情况。关于这种情况，当中见 SCHÖNKE/SCHRÖDER/STREE § 70 n.° m. 20。

[29]　这是 1991 年草案第 100 条第 2 款提倡的解决方案。

[30]　因此，见 1991 年草案第 100 条第 4 款第一部分。

诉讼法典》第 199 条的规定，以*诉讼强制措施*的名义而*暂缓执行职务、从事职业及行使权利*——虽然没有"临时处分"的名称，也没有其刑事政策含义——，可能在我们当中发生。在此情况下，很明显，该临时措施应在可能命令的确定禁止措施中扣除[31]。

4. 效力

第 813 节　根据第 98 条第 1 款的规定，"在禁止期间，不得直接或透过他人从事任何职业、商业或工业活动"。这是一项绝对可以理解的规定，但对其进行精确解释是最难的。上面第 808 节最后部分已陈述过，很明显，禁止的处分属刑事性质，绝对是针对个人的。因此，例如，法院可禁止股东甲从事某一职业活动，但不得禁止公司的业务（当然，除非该公司本身负有刑事责任）；同样，法院不得禁止他人，如血亲、朋友或第三人*自主地*继续进行职业活动——即使活动所得归被禁止者亦然。因此，第 98 条第 1 款最后部分只是禁止由"**稻草人**"进行的职业活动，即行为直接从属于被禁止者之命令或指示之人[32]。在这种情况下，所有这一切似乎都如同被禁止者已逃避针对其作出的禁止。

第 814 节　根据第 98 条第 2 款的规定，**不遵守禁止（subtracção à interdição）**构成一项独立犯罪，可根据第 393 条的规定处罚，即违反刑事判决所规定的义务。为了使非剥夺自由之保安处分（此外，亦使附加刑，见上文第 224 节）具有连贯性及效力，这一罪状是绝对必要的。在良好的立法技术上，我们可以认为第 98 条第 2 款不是必需的，而这一切都直接源于第 393 条的规定。但事实是，这一规定以违反禁令（*proibições*）表达，在此则所面对的是违反*禁止*（*interdições*）；根据对合法性原则的严格理解，可以证明第 98 条第 2 款的效用[33]。

5. 处分之暂缓及重新审查

a) *暂缓*

第 815 节　第 100 条明确和特别规范暂缓禁止从事职业之保安处分。暂

---

[31]　在此方面，见 1991 年草案第 100 条第 3 款。

[32]　按照这种狭义理解，CORREIA, Eduardo, *Actas PG* II 288 的考虑已经被非常准确地体现出来。

[33]　像第 98 条第 2 款这样的规定，由于 1991 年草案对第 352 条（相当于现行《刑法典》第 393 条的规定）所作的修改，已经变得完全没有必要。

缓之**前提**是行为人因不可归责性已被宣告无罪；或如属可归责之情况，则已被判处暂缓执行徒刑或考验制度。在**制度**方面，禁止得暂缓 2 年至 5 年，但不得少于暂缓执行徒刑或考验制度之期间。暂缓执行徒刑时，得同时命令履行法院认为必需之义务（第 100 条第 2 款），但须遵守与暂缓执行徒刑相类似之义务（见上文第 529 节及其后续节数）。然而，如构成暂缓禁止的前提之暂缓执行徒刑或考验制度被废止（第 51 条及第 57 条，以及上文第 545 节及其后续节数、第 648 节），则暂缓效力即告失效（第 100 条第 3 款）。另一方面，如行为人在暂缓期间之行为或后来知悉该期间之情节显示暂缓属*不可取的*[34]，则暂缓应予废止；否则，保安处分被视为消灭（第 101 条）。

从纯理论的刑事政策角度来看，这一规定意义重大，因为它显示，即使是在没有剥夺自由的保安处分中，如禁止从事职业，**补充性原则**也不会丧失其理由及其影响范围[35]。然而，从教条和法律技术的角度来看，这一规定存在着严重的缺陷，而最终似乎不可能以这些特征暂缓禁止。

第 816 节　首先，不能理解的是，如果暂缓实质上有依据，那么它只能作为缓刑和考验制度的**附属物**[36]，而不能作为替代甚至主要的其他刑罚的一种**附属物**。相反，可以理解的是，当刑罚不是剥夺自由的刑罚时，禁止从事职业就会变得*有效*，以及当必须剥夺自由时，可以*暂缓*禁止从事职业；因此，只要剥夺自由仍然存在，就不存在累犯的危险，而且一旦剥夺自由，危险可能已经消失，或变得无关紧要。

第 817 节　然而，关键的是，由于暂缓禁止是法院的一项纯粹的权能，法律**对**法院在批准或否定暂缓时应遵循的**实质前提**完全**不作规定**，甚至不考虑单纯引述暂缓执行徒刑（第 48 条第 2 款及上文第 518 节及其后续节数）或假释（第 61 条第 1 款及下文第 848 节）的实质前提，在这些情况中涉及的问题与在此所涉及的完全不同，即与以自由代替徒刑完全不同。

---

[34]　我们的法律在此选择了——与暂缓执行徒刑（第 51 条第 1 款）、考验制度（第 57 条第 1 款）及假释（第 63 条第 1 款）不同；例如，与德国《刑法典》第 70b 节 I 关于禁止从事职业不同——（不适宜的）*废止的一般条款*。

[35]　然而，德国的学说提出了一个很有争议的问题，关于《刑法典》第 70 节，见 SCHÖNKE/SCHRÖDER/STREE § 70 n.° m. 13。

[36]　"附属"的性质是指根据上述第 100 条第 3 款的规定，如暂缓执行刑罚或证据制度被废止，则禁止之暂缓即告失效。

可以理解德国《刑法典》第 70 节所规定且只有在禁止处分之命令作出后才可发生暂缓禁止，也就是说，在执行处分期间一旦发现累犯的危险不再存在才可发生暂缓禁止。至于像我们的暂缓处分，像禁止本身的**替代处分**所构想的暂缓处分，不存在任何合理的刑事政策上的理由。事实上，甚至在此，像德国法律一样，替代标准似乎也只能是（尽管如前所述，法律对此完全没有规定）法院确信行为人继续进行活动时，有可能犯下构成禁止依据之相同种类的新的符合罪状的不法事实之危险已消失。但如果是这样的话，那么后果应该是——不论是诉诸危险性的一般原则，还是类推适用第 92 条第 1 款及第 93 条第 1 款的规定——**保安处分的终止**[37]（一旦危险终止，即完全丧失其正当性），而不是以暂缓的措施替代它。

第 818 节　该标准应为暂缓收容（第 99 条第 1 款及下文第 822 节）的主张不能取得成功："只要法院认定预防危险的必要性不妨碍暂缓。"[38] 首先，因为这里不是一个标准，而是一个是否重复的观察：如预防危险性要求处分的有效性，显然是反对其暂缓。其次，因为这是暂缓收容的真正标准——关于处分的目的仍然可以通过暂缓（即在自由状态下）来实现的判断在这里既没有意义也没有适用之余地。如危险性与（且必须与）继续从事职业有关，则不能理解怎样透过暂缓禁止职业而仍可实现禁止之目的！

b）复查

第 819 节　关于复查保安处分之第 102 条载于关于剥夺自由及非剥夺自由处分之**共同规定**一章内，亦适用于禁止从事职业之处分。然而，原则上，这种适用似乎没有任何意义：根据第 97 条第 2 款的规定，正如上文第 811 节所述，禁止自宣告禁止的裁判转为确定之日起并为该裁判之纯效力而开始。因此，如果禁止没有得到有效执行和履行，那么似乎只能是因为行为人违反了裁判中所载的义务，（正如上文第 814 节表明的那样）犯下了第 393 条规定的罪行（第 98 条第 2 款）。所以，对于因未开始执行保安处分而产生的"复查"，就不会有任何适用空间。

但严格地说，情况并非如此。的确，行为人可能同时被判处剥夺自由的刑罚；在这种情况下，在行为人被剥夺自由期间内，禁止会被暂缓（第

---

[37]　在这方面，有关禁止从事职业及禁止发给驾驶执照的保安处分，见 1991 年草案第 103 条。

[38]　然而，在这方面，见 LEAL-HENRIQUES, M. /SANTOS, M. Simas I 498。

97 条第 2 款）。对于这种情况，禁止处分的复查具有刑事政策利益和意义[39]；在不妨碍复查具有具体理由的情况下，将其作为一种剥夺自由和非剥夺自由的保安处分的*共同*制度加以考虑。

三 收容之暂缓执行

1. 刑事政策上的意义

第 820 节　在上文第 791 节和第 797 节中，我们谈到了收容之暂缓执行处分的特别的刑事政策意义。这不是在执行收容期间实施的提前释放措施，只要有合理理由认为——由于证实危险状态的改善——社会可承担体验自由的风险的话。在这种情况下，应利用考验性释放的制度（第 94 条及上文第 758 节），而不是收容之暂缓执行制度。当法院发现，即使存在收容的所有前提，但仍存在证明收容之目的（预防危险性）可以在自由状态中实现期望的特殊情况时，收容之暂缓执行制度才在科处保安处分时适用。因此，在这一意义上，这是一个真正的**替代措施**，完全具有与我们所看到的主导替代刑罚类似的刑事政策意图[40]：根据*补充性原则*在这方面特别规定的，以社会上可容忍的限度反对剥夺自由之意图。

第 821 节　值得注意的是，在德国《刑法典》中，收容之暂缓执行有两面，即具有**双重刑事政策特征**：可以在作出收容决定的*同时*命令收容之暂缓执行（第 67b 节 I），其性质和特征与我们制度的性质和特征完全相似；但也可以*事后*命令收容之暂缓执行：不论是因为行为人首先履行了一项徒刑（第 67c 节 I）；还是因为在没有开始执行收容的情况下，有关决定已过了 3 年或更长时间（第 67c 节 II）；抑或是因为在收容处分没有法定上限的情况下，在特定时刻体验自由已成为合理（第 67d 节 II）[41]。

如果仔细看的话，葡萄牙法律中会出现类似的情况：在收容处分之*复查*时，法院得命令暂缓执行收容处分（第 102 条第 1 款及第 775 节）。而且可以这样说，在试验或考验性释放的过程中，如果法院认为"释放制度是不适当的"，也可能会发生同样的情况（第 94 条第 4 款和第 5 款，第 95 条第 2 款，以及上文第 757 节及第 763节）。然而，废止释放制度而命令收容之暂缓，在刑事政策上是没有意义的！因此，以下法律的断言完全丧失内容和意义：在废止的这些情况下，法院得适用根据法律

39　1991 年草案第 100 条第 4 款最后部分亦承认这一点。

40　我们说，意图并非具刑事政策的*性质*，因为在此作出的预后判断不能考虑到——与暂缓执行刑罚不同——刑罚的威胁可能对行为人在自由情况下的行为产生的影响。

41　关于这一点，概括上见 MAURACH/ZIPF § 68 n.º m. 59 ss. 及 JESCHECK § 77 VII 2。

及行为人的行为或人格显得更适合的处分（而非适用"实际的"收容）（第94条第4款）。

不论"第二类"暂缓执行收容的影响范围是怎样的，以下将会考虑的只是第99条及第101条所规定的与科处收容处分同时作出的暂缓制度。

2. 前提、制度和废止

第822节　暂缓执行收容的前提有两个。首先，法院必须审查是否具备科处收容保安处分所取决的全部要件（第91条），并在认为该等要件存在的情况下予以适用。其次，法院必须同时作出**有利于暂缓执行处分**的**预后判断**。根据第99条第1款最后部分的规定，"只要法院认为预防危险性的必要不反对暂缓"，这种判断就会相继发生。

这无疑是对真正的暂缓标准的一个不幸和无意义的表述；亦即，法院认为在此情况中存在特别情况（尤其是行为人本人，但亦可能涉及事实及其"状况"），为**仍能在自由的情况下实现处分目的——危险性之预防——之期望**提供合理依据。如对期望之合理性存有不可逾越之疑问，则不应命令暂缓，而应命令收容。只有在怀疑不是涉及期望本身，而是涉及使人产生这种期望的事实时，才能说出不同之处[42]。

如符合这些前提，则法院有**义务**——尽管法律再次使用了"得"一字——以暂缓执行收容之措施代替收容处分，**为期2年至5年**。

上述意义上的**特殊情况**可能是最不同种类的情况，从行为人不稳定的健康状况到其遵从治疗或康复制度的意愿，尤其是遵从心理治疗或戒毒治疗制度的意愿（或其同意），甚至遵从手术的意愿，把自已交给家庭成员或援助机构的可能性，等等。因此，法院在暂缓的决定本身中可能会"施加"某些条件（见第99条第2款和第94条第2款），也可命令"专业社会工作者进行监护性监视"（见第99条第3款和第94条第2款）。

第823节　根据第101条的规定，"如因行为人在所定期间之行为或后来知悉其他情况而认为宜废止收容之暂缓，则**废止**［……］收容之暂缓"（第1款）。"如无废止，则处分在暂缓期间结束后视为**消灭**"（第2款）。在这一制度中——除了废止性条款所具有的不确定，见下文第828节——，没

---

[42]　因此，有关情况与我们就暂缓执行徒刑所作的阐述完全相似（见上文第521节）。上文第521节已引用的文献遵循这个方向，具体就暂缓剥夺自由处分方面，还见 SCHÖNKE/SCHRÖDER/STREE § 67b n.° m.6。

有任何实质上区别于前面就任意性废止暂缓执行徒刑（第545节）和考验制度（第648节）以及"废止"考验性释放（第757节）所作的研究。因此，对于制度的所有细节及其对刑事诉讼程序的影响，可回到那些部分进行参看。

3. 可疑的问题

第824节　基于限制剥夺自由、补充性及优先接受流动治疗的理念，暂缓执行收容的制度肯定具有刑事政策上的依据。然而，尽管《刑法典》在此方面所载的规定具有明显简单性和结论性的特点，但它产生一些难以解决的问题，或这一问题正确的解决方案——刑事政策上及教条上的解决方案——是对现有法律进行**批判性考虑**的依据。

第825节　第一个问题——根据现行法律，可能是最迫切的问题——是，当被替代的保安处分为**在第91条第2款所规定的情况下的收容**保安处分时，是否可以作出暂缓（正如在法律无规定的情况下答案可能是肯定的）。答案似乎必须是否定的。几乎不能理解的是，在这些情况下，危险性的其后终止不能导致剥夺自由在最短期限内结束（第93条第3款和上文第752节），而在适用保安处分时已存在的、对需经有效证实之危险性进行阻止的有利期望则可避免该剥夺自由。另一方面，如果在这些情况下（亦）涉及——如在第672节及其后续节数所捍卫的一样——积极的一般预防要求，那么就不能在该等情况中接纳以暂缓执行收容代替收容[43]。这最终导致了暂缓有三个前提：对上面提到的两个前提，必须加上所适用的且对其暂缓的可能性提出疑问的收容保安处分不是第91条第2款所指的处分之一的（"消极"）前提。

要解决的问题是，根据第91条第2款的规定，**最低收容期限届满后**是否可以暂缓。针对这一问题作出肯定回答，刑事政策上没有任何反对[44]。然而，似乎在此情况中，如危险性还没有终止（因为保安处分本应完全被视为已消灭），但只能作出的预后判断，则最正确的教条及刑事政策途径是**试验性释放**，而不是以暂缓执行收容代替收容。

第826节　另一个问题是，**如果行为人同时被判处（"实际"）徒刑，**

43　1991年草案第98条第1款遵循这个方向。

44　前一脚注所指的规定确实这样做。

是否可以命令暂缓。在此必须作出**否定的回答**，因为暂缓收容不会有任何有用的刑事政策意义——为了实现*在自由状态下处分的目的*——，从而剥夺行为人在执行徒刑时的自由[45]。因此，如果可以同时对同一行为人适用一项剥夺自由的刑罚和一项剥夺自由的保安处分的情况采用第776节及后续节数所主张的解决办法，就不会出现任何系统性的矛盾。

第827节　第三个问题关于法律对暂缓期间规定的**时间限制**（2至5年：第99条第1款）的刑事政策上的便利或不便。为了支持其存在，人们会争论通过某种确定的解决方案为行为人的权利和保障带来的优势。可以透过以下说法反对其存在：在某种程度上，其存在与适用任何保安处分之依据不相符，即与危险性的继续存在不相符；从这一角度来看，最好使用**与确定收容期间相同的标准**来确定暂缓之期间[46]。

应考虑的是，如果在最长可达5年的考验期间后，行为人的行为并不构成废止暂缓的理由，这将在许多情况下提供以下一项合理保证：累犯的危险不再存在。但并不是所有的情况，因为在这段时间内，自由可能并不意味着在社会中正常生活，它受到监护、家庭看管、接受治疗（甚至是自愿接受治疗）及康复制度等的严重束缚。

第828节　最后应问的是，关于暂缓之废止，保安处分在刑事政策上的性质和意图是否优于任何废止之**开放性条款**（载于第101条的条款，"行为人之行为或其后知悉的其他情节是否建议废止"）。或者，如果相反的话，应详细说明废止的理由。这里的问题也反映了确定性和安全价值与保安处分之主要目的之间的紧张关系。重要的是，行为人的行为显示出，（重新）收容及随后的剥夺自由对于实现该处分的目的[47]，即对于预防累犯，是必不可少的。

四　外国人之驱逐

第829节　上文第225节已表明，根据第264-B/81号法令，如果驱逐

45　德国《刑法典》第67b节I第二部分明确遵循这个方向。

46　1991年草案第98条第6款a项遵循这个方向。还应注意到，德国法中《刑法典》第67b节并没有先验地规定暂缓期间，亦见§67e。

47　因此，见1991年草案第95条第1款（可适用于根据第98条第6款b项的暂缓之废止）。德国《刑法典》第67g节遵循一种*混合方法*，这种方法在详尽说明废止理由后，仍要求废止理由显示出执行收容是必不可少的。

外国人制度不是因违反《葡萄牙共和国宪法》第 30 条第 4 款而明显违宪，则可构成附加刑罚。然而，根据第 96 条的规定，即使不构成像我们在第 798 节中附带指出的那样在刑事政策意义上的一种替代保安处分，该驱逐在教条意义上可构成一种替代保安处分："关于外国人［上述规定这样表述］，不可归责者的收容可由驱逐出境所代替。" 通常为存在这样一条规则而给出的理由——对它的存在，我们之间也有传统[48]——是纯粹的民族经济理由[49]。据说，没有理由认为葡萄牙谴责以下费用：对作为不可归责者在葡萄牙犯下符合罪状的不法事实及显示出严重的犯罪危险性的外国行为人，实施收容保安处分所涉及的费用。所有迹象都表明，在这种情况下，不可归责者应被驱逐出国家领土，并最终在其原籍国得到治疗并且康复。

第 830 节　从刑事政策角度来看，这一理由是完全**没有根据的**。同样，刑罚是有预防性的理由的，因此，从来没有主张的是，对外国人判处的徒刑（其执行也给国家造成沉重负担）应以驱逐出境代替。看不出在针对刑罚的保安处分中，特别预防及一般预防的目的之间存在的不同关系如何及为什么可以有理由不执行收容处分——即使属第 91 条第 2 款之情况亦然——，并根据计算成本/利益由驱逐出境代替收容处分。除非法院得出结论认为——只有在这种情况下，在刑事政策上可以为替代提供理由——，为了治疗和康复，甚至是为了广义的社会化，在葡萄牙收容之前**将行为人送往其祖国是对其更有利的**。如这样理解，第 96 条中的"可以"一词的内容是真正有用的，给予法院一种受约束的自由裁量标准，基于对行为人之社会化预期属最有利的，而非基于所涉及的经济财政负担[50]。

然而，如果是这样的话，应当同意的是，可取的立法解决办法是不确立这样的替代性保安处分，因此，上述所阐述的目的——行为人在其国家

48　见前一《刑法典》第 3 节第 71 条。而关于这一点，当中见 GONÇALVES，M. Maia art. 96.° anot. 3。

49　见 CORREIA，Eduardo，*Actas PG* II 284："不可归责者之收容（……）是国家的一项沉重负担，它只对国民提出了合理的理由。"之后见 Parecer n.° 54/X，*Actas CâmCorp.* 2697，当中提供了驱逐出境的可能性，规定了更宽泛的影响范围；以及见 LEAL-HENRIQUES，M. / SANTOS，M. Simas I 482。

50　这一宽松和弹性的标准似乎比 LEAL-HENRIQUES，M. /SANTOS，M. Simas I 483 采用的方法更可取，即向第 264 - B/81 号法令（见上文第 225 节）提出在此类推适用的区分外国居民和非外国居民的标准。

可取的再社会化——可以通过**在刑事方面**关于执行刑事处分**的国际合作**来实现[51]。

基于上述理由，可以肯定的是，以代替收容的方式驱逐外国人的保安处分在比较法中的使用越来越少[52]。德国刑法没有驱逐外国人的保安处分；意大利法律也没有确立它，在该国，如果发现外国人在被定罪后已经服满刑期仍然危险的话，驱逐外国人仅被视为补充性保安处分[53]；关于法国的法律，它具有驱逐外国人的保安处分，但该处分被视为内政部权限的"公共秩序之处分"[54]。

---

[51] 关于这种合作的模式，见 ROCHA，M. A. Lopes/MARTINS，Teresa A.，*Cooperação Judiciária Internacional*... 1992 passim e esp. 174 ss 对 1 月 22 日 DL n.° 43/91 第 106 条作出的评论。

[52] 在任何情况下，见西班牙关于危险性的法律第 7 条及 RODRIGUEZ DEVESA/SERRANO GO-MEZ 1020。

[53] 见 MANTOVANI n.° 226 D。

[54] 见 PRADEL n.° 555。

第四部分
特别性质的制度

第十四章 假 释

AA. VV. , Le centenaire de la libération conditionnelle, *ArchPC 8* 1985 47.

BORRICAND, La liberation conditionelle: quel avenir?, *BFDC 65* 1989 361.

CASAROLI, La remissione del debito e le modifiche in materia di liberazione condizionale, em: FLORA（Org. ）, *Le nuove norme soll'ordinamento penitenziario* 1987 466.

COSTA, A. M. Almeida, Passado, Presente e Futuro da Liberdade Condicional..., *BFDC 65* 1989 401.

DOLLER, Reststrafaussetzung bei Ersatzfreiheitstrafen?, *NJW* 1977 288.

DOLLER, Regtstrafaussetzung bei mehereren Strafen, *ZRP* 1978 55.

FARIA. J. Ribeiro de, Liberdade Condicional..., *BAPIC 6* 1960 55.

FLORA, G. , La liberazione condizionale: quale futuro?, *BFDC 65* 1989 377.

FRANK, Der Widerruf der Strafaussetzung..., *MDR* 1982 353.

GONZALEZ-CUELLAR, La libertad condicional: su futuro, *BFDC 65* 1989 341.

GRASSO, Nuove prospettive, em: GREVI（Org. ）, *L'ordinamento penitenziario doppo la riforma* 1988 271.

HORN, Der Aussetzungswiderruf und das Absehen davon, *JR* 1981 13.

HORN, «Vertrauensschutz» contra Aussetzunswiderruf?, *Hilde Kaufmann-GS* 1986 545.

LARIZZA, Silvia, Liberazione condizionale, *RItalDPP* 1991 604.

MARSANGY, Boneville de, *De l'amélioration de la loi criminelle* II 1864.

MEINERT, Die bedingte Entlassung und ihr Widerruf, *MDR* 1974 807.

MITTELBACH, Die bedingte Entlassung, *JR* 1956 165.

MONCADA, A. Cabral de, *A Liberdade Condicional* 1957.

MROZYNSKI，Aussetzung des Strafrestes und Resozialisierung，*JR* 1983 133.

PEREIRA，L. Miranda，Tribunal de Execução das Penas，*RPCC 2* 1992 73.

PINTO，J. Roberto/FERREIRA，Alberto A.，*Organizaçao Prisional* 1955.

RODRIGUES，Anabela，A Fase de Execução das Penas，*BMJ 380* 1988 5.

SANTOS，J. Beleza dos，*Nova Organização Prisional Portuguesa* 1947.

SCHIAVI，La disciplina della liberazione condizionale，*RItalDPP* 1990 669.

SIMSON，Die bedingte Freilassung im modernen Recht，*ZStW 67* 1955 48.

TERHORST Bewährungsprognosen und der Grundsatz «in dubio pro reo»，*MDR* 1978 973.

TERHORST，Die Aussetzung eines Strafrestes zur Bewährung，*MDR* 1973 627.

VASSALI，Funzione reeducativa…，*ScPos* 1964 404.

一 制度的历史和刑事政策演变

1. 概论

第 831 节 假释制度 [1] 是一项措施，为了应对 19 世纪下半叶人们所观察到的累犯现象显著增加，其主要目的是透过*提前释放*——当然，一旦履行了徒刑的很大一部分刑期——并因此透过*逐步为重返自由生活做好准备*，促进被判处中等或长期徒刑的罪犯重返社会。从历史上看，这一制度与所谓的"爱尔兰"、"渐进式"或"分期"执行剥夺自由的刑罚有关 [2]，因此，它具有罪犯被判罪的"刑罚的最后运行时间"的性质，并具有**执行剥夺自由刑罚的附随事项**（或**措施**）的法律性质——尤其是在今天，这一点仍然受到重视 [3]。行为人在服完被判处的部分徒刑后（在某些情况下至少占一半，在其他情况下占三分之二），他认为对其将来在自由情况下之行为作出

1　关于这个问题，见 COSTA，A. M. Almeida，cit. 401 ss. 及其书目。

2　有趣的是，对 RODRIGUES DEVESA/SERRANO GOMEZ 966 来说，根据西班牙法律，"假释是执行徒刑的渐进制度中的最后期限"。

3　尤其是在德国及我们当中仅见 JESCHECK § 79 II 2，MAURACH/ZIPF § 65 n.° m. 59，RODRIGUES，Anabela，cit. 30 ss 及 COSTA，A. M. Almeida 430，453。在自由被认为是"监狱待遇个人化的手段"（在意大利见 GRASSO，cit. 290 s.，PRESUTTI，cit. 113 s. 及 RAMACCI，cit. 126 s），甚至仅被认为是渐进监狱制度的最后期间（在西班牙见 LANDROVE 68 s）的系统中，这种性质将变得更加明显。

有利的预测性判断，且可能因遵守对其适用之某些条件——实质上类似于我们所看到的代替暂缓执行徒刑及考验制度的义务及行为规则的条件——而作出该判断。

第832节 因此，这是**积极的或社会化的特别预防**的特殊目的，符合自从假释出现后其基本的刑事政策意图[4]。然而，不同法律秩序的不同演变，在没有对这一基本的刑事政策目的提出质疑的情况下，使人对其性质产生疑问。这些疑问很多，以至于今天不乏有人——以"公正模式"或"罪有应得"（*just-deserts*）[5] 的刑事政策概念为主：见上文第36节——质疑维持它的适当性。

所涉及的首先是——与原来的规则不同——，某些法律体制一方面免除被判刑者对适用假释的*同意*，另一方面容许给予假释之试用期*超逾被判刑者尚欠之徒刑期间*。这两种情况使制度本身的**法律性质**变得可疑（和有争议）。

第833节 事实上，一方面，如免除**被判刑者的同意**，假释单纯以附随事项或单纯以执行刑罚之方式，变为一种*社会之强制措施*；正如我们已经强调过的那样，这不仅会使人怀疑其社会化的效力，而且主要意味着拥护一个非常有争议的刑事政策概念。在此最重要的是，在行为人被判处的刑罚开始执行后，该刑罚已被实质变更，但在变更时没有得到行为人的同意或（普遍法律中）判罪法院的判断[6]，即使是一般法院（tribunal *tout court*）的判断亦然[7]。这使人更接近于认为，给予假释远远超出了罪犯被判处的刑罚的"附随事项"或"执行方式"的范围，以便将所宣告之刑罚本身定性为实质变更；因此，这里提出了 Anabela Rodrigues 所谓的"［被判刑者］受刑之权利"或 Lackner 所谓的"服满全部刑罚的权利"的问题[8]。

第834节 如果在不需要同意的情况下，允许假释的期间**超过被判刑者**

4　关于这个问题，见 RODRIGUES, Anabela, cit. 32 及 COSTA, A. M. Almeida, cit. 402 ss. e passim。

5　（批判地）见 DIAS, J. de Figueiredo, *ROA 43* 1983 37 ss 在所述领域对维持假释制度提出的异议。同样的批判性含义，见 ANCEL, M., *La defense sociale nouvelle*[3] 1981 331 及 COSTA, A. M. Almeida, cit. 446 ss。

6　例如，在葡萄牙法律秩序中，给予假释的权限属于"执行刑罚的法院"，而不属于判罪法院。

7　在给予假释的权限属于监狱当局本身之情况下。

8　RODRIGUES, Anabela, cit. 32.

未服的**监禁时间**的可能性——这种可能性已成为法律的主流——，那么这个论点就更加可靠了。因此，可以肯定的是（在没有任意将事实的真相由虚构替代的情况下），不能说假释的罪犯继续服刑。因为在没有违反*刑罚合法性*的一般宪法原则的情况下，被判处的刑罚不能在没有定罪的情况下变更（不能是其他刑罚！）[9]，那么，必须将假释制度定性为一项**保安处分**，或者至少将其定性为一项由刑罚和保安处分**混合的处分**。

然而，不可接受的代价是，这样已深深地改变了其刑事政策意图[10]。首先因为为了运用刑事保安处分，其前提不仅必须是与所犯的符合罪状的不法行为的实质关系——不存在的关系——，而且必须是其所依据的*危险*的证据。其次，因为为了使处罚在一定程度上仍维持刑罚的性质，*过错*必须构成其期间的不可逾越的上限[11]：这在有关假释的法律中没有得到任何支持，也不是真正可能的，因为有罪判决中必须总是确立罪过，而假释及其期间之决定仅在其后作出[12]。此外，果断地说，这不是罪过方面的考虑，而是法律要求具体订定假释制度的社会化及随之而来的预后方面的考虑。

第835节　这些考虑一直导致某些学说——尤其是德国学说——在对作为附随事项或剥夺自由之刑罚之执行措施之假释的法律性质不作确定性质疑时，寻求其**与暂缓执行徒刑相似之教条处理**[13]。这两个制度之间的确有很多共同点：二者均意味着暂缓执行行为人被判处的徒刑（或其中一部分徒刑），二者均意味着对犯罪人将来的行为——因此对社会化的可能性——作出有利的预测；在这两种情况下，罪犯最终会在一定的时间内受到考验，以致将来徒刑的消灭取决于在该期间内是否遵守适合其社会化的行为规则；在这两种情况下，不遵守这些规则可能会导致在未遵守的时间内服刑。

然而，将假释制度在教条上等同于暂缓执行徒刑制度是没有道理的。在暂缓执行徒刑方面，正如在考验制度中一样，我们面对的是*独立的替代刑罚*；这一定性绝

9　在此方面，亦见 RODRIGUES, Anabela, cit. 31 s。

10　持批判意见的，亦见 COSTA, A. M. Almeida, cit. 453。

11　因此，具合理意见的，见 RODRIGUES, Anabela, *JDC* 299。

12　具合理意见的，见 RODRIGUES, Anabela, cit. 31 s。

13　在德国法律中，这一制度现在被称为"余下刑罚之缓刑"，见相关《刑法典》第57节。这个名称替代了之前的"假释"名称，见前一版本的《刑法典》第26节。而关于这一点，当中见 JESCHECK § 79 及 MAURACH/ZIPF § 65，前一位学者以"为考验的暂缓刑罚"为标题包含这两个制度，而后一位学者则以"剥夺自由刑罚的假释"为标题。而在今天，这一问题在意大利学说中所用的术语并没有大的不同，意大利学说经常表述为*择一措施*，见 MANTOVANI n.° 218。

不能适用于假释制度，而且正如我们所看到的，这一定性意味着在有可能转移到这一制度的理论建构方面产生了一系列的后果。假释制度按实在法所规定之制度，或构成一项**附随事项**，或构成**剥夺自由处分之执行措施**，而后者之理论认为有必要对这一制度进行研究及理解，即使作为一个特殊的制度亦然。

2. 葡萄牙法律

第 836 节　假释制度在学说中以类似今天所表现的方式及目的，于 1846 年首次在法国由 Boneville de Marsangy 主张。承接根据 1832 年开始生效的临时释放（*liberté provisoire*）中关于青少年罪犯的传统以及 1853 年在英国实行的假释许可证（*tickets of leave*）制度的传统，假释制度于 1885 年在法国法律中首次出现。

第 837 节　受到惩教学派（escola corresccionalista）在葡萄牙刑法中表现出来的影响，人们能理解的是，假释制度获得我们的关注，并被列入 1861 年的《刑法典》草案中[14]。然而，由于这一草案尚未生效，关于此方面所载的理论已载入 *1893 年 6 月 6 日的法令* 和 *1893 年 11 月 16 日的法规* 中；此外，还必须规定，严格将这一制度定性为**执行徒刑的附随事项**：赋予假释取决于被判刑者的同意，其期间绝不会超过被判刑者未服的刑期。

第 838 节　但后来 *1936 年的监狱改革* 开始在这一制度中引入制度上的改变，在某些方面改变了其本身的性质。首先，对 "*任意*" 假释和 "*强制*" 假释作了区分。但是，这发生在罪犯被判处的全部徒刑服满后，有可能适用假释制度的情况下——尤其与特别危险之犯罪有关之情况。在这些情况下（如与假释有关的不是徒刑的执行，而是收容保安处分的执行的其他情况），这一制度具有纯保安处分的性质，"在名称上仅有别于'受监视的自由'"[15]。

第 839 节　当 *1954 年的改革* 在《刑法典》（第 120 条）引入假释时，假释具有的这种 **"混合性质"**[16] 仍然存在——如果没有恶化的话。但是，5 月 31 日第 184/72 号法令在修订《刑法典》时，这一制度从根本上恢复了**执行徒刑的方式**的性质，这明显与受监视的自由制度（作为一项真正的限制自由的保安处分）相悖，并禁止其期间超过未履行的监禁时间，尽管这

14　关于随后发生的，见 MONCADA, A. Cabral de, *cit. passim*。

15　正如 COSTA, A. M. Almeida, cit. 421 十分准确地注意到一样。

16　这一表述源于 COSTA, A. M. Almeida, cit. 429。

并不意味着对赋予受监视的自由取决于被判刑人的同意。

1963 年总则草案在制度中重新引入了一些可能在其性质（第 51 至 55 条）上**模棱两可**的特征，特别是在强制假释与非强制性假释之间的区别上、在假释期间可能超逾未履行之刑期上、在不必经被判刑者同意上以及尤其是在相对不确定之刑罚情况下的假释制度上（第 100 条和下文第 924 节及其后续节数）。然而，就现行法律所规定的制度而言，这里将对提出的问题进行分析。

二　前提与制度

1. 前提

a）6 个月以上之徒刑

第 840 节　第 61 条第 1 款规定，作为给予假释之前提，行为人被判处一项 6 个月以上之剥夺自由刑罚——"实际"剥夺自由的刑罚，这是显而易见的。这一要求可导致被判处有期徒刑超过另一刑期的人因被剥夺自由**时间较短**而被判处有期徒刑（例如，被判处 5 个月实际监禁的人，只有在此期间结束后才可释放；被判处 8 个月徒刑之人仍可在 4 个月后假释出狱）。

然而，从这一观点中得出反对这一要求的理由是不正当的，而这一要求最终是**有根据的**。一方面，在实际判处不超过 6 个月徒刑之情况下，绝对应属例外情况；只有执行徒刑被视为对达成预防要求有必要时，这些例外情况才可以发生[17]。另一方面，与假释制度本身相同的是，刑期高于另一位被判刑者被判处的刑期的被判刑者可在前者被释放之前被释放。最后但更重要的是，给予假释的实质前提——有利的预后判断，见下文第 848 节及其后续节数——面对一个非常短的刑期永远不可能有充分的依据，尤其是面对不足 3 个月的徒刑刑期。

第 841 节　然而，如果对后一个论点给予（毫无疑问，应该给予）适当的价值，那么，所涉及的前提不应涉及罪犯被判处的监禁时间或者涉及**实际已服刑的时间**[18]。因此，严格来说，作为给予假释的前提法律应要求的，不应该是犯罪者被判处 6 个月以上的徒刑，而应该是已服了**最短的徒刑**，例如 6 个月[19]。在过了这段时间之后，

17　COSTA，A. M. Almeida，cit. 423 s.，434 在解释所分析的前提时提出了这一论点。

18　OSÓRIO，José，*Actas PG* II 8 在修订委员会上非常谨慎地指出了这一点。

19　1991 年草案第 61 条第 2 款遵循这个方向。这也是德国法律的一种解决办法，但在三分之二刑罚进行假释时（属正常情况）包含行为人履行了 2 个月徒刑（相关《刑法典》第 57 节 I）。

不可能确实（正如总是应该这样地）将服刑视为一种社会目的，也不能对释放下的罪犯未来的行为作出有利的预后判断。

第 842 节　根据第 61 条第 1 款的规定，决定罪犯是否被判处"6 个月以上徒刑"，对**有罪判决的内容**是关键的。刑罚的期间之后因扣除、部分赦免等的效力而缩短，不应对有关前提的出现产生任何影响[20]，尽管这一要求在刑事政策上的合理解释在经过了这么多的论述之后变得非常令人怀疑。如上文所说，如果这一要求涉及的是最短的服刑时间，而不是判决中确定的最短监禁时间，那么情况就不再如此了[21]。

b）履行刑罚的一半

第 843 节　其次，作为给予假释的前提，第 61 条第 1 款要求被判刑者已服**一半的徒刑**。从刑事政策上讲，这一要求是可以理解的，也是有根据的，正如上文 a）中所指出的理由。一方面，允许在履行这一最低限度之前给予假释，这可能会使以保护法律体制形式出现的不可放弃的一般预防要求成为疑问，这些要求在判罪法院作出量刑时将会被考虑；因此，从这个意义上讲——而且，并非以此想粉饰罪有应得（*just deserts*）学说对此所发展的众所周知的论据——，这相当于对*法院的判决实施*（*implementation of the sentence of the court*）不可接受的"不尊重"。另一方面，在判决中宣告的剥夺自由刑罚的实质部分未服之前，不能在有依据的情况下作出作为给予假释的实质前提的预后判断。

第 844 节　国内和国外的学说一直多次产生的疑问是，一般来说，执行一半的徒刑是否完全满足所提出的刑事政策理由，或者，一般的下限是否不应确定在服刑之三分之二；履行一半所给予的假释具有*例外*性质[22]，只有在法院认为给予假释（除了考虑到社会化的特别预防之外，这当然也是合理的）不会影响一般预防的要

---

[20] 在此方面，见 Parecer da P. G. R. n.° 77/83，de ABR28，*BMJ 331* 225，以及对于赦免，见 AcRL de 92FEV18，*CJ XVII – 1* 1992 182。

[21] 对于以上已陈述的内容，正如德国学说指出的，当中见 SCHÖNKE/SCHRÖDER/STREE § 57 n.° m. 5。

[22] 在德国法律中能找到解决这个问题的方向：见相关《刑法典》第 57 节 I 及 II。根据主流学说，给予假释的例外性质不仅来自最严格的前提，特别是，它可能被视为法院单纯的*自由裁量权*。在此方面，当中见 MAURACH/ZIPF § 65 n.° m. 71 及 JESCHECK § 79 II 3，在这种情况下，并在其本身的意义上（与葡萄牙学说使用相同名称之情况不同），他正确地表述为*任意性*假释。

求，尤其是以保护法律体制的形式才能被接受[23]。

从刑事政策和犯罪学的角度来看，这是一个严重和难以解决的问题[24]。最严格的解决办法（给予假释的原则仅为完成剥夺自由的刑罚的三分之二后）在以下法律体制中变得特别有根据：*惯例*（*Praxis*）在考虑上述实质前提时不是太严格[25]，*惯例*在很大程度上依靠监狱部门提供的信息，以及特别是给予假释是否严谨取决于明显的政治考虑，尤其是取决于"将监禁变得微不足道"的合适性或取决于对履行剥夺自由的刑罚之被判刑者所表现的"合理的"百分比。

第845节　为着将刑罚视为"已服"一半，任何可能**减刑**的情况肯定都会得到考虑，尤其是透过部分赦免或其他非司法措施的方式作出的减免；此外，还须计入在导致定罪的诉讼程序中或因这一诉讼程序而被**剥夺自由**的时间，尤其是羁押时间。因此，可以发生的是，在定罪时嫌疑人有条件——至少有形式上的条件——获得假释。在此情况中，由判罪法院本身决定给予假释可能是合理的（尤其是符合诉讼经济的），但我们的法律似乎并没有提倡这种解决方案。

德国的学说和司法见解——当中，关于假释之裁判属普通法院所有——指出，基于上述情况，给予假释的前提与暂缓执行徒刑的前提*同时存在*[26]。然而，正如与我们的情况一样，当人们认为我们在暂缓执行徒刑的情况下所面对的是替代刑罚而在给予假释的情况下所面对的是一个简单的附随事项或执行徒刑的方式时，似乎不应如此理解。

第846节　在学说讨论得特别多的问题，而且我们的司法见解并非不了解的问题是，在被判处**一项以上徒刑**的情况下，如何针对所分析的前提进行分析。应将所有的刑罚加在一起，以便就该总和提出是否已服完一半的

---

[23]　正如 JESCHECK § 79 II 3 准确地指出一样，即使德国法律在这方面没有明确规定。从我们的观点来看，更准确的是提出——然而，正如德国主流司法见解及学说所作出的一样——如何根据"事实罪过的严重性和对回报的思考"来看待这个问题。

[24]　Miranda Pereira 于 1989 年 3 月在科英布拉法学院举行的第四届拉丁刑法会议（IV Journadas Latinas de Direito Penal）中介绍了关于我国法律体制中这一问题的立场——认为没有足够的理由将一半刑罚的一般原则改为三分之二刑罚的一般原则。此陈述尚未发表，但亦见 PEREIRA, L. Miranda, cit. 80 ss。

[25]　存在充分的理由可以认为这可能是葡萄牙的情况，尽管一般而言，执行刑罚的机构对此提出质疑：关于这一事项，见 PEREIRA, L. Miranda, cit. 80 ss。请记住，举例来说，法院审理的案件，即法官在判罪时，例如判处 6 年徒刑，立刻告知被判刑者"如果行为得当"，只会被囚禁 3 年！

[26]　仅见 MAURACH/ZIPF § 65 n.° m. 63 及 SCHÖNKE/SCHRÖDER/STREE § 57 n.° m. 5。

问题？或者，应根据所判处的每一刑罚分别分析法律要求？

这一问题在德国的学说和司法见解中已经讨论了很长时间。虽然司法见解明确倾向于认为刑罚的总*和*是不可接受的——因没有法律允许刑罚的总和——，但主流学说[27]接受并认可了这一程序，尤其是从特别预防和可取的刑事政策预防角度来看，这一程序更为有利。然而，事实是，既然德国法律由开始到三分之二的刑罚及例外地在一半刑罚时有假释，尤其是既然只有初犯能赋予后者，那么总和的解决办法可能是不可执行的，因为各刑罚一开始就需要对给予假释作出不同的处理。由于大家认识到这一点，最近德国《刑事诉讼法典》第454b节 II 及 III 规定，在有可能给予假释的时候，即根据具体情况刑期为三分之二或一半的时候，中断执行每一项服刑的刑罚；只有在能够同时就全部刑罚作出决定时，法院才会就假释作出决定。

第847节 在葡萄牙法律完全没有规定的情况下，解决这一问题是一项非常棘手的任务。正如刚才所陈述，在刑罚一半或三分之二时给予假释的前提不同时，似乎必须对每一刑罚的情况作出**不同的**考虑。但是，这种不同的解决办法总是需要法律对其作出明确规定。然而，只要以一半刑罚的规则立即给予假释，而该假释并不取决于有关犯罪者为初犯或累犯的情节，那么，**总和**学说（doutrina da **soma**）应优先于差别学说（doutrina diferencia-da）。事实上，考虑是否根据刑罚的总和给予假释，不仅显示出执行更为简单，原则上对社会化更为有利，而且没有理由要求对每一项刑罚给予区别对待[28]。另一方面，即使在法律完全（而且无论如何不恰当地）没有规定的情况下，似乎也不可能捍卫这种解决办法的合法性；特别是由于该办法显得更为有利于罪犯的社会化，并因此有利于假释制度的首要目的。这也是葡萄牙司法见解在这一问题上一直遵循的"总和之解决办法"的含义[29]。

c）*有利预测*

第848节 第三，第61条第1款最后部分规定，为给予假释，被判刑者须有"良好的监狱行为"，并表现出"适应社会生活的能力及愿意如此"。

---

[27] 关于其他同意和不同意的说明，见 SCHÖNKE/SCHRÖDER/STREE § 57 n.° m. 8 及 MAU-RACH/ZIPF § 65 n.° m. 64。不同的声音包括 JESCHECK II § 79 2。

[28] 1991 年草案第 62 条甚至最终承认这一点。但必须强调的是，在委员会倾向于将在一半刑罚给予假释视为*例外*及仅在出现*初*犯的情况下才给予假释时，委员会甚至表示支持差别学说。

[29] 很明显，这些葡萄牙司法见解来自执行刑罚的法院，因此，我们应尽可能地探究，尽管这些见解没有发表，但其中有一部分是因 Des. Carlos Leitão 先生而友善地获得的。

这就是假释的**实质前提**，可以正确地理解为对在释放下的罪犯的将来行为作出**有利预测判断**——有时称为"预防角度上之有利预测"（«prognose de exarcelação»）[30]——的要求。

第 849 节　为着假释之效力，这种预测判断在某种程度上有别于已经研究过的（见上文第 518 节及其后续节数）为暂缓执行徒刑的预测判断。因此，很明显，其中规定*良好监狱行为*作为给予假释的必要条件。具有法律规定的"自主"性质的这一要求——即使这一要求本身是合理的，因为它是预测的重要因素[31]——不免会引起保留意见。事实上，起决定性作用的不是"良好'监狱行为'本身"，即服从（及遵守）监狱规章的含义，而是将其演化中的**监狱行为**作为（重新）社会化和在释放下未来负责任的行为的指标。

第 850 节　另一方面——在此涉及关键的不同之处——，我们已看过，暂缓执行徒刑的预测必须考虑到，暂缓执行徒刑足以适当实现处罚目的的可能性（因而不仅是实现一般预防，而且是实现预防的可能性）。然而，给予假释的预测在一定程度上应"要求较少"（这一点是可以理解的，因为被判刑者已经服了部分刑罚，而且期待在一定程度上能协助其重返社会）；如在此还应要求的可能性程度是，在被判刑者立即获释的情况下，其在社会上负责任地过着自由生活而不犯任何罪行，则这一措施应足以为**释放风险**[32]**已经得到社会的支持的期望**提供合理依据。

因此，应当从这个意义上理解法律的要求——尽管其过度主观和富有感性——，即被判刑者显示出其重新适应社会生活的"认真意愿"，而不是主观的"意愿"，一切最终必须是"（客观地）重新适应的能力"的功能。例如，不能理解的是，对以下被判刑者作出的预后判断被拒绝：虽然没有表现出适应的"认真意愿"，但其所处的情况（因年龄、疾病、丧失能力等）让人认为，一旦被释放，他将以对社会负责的方式生活，而不犯任何罪行。在此措施中，应考虑为暂缓执行徒刑而作的预测所指的所有要素，尤其是事实的具体情节、行为人之前的生活及行为人的人格；此外，如上所述，还应考虑在

30　见 FARIA, J. Ribeiro de, cit. 56。

31　因此，亦见 JESCHECK § 79 II 3。

32　在相似意义上，德国的学说强调只需要"对潜在重新社会化的积极评价上的可能性程度"，法院在此回应承担"可接受的风险"，见 RUB, *LK* § 57 n.° m. 10；持同一意见的，见 SCHÖNKE/SCHRÖDER/STREE § 57 n.° m. 12 e 15，以及 JESCHECK § 79 II 3。

监狱服刑期间人格的演变[33]。同样在此，有疑唯利被告原则的附带事项也应根据上文第 521 节所指作为暂缓执行徒刑基础的预后判断作出改变。

第 851 节　此外，为着给予假释之效力，赋予预后判断的复杂性质在 1963 年总则草案第 52 条中有明确强调，当中规定"在作出给予假释的决定时，应考虑**所有现有的**有利及不利的**诊断**"。Eduardo Correia 指出，有了这一规定，在该判断上想给予在 20 世纪 50 年代犯罪学中相当普遍的"统计预测版"（«tábuas de predição estatística»）或"点法"（«método dos pontos»）一个罕见的地位，因此，其向法院提供了"特定客观性"标准[34]。这些方法的好处和（不可避免的和沉重的）限制现在已经众所周知[35]。当然，这些方法在预后判断中将继续发挥作用，而不仅仅是用于给予假释。但必须强调的是，在 1963 年草案中——没有理由认为只有在《刑法典》没有作出类似规定的情况下，事情才发生了变化——，有必要对释放中的被判刑者未来的行为作出预后判断提供根据，这与法院在作出该判断时坚持在"可接受之风险范围内"的可能性程度有关。

第 852 节　接下来的问题是，如果我们的法律接受假释"规则"，且服满一半刑罚，那么以特别预防为主的有利预测是否不应受尊重积极的一般预防最低要求的义务所限制，即受**保护法律体制的要求**所限制。

对这一问题应作出**肯定回答**[36]。被判刑者在只服完其被判处之刑罚的一半时重返社会，会严重扰乱社会安宁，从而使社会对被违反规范的有效性的期望受到质疑。另一方面，社会承受释放的风险，即正如我们所说的未来行为不再重犯的可能性所要求的概率的标准，取决于法律界对重返社会的接受。

我们认为，部分德国学说[37]的以下立场似乎是不正确的：试图从受拘束的自由裁量的性质推断出，德国法律在刑罚已过一半后给予假释与行为人的犯罪程度有关（已对量刑有重要意义）。这与关于假释的决定必须完全*以预防的角度*作出的说法——我们认为这是不可争议的正确说法——完全不符。

33　我们的学者当中，详见 FARIA, J. Ribeiro de, cit. 56 ss。

34　CORREIA, Eduardo, *Actas PG* II 13 ss., 16.

35　关于这一事宜，具有大量参考书目的文献在我们的学者当中见 ALMEIDA, M.ª Rosa Crucho de, *BAPIC 27* 1971, CARVALHO, A. Taipa de, *BFDC 54* 1978 45 及 DIAS, J. de Figueiredo/ANDRADE, M. da Costa 143 ss。

36　事实上，这一肯定回答载于 1991 年草案第 61 条第 2 款 b 项中。

37　例如见 RUB, *LK* § 57 n.º m. 2 e 19。

d）特别的问题

aa）受约束的自由裁量和复查

第 853 节　第 61 条第 1 款规定，在服刑一半之后给予假释属法院的*权能*（poder）。然而，这里也不是一个自由裁量权——在此意义上，不是*任意性假释*——，而是一个**受**法律规定给予假释所取决的*所有*形式和实质前提的存在**所约束的权能**，即*权力义务*（poder-dever）。

第 854 节　如**拒绝**给予假释，应根据 10 月 29 日第 783/76 号法令（《执行刑罚法院之组织法》）第 97 条之规定，每 12 个月对被判刑者之情况进行复查，且自刑罚一半后起算。这是可以理解的解决办法，即在时间上限制诉讼程序重新进行的可能性，否则就会为诉讼和在程序上无用的活动打开大门。但有必要考虑的是，只有在不具备给予假释所取决的*实质前提*下才适用该限制——虽然法律明确规定。如欠缺形式前提，则情况不同，在此应加以区分：例如，如果罪犯被判处 6 个月或更短的徒刑，拒绝假释之裁判按一般规定转为确定；又如，如果拒绝的理由仅仅是对刑罚的一半仍欠缺一定的时间，那么很明显的是，一旦出现该前提，就应重新审理（情事变更裁判已确定的案件之效力）。

bb）所谓的"强制性"假释

第 855 节　关于被判处剥夺自由 6 年以上的刑罚的人，第 61 条第 2 款规定，**他们在服完六分之五刑罚后，应始终获得假释**，如按以上所述他们之前没有利用这一制度。这就是所谓的强制性假释与上述所研究假释——"任意性"假释——的不同。

自 1936 年监狱改革[38]以来，在我们的法律中已经为人所知，这种假释的模式在**社会化的特别预防**的考虑中仍然是有道理的。事实上，犯罪学上已证实的是，长期徒刑，无论其执行的社会化正面效力有多大，都会导致

38　然而，见 CORREIA, Eduardo, *Actas PG* II 6. 对于这位学者来说，这一制度等于 1963 年总则草案的"新颖性"，在任何情况下等于"1893 年之法律所规定的需求"及"北欧各国（甚至英格兰）人民的统一教育"。根据 CORREIA, A. Ferrer, *Actas PG* II 7, 这一观点的威信归 Mittermaier 所有。类似的处分确实载于 § 48 I do AE-AT. 然而，这是 AE-AT 主张的解决方案之一，但在学说上取得的回响较少，且被 1975 年德国《刑法典》修订拒绝。相同的规定载于 1965 年瑞典《刑法典》第 26 章第 7 条中。关于所有这些，见 *Actas CâmCorp.* 2675, 当中由 STRAHL, *RScC* 1967 411 ss., 416 承担官方代表（事实上，即所述瑞典《刑法典》的负责人之一）。

被定罪者明显不适应社会，因此，都会导致其在重返社会方面遇到更多的困难。通过这一制度可能给予的帮助，强制将被判刑人置于假释的状态旨在减少这些困难。从这一观点来看，强制性假释制度被认为是监禁与自由之间的一个真正的**过渡阶段**[39]，这一点是可以肯定的。

第856节　根据以上所述，在给予任意性假释与给予强制性假释之间的区别不能按其本身的含义作出，而只能按隐喻的意义（sentido translato）作出。在其本身的意义上，它旨在区分——正如在德国学说所发生的一样——在符合法定前提下给予假释作为法院的一项义务与它只构成一种*自由裁量权*之间的情况。葡萄牙法律中的区别并不是这样：所谓"任意性"假释，是指其给予不仅取决于形式前提，而且取决于实质前提；**强制性假释，是指其给予取决于形式前提，不需要任何独立的司法考虑，因此在这一意义上给予是"自动性的"**[40]。

第857节　我们要问的是，这种"强制性"假释是否可与我们第766节及其后续节数中在收容保安处分的情况下对考验性释放制度（在多种理由下与"强制性"假释相似的制度）所作出的**在刑事政策上没有价值的判断相同**。虽然答案必须是肯定的，但不能将当时提出的理由转用于这一情况[41]。事实上，在刑事制裁已经达到期限的情况下或（及）已经达到其目的的情况下，在此不存在——与过去不同——限制自由的处分。在此情况下如果涉及一种*刑罚*——因此，首先以积极的一般预防要求为依据所判处的以及仅在达到其期间的六分之五的刑罚——，过渡阶段及其对自由的限制[42]完全可以证明其有助于在个案中表现出来的积极的一般预防要求所支持的时间范围内之社会化。

显然不宜——及令人怀疑——将这一制度定性为"假释"，因为可以肯定这一制度仅与假释有共同之处的是，决定提前释放被判刑者之事实，以及不履行该提前释放须对被判刑者产生之义务之后果[43]。此外，适用的*前提*是不同的（正如刚刚所看过的），而且两者所主导的*刑事政策意图*同样是不同的：在被称为"强制性"的假释中，这不是因有利的预后判断社会承受

---

[39]　主要关于这一过渡阶段，我们当中见 CORREIA, Eduardo, *Homenagem A. dos Reis* 337 ss。

[40]　因此，十分准确的，亦见 RODRIGUES, Anabela, cit. 32。

[41]　这一理解可能导致委员会在1991年草案第61条第4款中维持这一制度。

[42]　正如 CORREIA, Eduardo, *Actas PG* II 6 合理地强调，"也不是因为它不是一种机构性处分，它［强制性假释］不再具有刑罚——尽管是补充性刑罚［?］——的特性，因为它涉及对罪犯的恶害，有时甚至涉及对罪犯明显的恶害"。

[43]　因此，亦见 FERREIRA, M. Cavaleiro de II 1989 194。

假释的风险，而是在已接近服刑期满的情况下为使行为人能重新进入自由生活提供便利，*不论对危险性之维持、消灭或恶化有何判断*（以及没有作出作何判断）。事实上，即使履行六分之五刑罚后对社会化的期望极差，亦自动给予假释[44]。这一情况最终可能导致对这一制度的**刑事政策上的适当性产生合理疑问**[45]。

此外，如果在刑罚达到六分之五时行为人必须按照另一诉讼程序继续被剥夺自由，那么会存在教条上不可避免的困难，即在很大程度上是由"假释"的"强制"性质所造成的困难。如果剥夺自由是一种刑罚的结果，那么就必须以第846节及其后续节数中所提到的**总和**作为衡量标准，这一制度既适用于任意性假释，也适用于强制性假释。然而，如剥夺自由属诉讼性质（羁押或类似情况），Maia Gonçalves 则认为，应对被判刑者施以剥夺自由，并在剥夺自由后，对已履行六分之五刑罚给予假释[46]。这一解决办法似乎是唯一可以捍卫的，但却使所谓的"强制性"假释制度遇到的困难变得更加明显。

cc）代用监禁之假释？

第858节　可以提出的问题是——面对与我们完全相同的刑事政策文本和意图，这一问题在德国一直受到质疑和争论[47]——，可发生假释之刑罚是仅属第40条所规定之（主）刑，还是亦属未缴纳罚金之**代用监禁**（**prisão sucedânea**）。

从纯粹的刑事政策角度来看，必须支持后一种解决办法：不论是因为假释制度依据之目的论亦同样存在，并涉及代用监禁；还是因为在大多数情况下，代用监禁将构成短期剥夺自由，所以，在此，假释将获得兼有打击短期剥夺自由行动的补充理由[48]；最后，抑或是因为这一制度的介入可以——在尊重判罪的情况下——在一定程度上减轻将不缴付的罚金转为剥夺自由的严酷程度（见上文第179节）。

第859节　然而，确实出现了亟待解决的一系列棘手的问题[49]。对于假

44　因此，可以说，我们的强制性假释是与意大利法律提前释放相对立的，这种提前释放具有"主要的奖赏性质"，正如 MANTOVANI n.° 222 B）所强调的。

45　这一制度最终亦被 Parecer 54/X，*Actas CâmCorp.* 2675 ss 所拒绝。

46　GONÇALVES, M. Maia art. 62 anot. 4.

47　具大量学说和司法见解的参考文献，见 MAURACH/ZIPF § 65 n.° m. 76 s。

48　因此，人们没有使短期剥夺自由的刑罚成为不可忍受的短期刑罚，因为根据第61条第1款的规定，总是要求的是，剥夺自由的期限应为6个月以上。

49　关于接下来的问题，在德国法中，见 PREISENDANZ, *JR* 1976 467 及 BLEI, *JA* 1972 310。

释制度之介入，关键的是**代用监禁刑罚的期间**，而不应以违法者原来被判处之罚金之期间；重要的是要记住（见上文第176节），根据第46条第3款的规定，代用监禁应相当于被减为三分之二罚金的天数。

更复杂的问题是，被判刑人在假释后，如果支付了罚金或部分罚金（这是完全可能的，因为罚金之原判仍然存在），则会发生什么情况。答案似乎只能是，按具体情况，刑罚随即消灭，因此假释之期间亦终结或相应缩短。问题是——根据这一论点，许多作者最终得出结论认为，根据法律（*de lege lata*），不可能使代用监禁依附于假释[50]——，是否可以在没有明确的法律允许的情况下做到这一点，或者这是否意味着不允许干涉只有立法者才能具有的权限。

2. 期间

第860节 假释期间的问题已在第61条第3款获得法定的解决。期间下限为3个月，上限为5年；然而，下限提高至被释放者未服之徒刑时间，如这一时间不超过5年。由此得出的结论是，现行法律允许假释**超过**被释放者未服的刑期，而且并不是出于可以证明从来不会超过该时间的刑事政策上的考虑，而仅仅是出于"考验"（在此必然体现为假释）在任何情况下都不应超过5年的考虑。

后一种观点是有根据的：犯罪学调查显示——不仅为假释之效力，亦为暂缓执行徒刑、考验制度、累犯、恢复能力等之效力[51]——，5年时间足以确定某人将来是否有能力以对社会负责的方式生活而不犯任何罪行；因此，一言以蔽之，成功地使罪犯（重新）社会化。

从综合的刑事政策观点来看，这一犯罪学教育是否最好与自由的限制都不应在任何情况下超过徒刑上限的原则相一致，还有待观察。如前所述，一方面，这一原则与尊重有罪裁判的要求有关；另一方面（也可能是最重要的），与尊重作为罪犯被判处徒刑的附随事项或执行方式的制度性质有关[52]。这种一致性可以通过法律规定来获得，即在任何形式中，假释的期限

---

50 例如，见 RUB, *LK* § 57 n.° m. 4 及 BAUMANN § 38 III 2。

51 对于恢复能力方面，有一种可以延伸到所有上述制度的观点，见 COSTA, A. M. Almeida, *O Registo Criminal* 1985 213 ss，具参考书目。

52 肯定含义的，亦见 COSTA A. M. Almeida, cit. 435，452 ss. 及 RODRIGUES, Anabela, cit. 31。然而，后者坚持认为，在假释永远取决于被判刑者的同意的制度中，超过未履行的监禁时间将是可以接受的。

等于剩余的监禁时间，*但在任何情况下都不得超过5 年*[53]。

第 861 节　虽然法律没有明确规定，但假释期间自给予假释之裁判**转为确定**之日起算。

3. 制度

第 862 节　我们的法律将假释制度所依附的制度透过**准用考验制度**规定在第 62 条中。这是包括不履行构成假释本身之义务之后果的准用。这就巩固了第 835 节所指的现正在研究的制度与对暂缓执行徒刑和考验制度的替代刑罚之间内容的广泛相似性。特殊性只存在于*延长* 假释期间和法院免除监狱后*援助* 的可能性之事宜。

第 863 节　因此，假释与考验制度一样，也可以因强制被释放者履行**义务**及**行为规则**，以及在适当机构收容最多 2 个月、提供良好行为担保和定期向法院或其他非警察实体报到。

问题是，除此之外，假释是否还假定（如证据制度一般）或承认在其存续期间存在一项**个人重新适应计划**以及（由此产生的）考验官员或广义上的*社会重返部门*的**监视和帮助**。根据《刑事诉讼法典》第 480 条的规定，必须作出**肯定的**回答。这一肯定的回答已经从应在第 62 条 b 项规定中得出的论据（相反地）总结出来，而这一条文规定，在假释中，"可以免除监狱后的援助"。此外，这一免除是可以理解的：基于罪犯有特别治疗的需要，暂缓执行刑罚中这一治疗必须在暂缓执行徒刑期间以门诊形式进行，而在假释期间，在许多情况下，罪犯可被归责于实际执行徒刑期间已发生之情况[54]。

4. 假释条件的不履行和履行的法律后果

a）不履行

第 864 节　尽管第 62 条 a 项和第 63 条作出了具体规定，但与不履行假释的法律后果有关的事宜在很大程度上与已研究的关于暂缓执行徒刑及考验制度的事宜相似（第 542 节及其后续节数、第 647 节及其后续节数）。因

53　这正是 1991 年草案第 61 条第 5 款现在的措辞。不同的是，即使德国法律承认 5 年为假释期间的上限作为"规则"，但 § 57 III 中明确规定，假释期间不得少于未服的剩余刑期。这无疑大大提高了这一制度的严格性。

54　因此，亦见 RUB，*LK* § 57 n.° m. 1。

此，虽然第 62 条的正文部分开始合理地准用第 56 条，事实上，从实质上来看，在任何情况下这是一个确定在何种情况下必须赋予对（以准予选择性假释为基础的）有利预后的判断提出质疑或使其无效的效力问题；因此，对于"强制性"假释——假如可以讨论预测（正如我们看到的那样，严格说来是不可以的）——，必须认为它不是法院作出的任何判断的结果，而是一种不允许相反证据的法律推定（preunção legal *iuris et de iure*）的结果。因此，相关事宜现已在实质内容中阐述了，在此只是为了突出特殊性。

第 865 节　第一项特殊性源于第 62 条 a 项规定"**延长**的期间不得超过原来为假释所定的期间的一半"的事实；这样，就确立了一项制度，即在某些方面不能适用于延长暂缓执行徒刑之期间（在任何情况下延期均不得少于 1 年：第 50 条 c 项及上文第 527、544 节），也不能适用于延长考验制度之期间（期间最长可达 5 年：第 56 条 b 项和第 639、647 节）。

这一规定允许 7 年半的假释，从刑事政策上讲是**不合理的**：以上已阐述了没有任何理由证明超过 5 年考验期的理由；这就是法律在第 56 条 b 项中就考验制度所作的决定，而且是正确的决定。另外，由于假释期间延长，有可能（我们已经说过这是刑事政策角度上不便的可能）假释期间超过被判刑者未服的监禁时间[55]。

第 866 节　关于假释之**废止**，第 63 条第 1 款规定，"如犯罪者因故意犯罪而被处以 1 年以上徒刑，则属**强制性的** 废止"。关于废止暂缓执行徒刑及考验制度的规定，上述（在上文已引的地方中）所作的论述在此完全适用。但是还有一个特别的问题：正如我们所看到的，法律要求被判罪者因作出或实施"将被判处"刑罚的故意犯罪，在此法律单纯要求他"被判刑罚"。因此，有必要问的是，是否可以在被判刑人获得假释之前实施犯罪；另一方面，是否有必要使被判刑者在假释期间届满*前* 由已转为确定之判决予以*处罚*。对所提出的任何问题的肯定答复，显然从根本上说都是**不合理的**。

根据第 79 条第 1 款的规定，先前实施的犯罪应首先导致竞合处分的形成，并在适当的时候提出给予假释的问题。所分析的条文部分只能意味着犯罪必须在假释期间实施[56]。

另一方面，要求在假释期间已转为确定，实际上意味着没有机会及时

---

[55]　也许由于这个原因，1991 年草案没有规定延长假释时间的可能性（见第 63 条）。

[56]　因此，亦见 GONÇALVES, M. Maia art. 63.° anot. 2。

废止假释。由此，正如我们已看过的（见上文第528节、第548及其后续节数和第647节），曾经拟在此方面捍卫一个与废止暂缓执行刑罚及与考验制度的解决办法完全相同的解决办法：如因不遵守假释之条件而导致附随事项悬而未决，即使在处分的期间届满后，仍可作出废止[57]。这无疑是正确的解决办法。但是，为了使它能够在现行法获接受，准用委员会在1963年总则草案中对此方面所采取的立场是不足够的[58]。一方面，第63条第1款和第64条没有对这一解决办法提供起码的背景支持；另一方面，在《刑事诉讼法典》中，对于假释，没有类似于第491条和第497条关于暂缓执行徒刑及考验制度的规定。因此，在没有对该情况作出适当的立法干预下，我们所提出的"不合理"的解决办法在这个问题上必须是在假释方面获接受的。

第867节　根据第63条第2款之规定，如废止成为**执行徒刑中仍未服之部分**的原因，则对于这一部分得按一般规定**再次给予假释**[59]。这一学说在刑事政策上是**有道理的**：如剩余要服的刑罚期间为在涉及独立剥夺自由的刑罚下可能给予假释所需的期间，则没有任何理由排除假释，一切均须取决于法院能否作出新的预后判断。

第868节　根据同一规定，法院"如认为合理，可**将服刑时间最多减半**，而在任何情况下被告没有权利要求返还已作出的给付"。这一规定的第二部分难以让人理解，不能让人准确地看出哪些"给付"可能已经作出[60]。关于第一部分[61]，从刑事政策角度来看，这是不合理的[62]：这里我们清楚地看到，假释制度失去了其附随事项或执行剥夺自由刑罚的方式的特征，为了获得**对判罪作出实质变更**的特权。从这一观点来看，令人遗憾的是，最近（如上文第832节所指出的）一直注意假释制度是有道理的。

57　因此，见 GONÇALVES，M. Maia art. 63.° anot. 2。持反对意见的，在现行法中，见 RODRIGUES，Anabela，cit. 35[74] 及 LEAL-HENRIQUES，M. /SANTOS，M. Simas I 343 s。

58　见 *Actas PG* II 29 s。

59　德国学说亦这样认为，尽管法律在此方面没有明确规定：仅见 SCHÖNKE/SCHRÖDER/STREE § 57 n.° m. 10 及 MAURACH/ZIPF § 65 n.° m. 83。

60　在此方面，见 FERREIRA，M. Cavaleiro de II 1989 194。

61　这与法国法律中的现行解决办法相似，当中，被判刑者有义务"全部或部分"履行未服的刑罚（《刑事诉讼法典》第733条第3款）；关于这一事宜，见 PRADAL n.° 673。

62　在修订委员会中，CORREIA，Eduardo，*Actas PG* II 21，27 针对这一规定提出了一个符合"公正要求"的事实，但没有具体说明这一要求是什么。

与上述说法明显矛盾的是，意大利宪法法院最近认定《刑法典》第177条第1款违宪，不同意在假释被废止之情况下，将在受监视的自由状态下所经过之时间计入刑罚内[63]。这样做的基本理由是——而且，在我们看来，绝对正确——假释制度不是一种奖励被释放者在监狱中的行为的方法，而是一种专门特别预防的制度，它本身就是一种刑罚，尤其注意因行为人受看管而对个人自由所造成之限制。因此，根据特别预防目的的主要考虑所产生的标准以及在Larizza的表述中认为应体现为一种"'正确的'无意识性"（«automatismo'correcto'»）的标准[64]，这些限制不能不计入在废止时行为人必须履行的刑罚内。然而，我们认为，——合理地——所援引的理据不能支持这一结论：假释并不是刑罚附加的且与刑罚渗透于连续的社会化过程的"阶段"。如给予假释所建基的预后判断不成功，则对有罪判决的尊重会导致执行刑罚未服之时间。

b）履行

第869节　根据第64条的规定，"假释期满后，如没有被废止，刑罚被视为**已服**，且**消灭**"。正如以上所说，尽管这一解决办法被视为不适宜，这一规定是断然的，有必要*在假释期间内*废止假释。如没有这样发生，则刑罚被视为已服及消灭。

5. 诉讼上的特殊性

第870节　给予假释之程序属**执行刑罚之法院**（事实上，即使不影响该法院的存在及特定管辖权，原则上解决办法的正确性和适当性也可以在刑事政策上受到质疑）之管辖权，且受《刑事诉讼法典》第479条至第483条所规范。人们已经考虑了与这一制度的结构和规定有或多或少直接关联的程序上的问题；其他问题只应在阐述刑事诉讼法中尤其是在阐述执行刑事制裁法律中予以分析[65]。

三　关于制度在刑事政策上的将来之判断

第871节　人们最近为判处假释制度而提出的理由[66]**不成立**，应以完全符合其附随事项性质或执行徒刑方式以及对不法分子（重新）社会化的基本刑事政策目的作为依据，这也与众所周知的理由有关，正是从这个角度

63　见 Sentença de 17–25 de Maio, n.° 282, *RItalDPP* 1991 587, 具 LARIZZA, cit. 的注解。

64　LARIZZA, cit. 614 s.

65　在任何情况下，除了《刑事诉讼法典》第479条至第483条的评注者外，见 RODRIGUES, Anabela, cit. 34 ss。

66　见上文第832节及其后续节数。比较法上的其他数据，见 RODRIGUES, Anabela, cit. 33[71]。

来看，这些理由与剥夺自由的刑罚是不一致的[67]。

事实上，不存在足够的理由以"不尊重有罪判决"作为其必然后果来反对这一制度。假释制度在根本上被构思为执行判决中所定刑罚的阶段，它将只是在执行社会化的任务（这一任务并非*执行*刑罚专属的，但基本上存在——正如我们在上文第 309 节及其后续节数所看到的——于*科处*刑罚本身）中的另一种宝贵的工具。为了使这一制度的前景良好，它必须满足现行条例中没有的——正如我们在上文第 837 节及其后续节数所看到的，在葡萄牙法律中曾经存在过的——两个基本条件。

第 872 节　第一个条件是，给予假释应*在其任何形式上*（因此，即使按照上述"强制性"给予假释的形式，只要认为应维持给予假释）取决于被判刑者之*同意*。支持这一观点所应援引的理由有很多。首先，可以肯定的是，被判刑者在判决中确定的刑罚"权"，至少是作为体现对刑罚的"尊重"，以便不允许其构成纯粹的"借口"将被判刑者纳入以需求及鼓励本身为导向的惩罚性制度，即对启动其运作的司法决定已经实行了相当长时间的制度。其次，尤其是所要求的这一规范与所主导的社会化的基本刑事政策意图之间的一致性。在像葡萄牙这样的法律体系中，不应存在强迫或胁迫的社会化。不仅基于刑事政策上承认所有人的自我责任（auto-responsabilidade）和"差别权"（«direito à diferença»）的《葡萄牙共和国宪法》所衍生的有原则性的价值考虑，而且基于深处的功能性和实用性的考虑，即衍生于承认强迫的社会化原则上都是失败的社会化的考虑。国家尽一切努力说服被判刑者参与其本身的社会化是完全合法的（甚至是宪法所规定的）。但是，国家以认为对罪犯是"真正的好"的名义强加给个人的社会化是不合法的。

第 873 节　其次，因此，假释期间在任何情况下均**不应超过未服的徒刑时间**。人们曾经主张，如果被判刑者的同意是给予假释的前提，那么就不反对假释的期限可超过判罪所载的剥夺自由的期限[68]。如果只考虑*合法性*问

---

[67]　在这个结论方面，见 DIAS, J. de Figueiredo, *ROA 43* 1983 39 s；RODRIGUES, Anabela, cit. 33 s；COSTA, A. M. Almeida, cit. 451 ss；ANCEL, *La defense sociale* [3] 1981 331；JESCHECK, *Strafrecht im Dienst der Gemeinschaft* 1980 139 s.，152 及 *Blau-FS* 1985 427 s。

[68]　因此，见 RODRIGUES, Anabela, cit. 31。德国《刑法典》第 57 节 III 的解决方案正是遵循这个方向。

题，也就是说，如果只考虑根据刑事政策宪法的价值原则来建立这一制度的理由问题，那么这一论点就是正确的。但是，如果人们要从这一点得出这样一个解决方案在功能上有刑事政策优势的结论，那么这一论点就不准确了：虽然给予假释总是取决于被判刑者之同意，但无疑可取的是（事实上，不论因正当性问题还是因与社会化有关的效力问题），假释期间不超过被判刑者未服之徒刑时间；否则，在一定程度上，将会忽略附随事项的制度或执行方式的真正性质，使其成为一个处于刑罚和保安处分（但不是刑事上的保安处分）之间的混合性质的制度[69]，并改变有罪判决的实质内容。

第 874 节　以下情况就这样显示了：要讨论的问题是，在我们的司法见解中，在假释超过徒刑时间的情况下，刑罚结束是应在假释结束之时还是应在徒刑结束之时实现。而第 64 条的规定不能解决此问题（见上文第 869 节），因其没有处理这一问题。这个理由似乎属于那些认为在这些情况下，只有假释的终止才能构成刑罚的（全部）执行及随后消灭的时间[70]；但可以肯定的是，这种解决办法可能出现的不便，应仅归责于假释期间可超过徒刑这一情节。

69　因此，COSTA，A. M. Almeida, cit. 453 是有理的。

70　在此方面，见 AcRL de 84JUL27，*CJ IX – 4* 1984 144 及 AcsSTJ de 84NOV07 和 84NOV21，*BMJ 341* 193 e 266。持反对意见的，见 AcRL de 84JUL25，*CJ IX – 4* 1984 140。

第十五章　相对不定期刑

BELEZA, José P. , *Pena Indeterminada*, dissert. polic. Coimbra 1968.

BELEZA, Tereza, O Mito da Recuperação..., *RMP* 4 n. ° 16 9.

CARLOS, A. da Palma, *Os Novos Aspectos do Direito Penal* 1934.

CORREIA, Eduardo, A Doutrina da Culpa na Formação da Personalidade, *RDES* 1 1944-5.

CORREIA, Eduardo, *Código Penal. Projecto da Parte Geral* 1963.

CORREIA, Eduardo, A Influência de Franz v. Liszt..., *BFDC 46* 1970 1.

COSTA, A. M. Almeida, Passado, Presente e Futuro da Liberdade Condicional..., *BFDC 65* 1989 401.

CREIFELDS, Die unbestimmte Strafe..., *GA* 1954 289.

FERREIRA, M. Cavaleiro de, *A Personalidade do Delinquente...* 1943.

FREUDENTHAL, Unbestimmte Verurteilung, *VDAT* III 1908 316.

GERMAIN, Considérations sur le problème des delinquants d'habitude..., *Estudos Beleza dos Santos* 1966 59.

HERZOG, Propos sur le vagabondage en France, *Estudos Beleza dos Santos* 1966 417.

JIMENEZ DE ASUA, *La sentencia indeterminada...* [2]1948.

JESCHECK, Der Einfluβ der neueren schwedische Kriminalpolitik..., *ZStW 90* 1978 799.

JESCHECK, Die Freiheitsstrafe in rechtsvergleichender Darstellung, em: JES-CHECK (Org.), *Die Freiheitsstrafe und ihre Surrogate...* III 1984 1939.

LANGE, *Strafe u. Erziehung*, em: *Probleme der Strafrechtserneuerung* 1944 44.

LISTZ, F. von. *Aufsätze u. Vorträge* I 1905 532.

O. N. U. （Org. ），*La sentence indeterminée* 1953.

PEREIRA，A. Simões，*Em Defesa das Sentenças Indeterminadas* 1927.

PLAGEMANN，Die Freiheitsstrafe in U. S. A. ， em：JESCHECK （Org. ），*Die Freiheitsstrafe und ihre Surrogate*... II 1983 1611.

ROCHA，M. A. Lopes，O Novo Código Penal... ，*BMJ 323* 9.

ROCHA. M. A. Lopes，Execução das Penas... ，*JDPP* 1988 475.

RODRIGUES，Anabela，A Pena Relativamente Indeterminada... ，*JDC* 1983 285.

RODRIGUES，Anabela，A Fase de Execução das Penas... ，*BMJ 380* 5.

SANTOS，J. Beleza dos，Delinquentes Habituais，Vadios e Equiparados... ，*RLJ 70* 337.

SCHMIDT，Eb. ，Kriminalpolitische und strafrechtsdogmatische Probleme ... ，*ZStW 69* 1957 359.

SCHMIDT，Eb. ，Zur Theorie des unbestimmten Strafurteils，*RPS 45* 1931 200.

SIMSON，Neue Entwicklungslinien... ，*Dreher-FS* 1977 755.

WEIGEND，Entwicklungen u. Tendenzen... ，*ZStW 90* 1978 1118.

WÜRTENBERGER，Unbestimmte Verurteilung，*Materialien* I 1954 89.

一 刑事政策上的目的和本质

1. 刑事政策、教条和立法的演变

第 875 节 相对不定期刑制度是由 1982 年的《刑法典》纳入我国刑法的。为使在葡萄牙刑事科学中经受涉及罪犯人格的罪过观点在教条上的长远构思得以成功，这一制度旨在使关于可归责的罪犯的*一元制度*成为可能，并对特别危险的犯罪予以**处罚**[1]。考虑到从这些不法分子所作出的事实中可以得出的特别严重的过错，刑罚的特点是法院仅对行为人必须遵守的*最小徒刑*作出了界定（原则上等同于*具体*适合于事实的徒刑的三分之二），而*上限*产生于在具体确定的刑罚上所增加的一段时间（如属有犯罪倾向的罪犯，则为 6 年、4 年或 2 年；如属含酒精及等同之罪犯，则为 2 年或 4 年）。关

---

[1] 在此方面突出的，见 CORREIA, Eduardo, *Actas PG* II 173 反驳 Gomes de Silva, ibid. 171 提出的反对意见。

于实际徒刑之期间，从其行为或假释之制度，以及其实质前提之成就，又或从其已达法律规定之最高限度，得出该期间之最低及最高限度；关于这样定出的下限和上限之间的徒刑之*实际期间*，这一期间从其行为或*假释*制度及实质前提之审查得出，又或从其达到法律规定之最高限度得出；这是一个非常复杂的问题（下文第 924 节及其后续节数将详细说明），即这两个可能性在具体确定相对不定期刑的实际期间方面的表现如何。

第 876 节　相对不定期刑的制度明显[2]有别于**不定期刑**，即一种实证学派思想所支持而在某些法律秩序中获得确认的刑罚[3]，即使今天从教条角度上及刑事政策角度上实际遭受一致的拒绝。在"**不定期刑**"的本质中，确实存在着*专门用于特别预防的目的*的概念，其中强烈体现了改正和修改的要素[4]。另一方面，罪过概念，不论作为依据还是作为处罚的限度（从而作为行为人反对国家惩罚权过度的保障和安全因素）[5]，在任何情况下对不确定刑都是陌生的。因此，规则是，不确定刑持续的时间与罪犯危险性持续的时间相同，而更多的是监狱管理当局负责查明何时结束危险性及罪犯何时应被释放。简言之，所谓的"**不定期刑**"完全是一种保安处分。要强调的是，如果是这样，那么从所有的观点来看最好的观点是，承认它是保安处分[6]。

第 877 节　相对不定期刑的制度标志着葡萄牙刑法在处理特别危险的犯罪方面长期发展的结束，尤其是自 1936 年的监狱改革设立了对该犯罪的**刑罚延长**制度以来（见上文第 655 节）[7]。这一制度引起了一场激烈的教条式辩论，即从实质法律的角度来看，在刑罚延长上是否还隐含着刑罚的概念，

2　以某种形式持反对意见的，见 BELEZA，José，cit. 3 ss，8 ss。他认为，相对不定期刑只是不确定刑罚的一种类型，正如不确定刑罚是"不确定判决"的一种类型一样。

3　关于发表之前的所有数据，见 BELEZA，José，cit. 121 ss。但是，在今天的某些法律秩序中，上述情况已经发生了深刻的变化。例如，在美国，这一制度明显衰退：见 PLAGE-MANN，cit. 1623 ss. 及 JESCHECK，*Freiheitsstrafe* cit. 2033 s。希腊在《刑法》第 90 条至第 92 条中亦采纳这一制度，而英格兰则在其制度中确立了"扩展判决"；但是，在任何情况下，这是一种在某些方面已经接近我们*相对*不定期刑的制度。对丹麦的不确定判决也是如此，但在保安处分中却被计算在内：SCREVENS，*Estudos Eduardo Correia* III 1990 545。对于德国，不确定徒刑仅存在于（而且具有很少的实践作用：见 JESCHECK § 8 V 4）未成年人刑法中。最后，见 RODRIGUES，Anabela，*JDC* cit. 287 ss。

4　关于这一制度面对其他处罚目的的地位，见 BELEZA，José，cit. 251 ss。

5　实际上，如果认为以罪过担当任何角色去理解刑罚并不导致不定期刑，而是必然导致相对不定期刑，则 BELEZA，José，cit. 313 的结论是不同的。

6　比利时的情况也是如此，1964 年《社会保障法》规定无限期收容被明确视为一种保安处分，见 CORNIL，*RPS 83* 1967 7。

7　关于这一点，见 BELEZA，José，cit. 41 ss.（一般的历史沿革）及 659 ss.（葡萄牙法律中的历史沿革）的深入研究。最后，见 RODRIGUES，Anabela，*JDC* cit. 291 s。

或者相反，是否隐藏了一个真正的保安处分概念。

在所述的实质层面上，Beleza dos Santos 实际上主张了[8]涉及真正的*保安处分*的概念；然而，为了形成一种在执行角度上被视为可取的**实用一元论**（**monismo prático**），尤其是为了达到社会化目的，这一概念以"刑罚"的名称隐藏着。另一方面，Cavaleiro de Ferreira 对此主张适用保安处分的概念；因牺牲了那些为 Beleza dos Santos 所提倡的实用一元论，这个概念的优点是了解到罪过成分在那里仍然共同产生作用[9]。不过 Eduardo Correia 已经断然打破了所谓的实用一元论背后的二元概念，认为整个对特别危险的犯罪的刑事法律处理制度，是从以未能形成*行为人人格的过错* 为基础的**关于人格的刑罚**的想法来解释的[10]。

第 878 节　这一想法直接导致 Eduardo Correia 在拟定 1963 年总则草案时**接受了相对不定期刑制度**。一方面，从教条的角度来看，如果因不构成人格而产生的罪过概念能作为加重特别危险的罪犯的刑罚的依据，甚至能作为在危险持续时其刑罚延长的依据，则为了支持该罪犯应服的最高刑罚的相对不确定，很明显地就会构成相对不定期刑。因此，相对不定期刑对于加重或延长刑罚的制度明显有好处——即使从保障罪犯权利的角度来看，与罪过的概念相符。

对于像加重刑罚这样的制度会有一定的好处：不论是因为加重刑罚可能不足以在规定的刑事政策社会保护范围内遏制危险性；还是因为相对不定期刑具有更大的灵活性，而且只要在履行了其下限（根据法律秩序的最低要求而定的下限）后出现危险性的终止，就可以立即终止相对不定期刑，从而促进罪犯的社会化。对于像延长刑罚的制度也有好处：无论是因为相对不定期刑，因在任何情况下具有不可超过的上限，对保护被判刑者的权利和保障更为有利；还是因为在此，从执行的角度来看，这会使事情变得更加简单和直截了当，并且会更有利于社会化。

2. 关于制度在刑事政策上及教条上的可行性

第 879 节　可归责行为人的特别危险性的刑事法律处理制度的命运，与因不构成人格而产生的罪过概念在教条上的可行性或不可行性，**非必然有**

8　尤其是在其已引的 *RLJ 70* 337 的研究中。

9　FERREIRA，M. Cavaleiro de，cit. 48 ss.

10　CORREIA，Eduardo 在本章书目中提到的所有地方。

关（与经常认为的相反）。在其他地方我们已经明确的是[11]，这种理解实际上在教条上是不能被接受的，因为尽管想基于行为人之不确定自由之依据，这种理解仅加强所有意愿之罪过（culpa da vontade）所招致的疑虑，即使当这一罪过涉及的并非事实，而是人格时。这一概念至少意味着完全放弃涉及所作的事实，从而使行为人的人格变成应涉及罪过的符合罪状的不法行为；这将明显违反今天没有人愿意承认的法治前提——首先，关于合法性原则。

另外，Eduardo Correia 是第一个同意以下观点的人：**在前一《刑法典》中**，甚至连在构成人格中的罪过学说都不足以根据一元论的概念来解释对特别危险的罪犯的处理。这是因为，如果《刑法典》第 93 条在规定对适用于惯犯及对犯罪有倾向的罪犯的刑罚特别加重时还可以通过因不构成人格而产生的罪过概念来解释，则根据第 67 条规定的加重刑罚之延长（趋向于不确定的延长！），必须从实体法律的角度将其视为真正的保安处分[12]。

第 880 节　　然而，在没有不合法地操纵罪过及其在制度中的作用的情况下，可以得出结论认为，在一般情况下，**特别危险的可归责者的罪过是一种加重的罪过**，可因对其科处之事实而使加重刑罚合法。如果刑法上之罪过是事实中表现出来之内心态度之过错，以致行为人必须对作为该事实依据之没价值的人格质量承担责任，那么便有可能认为，鉴于屡次犯罪显示出更广泛地背离人格与法律要求相符的义务，而且鉴于行为人的人格与法律秩序所假定的人格严重不相符，屡次犯罪是（针对事实）更大罪过的依据，并使一项更重的刑罚正当[13]。因此，根据严格的罪过刑法（direito penal da culpa），上述考虑为对特别危险的可归责者可能科处之刑罚加重提供了理由，尽管不一定是基于维持危险性状态而延长刑罚的制度。但在这个框架下，关键的问题是：这是否足以**使相对不定期刑作为真正的罪过刑罚（pena da culpa）完全正当**？

第 881 节　　赞成**肯定**回答的理由如下：如罪过能作为加重刑罚的理由，那么就不能阻止加重刑罚（尤其属刑罚的"变更性加重"之情况）超越对

---

[11]　见 DIAS, J. de Figueiredo, *O Problema da Consciência da Ilicitude...* § 10 III 2 及 *Liberdade...* C III 4；现在亦见 ROXIN, *RPCC 1* 1991 537 ss。

[12]　CORREIA, Eduardo I 74.

[13]　见 DIAS, J. de Figueiredo, *Liberdade...* E IV 3 d。

该事实抽象地规定的刑罚上限[14]。因此，这种加重罪过应能同时使相对不定期刑的最高刑罚合法化，即使这一最高刑罚也超过了对事实抽象地规定的最高刑罚[15]。

但是，不管这一点如何，关于将相对不定期刑视为罪过刑罚，**理据不成立**。罪过刑罚——罪过所起的具体限制作用是共同自然的一种刑罚——总是意味着倾向于在具体个案中确定罪过及在抽象框架内将它表现为不可逾越的限度之司法活动。这是相对不定期刑不会发生之事情。在任何情况下，均不得要求法院确定罪过的程度，并将其表现为不能超越的具体罪过的最高限度。不能超过的最高限度只是一个法定*上限*（与抽象*适用的*刑罚的最高限度完全相同），而不是行为人罪过的具体司法衡量的结果。这单纯是，即使危险性持久存在，制裁仍不能超越的上限，因此这一上限对罪过来说完全是陌生的。简言之，**相对不定期刑的具体处分具法律抽象地创造的"幅度"内危险性的唯一作用**。

的确，法院必须确定具体适用于犯罪的刑罚，以便从那时起得出相对不定期刑的下限和上限；在确定"具体刑罚"的过程中，法院按照量刑的一般标准行事，没有任何特别规定。但这清楚地表明，毫无疑问，相对不定期刑并不是罪过刑罚：*罪过刑罚毫无疑问是对事实所定的刑罚，对于这一刑罚，行为人可能加重的罪过将会是重要的*。然而，行为人可能要履行一项高于按罪过定出的处罚，会因**制裁在此部分构成一项真正的保安处分**而表示出反感[16]。

第882节　此外，这亦透过其他方式显示：只有在"对事实及行为人的人格进行共同评估显示犯罪有明显倾向，且**在判罪时犯罪仍然存在**"的情况下，才适用相对不定期刑（第83条第1款）。这一标准还表明，有关

14　也许可以说，从某些角度来看（关于这一点及对此所捍卫的不同方向，在我们当中存在的大量文献，见 PALMA, Fernanda, *RMP 15* 65 ss. 及 SERRA, Teresa, *Homicídio Qualificado…* 1990 47 ss.），这里的情况与加重杀人罪的情况并不相同，当中，以特定罪过加重之名义（或仅或亦以该名义），超出对事实所规定之抽象上限。

15　在这方面——相对不定期刑与罪过之思想完全兼容——，似乎应考虑 RODRIGUES, Anabela, *JDC* cit. 292 s 考虑的因素。亦见 AcRC de 85FEV27, *CJ X－1* 119；但 AcRC de 85OUT16, *CJ X－4* 1985 105 对相对不定期刑的保安处分性质的理解已变得更加宽泛。

16　关于相对不定期刑的条文中的"双重性质"方面，总结上亦见 FERREIRA, M. Cavaleiro de II 1989 28 ss.；但在这方面，他以"*延长对犯罪所科处的刑罚*"作为表述——我们认为，这一表述并不准确地具属于相对不定期刑的基本统一的本质特征。

制度最终与罪过无关系：如果不是这样的话，那么作为罪过可能加重的依据的犯罪倾向是否在被判罪时继续存在并不重要；重要的只是（只有可能是）它在作出事实时才存在。总而言之，这一标准表明，对适用相对不定期刑，重要的并不是存在加重的*罪过*（即存在一种"人格的罪过"），而只是在判罪时行为人之**危险性**持续存在[17]，即为普遍适用保安处分提供依据之本质。

第 883 节　如果从实质角度认为相对不定期刑是一项真正的保安处分，那么其整个法律制度在教条上是可以理解的。首先，必要的是——与任何保安处分一样——在科处处罚时存在行为人的**危险性**。这一保安处分具有以保护法律体系的形式由一般融入预防的最低要求所证明的最短期限（事实上相当于对具体事实应判处的刑罚的三分之二或二分之一）。而且，这一保安处分具不可逾越的法定期间之上限，正如我们所看到的，按照对保安处分学说所阐述的（见上文第 705 节及其后续节数），由于这一上限不具罪过的作用（这一作用总是具体的，并意味着对其进行司法审查），只能具**适度**的作用：与作为科处该处分前提的事实之适度；与因行为人的危险性而须遵守的社会保护要求之适度。

3. 相对不定期刑在刑事政策上的正当性

第 884 节　因此，我们可以提出这样的问题：以一项*刑罚*的外观来掩饰相对不定期刑的真正性质是否有好处。换句话说，比起相对不定期刑旨在取代的保安处分（即收容和戒毒保安处分）而言，是否存在刑事政策理由使相对定期刑更为可取。归根结底，如果在这些情况下有理由**牺牲实用一元主义**（**monismo prático**）的思想，从而超越了在二元制度框架内，*在执行上的运作期间*（*vicariato na execução*）内可以期望取得的结果。

第 885 节　有令人信服的理由可以对这一问题作出**肯定**回答。二元制度——因作出之事实或因人格之较大过失而加重之刑罚，以及因补充性的收容或戒毒之保安处分——会导致我们所看到的所有困难出现（见第 664

---

[17]　因不得不承认这一（不可战胜的！）困难，CORREIA, Eduardo, *Actas PG* II 177 承认在其解释中，"在此情况下，或许可以运用对人格援引罪过的观点，作为在回报与特别预防之间出现冲突的情况下的一种*上诉解决办法*：由于（在判决时犯罪趋势已被纠正）没有任何特别预防的理由可以作为刑罚的理由，因此不再需要该上诉"。

节及其后续节数），每当必须对同一行为人执行一项刑罚和一项保安处分时。我们认为，由此产生的明显和无可争辩的不便，尤其是对行为人的社会化（作为刑罚和保安处分的共同根本目的），在一定程度上可以被一个连贯的、深思熟虑的运作期间制度（sistema de vicariato）所削弱。但*在某种程度上*，如果可能，最好只执行一种制裁类型。

这可以通过构成相对不定期刑的*混合*处罚来实现。一方面，当履行一项最少徒刑时，刑罚的目的和性质（因可归责者作出的事实而被解释的目的和性质）基本上得到尊重：这一最少徒刑是为了满足以保护法律体系的形式进行的积极的一般预防的不可放弃的要求，同时也具法院在确定具体适用于事实的刑罚幅度时所发现的罪过限度的功能。另外，**保安处分**所需的社会化和安全之要求在这一制度中完全被接纳：不论是因为在危险性已于判罪时不再存在的情况下不采取保安处分（但仅采取刑罚）；还是因为适度的限度体现在其确定不得超过的剥夺自由的上限的具体功能中；抑或是因为一旦服刑完毕（或者履行完对保护法律体系所不可或缺之刑罚之一部分），按照在某种程度上与在任何保安处分中所处的相同位置，当危险状态所发生的变化证明有理由给予假释时，剥夺自由将会结束。在没有任何理由使其废止的情况下履行假释时，假释将导致确定释放。

二 相对不定期刑的前提和限制

第886节 科处相对不定期刑所取决之前提，以及相对不定期刑之期间之法定限度，因所面对的是属于倾向性罪犯类别，还是属于酗酒者及等同情况之罪犯类别而有所不同。

1. 倾向性罪犯

a) 形式前提

aa) 所犯罪行的数量和严重程度

第887节 为适用相对不定期刑，现行《刑法典》根据行为人被判处的犯罪数量及严重程度将倾向性罪犯分为**两类**。

因此，根据第83条第1款的规定，适用相对不定期刑的前提为，行为人实施"具体应判处2年以上徒刑的一项故意犯罪"，若"以往曾故意实施两项或两项以上之犯罪，且每项犯罪被科处2年以上徒刑"。这构成了可被称为**严重倾向性犯罪**的类别。

根据第 84 条第 1 款，适用相对不定期刑的前提为，行为人实施"具体应判处徒刑的一项故意犯罪"，若"以往曾故意实施 4 项犯罪[18]，且每项犯罪亦被科处徒刑"[19]。因此，在某种意义上，这构成了可被称为**不太严重的倾向性犯罪**的类别。

aaa）故意犯罪

第 888 节　为适用相对不定期刑，仅包含故意犯罪的法律决定在刑事政策上是**有依据的**。当然，并非过失犯罪不能表现出特别——甚至在当代社会，特别重要的——危险。然而，考虑到在此所作出的处罚的特别分量以及其特别的刑事政策目的，可以理解的是，人们只想透过处罚阻截以**犯罪生涯**[20]为基础及从本质上来说与故意犯罪有关而不是与过失犯罪有关的严重犯罪。

bbb）（实际）徒刑之处罚

第 889 节　尽管法律没有明确规定，但显而易见的是，行为人曾经并应该被判处徒刑或在一段时间内被判处徒刑的要求，只包含实际徒刑的情况，而不包括那些最终由替代刑罚介入的情况。科处替代刑罚始终表明以下司法信仰：在这种情况下，从预防的角度来看，没有必要判处监禁。这就足以使该判罪不应被视为对科处相对不定期刑的重要指标[21]。

与累犯的情况一样（见上文第 371 节），这里也可以提出问题，即对于我们所指的较轻倾向性犯罪（第 84 条），判处在*假日履行刑罚*或半拘留制度，是否应符合科处相对不定期刑之形式前提。可以说，从法律形式的角度（ponto de vista legal-for-

---

[18]　明显地，4 项*或以上*犯罪。这里涉及的是一个不符合第 83 条第 1 款中所使用（并正确地使用）的表述的立法错误。

[19]　因此可以看到，相对不定期刑总是具有所科处的刑罚的作用，而不是"可科处的"刑罚的作用（有别于 COSTA，A. M. Almeida，cit. 439 所写）。

[20]　关于这一概念的犯罪学内容，见 HAFERKAMP，*Kriminelle Karrieren* 1975 及 DIAS，J. de Figueiredo/ANDRADE，M. da Costa 351 s。这已经不再是 CORREIA，Eduardo，*Actas PG* II 170 考虑的另一个含义了，他提到行为人采用某些"生活方式，特别是与实施某些犯罪有关的生活方式，已达到相当程度的一致性"的情况（无论如何，这与 1963 年总则草案第 84 条关于侵犯财产罪、流浪罪等的相对不定期刑有关，但之后这一条文在《刑法典》的文本中没有相应地获得确立）。

[21]　与我们当中的主流学说相符的立场见 GONÇALVES，M. Maia art. 83.° anot. 7 及 LEAL-HENRIQUES，M./SANTOS，M. Simas I 433；但是，必须明确拒绝想从诸如第 52 条及第 58 条的规定中获得支持这一立场的论点，或者拒绝以在这些情况下不存在"判罪"或"科处刑罚"为依据的论点！

mal）来看，答案不能不是肯定的；但是，这种解决办法缺乏刑事政策上的合理性——在所有情况下，这可能不会与第 898 节及其后续节数中所提到的实质前提要求相矛盾——，因此更正确的做法是将这些类型的刑罚纳入（正如我们在第 506 节中所做的那样）*广义上的替代刑罚中*[22]。

然而，法律只考虑被判处徒刑的罪行而不考虑被判处**收容保安处分**的罪行的决定是令人怀疑的。的确，收容保安处分只适用于不可归责者，但完全有可能的是，一名因倾向、在犯罪生涯中处于不可归责性状态的行为人曾经实施过一项犯罪。对该罪行及其处罚不应构成适用相对不定期刑的可能形式前提，似乎没有足够的理由[23]。

ccc）"被处罚的"罪行还是"所犯的"罪行？

第 890 节　在这方面最严重的疑问是，适用相对不定期刑是像在累犯中要求先前的**判刑**（现在肯定已转为确定的判刑），还是行为人在之前曾**触犯**某些罪行已足够（因此，相对不定期刑可以在与犯罪竞合有关的诉讼程序中作出，也可以根据该诉讼程序产生）。虽然葡萄牙占主导地位的学说似乎赞成第一个方向[24]，但**第二个方向**是唯一认为与该制度的*法律文本*[25]和*刑事政策精神*一致。

第 891 节　事实上，第 83 条及第 84 条均明确指出之前"**曾实施**"犯罪之行为人，而非因该等犯罪而被判罪之行为人。这一疑问很可能来自法律要求对这些罪行"判处"某种刑罚，这将促使人们考虑是否必要作出先前的判刑。但这没有道理。此外，对每一项犯罪的刑事竞合诉讼，均在可能判处一项相对不定期刑之前处以刑罚。因此，没有任何理由阻止法院在之后但在同一诉讼程序中考虑该等犯罪，以便（而不是作出竞合的处分）可能科处一个相对不定期刑。这只意味着，为犯罪竞合的效力，应适用与

[22] 1963 年总则草案的修订委员会指出将在假日履行刑罚从适用一项相对不定期刑的前提排除在外。

[23] 德国《刑法典》第 66 节遵循这个方向，在为收容保安处分之目的而命令考虑之先前科处之保安处分中，亦包括一般适用于不可归责者之精神病院收容处分。

[24] 在此方面，LEAL-HENRIQUES, M. /SANTOS, M. Simas I 433 明确指出："与今天的情况不同，与原草案（第 83 条）相对应的规定并不要求先前的判罪。"持相反意见的，见 BELEZA, Teresa, *RMP 4* 1983 28；亦见 GONÇALVES, M. Maia art. 83.°及 COSTA, A. M. Almeida, *BFDC 45* 1989 438 的断言。此外，这是之前葡萄牙法律的立场，见 CORREIA, Eduardo II 269 nota 1。

[25] 此外，修订委员会明确分析了这一问题，该委员会反对 Guardado Lopes 的意见，认为不需要先前的判罪，见 *Actas PG* II 178 s。文中的方向，亦见 FERREIRA, M. Cavaleiro de II 1989 25。

第 77 条第 2 款所载关于累犯之相同规定，且在此情况下关于相对不定期刑之规定优于犯罪竞合之处罚规则。

第 892 节　此外，只有这种概念才符合这一制度在刑事政策上的目的论。如果相对不定期刑应仅适用于存在先前的判刑的情况，那么它就不再构成一个旨在处理**惯常性**问题的制度，以便仅限于多重累犯（multi-reincidência）现象；换句话说，不再是——正如我们在前面第 880 节及其后节数所看到的——一种以罪犯的特殊危险为基础的制度，以便与累犯一样，变成（主要）基于行为人的加重罪过的制度。

虽然正确的是——而且明确是正确的——倾向性罪犯的（因事实之）罪过在原则上是一个加重的罪过，但事实是，这一罪过加重的原因与我们看到的（见上文第 367、第 377 节）基于累犯的加重过错的原因无关。从刑事政策角度来看，在相对不定期刑的制度中，主要涉及回应——请让我重申——*罪犯的特别危险性*，即由某种严重性的犯罪之频率所显示的危险性。无论行为人已被判罪还是仍未被判罪，该指标都同样具有依据。

另一方面，可能有必要将对倾向性罪犯适用相对不定期刑的（隐含的）前提视为一种与累犯的实质前提相类似的要素，即蔑视先前的判罪中所含的庄严警告。但这是没有任何意义的，因为惯犯的过错之加重本身指的是——不论采用哪种教条表述——*重复进行犯罪活动*，而不是蔑视先前的判罪中所含的庄严警告。

第 893 节　因此，应得出结论认为，科处相对不定期刑并不要求因之前实施的犯罪之判罪，而只要求犯罪之**实施**就足够了；当然，只要在科处该刑罚的诉讼程序中可以审理以前的犯罪（以及，在这方面，可以对这些犯罪进行判罪）。此外，如果存在先前的判罪并引致竞合刑罚，那么为满足相对不定期刑的形式前提，在此**所犯的单一犯罪**——以及在作出共同刑罚之前对其所科处的刑罚——亦应被计算在内[26]。

在这方面，德国《刑法典》在收容保安处分方面的解决办法是不同的。下面是一个**与众不同的解决方案**：对于被先前已转为确定的判*决判处*的行为人，收容是强制性的（§ 66 I）[27]；而对于之前*犯下*一系列罪行而又不再需要被定罪的行为人（即

---

[26]　在此方面，十分准确的，见 AcRL de 87JAN28，*CJ XII – 1* 1987 157。

[27]　因此，共同刑罚只能作为一项唯一的判罪，见 § 66 III。

所谓的 "*Serientäter*"），收容只是任意性的 （§ 66 II）[28]。葡萄牙法律中没有这种区分，很明显，除了法律条文所要求的，如果对以前所犯的罪行要求判罪（已转为确定的判罪），那么打击有倾向性犯罪——特别危险的犯罪——行为就会变得有漏洞以致达到刑事政策上不可支持的程度：长期未被发现的多重累犯者，尽管其主要致力于犯罪生涯，将不合理地——不管从过失的角度，还是主要从危险性及随之而来的社会安全的角度来看——被赋予特权。

bb）在国外实施的犯罪或审判的犯罪

第 894 节　如有关犯罪在**外国**实施，则在依据葡萄牙刑法在葡萄牙审判该等犯罪的情况下，为科处相对不定期刑，犯罪依据一般规定计算之。然而，如犯罪已在国外审判，则第 83 条第 3 款规定（应认为相应适用于第 84 条所指情况，因为第 84 条第 1 款最后部分要求符合上条所定之前提）须予以考虑这些犯罪，"只要根据葡萄牙法律有关犯罪构成应具体判处 2 年以上徒刑之犯罪（或，在第 84 条的情况下，应具体判处的徒刑）"。

因此，这一要求令人产生疑虑且最终是不恰当的：尽管有这一要求，如果个案被外国法院判处少于 2 年的刑罚（或非监禁刑罚），那么似乎应该排除——尤其是根据我们现行《刑法典》这样的法典，该法典显示出（及正确地显示出）对外国刑事司法管辖的高度信任，尤其见第 6 条——将事实视为趋向性的正式征兆。另一方面，法律又要求由葡萄牙法院重新审理该事实，以确定根据葡萄牙法律该事实是否可以具体判处 2 年以上徒刑（如因第 84 条所指之较轻犯罪倾向的徒刑）；此外，这一要求在许多情况下导致了程序上的困难，即使不是不可逾越的 [例如，这样就违反了证据直接性原则 （princípio da imediação da prova），对我们现行的刑事诉讼法来说代价高昂]。

法律与此处显示的刑事政策意图一致，应该要求的是，如果在外国审判的事实导致判处超过 2 年的徒刑（或者判处徒刑，在第 84 条之情况下），那么根据葡萄牙法律只要对该等事实也判处 2 年以上徒刑（或者判处徒刑，对于不严重之犯罪倾向），则在国外审判的事实对相对不定期刑具有重要性[29]。

---

[28]　关于这一点，当中，见 JESCEHCEK § 77 V 2 e 3, e MAURACH/ZIPF § 68 n.° m 33 ss。

[29]　1991 年草案第 83 条第 4 款中提出的案文为这些批评提供了理由，其措辞如下："根据以上两款之规定，须予以考虑在外国审判且被科处逾 2 年实际徒刑之事实，如根据葡萄牙法律对该等事实适用 2 年以上徒刑。"上述草案第 84 条第 4 款也是如此，它适用于我们所谓的不太严重的倾向性犯罪 （delinquência por tendência menos graves）。

cc）倾向的"时效"

第895节　与累犯的情况完全相同，在相对不定期刑制度中也有可能涉及所谓的"倾向的时效"（«prescrição da tendência»）。也就是说，为确定适用相对不定期刑的*形式*前提，只要根据第83条第3款的规定"在实施该犯罪至实施下一犯罪期间已**逾5年**"，则犯罪不计算在内；然而，为该期间之效力，不计算下列期间，即"罪犯已履行任何剥夺自由之徒刑或保安处分之期间"。此外，任何剥夺自由之诉讼上之强制措施，尤其是羁押，应等同于剥夺自由之刑罚及保安处分[30]；然而，在已确立的法律（*de iure dato*）中这是不可能的，因为必须采用一种类推的理由，这种理由会对人的自由产生不利的影响。

b）实质前提

第896节　除了犯有一定数量的罪行并处以某种和特定严重性的刑罚外，在法律细分倾向性罪犯类别之上述任何组别中，"对行为人所作之事实及人格之共同评估，**显示其对犯罪有明显倾向，而这一倾向在被判刑时仍存在**"，这是有必要的。

aa）从先前法律的"难以改正的罪犯"到现行法律的"倾向性罪犯"

第897节　1886年《刑法典》在1954年《修正案文本》（经5月31日第184/72号法令修订）中对此使"难以改正的罪犯"（«**delinquentes de dificil correcção**»）类别具体化，包含惯犯及倾向性罪犯的次类别（第67条）。*惯犯*（delinquentes habituais）是指那些曾因子项相同性质之故意犯罪而*被判处*某一种类及（或）特定严重性之罪犯，因此，单纯具备形式前提将决定该等犯罪的分类（第67条§1第1款及第2款）；甚至那些因实施某一种类及特定严重性之多项犯罪（形式前提），并考虑到这些犯罪、起决定性作用的目的或动机、犯罪情节及罪犯的行为或生活方式，而显示犯罪习惯（实质前提）的罪犯（第67条§1第3款）[31]。另一方面，倾向性罪犯（delinquentes por tendência）是指那些不属惯犯类别的情况下实施某一种类及特定严重性之犯罪（形式前提），以及在考虑起决定性作用的目的或动机、所采用之方法及更多的情节、犯罪之前、犯罪之时及犯罪之后之行为后，均显示出败坏及恶毒而使人认为他们有严重危险的罪犯（第67条§2）。

---

[30]　1991年草案第83条第3款及第84条第3款遵循这个方向。

[31]　因此，在此对"实施的"罪行和"被判刑的"罪行作出区分的考虑，我们在第893节中看到，它们存在于德国法律的收容保安处分部分中。

第 898 节　惯犯与倾向性罪犯之间的区别[32]似乎主要是前者的**"自然主义的"危险性**（**perigosidade «naturalística»**）（在形式上，因以某一类别及特定严重性之犯罪被判罪，又或因实施与自主证明犯罪习惯有关之其他犯罪而在形式上显示出之危险性）；与倾向性罪犯**在"法律道德"上较严重的贬值**形成对比，因为这种倾向性建立在一种涉及"败坏及恶毒"的危险性，可以实施某种及特定严重性的*唯一罪行*的基础上来理解。这清楚地表明了这一问题长期以来在刑事法律方面所经受的模棱两可的状态持续存在：将*危险性*最终作为整个类别的共同名称（但不以"危险罪犯"的名称，而以"难以改正的罪犯"[33]的名称），但后来又将危险性依赖于因罪过而具重要性之人格特征（第 93 条）。随着时间的推移，人们又一次试图解决一个问题（危险程度与罪过的相关性），Engisch 使这一问题合理地等同于"将圆形变成方形"（«quadratura do círculo»）的问题[34]。

第 899 节　在现行法律中，放弃惯犯和倾向性罪犯的双重类别而支持倾向性罪犯作为组成特别危险的（可归责的）罪犯群组的唯一类别，是值得赞扬的。根据加重的（因人格而生的）罪过，对相对不定期刑作出合理解释并非——正如这将符合 1963 年总则草案之精神——容易且直接：上面已经阐述了狭窄的限度，当中，不论特别危险的可归责者的犯罪类别之名称及实质构思为何，罪过的概念（即使是关于"人格"的罪过概念）均可以作为一个诸如相对不定期刑制度的依据。但更明显的是，基于对事实和人格的共同考虑，没有必要显示出对犯罪的人格倾向是从已有的习惯而来，**仅仅证明这种倾向的存在就足够了**[35]。

因此，这一趋势通过习惯造成以及是支配性的、固有的或在任何情况下在内源上是受限的，这并不重要：意愿之缺陷、痛苦甚至意外之疾病，均可构成在科处相对不定期刑时，力求达到之危险性的倾向之基础。结果，即使就任何重要事实而言面对应被视为*缓和的可归责者*（*imputáveis diminuídos*），科处相对不定期刑亦具有正当性。

第 900 节　决定性因素为：对事实及人格之共同评估，能产生处于**犯罪生涯**中一名罪犯之形象，而为继续这一犯罪生涯，起决定性作用的不仅是

---

[32]　关于这一区别，最后见 FERREIRA, M. Cavaleiro de II 1989 20 ss.；CORREIA II 266 ss. 及 SANTOS, J. Beleza dos, *RLJ* 71 193 ss.我们当中，亦见 AcSTJ de 84NOV21, *BMJ 341* 247。

[33]　在 1972 年修订之后。根据 1954 年的修订，这个名称是复杂的……而且不太伪善——"危险及难以改正的罪犯"。

[34]　ENGISCH, *ZStW 66* 1954 161.

[35]　与德国法律中关于收容保安处分的规定完全相同，见 MAURACH/ZIPF § 68 n.° m. 41 e s.

其过往生活之情节，而且是其家庭状况、其职业行为、其空闲时间之利用，归根结底，即其融入社会的总体情况[36]。在任何情况下，共同评价的关键在于评价其先前之判罪（如有）及作为诉讼标的之一项事实或多项事实。

一般而言，行为人越是"专业地"实施某些类型的事实，就越接受犯罪倾向的存在；但是，在任何情况下，这种专业性本身不应作为一种"倾向"[37]。一个事实因涉及偶然的外生情节（如醉酒或特别有利的时机），不能不被视为倾向的征兆；但是，原则上，属冲突或情感的例外情况，应避免考虑在该等情况下以作出的事实作为倾向的效力。

最后但须特别强调的是，*为了确定相关的实质前提*，所有先前的犯罪应在评价中考虑，即使这些犯罪不能作为形式要件予以考虑，例如，因为它们没有达到所要求的严重性，因为它们在国外被实施或审判且不符合第83条第4款的要件，因为它们是作为形式前提出现的（第83条第3款）；等等。

bb）适度性

第901节　正如前文所述，至少部分地，如果在相对不定期刑中实质上涉及一项保安处分，那么——尤其是为了确保这一制度的合宪性——适度原则就必须在这一制度中产生作用。然而，关于犯罪倾向的定性，法律仅要求犯罪倾向**明显**，即重复犯罪的可能性很大；然而，犯罪倾向并非指发生特定*严重*事实的可能性；正如我们在第91条第2款最后部分关于收容保安处分中所看到的（第698节、第736节及其后续节数）。

第902节　考虑到我们所提出的适度性要求，这种适度性也应被视为隐含的，从而得出结论认为，尽管犯罪倾向"明显"，如果犯罪倾向仅涉及犯罪琐事（bagatelas penais）甚至涉及轻微犯罪（criminalidade pequena），则相对不定期刑不能适用。只要在此适用严格的*犯罪危险性*概念，这项要求的一部分就会被隐藏（正如我们在上文已经确定的，见第699节）：如果犯罪危险性是指重复*同一类别*之事实之危险；以及如果科处相对不定期刑的前提是行为人实施了一定数量的应具体判处两年以上徒刑（第83条第1款）或者至少判处监禁（第84条第2款）的犯罪，那么同样要求的是，**存在特定严重性的犯罪倾向**。然而，考虑到科处相对不定期刑对行为人具有

36　详见 SCHÖNKE/SCHRÖDER/STREE § 66 n.° m. 22 ss。

37　在此方面，亦见 MAURACH/ZIPF § 68 n.° m. 42 及 LACKNER § 66 n.° m. 5。

（原则上，将会具有）特别分量，提出以下问题是合理的：是否应该更进一步仅为严重犯罪（*grande criminalidade*）及明显倾向于适用相对不定期刑而保留这一制度[38]。

c）相对不定期刑期间的法定限度

第 903 节　根据第 83 条第 2 款的规定，对于有严重倾向的罪犯适用一种相对不定期刑，具有"具体适用于犯罪的徒刑的三分之二的相应下限，以及这一刑罚加上 6 **年**徒刑的相应上限"。对有较轻倾向的罪犯，第 84 条第 2 款规定，相对不定期刑具有"具体适用于所实施的犯罪的徒刑的三分之二的相应下限，以及这一刑罚加上 4 **年**徒刑的上限"。

而在之前的阐述中，几乎所有因确定相对不定期刑的分量（不论是法律确定还是司法确定的分量，在此都包含因透过给予假释产生而在完全执行中定出的分量）而出现的教条问题和刑事政策问题都被考虑在内。要强调的是，在科处相对不定期刑的判决的决定部分中，载明具体案件中法定允许的刑罚下限和上限，这一点并不是绝对必要的（即使在这方面不存在任何不便之处）。在所有情况下，*载明对案件适用的监禁的具体分量*是必需的。从这一提及中可以明显看出，必须审查假释的日期（第 89 条），以及通过这一审查来确定相对不定期刑的实际期限。

d）特别情况

aa）前提及制度

第 904 节　第 85 条规定了对倾向性罪犯适用的相对不定期刑的特别情况。特别情况的前提是，与倾向相关的犯罪（或者第 84 条所指之至少四项犯罪[39]）是"**在罪犯满 25 岁前**实施的"。在此，以下信念——这是一种犯罪学上有根据的信念——发挥作用：直至 25 岁，人格尚未完全成熟，仍在演变中，因此，人格一方面更容易受到与人格有关的社会化努力的影响，另一方面更容易受到刑罚的污名化和由其产生的去社会化（*dessocialização*）的影响。因此，这一观点可以说明，即使应被视为倾向性罪犯，对这些罪犯适用的相对不定期刑会在一般情况中**被减轻**。

---

[38]　德国《刑法典》第 66 节规定，为适用收容保安处分的效力，倾向在"重大"或"重要"的刑事事实上实现（*erhebliche*）。占主导地位的学说（可见 MAURACH/ZIPF §68 n.°m. 43）认为，这一要求原则上不会被纳入"中型犯罪"，而仅仅会纳入"重大犯罪"。

[39]　因此，见 GONÇALVES, M. Maia art. 85.° anot. 3。持相反意见但没有理由的，见 BELEZA, Teresa, *RMP 4* 1983 28 s。

第 905 节　以下三种情况可以达到减轻刑期的目的。

第一，第 85 条第 1 款规定："只有在［行为人］已**被判处两项或两项以上犯罪**，且**已服至少 6 个月徒刑**之情况下，才适用上条之规定［即我们所说的不太严重犯罪倾向的制度］。"

第二，在这些情况下，"相对不定期刑的上限是在具体适用于所犯罪刑的刑期基础上增加 2 年"（第 85 条第 2 款）。

第三，在这些情况下，"倾向的时效"的期间仅为 3 年（第 85 条第 2 款）。

bb）教条和刑事政策上的评价

第 906 节　第 85 条第 1 款所载的制度是模糊的，而且最终是错误的；因此第 85 条第 2 款的制度是有漏洞的。事实上，正如已有规范的那样，对"25 岁以下"的相对不定期刑的减轻**仅适用于不太严重的犯罪情况**，不适用于严重的犯罪情况。这与特别性的刑事政策目的和基础有严重矛盾：对于严重的犯罪情况，应当充分（基于多数理由）利用为减轻刑罚而提出的理由，以及为这些不法分子的社会化提供更多可能性的根本目的所援引的理由。

第 907 节　另一方面，以载于第 85 条所指的（拟）减轻制度为基础的刑事政策观念，如今在很大程度上已**成为疑问**。除了所有合理怀疑外，犯罪学调查还可以证明的是特别危险的犯罪，特别是基于"犯罪生涯"存在的倾向性犯罪，正日益成为更年轻的可归责群体的一种现象；换言之，这是 25 岁以下行为人特有的现象。此外，没有确凿的证据显示在这一年龄群中出现了更多的社会化情况，也没有证据显示这一年龄群对因刑罚而产生的污名化特别敏感。

也许因此，对于德国《刑法典》第 66 节中规定不可能在 25 岁之前适用收容保安处分的法律[40]，今天不再规定这种限制。另一方面，第 65 节 II 也规定了在 26 岁前已被判刑的行为人*被收容在社会治疗机构*的特殊性；但同样，该等场所的收容措施在 1984 年被彻底废止。

第 908 节　然而，如果认为应继续遵循主导第 85 条的基本刑事政策思想，那么，该条文所载的制度只有在**伴随着**倾向性犯罪可细分的**类别的双重性**特点时才有理由采取。从这一角度来看，没有必要就相关罪行的*数量*

40　从 1978 年对 § 66 进行的修订起。

建立特殊性。

唯一在形式前提方面有依据的特殊性是，除了符合正常形式前提外，还必须要求罪犯*已服过最低刑期的监禁*。仅此项要求就表明，已经对该罪犯进行了社会化努力，但都失败了；对于罪犯来说，一个与相对不定期刑一样严苛及沉重的制度是合理的。在此*额外要求*中，以及比起对严重及不太严重倾向性的犯罪的正常情况所判处之刑罚在*相对较少的*刑罚上限之加重中，"减轻"相对不定期刑是适当的[41]。

2. 酗酒者及等同情况之人

a）前提

第 909 节　对酗酒者及等同情况的人科处相对不定期刑所取决之前提（根据第 88 条之规定，"滥用麻醉品"之罪犯应被视为等同情况之人），根据第 86 条第 1 款之规定，是其须具备**三重性质**：一是关于行为人的人格和社会行为，二是关于行为人所实施的犯罪，三是关于犯罪与行为人人格之间的关系。

aa）行为人

第 910 节　第一，要求行为人是法律规定的"**酗酒者**"或"**有滥用酒精饮料倾向**"的人。这两者之间的区别是逐渐模糊的，最终是缺乏内容的，因为酗酒者显然不得不属滥用酒精饮料的人[42]。因此，在任何情况下，重要的是酗酒倾向（或根据第 88 条的规定**滥用麻醉品**）。为此目的，重要的是支配或获得倾向，不论是否有罪过：重要的是，倾向存在着，而且呈现一种或多或少的强烈倾向，使行为人处于反复出现醉酒或中毒的状态，具有在社会问题上，尤其是在刑事问题上与该等状态普遍有关联的后果。

bb）事实

第 911 节　第二，必须认定行为人触犯了"**一项应具体科处徒刑之犯罪**"；在此，基于相同的理由，所要求的是（见上文第 889 节）实际监禁。透过第 86 条第 2 款的规定，这一要求变得完全明确（根据该条规定，"如罪犯被判处缓刑或受考验制度约束，则不适用上款之规定"）；但是，允许从这一要求中对倾向性罪犯得出相反的论据的情况除外。

---

[41]　1991 年草案第 85 条正是遵循这个方向。

[42]　在此方面，见 José Osório 及 Gomes da Silva 对 1963 年草案的批判性考虑：*Actas PG* II 183 s.。

第 912 节　问题是要知道，就这一形式前提，法律是否不应要求**更严格**，至少要求行为人已实施了一项*之前的犯罪，并被判处实际徒刑*[43]。可以说，凡犯有与饮酒或麻醉品倾向有关之犯罪，均应受到处罚，其执行旨在打击该倾向（第 87 条）。这虽然是准确的，但不足以作为判处诸如相对不定期刑的特别严厉的处罚的理由；这只会说明"一般"处罚的执行应遵循上述方向。确实，既不能以这种方式证明加重的罪过（我们已看到，在相对不定期刑中也必须始终存在加重的罪过），也不能认为有充分迹象显示存在特别危险性。

cc）事实与行为人之间的特别关系

第 913 节　第三，必要的是，"行为人是在醉酒状态下实施犯罪，或犯罪与酗酒或行为人的倾向有关"（第 86 条第 1 款）。换言之，必要的是，所作出的事实是行为人所拥有的倾向的*表现*，因此**预料他会作出同一种类型的符合罪状的不法事实。**

尽管法律对后一前提并不明确，但不能以其他方式理解它。因为很明显，从这个方向来看，并不是为了打击酗酒和吸毒的倾向；亦不会对行为人作出不利于自己之防御，以扭转一种可能损害其健康、身体、职业、家庭等之倾向。相反，只有在这些倾向*揭示出不断实现符合罪状的不法事实的危险*时，才应对其制止。而且，符合罪状的不法行为（至少这一最低为判处实际徒刑提供理由）具有*最低严重性*，而不仅仅是刑事琐事（bagatelas penais）。

没有这一**"内在因果关系"**，就没有任何理由对*适度原则*适用相对不定期刑——正如我们在罪过方面所说，其本身是无可争辩的——，在宪法上它一直是不可或缺的[44]。这一论点足以排除这样一种概念，即对酗酒者及等同情况的人适用相对不定期刑将纯粹用于预防、康复或治疗的目的，而不是面对危险性的安全目的[45]。

b）*期间的限度*

第 914 节　根据第 86 条第 3 款规定，"［适用于酗酒者及等同情况的人的］相对不定期刑之**下限**为可具体适用于所触犯罪刑的徒刑的**一半**，上限

43　1991 年草案第 86 条遵循这个方向。

44　德国《刑法典》第 64 节规定的在戒毒机构的收容保安处分显得尤其苛刻，见 SCHMITT, R., *Bockelmann-FS* 1979 861。

45　结论上，亦见 MAURACH/ZIPF § 68 n.° m. 13；持模棱两可意见的，见 JESCHECK § 77 III 1。

为该刑罚在首次判罪中增加 **2** 年及在其余判罪中增加 **4** 年"。处罚的严厉程度因首次判罪或随后的判罪而有所不同的情节可以成为正当，不论是根据行为人越是倾向于犯罪其罪过就越重的观念，还是——尤其是——面对重复罪恶意味着更高危险性的推定。然而，我们要问的是，同一论据是否不能及不应该向倾向性罪犯展开，当中，正如已经看到的那样，不存在相同的变化。在解释该等不同的制度时，人们可能会提出这样的论点，即对于酗酒者及等同情况的人，多重累犯要求行为人接受更深度和更长时间的**戒毒治疗**。这一论点只能根据危险性和特别预防的考虑来强调，而不能根据罪过和——更少地根据——回报的考虑来强调。

三　相对不定期刑的执行

第 915 节　根据第 90 条的规定——对倾向性罪犯、酗酒者及等同情况的人有效——，"在科处相对不定期刑时，监狱当局应尽快制订一份罪犯重新适应的个人计划，基于罪犯对这一计划的认识，并在可能的情况下取得其同意"。因此，**重新适应的个人计划**被视为相对不定期刑的内容和执行的真正重要部分。鉴于我们在形式上面对的是一项刑罚而实质上面对的是一项保安处分，众所周知，社会化的特别预防目的是绝对优先的。

第 916 节　关于该计划的刑事政策意义及作用，在作出必要的变更后（*mutatis mutandis*），适用于在考验制度的框架内所作的考虑（见上文第 640 节及其后续节数）。要强调的是，在**内容**上，可以作必要的变更，因为这种计划在监狱机构内确实有效，而不仅仅是在考验制度中在释放的状态下有效。

第 90 条第 2 款明确规定（在考验制度事宜上未载明）："在服刑期间，应在重新适应计划中因罪犯所取得的进展以及其他重要情节而作出必要**变更**。"考虑到该计划具有社会化的特别预防目的之排他性，这种可变更性与该计划的性质和目的具有共同性质。然而，由于罪犯的合作对实现上述目的几乎是必不可少的——同时，亦应尽量取得罪犯的同意，以便修改有关计划——，因此，根据第 90 条第 3 款的规定，必须将上述变更**告知罪犯**。

第 917 节　关于制订和通过这样一项计划可能引起的**诉讼问题**，诉讼法完全没有规定。《刑事诉讼法典》第 492 条第 1 款的规定不应适用于相对不定期刑，因为第 90 条第 1 款十分明确，计划的制订应在适用相对不定期刑的判决之后进行，尽管应尽快制订该计划。然而，恰恰相反，似乎不存在与相应适用第 90 条第 2 款和第 3 款的规定相抵触的任何理由。

四　在相对不定期刑中释放被判刑者

1. 假释的原则

第 918 节　一旦达到了法律根据事实应判处的刑罚幅度所确定的下限，而且，正如已经强调过的那样，一旦这一刑罚幅度必须在判决中予以确定，则被判刑者实际履行的相对不定期刑之时间从来不会——正如我们所看到的，这是这一制度的本质——在有罪裁判中确定，而是会在执行中确定。然而，从此，确定**实际履行的相对不定期刑之时间的两种制度**，仍然是可能的。

一种制度是（在根据特定具体刑罚规定之法定下限及法定上限内），一旦（也仅当）发现——我们看到的关于第 92 条第 1 款规定的收容保安处分——"［……］导致相对不定期刑的犯罪危险性状态已终止"，应**确定释放罪犯**。

另一种制度是，认为在这些情况下（对所显示的特别危险性及对相对不定期刑旨在使之成为可能而作出的特别努力表示敬意）释放被判刑者应以试验或考验名义始终具有临时释放的性质；因此，具体刑罚的期间取决于——即使已证实危险性终止——法律规定给予**假释**所需的要件是否具体存在。这就是我们法律所追随的制度，也是对在这方面载于第 89 条第 2 款的基本原则所应有的理解："［被判处相对不定期刑的］**罪犯之释放总是具有条件的**。"

2. 相对不定期刑中假释的刑事政策性质和功能

第 919 节　因此，在相对不定期刑中，假释制度具有特殊的刑事政策性质和职能。在已确定的徒刑方面，正如我们在前面第 831 节及其后续节数中已看到的，这一制度已表现为一个完全以社会化特别预防为特有目的所支配的制度；而在相对不定期刑中，除这一目的外，还在刑事政策上和系统运作上具有完全不同的功能，即具体决定罪犯应服的剥夺自由时间，也就是确定**刑罚分量**[46]。正如我们所看到的（下文第 924 节及其后续节数），这一制度在解释和适用方面存在的困难和疑问仍然远远没有被学说和司法见

---

[46]　在此方面准确阐述的，见 COSTA，A. M. Almeida，cit. 442。

解所克服和解决。

第 920 节　然而，由于假释制度作为*促进社会化的工具*在此具有与被确定的监禁范畴相同的特征，似乎可以在该范畴内对该制度提出**保留**和**批评**（见上文第 871 节及其后续节数），尤其是在给予假释不取决于被判刑者之同意，且其给予假释之期间可超逾法律对相对不定期刑所容许之上限之事实方面。

然而，由于这一制度在相对不定期刑范围内所履行的一贯职能，如该等批评未**被部分放弃**，则应予以**缓解**。当然，首先，如假释是具体确定所要履行的剥夺自由时间的方式，那么明显的是，其运作不能取决于被判刑者的同意：如果被判刑者从来不同意释放，那么就必须认为，监禁必须持续到个案中法律允许的上限。这可能与制裁的目的及其本身的正当性来源相抵触，两者均与罪犯的危险性有直接的关系。另一方面，如果相对不定期刑仅在法院针对事实具体确定的分量内才是真正的"刑罚"，而在其余的部分，实质上是一项收容保安处分，那么可以理解及可以接受的是（即使从刑事政策角度而言不必要甚至不适当），假释时间可超过被判刑者未服的剥夺自由时间，但最多不得超过法律在个案中允许的上限[47]。

3. 制度

a）可适用的规范

第 921 节　根据第 89 条第 1 款的规定，对被判以相对不定期刑的罪犯，适用"第 61 条至第 64 条的规定，但须作载于以下各款的变更"。另一方面，根据第 89 条第 4 款的规定，"在刑罚的最短期限届满前两个月，监狱当局应就给予假释之问题向有权限之法院提交附理由说明之意见；如不给予假释，新的意见须在一年后送交，依此持续，直至刑满为止"。

因此，在刑罚的法定下限届满前两个月，监狱技术部门、监狱狱长及社会重返部门须将关于执行的进行及因犯在狱中的行为的报告和刑罚对犯人人格、其家庭及职业背景、其重新适应的能力及意愿的影响之分析报告送交执行刑罚的法院（《刑事诉讼法典》第 481 条），附同一份意见书，该意见书表明同意释放因犯，或在超过法

---

[47]　这一点是基于这样的前提（见下文第 929 节及其后续节数）：即使是在相对不定期刑范围内，在个案中法律允许的上限届满*前*，也必须给予假释。

定下限的情况下维持不确定刑罚。如出现最后一种情况，则**程序每 6 个月更新一次**[48]（而不是按照第 89 条第 4 款所规定的每年），"**直至刑满为止**"。

对于**废止假释**之情况，第 89 条第 5 款规定，"继续执行相对不定期刑，且在 2 年后不得再提出新的假释，但不影响上款最后部分规定的情况"，即"**直到刑满为止**"。

b）前提

第 922 节　关于给予假释的**前提**方面，根据上述第 89 条第 1 款的规定，适用在确定徒刑的情况下对假释制度所分析的规定及原则。即使就给予假释的基本要件而言——对罪犯在自由状态下的行为及对（几乎全部）有疑问的个案的处理方式之**有利预后判断**——，根据法律规定，在此也没有任何应指出的特别内容。

然而，如果我们更仔细地考虑刑事政策意图和相对不定期刑的性质，那么应该强调的是，在相对不定期刑中，给予假释的标准应在某种程度上与我们已在第 758 节中所指出的标准相符，即与在收容保安处分的情况下对**给予试验性释放**有必要的**有利预后判断**之标准相符。应该相符的原因是，在这一阶段和这一部分，相对不定期刑不再是一种刑罚，实质上是一种保安处分，当中，*所有*问题都是（而且只是）行为人希望社会化的问题，以及对可能仍然存在的危险性进行必要的社会化防御的问题。也不能否认的是，在相对不定期刑的最低限度和法院为事实而确定的具体刑罚分量之间，存在刑罚性质（仍受罪过所支持的刑罚）与保安处分（因判罪中所存在的危险性而确定的保安处分）真实**重叠**的情况。

第 923 节　然而，对于假释**持续时间**之期间，即对于根据第 89 条第 3 款所规定的"**1 年至 2 年，可延长至 5 年**"，存在特别性。可以把这一看似奇怪的情节——如属相对不定期刑，假释之上限为低于在特定刑罚之情况下之上限，见第 61 条第 3 款——与以下事实联系起来：在特定监禁的情况下，在服完对罪犯所判处的最高刑罚之前，必须给予假释，而在相对不定期刑中，只有在之后才可以给予假释（下文第 925 节）。但不管是否如此——并会在第 926 节看到这不是我们的观点——，假释的下限高于特定监

48　见 9 月 23 日第 402/82 号法令第 20 条第 1 款及第 2 款。尽管该法令的日期与《刑法典》的日期相同（或即使如此），但应当认为该法令优于《刑法典》，因为它更有利于自由。相同含义，见 COSTA, A. M. Almeida, *BFDC 45* 1989 439 s。关于在相对不定期刑的情况下给予假释的执行程序的其他问题，亦见 RODRIGUES, Anabela, *BMJ 380* 1988 37 ss．，ROCHA, M. A. Lopes, *JDPP* 487 及 ALMEIDA, A. F. Lopes de, *JDPP* 514。

禁的下限或其上限低于确定监禁的上限的理由，必须在不同的刑事政策考虑中找到。实际上，这个理由就是，涉及被判处相对不定期刑的罪犯之最高的初始危险性，要求较长之最短考验时间，而相对不定期刑所具有之特别严重程度及在执行过程中已作出的社会化之特殊努力，可解释（尽管解释不当）考验之最长时间不如在特定监禁之情况下所定时间之长。

c）相对不定期刑的假释和最长期间

第 924 节　在相对不定期刑中假释的最大问题——事实上，这一问题在 1963 年总则草案修订委员会中讨论时就提出了[49]——是以下原则**如何并存**：释放必须是有条件的，且在相对不定期刑达到最高（法定）限度之前可给予释放，最高限度为根据法院具体科处的刑罚而依法确定的相对不定期刑。我们在这里所采取的立场有几种，其影响有很大的不同。

aa）释放总是附条件的原则之绝对优先

第 925 节　第一种立场寻求采取这样的原则，即在相对不定期刑的情况下，释放总是有条件的。达到相对不定期刑的下限后，假释问题将被提出，直至达到其法定的上限为止。即使已达到这一法定上限——因为一直拒绝给予假释——，甚至已超过——因为曾给予假释，但后来被废除了——，**释放仍是具有条件的**，而不是确定的[50]。因此，可以说这是一种"强制"的假释（因为，既然达到刑罚的法定上限，就不明白为何还有空间可以作出任何预后判断），在服刑之后实施且不适用第 61 条第 2 款的制度（关于一旦服满六分之五刑罚后，对所有被判处 6 年以上徒刑之罪犯给予假释之强制性）。

人们以假释在此背景中所起的特定作用为理由支持这一方向[51]——除了遵守所有（假定）互相冲突的法律规定外——，并使其与在特定刑罚方面所起的作用**具体确定制裁之实际分量**之作用形成了对比。除了根据第 89 条第 3 款之规定在这些情况下假释之期间不得超逾 2 年的情况：这一方向强烈地建议，在相对不定期刑中，法院并没有"义务"在法定可科处的最高刑罚服完之前命令释放；因为不然的话，在最严重的情况下，这个最高刑罚最终会缩短，从而使主导这一制度的刑事政策意图变得反常。

49　见 *Actas PG* II 187 ss。

50　因此，见 CORREIA, Eduardo, *Actas PG* II 189 s.；跟随该作者这一方向的，见 COSTA, A. M. Almeida, cit. 440 ss。

51　对此方面，尤其见 COSTA, A. M. Almeida, cit. 440 ss。

第 926 节　这种看法必然导致其被否定的反对意见。

首先，这种看法也**不能实现**与立法**制度的完全一致**，因为它不符合第 89 条第 1 款的规定。即使人们指出第 61 条至第 64 条之规定经按以下各款之规定作出修改后适用于被判处相对不定期刑之罪犯，但所涉及的倾向认为第 61 条第 2 款的规定不适用。然而，我们不能说载于这一规定中的学说是明示或默示地经第 89 条的后续条文而获变更的。

后来，这一学说果断地表明，它与刑事制裁方面必须遵守的**合法性要求不符**。如法律对相对不定期刑之上限作出规定——如任何剥夺自由的处罚一样——，则仅意味着，在服刑期满后，罪犯不得继续受到任何对其基本权利和自由之限制，只要该等限制仍恢复服刑。这种概念必定遇到的难以战胜的困难是——一旦完成或超过相对不定期刑的上限，并在其后废止给予之假释时——，知道不遵守假释条件应对罪犯科处的处罚是什么。对于这一问题，在合法性的最低限度框架内没有可能的答案，因为罪犯已经不再需要服刑了。Eduardo Correia 回答这就是所谓的“自然义务”且没有具体的制裁[52]，从刑事政策上的角度来看是绝对不可接受的回答，因为没有不具用作解释及（更甚地）用作正当性来源的目的的任何刑事处分[53]。如果要处罚的依据是对罪犯的心理压力（以及相关的社会污名化），那么，这种解决办法不仅在刑事政策上是否定的，而且在民主上是不正当及不可支持的。

bb)　释放总是附条件的原则之放弃

第 927 节　另一种观点——在某种程度上与之前陈述的立场相对立——认为，在相对不定期刑中释放总是附条件的原则在对刑罚所定的**法定上限原则面前让步**。也就是说，给予假释的经验将依次在法定期间内作出，“直至刑罚达到最高限度”。然而，如这一最高限度在未将行为人置于假释之情况下达到，则应发生**确定**释放。这就是说，在第 89 条第 4 款最后部分与第 89 条第 2 款第一部分之间的冲突中，应优先适用前者而非后者，承认**存在法律上**的理由，即不允许罪犯以任何方式——即使以假释的方式——在超过已经实际服过的最高法定刑期的情况下服刑[54]。

52　因此，见 CORREIA, Eduardo, *Actas PG* II 189 ss.。

53　因此，修订委员会对此最终认定，“在《刑法典》的分则中建立了一种在服满不确定刑罚的最高刑期之后不遵守假释条件的归罪”，见 *Actas PG* II 193。

54　在此方面，见 ROCHA, M. A. Lopes, *BMJ 323* 31 ss. 及 *JDPP* 487 s。持接近的意见，即使不完全相同，见 LEAL-HENRIQUES, M. /SANTOS, M. Simas I 454 ss.。

第 928 节　这一解决办法在刑事政策及民主合法性的角度上是可接受的。但至少在已确立的法律（*de iure dato*）中，它最终应遭到**拒绝**。

首先，因为在所指的冲突中，没有任何一项尝试造成有关利益的实际一致，而是以牺牲另一项利益（在任何情况下，刑罚一旦达至法定最长刑期，即消灭之利益）为**代价**保护其中一项利益（在相对不定期刑中，释放总是附条件之利益）。

但是，对这种解决办法基本持反对意见的人指出，它在制度中引入了无法避免的**目的上的矛盾**，从而使这方面的刑事政策意图受到质疑。事实上，我们已经说过，法律制度基于以下观点：（尽管存在不得超逾刑罚之法定最长刑期之情况）不存在任何一个相对不定期刑的预先确定的最长期限，而这一最长期限完全是假释制度产生作用的结果。这一制度的根本意图在现在所分析的概念中受到不可挽回的质疑，因为它主张的是，要履行的刑罚之具体最长刑期是由假释或由相对不定期刑的法定最高限度所确定的。

cc）"实际一致"的解决办法

第 929 节　要正确地解决问题[55]（尽管这个解决办法是对适用于这一问题的规定作了某种大胆的解释，尤其是第 89 条第 1 款、第 89 条第 2 款第一部分和第 89 条第 4 款的规定），必须考虑到整个问题中最根本的原则是，在相对不定期刑中，**释放罪犯总是 附条件的**。正如已经陈述的那样，这一原则不仅赋予相对不定期刑特殊性，因为在这一特殊性中它不仅具有——正如确定刑罚中所发生的一样——基于社会化之社会预防的原因而产生的执行的附随事项的作用，而且具有具体确定制裁的实际处分的作用。

第 930 节　鉴于这是一项基本原则，它特别提请注意第 61 条第 2 款的规定：如之前不是这样，须**在服刑已满六分之五后强制**给予假释。而"刑罚"指的是*法律容许的最高刑罚*，而不是对事实具体确定的刑罚；因此，正如已看到的，只有当找到相对不定期刑（在此意义上）的具体最低及最高限度时，这一确定才有意义[56]。

---

[55]　根据我们的理解，这一解决办法主要与 RODRIGUES, Anabela, *JDC*, cit. 299 s 所主张的解决办法一致，而与 Lopes Rocha, *BMJ 380* 27 ss 在 § 927 中的意见相违背。

[56]　因此，COSTA, A. M. Almeida, cit. 443 欲反驳第 61 条第 2 款适用于相对不定期刑，因为该条文适用于被科处的刑罚，而不是适用于可科处的刑罚，这是没有道理的。

但不仅如此，在相对不定期刑中释放总是附条件的原则所具有的基本特征仍会导致的是，**第 61 条第 2 款的规定适用于相对不定期刑的整个范围**，而不仅适用于刑期超过 6 年的个案。在所有及任何相对不定期刑之情况下，假释之给予须在已服完最低刑罚后再进行；如不给予假释，则直至刑罚达到六分之五后才给予假释（在这方面，应解释——正确地说，根据法律所使用的字眼解释——第 89 条第 4 款最后部分的规定）。然而，达到六分之五的刑罚后，须给予假释。因此，在相对不定期刑方面，正如在确定刑罚方面，完全显示出假释制度在我们当中所具有的双重面向，即一方面是"**任意性**"假释，另一方面是"**强制性**"假释。

第 931 节　如命令假释，但其后废止假释，则有关情况将不同。第 89 条第 5 款规定，在这些情况下，仅"在 2 年后"方可提出新的假释，"但不影响上款最后部分的规定"，亦即"依此类推，直至达到最高刑罚"。然而，很明显，对于不存在废止的情况，我们在这里所主张的学说不能完全适用，否则，连续不履行假释条件就可能导致无限期延长徒刑，以及可能导致出现违宪的情况。因此，在这种情况下——但只在这种情况下，无论如何，见第 933 节中的内容——**释放总是附条件的原则不适用**。如已给予假释及其后废止假释，则重新给予假释之建议须在达到最高刑罚前有效作出；如达到最高刑罚且没有对罪犯作出假释，则他将被确定性释放。

第 932 节　从刑事政策角度和运作系统的角度来看，这两种情况之间的**制度差异**是有道理的。废止假释后，新给予的假释不再履行确定相对不定期刑的具体量刑的职能，而只是促进"普通"假释本身的社会化作用。因此，在这里，没有足够的理由适用这样的原则，即在相对不定期刑中释放总是附条件的原则。

d）危险性的终止

第 933 节　一个同样重要（至少从刑事政策角度和构成权角度来看）但更少有争议的问题是，对于危险性已终止变得肯定无疑的情况，是否仍应主张强制性假释的解决办法（例如，在病患临终期的情况下）；或者，在该等情况下，因已满足其最短刑期，仅仅以**确定释放**的方式结束相对不定期刑是否不再正确。

不可否认的是，正如我们在收容保安处分（见上文第 766 节及其后续节数）中所看到的那样，第二种解决办法更可取，实际上是刑事政策上唯一正确的解决办法。推断出在任何情况下这是"刑罚"是完全没有道理的，因为我们已经确定只有在对事实具体确定量刑时才是如此，而其余部分则实质构成一项收容保安处分。但是，尽管如此，事实是，对这一解决办法没有任何法律依据，在这方面没有类似第 92 条第 1 款的规定，根据这条规定，"如法院证实导致收容之危险性状态已终止，收容即终结"。因此可以说，即使在这种危险绝对终止的情况下，罪犯也必须获得假释，法院应对他定出最低法定刑期，且不应对他设定任何义务或行为规则。

第 934 节　然而，作为上述解决办法的一种替代办法（事实上，刑事政策上的不便及运作系统上缺乏含义的替代办法），似乎可以认为的是，在绝对安全和不容置疑地终止危险的情况下，如果认为在法律中存在真正的漏洞，则法律适用者必须以刑事政策上有理由的、系统的方式来填补这一漏洞；最重要的是，以有利于被判罪者的自由填补漏洞。这样的解决办法是认为，这些情况构成另一个例外，即在相对不定期刑情况下罪犯的释放总是附条件的原则的例外，并导致**确定释放**。如果这是一项保安处分；如果其实质上拟作出反抗之危险性之终止是绝对肯定无疑的；而且如果不存在任何一般预防的理由，则可以接受的是，对案件作出的类推适用第 92 条第 1 款的规定，不仅是正当的适用，而且是出于将该规定适用于收容的理由而提出的适用。

e）对未来法的考虑

第 935 节　从上项所阐述的情况来看，我们可以肯定地得出一个结论：在具体确定相对不定期刑之期间方面所采用之现行法律制度，只要这一期间超过了因过错而容许之最高限度，就是不必要的、相当复杂的、有疑问的，并难以与这一制度真正的刑事政策目的相符。从法律规范的角度来看更为简单、从教条化角度来看直接以及从刑事政策角度来看（恰恰相反）效率不高的制度可被建立，而不会使相对不定期刑的性质和本质成为问题。这可能会发生，并使人认真看待以下基本观点及导致最后的后果：在达到因罪过而允许的限度前，相对不定期刑属剥夺自由之刑罚，并自那时起，及在其整个范围内，属收容保安处分。在相对不定期刑的最长具体期间以及假释制度的相应运作方面，这一概念在理论上和实践上是最重要的。

第 936 节　因此，一旦达到最低刑期，有权限法院将判断罪犯置于**假释**

的可能性，为此，有权限法院将利用这一制度在徒刑方面的**实质性标准**，并假定被判刑者会接受。如果实质判断是正面的，则假释应在例如最短 1 年及最长 5 年的时间内进行（或者，对在个案中达至相对不定期刑之最长刑期所欠缺的时间之最短期间，如这一期间少于 5 年）。如果假释期间成功结束，刑罚就会消灭。如有废止，则继续执行相对不定期刑。

第 937 节　从此以后，应完全适用**在收容保安处分的情况下释放**的规定。其后果如下。

一方面，有必要对被判刑者的情况进行**定期复查**，而一旦证实其**危险性状态已终止**，则相对不定期刑**消灭**；一切与第 93 条第 1 款及第 2 条以及第 92 条第 1 款所载关于收容保安处分的实质内容相同（见第 746 节及其后续节数、第 755 节及其后续节数）。

如证实危险性并未终止、出现**危险性状态之有利变更**及使人有理由相信相对不定期刑之目的已在自由的状态下实现，则应以**试验性释放**罪犯（或被置于考验性释放，或者对于考验，所有这些条件应视为等同之条件）。如果试验（将持续一段时间）产生**积极**结果，相对不定期刑将被视为已消灭。如**废止**试验性释放，则罪犯须重新回到监狱，以便服刑时间达至有关案件所容许之法定最长刑期，但不影响应继续定期复查其情况：不论是为了使相对不定期刑因危险性已终止而被视为消灭，还是为了给予他新的试验性释放，如果属此情况（也就是说，如果未服的刑期不超过法定最长刑期等于或高于试验性释放的最短刑期）。因此，在这里，实质上与在收容保安处分的情况下适用于试验性释放的效力相同。

第 938 节　从以上所述或其他类似情况来看，在相对不定期刑中释放被判刑者的问题上，可以建立一个更加简单和一贯的立法制度，对此我们似乎难以质疑。但是，人们是否会以一种敏感的方式去贬低主导目前概念的刑事政策意图呢？必须作出否定的回答。"假释"——更正确地说，试验性假释——将继续在相对不定期刑内发挥主导和决定性作用，但它现在被"减少"至应该属于它的范围，并放弃了不应该的东西。明确地说，在将假释变为"**任意性假释**"并拒绝它成为"**强制性假释**"的情况下——我们在第 855 节及其后续节数内已看到——，在"有罪刑罚"的范畴中还应该被接受的事实是值得怀疑的话，那么在收容保安处分的范畴中就没有任何积极的刑事政策意义和内容了。因为对相对不定期刑这个问题已不再构成一项罪过刑罚并实质上变成一项收容保安处分，所谓的强制假释比刑事政策优势更具不便之处，且可以（及或许应该）由一个出狱后援助（明显任意性）制度（sistema de assistência pós-institucional）取代；然而，这一制度既不属刑法，也不属刑事政策，而是仅与*社会*援助及保障有关。

第十六章 在为不可归责者而设之场所中对可归责者的收容

ANTUNES, João, *O Internamento de Imputáveis...*, diss., Coimbra 1990.

CALDARERA, H., L'art. 148 del codice penale, *RDirPenit* 1939 1993.

CREMONA, G., La sospensione del corso della pena..., *RDirPenit* 1938 327.

FAVEIRO, Victor, *Prevenção Criminal. Medidas de Segurança* 1952.

FERREIRA, M. Cavaleiro de, Os Criminosos de Difícil Correcção..., *O Direito 70* 1938 130.

NOVELLI, G. Anotação, *RDirPenit* 1934 105.

PADOVANI, T., Presunzione di pericolosità e presunzione di infermità nell' art 148 c. p., *RItalDPP* 1979 744.

PATINI, E., Lo spirito e la lettera dell' art. 148..., *RDirPenit* 1934 103.

ROCHA, M. A. Lopes, O Novo Código Penal Português...*BMJ 323* 9.

SANTOS, J. Beleza dos, Delinquentes Habituais, Vadios e Equiparados..., *RLJ 70* 337.

STOOSS, C. *Exposé des motifs de l'avantprojet de code pénal suisse. Partie générale* 1893.

一 该制度的刑事政策意义

1. 目的

第 939 节　本章中所涉及的制度在某种程度上可以被视为葡萄牙刑法的原创性（具值得尊重的传统）。当然，在其基础上出现的问题——给予一可归责之人（尽管其身处的条件）在实施犯罪时已有精神失常之情况，或在实施犯罪后但在执行刑罚前已终止之精神失常之情况下出现的与刑事法律处理有关的问题——仍然是一个需要在外国刑事法律制度中被提出及值得考虑的问题。然而，正如将会看到的一样，葡萄牙刑法并没有将这些情况降级为只有在相关的执行刑法（direito penal executivo）层面才值得考虑的单纯"执行处罚的附随事项"，而是将它的地位提高为在**犯罪的法律后果**层面具特殊争议性的宿主（并相应地在《刑法典》关于这些后果的部分中对其作出明确规定），这就是其原创性的基础。

第 940 节 因此，将可归责者收容于为不可归责者而设的场所，是从葡萄牙刑法中早已体现出来的忧虑，即对尽管**在实施犯罪时**存在精神失常但未被宣告为不可归责者的罪犯之忧虑；以及对犯罪**后**、执行刑罚之前或执行刑罚期间出现精神失常的罪犯之忧虑。与葡萄牙的学说一直以来的观点不同，以及实际上似乎与第 103 条、第 104 条和第 105 条所产生规则的不同，对这些规定所涉及的制度的区别并不是由于与实施犯罪有关的精神失常之前或之后，尤其正如 Maria João Antunes 恰当地指出的一样[1]，不是由于收容拟达到的**目的之不同**。

因此，在这方面，收容制度所提出的两个不同的目的，反映了两种不同的现实。在某些情况下，根据 Beleza dos Sanots 的表述，它提出反对"**惩罚性妨碍之危险**"（«**perigo de prejuízos de carácter penitenci-ário**»）[2]，这种危险源于共同场所之制度显示对罪犯有损害性或显示其因精神失常而严重扰乱该制度[3]。在其他情况下，这一制度的目的在刑事政策上完全不同，其目的是对突然出现的精神失常（因此，在这些情况下，*总是*在犯罪之后出现）剥夺罪犯**理解**执行或执行中的**刑罚的能力**的情况提供补救。

第 941 节 从根本上讲，"理解刑罚的能力"是指罪犯必须具有某种心理性质的个人素质，使其能以此身份**感到**刑罚及受刑罚**影响**；因此，（仅）

1　ANTUNES, M.ª João, cit. 55 ss.

2　SANTOS, J. Beleza dos, *RLJ 73* 338.

3　CORREIA, Eduardo, *Actas PG II* 271 指出："解决惩教管理人员通常非常敏感的问题，即那些被视为可归责却由于精神失常而不符合现行的可归责制度的人的问题"。持同一意见的，见 SANTOS, J. Beleza dos, *RLJ 73* 241 ss. 及 PATINI, cit. 111。

实现处罚的目的，尤其是（但不仅仅是）实现积极的特别预防目的[4]。可尝试提出以下情况反对这一断言：我们认为（见上文第 675 节及其后续节数），即使对不可归责者适用，刑罚之目的本质上与保安处分之目的相同；因此，理解刑罚的能力最终将被证明是一个只有在刑罚的报应性或赎罪性概念（concepção retributiva ou expiatória）的情况下才有意义的类别。但这没有道理。事实上，如果实质确定该等制裁的目的是准确的，那么，执行任何制裁的含义会视可归责者或不可归责者作为目标而完全不同。因此，即使纯粹为预防之目的，一项*刑罚*仅对具条件"理解"刑罚执行含义的人才具有真正意义。因此，如前所述（第 345 节及其后续节数），作为量刑的重要因素的"对刑罚的敏感度"和"受刑罚影响的可能性"的概念能获得合理解释。

第 942 节　尽管突然出现精神失常并不剥夺囚犯理解刑罚之能力的情况，但人们仍可发现——与实施犯罪时之精神失常一样，但不具有宣告不可归责性的效力——其**使普通场所之制度在有关情况下处于对立情况**[5]。在此情况下，即使精神失常发生在犯罪之*后*，也没有任何刑事政策理由使罪犯所处之制度有别于对实施犯罪时具精神失常（但对不可归责性没有起决定作用）之人所适用的制度。在此，一言以蔽之，"惩罚性妨碍的危险"可能成为对执行制度进行实质性修改的理由。

第 943 节　如果我们想要为第 103 条、第 104 条及第 105 条所指的综合情况确定一个**共同名称**，我们要说的是，当有可能使罪犯在适当的场所内得到治疗及确保监狱人口的正常执行条件时，在将可归责的罪犯收容于为不可归责者而设置场所的情况下，葡萄牙法律符合**执行刑罚的人性化**（**humanização da execução da pena**）原则。

2. 历史演变

第 944 节　而 1852 年《刑法典》第 93 条独一款规定，"在犯罪发生后失去理智

---

[4]　关于理解刑罚的能力，见 ANTUNES, M.ª João, cit. 36 ss. 关于实现处罚目的的关系，见 PATINI, cit. 109（引用自 Rocco——罪犯嗣后出现精神失常时，可导致刑罚之执行不符合处罚之目的之结果——，他将第 148 条引入 1930 年仍生效的意大利《刑法典》是有道理的）；NOVELLI, cit. 105 nota 1；CREMONA, cit. 332；CALDARERA, cit. , 1096；STOOSS, cit. 74；FAVEIRO, cit. 144 e s。

[5]　SANTOS, J. Beleza dos, *RLJ 73* 242.

的人，在其智力恢复之前中止［……］执行刑罚"[6]。1886 年《刑法典》第 114 条独一款之后完全接受这一规定，1929 年《刑事诉讼法典》第 130 条独一款亦跟随这一规定。

第 945 节　正是在 1936 **年监狱改革**之后，这一制度才在现行《刑法典》中呈现出特点。只有通过它才能在没有导致宣告不可归责性的效力下有效地使现代精神失常独立于犯罪（《监狱改革》第 121 条）。这里需要强调的是精神失常与罪犯对等待执行或正在执行的刑罚的理解能力之间的区别，这一区别取决于是在刑事疯人院还是在庇护监狱。1954 年《刑法典》（第 68 条和第 114 条）和 1972 年《刑法典》（第 68 条和第 72 条第 2 款）的修正案明确承认了这种区别。

这一演变过程与关于*不可归责性*的概念所发生的演变过程是一致的[7]。可以说在 1936 年监狱改革之前，"生物心理典范"——根据这一典范，对将执行之刑罚或已执行的刑罚之效力，仅取决于是否存在具有某些特征之精神失常——成为处理这一事宜背后的原因，而从该监狱改革起，规范要素尤其重要，且总是有必要决定嗣后出现之精神失常是否剥夺罪犯理解刑罚之能力。

二　刑法上对收容之处理

第 946 节　因此，在为不可归责者而设之场所内对具精神失常之可归责者之收容，在刑法上的（实质）处理方式各有不同，视乎——正如所述的，不是根据精神失常的"之前"或"之后"，而是——面对因精神失常造成惩罚性妨碍之罪犯，还是面对因精神失常而丧失理解刑罚之能力之罪犯。

1. 因罪犯精神失常造成惩罚性妨碍而对其进行收容

a）前提

第 947 节　根据第 103 条第 1 款之规定，必须**宣告罪犯为不可归责者**，即在没有导致宣告不可归责性之效力下在犯罪时精神失常之罪犯。如*精神失常*与具体作出之*事实之间*无必要之*联系*，则因适用第 20 条第 1 款之规定

6　相同的规定可见 Mello Freire（Título II § § 1 e 3）及 Levy-Maria Jordão（第 147 条第 3 款）的法典草案。

7　关于这一演变过程，见 DIAS, J. de Figueiredo, *Studi Nuvolone* 1991 197。

而出现此情况；此外，当未宣告罪犯为不可归责者，即使罪犯被视为*可归责性降低*，仍会因适用第20条第2款之规定而出现此情况。

第948节　根据第103条和第104条的文字内容，可以得出结论认为，只有上述罪犯才能成为我们所指的类别。然而，Maria João Antunes 曾指出，这一类别还应包括某些在第104条所规定的制度中本应属于该类别的违法者，因为他们所遭受的精神失常并非现在出现的，而是在作出事实*之后*出现的[8]。

正如我们已经指出的那样，这一立场是令人信服的。第103条与第104条及第105条之制度差异，仅在出现精神失常*之时*存在，这一点是不准确的。如果这就是差异性的依据，我们永远不会理解为什么作出该事实后出现的精神失常有别于作出事实时的精神失常，而且只要在精神失常不构成危险的情况下将会中止刑罚的执行（见下文第964节）；由于不可掩饰的制度重叠，第105条将与第104条第1款准用的第103条第1款的部分相冲突。因此，必须得出结论认为，只要精神失常并非**使罪犯丧失理解刑罚之能力**，犯罪实施后、刑罚开始执行前或执行期间已存在精神失常之罪犯应重新纳入精神失常造成惩罚性妨碍的危险之罪犯类别中（第104条第1款）。

第949节　显然，将可归责者收容在为不可归责者设立的场所中的前提是：由于精神异常，共同场所之制度对囚犯是**有害的**及（或）由于他所患的精神失常，他**严重扰乱**这种制度。

第950节　难以解决的问题是知道是否应将囚犯的**同意**视为该收容的（隐含）前提。Maria João Antunes 作出肯定的回答，其一方面援引8月1日第265/79号法令第10条第3款的文字（监狱改革）；另一方面提出减轻（或可能消除）实施制裁具有污名性的后果的原则，因为在为不可归责者设立之场所中对可归责者的收容将在*质量上*加剧其在社会上的污名化[9]。

然而，这种立场是有疑问的：1982年的立法者若想与1979年的立法者的立场相联系，但其没有明确指出，这是不可信的；然后，如果在精神失常与犯罪无关的情况下理据仍然可以成立，那么在可归责性降低的情况下

8　ANTUNES, M.ᵃ João, cit. 55 ss., 1335.

9　ANTUNES, M.ᵃ João, cit. 15 s., 91.

（当中，根据定义，精神失常与事实有关），似乎必须予以拒绝这一理据。此外，更令人怀疑的是，人们欲要求对患有使他变得危险的精神失常的人的治疗获得同样的同意。因此，如果在超逾因事实而科处的刑罚分量的相对不定期刑的情况中应向可归责者实施收容，而且根据第 94 条第 2 款针对试验性释放的可归责者（上文第 757 节），甚至根据第 54 条第 3 款针对考验制度的可归责者（上文第 643 节）可以进行收容，那么我们认为，不可对具危险性的可归责者进行收容。

b）制度

第 951 节　1979 年《监狱改革法》第 10 条第 2 款和第 4 款——与现行第 103 条最接近之前身——明确规定，在为不可归责者而设之场所之收容**时间等于刑罚的期间**，但不影响给予假释，亦不影响在导致收容之原因消失后（也就是说，在特别规定所依据的"惩罚性妨碍"消失后）将罪犯重新安置于一般场所，以便服余下之徒刑时间。

对于在作出犯罪行为时出现精神失常之罪犯之收容，这一解决办法仍明显继续适用（第 103 条第 1 款）。然而，对于罪犯在犯罪后出现的精神失常之情况，同样的情况不会发生，因为第 104 条并未明确提及上条，而是在其第 2 款中订定一项制度，即似乎没有对具精神失常的人剥夺理解刑罚的能力之嗣后精神失常与没有这一效力的精神失常作出区分。

尽管如此，人们应当认为第 104 条第 2 款所定的制度不适用，因为将两种情况作区分——罪犯在犯罪后*出现精神失常*——不能成为制度差异的理由。第 103 条第 2 款所定之制度，应被视为适用于罪犯*有能力理解刑罚*却显示共同场所之制度对它来说是对立之**所有情况**。

c）收容之法律性质

第 952 节　第 103 条所定关于为不可归责者而设的场所中对可归责者之收容制度——根据 1979 年《监狱改革法》第 10 条第 5 款之规定，收容应遵守为可归责者所定之执行制度，并受到在这些场所中收容的要求所施加的限制——显示出我们（在我们目前所指的情况，即在患有可造成惩罚性妨碍的精神失常的人之情况）面对的只是一种单纯**执行剥夺自由之刑罚之方式**。这就是说，处罚的性质不会随着为不可归责者而设的场所之收容而改变，因为这种收容只是对惩罚性的问题作出响应。

然而，由此不会得出结论认为，我们不应强调第 103 条规定的某些**实质**

性后果，这些后果显示出这一规定虽然旨在立即对监狱性质的一个特殊问题作出响应，但它不是一个单纯的"执行规范"[10]。

第953节　这也显示了这一制度的**历史发展**过程。正如已经指出的那样，1936年的监狱改革使*普通制度所针对*的罪犯被收容在庇护监狱（prisão-asilo）中；然而，结果是，如囚犯具危险性，则刑罚亦延长，直到他不具危险性为止（第131条）。这一制度明确显示出，在庇护监狱中收容毕竟与囚犯的**犯罪危险性**有紧密联系；此外，这也符合延长刑罚的法律性质[11]和*不守纪律的犯人*（针对这类犯人，毕竟，延长刑罚的理由是基于犯罪的危险性）类别方面所讨论的含义[12-13]。

第954节　这就是说，在现行《刑法典》之前的刑法中，具精神失常的可归责罪犯在庇护监狱中的收容具有**保安处分**的法律性质，从而被纳入具葡萄牙刑事制裁制度特点之*实践一元论*制度中（sistema de *monismo prático*）。然而，应当注意的是，并不总是可以说，在这些情况下犯罪危险性已经在一项符合罪状的不法事实中表现出来。只有在实施犯罪时出现的精神失常和导致可归责性降低状态的精神失常的情况下，这才可能会发生；而在其他情况下，必须得出结论认为*适用与实施符合罪状的不法事实无关的一项保安处分*。

总之，在庇护监狱中的收容，一方面透过犯罪危险性在可归责性降低的情况下的自主重要性表现出来；另一方面透过适用保安处分表现出来，但不考虑其与实施一项符合罪状的不法事实之间的联系。

第955节　在对具有精神失常之可归责罪犯所科处之刑罚之范围*以外*，有关犯罪危险性之重要性仅在现行《刑法典》内消失（尽管1963年总则草

10　见 *Actas PG* II 273 及 *Actas CâmCorp* 2694 s。

11　在仍然关于一项刑罚方面，见 CORREIA, Eduardo, *RDES 1* 1944-5 34 ss.；FERREIRA, M. Cavaleiro de, *A Personalidade do Delinquente...* 52 s。在关于一项保安处分方面，见 SANTOS, J. Beleza dos, *RLJ 73* 340；CANNAT, *Les grands systèmes pénitentiaires actuels* 294；ANCEL, *Les mesures de sûreté en matière criminelle* 196。

12　"不守纪律的被拘禁人"的类别具有刑事性质，而不具有监狱性质，见 FERREIRA, M. Cavaleiro de, *A Personalidade do Delinquente...* 165。

13　葡萄牙刑法在这方面的发展，从1936年的监狱改革到现行法律，以及上述对延长刑罚性质的讨论，已在第665节及第877节及其后续节数中作了充分的阐述。因此，在此不必重复，即使为了后来的陈述而必须注意这些内容。

案第 *124* 条 § 2 仍然允许在这些情况下延长刑罚）[14]。事实上，第 103 条将收容时间限制在刑罚的期间内，从第 103 条可以看出，可归责性降低在*一元论制度*的严格框架内处理；从第 103 条也可以暗含地看出，适用保安处分的前提必须始终是在一项*符合罪状的不法事实*中表现出来的罪犯的*犯罪*危险性。因此，必须得出结论认为，第 103 条和第 104 条第 1 款所指收容的真正理由*不是实施犯罪的危险*，而是"可能具有或不具有犯罪性质且仅限于监狱范畴之**惩罚性妨碍之危险**"[15]。

2. 因罪犯精神失常丧失理解刑罚的能力而对其进行收容

a）前提

第 956 节　根据第 104 条及第 105 条的规定，其适用的前提是，罪犯所患的精神失常在实施违法行为之后出现，且在作出有罪判决、开始执行刑罚或在运行时间之前已出现。因此，在此不涉及嗣后知悉实施犯罪时出现的精神失常。如果判决已经确定，再审上诉的诉讼制度（《刑事诉讼法典》第 449 条第 1 款 b 项）将适用于实施犯罪时出现的精神失常。

然而，我们已经看过且不需要在此重复的是，现在所涉及的制度的真正前提并不是在实施犯罪方面"事后"出现精神失常，而是这个时间特征（仅限）精神失常显示出**罪犯不能理解**对所判处之**刑罚**。

第 957 节　同样在第 104 条及第 105 条中，如第 103 条一样，立法者使用"精神失常"一词来界定不能理解刑罚的身心亚健康状态（substrato biopsicológico）。尽管使用一种甚至不是示例的方式，立法者故意不想在至今仍对每一类精神失常之抽象意义须赋予关于智力和意愿的效果而造成最大不确定的事宜上表明立场；或者，肯定地，立法者想避免所列举的情况随着科学知识的迅速发展变得过时甚至被弃用。但在任何情况下，人们都是为了超越"精神疾病"这一医学概念的范畴，涵盖诸如意识紊乱、不同形式的神经分裂症、精神病、神经机能病、性欲冲动等，只要它们有必要的效果[16]。

事实上，法律使用"精神失常"一词的情节还能使人明白，尽管对于是否存在没有理解刑罚的能力来说身心因素是必不可少的，始终具有决定性作用的是需与身

14　正如所指出的那样（上文第 27 节），这一解决办法应受到最强烈和最广泛的批评，因为它不符合 1963 年总则草案所主张的一元论目的；此外，这个评论也被草案的作者接纳，见 *Actas PG* II 274。

15　SANTOS, J. Beleza dos, *RLJ 73* 338.

16　关于这一点，见 DIAS, J. de Figueiredo, *JDC 75* s. 及 *Studi Nuvolone* 205 s。

心亚健康状态联系起来的规范性影响：精神失常妨碍罪犯对刑罚感知及受到刑罚的影响，在此分析适用第 104 条及第 105 条所载制度的**实质前提**。

第 958 节　第 104 条所指之收容，尚取决于与*第 91 条所指之效果有联系之精神失常之情节*：对危险之不可归责者作出的收容。因此，在这种情况下，有必要指出的是，精神失常使罪犯具**犯罪危险性**，即出现有理由恐惧罪犯会再次实施严重的符合罪状的事实。不同的是，第 105 条所规定的制度假定，即使"之后"的精神失常也是基于无理解刑罚能力的依据，但它**不会使行为人具犯罪危险性**。从这里可以清楚地理解第 104 条和第 105 条所规定的制度的多样性。

第 959 节　如符合第 104 条所指的要件，还必须遵守**适度原则**：换言之，要求收容与预期罪犯将实施的事实的意义和存在的危险程度成正比（见上文第 712 节及其后续节数）。如收容显得不适度，Maria João Antunes 认为应允许法院命令暂缓执行刑罚；正如我们将看到的情况，即根据第 105 条的规定，精神失常并不使无法理解刑罚的罪犯变得危险[17]。尽管法律没有规定，但不得不承认的是，即使在成文法（direito constituído）层面[18]，当因严重精神失常而采取之拘留措施之正当性受制于"无法采取开放式治疗"时，我们所主张的解决办法得到《葡萄牙共和国宪法》第 30 条第 2 款的有力支持。

b）制度

aa）有危险性的情况下

第 960 节　与我们在第 103 条所指的收容中所见相反，对于患有剥夺罪犯对刑罚的理解并使之在刑事上属危险的精神失常的可归责罪犯的收容，**第 104 条并未规定其最长存续期**。第 104 条第 2 款规定，收容时间在刑罚之*存续期内予以考虑*；以及不论收容时间长短，法院得立即给予*假释*。

第 961 节　关于收容期间，尽管法律无规定，但收容**具刑罚之最长期间或刑罚结束所欠缺之期间**，视乎收容在执行刑罚前或执行刑罚期间已开始[19]。其他解决办法是无法捍卫的，即使在葡萄牙刑法的保安处分框架内也

---

[17]　ANTUNES, M.ª João, cit. 100 s.

[18]　在将来法层面中，所涉及的解决办法载于 1991 年草案第 106 条第 1 款中。

[19]　明确此含义的，见 1991 年草案第 105 条第 2 款。

是如此。对罪犯来说，即使其具有刑事危险性的精神失常，但仍会被判处一项刑罚。此外，在我们所处理的情况中，在为不可归责者而设的场所中对可归责者的收容*在功能上与刑罚的执行有关*：可归责者的收容旨在重新取得对所执行或已执行的刑罚之必要理解之能力。无论如何，关键是，只有这一解决办法才能被认为实质上符合《葡萄牙共和国宪法》第 30 条的规定。

第 962 节　至于第 104 条第一部分所规定的**扣除**，解决办法是完全可理解和接受的：作为司法命令的一般后果（见上文第 434 节）；特别地，作为意图避免对收容所取得的成果感到失望的结果。因此，在此我们可以发现在很大程度上揭示出在这个问题上运*作期间原则*（*princípio vicarial*）产生作用的解决办法（见上文第 664 节及其后续节数和下文第 974 节）。

第 963 节　当规定作出扣除后法院**得立即**给予**假释**，立法者承认有例外情况，即要求刑罚至少达到一半（第 61 条第 1 款及上文第 843 节）。然而，显然必须具备给予假释所取决的其他前提，尤其是对罪犯将来行为的预后判断（见上文第 848 节）。也正如在个案中似乎要求满足维护法律秩序的一般预防之要求，即使没有服一半刑罚，这一前提也不会与该等要求无关。

因此，在此可以接受法律认为立即给予假释是一种真正的权能。那么接下来要知道的是，该等权能在将来法上是否合理，且答案取决于应被视为终止收容之真正原因。但不管是什么，有一个原因是正确的：在给予假释方面，没有任何有效的理由比在同时执行一项刑罚及保安处分的情况下更自由。正如这里所讨论的，这就是所涉及的*运作期间原则*的结果。因此，有充分的理由在此主张与其他地方所主张的完全相同的解决办法（见上文第 776 节及其后续节数）[20]。

第 964 节　这一事宜的关键问题——以及对于这一问题法律完全没有规定——是要知道，**何时**以及在什么**标准**下应终止第 104 条所指的收容，即使是在刑期已满或未服完刑期之前。根据收容所取决的前提，有*三种*可能的答案：第一种答案认为，即使危险性仍然存在，只要罪犯已（再次）具备对刑罚之理解能力，收容即终结；第二种答案相反，其主张，即使仍存在无理解刑罚之能力，收容在危险性已终止时而终结；第三种答案主张，只

---

[20]　1991 年草案第 105 条第 3 款第二部分遵循这一含义。

有在不仅罪犯已（再次）具备对刑罚的理解能力，而且不再具危险性的情况下，才可终止收容。

第 965 节　可以相信的是，在大多数情况下，（再次）具备理解刑罚的能力与危险性的终止在时间上是相连的——因两者与精神失常有关——，因此二者几乎同时发生。但不能先验地排除没有同时发生的可能性。在这些情况下，考虑到上述三种解决方案的情况，只有第一种情况是有根据的。第二种情况应一开始就不予考虑，因为当整个制度的实质前提仍然存在时，即当行为人无能力理解将（继续）被执行之刑罚之含义时，没有任何理由认为应结束收容并改为执行刑罚。如果这是适用某一特别制度在目的上和刑事政策上的真正依据，那么它也必须是用作结束该制度和返回正常制度的标准。在这方面，第三种解决办法也应被视为无用。

当危险性仍然存在时，不能理解为收容已经结束，因为正是危险性为收容的决定提供理由（第 104 条），相反，根据第 105 条的规定，暂缓执行徒刑总会因行为人不再危险时发生。虽然这一论点本身在某种程度上是真的，却是错误的：危险性或无危险性，是用以选择与执行刑罚不同之制度，但这一制度仅*因*行为人不具备（或丧失）理解刑罚含义之能力而出现。如具危险性（或维持危险性），则行为人将继续受刑罚，且不会对其收容，*即使是危险的*。因为，毫无疑问的是，刑罚的执行也是为了制止罪犯的危险性。总而言之，所有显示的是，为刑罚的执行没有开始或不继续提供理由的是无理解刑罚的能力，而不是危险性；因此，也必须是**该无能力之终止，而不是危险性的终止**，作为开始或继续执行刑罚的标准。

无论如何，可以批判的是，现行法律中缺乏一项必须对被收容者的状况进行**复查**的规范。并非——在已陈述的内容之后，正如将很容易理解的一样——定期重新评估行为人危险性继续存在的意义（正如上文第 746 节及其后续节数所示，这是第 93 条规定的主要目的），而是为了重新评估无理解刑罚能力的继续存在[21]。

bb）无危险性的情况下

第 966 节　如导致无法理解刑罚的嗣后精神失常没有同时引致行为人之危险性，第 105 条第 1 款规定，"在导致暂缓执行徒刑之精神失常状态终止前，**须暂缓执行刑罚**"。另一方面，根据第 105 条第 2 款的规定，命令暂缓

---

[21]　1991 年草案第 107 条遵循这一含义。

执行的决定可使罪犯履行第94条第2款及第3款所规定的**义务**及受到**监管**：义务，即被认为对预防其危险性属必要的义务，尤其是接受适当治疗，以及在指定地点进行检查及观察之义务；以及受专业社工监护监督的义务。关于第94条第2款之规定之适用，这是乍一看几乎无法理解的可能性，因为从定义上讲，嗣后出现的精神失常并不会使罪犯在刑事上具危险性，但当认为应释放应被处以*实际*徒刑之人时，这一可能性最终会被接纳。这一可能性也是为了制止其（或然的）"一般"危险性，即使不是为了制止因精神失常而产生且在这些情况中并不存在的"特别"危险性。

第967节　第105条并未明确订定*暂缓*执行刑罚之*最长期间*，而仅规定暂缓执行刑罚之期间至引致暂缓执行之精神失常状态终止为止。这一规定有双重缺陷。

一方面，精神失常可能持续存在——甚至因为这是无法治愈的——，但治疗使行为人（再次）取得理解刑罚之能力。同样，在这里，终止暂缓的标准只能是**罪犯（再次）取得其理解刑罚的能力**。

关于暂缓执行的上限，在这种情况下，正如危险性的情况，应考虑的是，暂缓执行的期间以**刑罚期间**的上限为限，因为在此背景下，所指出的理由（上文第961节）对收容的情况是完全有效的。

第968节　根据第105条第3款的规定，暂缓执行的原因终止时，法院可有三种选择。第一种是"正常"情况，即命令执行刑罚（或未服的余刑）。除此之外——正确地说，替而代之的是——，还有两种特别情况：立即给予假释的情况，或再次命令暂缓执行刑罚或余刑。然而，任何一种情况均应认为，如第104条第2款所载之公正命令仍具强制性，且对已执行之制裁所取得之结果没有落空，则亦须在个案中**扣除**暂缓执行刑罚之时间。一方面，暂缓执行刑罚总是意味着干涉被判刑者的权利范围；另一方面，暂缓执行刑罚绝对不能与罪犯所接受及可以取得成功的治疗分离。

第969节　如符合我们在第104条所指的情况下所看到的给予假释所依据的前提，法院只应决定立即给予**假释**。因此，有必要的是，在个案中对罪犯的未来行为作出有利的预测性判断；而且符合保护法律秩序的一般预防要求，不论扣除后刑罚是否已完全达到一半。

第970节　然而，除了立即给予假释，正如我们所看到的，法院可以决定再次**暂缓执行刑罚**。然而，这一暂缓不能与第105条第1款规定的暂缓相混淆。在这一规定中，暂缓——不论其法律性质为何，见下文第 971 节及其后续节数——是一项能使被判刑者恢复其理解刑罚能力的措施（虽然是处罚性措施）。第 105 条第 3 款所指的暂缓实质上与第 48 条所规定的以及我们已在第二章对此作了详细研究的**代替暂缓执行徒刑的刑罚**不同。因此，在这里，这确实是在作出扣除后，以及——看起来是——因不符合给予假释的前提而得出的执行余刑的替代办法。

事实上，从第 105 条第 3 款的内容来看，在给予假释的可能性与暂缓执行徒刑的可能性之间存在**等级**是不可靠的。但似乎毫无疑问的是，从刑事政策角度来看，第一种可能性优于第二种可能性，尤其是（在构成权层面上）当根据我们为同时执行刑罚及保安处分而建议之条件所给予假释之期间届满时（上文第 787 节）；以及根据我们对可归责者（其嗣后精神失常使其在不可归责者之场所中具危险性）进行收容时而提出的条件时（见上文第 963 节）。

c）收容制度和暂缓执行制度的法律性质及刑事政策上和教条上的意义

第 971 节　正如 Maria João Antunes 所指出的，第 104 条和第 105 条分别规定的在不可归责者的场所中对可归责者进行的收容和暂缓执行刑罚，被视为**执行刑罚中的牵制措施（medidas de diversão）**[22]。因此，在非"技术性"意义上，可以肯定的是，它们并不意味着是在刑事处分方面"以外"的一种实现惩罚的方式，而是具有旨在恢复理解刑罚的能力及在形式上之控制范围内实现处罚之目的之*辅助性*措施之性质。但同样准确的是，这些解决办法与正常的执行程序有非常显著的偏差，以至于可以认为值得具有与已命令的刑罚有关的"牵制"方式之性质。必须强调的是，在任何情况下，这并不意味着这些措施已经失去了真正的*制裁*性质，因此不能认为它们具有属刑事制裁特点的*约束*性。

尽管这是在执行刑罚中的牵制措施，但仍有待确定的是从实体法的角度来看，它们是仍构成刑罚，还是构成保安处分。

第 972 节　在**收容**方面，可以根据收容的*期间上限*、收容所确定的*扣除*以及收容的适用意味着*不会实施符合罪状的不法事实*的情况，来将其定性为**刑罚**[23]。相反，在将其定性为**保安处分**方面，似乎是指该制度所涵盖的罪

---

[22]　ANTUNES，M.ª João，cit. 84 ss.

[23]　这样，见 GONÇALVES，M. Maia art. 104.° anot. 4；LEAL-HENRIQUES，M./SANTOS，M. Simas I 504。

犯*缺乏理解*将执行或已执行的*刑罚的能力*的情况，或者指罪犯因患有精神失常而已具有*危险性*的情况[24]。

后一种情况似乎是可取的。首先，可以理解的是，将诸如第 104 条所规定的那样且以无能力理解*刑罚*为实质依据的制度视为一个制度。此外，与传统的保安处分的不确定性相反，在时间上确定的刑罚目前不能被视为关键的，同时可以肯定的是，扣除是由运作期间原则组成的二元制度的特征。当然，当强调收容不取决于实施一项*符合罪状*的*不法事实*时（因为与实施一项符合罪状的不法事实无关，正如上文第 837 节和第 879 节所说，对所有保安处分都这样要求），将该制度视为"真正的"保安处分会有疑问。另一方面，可以肯定的是，这里所考虑的危险性不是*犯罪*危险性，确切地说，保安处分学说必须采用这种定性（见上文第 699 节）。

然而，人们不能不考虑这是一个非常特殊的情况，以至于在此不会决定性地提出符合罪状的不法性原则和犯罪危险性原则——特别是法治的要求——的理由。因为事实是，这种收容处分适用于在剥夺自由的时间内已经被剥夺自由的人，唯一的目的是让惩罚的目的得以实现。所以，可以肯定的是，在整个收容过程中，通过制约收容及使其正当化，Maria João Antunes 将此称为"刑罚的保障原则"（«princípio-garantia da pena»）[25]。

因此，结论应该是，收容不是一个真正的刑事保安处分，所以，也不将其定性为刑罚；相反，从实质上来说，这是一个可以被称为类*似于保安处分性质的处分*[26]。然而，这一处分既不严格地与符合罪状的不法性原则有关，也不严格地与犯罪危险性有关的情况可能导致的是，在作出所有考虑后，在此（在名称上）亦更宜称之为**执行刑罚**的一个**附随事项**或一项**牵制措施**。

第 973 节　关于因收容的法律性质而阐述的理据，对于**暂缓执行刑罚**似乎不应被接纳，至少在整体上。当然，该制度也是以没有能力理解刑罚为依据的，因此不能将其本身定性为*刑罚*。当在收容情况下确实存在被判刑者的危险性，尽管不是"犯罪的"危险性，但在现在所涉及的情况下该危

24　ROCHA, Lopes, cit. 16 s., ANTUNES, M.ª João, cit. 94 e s.

25　ANTUNES, M.ª João, cit. 123.

26　这一定性——并非关于所涉及的制度，而是关于其他制度——在学说上并非不为人所知，也不为人所忽视。例如，德国的学说在此方面也谈到了与刑罚或保安处分类*似*的处分。例如见 MAURACH/ZIPF § 61 n.° m. 3 及 JESCHECK § 76 II 1。

险性根本不存在。因此，至少我们没有任何理由可以支持与保安处分相似的处分性质。从法律定性的角度来看，在此可以说，我们在面对的是一种特殊性质的制度，它是一种执行刑罚的**牵制措施**（**medida de diversão**），但没有失去**刑事性质**。

第 974 节　目前所审议的各项制度所具有的特殊性在多个方面都具有在这方面应当加以考虑的一种值得注意的**教条和刑事政策性质的意义**。

因此，将收容定性为类似保安处分的性质的措施，并不一定会导致偏向刑事处分的**趋向一元的制度**（见上文第 23 节及其后续节数、第 794 节）。尽管有这样的定性，但事实上，应该继续肯定的是，由于实施一项犯罪，不能对*同*一行为人适用刑罚和保安处分，因此，正如已经强调的那样，此处所涉及的危险性是在实施符合罪状的不法事实之后发生的，这一事实与该危险性没有任何联系。

另一方面，第 104 条及第 105 条的规定采取了一种**运作期间的解决办法**（**solução vicarial**），同时容许在刑罚之存续期内*扣除*收容及暂缓执行徒刑之期间，并许可立即给予假释。所有这些都符合这样的想法，即实际执行刑罚或余刑时，不应危及执行保安处分所取得之结果。

此外，值得强调的是，法律规定的收容和暂缓执行刑罚的制度体现在**在运行时间引入了刑罚的必要性原则**：只有从作为处罚对象之预防性目的的角度而言，显示出有必要有效执行剥夺自由的刑罚时，才会执行该刑罚。

最后，当决定在刑罚的存续期内扣除收容或暂缓执行刑罚之期间，同时又容许不执行余刑时，立法者应明确承认刑罚与罪过之间关系之**单边性质**。

第十七章　与犯罪相关的物和权利之丧失

ARNDT, Die fehlerhafte Einziehung, *NJW* 1957 856.

BECKMANN, Die fehlerhafte Einziehung..., *GA* 1960 205.

BENDER, Fragen der Wertersatzeinziehung, *NJW* 1969 1056.

CREIFELDS, Die strafrechtliche Einziehung gegen Dritteigentümer, *JR* 1955 403.

CUNHA, Damião da, *Da Perda de Objectos Relacionados com o Crime* (fls. policopiadas, Porto, Univ. Cat., 1991).

ESER, *Die strafrechtlichen Sanktionen gegen das Eigentum* 1969.

ESER, Informationsfieiheit und Einziehung, *NJW* 1970.

ESER, Zum Eigentumsbegriff im Einziehungsrecht, *JZ* 1972 146.

GAUTIER, Quelques aspects de la confiscation..., *RPS 94* (1977) 364.

GILSDORF, Die verfassungsrechtlichen Schranken der Einziehung, *JZ* 1958 641.

GOLDSCHMIDT, Strafen u. verwandte Maßregeln, *VDAT* IV 81.

GUARNERI, Confisca *NDigIt* IV 1959 4.

HOFFMANN-WALDORF, Kann ein Kraftfahrzeug..., *NJW* 1954 1147.

MANZANARES SAMANIEGO, La pena de comiso, *Rev. Estud. Penit.* 1977 35.

MANZANARES SAMANIEGO, La pena de comiso en el Proyrcto...., *ADPCP* 1981 613.

MANZANARES SAMANIEGO, Aproximacion al comiso, *Boletin* 1989 3795.

MAURACH, Die Objekte der Einziehung..., *JZ* 1964 529.

MASSA, Confisca, *EdD* VIII 1961 980.

SALTELLI, Confisca, *NDigIt* III 1938.

SCHÄFFER, Zum Eigentumsbegriff im Einziehungsrecht, *Dreher-FS* 1977 283.

SCHMITT, R., Aktivierung des «Verfalls»!, *Noll-GS* 1984 295.

STREE, *Deliktsfolgen u. Grundgesetz* 1960.

VOGEL, Die Rechtsstellung des Dritteigentümers..., *GA* 1958 33.

WEBER/RÖMMER, Wahrung der Eigentümerrechte..., *NJW* 1964 1357.

ZEIDLER, Strafrechtliche Einziehung u. Art. 14 GG, *NJW* 1954 1148.

一 该制度的刑事政策意义和演变。其法律性质之初探

1. 概述

第 975 节 很早以前就在法律中确立的关于犯罪的工具（*instrumenta sceleris*）、对象（*produta sceleris*）和利益之丧失是一种以"不同的"方式实现不同的**目的**的措施。一方面，实现与以下非理性概念相关之*回报*目的：删除"不法行为"的所有痕迹或实施；另一方面，实现*一般预防*的目的，旨在显示"犯罪不予补偿"这一格言的有效性。以及，实现**特别预防**的目的——尤其是关于实施犯罪的工具——，以避免因以下原因而出现重复犯罪的危险：犯罪工具本身适合重复犯罪、犯罪工具留在有犯罪倾向的人手中或至少已证明相关人士有能力将犯罪工具用于犯罪。

第 976 节 鉴于所分析的制度可获赋予——实际上，一直以来都获赋予——多个目的，一方面，在比较法上，其**演变**是以不同的方式进行的，具体取决于在其建设和理解上所强调的是回报目的还是预防目的，且在预防目的中，具体取决于所强调的是一般预防目的还是特别预防目的。因此，在立法上，在具有相同历史渊源和相同刑事政策根源的各制度之间的差异仍然很明显。

另一方面，今天在赋予此类制度特定的**法律性质**方面存在更大的差异（甚至普遍存在着极大疑问和不安全）；这是它们所面临的由*教条上的不明确*所造成的不可避免的结果。因此，虽然在某些法律中提到丧失具*附加刑*的性质（原则上，这种性质可归因于预防目的之回报目的范畴）——主要性质，如不是独有的性质——或*刑罚效力*的性质，但在其他法律中相反地指出了丧失具*保安处分*的性质，当中在制度内可以发现特殊预防的目的——主要或独有的目的。在其他法律中（而且可能是目前最常见的情况），一般预防及特别预防之目的之公认的竞合，导致该制度出现了*混合性质*，这使

在措施中出现了一种不论与刑罚的性质还是与保安处分的性质都相似的措施。

第 977 节　仅举几个**比较法上的例子**：在教条、刑事政策方面，这些制度的差别很大，例如，西班牙法律的 *comiso*，意大利法律的 *confisca*，法国法律的 *confiscation*，德国、瑞士和奥地利法律的 *Verfall* 和 *Einziehung*，这些制度在替代刑法草案总则中得以规范；以及现行葡萄牙法律所规定的对象、所得或利益之丧失。因此，在西班牙法律中以及至少在某种程度上在法国法律中仍然存在着一种"回报性"要素，这使得在这一制度中更加强调其附加刑的性质[1]；另一方面，意大利《刑法典》或替代刑法草案总则中在此方面所载的规定指出这些措施仅为特别预防的目的，这导致其作为一个类似于保安处分的制度的概念[2]。当中包括德国、瑞士及奥地利等法律，这些法律在制度的刑事政策本质中结合了——即使以不同形式和不同程度——一般预防及特别预防目的，导致该等措施被视为与刑罚和保安处分特征类似的混合性质之措施。然而，最新学说中的一部分，尤其是意大利学说，提出如何重新将这些措施视为刑罚，即现在只限于针对某些类型的犯罪，特别是针对某些财产罪之替代徒刑之刑罚类别[3]。

2. 葡萄牙法律

第 978 节　上述以回报及预防为目的之竞合曾支配着 1886 年《刑法典》中对这一措施的规定（第 74 条及第 75 条第 1 款）；此外，这一情况在这方面的形式立法（及学说）框架中变得很明显。事实上，即使被视为**"刑罚的效力"**（或**"判罪"**的效力）[4]，丧失也具有如我们所看到的（上文第 230 节及其后续节数）刑罚效力之一般类别所具有的*混合性质*，在刑罚与保安处分之间将一般预防及特别预防之目的与回报之目的相混合。在所有情况下，由于不可预料的后果是限制性的，即当行为人被判处一项刑罚时，丧失必然意味着行为人是可归责的，而且行为人作出了有过错的行为。在任何情况下，存在以下不可预料的限制性后果：丧失的前提是行为人被判处一项*刑罚*（前《刑法典》第 75 条之规定），因此是可归责的，而且行为

---

[1]　对现行的西班牙法律，特别坚持强调这种定性的后果的，见 MANZANARES SAMANIEGO, cit.；以及对法国法律，见 PRADEL n.° 566 ss。

[2]　当中见 MANTOVANI n.° 227 B 以及 *AT-AE* § § 83 ss 的说明理由。

[3]　关于这一点，见 MANTOVANI n.° 227 B。此外，过去德国法律的 *Verfall* 也是这样，当中 *Verfall* 在法律上被视为贿赂罪和政治犯罪的附加刑。概括上见 MAURACH/ZIPF § 61 n.° m. 13。

[4]　我们之间在传统上将这一制度视为判罪的效力，见 CUNHA, J. Damião da, cit. 2。

有罪过。因此，许多情况，即从刑事政策上可接受的角度来看比其他情况更有理由命令丧失的情况，不在这一制度的范围内。

第 979 节　在这方面，现行的《刑法典》对这一制度进行了澄清，现在**只是以预防性的理由**为依据。这不仅是因为立法者没有在"刑罚的效力"中将其定性为"附加刑"[5]，而且因为相关条文（第 107 条及其后续条文）将这一制度与*预防未来犯罪*的目的联系起来。这样，就出现了关于第 107 条所指的丧失犯罪工具和所得的明示情况。但是，正如我们将会见到的那样（见下文第 1001 节），在第 109 条中也可以这样说，如我们正确理解这一条文的话，它只涉及实施犯罪对行为人或对第三人所产生的好处。

尽管取得了这一进展，但令人遗憾的是，现行法律的文本在许多方面仍然存在误解甚至矛盾之处，缺乏真正的"纠正"解释（interpretação «correctiva»）。然而，由于"纠正"的目的是降低法律条文在处罚上的严厉程度，因此，根据法律及宪法上所允许的刑法解释之一般规则，在这方面的解决办法不会产生任何问题。

第 980 节　在这种情况下，首先必须根据法律制度将*丧失犯罪工具和所得*（第 107 条）与*丧失犯罪所产生的利益*（第 109 条）区分开来。第 107 条本身之字面含义应具有此区别，因此，它指出对人、道德或公共秩序的安全之危险或者作出新犯罪的危险是丧失犯罪工具和所得的依据；而针对丧失利益，明显不可以说这些人具有该等特征，尤其是说他们本身是危险的人。正如要显示的那样，这一差别即使在极其不完善的情况下，也表现为两种制度——一种制度涉及犯罪手段和犯罪所得，另一种制度涉及犯罪所带来的利益（广义和复合含义的利益）——之间在教条和刑事政策上的真正区别。

在葡萄牙法律制度中，第 107 条及其后续条文并不是唯一提到丧失的制度，在二级刑法（尤其见第 28/84 号法令第 8 条及其后续条文）和违反秩序法（第 433/82 号法令第 21 条及其后续条文）中还有很多其他的规定[6]。此外，丧失的实体法制度与扣押的诉讼制度之间的混淆变得几乎不可摆脱[7]。另一方面，经常发生的是，这些单行规定改变甚至抵触一般制度，无论是在刑事政策方面，还是在制度的法律性质

5　在此方面，见 CORREIA，Eduardo，*Actas PG* II 203。

6　关于这一点，见 CUNHA，J. Damião da，cit. 11 ss.，13 ss；以及见 GONÇALVES，M. Maia art. 107.° anot. 8 和 LEAL-HENRIQUE，M. /SANTOS，M. Simas I 517 ss 中所载的长列表。

7　1963 年总则草案第 102 条及其后续条文甚至也是这样。关于这一点，见 GONÇALVES，M. Maia art. 107.° anots. 2 及 4。

方面。当单行规定扩大了这一制度适用于《刑法典》规定的范围时，这种情况的不便会立刻消失，甚至成为真正的危险。

二　丧失犯罪工具和所得

1. 概念上的澄清

第 981 节　第 107 条及第 108 条所宣告之丧失，是指构成犯罪工具或犯罪所得之**对象**（objectos）。不确定的是，对象只是指有形物，还是——与法律使用的术语更接近——亦包含无形物，即权利。与这种广泛的理解相反[8]，人们争论的是，法律欲提及权利时便会明确指出权利，并将之加在对象内（第 109 条第 2 款）；即使这一理据不具决定性，因为在这一部分，现行《刑法典》的条义存在极端的术语不准确之处。有利于像"物"这样的对象的狭义解释的决定性因素是，正如在第 988 节及其后续节数中显示的那样，丧失只涉及可能具有刑事*危险性*的对象，而这本身肯定不能涉及权利的情况。

当然，某些人在拥有某些权利时*行使*某些权利，这是危险的。但是，正如我们所看到的，会这样发生的是附加刑罚（见上文第六章）及禁治产的保安处分（见上文第十三章），而非丧失的制度。否则，就会发生不可接受的制裁制度的重叠。

第 982 节　从理论上讲，定义犯罪工具并不会特别困难。犯罪工具是指用作实施犯罪之**方式**之对象，例如：凶杀案中之手枪；为伤害身体之用之剃刀；携带违禁品之汽车，或前往受害人被强暴地方之汽车或碾过某人的汽车，或者行为人在没有援助的情况下逃离事故现场所使用的汽车；或印假币的打印机。

问题更多的是犯罪*所得*（produto do crime）的定义。与一般的看法相反，"所得"并不是从犯罪中获得的利益，而是由犯罪活动**引起或产生的对象**[9]。例如，就第 107 条之效力而言，盗窃之物件或因诈骗而获得之款项，并不构成技术意义上之"所得"；而这属于第 109 条范围内的"利益"。相反，所得的概念是指伪造的货币、伪造的文件、违反法律规则或许可而制造的武器等。在这些情况下，（第 109 条所指的）利益是通过出售或使用而得的财产收益。

8　例如，德国《刑法典》第 74e 节 I 和第 74f 节 I 就接受了这一观点，这与之前生效的法律形成对比。关于这一点，见 JESCHECK § 76 II 2。

9　德国学说一致强调这一点，当中见 JESCHECK § 76 II 2。

2. 前提

a）符合罪状的不法事实

第 983 节　犯罪工具和犯罪所得之丧失的第一个前提是，这些工具被用于**犯罪活动**或收益来自犯罪活动。然而，法律明文规定，既无必要存在既遂犯（第 107 条第 1 款："旨在用作……"），也无必要因该犯罪活动而追诉或处罚某人（第 107 条第 2 款）。

第 984 节　哪些要件会构成上述犯罪活动，这是一个最复杂、最难解的问题。第 107 条第 1 款提到"实施一项犯罪"，似乎只有在个案中出现**犯罪**所取决之全部前提时，方可宣告丧失。不过，第 107 条第 2 款否认这一断言，因其规定即使在没有人被追诉或被判罪的情况下这一制度也会起作用。在这方面，可以说，根据法律的思想，行为人的素质和特征对相关措施的适用是无关紧要的。不过，在这里需要作出有区别的考虑。

第 985 节　在第 107 条第 1 款所指的情况下，即刑事诉讼程序针对**特定人**时，最好的学说似乎是认为丧失的前提并不需要"犯罪"的实施，而仅仅是证明一项符合罪状的不法事实[10]。从以下意义上说，只要符合上述（第 800 节及其后续节数）我们已看过且针对以下事实所要求的前提，**即适用剥夺自由的保安处分的前提之事实**。或者，明确地说，除了行为人罪过的要件外，必须要具备犯罪存在所依赖的所有要素[11]。因此，对可归责之行为人及不可归责者均可宣告丧失。

第 986 节　第 107 条第 2 款所指的情况则不同，当中规定"**任何特定人不**……［得］受到刑事追诉或判罪"。在此肯定属于这种情况的是，作出事实的行为人已被确定，但诉讼应因责任消灭之任何原因或因欠缺诉讼前提而归档。但也可以认为，在某些情况下，即使不能确定作出事实之行为人或数个行为人亦属相同之情况。例如，有人在附近被枪打死，且证明他已被杀害，但无法确定谁是行为人，那么根据第 107 条第 2 款的规定，应宣告该武器已丧失。在第一种情况下，所需前提似乎应与之前陈述的**前提**相同。

10　总结上，亦见 CUNHA，J. Damião da，cit. 6 s。明确遵循这一含义的有 1991 年草案第 109 条，以及德国《刑法典》第 74 节 III、奥地利《刑法典》第 26 节 I 及瑞士《刑法典》第 58 节 I。

11　在此方面，似乎应解释 CORREIA，Eduardo，*Actas PG* II 202 在 1963 年总则草案修订委员会的讨论中所作出的考虑。

而在第二种情况下，似乎只要仍然不知悉行为人为何人时出现一种**不法的客观事实**……就足够了[12]！

第 987 节　第 107 条第 2 款所规定的学说的依据过于难以让人相信[13]，因此在这些情况下，不能赋予这一措施任何有效的刑事政策目的；这意味着它不是*刑事性质*的法律后果。它可以构成一种**行政上的警察措施**（**medida de polícia administrativa**），旨在*扣押*非法物、禁止物或法律排除在合法买卖之外的物[14]。但是，其制度应由刑法以外的其他法律分支规定，尤其是通过行政法扣押措施和相关程序[15]。正如我们所说的那样，证明在这些情况下不存在特别刑事诉讼程序（如果不是这样，这一诉讼程序是必不可少的）[16]。正如我们所调查的那样，我们从来没有在刑事管辖范围内处理过这种性质的情况。

这种批判性考虑要求，应根据可行的最狭义的方式对第 107 条第 2 款之规定予以解释，尤其是将其适用范围限制在行为人被确定却因缺乏**可处罚性前提**而不能对其进行追诉及（或）判罪的情况内[17]。这意味着，在这些情况下，丧失的前提只是在犯罪学说的确切意义上确定一项符合罪状的不法

---

[12]　PALLIN, *WK* § 26 n.° m. 14 主张，即使不知悉行为人是何人，丧失亦可以发生；但他接着补充说，根据 § 26 的明确规定，法院必须证明该事实是*故意*作出的。这种证明是尽可能多的，即使不知道行为人的身份，对于我们来说，这是不可理解的，甚至是荒谬的！

[13]　然而，在 1991 年草案第 109 条第 2 款中，实质上相对应的规定与 1963 年总则草案中已有的规定相同。奥地利《刑法典》第 26 节 III 的渊源当然是这样。关于它，见 PALLIN, *WK* § 26 n.° m. 14。

[14]　应同意 CUNHA, J. Damião da, cit. 1 s. 的主张，他主张在葡萄牙的*刑法*制度中，"丧失"（实体刑法的制度）和"扣押"（刑事诉讼法的制度）之间存在着广泛的术语上的混淆（正如上文已留意到，1963 年总则草案第 102 条及其后续条文并没有摆脱这一术语上的混淆）。然而，仅限于将刑事性质的丧失与行政性质的措施（或者"警察措施"，亦见 CUNHA, J. Damião da, cit. 6）进行比较的文本没有处理这一问题。关于非惩罚性的警察措施及基于"危险的（非刑事的）一般预防"的措施，见 CAETANO, Marcello, *Manual de Direito Administrativo* II [10]1972 1145 ss. 在此方面，SOARES, Rogério, *Direito Administrativo*, lições de 1978 42 ss 合理地表达为"恢复公共利益的意图""使违反规定的情况处于阴暗处"。

[15]　CUNHA, J. Damião da, cit. 10, 15 s 合理地注意到它，但没有得出任何批判性的结论，相反其指出在《刑事诉讼法》中确立丧失的独立诉讼程序之必要性。

[16]　我们不想说的是，即使有我们所设想的狭义解释，这样的诉讼程序也不应存在。正如 CUNHA, J. Damião da, cit. 15 s 正确指出的那样，在我们的违反秩序法中就不应存在这样的程序，见第 433/82 号法令第 85 条及第 86 条；实际上，正如日耳曼法律体系中所存在的，见奥地利《刑事诉讼法典》第 443 节至第 446 节及德国《刑事诉讼法典》第 430 节及其后续节数。

[17]　似乎 CUNHA, J. Damião da, cit. 6 亦遵循这一方向。

事实；因此，在任何情况下，这种不法性当中不仅存在一种**客观的不法性罪状**，而且存在一种**主观的不法性罪状**，不论是故意的还是过失的。

b）危险性

第 988 节　现行法律规定的丧失犯罪工具和犯罪所得的目的**完全**是**预防性的**。这透过以下情况显示出来：根据第 107 条第 1 款的规定，并非所有构成事实之工具或所得之对象均应被宣告丧失，而应仅包含"因其性质或因事实情节而危害人的安全、危害道德或公共秩序，或为实施新的犯罪而面临严重风险之物件"；以较简单的方式去表述（但肯定同样严格表述，因为"人的安全"和"道德或公共秩序"在这两方面不得不被视为在刑法上受保护的价值），考虑到其*内在性质*，即其*特定和共同的社会用途*，显示出专门用作实施犯罪及在这一意义上应被视为**危险对象**的工具和所得。

例如，根据所指出的标准，似乎排除了——因为没有法律依据——伪造证件的*笔*之丧失，或排除了实施强奸罪的*汽车*（*或居所！*）之丧失，但应宣告作出杀人行为所使用之*武器*、与伪造货币有关*之钢模*或所*伪造货币*本身之丧失。

Damião da Cunha 提到，第 107 条第 1 款最后部分所载的对危险对象的丧失的限制，**适用于**犯罪**所得**，而非犯罪**工具**；此外，这也符合以下事实，即工具之丧失已经构成了一个不受危险性条款约束的传统解决方案[18]。然而，人们似乎最终背离了这一学说。因为它没有得到足够的文义支持，特别是没有任何目的上或刑事政策上的理由。然而，主流的司法见解正确地遵循这一方向[19]。然而，最高法院的合议庭裁判已裁决——没有任何刑事政策理由，也没有得到任何法律支持——，对象的危险性仅决定不属于行为人的对象之丧失[20]。

第 989 节　问题是，**应从何种角度评估上述危险性**：从物本身的*客观*观点来看；还是从物本身的*主观*观点来看；或者更严格地说，从事物与特定主体之间的关系的观点来看？

18　CUNHA，J. Damião da，cit. 4，9 s. 表达同一意见的见 GONÇALVES，M. Maia art. 107.° anot. 3。这一问题很快在 1963 年总则草案修订委员会中得到了广泛讨论，最后其采纳了 Eduardo Correia 的意见，根据这一意见，这种区分没有足够的依据，见 *Actas PG* II 205。

19　当中见 AcsRE de 84JUN19 及 de 84DEZ20，*CJ IX – 3* 1984 358 及 *BMJ 344* 477 及 AcRP de 86JAN29，*BMJ 354* 615。

20　AcSTJ de 88OUT12，*CJ XIII – 4* 1988 8。

客观的观点似乎应作为出发点。的确，明确地确定以下标准并非易事：从危险性的角度来看本身并不重要的对象会根据拥有该对象的人而变成"危险物件"。当最无关紧要的对象（床单、丝袜、铅笔或笔）落在危险人士手中时，可能会变成"危险"对象。然而，在上述情况下作出宣告丧失是为了防范*行为人*之危险性，而非——正如这一制度的目的——物之危险性：为防范行为人的危险性，法律拥有其他资源及与犯罪工具及犯罪所得之丧失无关之其他制度。因此，首先，从刑事政策角度来看，必须是对象本身的危险性为丧失提供理由，不论拥有该对象——涉及一种武器、爆炸物、伪造的货币或制造货币的铸模等——为何人。

第990节　在不影响以上所陈述内容的前提下，不应抽象地评价对象之上述危险性，而应**具体地**评价，即在可使用对象的具体条件下（第107条第1款明确指出"事实的情节"）。例如，左轮手枪是"本身"危险的对象，但如果在作为一种符合罪状的不法行为手段射击后齿轮无法修复地被损坏，其就不是危险的物件了。在对象之危险性与事实的情节之间这种联系最终可能"必须关于行为人本人"[21]（**主观**观点）。例如，任何人都可以拥有一条金属链，如果知道如何将它转化为爆炸性物质的人拥有这种合金，它就会变成一种危险的东西。此外，这种"关于行为人"支持在第987节中对第107条第2款所作之限制性解释。

3. 用途

第991节　根据第107条第3款的规定，"对于依据以上两款之规定宣告丧失之对象，如法律未订明特别用途，法官得命令将之**全部或部分毁灭，或使之不能融通**"。这一（关于毁灭或使之不能融通的）解决办法本身是可以理解和接受的，例如，请想想作为实施贩卖罪工具的毒品！

至于**部分**销毁，当国家不应（或不能）使所有工具或所得融通时，则应立即基于经济上的理由将其作为正当的理由。然而，其主要理由很可能来自对这一事宜有充分记载的*适度原则*的影响，正如下文第999节将会陈述的一样。

4. 第三人的物件

第992节　第108条第1款（默示）规定以下原则：如在作出事实之日，犯罪工具或犯罪所得已不属任何行为人或受益人，或在宣告丧失时不

21　这样持合理意见的，见 CUNHA, J. Damião da, cit. 10。

属该等行为人或受益人，则仍会宣告丧失犯罪工具或犯罪。在我们看到的适用于这一制度的预防目的与**第三人**（即使是**善意的**）**的财产权**——受宪法保护的财产权（《葡萄牙共和国宪法》第 62 条）——之间的冲突中，法律作出了对预防目的有利而对第三人的财产权不利的决定。

可以说，制定这一原则是有道理的，因为作为丧失对象之物必然是危险的[22]。但是，这一解决办法在刑事政策上的严厉程度是有疑问的，因此，尽管物具其危险性，但可以由其新的拥有人正当地持有——而且，至少有疑问的是，对善意第三人来说，存在着可利用的预防理由——，或者不能正当地持有，且所要介入的是行政法上的警察扣押制度，而非刑事上的丧失制度。因此，这方面的一般原则似乎与第 108 条第 1 款的规定所涉及的原则正好相反[23]，由于接下来将会提到宪法理由；在这种情况下，相对于犯罪行为人而言，对象之丧失会由**代用物价值之丧失**（**perda do sucedâneo em valor**）所替代[24]。

第 993 节　无论如何，这一解决办法在法律上的严格程度透过在这些情况下对作出符合罪状的不法事实的行为人施加的义务获缓和（第 108 条第 1 款），即透过以连带制度向第三人提供"与丧失对象之价值相等之**损害赔偿**"之义务获缓和。如事实行为人无偿还能力，国家应负该赔偿责任。

关于这一限制的良好基础，我们从不需要有广泛的考虑。对于拥有犯罪工具或犯罪所得之（善意）第三人，命令丧失实质上是以预防犯罪之公共利益为名进行**征收**的种类[25]。因此，不管从社会公正的角度来看，还是从刑事政策的角度来看，只有当由犯罪行为人或——当犯罪行为人不能提供赔偿时——命令丧失的国家作出合理赔偿，从而成为对象之所有人时，该措施才能变得正当。

然而，接下来要知道的是，考虑到《葡萄牙共和国宪法》第 62 条所载的私人所有权的保障，从宪法的角度来看，这一解决方案是否合理。《葡萄牙共和国宪法》本身也确实允许在某些情况下及在特定条件下以公益名义征用。但很难看出，在涉及善意第三人财产之丧失时，存在着以公益名义

---

[22]　见 CUNHA，J. Damião da，cit. 8，22。

[23]　正如在 1963 年总则草案修订委员会中被主张——有时坚持主张——，见 *Actas PG* II 200 ss。

[24]　1991 年草案 110 条第 1 款遵循目前主张的这一含义。

[25]　1963 年总则草案修订委员会在这方面长期存在争议，见 *Actas PG* II 199 ss。

征用的宪法性要件，即使这一征用产生获得赔偿的权利[26]。无论如何，即使涉及以必要及适度的预防（公共）要求作为理据的措施，根据《葡萄牙共和国宪法》第18条第2款的规定，其合宪性获保证。

第994节　然而，根据第108条第2款之规定，**不存在损害赔偿义务**，"如对象之持有人应受谴责地协助对象之使用或制造，又或如应受责备地取得该等对象，又或从犯罪获取利益"。从表面上看，这一例外似乎是基于第三人的或然*罪过*——尤其是因法律文义借助其行为的可谴责性和可责备性——因此，基于与我们所说的作为丧失的基础的预防理由无关的具有道德和法律性质的考虑。然而，这一理解并不必要。

对让与物件之第三人，如明知该物件将用于实施犯罪，或犯罪之所得将归其本人所有，所发生的是，以从犯的名义处罚的行为（在这种情况下，为第108条的效力，所有人实际上不应被视为第三人，而应根据第108条的规定及为第107条第1款的效力直接被视为行为人)[27]；或者不受处罚但在任何情况下在实质上和政治上均**类似于从犯的行为**[28]。因此，即使在此，应当认为，宣告丧失的依据与作出符合罪状的不法事实之行为人是该对象的所有人的依据相同。换句话说，从刑事政策的角度来看，对第三人采取类似于刑事处分的预防措施也是有道理的[29]。因此，最终应接受的是，在这些情况下，应放弃财产的宪法保障，即使没有赔偿。

对于在应受责备地作出符合罪状的不法行为后取得对象之第三人，第108条第2款规定，所有事情都发生在或属于赃物罪或物权袒护（favorecimento real）的典型框架内（第329条）——或然地，袒护他人的典型框架内——，或者，无论如何，在实质上和刑事政策上**类似于袒护的行为**范围内。同样，出于这个原因，从防范性考虑来看，这一丧失是合理的。

第995节　在**构成权**（direito a constituir）中，即使从这一规则来看，即丧失不会发生在对象属于第三人时的规则，也不会因此而停止采用与上述描述类似的制度。也就是说——比现行法律更简单、更直接，尤其是在宪法上更能接受——，不

---

[26]　无论是因为经宪法认证的法律征用仅与不动产相关，还是因为公用必须与取得不动产所有权的公共利益相关。关于这些，见 CANOTILHO, J. Gomes/MOREIRA, Vital art. 62.° anot. X ss。

[27]　例如：甲将一辆汽车借给乙，以便乙可以实施走私犯罪。

[28]　假设在前例中甲承认乙可能会走私，但最终说服自己，也许是由于严重疏忽，走私不会发生。

[29]　正是在这些方面，见 JESCHECK § 76 II 3。

发生丧失的原则将有一个例外，而如果第三人的行为类似从犯或袒护的行为，则宣告丧失[30]。

一种葡萄牙现行法律未明确规范之特殊情况——例如，与德国法律所发生的相反，见相关《刑法典》第74d节[31]——是，对象包括属善意第三人之在纸、其他载体或视听媒介上缮立之**登录**（**inscrições**）、**表述**（**representações**）或**登记**（**regis-tos**）。如无丧失，则在删除构成符合罪状之不法事实的登录、表述或登记后，应作出返还；如不可能返还，则法院命令将其销毁，并应按民法规定赔偿损害[32]。

5. 效力和命令

第996节 法律没有规定应赋予丧失犯罪工具和所得的效果。然而，考虑到制度之结构、规定（regime）及目的，人们不得不认为的是，丧失具**物权效力**，在有关裁判转为确定时将物的**所有权移转予国家**[33]。这一解决办法的理由和所涉宪法问题我们已经讨论过，在此无须重复。另一方面，一旦出现丧失的前提，包括随后会提及的适度前提，则应**强制**命令丧失，这不属于——例如，与德国法所发生的不同[34]——法院的自由裁量范围。第107条和第108条的字面意思表达了这一含义。

6. 法律性质

第997节 经上述讨论后，我们可安全地就第107条及第108条所规范的丧失犯罪工具及犯罪所得制度的法律性质得出结论，即这一制度既不体现为附加刑，也不体现为犯罪或判罪的效力。

首先，**不是一种附加刑**，因为丧失与犯下的符合罪状的不法行为的行为人的罪过没有任何联系：由于一方面这一制度既可对不可归责者进行干预，另一方面即使不能追诉或判罪任何特定之人也可以进行干预，那么就可以明显地认为，行为人的或然罪过甚至不构成干预的*界限*。即使某一特定（可归责的）人因符合罪状的不法行为而受到刑事追诉，并被判处一项刑罚，或在没有赔偿的情况下丧失第三人的对象，也是如此。即使在这些情况下，丧失亦取决于对象之危险性，以及个人或集体之安全要求，而非

30　1991年草案第110条第2款遵循这一含义。

31　关于这一点及所引起的多个问题，见 SCHÖNKE/SCHRÖDER/ESER § 74d。

32　在此方面，见1991年草案第110条第3款。

33　明确这样的见德国《刑法典》第74e节。

34　当中见 JESCHECK § 76 II 2。

行为人或第三人之罪过。

另一方面，**不是刑罚或判罪的效力**，首先是因为，我们再次强调，即使在个案中没有刑罚或判罪，也可能出现丧失的情况。其次是因为，正如我们从第197节所了解的，即使现行法律已考虑到作为附加刑的刑罚效力，如果丧失不构成附加刑，那么在法律制度中也永远不能构成刑罚的效力。

第998节　另一方面，丧失犯罪工具和（或）犯罪所得严格上**并不是保安处分**。首先而且关键地，不是保安处分是因为，正如我们在第十一章中所看到的，刑事保安处分是一项以行为人的危险性和针对这一危险性为导向的处罚工具，因此构成其不可放弃的前提。这种情况不会发生在丧失的制度中，因为危险性及其预防涉及与犯罪有关的**对象**，如其工具或所得，而不涉及实施符合罪状的不法事实的行为人[35]。

第999节　在任何情况下，犯罪工具及（或）犯罪所得之丧失，均构成——在第107条及第108条所指之任一情况下——**与保安处分性质类似之处罚措施**[36]。一方面，说明这一点的是以下情况：*符合罪状的不法事实会构成其前提*，这与协助符合罪状的不法事实作为适用真正的非剥夺自由的保安处分的前提的情况相同。*危险性*前提的要求同样遵循这一含义，即使正如我们看到的所涉及的是对象而非行为人亦然，随后将该制度的目的作为*预防危险性*的考虑也是如此。

上述概念导致了一个后果，这种后果实际上是由已经指出的情况（即宣告灭失并非因行为人之罪过而受限制的情况）在目的论上强加的：在任何情况下，仅在显示这一措施与所作之符合罪状的不法行为之严重性及对象之危险性*适度*时，才应作出这种命令之后果。因此，这一**适度**的前提——与前面第705节及其后续节数在保安处分方面所描述的相类似——构成了在上

35　坚持这一含义的，见 TRIFFTERER 495 s. , 而 PALLIN, *WK* § 26 n.° m.1 表述为（最终认同文中随后捍卫的立场）"涉及对象的保安处分"，但认为这一保安处分"不具任何刑事性质"！

36　CUNHA, J. Damião da, cit. 7 以相近的意思表述为"具保安目的之措施"。此外，我们的司法见解——例如见 AcRE de 88MAR22, *BMJ 375* 468——重复地将这一措施视为"以保安为目的之准刑事性质之处罚"。这与我们的特征完全相符，只要认为"刑事"的名称不是从*刑罚*中衍生出来的，而仅仅是使我们能够理解我们在刑法的特定范畴内，不是在任何其他的范围内，特别是行政警察法律（direito policial-administratio）范围内。

述第二点所提及的前提的一个额外的（独立）要件[37]。

第 1000 节　因此，在葡萄牙法律中，对丧失犯罪工具和犯罪所得的法律性质有**统一的理解**是可能的，也是可取的。这一理解与其他学说中（尤其是在德国[38]）最普遍存在的*双重性*理解形成了对比，而且是有理由的理解，因为仍可在丧失直接针对被判罪的（可归责的）行为人时赋予丧失类似于刑罚的特征，而非保安处分的特征。同样这一理解与在我们的学说[39]和司法见解[40]中并不少见的双重性理解形成鲜明对比，而且它希望在这一制度中区分预防性质（当这一制度不论物的所有权问题为何都适用时）与补充性准刑事性质（当行为人是物主时）。正如 Jescheck 最终承认的那样，这一区分是没有根据的[41]，而且也不可取，因此，在两种情况下，保安措施正是基于预料会对刑事上受保护的法益之秩序所产生的新的及（比例上）严重的扰乱。

三　丧失犯罪取得的利益

1. 第 109 条的适用范围

第 1001 节　第 109 条按其标题规定与犯罪有关之**物或权利之丧失**。为明确该规定的适用范围，第 1 款规定了"给予或承诺给予犯罪行为人的补偿"，第 2 款则规定了"不属第 107 条所规定之犯罪*工具*、*对象*或*所得*"，以及关于"犯罪时行为人透过犯罪而直接取得之*对象*、*权利*或*利益*"。因此，在第 107 条和第 109 条之间出现了一个复杂的**边界划定（delimitação das fronteiras）**问题，以避免——因为一方面在两条条文中存在制度的多样性，另一方面又有必要赋予第 109 条有用的含义，所以这一点变得必不可少——重叠和由此产生的矛盾。

37　非常准确地持这一意见的，见 CUNHA, J. Damião da, cit. 9。德国和奥地利的普遍学说，当中分别可见 JESCHECK § 76 II 1 及 PALLIN § 26 n.° m. 11。

38　主要见 ESER, *Die strafr. Sanktionen...*, cit. 57 ss。MAURACH/ZIPF § 61 n.° m. 26 主张，如对被判有罪之行为人科处附加刑（因此，如行为人有罪过地作为），则丧失具有附加刑之性质；并具有保安处分的性质，只要保安处分适用于无罪过之行为人。如对被判处之行为人科处附加刑（因而对其行为有过错），且该丧失属保安处分性质，且对无过错之行为人科处该处分，则该丧失属附加刑。

39　LEAL-HENRIQUES, M/SANTOS. M. Simas I 513.

40　已提及的 AcRE de 88MAR22, *BMJ 375* 468。

41　JESCHECK § 76 II 5.

葡萄牙的学说几乎没有强调第 109 条与第 107 条适用范围之间的区别[42 - 43]。尽管司法见解相对丰富，但仅限于第 109 条特别是其第 2 款，该条文适用于第 107 条不包括的"其他"对象，并没有准确地确定哪些对象，没有质问法律的意图、法律的制度以及（特别是）其刑事政策目的是否允许或强加这一点。

第 1002 节　Damião da Cunha 最近提出对第 109 条——尤其是对其第 2 款——的解释，该解释在根本上允许区分该条文的适用范围和我们在第 107 条中看到的适用范围，同时可在一个协调一致的制度中构思它，此外，该条文与第 107 条所指的丧失形成鲜明对比[44]。

基本思想是，第 109 条所指的"不属第 107 条所规定的"对象——犯罪工具和犯罪所得——，应以不遵守第 107 条第 1 款最后部分所载的限制性要求的对象为准，换句话说，那些**不应该被视为危险的**对象。这将导致以下理解（与第 107 条的情况不同）：如行为人不能因事实而被追诉或被判有罪，则目前涉及的丧失不会发生，又或更严格地说，丧失仅应作为行为人被判处一刑罚之后果（在任何情况下，均为非独立之后果）；绝不可征用善意第三人的非危险对象；最后，国家可以用其价值（价值的丧失）替换对象，因为不涉及对象的危险性。

所有这一切都会直接得出这样的结论：与第 107 条和第 108 条所规定的制度的情况不同，第 109 条所规定的丧失将构成一项真正的、与行为人的*罪过*不可分离地联系的（以及受其限制的）**附加刑罚**[45]。

第 1003 节　从教条和建设性的角度来看，这一观点是无可指责的，应当受到欢迎，但它在某一关键点上提出了最终导致其被抛弃的刑事政策观点中最根本的保留。

这一点在于，不可能找到任何刑事政策意义来命令**非危险**对象的丧失。

---

[42]　明确持这一意见的，见 GONÇALVES, M. Maia art. 109.° anot. 4。无论如何，当这位学者声称第 109 条规定的是"避免违背第 107 条"时，我们不能理解第 109 条注释 2 指的是什么。持批判性意见的，亦见 CUNHA, J. Damião da, cit. 8, em nota。

[43]　这一问题很快就被 1963 年总则草案的修订委员会忽略了，尽管已经以与现行法律完全相同的方式被提出——根据第 103 条 § 2.°的规定，见 *Actsa PG* II 206 ss。

[44]　关于这一段的后续内容，见 CUNHA, J. Damião da, cit. 7 ss。

[45]　因此，上述关于丧失利益的法律性质的学说与奥地利对有关《刑法典》§§ 20（*Verfall*）e 26（*Einziehung*）所主张的学说基本一致。仅见 TRIFFTERER 495 s.，PLATZGUMMER, *WK* § 20 n.° m.1, 4 及 PALLIN, *WK* § 26 n.° m.1 和下文第 1014 节。

从预防的角度来看，不存在一个显要的目的：无论是因为在有关对象中不存在实施新罪行的任何特定能力，还是因为社会安全不会因维持交易对象而受到威胁，所以不会因为这种维持而引起任何社会恐慌。甚至可以说，在不妨碍罪过的抵偿不构成刑罚之正当目的之思想下，从危险性的角度宣告丧失无害的对象（用于伪造的钢笔、发生强奸行为的房屋），在任何情况下都不能作为与罪过的抵偿有关的*报复*思想的结果，其只能在限度内被视为一种超出塔利奥尼式（taleónica）报复的体现，被视为以报复名义对犯罪恶果产生的无故罪恶的影响。基本上，从形式和范围来看，所涉及的是残酷和不必要的刑罚的新版本，即并非对附加刑更强烈的思考所能支持的版本以及在任何情况下根据《葡萄牙共和国宪法》第18条第2款的规定*违宪的*版本。

另一方面，在所分析的观点中，我们不能理解为何第109条将犯罪所得的*报酬*和*利益*之丧失——这一丧失可能与预防角度上的一种必要惩罚相同，正如接下来会看到的一样——以及非危险的犯罪工具或犯罪所得的对象之丧失，依附于同样的制度。

第1004节　第109条所载的刑事政策本质似乎只有通过以下思想才能体现：该规定具有因符合罪状的不法事实所产生的**任何财产利益丧失**之主导作用（即使不是*专属的*作用）[46]；赋予"利益"一词（与第109条第2款所使用之狭义相反，这一条文将"利益"一词与犯罪有关之对象、工具、所得及权利并列）**宽泛之含义**，包括给予或承诺给予行为人之报酬，以及*犯罪所引致或透过犯罪而获得之全部或任何财产利益*。

跟工具和所得有关的丧失制度与跟利益有关的丧失制度之间的区别在很大程度上是有其合理性的。首先（尤其是），因为该制度的**刑事政策依据**在两者之间是不同的，即使两者都是基于——正如不能不这样，鉴于刑事性质的制裁工具——预防方面的考虑。工具和所得涉及因其适合实施犯罪而产生的直接危险性。不同的是，利益主要涉及**总体预防犯罪**的目标，与"'犯罪'不予抵偿"（«o 'crime' não compensa»）这一旧的却不是最不值得尊敬的概念相联系。我们想要重申的观点与符合罪状的不法行为的具体

46　正如这里所说，但这一解释与第109条的案文不符，见 LEAL-HENRIQUES, M./SANTOS, M. Simas I 545 ss。

行为人（*特别或个人预防*）及其对整个社会的反映（*一般预防*）有关，但在后一方面，保安处分应反映在加强法律规定的效力这一层面上（*积极的一般预防或融合的一般预防*）。德国学说——关于与 *Verfall* 相同的制度——在谈到必须"消灭非法获得的财产"以及因此国家"不容忍不合法财产状况"时提出的刑事政策罪思想也类似这样，起作用的是"恢复符合法律利益规则"[47]。

第1005节　初看起来，将丧失利益作为刑事措施的规定似乎是荒谬的：原则上，它自动来自**民事责任**的规则（尤其是以*实物返还*的形式）。然而，实施这一措施有两个理由。一方面，受害人得放弃弥补，而不提出有关请求；在这种情况下，上述一般及特别预防之目的为宣告丧失提供独立之依据。另一方面，在有些情况下，利益的范围超出了受害人受到伤害的范围，产生的问题是，利益之丧失应在多大程度上作出（下文第1009节）。但是，不管这一点如何，这里也有一个针对丧失的独立空间和独立理由。在任何情况下我们均不得不承认，只要有与刑事诉讼有关之民事请求，可能宣告丧失利益之情况极少[48]。

第1006节　因此，有别于在失去工具和所得中所发生的情况（第981节），利益所体现的"对象"在此可以具有**物**的形式和**权利**的形式，以及包括**使用收益**或**避免支出**[49]（这是一个广义的含义，应对第109条第2款所载之列举内容作出解释）。例如，为着第109条的规定之效力，使用一辆汽车作为受贿的结果即构成"利益"。

只有在第109条第2款及第3款中提到"**因犯罪而直接由行为人取得**"**的工具及所得**时，才应确定——如果有的话——要赋予的含义。初看来，唯一可能的解释（真正"纠正性的"解释，但在任何情况下是限制性的及因此是有利的解释）似乎是，这里所涉及的是一种令人遗憾的立法者惯例，以便特别表达以下规则：在葡萄牙的刑事法律制度中，根据上述一般预防和特别预防的目的，符合罪状的不法事实不能给行为人带来**任何种类**的利

47　这些表述源于 MAURACH/ZIPF § 61 n.° m. 15 及 JESCHECK § 76 I 1。而在我们当中，几乎用 Jescheck 的表述来形容的，见 LEAL-HENRIQUES, M. /SANTOS, M. Simas I 545。

48　一般德国学说也持同样的观点，当中可见 JESCHECK § 76 I 3。

49　确实表明这一含义的，见 JESCHECK § 76 I 2，他指出，应涵盖任何"财产利益"，"简言之，按照德国《民法典》§ 812 I 的规定，任何所有可属于得利主张之对象"。持不同观点的，见 PLATZGUMMER, *WK* § 20 n.° m. 2，其支持奥地利的主要理论："只包含有形的金钱或对象。"

益。考虑到法律的精神、解释者应推定"立法者总是确立最正确的解决办法"的规则以及其他解释可能使该规范不符合宪法（见上文第 1003 节），我们看不出对第 109 条第 2 款及第 3 款的规定之理解为何要有所不同。

然而，也许可以在理解这一款法律规定的文字内容方面再迈出一步：立法者在此必须考虑到，在某些情况下，某些犯罪工具和犯罪**所得在行为人取得时**，不被视为第 107 条制度内所指的对象，而被视为第 109 条制度内所指的利益。因此，在上面的例子中，汽车使用之提供可以被视为贪污罪的工具（甚至所得）；但当行为人取得该工具时，该工具即成为利益。因此，最终应在第 109 条第 2 款和第 107 条第 3 款提及工具和所得时给予一些独立的有用内容，而不质疑第 109 条所体现的并与第 107 条相矛盾的中心思想：在该内容中仅考虑（但也考虑*所有*）行为人从犯罪所得的利益之思想。

2. 前提和制度

第 1007 节　这里提出的第一个难题是，第 109 条规定的丧失利益的制度前提是不是——正如我们在第 107 条和第 108 条中所看到的——行为人实施的一项符合罪状的不法事实；或者，不同的是，在字面上是否应该有实施犯罪的法定要求。如果我们与 Damião da Cunha 一起得出结论，现在所涉及的措施是一项真正的附加刑，那么问题就会得到解决，只有第二个答案是正确的。另一方面，正确的是，在此缺乏第 107 条中使人绝对信服不必存在一项犯罪的论点："即使不能对某一特定人进行刑事追诉或判罪"，这一措施亦可发生的论点。同样正确的是，在第 109 条的情况下，这一措施的目的并不像第 107 条所指的情况那样阻截对象的危险性，而是重申该规范的效力以及对因最终认定规范之违反"可抵偿"而可能产生的社会恐惧作出响应；对因最终相信"可以弥补"的违反法规可能引起的社会警觉作出响应；仅以个人恐吓之目的作为补充。

然而，尽管如此，完全有悖于这一措施的目的的是，这一措施不会发生仅因为行为人是不可归责者，又或即使是可归责者却在作出行为时并无过错。在这些情况下，由实施一项符合罪状的不法事实而产生的收益应被撤销，并恢复符合法律在财产上的利益秩序，因此，结论是，实施一项符合罪状的不法事实（而不是"犯罪"）——事实上，完全相当于我们在第

985 节中指出的丧失与特定人有关的工具或所得的情况——是丧失利益的前提[50]。

第 1008 节　我们从所陈述的内容中可得出以下结论：丧失利益不必与罪过或其程度有任何关联[51]。但是，根据**适度**原则，它必须与所犯的符合罪状的不法行为的严重程度相关。因此，这是适用利益丧失的另一个（宪法规定的并因此不可放弃的）前提：经司法认定存在不适度后，或者不得宣告利益之丧失，或者可宣告利益之丧失，但只针对仍然与所犯罪行的严重程度维持比例的利益。

第 1009 节　难以解决的问题（但几乎是最重要的问题）是，丧失是指直接取得的利益，还是指间接取得的利益。例如，行为人将通过一项犯罪获得的财产利益用于在赌场内赌博或进行证券交易，因此获得了一笔财富。

第一种选择似乎是符合法律意图和目的[52]。一方面，法律在第 109 条第 2 款中明确指出"透过犯罪而*直接*由其行为人取得之对象、权利或利益"，这一切足以使人相信，这一解释在第 109 条的整个适用范围内是有效的。另一方面，如果接受丧失间接利益，那么在完全没有法律标准的情况下，就不知道应该停止链环（elo de cadeia）中的哪一环节；这会造成不安全和不明确的状况发生，从而使解决方案（对罪犯不利的解决方案！）在个人的权利、自由和保障的角度上是无法容忍的。最后，关键的是，在可能的兑换或交易环节中丧失利益，不仅是不公正的解决方案，也是不必要的解决方案，因此绝不能成为刑事制裁措施的目标。

我们可能认为，这一制度的预防效力在某种程度上受到丧失对直接获得的利益的根本限制。如有此理解，则须对现行法律作出变更，而将来之法律应安全准确地界定可宣告丧失的兑换或交易环节[53]。

50　普遍德国学说有关 *Verfall* 遵循这一方向，当中可见 JESCHECK　§ 76 I 2 及 MAURACH/ZIPF § 61 n.° m. 16。

51　持反对意见的，见 CUNHA, J. Damião da, cit. 9 s.，他指出，与罪过的关联是一种加强了对作为附加刑的丧失利益的考虑的情节，因为它不具备第 65 条（以及《葡萄牙共和国宪法》第 30 条第 4 款）所禁止的"自动"性质。

52　关于此方面，见 CORREIA, Eduardo, *RDE 3* 1977 19，根据 1976 年《葡萄牙共和国宪法》。奥地利学说亦表达了文中的含义，见 PLATZGUMMER, *WK* § 20 n.° m. 3。

53　在此方面，见 1991 年草案第 111 条第 3 款，这一草案规定以犯罪利益作出的"首次操作"中所取得之利益之丧失："以上两款规定适用于通过与因符合罪状的不法事实而直接获得的权利、对象或利益作交易或交换而获得的权利、对象或利益。"

第 1010 节　　利益的丧失是针对作出符合罪状的不法事实之行为人（**正犯和共犯**），**而不是针对第三人**的**强制性**命令。然而，正如我们所看到的，在作出事实的工具和所得的情况中，原则上是指第三人也会遭受工具和所得的丧失，但第三人只有获得赔偿的权利（无论在构成权的层面中可争论的是什么），但在利益的情况中，原则上情况是完全相反的：不会宣告丧失，尽管行为人应——这在学说上被称为**代用物价值之丧失**（**perda do sucedâneo em valor**）——"在不影响被害人或第三人权利的情况下向国家支付相应金额"（第 109 条第 3 款）。

此外，在利益**"不能直接转移予国家"**的情况下，类似的制度将适用于具有给予或承诺给予犯罪行为人的补偿形式的利益。根据第 109 条第 1 款第二部分的规定，丧失反映着"国家拥有要求收取或被迫支付有关补偿之人支付相应金额之权利"（代用物价值之丧失）。

第 1011 节　　如果根据第 12 条某人以他人名义作出**刑事行为**，则利益之丧失仅对符合罪状的不法事实之行为人产生这一原则的*例外情况* 就会出现。在这种情况下，第 109 条第 4 款规定，"如犯罪补偿及犯罪所带来之利益有利于以作出有关事实之人之名义而取得之人"，则根据所陈述的对此人宣告丧失[54]。我们可提出的问题是，根据第 12 条的规定，这类规定是否变得必不可少？然而，一个肯定的答案似乎是有必要的[55]，因为这一规定只规范了以他人名义行事的人的可处罚性，而未规范以其名义行事的人应产生的任何法律后果。

例子。甲的会计为其公司提供的税务欺诈利益，或乙的雇员通过诈骗提供给其公司的利益，或未成年人丙的代理人通过滥用信任给予其公司的利益，均会宣告丧失。

第 1012 节　　当利益反映（**由第三人**）**承诺给予**犯罪行为人之**补偿**时，利益之丧失仅对事实之行为人产生的这一原则之（可立即理解的）例外情况就会出现[56]。然而，只有在某一承诺并未使承诺人成为共犯的情况下才会出现这一例外；在此情况下，显然，承诺人不能被视为"第三人"。

54　德国《刑法典》第 73 节 III 作出类似的规定。

55　1991 年草案似乎另持一种意见，因其没有包含与现行《刑法典》第 109 条第 4 款相符的规定。

56　这样的含义，亦见 LEAL-HENRIQUES，M．/SANTOS，M. Simas I 546 s．

第 1013 节 利益、对象之所有权或有关权利之丧失一经宣告，即在裁判转为确定后**转移予国家**。然而，与丧失工具或所得的情况不同，正如我们所说，第三人的权利仍然存在，不论第三人是否应被视为善意。

3. 法律性质

第 1014 节 在前面提到的丧失利益制度之后，我们可以得出结论认为，丧失利益也不应被视为一项附加刑，而应被视为一项**与保安处分性质类似的处罚措施**。类似的含义至少是，其目的是预防未来犯罪的实施，并向行为人和大众表明，在实施一项符合罪状的不法事实的情况下，均须恢复符合法律要求之利益秩序；因此，这种恢复会在完全不取决于行为人是否有罪过的情况下出现。

它类似于德国学说中所阐述的主要方向[57]。即使亦有人——类似于我们在第 1000 节中看到的在丧失工具和所得中所发生的——希望在制度中区分附加刑的性质与非刑事处分的性质，视乎所面对的是事实还是获得利益的人的情节[58]。然而，奥地利的主要学说则认为该制度是一种附加刑[59]，正如我们所看到的与我们当中的 Damião da Cunha 所主张的一样。

四 支付方式

第 1015 节 如丧失非以实物发生，或意味着以任何方式导致须以损害赔偿或相当价值支付款项，则适用第 110 条规定 "第 46 条第 5 款和第 6 款对罚款处分所规定的制度"。我们知道（见上文第 160 节及其后续节数），一方面，这意味着基于债务人之经济财政状况，法院得许可在不超过 1 年之**期间**内作出支付，或容许**分期**支付（最后一期不得超过在宣告灭失之日后的 2 年）；另一方面，在上述限制及嗣后出现之理由显示有需要时，最初确定的支付期间和计划可以修改；此外，欠缴任何一期罚金者，各期罚金同时到期。

第 1016 节 要解决的问题可能是，考虑到个案的特殊情况，对于义务人来说，代替以实物丧失的财产债务是否不能表现得**过于严厉**，因此，从预防的角度来看，

57　当中，见 JESCHECK § 76 I 1；ESER, *Sanktionen ...*, cit. 89 ss.，284 ss.；SCHÖNKE/SCHRÖDER/ESER 在 § 73 n.° m 19 之前。

58　见 MAURACH/ZIPF § 61 n.° m. 15。

59　见 PLATZGUMMER, *WK* § 20 n.° m 1 及 TRIFFTERER 495 s。

这些债务（部分地）是不必要的。有一些制度对这一问题（例如德国的《刑法典》第73c节）作出了肯定答复，从而使法院能够衡平地减少甚至放弃这些义务（奥地利《刑法典》第20节III）。因此，在此这是一个制度的安全阀，以遵守不得不受拥戴的处罚必要性原则[60]。

60　第1991年草案第112条第2款遵循这一含义，根据这一条款，"经考虑有关人士之社会经济状况，如显示上条第4款之适用属不合理或过重者，法院得衡平减轻该规定所指之价额"。

第十八章 刑事记录和恢复权利

BUENO ARÚS, *La rehabilitacion…* 1977.

BUENO ARÚS, *Una nota sobre la rehabilitacion…* 1977.

BUENO ARÚS, La cancelacion de antecedentes…, *Rev. Fac. Der. Complutense* monográfico n. ° 6 137 ss.

CERQUETTI, *Gli effetti penali della condanna* 1990.

COSTA. A. M. Almeida, *O Registo Criminal* 1985.

DELAQUIS, Begriff u. Wert d. Rehabilitation, *ZStW 27* 1907 36.

DÜNNEBIER. Möglichkeiten d. Rehabilitation…, *JZ* 1958 713.

ECKLEBEN, Das Strafregisterwesen im Ausland, *Materialien* X 1959.

F. I. P. P. *Casier judiciaire et réhabilitation*, Actes des Journées de Neuchâtel 1979.

FRISOLI, Appunti sulla reabilitazione…, *RltalDP* 1950 544.

GÖTZ, *Das Bundeszentralregister* [3]1985.

GRANATA, La essenza giuridica e sociale della reabilitazione, *GiustP* 1960-II 594.

HAFFKE, Hat das BZRG eine Konzeption?, *GA* 1975 65.

HARTUNG, Der Stand d. Rehabilitationsfrage, *Mezger-FS* 1954 503.

KOHLRAUSCH, Rehabilitation, *ZStW 41* 1920 184.

LARIZZA Effetti penali…, *NDigIt* IV 1990 203.

LE POITTEVIN, *Le cassier judiciaire* 1907.

MARSANGY, *De l'amériolation de la loi criminelle*, l[a]. partie 1864 648.

PETERS, Rehabilitierung Straffälliger, *Verh. DJT II/G* 1958 3.

PIOLETTI, Casellario giudiziario, *NDigIt* II 1959 982.

SANTORO, Reabilitazione…. *ScP* 1964 94.

SCHELLHOS, Rehabilitation…, *KKW* [2]1985 357.

SCHOTTELIUS, Rehabilitation.... *Materialien* II/1 149.

第 1017 节　在刑事记录中记录任何刑事定罪都是犯罪的结果或后果，这是无可争议的。另一方面，恢复权利制度——在法律技术意义上采纳不具广义的表述[1]，作为使不法分子社会化的同义词，恢复权利制度是为了在整个刑罚和保安处分中（至少以可能的形式）提供积极的特别预防——与该记录有着千丝万缕的联系。因此（以及由于《刑法典》在第 130 条中明确提及刑事记录，在第 70 条中明确提及恢复权利），这些问题在法律上——正如我们在第 15 节中已经预告过——属于犯罪的法律后果学说。另外，在随后的研究中我们也可以看到，这些制度中的任何一个至少不能全部被定性为*刑罚*或*保安处分*的概念。因此，我们有理由从系统的角度出发，把刑事记录和恢复权利的考虑纳入我们现在会讨论的"特殊性质的制度"中。

这种考虑应以第 130 条所指之现行"特别法例"为基础，该等法例亦为 1 月 25 日第 39/83 号法令。这个问题最近才出现——正如不经意地多次注意到——在 5 月 21 日的第 12 / 91 号法律中。然而，根据第 45 条第 1 款的规定，其生效仍在等待为其制定起草的法令的公布，但直至目前尚未公布。无论如何，我们要强调的是，在第 39/83 号法令中，主导有关制度构思的教条和刑事政策大原则，实际上在不变的情况下已经移转到第 12/91 号法律中。

一　刑事记录：历史和刑事政策的演变

1. 概念和目的

第 1018 节　简而言之，刑事记录是国家司法机关作出的**具有刑事性质的裁判的汇集**。

第 1019 节　在考虑提及个人的所有犯罪前科时，刑事记录无疑是**刑事司法适当运作**的重要工具：不仅在刑罚的确定及量刑方面（尤其是刑罚的选择），而且在由实际履行判决所引致的权利禁止方面；不仅是在物理层面上，而且在诉讼程序层面上，当中，对犯罪前科的认识可对各种不同的效力起到重要作用——从适用诉讼强制措施之效力，至人证或嫌犯之声明之

1　关于恢复权利的概念，见 COSTA, A. M. Almeida, *Polis 5* 252 s, F. I. P. P., cit. passim 及下文第 1045 节及其后续节数。

可信性之效力以及事实实施之证明本身之效力。

为其他目的（如获得就业或担任某些职务）而允许查阅登记内容，也会使登记在**防范累犯危险方面起到**重要的**社会保护**作用；即使正是在此方面，它变成了一种在刑事政策上令人怀疑和争论不定的工具，尤其是从社会化的角度来看（见下文第 1023 节）。

此外，它也是**犯罪学研究**和**司法及刑事统计数据**编制方面最重要的因素之一。

2. 历史渊源和演变

第 1020 节　考虑到大多数国家的情况，现代的记录继续以 1848 年由 Boneville de Marsangy 提出的法国**刑事记录**（**casiers judiciaires**）模式为基础[2]。这一制度的运作有五个方面。

（1）判罪法院或宣告任何须记录措施的部门书记（*greffe*）送交检察长一份载有被针对之人的身份数据的报表以及对案件和处罚的简要叙述。

（2）经检察长检查后，将报表送交嫌犯之*出生地*法院；如无法确定嫌犯之住所或出生地，则将之发还判罪法院，存放于专门设计的"间隔"内；将有关无法确定住所的外国人的报表进行分类。

（3）每一民事法院的书记按 Gisquet 在警方记录的建立中所采纳的公告（*bulletins*）模式以字母顺序编排有关记录（犯罪记录），当中登记与在有关地区出生之被判刑者之资料。

（4）刑事记录包含巡回法院、轻罪、军事和海事法院的定罪、纪律措施、破产之宣告和（包括破产和定罪的）恢复权利。

（5）至于犯罪前科的内容，不仅法院、警察和其他公共当局，而且任何私人实体或个人均可在平等的基础上取得并查阅；这一数据不受任何限制，涉及在为此目的而专门设计的一份证书中全文抄录有关人士的资料（*bulletin n.° 2*，不同于组成刑事记录本身的 *bulletin n.° 1*）[3]。

第 1021 节　在法国由 1850 年 11 月 6 日第 1 号通告建立的上述方案值得**普遍接**

---

[2] 关于现代刑事记录的前身，见 LE POITEVIN, cit. 21 ss. , 28 ss. 及 COSTA, A. M. Almeida, cit. 3 – 85 e 87 ss. 及 *Polis* 232 ss。关于刑事记录的原始制度，见 MARSANGY, «De la localisation au greffe de l'arrondissement natal des renseignements judiciaires concernant chaque condamné», cit. 648 ss。

[3] 关于刑事记录制度的详细特征，见 LE POITEVIN, cit. 36 ss. 及 De VABRES, *Traité elém. de dr. crim.* 516 ss. ；以及我们当中，见 COSTA, A. M. Almeida, cit. 94 ss。

纳。意大利于 1865 年、德国于 1882 年、比利时于 1888 年以及奥地利和丹麦于 1897 年在稍作修改后确立了这一方案。在我们当中，其接纳发生于两个时间：1863 年在海外，1872 年在非洲大陆和邻近岛屿[4]。

第 1022 节　除了犯罪记录初步计划的细节方面外，不同国家在登记惩戒方面的**演变**几乎是统一具有双重含义的[5]。首先，在服务的机构和技术组织的轨道上，分散在多个区域文件中的数据**集中**在国家层面上的单一犯罪前科中；在最近的改革中，整个领域的*计算机化*得到了加强。另一方面，在实体法层面上，为了减少对被判刑者的污名化并实现促进他们重新融入社会的特别预防目的，**对犯罪前科的取得**作出了重大**限制**；不论是关于曾经被容许取得之实体，还是关于已获提供之数据之内容[6]。此外，对这一限制的强调构成了第 39/83 号法令[7]（并由第 12/91 号法律维持）对我们之前的法律所承认的刑事政策目的。

第 1023 节　因此，我们触及了这一制度在刑事政策上最具争议的一点[8]。当然，根据《葡萄牙共和国宪法》第 30 条第 3 款的规定，并为着其效力，这不是一种"对刑罚的必要效力"，因为这一效力产生的自动性导致实质违宪；甚至因为记录本身在法律上并不会导致"丧失任何公民、职业或政治权利"。但无可争议的是，刑事记录在为刑事司法和调查适当运作以及司法和刑事统计之多种目的而容许其查阅之部分——简言之，尤其是为取得就业及填补某些职务而提供之部分——，很大程度上会产生与刑事定罪相关的不可避免的却是刑事政策上不可取的关于**诽谤**和**污名化**的影响。

因此，这里可以提出的问题是，为什么法律为上述目的不规定单纯**禁止取得记录**[9]。我们一直给予的回答[10]是，存在着在一定程度上要求知悉记录的社会保护要求，即使不属于刑事司法体系的第三人知悉亦然；除此之

---

[4]　关于在葡萄牙发生的历史沿革，见 COSTA, A. M. Almeida, cit. 105 ss., 114 ss。

[5]　JESCHECK § 87 I 2 将这一双重含义视为 1971 年关于刑事记录的德国法律（在 1984 年已被修订的法律）所追求的目标。

[6]　关于详细叙述直至目前的刑事记录的演变，见 COSTA, A. M. Almeida, cit. 124 ss. 及关于比较法，同上，155 ss。

[7]　见相关报告；以及，在此方面，亦见 LEAL-HENRIQUES, M. /SANTOS, M. Simas I 667。

[8]　Neuchâtel 座谈会的某些参与者非常强调这一点：见 F. I. P. P., cit。以及同一方面的见 HAFFKE, cit. 65 ss。

[9]　坚持这一立场的，见 HAFFKE, cit。

[10]　关于这一问题，见 DIAS, J. de Figueiredo, em：F. I. P. P., cit. 49, 51 ss。

外，比起在不能取得前科的情况下利用私人调查或者透过公开或匿名的声音或猜疑，可取的是雇主可信地知悉（仅限于相关部分）求职者的前科。

这一论点在一定程度上——即使我们必须对这一论点感到遗憾——是有道理的。由此可见，在采取这一具体措施（但仅限于该措施）的过程中，绝对不应禁止为私人目的而有限制地取得记录。但也可以得出结论认为，这一制度对主导刑事政策建立的目的之适当性所要求的是，有关资料的查阅及内容**严格限于必要的范围**，为了避免再次阻碍罪犯融入社会，尤其是使他们更难进入劳动力市场。此外，有法律为占有某种性质的职位或为行使某些权利或活动规定了专门刑事记录（registo criminal branco）的这一事实，其合宪性显得太过难以令人信服，但在此情况下与刑事记录的学说并无抵触。

二　刑事记录的法律性质

第 1024 节　因此，在把罪犯的社会化作为刑罚的目的的法律秩序中，对这一问题的规范必须以寻找该目标与面对可能的累犯危险的社会防卫要求之间的中间点或**实际求同**（**concordância prática**）为特征。然而，在展示记录规则的多方面关于这种观点的正确发展前提是，预先解决一个问题，即这一制度在刑法制度中的地位以及确定其法律性质。

第 1025 节　除了关于保密方面，将具前科的被判刑者（ex-condenado）的前科加载到数据库中*本身*并不具有任何刑事政策意义。这个问题只是为了*使用*这些要素而提出。简言之，记录的法律性质问题只涉及**获取**其内容。在这一领域，似乎需要把三个大方面分隔开来[11]。

第 1026 节　首先是法官、检察官和警察获取刑事记录之方面，以*准备和审判刑事诉讼*。在此情况下，记录所产生的数据旨在显示嫌犯之前被判罪之存在性，作为适用量刑、累犯、相对不定期刑或保安处分的规定的事实前提（此外，正如我们所说，还有不同的诉讼法律效力），并构成一个真正的**证据方法**。因此，不仅规范记录的规定具有刑事诉讼规范的实质性质，

---

[11]　在刑事记录的法律性质方面所阐述的立场基本上与 COSTA, A. M. Almeida, cit. 247 ss. e em *Polis 5* 240 ss. 的立场是一致的；在这方面，还可以批判地参考过去就所讨论的问题提出的其他观点。

而且应认为为司法目的而对犯罪前科进行取消构成真正的*证据禁止*[12]。

第 1027 节　其次，出现的情况是，获取的目的在于查明是否存在法律或法官在判决中命令的在职业上的无能力或禁止。表面上看，记录在此也具有证据方法的性质。然而，其完全隶属上述禁止运作所提出的要求（例如，所通知的信息内容及取消的期限），赋予其仅仅是一份*技术性文书*的性质，其本身没有刑事法律上的独立意义，因此属于纯**工具**的性质。在作出必要的变更后，用于统计和科学研究目的的获取也是如此[13]。

第 1028 节　最后，应当指出的是私人和行政目的的获取。考虑到被判刑者由于其刑事犯罪前科的公开而产生类似社会问题，问题在于要知道在这方面记录的运作是否构成"刑罚"、"保安处分"或同类性质的手段。然而，将其定性为**刑罚**或类似制度是不合理的。这样的定性是承认立法者在规定获取时追随补偿过错的目的；这在现行法律框架内明显是没有根据的结论，并旨在减少犯罪前科产生的污名影响。此外，同样的理解也相当于将为私人及行政目的的获取定性为真正的"诽谤性刑罚"或"有辱人格的处罚"，根据法治模式这在刑法制度中属不可接受的解决办法，而且，我们当中，根据《葡萄牙共和国宪法》第 25 条第 2 款的规定，必须将其视为不符合宪法的解决办法。最后，要强调的是，定性为刑罚还意味着不得获取与不可归责者有关之资料。

从刑事记录中排除任何对过错的补偿的目的，有关的获取仅以"消极的"特别预防的理由为依据，也就是说，以纯粹是为了保护社会免受将来重复犯罪的危险（从累犯高发率的证实中得出的危险）为依据。因此，它属于一个与**保安处分**性质相似的制度，有关规则应尽可能服从必要性、补充性及适度原则。

第 1029 节　根据以上陈述，刑事记录具有**混合或复合的性质**。根据其运作所依据的目的，刑事记录具有*证据方法*的性质，获取刑事记录须遵守刑事诉讼程序的原则；具有辅助其他概念的纯*实质手段*；或具有与*保安处*

12　持类似意见的，见 SANTOS, J. Beleza dos, *RLJ 71* 372；以及与文中的含义相同的，见 COSTA A. M. Almeida, cit. 249, 377 ss. 但在未来法（*de iure condendo*）上这一问题在德国学说中得到了深入的讨论，仅见 HAFFKE, cit. 76 ss., GÖTZ, *JZ* 1973 496 ss. 和 *GA* 1973 196；以及，为获得更广泛的数据，见 JESCHECK § 87 IV e nota 10。

13　COSTA, A. M. Almeida, cit. 250.

分性质相似之手段。这是审议其规则各个方面时应遵循的总框架。

三 刑事记录的法律制度

1. 刑事记录的内容

第1030节 与某些国家的情况不同，葡萄牙的刑事记录只包括刑事判决。根据第39/3号法令第3条的规定：

—— 涉及犯罪之有罪裁判，可处以徒刑之轻微违反之有罪裁判，或者累犯时可处以该刑罚之有罪裁判，以及科处保安处分之裁判，决定保安处分之复查、暂缓执行或者决定废止保安处分之暂缓执行之裁判，以及关于患有精神失常之可归责者之裁判或关于驱逐不可归责的外国人之裁判（第3条d及f）

—— 起诉批示或等同批示以及有关废止（第3条a及b）

—— 在有起诉批示或等同批示时宣告无罪（第3条c）

—— 准予或拒绝引渡的裁判

—— 废止有条件的暂缓执行徒刑及考验制度，以及许可或废止假释、恢复权利及注销登记之裁判（第3条f及h）

—— 所谓的赦免权的所有表现，包括大赦（*amnistia*）、赦免（*perdão*）、特赦（*indulto*）和减刑（*comutação*）（第3条i）

—— 决定不将已作之判罪转录于刑事记录证明书之裁判（第3条j）

—— 对裁判进行特别再审之合议庭裁判（第3条l）

—— 徒刑及保安处分之开始、结束及暂缓执行之日期（第3条m）

—— 嫌疑人及被判刑者之死亡（第3条n）

第1031节 另一方面，要强调的是，记录/登记并不限于对来自国家司法机关的决定作出考虑，还包括那些纳入上述任何一类的、外国法院针对葡萄牙公民作出的决定（第1条第2款）。登记部门之间的信息交流[14]也是刑事领域国际合作的一种形式（即所谓的*法律援助*）：这一形式载于我国已经批准的1959年《欧洲刑事司法互助公约》，现在载于1月22日第43/91

---

[14] 关于欧洲层面的一项提案，见 SPIELMANN, *RScC* 1984 633。

号法令第 135 条第 2 款 f 项的规定[15]。

第 1032 节　葡萄牙法律将所谓的**未成年人特别登记**从"一般"登记中独立出来。在此，登记着适用或变更置于医疗心理或心理机构的措施及在再教育场所进行收容的措施关于未成年人监护法院的判决（第 23 条）。

2. 获取刑事记录

a) 获取及基本目的

第 1033 节　综合刑事记录运作的意义和目的，在这里是**相关法律制度的重心**。考虑到围绕个人的刑事犯罪前科的公开所产生的污名化及去社会化效果，一般而言，在比较法中观察到的趋势是将必要的数据控制在最低限度。为配合登记法律性质的目的，获取/查阅的维度亦随登记所依据的目的而有所不同。

第 1034 节　这样，当针对**司法目的**时，须让警察机关、检察院、法院及社会重返部门几乎完全查阅/获取有关文件的内容。根据葡萄牙法律，在此情况下，仅排除告知完全及*确定*恢复权利的判决及告知宣告无效的判决，以及告知作为补充、后果或执行的事实或决定（第 39/83 号法令第 16 条和第 13 条，这些条文与第 19 条和第 20 条有关）。虽然我们的法律并不提及它们，为司法目的亦应考虑撤销对已非刑罚化的违法行为所作的判决，但属"再审非常上诉"（«recurso extraordinário de revisão»）之情况除外（《刑事诉讼法典》第 449 条及其后续条文）[16]。

第 1035 节　其次是**为私人或行政目的**的获取/查阅。与许多法律秩序不同的是，葡萄牙法律没有规定公共和私人实体之间的任何区别。正如我们所说的那样，鉴于在此具有意义的是对罪犯的社会鄙视所造成的不良影响，与为诉讼预审及审判而提供之数据相比，有关数据之内容*明显有限*[17]。除个案中遗漏的事实外（第 39/83 号法令第 17 条第 1 款），所陈述的获取/查阅不包括：外国法院作出的裁判（第 39/83 号法令第 16 条第 2 款）；*临时恢复*

15　关于这一法令，见 ROCHA, M. A. Lopes/MARTINS, Teresa A., *Cooperação Judiciária Internacional em Matéria Penal* 1992 197 ss。特别是关于刑事国际合作的发展和模式及其在刑事记录方面的反映，见 COSTA, A. M. Almeida, cit. 169 ss. 及其已引的书目。

16　COSTA, A. M. Almeida, cit. 321 ss 以及特别关于以非刑罪化和死亡作为注销登记的原因，同上，361 ss。

17　JESCHECK § 87 III 1 认为，"第一阶段的恢复权利"是在这种限制下进行的。

权利包括的判决（第 39/83 号法令第 17 条 c 项和第 21 条）；起诉批示；在服刑满 6 个月后因轻微违反而被判罪；命令作出第 97 条职业禁止之裁判，但以该等禁止已届满为限；对罪犯判处最多 6 个月徒刑或等同徒刑的裁判，但以不伴随着禁止或无行为能力为限；准予或拒绝引渡的裁判；法律明文规定禁止之所有其他情况（第 39/83 号法令第 17 条 b 项、d 项、e 项、f 项和 g 项，以及第 22 条）[18]。

第 1036 节　在为私人或行政目的之获取/查阅方面，第 39/83 号法令第 17 条第 2 款（由 9 月 2 日第 305/88 号法令引入）订定一份专门用作提供信息以**获得公共或私人就业**之情况之证明书。在这种情况下，只有按照第 66 条、第 69 条和第 97 条的规定宣告公务员撤职及禁止从事职业或业务的判决，以及其补充或后果及登记之注销不产生效力的裁判，才须作出通知。然而，对于法律要求无犯罪前科的职位，不适用类似的制度；在此情况下，则适用上述指出的为私人或行政目的之获取/查阅的一般规定（第 39/83 号法令第 17 条第 3 款）。

第 1037 节　最后，要提及的是为**统计和科学研究目的**之获取/查阅。鉴于在此并不存在对具前科的被判刑者（ex-condenados）进行污名化的危险，在这方面，一般法律规定全*面*获取/查阅犯罪前科的内容，包括关于完全和最终恢复权利的判决本身、宣告为无效或涉及已非刑罪化的犯罪的判罪以及有关死者之资料。所有这些要素均在审议的层面中具有重要性[19]。

葡萄牙法律中没有关于科学研究方面的获取/查阅的规定[20]。在实践中，这一问题已由第 39/83 号法令第 13 – A 条解决，这条条文规定以下可能性：根据民事及刑事侦查中心提出的具理据的建议，司法部长有权决定，准许政府实体为有别于诉讼预审和审判之目的之获取/查阅。

b）可获取数据的实体

第 1038 节　前面我们已提到了获取/查阅登记数据的目的，现在要确定哪些实体可以直接获取/查阅这些信息。当涉及**司法目的**，第 39/83 号法令赋予法院和检察院的司法官、警察或其他负责调查司法程序之机关这一权

18　关于为私人和行政目的之获取/查阅，见 COSTA, A. M. Almeida, cit. 257 ss.；其在此指的是为获取/查阅刑事记录而进行新的"专门化"或"相对性"改革的困难，见 cit. 270 ss。

19　在此方面，见 COSTA, A. M. Almeida, cit. 356 s。

20　关于这一点的讨论见 COSTA, A. M. Almeida, *Polis 5* 250。

能（第 13 条第 1 款），并制定了两个技术程序：*请求资料*和*申请证明书*（第 9 条、第 13 条第 1 款及第 14 条）。而对**其他目的**，我们的法律只允许犯罪前科的"拥有人"本人、以其名义或利益证明这样作为的第三人，以及直系血亲卑亲属、直系血亲尊亲属、监护人或保佐人（当不在国家内或身体上不能作出行为的情况下）进行获取/查阅；在这种情况下，规定申请证明书作为唯一获取/查阅的方式（第 9 条 a 项和第 10 条）。排除参与诉讼调查或预审的可能性，根据葡萄牙法律，行政机关不能*直接*从刑事记录部门取得数据。

最后要指出的是，根据第 39/83 号法令第 13 条第 4 款，*外国外交或领事当局*"为刑事诉讼预审，可以在与本国主管当局相同的条件下申请刑事记录证明书"。在这方面，（由 9 月 2 日第 305/88 号法令引入的）第 13 – B 条规定，司法部"为 1964 年 2 月 25 日第 64 / 221 / EEC 号理事会指令第 5 条所载之目的，以及在相关国家实体相同的条件下，得许可欧洲共同体的成员国的官方实体要求获取关于犯罪前科的信息"。

c）未成年人的特别登记

第 1039 节　未成年人特别登记之规定不同，其内容仅可转录于未成年人监护部门、未成年人监护法院、执行刑罚之法院及社会工作部所要求之证明书。然而，如资料当事人在 16 年后实施故意之犯罪，而该犯罪被处 2 年以上徒刑或相对不定期刑，就未成年人登记所载资料之告知，须遵守取得刑事记录之"普通"制度（第 39/83 号法令第 24 条）[21]。

3. 刑事记录之注销

第 1040 节　注销刑事记录包括犯罪前科所载的某些元素**不能纳入所提供数据内容**的情况[22]。因此，注销体现着确定获取/查阅数据库的内容，并会根据文件获取/查阅的目的而改变其范围。

第 1041 节　在**比较法**中，作为注销登记之依据，一般须指出下列事实：*死亡*、*年龄*［不仅作为一个下限（即可以将与未成年人登记有关的登录分开之下限），而且作为一个上限（即触及犯罪前科应被注销的上限）］、*判决的*

---

[21]　关于这一点，见 COSTA，A. M. Almeida，cit. 319 ss. 及 355 s。

[22]　这被 JESCHECK § 87 IV 1 称为"恢复权利之第二层级"。

特别再审、非刑罪化、缓刑、考验制度、假释、恢复权利及赦免权[23]。从前面提到的获取/查阅途径可以看出，在**葡萄牙法律**中，注销登记的方式有三种。

第 1042 节　首先，**确定及绝对注销**之方式，除不可废止外，尚包括——除用于科研之资料外——对犯罪前科之一切及任何获取/查阅，而不论其预期用途为何。其中包括宣告刑罚无效的判罪、"恢复权利"的判决，以及法律规定宣告不产生效力的裁判；加上属其补充、后果或执行的事实或裁判（第 39/83 号法令第 19 条和第 20 条）。正如已经指出的，在本范畴内还应包括根据第 125 条的规定嫌犯或被判刑者死亡的情况，以及根据第 2 条第 2 款的规定就已非刑罪化的事实所作的裁判。在这些情况下，只有在判决中包含"再审之特别上诉"之目标时，才可作出该通知（《刑事诉讼法典》第 449 条及其后续条文，见上文第 1034 节）。

第 1043 节　其次，我们的法律规定了**确定注销**，但只有在**非司法目的的获取/查阅**范围内才是有效的。就对轻微违反的判处而言，在服刑 6 个月后，行为人再也没有犯刑事性质的违法行为，才会这样发生（第 39/3 号法令第 17 条 b 项）。

第 1044 节　最后，还规定一项**临时注销**；这一注销，除在有关人士实施新犯罪的情况下可废止外，仅对为非司法目的之获取/查阅产生效力。一方面，涉及判处初犯不超过 6 个月徒刑或等同刑罚（但伴随着禁止或无能力除外，见第 39/83 号法令第 17 条 e 项[24]）的情况；另一方面，涉及第 39/83 号法令第 21 条及第 22 条规定的临时恢复权利及在判决本身内宣告注销的情况。

四　刑法上的恢复权利

1. 历史和刑事政策的演变

第 1045 节　在其直接反映中，现今刑事法律上的恢复权利体现为一个

---

[23]　关于注销刑事记录的每一个原因以及在现行法和将来法上相关效力的详尽分析，见 COSTA, A. M. Almeida, cit. 359 ss。

[24]　将获取/查阅与保安处分的争议相比，并基于适度原则，合理地说明不将私人或行政目的的证明书中所载的最高 3 个月或相等徒刑的定罪转录，见 COSTA, A. M. Almeida, cit. 312 ss。

注销刑事登记的简单**原因**。然而，其仅仅指出这一简单效果的定义就会忽略这一形象的本质和主导有关规定的基本标准。

在法律的技术意义上，恢复权利是罗马法完全*恢复*（*restitutio in integrum*）的继承者，因此，恢复权利是使具前科的被判刑者恢复其**在判决前处于法律状况**的机制[25]。在实践中，恢复权利体现为因刑罚或附加刑的效力源于在履行主刑后的判罪关于禁止及无能力的（全部或部分）消灭。正如德国联邦宪法法院所指出的——Jescheck 跟随着这一法院的观点[26]——，在更广泛的层面中，恢复权利是载于根本法内的社会性原则所要求的一个社会任务。

第 1046 节　在过去，所述禁止具有有辱人格或诽谤性的性质，构成了所谓的*法律的耻辱*（*infamia iuris*）。其适用被视为对人的**"准道德"性质的判断**之后果，而这类人因被判罪而不得行使某些职位或权利［公民资格的贬低（degradação cívica）］。在我国 1852 年《刑法典》（第 52 条及其后续条文）和 1886 年《刑法典》（第 74 条及其后续条文）所规定的所谓刑罚效力中，这一意义仍然存在。作为结束这些刑罚效力的机制，对罪犯的*全面判断*——尽管以相反的含义——也是恢复权利的基础。换言之，恢复权利指的是重申被判刑人的**尊严**或**社会尊严**，以此作为其重新享有因有罪判决而被剥夺的权利的前提[27]。另一方面，如果公民资格的贬低呈现出永久的性质，那么恢复权利就具有*恩赐*的性质。

第 1047 节　强调特别预防的概念将会从根本上改变上述情况。基于这一角度的影响，在履行主要制裁后所确立的无行为能力不再反映社会上的不公或失格，而是基于**一种危险性**的概念。其确立符合追求"消极"特别预防的目的，换句话说，使罪犯丧失能力或无害（inocuização）：这种禁止剥夺了某些人行使被认为是可以预见实施犯罪的权利[28]。

这对理解恢复权利制度同样产生巨大变化。与结束禁止或无能力类似，其运作也从特别预防的考虑出发。作为导致有关消灭之措施，如果上述禁

---

[25]　请与 PETERS, cit. 3 的定义作比较："恢复权利指从法律上恢复被判刑人在法律界的社会形象。"

[26]　JESCHECK, cap. 6.

[27]　这就是 1799 年和 1810 年法国《刑法典》所规定的*公民洗礼*（*baptême civique*）仪式的象征意义。

[28]　意大利普遍学说亦持这一意见，当中见 MANTOVANI n. ° 220。

止的目的是*在作出必要的变更后*（*mutatis mutandis*）使恢复权利与罪犯的危险性相符，那么必须以该危险性的终止为前提，也就是说，要使个人重新融入社会。鉴于在形式上的法律层面表现为重返社会的反面，恢复权利失去了向其所赋予的"非诉讼"性质，使其成为所有已重返社会的前被判刑者真正的**主观权利**[29]。因此，其运作取决于出现法律规定的某些前提[30]。

第1048节　在这种情况下，我们必须理解在我们的法律秩序中[31]法定恢复权利和司法恢复权利之间的区别。在任何情况下，该制度的规定都是一项特别预防的基本原则。唯一不同之处在于为证明有关人士重返社会的实际情况而采用的**标准**：在第一种情况下，以最新的犯罪学研究为基础，法定恢复权利仅从在自由中长时间生活而不再犯罪之经过中推断出来；在第二种情况下，对前被判刑者重新融入社会之调查以个别方式进行，并在刑罚执行法院的一个特定和独立之程序范围内进行[32]。

2. 法定恢复权利

第1049节　第39/83号法令第20条对法定恢复权利作了规定，"在刑罚或保安处分消灭后**5年**内，如不再因犯罪而被判罪，则自动恢复权利"。

从上面引述的法规中可以看出两个基本要点。一方面，与一般法律不同的是，对法定恢复权利规定了一个（5年）**单一期限**，而不取决于所犯罪行的严重性和行为人的类型[33]。另一方面，法定恢复权利具有**全部**或**完整**的特征，包括在有关登记中所作登录的全部内容；这就是行为人在其之前5年的自由中没有犯罪这一一般要件的后果。这体现了确定性恢复权利的**一般原则**或**不可分割原则**[34]。

第1050节　此外，除**不可撤销**外（第39/83号法令第20条第3款），

29　这亦见 MANTOVANI n.° 220。

30　关于文中所指的刑法上的恢复权利的含义及其性质的演变，见 COSTA, A. M. Almeida, cit. 207 ss。

31　例如，亦在法国的法律秩序中见 PRADEL n.° 724 ss。

32　在这方面，广泛提及比较法的，见 COSTA, A. M. Almeida, cit. 217 ss。

33　批评我们法律中的这一解决办法，并建议根据所犯罪行的严重程度规定两个法定恢复权限之期限（5年和10年）的，见 COSTA, A. M. Almeida, cit. 336 ss., 368 ss。

34　见 BEKAERT, *RDPCrim* 1953/4 718 及 PRYZWANSKI, *Auswirkungen des Verhalt-und Verwertungsverbot des Bundeszentralregistergesetzes im Strafrecht*（Diss. Göttingen）1977 90；持同一见解的见 SANTOS, J. Beleza dos, *RLJ 71* 388 及 COSTA, A. M. Almeida, cit. 371。关于行为人在多项刑事判罪中的期间计算的后续解决办法，见 COSTA, A. M. Almeida, cit. 372 ss。

法定恢复权利还具有取消刑事记录的效力，而**不论要求提供数据的目的为何**（第 39/83 号法令第 16 条第 1 款和第 17 款）。不过，受益人不仅会被重新赋予行使其被剥夺的权利，而且会在新的诉讼程序中成为嫌犯的情况下被视为初犯。正如第 1026 节中所指出的，在这方面，法定恢复权利是一种真正的*证据禁止*。

第 1051 节　最后要指出的是，根据第 39/83 号法令第 20 条第 2 款的规定，法定恢复权利不能惠及个人关于判罪所引致的**确定丧失**（例如，犯罪对象或手段之丧失；对于因判决而解职之职位之丧失），不影响法定恢复权利对被害人或第三人所产生之权利，亦不会自动补正有关人士在无能力期间所作出之行为。简言之，这意味着，根据一种和平的理论，在我们当中，确定性的恢复权利只会产生不具追溯的效力（efeitos *ex nunc*）[35]。

3. 司法恢复权利

第 1052 节　一方面，第 39/83 号法令第 21 条对司法恢复权利**制度**的核心作出了规定。与先前的规定不同，这一规定可涵盖个人的全部犯罪前科，或只涵盖其中一部分犯罪前科。另一方面，当登记涉及案件的预审或审判时，并不会导致登记的取消，而只会阻碍为私人及行政目的之获取/查阅。此外，在因*故意*犯罪而再次被判罪的情况下才会自动废止恢复权利，只有在具备法定恢复权利前提时才会转变为确定性的恢复权利（第 39/83 号法令第 21 条第 1 款及第 3 款）。

第 1053 节　我们当中，根据 10 月 29 日第 783/76 号法令第 101 条及其后续条文所规定的以及经 5 月 30 日第 222/77 号法令及 7 月 24 日第 204/78 号法令（*刑罚执行法院组织法*）修改的"恢复权利之程序"的规定，宣告恢复权利的**权限**为刑罚执行法院所有。

第 1054 节　在实体法层面上，须同时具备两个**要件**。第一个要件是，在此期间，声请人的行为表现出可以合理地假设其已适应社会生活。第二个要件是，履行对被害人因犯罪而受之损害作出损害赔偿之义务，或证明不能满足该损害之义务（第 39/82 号法令第 21 条第 1 款及第 2 款）。

关于第一个前提，当要求利害关系人重新适应社会生活时，其意图是指其先前的行为必须保证在将来不再实施犯罪。这一内容在葡萄牙法律秩

---

[35]　COSTA, A. M. Almeida, cit. 227 e ss.

序中被视为刑事制裁追求的目的之"重新社会化",因此也成为宣告恢复权利的司法依据。

第 1055 节　有必要对第 70 条规定的司法恢复权利作出最后陈述。关于上述一般制度,司法恢复权利具有两个**额外的要件**,分别是有关禁止的性质和第 68 条第 2 款及第 69 条规范禁止所使用的法律技术。在这种情况下,必须要求在给予恢复权利时,不仅要考虑到个人重返社会的问题,而且要考虑到有关职务或职能的特别"尊严"或"尊重"问题。另一方面,规定自以主刑名义科处之制裁消灭时起计之最少 2 年期间,作为导致有司法恢复权利之前提。

考虑到第二个方面,根据 A. M. Almeida Costa 所主张及我们曾以批判性的方式认为的观点(第 229 节),恢复权利是《刑法典》中规定的附加刑规定的基石,其运作在某些方面与相对不定期刑类似:不受法官在判决中所定期间约束之附加刑,其刑期由最少 2 年——与司法恢复权利之期间相同——至最多 5 年——与法律恢复权利的时间前提相同——不等,其具体确定由执行刑罚之法院根据第 70 条规定的标准作出[36]。

---

[36]　关于第 70 条所指的司法恢复权利的条文,与文中含义相同的,见 COSTA, A. M. Almeida, cit. 212 s(esp. nota 383), 234 ss。

第五部分

处罚的积极和消极前提

BLOY, *Die dogmatische Bedeutung der Strafausschließungs-u. Strafaufhebungsgründe*
1976.

JESCHECK, Wesen u. rechtliche Bedeutung der Beendigung der Straftat, *Welzel-FS* 1974 682.

KAUFMANN, H., *Strafanspruch, Strafklagrecht* 1968.

VOLK, *Prozeßvoraussetzungen im Strafrecht* 1978.

第 1056 节　关于这一部分的阐述，是对第 111 条及其后续条文所规范的某些制度的考虑，这些制度最终构成实施处罚的积极或消极前提，即法律后果的适用或执行。当中，载有告诉及自诉作为积极前提，以及刑事程序和刑罚的时效及赦免权的表现（大赦、一般赦免和特赦）作为消极前提（"障碍"）。

第 1057 节　如果刚刚对有关制度的法律效力所作的定性是无可争议的，那么，它并不能完全解决——特别是被讨论的——其**法律性质**的问题，因此，不能完全解决**其在制度中的位置**的问题（关于此处涉及的问题，见上文第 11 节及其后续节数）。甚至可以说，面对诸如所述的具十分不同的目的论及刑事政策动机的制度，尝试在教条上和系统上将其变成单一类别的做法原则上是失败的。然而，当我们更仔细地分析时，合理的结论是，这里提出的教条上和系统上的问题本质上是相同的，其整体考虑在根本上是合理的。在上述任一情况下——即使最终将这些情况（或至少其中一些情况）定性为诉讼前提可能是合理的——，均有一种将这些情况与实体刑法关联的**具实体法含义的内容**。而不仅如此，虽然与事实学说（doutrina do facto）无关，但在法律后果学说中完全符合法律上的一项**具实体法意义的内容**。此外，尝试表现这一内容同样意味着为在系统阐述刑法的总则时对这一内容的处理提供理由。在任何情况下，这都不是一般做法，而是针对现正考虑的每一种制度的做法。

第十九章　处罚的积极前提：
告诉和自诉

ALLFELD, Antrag u. Ermächtigung, *VDAT* II 161.

BARNSTORF, Unwirksamkeit des Srafantrags, *NStZ* 1983 67.

BERGMANN, Zum Problem des bedingten Strafantrages, *MDR* 1954 660.

BOCKELMANN, Zur gesetzlichen Vertretung..., *NJW* 1960 1938.

CARVALHO, A. Taipa de, *Sucessão de Leis Penais* 1990.

COSTA, A. Campos, O Carácter Público da Acção Penal, *Sclvr 5* 1956 192.

COSTA, A. Campos, A Reforma Penal do Dec. -Lei n. ° 41 074, *Sclvr 6* 1957 287.

DIAS, J. de Figueiredo/RODRIGUES, Anabela, A Sociedade Portuguesa de Autores em Processo Penal, *Temas de Direito de Autor* III 1989 113.

DUBS, Zur Problematik der relativen Antragsdelikte, *RPS 71* 1956 70.

HARTUNG, Recht zur Stellung des Strafanfrags..., *NJW* 1950 670.

HIRSCH, Gegenwart u. Zukunft des Privatklageverfahrens, *Lange-FS* 1976 815.

ISASCA, Frederico, O Projecto de Novo Código Penal..., *RPCC 3* 1993 67.

JUNG, Die Stellung des Verletzten im Strafprozeβ, *ZStW 93* 1981 1147.

KÖHLER, Zur Lehre vom Strafantrag..., *Frank-FG* II 1930 27.

MAIWALD, Die Beteiligung des Verletzten am Strafverfahren, *GA* 1970 33.

MEYER, M. -K. , *Zur Rechtsnatur u. Funktion des Strafantrags* 1984.

NAUCKE, «Miβbrauch» des Strafantrags?, *H. Mayer-FS* 1966 565.

OLIVEIRA, Odete, *Problemática da Vítima de Crimes...*, diss. polic. Coimbra 1991.

RODRIGUES, Anabela, L'assistant, une curiosité..., em: AA. VV. , *Quelques aspects actuels des sciences criminelles* 1991 183.

STREE，Zum Strafantrag durch Strafanzeige，*MDR* 1956 723.

STREE，Zur Vertretung beim Strafantrag，*NJW* 1956 454.

TÖWE，Der Strafantrag，*GA 112* 22.

ZIPF，Srafantrag，Privatklage…，*GA* 1969 234.

另见第五部分开头处引用的书目。

一 制度的性质和系统框架

第 1058 节 对事实的有效处罚不仅取决于是否符合实质性要求，而且取决于是否符合程序条件：行为人应被控诉、在法院现场及在法院被"起诉"。因此，作出有罪刑事裁判取决于是否符合属于司法管理机关权限的无数——实质、功能、地域的——诉讼前提，以及主要诉讼文书的形式要件。当然，即使欠缺审理实体问题所需的前提，有关诉讼仍可"存在"；但在这种情况下，有关诉讼仍属*不可受理*。在此含义下，在刑事诉讼法方面亦完全适用 v. Bülow 为人所知的断言，即诉讼前提不是存在诉讼的前提，而是*存在诉讼程序*的**可受理性**。

第 1059 节 一般诉讼前提在刑事诉讼法中已规定，相关法典对其作了全面规范。然而，对于某些诉讼前提，其内容与实体法本身相冲突，因为其目的及主导这些前提的刑事政策意图仍与**作出处罚的条件**有关，**在这一处罚中**可找到其依据和存在的理由。因此，这些前提的制度主要由《刑法典》的总则规范，实际上也由关于*犯罪的法律后果*的一章规范。因此，这些前提确实不是罪状的要素，不对不法性产生任何影响，对罪过不具重要性，也不应被视为处罚的条件[1]。此外，这些前提与犯罪的法定罪状无关，因此不属于"*法无明文规定，不为罪；法无明文规定，不处罚 原则*"（princípio *nullum crimen，nulla pana sine lege*）的实体法内容的范畴，即使对第 2 条第 4 款最后部分所指的确定"具体显示对行为人较有利之制度"而

---

1 然而，在最后一个方面，一般的学者认为这些制度只具有实体法律性质，见 BLOY，cit. 117；KAUFMANN，H.，cit. 153；MAIWALD，cit. 38。

言可能已具重要性[2]。但是，要重申的是，这些前提的内容是从犯罪的法律后果理论中得出的刑事政策前提，因此，在这一系统框架中对其进行研究是绝对合理的。**告诉**和**自诉**制度就属于这种情况[3]。

第 1060 节　Taipa de Carvalho 得出同样的结论，在这方面，其对*实质的*刑事诉讼的规定（如关于告诉及自诉的规定）和纯*形式的*刑事诉讼的规定作了区分[4]。这一区别从刑事诉讼法的角度来看（正如上述学者所做的那样），在目的和刑事政策上都是有根据的。然而，这一区别不应用于对有关制度从实体刑法进行的考虑，因此，将有关制度定性为实体刑事制度解释不了其在刑法制度中的本质和位置。Taipa de Carvalho 认为，实质的刑事诉讼的规定，一方面属规范告诉、自诉、时效的规定，另一方面属关于诸如证据种类、上诉审级、羁押、担保的规定[5]。然而，从当前背景的重要角度可以立即看到，对前两个制度有效的定性不能*以同一名义*对其余制度有效，而后者也不会产生与前者类似的问题。

二　制度

1. 半公罪和私罪

a）取决于告诉和自诉的程序

第 1061 节　一般来说，刑事诉讼程序的存在由检察院根据*依职权原则*确定：检察院必须依职权调查其获悉的所有犯罪；如有充分迹象——但法律承认机会原则（princípio da oportunidade）所引致之限制除外——，必须提出有关控诉（《刑事诉讼法典》第 48 条、第 262 条第 2 款及第 283 条第 1款）。然而，这一原则并不适用于所谓*广义上的私罪*，在这种情况下，检察

---

[2]　在此方面，对司法见解进行广泛综述的（甚至原则上与文中的立场背道而驰，但最近，越来越清楚地认识到这一问题，亦见下文第 1098 节），见 CARVALHO，A. Taipa de，cit. 242 ss。

[3]　关于告诉，正如文中所指的，尽管出于不同的观点，见 BINDING，*Handbuch* 661 及 COENDERS，*GSaal 83* 1915 296 ss.；以及，最近，见 GEERDS，*GA* 1982 242，JESCHECK § 88 I 1，PETERS 11 和 RUDOLPHI，*SK* 在 § 77 n.° m. 8 之前。在德国，主张该制度仅具有诉讼法性质的见 HENKEL，*Strafverfahrensrecht* 188 s.；MAURACH/ZIPF § 74 n.° m. 2；JÄHNKE，*LK* 在 § 77 n.° m. 7 之前；SCHÖNKE/SCHRÖDER/STREE § 77 n.° m. 8；VOLK，cit. 233；以及我们当中见 LEAL-HENRIQUES，M. /SANTOS，M. Simas I 553。主张仅具实体法性质的，见 KAUFMANN，H.，cit. 153，MAIWALD，cit. 38 及 BLOY，cit. 117。关于瑞士理论中的相同分歧，见 TRECHSEL 在 § 28 n.° m. 3 ss 之前。

[4]　CARVALHO，A. Taipa de，cit. 209 ss.，242 ss.

[5]　CARVALHO，A. Taipa de，cit. 213 ss.

院对这些犯罪起诉的正当性，在所谓的*半公罪*的情况下取决于**告诉**是否预先存在，而在*狭义的私罪*的情况下取决于**告诉**和**自诉**（《刑事诉讼法典》第49条和第50条）。

第1062节 葡萄牙法律在这方面的历史[6]表明，从很早开始——具体而言，从菲利普的法令开始——，刑事诉讼的公开性质原则就是以民众诉讼原则和自诉制度为补充（或与其结合）；而在某些情况下，自诉会影响到程序本身。1929年《刑事诉讼法典》在其第6条（半公罪）和第7条（狭义的私罪）中接受、完善和扩大了有关制度，而后其第6条经1945年10月13日第35 007号法令修改。重要的是根据1957年4月17日第41 204号法令扩大了广义上的私罪范围（特别是半公罪）：立法者或许认为，在我们的刑事诉讼立法制度中引入机会原则的时机还不成熟，他们更倾向于考虑某些透过扩大私罪的情况而要求的重要刑事政策利益。新《刑事诉讼法典》在这方面维持了一种基本保守的态度，甚至同时包含了上述机会原则的重要体现（《刑事诉讼法典》第280条及第281条）；然而，要明确的是，在狭义的私罪中，控方主要是私人，而不是检察院（参见下文第1064节）。

b）内容

第1063节 **告诉**是指在规定的期限内以规定的形式提出的声请，通过该声请，权利人（通常为受害人）表达了对针对他或与其有关的人所犯的罪行进行刑事诉讼的意愿（第111条和《刑事诉讼法》第49条）。

因此，告诉与单纯检举及自诉不同。事实上，检举是一种简单的通知，通过它可以使刑事起诉机关获悉涉嫌犯罪的情况（《刑事诉讼法典》第241条及其后续条文）。所以，检举得由任何人为之——在不妨碍对某些实体及人员类别存有义务检举的情况下——，无须受任何特别方式或期间之约束，且仅向检察院提供取得所谓"犯罪消息"之可能途径之一。

第1064节 **自诉**是指，在进行诉讼程序取决于自诉的情况下，侦查完结并通知投诉人（投诉人应成为辅助人）后，不论检察院对这一事宜所采取的立场为何，投诉人都提出之控诉（《刑事诉讼法典》第285条）。

根据葡萄牙法律，辅助人也可以对非纯粹私罪（半公罪和公罪）提出控

---

6 关于这段内容，除了可以参见 COSTA, A. Campos, cits. 之著作外，还可见葡萄牙刑事诉讼之教科书（FERREIRA, M. Cavaleiro de, *Curso* I 128 ss. 及 DIAS, J. de Figueiredo, *DPP* 120 ss.），以及1929年和1987年《刑事诉讼法典》的评注者（仅见 OSÓRIO, Luis, *CPP* I arts. 6.°e 7.°，以及 GONÇALVES, M. Maia, *CPP* arts. 49.°e 50.°）。最后见 RODRIGUES, Anabela, cit. 187 ss。

诉（《刑事诉讼法典》第 284 条）。但是，"辅助人的控诉"不能与现在探讨的"自诉"相混淆。在辅助人的控诉中，实际上是辅助且从属于（尤其是在确定诉讼目标方面）检察院控诉的控诉，因此，完全适合于"检察院人员的辅助人员的法律地位，其参与诉讼程序活动从属于检察院的活动"，见《刑事诉讼法典》第 69 条第 1 款。不同的是，在纯私罪中，**不论是诉讼程序的继续进行还是诉讼目标的定义，自诉都是关键的**；只有在检察院认为适宜的情况下，才可在提出自诉后提起控诉，并在自诉的目标被指出的范围内对其提出控诉（《刑事诉讼法典》第 285 条第 3 款）。因此，我们可以而且应该说，在严格意义上的私罪中，控诉权和告诉权人在侦查后成为**诉讼程序**真正的**主人翁**（*dominus*），也是实现国家**惩罚权**（*ius puniendi*）必不可少的工具[7]。

c）功能[8]

第 1065 节　告诉和自诉具**三重**作用。

第 1066 节　第一，从纯刑事政策的角度来看，相对较小的犯罪含义（即刑事上的无关紧要及轻微犯罪）可能会在以下情况变得可取：有关之刑事程序仅在符合告诉权人尤其是受害人之利益及意思之情况下方得进行；或即使在侦查后有关刑事程序在有自诉的情况下方得进行。在这种相对较小的犯罪含义与相关法益的**高度可支配性**（**alta medida de disponibilidade**）相关联时，上指情况通常会发生。例如，第 142 条、第 174 条、第 302 条、第 308 条第 2 款、第 316 条第 2 款、第 326 条第 3 款等情况就是如此。

第 1067 节　在这方面，人们一直合理地认为，存在半公罪和狭义的私罪毕竟构成了一种**不干预**的刑事政策形式——在某些情况下，这是一种主要的方式——，甚至可以说是**对事实的非刑罪化**的刑事政策形式。但是，基于同样的原因，我们不能接受这样的说法——然而，例如在德国学说中这是主流的说法[9]——，即存在（广义上）私罪是一种以官方原则（*princípio da oficialidade*）为主导的刑事法律体系中的"异体"。相反，正确的是，官方

---

[7]　因此，不能把葡萄牙法律中完全属于私罪的罪行与德国法律中的"自诉罪行"区分开来（相关《刑事诉讼法典》第 374 节）。事实上，在这些自诉罪行中（与所有其他罪行不同），私人可以提出控诉，但只有在检察院决定在个案中不行使依职权提出控诉的权利的情况下才能这样做（第 376 节）。

[8]　最近，关于这一事宜的重要文献见 ISASCA，Frederico，cit. 71 ss。

[9]　见 MAURACH/ZIPF § 74 n.° m. 7，以及关于在此涉及的刑事政策问题，见 MAIWALD，cit. 42 ss.，RUDOLPHI，*SK* 在 § 77 n.° m. 2 ss. 之前，VOLK，cit. 233 s. 及 ZIPF，cit. 234 ss。

原则本身——与刑事诉讼的所有一般原则一样——必须符合该制度的基本刑事政策意图，不是以绝对支配地位为目标，而是与目的论上有根据的其他原则及其他目的"实际一致"（«concordância prática»）。

第 1068 节　第二，存在半公罪及狭义的私罪的作用是，防止在没有或违背受害者意愿的情况下继续进行的刑事诉讼程序，在某些情况下对他和其他程序参与方之间的**个人关系进行不便的**（甚至不可接受的）**干预**。例如，第 196 条及其后续条文以及第 303 条第 3 款所规定的罪行可能就属于这种情况。

第 1069 节　第三，要求提出告诉或（及）自诉的作用是特别保护犯罪受害人（被害人），尤其是那些对受害人的**隐私领域**有深远影响的罪行。一个深深涉足隐私价值——尤其是，但不仅仅是在性或家庭方面的价值〔例如，见第 178 条及其后续条文以及第 201 条及其后续条文（第 211条）〕——的犯罪的受害者，原则上应能决定是否将可揭露其隐私的害处及由此引致的诉讼污名化之害处与犯罪之恶行结合起来；否则，在这些情况下，企图通过刑事定罪达到刑事政策的目的可能会被挫败。

第 1070 节　一部分学说认为，对所分析的制度功能进行划分是不可取的，甚至是不准确的，这与我们刚才所陈述的划分类似；事实上，理由是，这些功能或至少其中的一些功能常常**结合**起来，为对某一犯罪之程序（尤其）取决于告诉的事实提供依据[10]。然而，有了这样的意识，我们对上述方式进行简要分组是有用和适当的[11]；尤其是为了显示这些制度，或至少是告诉之制度，不是（反对有时会仓促地认为的人）轻微犯罪专属的，而是可以适用于非常严重的犯罪（例如，仅举个例子来说，参阅第 201 条的情况）。而在葡萄牙这样的法律体系中，这样的结合作用更有价值，当中，除非经告诉不得进行刑事程序之犯罪外，其他犯罪取决于自诉：因为的确，这一自诉的作用几乎总是在第一点，而不是在第二点或第三点所指的考虑中，而且至少是绝对占主导地位的。

2. 告诉权人

a) 被害人

第 1071 节　告诉权人原则上仅是"被害人，即具有法律借着订定罪状特

10　关于这一问题，见 JESCHECK § 85 I 1，nota 4 所指的参考数据。

11　现今德国大部分学说持这一意见，当中可见 JESCHECK § 85 I 1 及 MAURACH/ZIPF § 74 n.° m. 7。

别拟保护之利益之人"（第 111 条第 1 款）。这就意味着，为确定对相关符合罪状的不法事实的解释具有决定性意义，必须将**法益拥有人**视为被害人。

第 1072 节　因此，为了在广义的私罪范围内仅举几个例子，受害人是：在禁止进入公共场所的罪行中（第 177 条）可使用该地点的人，而不是住房权的法定权利人；如属添附或拾得物之情况下之不法占有罪（第 305 条），所有人；为取得饮料、食品等之诈骗中（第 316 条），受损害之人，不一定为受骗人；因有需要而对低价值之物作出之盗窃（第 302 条）或损害（第 308 条），所有人或占有人[12]。

然而，关于不仅保护超个人利益（interesse supra-individual），而且保护个人利益的符合罪状的不法行为，必须将个人持有人视为受害人（尽管具必要的谨慎和约束性的精神，以避免背离上述原则）[13]。因此，**例如**：在侵犯公务员保密罪中，如属超个人法益，则由法律本身（第 433 条）明确声明告诉权既属于"在有关部门的监督实体，也属于被害人"；在销毁［……］文件罪中，第 231 条第 2 款将告诉权赋予私人，当私人（亦）是被害人时；在侵犯当局名誉罪中（第 168 条和第 174 条），执行当局职务的个人应被视为被害人[14]。对于在法律上负责维护和（或）促进社会权利和利益的组织（例如，消费者协会、环境协会、作家协会[15]等），只要这些权利和社会利益符合特别受刑事定罪保护的法益，原则上，只有在法律明确承认这些组织的告诉权时，它们才是告诉权人。如果这一切显示出对确定刑事诉讼中可成为辅助人的范围之主要利益，那么在某些情况下，在界定告诉权人的范围时也同样具有重要性。

第 1073 节　因此，原则上告诉权人与可以在刑事诉讼程序中成为辅助人之人完全吻合（《刑事诉讼法典》第 68 条第 1 款 a 项）。鉴于辅助制度本身的目的与严格界定被赋予辅助人诉讼地位人的范围之特殊需要有联系，可以理解的是，原则上，应

12　确实持这一意见的，见 LEAL-HENRIQUES, M. /SANTOS, M. Simas I 555。关于损害，持反对意见的——认为被害人是"物之完美或不完美所有权人"——，见 AcRC de 89JUN14，*CJ XIV – 3* 1989 99。

13　在此方面，见 DIAS, J. de Figueiredo/RODRIGUES, Anabela, cit. 113 s. ；以及见 RODRIGUES, Anabela, cit. 193 ss。

14　正如见 AcRP de 84DEZ15，*CJ IX – 5* 1984 283。

15　关于这一具体情况，即使在作为辅助人的正当性方面，见 DIAS, J. de Figueiredo/RO-DRIGUES, Anabela, cit. 109，124。

将受侵犯之法益的持有人视为辅助人[16]。但最终，**两个正当性的范围并不一致**：在辅助制度中，允许非为法益持有人之其他人参与，即使在法益持有人死亡或无能力以外之情况，而在告诉中受害人或其继承人或代理人方具正当性，见下文第 1075 节及其后续节数。

第 1074 节　根据上述规则，可以有**数名**告诉权人对同一事实拥有告诉权（例如，因集体侮辱而受伤害的人）。在这些情况下，*他们当中任何人* 均可行使该权利，不论其余人有否行使（第 111 条第 4 款）。

b）"继受人"

第 1075 节　根据其本身的目的论，我们应提出告诉权在我们的体系中**纯属人身性质**，因此，告诉权人死亡时告诉权即告消灭。确实，在权利人生活中，并以其行为能力为前提，任何人不得为权利人行使相关权利，因此，诉讼法要求告诉由相关权利人"或具有特别权力之受任人"提起（《刑事诉讼法典》，第 49 条第 3 款）[17]。然而，不准确的是，该权利因**死亡**而消灭，或者即使——例如，像在德国制度中所发生的一样——原则上仅在例外情况下才消灭，而且只有在根据有关法定罪状获得批准的情况下，该权利才由一个继受人拥有。

的确，一般来说，只要原权利人既未行使权利，也未放弃权利，那么就由**第 111 条第 2 款所列的人**行使："未经法院裁判分居及分产之生存配偶及直系血亲卑亲属，以及在没有这些人时，直系血亲尊亲属、兄弟姊妹及其直系血亲卑亲属，但其中有些人曾共同参与犯罪之情况除外。"[18] 原权利人没有放弃该权利的这一要求（下文第 1089 节及其后续节数）充分体现了受害人原来权利的"移转"最终取决于原权利人之真实或假设**意愿**；如能肯定提出告诉将违背被害人之意愿，则不存在该同意。

第 1076 节　尽管不是以完全单义的方式来表达，上述规定在拥有告诉

16　关于这个问题，我们之间有非常丰富的司法见解和学说之书目，例如 DIAS, J. de Figueiredo, *RDES 13* 1966 131 及 *DPP* 506 ss。最后见 DIAS, J. de Figueiredo/RODRIGUES, Anabela, cit. 109 ss. 及 RODRIGUES, Anabela, cit. 188。

17　这最近造成了统一司法见解的最高法院的不幸（而且最终是错误的），并因为违反法律而（至少是隐含地）要求告诉由具特别权力的诉讼代理人提出，见 AcSTJ 2/92, de MAI13, *DR* I A de 91JUL02。然而，从这一判决中得出的结论似乎在这一部分已透过 11 月 28 日第 267/92 号法令在法律上得以纠正。在此方面，见 TORRES, Mário, *RPCC 3* 1993 142。

18　1963 年总则草案修订委员会某些成员认为告诉拥有权中"继受人"的范围太广，见 *Actas PG* II 249 ss。现在亦见 GONÇALVES, M. Maia art. 111.° anot 3。

权方面创立了**两类继受人**。该权利首先由配偶或任何直系血亲卑亲属行使，可由其中的任一人行使，而无须考虑其他人之情况；如其中任一人未曾行使权利或所有人没有放弃上述权利，则这一权利不移转予任何人。仅在该等人不存在时（"无该等人"），有关权利即转为由直系血亲尊亲属、兄弟姊妹及其直系血亲卑亲属所有；在此，任何人均得行使权利，不论其余人有否行使[19]。

第 1077 节　如上述任何人曾以任何方式**参与犯罪**，则丧失告诉权（第111 条第 2 款最后部分）；也不能以其他方式进行，否则在个案中有可能在犯罪行为人本人不受约束时实施*处罚权*（*ius puniendi*）。然而，这并不能解决所有的问题，因为这可能会导致由于上述丧失权利，任何人最终都不能提出告诉。这一解决办法本身并不是刑事政策上不能支持的，因为葡萄牙法律认可更广泛的"继受人"范围[20]。然而，如果认为不应支持这一解决办法，那么，在这种情况下，最好让检察院在基于公共利益的特殊原因而提起该程序的情况下，有可能启动该程序[21]。然而，若无明确法律，则不能填补已存在的"漏洞"，更不能（*违法！*）认为[22]在上述情况下，程序将不取决于告诉。

c）"代理人"

第 1078 节　在被害人无能力的情况下，第 111 条第 3 款规定："告诉权属其法定代理人、非分居及分产之配偶及直系血亲卑亲属所有，如无该等人，属直系血亲尊亲属、兄弟姊妹及其直系血亲卑亲属所有。然而，如被害人年满 16 岁，则亦具有提出告诉之正当性。"与法律文本中所指的相反，这里不是所有权问题，而是**行使告诉权**问题。

第 1079 节　在此，法律规定**两类行使权利的人**，只有在没有第一类人

---

[19]　1991 年草案第 113 条第 2 款在此方面有更深远的影响，其内容如下："如被害人死亡而未提出告诉，亦未放弃告诉权，则告诉权属以下所指之人，但其中曾共同参与犯罪者除外：a）未经法院裁判分居及分产之生存配偶、直系血亲卑亲属和被收养人；在没有这些人时，b）直系血亲尊亲属和收养人；在没有这些人时，c）兄弟姊妹和其直系血亲卑亲属，以及与被害人在类似夫妻状况下共同生活之人。"

[20]　这一解决办法亦存在于德国法律中，但在相关《刑法典》第 77 节 II 中没有规范，见 MAU-RACH/ZIPF § 74 n.°m. 11。

[21]　在此方面，见 1991 年草案第 113 条第 5 款。GONÇALVES, M. Maia art. 111.° anot. 4 亦指出这一情况。

[22]　同样由 GONÇALVES, M. Maia art. 111.° anot. 4 及在 *Actas PG* II 249 指出。

的情况下，第二类人才能行使这一权利。由此得出的结论是，一方面，无能力不一定是"法律上的"无能力，可以是单纯**"事实上的"无能力**；另一方面，实际上，将行为能力赋予除法定代理人以外的人是没有意义的，存在第二类有能力的人也是没有意义的。法理（具充分依据的效力）在于，像告诉这样的权利不仅应属于**法定代理人**——完全由民法之规定确定的代理人——，而且应属于通常负责**照顾**无能力人**本人**之人[23]。

虽然无能力可能有任何重要的法律依据，但可以理解的是基于年龄的无能力并不遵循民法的规定，而是关于年龄的可归责性的一般刑事法律规则[24]。因此，16岁以上的人原则上有能力行使作为受害人的告诉权。

第1080节　尽管法律在此方面并无规定，该第111条第2款最后部分所载的保留，被视为适用于第111条第3款：任一行使权利之人以任何方式**共同参与犯罪**时，应认为其失去行使有关权利。

第1081节　在有些情况下，受害人不是个人，而是法人。因此，也不需要修改刚才阐述的一般学说，在这些情况下，如果只有法人（而不包含个人）拥有相关的法益且只有它直接受到侵犯，则经有关内部规章赋予该权限之法人机关有权——而且只有这些机关有权——行使告诉权。即使对于不规范的法人或不具民事法律行为能力的法人，也应如此[25]。

3. 告诉的期间、形式和所及范围

a）期间

第1082节　告诉权应"自权利人知悉有关**事实**及其**正犯**之日起、自被害人死亡时起或自其变成无能力之人之日起6个月内"行使（第112条第1款）。从这个意义上讲，可以说，根据我们绝对主流的学说和司法见解[26]，这是一个**除斥期间**（prazo de caducidade）。因此，计算这一期间的决定性时间是知悉和提起告诉之间的时间，而不是在作出事实和知悉之间的时间：知悉只在一般情况下对刑事程序时效之效力具有重要性。

具有重要性的知悉，不仅指**罪状的实施**（"事实"），而且指行为人本人，

---

[23]　因此，见AcRL de 85MAI29，*CJ X-3* 1985 191。

[24]　因此，见CORREIA，Eduardo，*Actas PG* II 251。

[25]　与成为辅助人的权利相同，见DIAS，J. de Figueiredo，*RDES 13* 1966 131。

[26]　仅见AcRP de 85NOV13，*CJ X-5* 1985 192及LEAL-HENRIQUES，M./SANTOS，M. Simas I 560。

无论是以何种名义作出或共同参与（法律称之为不纯正"行为人"[27]）。被害人一旦能查明*被推定有罪过之人*，即具备行为人知悉该事实之要件，就无须完整指明识别资料。

如被害人为**法人**，则为使诉讼期间开始进行，有权限行使告诉权之机关须知悉事实及行为人。

第 1083 节　如有**数名告诉权人**（或行使告诉权人），"*则行使告诉权之期间各自独立计算*"（第 112 条第 2 款）。但对**数名犯罪行为人**的情况，则采用不同的解决办法。法律本可以采取这样的解决办法，即在此行使告诉权之期间将各自独立计算；然而，与此不同的是，第 114 条第 3 款规定的解决办法是，"对任一共同犯罪人不适时行使［告诉权］时，其余同属非经告诉不得被追诉之共同犯罪人亦因此而*得益*"。

如下文第 1088 节所述，考虑到根据我们的法律对其中一名共同犯罪人提出控诉将使程序延伸至其余共同犯罪人，这方面法律的解决办法应被视为有根据[28]，Maia Gonçalves 将其表述为一项**"不可分割原则"**[29]。

第 1084 节　如由受害人以外之人行使权利，则期间不由"知悉"起计算，正如已看到的，法律规定——肯定完全符合诉讼确定性的逻辑——，这一权利在被害人**死亡**或**无能力** 6 个月后消灭（因此，不论所需知悉之时刻为何时）。但很明显的是，如果该权利已经消灭，那么次级权利人（titulares secundários）就不能行使该权利。

第 1085 节　一个有趣的问题是，在**连续犯**的情况下应如何计算期限。考虑到在这些犯罪中，既遂只发生于最后部分行为（último acto parcial）之实施，可以说，由这一行为起计算所有部分行为的期间。然而，最正确的解决办法似乎是对该罪行所涉及的*每一部分行为*都采取这一做法，而对于没有及时诉的部分行为则不能进行程序[30]。

---

[27]　持反对意见的，见 LEAL-HENRIQUES, M. /SANTOS, M. Simas I 561；但看不出有道理，应注意到在第 113 条第 1 款和第 114 条第 3 款中，法律没有任何限制地提及"共同犯罪人"。

[28]　德国法律的解决办法是有分别的（事实上，我们所提出的第一个选择）：《刑法典》第 77b 节 III。但这也是因为，对其中一个共同犯罪人提起告诉的解决方法，对于其他共同犯罪人来说会是不同的。

[29]　见 GONÇALVES, M. Maia art. 114.° anot. 4；关于放弃告诉，见下文第 1098 节。

[30]　这一问题在德国学说和司法见解中得到了深入讨论，且对这一问题意见分歧。当中，如文中所述的立场，见 MAURACH/ZIPF § 74 n.° m. 19 及 SCHÖNKE/SCHRÖDER/STREE § 77b n.° m. 8。持反对意见的，例如见 DREHER/TRÖNDLE § 77b n.° m. 4。

因此，也可以认为，即使在事实执行开始之*前*，告诉权仍可在*事实执行期间*行使。

b）形式

第 1086 节　在告诉形式方面，《刑法典》及《刑事诉讼法典》均无规定，故应认为告诉可以**所有以及任何形式**作出，使人明白*权利人**明确意图**对某一事实进行刑事程序*。这一点只有上述提及的《刑事诉讼法典》第 49 条第 3 款的规定才予以强调。另一方面，没有必要将其命名为告诉；甚至不重要的是，原告以其他方式将其定性为检举、控诉等。无关紧要的是，告诉内所指的事实在刑法上的定性是正确的。必需的只是，告诉人明确表示愿意通过其描述或提及的事实基础对（可能的）行为人进行刑事诉讼。

c）告诉的条件和范围

第 1087 节　原则上，提出告诉不应附有条件。正如有时所主张的那样[31]，这并不能从纯粹的"诉讼行为"的性质中得出，也不会导致以下情况在刑事政策上不可接受：行使实施国家*处罚权*（*ius puniendi* estadual）所依据的权利，可以达到（私人）目的，即有别于主导这一制度功能的目的（见上文第 1065 节及其后续节数）。因此，**解除条件**（**condições resolutivas**）应被视为**不具重要性**，而**停止条件**（**condições suspensivas**）应使告诉**失去效力**。

第 1088 节　类似的考虑将导致我们的法律（与其他法律不同[32]）认为不可接受的是，如出现下列任一情况，提起刑事诉讼所针对的**共同犯罪人之选择**，由投诉人全权决定：在数个事实的情况下，告诉人可选择要被起诉的共同犯罪人；然而，如有数名行为人，则适用第 113 条所载之原则，该条规定，"对任一共同犯罪人提出告诉，将使刑事程序**延伸至其余之共同犯罪人**"[33]。

并非不可认为的是，如果法律作出不同的选择，那么它与上述任何与告诉有关的功能相符，尤其是与维护被害人与某些行为人之间的个人关系的功能相符。（例如：在第 196 条的情况下，被害人意图对其公公或岳父提

---

[31]　见 MAURACH/ZIPF § 74 n.° m. 23。

[32]　见上文脚注 28，关于德国《刑法典》第 77b 节 III。

[33]　对这一在前一法律中有疑问及有争议的学说和司法见解的解决办法见 GONÇALVES, M. Maia art. 113.° anot. 2。然而，CORREIA, Eduardo, *Actas PG II* 255 在修订委员会中有效地主张这一解决办法。

起刑事程序，但不对作为犯罪中的共同行为人的自己小孩的父亲或母亲提起刑事程序。）然而，法律都必须考虑到，行为人这样的选择可能会为与这一制度所基于的刑事政策理由绝对无关的考虑打开大门。

4. 告诉权的放弃和告诉的撤回[34]

a）放弃

第 1089 节　告诉权是一项可放弃的权利，放弃可以明示或通过作出结论性事实（factos concludentes），即可确实推断放弃告诉权之事实（第 114条第 1 款）。结论性事实中可以而且应该包括受害人在呈交的期限内表示的意愿，即使在被害人死亡的情况下也不会提出告诉。同样，根据《刑事诉讼法典》第 72 条第 2 款规定，损害赔偿请求须向民事法院提出[35]。

实际上最不重要的问题是，是否可以在犯罪发生**之前**放弃。绝对肯定的是不能称之为一般及抽象的放弃：告诉权是根据具体和确定的罪行而不是任何抽象的行为而成立的。然而，如果具体犯罪的实施可以在精神上提前，看不出放弃无效的原因为何，这显然不是一个令人信服的论据，即所面对的是犯罪中的*同意*，而非告诉权的放弃[36]。

第 1090 节　放弃告诉权是一种刑事政策上的选择，可能引起对其**依据**的怀疑。在天秤的一个盘子上，必须存在这样的危险，即将可放弃性作为对行为人施加压力的工具，以便从行为人取得不正当的让步，或在任何情况下与行使告诉权的目的无关的让步。然而，在另一个盘子上，必须保持制度的连贯性（如被害人本身有权阻止刑事程序的进行，亦应有可能放弃其继续进行之权利），以及个人及社会的利益，以便尽快实现所有参与者在法律上的和平。在衡量相互冲突的利益时，立法者作出了有利于后者的决定；从刑事政策角度来看，立法者的选择不应受到谴责。

之前的葡萄牙法律在《刑法典》第 125 条第 4 款及 § 6 中规定了告诉权的可放弃性。然而，与此相矛盾的是，1929 年《刑事诉讼法典》第 18 条——认为理应在第 35 007 号法令之后赋予的——规定，任何人都不得放弃成为辅助人的权利。然而，

34　关于这一主题涉及的某些点，最后见 OLIVEIRA，Odete，cit. 221 ss。

35　明显是提起刑事程序前，而非提起后。因此，AcRE de 91MAI14，*CJ XVI – 3* 1991 303 ss 的理解是不正确的。关于对它的批判，见 OLIVEIRA，Odete，cit. 204 ss。

36　然而，见 GONÇALVES，M. Maia art. 114.° anot. 2。而在修订委员会中见 *Actas PG* II 258，260 s。与文中所持意见不同的，见 LEAL-HENRIQUES，M. /SANTOS，M. Simas I 566。

这一最后的学说并未确定地说服这一点[37]，并因此肯定没有载于现行《刑事诉讼法典》中。

b）撤回

第 1091 节　检察院在以程序上有效的方式行使告诉权后，具正当性推动有关诉讼程序（《刑事诉讼法典》第 49 条第 1 款），从而进行侦查。然而，如**撤回**告诉，则会妨碍诉讼程序之进行，亦会阻止告诉之重新进行（第 114 条第 2 款）。

aa）前提

第 1092 节　撤回的有效性首先取决于一个时间要件：撤回必须"直至第一审之判决公布为止"。因此，在这个问题上，立法者更倾向于考虑程序安全和经济性，而不是基于告诉权的性质和通过告诉权进行程序追究的可用性的逻辑结论；这种逻辑结论可能会允许在诉讼上可能的最后时刻之前，即在判决转为确定之前放弃诉讼。

在这个选择方案中，其作用是考虑到，在作出一审的判决后，撤回的非程序谈判更有可能进行；这些谈判（尽管我们曾经说过，在这方面总有可能存在）在刑事政策上是不可取的，因此，立法者将限制它们。

在我们 1982 年《刑法典》之前的法律中，所谓的"当事人的赦免"（实质上相当于告诉的撤回[38]）在转为确定前是可能的（1886 年《刑法典》第 125 条第 4 款及 § 6）。法律上的变更导致最高法院一致认为，在此提出的法律在时间的接续问题上，新法可以立即适用，因为它是程序性的[39]。这显然是一个错误，因为这与放弃告诉权的性质的概念问题无关，而是为第 2 条第 4 款规定之效力，与知道这一制度是否再次出现于确定"具体有利的制度"的实质问题有关。所有方面都应给予肯定的答案，而这一肯定的答案实际上取自 1987 年 12 月 16 日最高法院的判例[40]。

第 1093 节　另一个前提是**实质**前提：必须证明不存在对行使告诉权之人之撤回**反对**，而且原则上在诉讼中已经成为被告。这一前提在 1982 年之后在我们的法律中完全是新的，这是可以理解的，且在刑事政策上是有道

---

[37]　在这方面，见 DIAS, J. de Figueiredo, *DPP* 516。

[38]　关于这两个制度的关系，并强调它们之间实际上的区别，见 AcRP de 85FEV20, *CJ X - 1* 1985 280；其后见 AcSTJ de 85JUN18, *BMJ 348* 281。

[39]　作为范例的，见 AcSTJ de 83NOV30, *BMJ 331* 428。

[40]　*DR* I de 88JAN28.

理的。否则，法律可能会对告诉权人施加压力，这些压力可能是不正当的，而且由毫无根据地行使告诉权的告诉权人施加。因此，必须强调的是，被行使告诉权的没有理由的犯罪嫌疑人可以反对撤回，以便在诉讼程序中显示没有犯罪且告诉是没有根据的。

因此，根据《刑事诉讼法典》第 51 条第 3 款之规定，有权限之司法当局（侦查期间之检察院、预审时之预审法官、审判听证中之法官，见《刑事诉讼法典》第 51 条第 2 款）知悉撤回后，应在 3 日内通知嫌犯，以便嫌犯声明——无须说明理由——是否反对撤回。

bb）制度

第 1094 节　如以上第 1092 节所示，撤回告诉是**不可废止的**（**irrevogável**），或如愿意，是**不可撤销的**（**irretratável**）[41]。撤回一方面——正如在行使相关权利时所发生的一样，同样，放弃也是如此[42]——是**非正式的**（例如，可由放弃人在审判听证中声明撤回），另一方面原则上是**无条件的**[43]。然而，撤回经有权限之司法当局**确认**后，方产生效力（《刑事诉讼法典》第 51 条第 1 款）。

cc）范围

第 1095 节　正如与行使告诉权所发生的情况一样，放弃人在放弃时亦不得**选择**其希望该程序不继续进行之**共同犯罪人**，因为根据第 114 条第 3 款的规定，"对任一共同犯罪人撤回告诉时，其余同属非经告诉不得被追诉之共同犯罪人亦因此而得益"。在这方面，可以表达为[44]**消极的不可分割性原则**。考虑到立法者为行使告诉权而确立的不可分割原则，立法者不得不接受这一原则，否则就会出现价值冲突。

第 1096 节　与此相反，我们不能从第 114 条第 4 款的学说中得出相同的结果，根据这一条文，"如告诉权是由数人行使的，放弃或撤回均须得到

---

[41]　见 LEAL-HENRIQUES，M./SANTOS，M. Simas I 568。

[42]　见 AcRC de 86ABR29，*CJ XI – 3* 1986 77。

[43]　主流之司法见解（当中可见 AcRL de 85JUL17，*CJ X – 4* 1985 166 及 AcRL de 86JUL17）以这一含义作出裁判，但补充说，撤回必须在赋予后总是产生完全效力，而不论其所涉及之条件为何。这并非完全准确，可能会发生的是，中止条件应使撤回失去效力。同样将撤回视为*绝对的*撤回——因此，总是不附条件的撤回——，亦见 LEAL-HENRIQUES，M./SANTOS，M. Simas I 568。

[44]　见 LEAL-HENRIQUES，M./SANTOS，M. Simas I 566。

全部人的同意"。从刑事政策上讲，这一学说确实——关于这一学说，Maia Gonçalves 表达为 **"一致性原则"**[45]，而 Leal-Henriques 表达为 **"积极的不可分割原则"**[46]——没有足够的依据。完全有可能，而且很自然的是，撤回的理由纯粹是个人*的*，因此看不出为什么这些理由需延伸至（或普遍适用于）所有犯罪的受害人。另一方面，不能在此为了阻止或限制刑事政策上不可取的谈判而争辩。同样也不能正确地认为只有这样的学说才能使撤回在诉讼上产生效力：如果其中一名被害人的撤回在确定嫌犯被起诉之犯罪数目时不重要，至少——如属有罪判决——其撤回必须对量刑明显重要[47]。

5. 自诉

第 1097 节　根据第 116 条的规定，"前数条文［关于告诉制度］之规定，经必要配合后，适用于非经自诉不得进行刑事程序之情况"。这意味着，在狭义的私罪适用于自诉的特别作用中，**控诉权人**的范围与**撤回控诉**制度的范围相同。然而，提出"放弃"控诉权的说法是没有意义的，这一切归结于拥有行使控诉权之人是否根据刑事诉讼法律（《刑事诉讼法》第 285 条第 1 款和第 2 款）为此目的专门规定的期限内及方式行使这一权利。

第 1098 节　有疑问的是，要知道我们在告诉之所及范围或**其效力之范围**方面所看到的（见上文第 1087 节）规范及原则是否应被视为相应适用于自诉（第 113 条）。考虑到所有因素，似乎应否定此种适用性，并认为控诉权人只能对其中一个或数个共同犯罪人行使这一权利；甚至因为，即使与检察院不一致，控诉权人认为，针对该名或该数名共同犯罪人有充分迹象显示出犯罪已发生及何人为犯罪行为人。然而，我们也可以认为的是，对某些嫌犯提出控诉后，对其中一人的撤回**有利于**其他在没有自诉的情况下就不能被起诉的人（第 114 条第 3 款）。

此外，不应忘记，当 1963 年总则草案修订委员会讨论第 116 条的规定时，José Osório 指出，"该条可以使人认为告诉制度适用于自诉，如有另一种观点，即*告诉制*

45　GONÇALVES, M. Maia art. 114.° anot. 4. 1963 年总则草案的相应规定（第 120 条第 4 款）进一步阐述了这一点，要求告诉权所有可能的（原始和派生）权利人参与，见 *Actas PG* II 260。

46　LEAL-HENRIQUES, M. /SANTOS, M. Simas I 567.

47　OLIVEIRA, Odete, cit. 222[278] 已经按照导致对文本作出批评意见的结论来解释现行法律。1991 年草案没有包含与现行第 114 条第 4 款相符的规定。关于解除（supressão）的意义，见 ISASCA, Frederico, cit. 84 s。

度无论属私罪还是半公罪，都是相同的"。[48] 与其意见相关的建议获得一致通过！这一建议实际上是有根据的，但第116条的措辞又回到了1963年总则草案第122条的概念[49]。

6. 举报

第1099节　在葡萄牙法律中，根据与告诉有关之一般规定或特别规定，举报（participação）权利归公共当局所有时，告诉传统上被称为举报。例如，就第355条第1款b项所指的犯罪要求葡萄牙政府举报。唯一的特殊性在于，在这些情况下，一旦举报被提起，**就不能成为放弃或撤回的目标**（第115条）。在刑事政策及目的论上，上述特殊性的合理解释在于所涉利益的"公共"性质，因必要而导致被害人是公共当局的情节，一旦被害人行使告诉权，就不应允许任何"谈判"，甚至不应允许任何有关刑事诉讼的机会判断[50]。

这一特殊性没有足够的依据[51]。我们可以讨论一项罪行是否应在触及公有法益时作为半公罪处理。然而，如果立法者认为某一犯罪为半公罪，尽管是公共当局的受害方，那么也应从该价值中去除放弃和撤回告诉权的后果。我们不理解为何在举报日之前利益"可处分"而在该日后利益"不可处分"。在这方面存在着一种价值矛盾，必须予以消除；因此，结果是，"举报"的概念最终只变成了告诉的另一个名称，而且这一名称是不必要的[52]。

48　OSÓRIO, José, *Actas PG* II 263（斜体由我们加上）。

49　然而，LEAL-HENRIQUES, M. /SANTOS, M. Simas I 575 对现行第116条的解释仍与 José Osório 的建议相同。

50　见 *Actas PG* II 262 s。

51　在1991年草案中没有出现与现行第115条相关的规定。

52　刚才所说的是针对有时建立在这个问题上的*混合制度*——这一表述源于 Frederico Isasca, cit. 71——在将来法层面的一般批评，以及文中提出的假设仅是一个例子的一般批评。

第二十章 处罚的消极前提（阻碍）

ARNDT, Zum Problem der strafrechtlichen Verjährung, *JZ* 1965 145.

BACHOF, Über die Fragwürdigkeit der Gnadenpraxis u. der Gnadenkompetenz, *MKrim* 1973 198.

BEMANN, Zur Frage der nachträglichen Verlängerung..., *JuS* 1965 333.

BOCKELMANN, Verjährung, *Niederschriften* II 329.

BÖCKENFÖRDE, Zur verfassungsrechtlichen Bedeutung..., *ZStW 91* 1979 888.

BRÄUEL, Die Verjährung..., *Materialien* II/1 429.

BRITO, J. de Sousa e, Sobre a Amnistia, *Rev. Jur. 6* 1986 15.

CARVALHO, A. Taipa de, *Direito de Clemência*, polic. Coimbra, s/d. CARVALHO, A. Taipa de, *Sucessão de Leis Penais* 1990.

CLERC, F., De l'exercice du droit grâce..., *RPS 73* 1958 92.

CLERC, F., L'amnistie en Suisse, *Mélanges Bouzat* 1980 65.

CLERC, F., Jugement par défaut..., *RPS 69* 1954 194.

CORREIA, Eduardo, Actos Processuais que Interrompem a Prescrição..., *RLJ 94* 353.

CORREIA, Eduardo, Anotação ao Assento do STJ de 75NOV19, *RLJ 108* 361.

ENGISCH, Recht u. Gnade, em: FREUDENFELD (Org.), *Schuld u. Sühne* 1960 107.

GEERDS, *Gnade, Recht u. Kriminalpolitik* 1960.

GERLAND, Bemerkungen z. Begnadigungsrecht, *Franck-FG* II 215.

GOMEZ PÁVON, Pilar, La prescrición del delito..., *Estudios de der. pen. y crimin. Homenaje Rodriguez Devesa* I 1989 369.

GONÇALVES, M. Maia, As Medidas de Graça no CP e no Projecto de Revisão...

（de próxima publicação na *RPCC** ）.

GRÜNWALD，Zur verfassungsrechtlichen Problematik…，*MDR* 1965 521.

HANS，Die Aussetzung des Verfahrens…，*MDR* 1963 8.

HARBAUER，Gnadeweis nach beendeter Vollstreckung，*NJW* 1957 492.

HERZIG，Zur Frage der Verjährungsunterbrechung…，*NJW* 1963 1344.

KAISER，Die Unterbrechung der Strafverfolgungsverjährung…，*NJW* 1962 1420.

KERN，Das Begnadigungsrecht des Bundes，*JR* 1949 367.

LOENING，Die Verjährung，*VDA* I 379.

LORENZ，*Die Verjährung im Strafrecht* 1934.

LORENZ，Über das Wesen der strafrechtlichen Verjährung，*GA* 1966 371.

LORENZ，Strafrechtliche Verjährung u. Rückwirkungsverbot，*GA* 1968 300.

LÜDERSSEN，Politische Grenzen des Rechts…，*JZ* 1979 449.

MARXEN，*Rechtliche Grenzen der Amnestie* 1984.

MERTEN，*Rechtsstaatlichkeit u. Gnade* 1978.

MOTA. J. Carmona da. Da Prescrição…，*TribJ* 1985 3.

PAWLOSWSKI，Der Stand der rechtlichen Diskussion…，*NJW* 1969 594.

PFENNINGER，Die Verjährung im Rechtsmittelverfahren，*RPS 63* 1948 490.

PFENNINGER，Die Verjährung im Kontumatialverfahren，*RPS 70* 1955 37.

v. PREUSCHEN，Für ein rationales Gnadenrecht，*NJW* 1970 458.

RADBRUCH，*Filosofia do Direito* II 161.

RÜPING，Das Gnade im Rechtsstaat，*Schaffstein-FS* 1975 31.

RÜPING，Beendigung der Tat…，*GA* 1985 437.

SANTOS，J. Beleza dos，Delinquentes Habituais…，*RLJ 70* 337 e *71*.

SANTOS，J. Beleza dos，Medidas de Segurança e Prescrição，*RLJ 77* 321.

SCHMIDT，Eb.，Begnadigung u. Amnestie，em：*Handb. des deutschen Staatsrecht* 1932 II 565.

SCHREIBER，Zur Zulässigkeit der rückwirkenden Verlängerung …，*ZStW 80* 1978 348.

SCHRÖDER，Probleme strafrechtlicher Verjährung，*Gallas-FS* 1973 329.

SCHÜNEMANN，Amnestie u. Grundgesetz，*ZRP* 1984 137.

---

* 经打字原件的纸页引用，由作者亲切地送给我们。

v. STACKELBERG，Verjährung u. Verwirkung des Rechts auf Strafverfolgung，*Bockelmann-FS* 1979 759.

VOLCKART，Zur Verrechtlichung der Gnade…，*NStZ* 1982 496.

WILLMS，Zur Frage rückwirkender Beseitigung der Verjährung，*JZ* 1969 60.

另见第五部分开头处引用的书目。

一 赦免权

1. 一般特征

a）刑事政策任务

第 1100 节　赦免权（direito de graça）在其整体及更广泛意义上是**国家惩罚权的另一面**。由赦免权负责构成**制度**"**安全阀**"[1] 的一项刑事政策任务，以宽宏大量或宽容的行为，使法律秩序符合法律的严厉程度（*dura lex sed lex*；*fiat iustitia pereat mundus*），尤其是对因嗣后出现的社会关系或被特赦人的个人状况的例外变更[2]。然而，赦免权也是一种——在某些可接受的条件下——反对立法不正确或司法错误（从广义上讲，因此不仅在应有无罪开释的情况下，而且在量刑或选择所科处的刑罚方面，也是如此）的途径，而且为刑事立法的深入修订或——在极特殊之情况下，正如这样法律或审判者未将其考虑在内——被判刑者的社会化创造条件。

第 1101 节　如果想把这一综合目的缩减为一个综合方案，可以与 Eduardo Correia 和 Taipa de Carvalho 一样断言："只有在通过宽恕而不是惩罚来更好地维护社会政治群体的情况下，才应肯定宽恕措施的合法性。"[3] 然而，除了这一综合目的外，还必须增加（尤其考虑到赦免之具体情况）一项目的，即在服刑之前，**不妨碍**被判刑者**重新融入社会**，特别是在其仍不能被释放的时候。

---

[1]　在这种情况下，RADBRUCH，cit. II 116，121 将这一表述归于 Jehring。

[2]　关于行使赦免权的（正当）理由的列举，见 ENGISCH，cit. 116 ss. 及 BRITO，J. de Sousa e，cit. 39 ss。对一些作者来说（例如见 RÜPPING，cit. 42），他们提出的理由是唯一能够使行使赦免权合法化的理由。然而，如文中的含义，当中见 JESCHECK § 88 I 2 及 MAURACH/ZIPF § 75 n.° m. 1。

[3]　CORREIA，Eduardo/CARVALHO，A. Taipa de 16 s.

Jescheck 的著作走得更远，欲从赦免权对"被判刑者的恢复权利"所能作出的贡献来看待整个赦免权（尤其是"个人赦免"或"特赦"），并将其表达为"赦免在刑事政策上的目的"[4]。但是，为了使恢复权利之时间更加接近赦免权的主要目的，这似乎是过分的；更过分的是像德国的法律秩序（与我们在上文第 1031 节中发现的情况不同）一样，给予赦免对在刑事记录内登记刑罚没有任何影响[5]。

第 1102 节　从刑事政策角度来看，仅在描述或类似情况下行使赦免权，方可被视为**有依据**。也就是说，从功能和系统的角度来看，为产生其他种类的目的，行使赦免权似乎具有合法性，至少是有疑问的合法性[6]，例如减少监狱人口、向国外传播国家的有利形象、实现纯粹的统计目标、减少对司法机构的负担等。

然而，为**庆祝**国庆或节日、访问国家要人、重大选举等目的行使这一权利在我们中间是一种传统做法。需重申的是，这种程序本身就是绝对不能起作用，因此在刑事政策上是不可接受的[7]；尤其是当它仅仅是为了实现另一秩序的目的（以纯政治机会的原因为基础的目的），而与实际上应适用于这一制度的刑事政策上的目的无关。

更广泛的是以下这一思想：主张"［赦免行为，特别是大赦的］正当性或合理理由是根据国家在法治国家中的全部合法宗旨来衡量的，而不仅仅是国家制裁制度的特殊目的，更不用说预防出现大赦规定所要求的罪行类型的事实了"[8]。然而，这一宽泛的思想似乎不应凌驾于前面提到的另一种（较为狭义的）思想。确实，刑事政策本身就是制度内（intra-sistemática）的国家概念[9]。但是，这并不是为了实现与国家的目的无关的服务而实施这一刑事政策的理由，在这方面，在尼克拉斯·卢曼的观念上（acepção luhmanniana），应该说刑事政策也是一种自我创新（autopoiético）或自我合法化（autolegitimador）的制度。

b）种类

第 1103 节　视乎赦免行为在有罪判决转为确定之前还是之后发生、视

---

[4]　JESCHECK cap. VI e § 88 I 1 e 2. 显然，这里使用的"恢复权利"一词的含义要比与刑事记录问题有关的"技术"一词的含义要广得多：见上文第 1017 节及第 1045 节。

[5]　见 SCHÄTZLER，cit. 53，JESCHECK § 88 II 5 及 MAURACH/ZIPF § 75 n.° m. 11。

[6]　反对这一演变，见 KERN，*ZStW 43* 1922 594；关于其限度，见 MÜLLER-DIETZ，*DRiZ* 1987 478。

[7]　关于这一问题，见 BRITO，J. de Sousa e，cit. 41 ss。

[8]　BRITO，J. de Sousa e，cit. 43. 同样在广义的含义上，见 GONÇALVES，M. Maia，cit. 5。

[9]　见 DIAS，J. de Figueiredo，*ROA 43* 1983 10 s。

乎赦免行为反映关于已作出的事实还是关于所科处之刑罚、视乎赦免行为按照事实或（及）行为人的特征包括具体个案还是一组个案——这样就区分了几种赦免行为。这就是——然而，运用具有不同含义、不同程度和不同法律后果的概念，在一种几乎无法避免的混乱中，即使求助于传统亦帮助不大[10]——大赦（amnistia）、犯罪之赦免（perdão do crime）、刑罚之赦免（perdão da pena）〔全部或部分（替换），一般或个别〕、特赦（indulto），等等。只有考虑到规范这一问题的权限传统上分为刑法和宪法时，混淆才会增加。

第 1104 节　从刑事政策上合理和功能的角度来看——如果考虑到当今法治思想不得不行使（当不是针对本质本身）赦免权的广泛限制，见下文第 1108 节——，不应只有一种区分方式。在某些情况下，事实上，行使赦免权具有**一般性质**，涵盖某一类别的事实或行为人（例如，危害经济、侵犯财产、违反民主秩序等事实；或以名誉为由作出行为的行为人，其刑罚不超过某一特定分量，因属初犯等），结合或不结合不同的标准以确定行使赦免权所覆盖的范围。在其他情况下，更只是简单地消灭、减轻、变更或终止对**个别确定**之嫌犯所作之刑罚（以及已转为确定之刑罚[11]）。第一组情况必须符合**大赦**的概念，第二组则符合**特赦**的概念。

第 1105 节　然而，与上述——及更复杂的——情况不同的是葡萄牙实在法的情况和相关学说。如果第 126 条和第 127 条只规定大赦和特赦——正如所看到的，在所有情况下，似乎不能完全覆盖上面所陈述的——，则《葡萄牙共和国宪法》赋予共和国议会"给予大赦和普遍性赦免"的权限（《葡萄牙共和国宪法》第 164 条 g 项）及赋予共和国总统"赦免和减刑"的权限（《葡萄牙共和国宪法》第 137 条 f 项）。因此，根据我们的成文法，我们需要用三个概念区分其内容、权限和效果。

第 1106 节　根据第 126 条第 1 款之规定，"大赦使刑事程序消灭；如属已判决之情况，大赦使主刑终止执行，亦使附加刑终止执行"。另一方面，特赦"使全部或部分刑罚消灭，或使刑罚由法律规定之另一刑罚代替"。因

10　见 BRITO, J. de Sousa e, cit. 15 ss。CORREIA, Eduardo/CARVALHO, A. Taipa de 5 正确地指出，目前仍然缺乏关于宽容处理的一般理论。

11　这意味着，从这里所提出的观点来看，在仅因大赦的（一般）方式而仍未转为确定的诉讼中，一个有效的赦免行为可以合法地进行。见上文第 1013 节及其后续节数。

此，作为区别的基础——尽管正如所看到的，法律在确定有关制度的内容方面没有规定，只是明确规定了其效果——，传统的观点似乎是，大赦是一种"消灭"犯罪的措施，而特赦则是一种使刑罚（或者更严格地说，法律后果）消灭或改变的措施[12]。

尽管这一概念本身具有悠久的传统，但它并不是最严格的概念，最终基于《葡萄牙共和国宪法》之法律地位也不是可以接受的。事实上，行使赦免权，在任何情况下，只能与法律后果，而不能与已作出的事实或犯罪相关联[13]；因此，这些制度的真正区别在于**大赦的一般性质**（如我们强调的那样，是针对一堆事实或一群行为人）[14]，而不是**赦免的个人性质**（针对具体的人）。这一概念应维持到对现行法律解释可能达到的限度。一方面，结果是，一般性赦免只能采取大赦的形式，而不能采取特赦的形式；另一方面，结果是，对于尚未转为确定判罪的人，绝不应认为可以赦免——对于这些人来说，只有大赦在刑事政策上（和民主上）是可以接受的。

第1107节　此外，在此所主张的概念还将对《葡萄牙共和国宪法》第167条所指的**普遍性赦免**制度有一些意义。除了必须承认在区别普遍性赦免和大赦外还存在关于事实或行为人之赦免措施与关于法律后果之赦免措施之区别的传统理解[15]，为一切效力——合理地因为非个人化或普遍性的性质——，普遍性赦免应视为*真正的大赦*[16]；其后果不论是在正当性方面，还是在法律效力方面都会产生。唯一的特殊性在于，适用领域的界定并非与一组事实或行为人有关，而是与刑罚的种类有关。

第1108节　传统上对区别的理解，以及赋予赦免权的维度，例如，允许在尚未转为确定的具体诉讼程序中对嫌疑人以个人方式行使赦免权，来自一种认为赦免被

12　关于这一概念及其演变，见 BRITO，J. de Sousa e，cit. 15 ss，FERREIRA，M. Cavaleiro de II 1989 504 ss. 及最后见 GONÇALVES，M. Maia，cit. 1 s。

13　这可能是 SANTOS，J. Beleza dos，*RLJ 70* 337 ss. 和 *71* 339 的思想；其后 CORREIA，Eduardo，*Actas PG* II 244 ss. 希望将这一思想在 1963 年总则草案中体现出来。

14　因此，亦见 Parecer 13/79 da ComConst：*Pareceres da Comissão Constitucional* VIII 101。关于广泛讨论大赦法律的"一般性"特点，见 BRITO，J. de Sousa e，cit. 28 ss。

15　BRITO，J. de Sousa e，cit. 19 亦持这一意见，但其认为，鉴于在宪法层面上概念的演变，"《刑法典》第 126 条的范围令人怀疑"。

16　在这一部分，我们完全赞同 Eduardo Correia 在 1963 年总则草案修订委员会中就此问题所持的立场，见 *Actas PG* II 244 s。

视为法律外的东西及优于法律的观念［恩典优于公义（《Gnade geht vor Recht»)[17]］：正如君主的无畏意志的产物凌驾于法律之上及于法律面前，因此，可以以"爱、仁慈及慈悲的行为"为动机[18]。

随着法治国家的出现，这种观念是不可维持的[19]；可以说，正如在警察国家（Estado de Polícia）时期之后行政当局所做的那样，在其本身的法律秩序中赦免变得可以理解，并从属于其制度；简言之，它变成制度内（intra-sistemática）的赦免。这一转变尤其体现在大赦方面，大赦原则上是一项属于议会权限的"遗忘"或"清除"犯罪的法律措施[20]；与赦免措施形成对比的是，赦免措施涉及已经适用的刑罚，并继续适用于君主。

第1109节　Beleza dos Santos 在意大利学说的明确影响下[21]，在讨论中特别强调了真正大赦（amnistia própria）与不真正大赦（amnistia imprópria）之间的区别：前者涉及罪行本身，后者涉及法律后果[22]。这一学说的立场——正如现在所看到的，（真正）大赦与普遍性赦免（不真正大赦）之间的区别在我们的法律体系中再次出现——受到 Eduardo Correia 的欢迎，后者认为这一立场毫无疑问符合"真正现代的问题观点"[23]。然而，从以上所述可以看出，如果确实接受这样的区分，我们不应认为该区分可能产生不同的法律效果，从而导致不必要和不适宜的概念。事实上，并不是说真正大赦存在某种形式的"非刑罪化"，而不真正大赦存在纯"去刑事化"：即使在真正特赦的情况下，甚至当真正大赦是求助于某些类型的事实而作出的时候，最终所涉及的是（而且只是）防止被赦免之行为人受将来可被判处（或已被判处）之制裁[24]。简言之，无论是真正大赦还是不真正大赦（普遍性赦免），都会具有相同

17　关于这一点，简要地，见 RADBRUCH, cit. II 119。CARVALHO, A. Taipa de, *Estudos Merêa e Braga da Cruz* II 1985 1076 有理地表述为"赦免权（*ius condonandi*），作为法律适用的豁免"。

18　关注这一点的，见 MARCOS, R., *A Legislação Pombalina* 1990 134 ss。

19　关于这一转变，见 SCHÄTZLER, cit. 8；ZAGREBELSKY, cit. 50 ss.；CORREIA, Eduardo/CARVALHO, A. Taipa de 13 s. 及 BRITO, J. de Sousa e, cit. 28 ss.；GONÇALVES, M. Maia, cit. 4 ss.；以及我们在 Parecer da ComConst, cit. nota 14, 106 ss. 中所作的落败票。但 RAD-BRUCH, cit. II 20 s 批评这一新观念，指出"我们今天将赦免放在天平上称，并在此寻找其准确之重量，以盎司为单位"。

20　尽管直至1911年在我们当中大赦权仍然属于君主所有（1852年《刑法典》第120条）。

21　关于反映文中提到的情况的这一学说的现状，MANTOVANI n.° 215 A）有大量的参考文献。

22　见 SANTOS, J. Beleza dos, *RLJ 71* 339，其后见 FERREIRA, M. Cavaleiro de II 1989 207 及 GONÇALVES, M. Maia, cit. 8。

23　*Actas PG* II 247. 因此，主导 Beleza dos Santos 学说以及 Eduardo Correia 学说的意图是以这种方式允许获赦免的罪行也被考虑在内，为惯常性的效力，以及对危险性之刑事处分之可能适用。亦见 BRITO, J. de Sousa e, cit. 18。

24　TRECHSEL antes do art. 394 n.° m. 1 的定义似乎遵循文中的相同含义，将大赦定性为"（可能是部分或有条件地）放弃执行可执行的刑罚"。

的正当性来源，并应具有相同的刑事法律效力。

c）教条上的定性

第 1110 节　行使赦免权是一种国家主权行为——或者如果更喜欢可以以更温和的方式表述，是国家权力的行为——，因为这**对实行惩罚构成了障碍**，正如一开始就指出的那样，它完全可以被定性为国家惩罚行为（*ius puniendi* estadual）的另一面[25]。即使与某些种类的犯罪有关，行使赦免权的效力与"事实"无关——甚至与刑事尊严无关——，仅与*制裁的有效性*有关。因此，构成赦免权的制度不是可处罚性的（消极）前提，也不是与犯罪学说有关，而是与*欠缺刑罚*（在特定情况下）有关，与法律后果学说有关[26]。

这一概念可能涉及法律未明确考虑的并因此应由司法见解和学说来解决的有关措施制度的要点之影响或建议。例如，这一概念尤其有理由考虑行为人在获赦免时作出的"放弃"应被视为不重要[27]。

第 1111 节　在这方面，目前关于赦免权的法律性质的讨论主要是要知道它是否具有纯粹的**实体性**[28]，在这种情况下，其最常见的教条特征为*消灭处罚的原因*，或更准确地说，*消灭执行处罚之义务的原因*；是否具有纯粹的**诉讼性质**[29]，在这种情况下，将其视为一个具体的*诉讼前提*是不成问题的；是否具有**混合性质**，从实体法的角度来看，它构成消灭执行处罚之义务的原因，而从诉讼法的角度来看，它构成一项诉讼前提[30]。确实，对于尚未转为确定的某一具体案件之介入应导致案件归档，而不是宣告无罪。但是，正如支持纯诉讼定性的一般作者所认为的那样，在这里不能不得出结论认为赦免是纯粹的诉讼前提。只能得出结论认为——而且应得出结论认为——，赦免实质上不会构成必然与事实欠缺处罚尊严相关之处罚的（消极）前提，

---

[25]　关于这个概念及揭示了与这一概念的重要后果，见 DIAS, J. de Figueiredo, AcComConst de 80NOV20, *RLJ 114* 239。持反对意见的，见 QUEIRÓ, A. Rodrigues 对已引的 Ac., *RLJ 114* 242 所作的注释。

[26]　关于这一区别及在这一区别中所涉及的概念，见 DIAS, J. de Figueiredo, *RPCC 2* 1992 40 ss。

[27]　在放弃"不是合法的"方面，见 GONÇALVES, M. Maia, cit. 11 s。

[28]　见 GERLAND, cit. 216。而我们当中，见 SANTOS, J. Beleza dos, *RLJ 71* 327, 352 及 COR-REIA, Eduardo/CARVALHO, A. Taipa de 16 s。

[29]　当中，见 MAURACH/ZIPF § 75 n.° m. 2。

[30]　当中，见 JESCHECK § 88 I 4。

而是构成与法律后果学说相关之**处罚的消极前提**；因此，作为一个与犯罪学说没有关系的制度，它仍然具有实体法意义，属于实体刑法。

这一点得到承认，应该认为混合理论在实质上是有道理的：因为，正如我们刚才所说，如果赦免在法律后果学说层面上存在无可争议的实体性法律含义，那么它还具有一个在刑事诉讼法中作为真正的诉讼前提的特定诉讼程序特征。

2. 宪法依据

a）正当性问题

第 1112 节　如果我们认为只有按照我们所阐述的大赦和特赦（因此包括大赦广泛概念的可能性，而这一概念包括所谓的普遍性赦免）在今天才应被视为行使赦免权的可容许表现，那么，*鉴于目前对法治国家的理念的理解，只有大赦和特赦才能被容许*。然而，在任何情况中，不能以完全不同的方式提出其**正当性**的问题。

第 1113 节　综上所述可以得出结论：*在刑事诉讼程序进行期间* 行使赦免权，如在同一情况内**单独**行使赦免权，则绝对不正当。或者，从另一角度来看，只有在没有任何具体化的情况下才可接受行使赦免权，然后才应具有大赦的形式[31]。然而，如以特赦之形式进行干预，并因此对这一干预具体化——针对具体的刑事诉讼程序，尤其是针对具体的行为人——，则不能克服合法化论述所带来的障碍[32]。换言之，特赦必须推断**判决已转为确定**，否则它将采用德国学说所称的废除（*Abolition*）或镇压（*Niederschlagung*）的形式，这在法律地位的层面上是不可接受的[33]。

第 1114 节　多种**宪法原因**导致了目前的结论。一方面，这样的赦免行为违反了*法定法官的原则*（*princípio do juiz legal*）（《葡萄牙共和国宪法》第 32 条第 7 款），而且因不可由受司法控制的（并在这方面具有任意性的）

---

[31]　德国主流学说遵循这一含义，见 MAURACH/ZIPF § 75 n.° m. 3 及 JESCHECK § 88 I 1。

[32]　然而，有些国家的宪法文本本身允许"废除"，这是美国最闻名的例子，也是福特总统（最近）最著名的例子，即 1974 年对他的前任理查德·尼克松执行废除。见 MERTEN，cit. 46 及 JESCHECK § 88 I 1, nota 2。

[33]　因 GONÇALVES, M. Maia, cit. 2, 4 s 所指的法律上的地位而产生的反对意见，即使这些反对意见针对所有体现赦免权的情况——尤其是对司法机关职能垄断的表现——，仅为"废除"而采纳。

特殊原因而排除自然法官作出决定的具体个案。另一方面，以这种方式给予的赦免将以在宪法上不可接受的方式损害*司法机关垄断职能的原则*（*princípio do monopólio da função jurisdicional*）（《葡萄牙共和国宪法》第 205 条）。最后但并非最不重要的一点是，这样的行为完全不符合平等原则（《葡萄牙共和国宪法》第 13 条），从而任意地造成有利于获特赦者的区别对待。

b) 职权问题

第 1115 节　赦免权的宪法基础问题（也许更严格地说，国家法律基础问题）在学说中得到了深入的讨论，而且长期以来得到了深入的讨论[34]，这个问题的历史演变只会加剧这一领域普遍存在的混乱。然而，目前的《葡萄牙共和国宪法》似乎对必要的澄清作出了决定性的贡献。

第 1116 节　赋予特赦（从广义上讲，因此包括所谓的*普遍性赦免*）是**共和国议会的专属职权**（《葡萄牙共和国宪法》第 164 条 g 项），因此，这意味着该事项不仅是对法律的保留，而且是对*形式法律（lei formal）*的保留；另一方面，这意味着被编辑的条文必须遵守法律的普遍性和抽象性，即在这方面，措施法律（leis-medida）或具体法律（leis individuais）应被视为在宪法上不合法。在尊重这些特征的情况下，共和国议会可以自由地遵守法律的内容，根据其认为可取的方式制定和结合的合理标准，对一堆事实或一群行为人进行大赦。因此，没有什么可以妨碍大赦法律只考虑已经转为确定或仍正在审理的案件；而且没有什么可以妨碍采用的标准并非直接涉及抽象地确定的一系列事实或行为人，而是涉及例如某些种类的刑罚或一定数量的刑罚。最后，法律规定给予优待所需之条件——重申一次：以一般及抽象的形式之条件。

第 1117 节　从这个角度来看，《刑法典》中关于**大赦的效力和条件**的法律规定意义不大。根据第 126 条第 2 款的规定，"如属犯罪竞合之情况，大赦适用于获大赦之每一犯罪"；第 3 款规定，"大赦得规定须履行某些义务，且不妨碍就应受之损失及损害作出赔偿"；而根据第 4 款规定，"除另有规定外，大赦不惠及累犯及被判处不确定刑罚之人"。但是，这样的规定并不是很有用。即使大赦法具有与《刑法典》完全相同的等级价值，明显的是，大赦法在可容许的宪法范围内以更可取的理解方

34　仅见 CAVALHO, A. Taipa de, *Direito de Clemência*, cit. passim 及 BRITO, J. de Sousa e, cit. 21 ss。

式规定了对第 126 条第 2 款、第 3 款和第 4 款所载的问题；最近在我们当中一直适用的大赦法的分析[35]（以令人印象深刻的频率适用，而且这一频率令人怀疑该等法律被不正当地用作控制官方犯罪水平的手段，尤其是控制被判处剥夺自由刑罚的人的数目）表明，立法者慷慨地使用了这种可能性。像第 126 条所载的规定，只能构成补充法例[36]。

第 1118 节　给予*特赦*，不管是全部或部分特赦，都具有赦免或减刑的形式，**在听取政府的意见后，完全属于共和国总统的职权范围**（《葡萄牙共和国宪法》第 137 条 f 项）。授予国家权力的最高代表特赦的权限，是对国家权力的传统概念的一种体现，即它属于一个总体的、在三个分权之上的权力，当中，法律和赦免混合在一起[37]。然而，由于作为非法律的纯宽容措施之特赦概念有深远的影响，**听取政府意见**的宪法要求显示出，只有君王的意愿才有意义（*indulgentia principis*）[38]。特赦亦是一项在法律体系内之赦免性措施，而且如有相关宪定凭证（credencial constitucional），依法可从属被视为适当之前提及要件。然而，关于听取政府意见的需要，我们之间只有一份这样的凭据，因此，法律不应使给予特赦依赖于其他更严格的条件，否则将侵犯共和国总统的专属权力，从而损害权力分立的原则。

第 1119 节　综上所述，如第 127 条第 2 款（"在数罪并罚的情况下，特赦的刑罚为单一刑罚"）和第 3 款（"上条第 3 款及第 4 款之规定适用于特赦"，即不影响损害赔偿，亦不得惠及累犯及被判处相对不定期刑之人）等规定的**实质合宪性**变得非常令人怀疑：特赦（个人！）措施的条件、前提和要件由共和国总统而不是由共和国议会——因此，不是由立法权——决定。在这些问题上，不能说存在一项基于限制共和国总统权力的宪定凭证[39]。

第 1120 节　10 月 29 日第 783/76 号法令第 108 条至第 117 条规定了**听取政府意见**的要求，这一点应有所不同。在此并不能确定该法规的实质基础是好的还是坏的，听取政府意见原则上和实质上均受《葡萄牙共和国宪法》第 137 条 f 款最后部分规定（甚至约束）。此外，在此必须强调，所要求的手续不得妨碍共和国总统行使特赦

---

[35]　关于某些大赦法（在 1974 年 4 月 25 日之后），见 LEAL-HENRIQUES, M. /SANTOS, M. Simas I 617 ss.；以及关于 BRITO, J. de Sousa e, cit. 39 ss 指出的无数例子。

[36]　实质上持类似意见的，见 GONÇALVES, M. Maia, cit. 4 ss., 10。

[37]　当中见 RÜPING, cit. 31 及 JESCHECK § 88 I 3。

[38]　持同一意见的，见 CANOTILHO, J. Gomes/MOREIRA, Vital art. 137.° anot. VI。

[39]　GONÇALVES, M. Maia, cit. 5 s 试图为这些法律措施提供理由，没有区分赦免或大赦的规定，而是提及一般赦免措施的理由。

权的一个必要条件，但必须执行宪法规定的听取政府意见的部分。例如，政府通过其向共和国总统提出的建议采取特赦*动议*是不可接受的（10 月 29 日第 783/76 号法令第 116 条）。确实，共和国总统可以采取给予特赦的动议，但关键是他不能在事先没有听取政府意见的情况下给予特赦。

3. 行使赦免权的效力

第 1121 节　行使赦免权，不论是狭义上的大赦（amnistia em sentido estrito）、普遍性赦免（perdão genérico）还是特赦，在刑事政策上都是*赦免行为*。作为一项赦免行为，其真正的效力只应是**阻止对犯罪的法律后果的认定**（即在个案中实现惩罚权的法律后果），而不是"删除"犯罪本身。这一点在第 126 条第 1 款中得到了绝对的承认，应对该条的表述予以肯定：大赦（广义上说包含普遍性赦免）"消灭刑事程序；如已有判处，则终止执行主刑及附加刑"[40]。正如在第 127 条第 1 款中所说，"特赦使全部或部分刑罚消灭，或以法律规定的另一刑罚代替"，这一表述是完全正确的。

第 1122 节　在任何情况下，第 126 条及第 127 条均涉及刑罚，且完全不提及保安处分。这在某种程度上与德国的主流学说相符，根据这一学说，总是体现赦免权的"赦免"只能以过去犯下的行为的罪过为目标，而不是未来预期可评价的危险性[41]。但这一学说并不能完全使人信服。

正如我们已经显示的那样，根据已陈述的含义（第 692 节及其后续节数），如果适用刑事保安处分始终是一项"构成"的符合罪状的不法事实的结果，显然，大赦把作为（或可能）实施保安处分的基础的不法罪状作为标准，必须（或至少可以）将保安处分进行大赦[42]。同样，第 126 条第 1 款明确规定，大赦消灭刑事程序的部分也是如此；《刑事诉讼法典》第 1 条第 1 款 a 项规定，这一刑事程序要么导致适用刑罚，要么导致适用保安处分。然而，即使关于特赦，我们最终看不出为何需要否定其对保安处分的正当性，如果保安处分产生于例如司法错误的情况[43]（尤其是，如果出于任何原因不能透过再审上诉阻碍特赦）。Maia Gonçalves 所得出的相反结论是无根

---

[40]　从这一观点来看，1991 年草案的措辞正确地适用于第 128 条第 3 款："普遍性赦免使全部或部分刑罚消灭。"

[41]　见 MAURACH/ZIPF § 75 n.° m. 10。

[42]　从这个结论来看，见 GONÇALVES, M. Maia, cit. 13。

[43]　亦见 JESCHECK § 88 II 3。

据的，他基于"如果保安处分的执行仍然存在，那是因为法院认为，科处保安处分的危险性状态维持不变"[44]。因此，如果在特赦时仍继续服刑，那也是因为在法院看来，仍然存在罪过和预防要求，而这一罪过和要求是适用于继续（执行）刑罚的原因。当然，这种观点并不意味着具有真正"个人赦免"的特征，因为这一特征是以特赦的善恶为基础的。

第1123节　综上所述，赦免权的刑事法律问题的学说观点在很多方面与传统观点相反，尤其是在*法律*制度（或者适用这一制度的其他范畴）的现代考虑方面。这一新考虑的最重要影响当然是行使赦免权的**可裁判性**（**justiciabilidade**）：在具有——通常及宪法上的——完全可裁判性之大赦及普遍性赦免行为，如单纯之立法行为；但在某种程度上，在特赦行为中"废除"行为的（行政）可裁判性也是如此。

二　时效

1. 制度的一般特征

a）时效的种类

第1124节　时效制度在第117条至第124条中有规定，分为两章：一章（第117条至第120条）关于**刑事程序时效**；另一章（第121条至第124条）关于**刑罚时效**。区别在于，在前一种情况下，某些期限的届满使刑事诉讼程序不可能进行（第117条第1款），因此不可能实施任何制裁；在第二种情况下，不可能执行已转为判刑所定的刑罚（第121条）。因此，我们可以完全正确地断言[45]这两种时效是相对应的，（乍一看可能很奇怪）其中一种是在另一种结束之时开始，即决定已转为确定时开始。

b）依据

第1125节　首先，时效以**实体**刑法性质的理由为依据。很明显，单纯作出一事实的时间的经过并不构成理由认为事情就像没有发生过一样；然而，这一情节在某些条件下足以使刑法不作干预或实施其处分。一方面，体现罪过判断的社会谴责会减弱，即使未达到完全。另一方面，更重要的是，在事实作出后很强烈的*特别预防*的要求会逐渐失去意义，甚至可能完

44　GONÇALVES, M. Maia, cit. 13 ss.

45　见 JESCHECK § 86 antes de I。

全不能实现其目标：曾因实施已久甚至可能被忘记的事实而被判刑，又或曾受过长期执行刑事处分之人，将面临受到不再满足社会化或安全目的的制裁的严重风险。最后，更重要的是，从积极的*一般预防*的角度来看，时效制度是有道理的：在实施犯罪或宣告未执行之制裁所经过的一段长时间所导致的是，不能将此表达为一种已经被平息或彻底破灭的社会期望之反事实稳定（estabilização contrafáctica）。

基于所有这些原因，对事实的追诉或处罚执行之时间限制与明确扎根于刑事处分及符合社会的法律意识的目的理论之刑事政策要求相联系[46]。

第1126节　另外，从诉讼角度来看，而且一般认为，时效的一般制度是完全有根据的。特别是程序时效的制度，时间的经过使对事实的调查，特别是行为人的罪过的调查（及随后的*证据*）变得更加困难及令人怀疑，从而增加了令人无法忍受的司法错误数量[47]。这一结论亦适用于刑罚时效制度[48]，因此，其本身的*执行*变得不可接受，应予以阻止。

c）*法律性质和系统定位*

第1127节　正如所指出的，在时效制度的依据方面，并没有对其（在学说及司法见解中有特别讨论的）法律性质和随之而来的系统定位采取同样的立场。

这里也从根本上讨论三种不同的理论。一种是**实体观念**，其（在较远的时间绝对占主导地位）认为时效是一种关于事实可处罚性的制度，因此该制度纯粹是*阻碍刑罚*或*阻碍其执行的原因*，而不是将该制度视为关于不法事实本身及其被排除或阻止的原因[49]。一种是狭义的**诉讼观念**，其（在最近一段时间逐渐获得追随者）使制度具有*诉讼障碍*的性质[50]。最后一种是**混

46　坚定于这一方面的，见 SANTOS, J. Beleza dos, cit. *RLJ 77* 323 ss。然而，对法定时效的刑事政策基础极有怀疑——这一方向源于 Beccaria 并由实证主义学派传递——，见 PRADEL n.° 704.

47　SANTOS, J. Beleza dos, cit. *RLJ 77* 322.

48　然而，JESCHECK § 86 II 1 持相反意见，认为制裁的时效（不同于程序的时效）只能在实体法方面，而不能在诉讼法方面说明理由。

49　主要见 LORENZ, cit. 1934 51；STACKELBERG, cit. 765；及 KAUFMANN, H., cit. 154。在西班牙，当中见 GÓMEZ PÁVON, cit. 370 s, 372。而我们当中，见 AssSTJ de 61JUN14, *BMJ 109* 435 e de 75NOV19, *RLJ 108* 358（后者具有 Eduardo Correia 的注解）。

50　因此，特别显著的，见 VOLK, cit. 226；RÜPING, cit. 438；以及 MAURACH/ZIPF § 75 n.° m 14 e ss。而我们当中，见 SANTOS, J. Beleza dos, *RLJ 77* 322 及 FERREIRA, M. Cavaleiro de, *Curso* III 61。

合观念[51]，其认为时效是实体上和诉讼上相关和有根据的法律制度。最后这一观念应更优先；但在其理由说明中，不能放弃对程序时效和刑罚时效的单独考虑。

aa) 程序时效

第 1128 节　关于刑事程序的时效，将其定性为消极的诉讼前提（"诉讼障碍"）几乎没有争议。一旦出现程序时效的情况，从正确的法律技术来看，其结果必定是将卷宗归档，而不是宣告嫌疑人无罪。所以问题是要知道这一方面的事宜**止于**时效的性质，还是**这一诉讼内容是否应包括一个实体内容**。

德国学说认为，程序时效是一个纯粹的诉讼前提，因此还想从该条件中得出另一个后果：法律延长时效期间的后果可以合法地赋予追溯效力，而不违反合法性的实体刑法和宪法原则[52]。然而，至少从葡萄牙的成文法来看，这一概念不应被接受[53]。除了后来在文中的陈述外，载有较短时效期限的法律的适用，总是取决于适用第 2 条第 4 款所载的"具体较有利的制度"的原则。

第 1129 节　针对程序时效的（同样）实质考虑，一般来说，要指出的是，完善一个事实的不是程序，而是这个事实应受惩罚的情节；对事实的可处罚性来说，其实施过程中已经存在的时间期间丝毫**不重要**。这一学说是正确的，但它再次忘记了刑法并不只包含事实，还包含法律后果。这正是与程序时效有关的法律后果，因为作出事实已经过的时间使其**不必受处罚**。因此，诉讼时效既不构成排除不法性的原因，也不构成排除可处罚性的原因，而是在所有情况下构成**排除处罚的原因**。从这个意义上讲，诉讼时效具有无可辩驳的实体性质，理论上这一性质系统地将其置于法律后果学说中。

bb) 刑罚时效

第 1130 节　在刑罚的时效方面，维护其双重性质的问题在一定程度上与先前已经陈述的问题相反。事实上，最常说的是，在这种情况下，只有

51　在我们当中，由 LEAL-HENRIQUES, M. /SANTOS, M. Simas I 580 及 CARVALHO, A. Taipa de, cit. 212 ss 主张，基于在此所涉及 "实体刑事诉讼程序规范"。而在外国学说中，见 MAYER, H. 353, WELZEL 262 及 JESCHECK § 86 I 1。

52　我们当中，见 CORREIA, Eduardo, I 161 s 及 FERREIRA, M. Cavaleiro de 1945 22。而在德国，见 MAURACH/ZIPF § 75 n.° m. 16。

53　与文中的含义相同，我们当中的见 CORREIA, Eduardo, *RLJ 108* 361 ss 及 CARVALHO, A. Taipa de, cit. 209 ss。

一种实体法定性，而不是诉讼法定性，才可能是正确的，因此，诸如在经过长时间后证明困难的诉讼原因显然不能在这里发挥任何作用[54]。然而，如果这是正确的话，同样正确的是：尽管有罪判决已转确定，但刑罚的时效仍对其执行构成障碍，并在这方面取得了真正的消极前提的性质或**诉讼实施（执行）的障碍**。关于实体内容，可以说问题与程序时效方面出现的问题类似：即使在此，实际上，时效所建基的是，随着时间的流逝，刑罚的执行变得毫无意义，因此事实**已不再需要受到处罚**。

d）范围和效力

第 1131 节　正如以上所述，时效构成了整个判罪及执行过程中的一个消极前提，应**在诉讼程序的任何时刻**受理。然而，同样关于这一点，为了某些效力，必须区分程序的时效和刑罚的时效：对程序的时效，遵从适用**刑罚**的程序和适用**保安处分**的程序，正如已经指出的，现行《刑事诉讼法典》统一了适用上述两种后果中任何一种后果的程序；然而，根据现行法律，执行之时效**仅**适用于**刑罚**，而不适用于保安处分[55]。

另一方面，程序时效明显导致的是，不能为累犯的目的考虑时效已过的事实，与刑罚时效的情况相反（第 76 条第 4 款和上文第 376 节）；然而，为科处*相对不定期刑*，在法律无规定之情况下，应认为刑罚已过时效之犯罪不应被考虑。然而，为*量刑*之目的——在上述第 351 节的限制范围内——，刑罚（甚至其程序）已过时效之犯罪已予以考虑。

e）不因时效而消灭的问题

第 1132 节　时效制度适用于**任何类型的犯罪**，而不考虑其性质或严重程度。不过，这一原则在许多法律秩序中受到限制，因为它们广泛列举一系列不因时效而消灭的罪行。最近，在国际层面上，出现了强烈的要求，支持最严重的危害和平罪和危害人类罪之（程序和刑罚上之）不因时效而消灭，尤其是在第 189 条第 1 款中规定的种族灭绝，以及有时支持可处以死刑或无期徒刑的所有罪行之（程序和刑罚上之）不因时效而消灭[56]。

从刑事政策角度来看，这一要求**没有充分的依据**。在《刑法典》中不

54　见 JESCHECK §86 II 1。

55　对于这个法律解决方案的批评，见下文第 1152 节。

56　比较法的著作（部分已过时）可见 BRÄUEL, *Materialien* II/1 429 ss；概括但当前最新的著作见 JESCHECK §89 I 7。《拿破仑刑法典》的法国依据是对所有罪行的时效规定的自由主义思想——与一般不因时效而消灭之中世纪传统相反——，见 JESCHECK, ibid。

存在可以说社会对重申被违反规范有效性的期望以及（可能更少！）特别预防的要求是永远存在的任何罪行，不论其与法律感情有多么令人反感。当然，这种普遍的反感和斥责感觉仍然存在，例如当今对宗教裁判、法西斯纳粹主义[57]罪行所发生的一样。只不过，从某一时刻起，这种持续存在具有"历史记忆"的性质，无法预先确定惩罚的必要性。因此，只有基于惩罚（vingança）及回报（retribuição）感觉的（不合法的）"绝对"处罚需要才能被确定为不因时效而消灭。

2. 程序时效

a）期间

第 1133 节　程序中之时效期间，是根据**抽象确定**之方法，按可科处之**刑罚**（**刑罚幅度**）显示之事实**严重性**而定出（第 117 条第 1 款）；事实上，以*正常的*刑罚幅度形式定出，也就是说，以与事实中可能包含变更的减轻情节或加重情节无关的刑罚幅度形式定出（第 117 条第 2 款）。

程序时效之*最长*期间为 15 年（如犯罪可处以最高 10 年之徒刑）；及*最短*期间为 2 年（如犯罪所处之徒刑少于 1 年，或所处之刑罚与徒刑不同）。该等期间及中间期间载于第 117 条第 1 款的各项规定。

第 1134 节　在连接各项时出现了一个明显的**法定错误**：如适用于犯罪的刑罚幅度的上限为 5 年，则第 117 条 b 项规定程序的时效期间为 10 年，而 c 项规定时效为 5 年。因此，只能**以 c 项及 5 年期间为准**[58]；根据这一刑事政策上及教条上都是合理的原则，两种相互矛盾的惩罚可能性（或强迫）必须选择对个人自由最有利的惩罚可能性[59]。

第 1135 节　在这方面经常讨论的问题是，正如已经建议的那样，当新的法律为了增加或减少旧的法律规定的期间而对这一期间进行修订时，时效期限是多少。无论是从宪法的角度（《葡萄牙共和国宪法》第 29 条第 4 款最后部分），还是从普通刑事法律的角度（第 2 条第 4 款），解决办法只能是，在任何情况下，均应按照具体显示对行为人较有利之制度之准则，**总是适用互相冲突的期间中最短之期间**[60]。但这个

---

[57]　主张这些罪行之不因时效而消灭的，见 JANKÉLÉVITCH, Vladimir, *Lo imprescritibile* 1987。

[58]　因此，主流的司法见解中可见 AcRC de 86MAR12，*CJ XI - 2* 1986 73；但持相反意见的见 AcRC de 88ABR27，*CJ XIII - 2* 1988 103。

[59]　这一错误在 1991 年草案第 118 条第 1 款 c 项中根据文中的含义获更正。

[60]　在此方面，CARVALHO, A. Taipa de，cit. 214 ss 大量指出葡萄牙的学说及司法见解。亦见 AssSTJ de 89FEV02，*DR I* de 89MAR17。

问题，在其细节上，都是真正的刑事法律继承及法律在时间上的适用问题，且是在这些层面上考虑的问题。如在此背景中提及该问题，仅仅是为了加强上述教条和系统概念的良好基础，根据这一概念，时效制度*也*具有不可否认的实体刑法含义。

第 1136 节　有些时候极为复杂的问题是，**从何时开始**程序的时效。根据第 118 条第 1 款的规定，作为一般规则，"自事实**既遂**之日起"。然而，第 118 条第 4 款对这一原则作出*例外*规定，"当某结果的产生不属于罪状之一部分时，时效期间仅自结果发生之日起开始进行"。

第 1137 节　制定这一规定的历史[61]清楚地表明，这一规定涉及罪状学说中通常被称为的 "**典型上是形式的但实际上是实质的犯罪**"（«**crimes tipicamente formais mas substancialmente materiais**»），即客观评价对某结果很重要，但由于某些原因而不被要求将有关犯罪视为既遂的罪状（在我们1982 年之前的刑法中[62]，毒害罪状是最常被引用的例子）[63]。然而，的确，法律所使用的表述远比其意图所体现的要广泛得多，似乎包括了所有最终产生一个结果的形式犯罪。

这一规定的范围在目的上和刑事政策上是不能接受的，因此必须作出限制性的解释。然而，这种限制性解释不应使以下情况如此偏离规范：一项结果的产生对犯罪的种类也很重要，尤其是作为可处罚性的前提，即使不在符合罪状的不法事实层面；在所有这些情况下（例如：第 134 条之既遂或未遂自杀的情况，或第 324 条及其后续条文所指之破产或无偿还能力之情况[64]），第 118 条第 4 款所载的理论也是完全合理的[65]。

在既遂学说（例如，在不作为犯罪的既遂、对既遂的处分前提的重要性等方面）和分则的研究中（例如，涉及新闻犯罪、空头支票等），应对这一点作出更详细的规定。然而，应当指出，比刚才被否定的解释更不可接受的是，时效期间从来都不是在结果之后发生的。这一解释性假设是 Costa Pinto 提出来的[66]，他显然批评这一假

61　见 *Actas PG* II 221 ss。关于在撤回方面出现于第 24 条的类似表述，见 FONSECA，Jorge，*Crimes de Empreendimento*... 1986 155 ss. 及 PINTO，F. da Costa，*A Relevância da Desistência*... 1992 43 ss.，149 s。

62　见前《刑法典》独一节第 353 条，这里不适宜讨论根据现行《刑法典》第 146 条可以在多大程度上继续作出这样的定性。

63　CORREIA，Eduardo I 287.

64　在此方面，见 DIAS，J. de Figueiredo，*RPCC 2* 1992 31 ss。

65　持同一意见的，似乎是 LEAL-HENRIQUES，M. /SANTOS，M. Simas I 590。

66　PINTO，F. da Costa，*A Relevância da Desistência*... 1992 43.

设，提出了一种被称为"限制性"的解释，并根据这一解释，要求"将未产生的结果的可预见性作为中止计算时效的条件"。根据以上所述，这种解释也应被视为不可接纳的"扩张性解释"，没有考虑有关规定所考虑的情况的范围。

第 1138 节　显然，在事实发生在**未遂**阶段的情况下，既遂的一般标准不能起作用，因此，第 118 条第 2 款 c 项规定，时效期间"自最后一次执行行为之日起开始进行"。

可以提出的问题是，如何解决在出现犯罪未遂和**犯罪既遂之后很久才出现的结果**下时效期间开始的问题。解决办法似乎只能是，两个不同的期限分别进行，一个是针对未遂，另一个是针对既遂[67]。

如果——可以问的是——事实发生在实施可处罚的简单**预备行为**的阶段内，该怎么办？法律没有规定的情况不得解释为在该等情况下，为此目的，预备行为被视为一个独立的既遂事实（例如，购买制造假币的印刷机，见第 236 条和第 250 条 a 项）。

第 1139 节　另一方面，在有些情况下，既遂标准本身可以起作用，但考虑到有关罪状的特点，法律安定性要求以另一个标准来实施或取代这个标准。首先，这发生在某些罪状中，当中涉及的不是一个行为，而是在客观不法罪状的角度下对既遂具有重要性的一系列行为（**连续犯罪和惯常犯罪**）：对这些情况，第 118 条第 2 款 b 项规定，时效"自作出最后一项犯罪行为作出之日起"开始进行（因此，在连续犯的情况下，自最后一个部分行为作出之日起[68]）。

但同样的情况发生在犯罪既遂延长一段时间的罪状中，尤其是在所谓的**继续犯**中：在这些情况下，根据第 118 条第 3 款 a 项的规定，时效仅在"既遂终止"时开始进行，因此，在不法状态消失（不一定等于法益的压缩消失）时开始进行。

第 1140 节　问题是，第 118 条第 3 款 a 项是否以最准确及教条上最确切之含义使用了"继续犯"这一表述［作为"持续犯"（«crimes duradoiros»）的同义词。在这种情况下，维持不法状态取决于行为人的意愿，因此可以从这一意义上说，符合罪状的不法行为是不断更新的，例如剥夺他人行动自由，见第 160 条］；还是从广义上讲，它涵盖了所谓的"状况犯"（«crimes de estado»）（结果反映不法状态之产生且这种状态的维持不取决于行为人意愿之犯罪，例如重婚，见第 193 条；伪造或删

67　见 MAURACH/ZIPF　§ 75 n.° m. 23。

68　对此解决方案（这也是德国法律解决方案）的批评，例如见 SCHRÖDER, cit. 331 ss。

除婚姻状况，见第 195 条）[69]。这一区别在于，在持续犯中，事实既遂仍然存在，而在状况犯中，事实既遂随着不法状况的建立而结束。为了显示这是一个好的区别[70]，应当得出结论认为，第 118 条第 2 款 a 项中的"继续犯"一词仅适用于"持续犯"，而"状况犯"则受第 118 条第 1 款的一般规则约束，因此受既遂标准约束。这一解决办法，鉴于其在教条上的连贯性，在目的论上及刑事政策上都是有根据的。

第 1141 节　抽象地具争议的问题是，在**从犯**的情况下，从犯事实的时效之开始是应根据行为人的事实确定还是可以独立地确定。从纯教条的角度来看，**从属原则**（*princípio da acessoriedade*）导致采纳第一种解决办法，而排除第二种解决办法；但不能看出（相反）可以从这一观点出发的目的论上或刑事政策上的理由。因此，第 118 条第 3 款规定："为着［时效］之效力，在从犯的情况下，必须考虑行为人之事实。"

b）*中断和中止*

第 1142 节　当国家的惩罚性主张及其处罚要求通过某些刑事追诉行为得到确认时，时间的经过与时效制度的本质相同，不应有利于行为人；就像这个情况排除了该追诉的可能性一样。这就是程序时效中断（interrupção）和中止（suspensão）制度产生的**原因**。

aa）**中断**

第 1143 节　至少在原则上，只有**严格意义上的司法行为**（法官之行为，不包含其他诉讼主体之行为）才应在中断时效的原因上具有较高的尊严，这是一项古老和受尊重的原则。然而，今天不能无限制地提出这一原则[71]，这些限制源于实施惩罚性主张时不仅只有法官的参与还有**检察院**司法官的参与——为了达到这一目的，检察院司法官扮演了一个并非不重要的角色——的情况，因此，属于检察院权限的某些行为也应具有中断时效的可能性[72]。

第 1144 节　然而，不是法官或检察院的所有行为都应具有该可能性，而应只是那些在刑事诉讼程序中具有重要性且能使人清楚理解的国家，作

69　SILVA, Gomes da, *Actas PG* II 221 十分准确地提出了这一问题。

70　这就是德国学说一致认为持续犯（*Dauerdelikten*）和状况犯（*Zustandsdelikten*）的区别，当中见 JESCHECK § II 1 a 及 ROXIN § 10 n.° m. 105 ss.。

71　关于这一点，将遵循 CORREIA, Eduardo, cit. *RLJ 94* 353 的意见。

72　今天，德国《刑法典》更进一步允许某些警察行为具有中断时效的效力：相关《刑法典》第 78c 节。但从法律地位的角度来看，本书认为这种解决办法显然是不适宜和有疑问的。

为社会要求的解释者，仍有兴趣在个案中实施其*处罚权*（*ius puniendi*）[73]。因此，时效中断之原因不仅取决于主观特征［这些特征属《刑事诉讼法典》第 1 条第 1 款 b 项所指"司法当局"之权限］，亦取决于**客观特征**（这些特征在诉讼上具有重要性，反映国家要求实施其惩罚权的庄严宣示）。最后，有关中断时效原因的结构应取决于在某一时刻刑事诉讼所具有的具体结构。

第 1145 节　刚提到的情况是产生特殊困难的原因；（最重要的是）在相反的情况下，亦是如此。葡萄牙法律的近代史清楚地证明了这一点。

在过去的刑法和刑事诉讼法生效期间，出现了在这方面与 1886 年《刑法典》（第 125 条及第 126 条，在第 184/72 号法令制定前）和 1929 年《刑事诉讼法典》（第 138 条及其后续条文、第 155 条及第 584 条）的适用规定之间的一致性问题，尤其是由于在第 125 条 § 4 要求中断是透过司法行为进行时，第 35 007 号法令第 12 条 § 2 已将 1929 年《刑事诉讼法典》赋予法官在预备性预审阶段的权力和职能转移至检察院；同时亦不考虑该转移可对中断时效之原因之概念产生之影响，尤其是对因该等原因而作出之行为之司法或非司法性质之影响[74]。只是在第 184/72 号法令对前《刑法典》第 125 条所作的修改中才克服了这一困难。

不同的是，现行《刑法典》和《刑事诉讼法典》中目前继续出现不一致的原因。《刑法典》不仅对司法行为，而且对检察院的行为仍然具有中断效力。然而，1987 年《刑事诉讼法典》在对刑事诉讼程序的步骤作重大修订时，要求对现行《刑法典》第 120 条立即作出修订；没有进行这样修订的事实，导致某些规范失去意义，并造成了严重的法规漏洞，然而，这些漏洞不能以不利于行为人的方式来弥补。

第 1146 节　根据第 120 条第 1 款的规定，在下列情况下，追诉时效中断：

"a）作出首次声明到庭之通知及行为人在预备性预审中以嫌犯身份被讯问之通知；

b）监禁；

c）作出起诉批示或具相同效力之批示之通知；

d）定出在缺席审判之诉讼程序中进行审判之日。"

从葡萄牙新的刑事诉讼程序的角度来看，就该条例而言，有必要作一些评论。

---

[73]　关于此方面，见 CORREIA, Eduardo, *Actas PG* II 230 s。

[74]　关于这一问题，再次见 CORREIA, Eduardo, cit. *RLJ 94* 353 s 及 AssSTJ de 61MAII7, *BMJ 107* 345。

因此，在葡萄牙法律秩序中，预备性预审及缺席审判程序均已不存在，分别以某种方式由侦查阶段（《刑事诉讼法典》第 262 条及其后续条文）[75] 和缺席审判制度（《刑事诉讼法典》第 335 条及其后续条文和第 473 条）取代了："拘留"（《刑事诉讼法典》第 254 条及其后续条文）和"羁押"（《刑事诉讼法典》第 202 条及第 209 条）在当今已取代了诉讼拘禁的单一概念；现在不存在与起诉批示"具相同效力"的批示，除起诉批示外，其嫌疑人承担责任之庄严作用得由控诉批示或在最简易诉讼程序中定出审判日期之批示承担。因此，如果 a 项和 b 项确实可以继续适用，那么 c 项和 d 项就会（一部分）没有目标或者（其他部分）显示出不能填补的漏洞。然而，即使就 a 项及 b 项而言，对这两项所产生之学说仍存有疑问：一方面因为，作为纯粹具有防范性质的强制措施，从时效中断的角度来看，羁押似乎应被视为微不足道；另一方面因为，在侦查期间，甚至在控诉提出之前，对国家处罚要求的庄严宣示，最好体现在"成为嫌犯"上（《刑事诉讼法典》第 58 条），而且根据拟议法（*de lege ferenda*），在诉讼程序的这一阶段，时效的中断效力应以"成为嫌犯"这一行为为基础。

因此，上述的考虑应导致——承认刑法与刑事诉讼法之间必要的协调，以及承认所提到的具体遵循诉讼程序步骤的情节对所涉效力是决定性的因素——被视为中断时效的原因一是成为嫌犯；二是控诉之通知，或者如果没有提出控诉，就起诉批示或在最简易诉讼程序中之审判作出通知；三是缺席审判之宣告[76]。

第 1147 节　根据第 120 条第 2 款之规定，时效之中断的**效力**为，在中断后，针对行为人及应进行程序之事实，*新时效期间开始计算*。如行为人有数人，则中断仅对因中断原因而受影响之一个行为人或数个行为人发生。

第 1148 节　由于必须对多个具体的诉讼行为作出中断时效的行为，因此可以说，根据第 120 条第 1 款和第 2 款的规定，在实践中，中断时效只有在极少数情况下才会发生，或者只有在经过明显超越法律原则上订定的期限后才会发生；时效之中断制度与中止制度之间的联系也是很少被考虑的。这一结果[77]将与我们看到该制度存在的刑事政策基础背道而驰。

因此，避免产生如此不可取的刑事政策效力之企图，构成主导第 120 条第 3 款规定的目的论，根据这一规范，"在不计算中止之时间下，自追诉时

75　AcRE de 91OUT15，*CJ XVI – 4* 1991 322 合理地认为，为这一效力，现行的侦查与过去的预审是相同的。

76　事实上，1991 年草案第 121 条第 1 款的规定支持这些建议。

77　根据 CORREIA，Eduardo，*Actas PG* II 231 的表述，"意思是接受诸如'丧失和平'般……"

效开始进行起，经过**正常之时效期间另加该期间之二分之一**时，时效必须完成。基于有特别规定，时效期间少于 2 年者，时效之最高限度为该期间之 2 倍"。正如所看到的，法律订定了一个**期限**（**prazo-limite**），在该期限届满后，*不论*可能出现的*任何中断*如何，均应视程序的时效已过。

bb）中止

第 1149 节　时效中止的制度——1982 年《刑法典》第 119 条在葡萄牙刑法中引入的新规定——所依据的思想是，某些事件的发生排除了开始或继续进行程序的可能性，因此必须**阻止时效期间的完成**。在排除障碍后——也就是说，一旦中止原因结束——，时效期间的其余部分应重新开始进行（第 119 条第 3 款）。在这方面，这一制度在目的论上和刑事政策上都是有依据的。

第 1150 节　中止诉讼程序之最重要**原因**（如有必要，亦可明确载于法律内）载于第 119 条第 1 款，该条规定程序之时效"在下列期间内中止：

a）刑事程序因欠缺法律许可或非刑事法院先前作出的判决，或因将审理前的先决问题（questão prejudicial）发回非刑事法院，而不得依法开始或不能继续进行；

b）自就起诉批示或等同批示作出通知时起，刑事程序处于待决状态，但属缺席审判之情况除外；

c）犯罪者在国外服刑或执行剥夺自由的保安处分。"

第 1151 节　即使没有对 c）项的规定提出任何特别问题，关于 a 项的规定，有必要强调的是，在那些不能开始诉讼程序的情况下，如告诉或（及）成为辅助人及自诉没有发生，不计算准公罪和私罪的情况。因此，正如我们在前面第十九章所看到的，在此涉及独立的诉讼前提的这种不足不能构成中止程序时效的理由。

最后，关于 b 项，它是指与第 1146 节中我们指出中断原因的相同类型的矛盾，并基于相同的理由。因为，在《刑事诉讼法典》开始生效之时，在此规定中并没有进行其所需之修订。所以，在此，该项也应该规定，中止时效之原因为：自就控诉作出通知时起诉讼程序待决；如无提出控诉，则自就起诉作出通知起或自最简易诉讼程序中进行审判之声请作出通知时起算；此外，在缺席之宣告生效（declaração de contumácia）时，时效应中止，而不应过分地提及缺席审判程序[78]。最后要强调的是，关于 b 项的规定，在这些情况下，"如不可提起上诉，中止期间不得超逾 2 年；如可

---

[78]　1991 年草案第 120 条第 1 款遵循这一含义。

提起上诉，则中止期间不得超逾 3 年"（第 119 条第 2 款）。

3.（执行）刑罚的时效

a）（执行）保安处分的不因时效而消灭

第 1152 节　根据我们在第 1123 节中所指的教条及刑事政策上的意义，除了刑事诉讼时效外，葡萄牙刑法还规定了刑罚（执行）的时效制度（第 121 条及其后续条文）。所有迹象都表明，即使将保安处分排除在外，这一制度对刑罚的限制也是立法者的一项有意识的决定，而不是任何疏忽或遗忘的结果。为此，人们一直想赞扬 Beleza dos Santos 的教导；根据该教导，基于行为人之危险性而不执行保安处分，不论其科处之时间经过多长，均不应导致时效之完成，而有理由对其进行复查（第 102 条及上文第 771 节及其后续节数）：如因复查而引致危险性仍然存在，则应执行保安处分，就像保安处分是在当时再次决定的那样[79]。

从刑事政策和教条的角度来看，这种解决办法是**不可接受的**[80]。复查保安处分具有良好依据，我们已证明了这一点；但其含义并不使（执行）保安处分的时效制度变得没有必要或不适宜，因为这里指的是另一种情况，根据它的意义和应该指出的前提。执行的时效制度（可能）不适用于保安处分的事实建基于错误的观点，即适用该等保安处分的唯一实质依据是行为人的危险性。然而，我们已经看过（见第 692 节及其后续节数）不是这样的；相反，保安处分的合理性一方面在于行为人的危险性，另一方面在于其与行为人所犯的一种*符合罪状的不法行为之间的关系*。在这方面，保安处分的执行时效与其在刑罚上的重要性完全相同，即在某一期间届满后，制裁与已作出之事实之联系即告中断，因此，执行该制裁之正当性亦告中断。从这一观点来看，实际上并不存在执行一项保安处分的意义，例如，在犯有某项符合罪状的不法事实后 20 年，即使可以说在当时仍然存在危险的情况下：事实上，这种危险不再是一种*犯罪*危险性，即为其适用具有所实施的不法罪状的形成效力之危险性。

因此，前《刑法典》第 126 条所规定的解决办法是正确的，该条不单只明确规定刑罚的执行时效，而且规定保安处分的执行时效。如果今天有一项法律规定剥夺

---

[79]　SANTOS, J. Beleza dos, cit. *RLJ* 77 321 ss.

[80]　然而，这一解决办法的痕迹亦存在于德国法律中，这一法律普遍有保安处分的时效制度是正确的，但保安收容的情况除外。

自由的保安处分的时效期限及另一项法律规定非剥夺自由的保安处分的更少时效期限，这一解决办法将会令人满意。

b）期间

第 1153 节　根据第 121 条第 1 款的规定，"刑罚之时效经过下列期间完成：

a）超逾 10 年之徒刑，20 年；

b）5 年或超逾 5 年之徒刑，15 年；

c）2 年或超逾 2 年之徒刑，10 年；

d）属其他情况者，4 年。"

c）制度

第 1154 节　执行刑罚之时效自有罪判决转为确定时起计算（第 121 条第 3 款）。属因犯罪竞合而定之*共同刑罚*，重要的是共同刑罚转为确定，而非各单项刑罚转为确定[81]。如对犯罪科处*不同种类之刑罚*（徒刑及罚金之情况，以及除主刑外科处附加刑之情况），则适用第 121 条第 2 款之规定，该条规定："其中一种刑罚在其他刑罚未完成时效之情况下亦未完成。"这种解决办法的刑事政策依据至少是令人怀疑的，而且没有充分理由显示，对于不同的刑罚，不应单独计算不同的时效期间。如果法律规定了保安处分时效的可能性，那么这一解决办法就变得更加不能令人满意。当然，根据我们的法律，法院可以同时对同一行为人科处刑罚和保安处分（见上文第 776 节及其后续节数），显然，它们应根据各自所规定的期间分别完成时效[82]。

d）中断和中止

第 1155 节　根据与刑事诉讼时效相同的规定（尤其是在效力方面），现行法律有中断执行刑罚的制度（第 124 条）。如果被判刑者在不能被引渡或不能被抓获之地方被捕而令执行变得不可能，中断之依据一方面是刑罚之执行，另一方面是由有权限当局作出旨在执行刑罚的行为（第 124 条第 1 款）。众所周知，根据我们新的刑事诉讼制度，必须将第二个理据理解为与缺席/抗传（contumácia）的情况相同[83]。与刑事诉讼时效所发生的相同，第 124 条第 3 款规定了一个期间，在这一期间届满后，不论其原因、中断的次

---

[81] 似乎 CORREIA, Eduardo, *Actas PG* II 236 s 在没有合理的理由下主张相反的见解，并响应 José Osório 的反对意见。

[82] 由于这些原因，1991 年草案中没有与目前第 121 条第 2 款相应的规定。

[83] 见 1991 年草案第 126 条第 1 款 b 项。

数及时间长短，时效均以确定性方式进行（第124条第3款）。

第1156节　同时，在刑罚的时效方面，以及在与刑事诉讼时效相类似的规定和效果方面，时效中止的制度也获第123条承认。

对于第123条第1款规定的中止适用的理由，应当提出一些批评意见[84]。一方面，鉴于刑事诉讼程序的新结构，宣告缺席/抗传的有效性应构成中断的原因。另一方面，关于假释、考验制度或暂缓执行刑罚的部分，现行的第123条b项没有足够的理由：关于假释，因为看不出任何理由将其作为中止效力的依据；关于考验制度和暂缓执行刑罚，因为它们属"其他刑罚"，所以，体现该规定的第一部分[85]。

---

[84]　1991年草案第125条第1款遵循这些考虑的方向。

[85]　对此，见1963年总则草案修订委员会的讨论：*Actas PG* II 236 s。

译后记

　　我人生中第一次接触刑法是本人在葡萄牙新里斯本大学法学院修读法学的时候，当时学校指定的重要书目就是迪亚士的《刑法总论（第一卷）：基本问题及犯罪的一般理论》和《刑法总论（第二卷）：犯罪的法律后果》。令我印象最为深刻的是，这两本书对于母语是葡萄牙语的人来说也不容易理解，记得当时同班的葡萄牙同学跟我说："我要读三至五次才能明白当中的意思。"除了用词的专业性外，这两本书在理论层面还具备令人难以置信的深度和宽度，这亦解释了为何这两本书是刑法学中最重要的读物。

　　在我的职业生涯中，第一次接触中葡翻译是本人在澳门卫生局担任法律顾问及专责公证员的时候，当时基本上所有法律意见书都需要以中葡对照形式呈现。其后，便是在澳门大学法学院任教中葡法律翻译这一科目的时候。这些工作经验不断地提升了我的中葡翻译能力。

　　在获邀翻译迪亚士教授的《刑法总论（第二卷）：犯罪的法律后果》时，我的内心十分复杂，既担心又高兴：担心是因为怕自己没有能力胜任这项工作，毕竟这本书不太容易理解；高兴是因为没有预料到自己有生之年可以为学说作出这样的贡献，尤其是被认同有能力胜任这项翻译工作。

　　需要强调的是，在翻译这部著作的过程中，我得到了很多老师的帮助：澳门大学法学院高级导师马哲为本书做了校对工作；编辑过程中出版社的二审老师和三审老师提出了修改意见；澳门大学法学院法律研究中心主任尹思哲教授和行政人员庄莉莉女士也给予了持续的帮助，后者还负责协调本人与编辑之间的沟通工作。在此，衷心感谢大家！

最后亦是最重要的，是要感谢澳门大学法学院院长唐晓晴教授。没有他的推动，本人根本没有机会翻译这部著名的作品。正是有他对我的鼓励，这部耗时至少两年的翻译作品才有幸出版，并成功在国内发行。

因本人才疏学浅，译稿恐难免有疏漏和不足之处，希望读者们不吝赐教及批评指正（mantengiong@ um. edu. mo）！

翁文挺
2023 年 12 月

"葡萄牙法律经典译丛"已出书目

图书在版编目（CIP）数据

刑法总论. 第二卷，犯罪的法律后果 /（葡）乔治·
德·菲格雷多·迪亚士著；翁文挺译. -- 北京：社会
科学文献出版社，2024.3
（澳门特别行政区法律丛书. 葡萄牙法律经典译丛）
ISBN 978 - 7 - 5228 - 2263 - 1

Ⅰ.①刑… Ⅱ.①乔… ②翁… Ⅲ.①刑法 - 研究 -
葡萄牙 Ⅳ.①D955.24

中国国家版本馆 CIP 数据核字（2023）第 144678 号

澳门特别行政区法律丛书·葡萄牙法律经典译丛
刑法总论（第二卷）：犯罪的法律后果

著 者 /〔葡〕乔治·德·菲格雷多·迪亚士（Jorge de Figueiredo Dias）
译 者 / 翁文挺

出 版 人 / 冀祥德
组稿编辑 / 祝得彬
责任编辑 / 张 萍 王晓卿
责任印制 / 王京美

出 版 / 社会科学文献出版社 （010）59367004
地址：北京市北三环中路甲 29 号院华龙大厦 邮编：100029
网址：www. ssap. com. cn
发 行 / 社会科学文献出版社 （010）59367028
印 装 / 天津千鹤文化传播有限公司

规 格 / 开 本：787mm × 1092mm 1/16
印 张：37.25 字 数：614 千字
版 次 / 2024 年 3 月第 1 版 2024 年 3 月第 1 次印刷
书 号 / ISBN 978 - 7 - 5228 - 2263 - 1
著作权合同
登 记 号 / 图字 01 - 2023 - 4035 号
定 价 / 228.00 元

读者服务电话：4008918866

▲ 版权所有 翻印必究